佐野 碩
Seki Sano, vida y obra, 1905-1966
人と仕事
1905-1966

菅 孝行
編

藤原書店

佐野 碩（1905-1966）

佐賀県・杵築の佐野家

（藤田富士男氏提供）

乳母に抱かれた佐野碩（1歳頃）

（藤田富士男氏提供）

両親と祖父・後藤新平の家族

前列左から、佐野静子、後藤夫人・和子、後藤母・利恵子、後藤姉・椎名初勢子、後藤長女・愛子、
後列左から、佐野彪太、後藤新平、後藤長男・一蔵、鶴見祐輔（愛子の夫）

『MNZ』表紙（本書第Ⅱ部１参照）
（札幌大学図書館「松本克平スクラップブック」より）

後にシアター・ムンズを共に旗揚げする、浦和高校の友人たち。左から１人おいて太田慶太郎、紀伊輝夫。
（藤田富士男氏提供）

平野郁子との結婚写真（1929 年）
（藤田富士男氏提供）

『志村夏江』の舞台に立つ平野郁子（本名高橋二三子）（*Seki Sano 1905-1966*. CNCA/INBA-CITRU, 1996 より。田中道子氏提供）

左翼劇場公演『足のないマルチン』『勝利の記録』のポスター
（藤田富士男氏提供）

佐野が演出した心座の公演『全線』の集合写真（1929 年）
（藤田富士男氏提供）

モスクワで知り合い同棲したガリーナ・ヴィクトローヴナ・ボリソワ
（*Seki Sano 1905-1966* より。ロシア俳優会館提供）

1934年、メイエルホリド（最後列）が演出したデュマ『椿姫』上演スタッフと
（*Seki Sano 1905-1966* より。田中道子氏提供）

『ソヴィエット作家大会印象記』の挿絵
右上から時計回りに、キルショーン、ラブレーニョフ、アフィギエーノフ、キルポーチン、セイフーリナ、グラトコフ、トラー

メキシコでの本拠地となった国立芸術院
（藤田富士男提供）

『女大佐』（1940年）の舞台に立つウォルディーン（奥）。数年間生活を共にした。
（*Seki Sano 1905-1966*より。イグナシオ・レテス氏提供）

舞台芸術家のフリオ・プリエートと
（*Seki Sano 1905-1966*より。ペギー・ミッチェル氏提供）

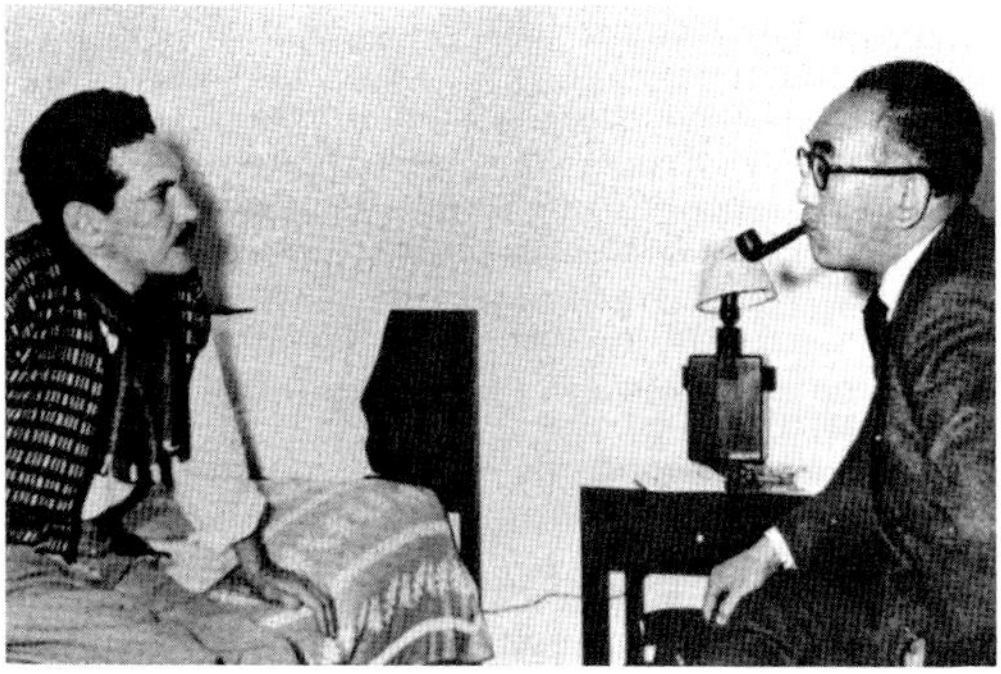

演劇学校の教え子ダゴベルト・ギヨマンと
（*Seki Sano 1905-1966*より。ダゴベルト・ギヨマン氏提供）

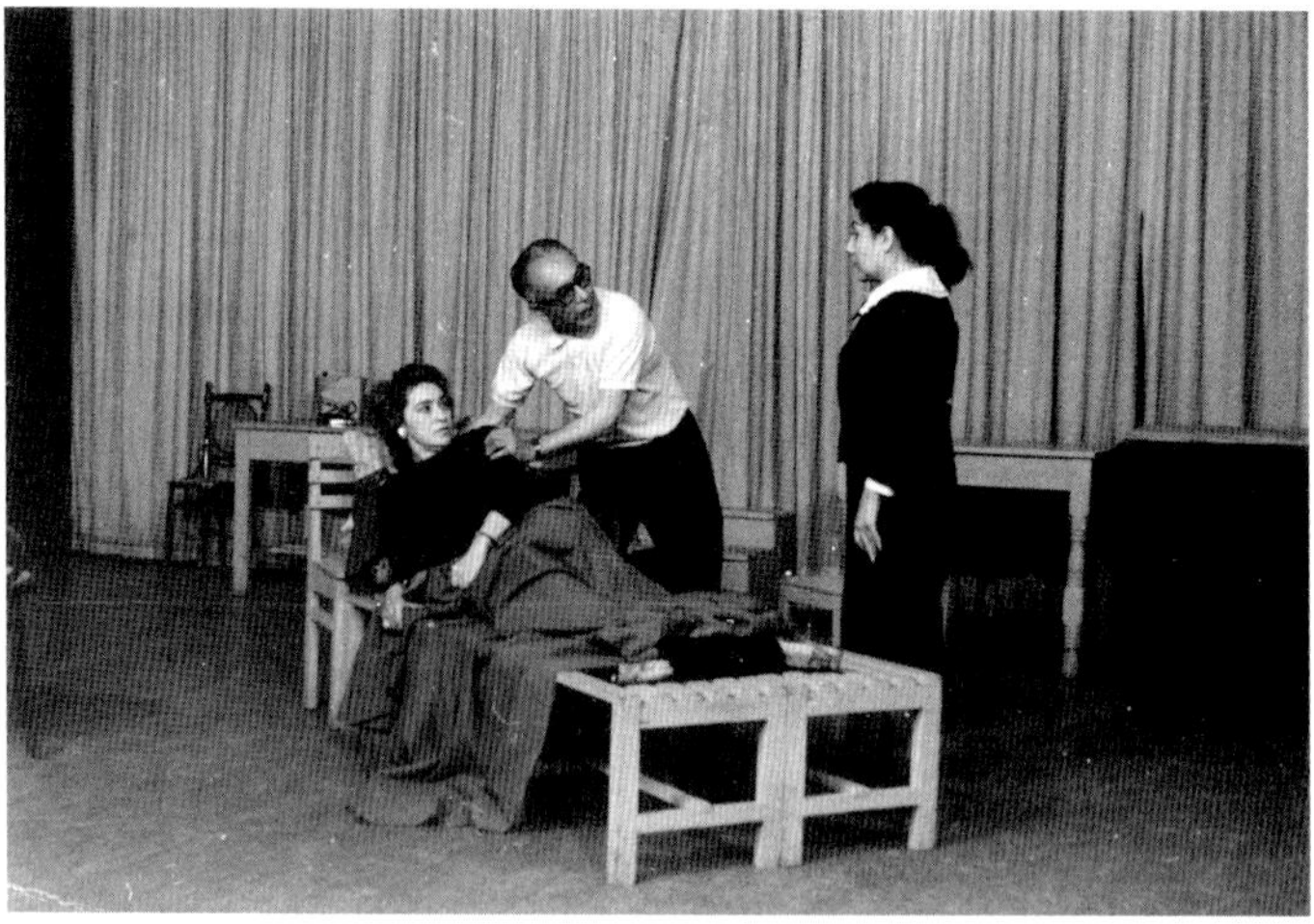

演出風景
（読売新聞・加藤博務氏撮影。藤田富士男氏提供）

1964年、皇太子夫妻（現・天皇皇后両陛下）の訪墨の際に案内を務める佐野。
佐野のコヨアカン劇場も私的に訪問した。（毎日新聞社撮影。佐野民子氏提供）

コヨアカン劇場の舞台。二階席から望む。
（毎日新聞社撮影。佐野民子氏提供）

メキシコ芸術院主催のレクチャー・シリーズで
日本の演劇について講演する佐野碩（1965 年）
（*Seki Sano 1905-1966* より。CIPRU 提供）

東京・多磨霊園の佐野家の墓。1924 年、妹淑子が夭逝した際に佐野が墓石をデザインし、その後、佐野家の墓となった。

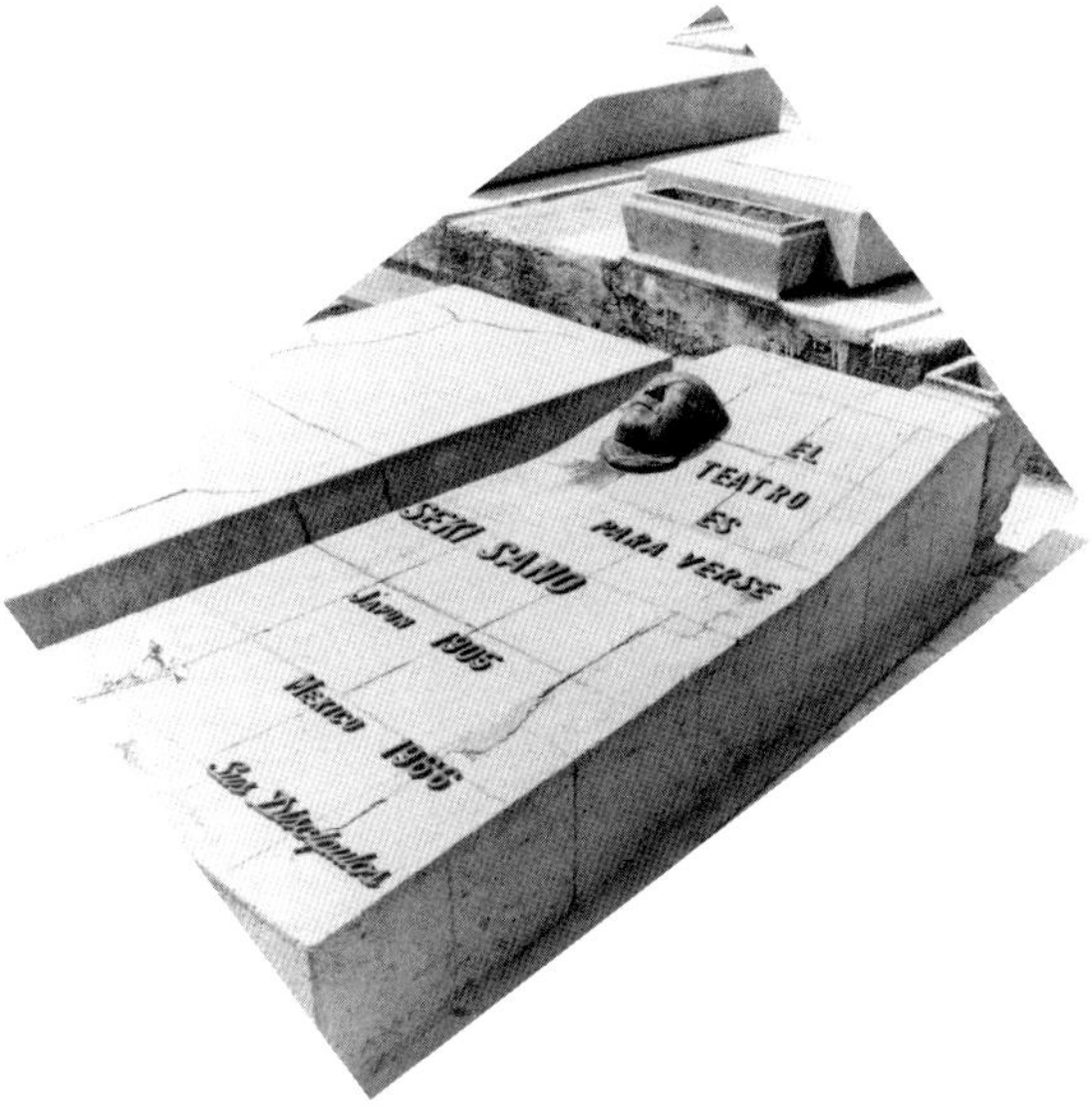

メキシコシティ郊外の国立俳優協会（ANDA）共同墓地の佐野の墓石
（藤田富士男氏提供）

編者はしがき

論文集刊行への経緯

佐野碩（一九〇五―一九六六）は、戦前日本のプロレタリア演劇の昂揚期の先陣を切った演劇人であり、三〇年代初頭、ソ連に渡って国際労働者演劇同盟の書記局員として、国際的なプロレタリア演劇運動の中枢を担うともに、前衛演出家メイエルホリドの演出助手を務めた後、粛清の嵐をかいくぐって、メキシコに渡った。若くして日本を去り、再び帰らなかったこともあって、佐野は日本の演劇史から忘却されつつある。しかし、世界史的激動の渦中にあった一九三〇年代に、数カ国語を駆使して、自らも組織化の一翼を担った国際演劇運動のネットワークを、国境を越えて縦横に動き回り、様々な地に芸術革命の種を蒔いた日本の演劇人はほかに例を見ない。

メキシコに渡った佐野碩は、スタニスラフスキーとメイエルホリドを統合した造形の方法を生みだし、演劇教育システムを完成させ、多くの優れた弟子を育てた。その功績は、メキシコ近代演劇史の功労者として高く評価されている。前世紀末からアメリカ・ロシアなどで歴史資料の情報公開が進んだことも契機となって、近年、佐野碩の軌跡の再検証の動きが活発となった。その、一つの集約点として、二〇一三年三月一～三日に、シンポジウム（主催早稲田大学演劇博物館［一日］・演劇映像学連携学術拠点公募研究『佐野碩と世界演劇（研究代表　上田洋子）』［二～三日］、共催国際交流基金）が行われた。これが、本書刊行の直接の契機となった。

しかし、ここに到達するまでにはいくつかの前史があった。演劇映像学連携学術拠点では、二〇一三年のシンポジウムに先立って、二〇一二年から何度か公開研究会を行っていた。また、この研究会とは別個に、桑野隆氏（早稲田大学教授）が主宰する桑野塾の第九回目に『佐野碩スペシャル』と題して、加藤哲郎氏と田中道子氏の講演と討議が行われた（武隈喜一編集『The Art Times』No. 8に抄録）。二〇一一年七月九日のことである。

また、この年の十一月十一〜十四日に、田中道子氏の主導のもと、コレヒオ・デ・メヒコで、シンポジウム『佐野碩と北川民次　一九二〇〜一九六〇年代メキシコにおける日本人芸術家たち』が開催された。このシンポジウムには、田中氏のほか、吉川恵美子氏、藤田富士男氏、菅が参加し、発表を行った。こうした機会を通じた出会いの蓄積が先述のシンポジウムに結実し、さらに、生誕一一〇年（二〇一五年）、没後五〇年（二〇一六年）という画期に、佐野碩を再審する論文集を刊行しようという機運を醸成したのである。

第Ⅰ部の構成と性格

第Ⅰ部の論文篇は共同研究によって成ったものでも、踏み込んだ意見交換の上で執筆されたものでもない。上記の催しでの出会いを契機とする、各自の問題意識に基づく研究の成果である。従って、編者は、論文の配置を立案するにとどめ、それぞれの論文の見解に、一切異見をさしはさんでいない。認識や見解を統一する手続きを踏まなかったのは、執筆の時点で、佐野碩の再審という問題意識の一致があれば、視座の統一は不必要と考えたからである。記述の重複もそのままにしてある。

構成の趣旨は、説明するまでもないだろうが、田中道子氏には、日本語では読めない近年までの成果を踏まえたトータルな佐野碩像を、藤田富士男氏には佐野が日本で関わったプロレタリア演劇運動とその前史、および佐野が日本を離れたあとの軌跡を、岩本憲児氏には、佐野碩の活動とプロレタリア映画運動（プロキノ）の関連を、加藤哲郎氏には、佐野碩の活動の政治的性格が、コミンテルンというい わば〈傷だらけのリヴァイアサン〉の中でどのように位置づけられていたのかの解明をお願いした。

萩原健氏には、ドイツ語圏演劇のフロントと佐野碩の関係を検証するために、エルヴィン・ピスカートアと佐野碩の芸術的政治的な交流と共同の実像の解明を、伊藤愉氏には、これも、メイエルホリド劇場での佐野碩の仕事についての執筆をお願いした。メキシコ時代の佐野碩を、日本の研究者の側から概観する論文は、吉川恵美子氏にお願いした。メキシコで近年進んだ研究に関しては、田中道子氏の人選に基づいて、メキシコの研究者・演出家三名に、スペイン語で執筆してもらい、翻訳を西村英一郎氏にお願いした。年表の作成は内田健介氏にお願いした。

佐野碩、現代への蘇生

譲れない編集意図というべきものがあるとすれば、佐野碩を過去の歴史の史料にとどめず、現代に生き延びさせることに尽きる。本書の刊行が、佐野碩研究および佐野碩を通じた演劇論、演劇史の研究、さらには政治運動史の研究に画期を齎しえたら大きな喜びである。

自分の論文のモチーフは、異なる時代の下で行われた演劇の実践の意味を、現代に生きかえらせるための再審にほかならない。佐野の学生時代の、それも一号で終わった同人誌『ＭＮＺ』に詳しく言及したのもそのためである。また、私は『勝利の記録』の上演の姿を想像しながら、ウォールストリート・オキュパイや台湾のひまわり運動とイメージを重ねていた。古い政治芸術を一掃するだけでは足りないのである。あらたな関係を組織する民主主義の政治と、自明性を切断する芸術表象の造形を通底させなければならない。そのための運動が必要だ。そのために佐野の軌跡を検証したかった。

佐野碩執筆の文献の収録

本書が、藤原書店から刊行の運びとなったのは、社長の絶大なご好誼と、岩本憲児氏のご尽力の賜物である。また、出版界の様相を考えると、佐野碩についての論文集を出版できる機会が、今後容易に訪れるとは考え難いので、決定版を作る覚悟で出すように、ついては論文のみにとどめず、佐野自身の執筆した重要な文献まで収録してはどうかというご提案を社長から頂いた。その結果、当初はごく一部にとどめる積りであった佐野自身の執筆した文献をできる限り収録することになった。

第Ⅱ部には、日本時代の佐野の論文、宣言文、発言、ふたつの戯曲の翻訳など、主要なものをほぼ網羅した。重大な欠落に気づかれた読者にはご教示頂きたい。例外は、末尾のふたつ、すなわち、ソ連で刊行された日本語の冊子『芸術は民衆のものだ』所載の「ソヴィエット作家大会印象記」と、吉川恵美子氏の訳による「〈役を生きる演技〉の俳優訓練における三つの主要な環」である。前者は、コミンテルンの「政治」によって回収され、入手が極めて困難となっている文献である。後者は、佐野のメキシコ演劇界における舞台造形の方法を知るうえで、現在考え得る、最も貴重な資料である。

〈発見〉への希望

「〈役を生きる演技〉の俳優訓練における三つの主要な環」は初見の読者がほとんどだろう。田中道子氏やメキシコ人の筆者たちの記述には、これまで、日本では知り得なかった事実や資料が数多く含まれている筈だ。加藤哲郎氏が用いている新史料には、二十世紀末から二十一世紀にかけて見出されたものも数多く含まれている。それは、佐野の生きた時代にはもちろん、冷戦崩壊まで長らく秘匿されてきたものである。

〈発見〉――それは新史料の出現というだけの意味ではない。史料と解読者との〈間〉から生まれる新たな視座のことだ――は刻々なされているのである。それらの〈発見〉とともに、佐野碩像もまた刻々変わり、演劇史も、政治運動史も、書き換えの可能性をはらんでいる。おおげさにいえば、〈発見〉は未来を変える機縁となるかもしれない。

本書刊行に当たり、末筆乍ら、藤原書店に深く感謝する。

菅　孝行

佐野碩——人と仕事　目次

第Ⅰ部　佐野碩——越境の軌跡

総論

1　日本プロレタリア演劇における佐野碩

第II部　芸術は民衆のものだ！——佐野碩の仕事

1　『ＭＮＺ』（一九二五年）

2　『文芸戦線』（一九二六〜二七年）

3　『戦旗』（一九二八〜二九年）

4　その他の雑誌（一九二九～三一年）

佐野碩――人と仕事　1905-1966

凡例

一　佐野碩の同時代の文章の表記は、常用漢字・現代仮名遣いに統一し、踊り字は該当する仮名に置き換えた。また、原文における明らかな誤字・脱字は修正した。
一　原文における強調の傍点はアマダレ型としたが、複数の型が使い分けられている場合は原文通りとした。
一　引用文への引用者の補足、第Ⅱ部における原文に対する編集部による補足は、〔　〕で示した。
一　人物名・作品名などの固有名詞について、論者・時代によって統一されていないものがある。
一　第Ⅱ部所収『ＭＮＺ』及び「ソヴィエット作家大会印象記」は、札幌大学図書館所蔵資料を使用しました。記して感謝申し上げます。

第Ⅰ部　佐野碩――越境の軌跡

総論

佐野碩の演劇と世界

田中道子

はじめに

佐野碩の生涯と演劇については、既にいくつかの研究報告・伝記が出版されているが、彼の演劇・文化活動の豊かさと、時代背景の複雑さ、何度も起こる活動舞台の大きな転換のために、佐野の演劇の全体像を把握するのは困難を極める。ここでは、これまでに蓄積された研究を基に、彼の演劇を次の時期区分にそって考えてみる。

一九二六年―一九三三年六月　革命の演劇
　一九二六年―一九三一年五月　前期　日本での活動
　一九三一年六月―一九三三年六月　後期　国際的活動
一九三三年七月―一九四五年八月　抵抗の演劇
　一九三三年七月―一九三七年七月　前期　ソ連での活動

一九三七年八月―一九三九年四月　中期　国際的活動
一九三九年五月―一九四五年八月　後期　メキシコでの戦時期の活動
一九四五年八月―一九六六年九月　解放の演劇
一九四五年八月―一九五〇年七月　前期
一九五〇年八月―一九五五年十二月　中期前半
一九五六年一月―一九六一年五月　中期後半
一九六一年六月―一九六六年九月二十九日　後期

主に、日本を出てからの左翼演劇組織活動、メキシコでの創作・教育活動に重点をおいて、他の著者が扱わないテーマについて述べる。ただし、それ以前で、佐野の人格形成と思想の源泉を理解するために必要と思われるいくつかの事実を挙げておく。

まず、明治から昭和にかけて大日本帝国の要職を歴任した後藤新平（一八五七―一九二九）に、初孫で数年間は唯一の孫として特に愛されて育ったこと。一九二五年、碩が東京帝国大学法学部に入学することが決まった春、満州・朝鮮への旅に連れていったことに示されたように、祖父は、碩が将来の指導者となることを期待していた。高野長英[1]の甥の子であることを誇りにしていた新平は、官吏としての挫折の経験ももつ、スケールの大きい人物で、佐野の人格形成や仕事ぶりに大きな影響を与えた。

つぎに、終生、碩を支えた母静子のこと。義経に愛された静御前を連想する名をつけられた静子は、新平と名古屋の芸者の間に出来た娘であり、新平にとっては長女であり、七歳の時に新平が海外留学する際、後に残す箱入り娘育ちの妻の話し相手として後藤家に受け入れられ、結婚に当たって正式に入籍し、新平の娘として、将来を見込まれた佐野彪太に嫁した。[2] 気さくで、話し上手でみんなに好かれていたという。[3] 静子は、関節結核で左膝が硬直してしまった引っ込みがちの碩を水泳で鍛え、みんなと同じく学校へ徒歩で通わせ、次第に劣等感を払拭して積極的で自立した「がんばりや」の青年に育てあげた。[4] 母方の祖母の存在を知った碩は、自分の器量と芸の確かさで生きる芸能界の女性に大きな理解を持ち、それだけに、女性だからといって、あるいは、家族の事情で芝居の稽古や舞台に出ないものを厳しく叱った。

さらに、フランス系のミッションスクール暁星小学校・中学校で教育を受けたこと。学業の教程は、文部省の監督下に統一されていて、国定教科書が義務づけられていたが、教科以外の活動、学芸会などで、モリエールの『タルチュフ』など古典作品にふれた。また、第一次世界大戦時には、フランス人の教師のなかには応召して戦線に送られたものがいて、遠い西欧の出来事が身近にうけとめられた。カトリック教の礼拝堂があり、神父がいる風景を見慣れて育ったことは、違和感無くメキシコに住み、仕事をし、日常生活で触れる人々の生き方・考え方を理解し受け入れる助けとなった。

一　革命の演劇

佐野碩は、第一次大戦後の自由・開放の時代に人格形成を遂げ、一九二三年の関東大震災体験によって、当時の政治や社会に対して批判的な意識を持ったことを共通項とする、日本近代演劇第二世代に属する。特に震災については、後年、メキシコでインタビューに答えて、それまでオーケストラの指揮者になりたいと思っていた彼を、民衆教育のための演劇に向かわせた契機だったと語っている。[5] 前の世代と同じく、西洋近代演劇、特に、ドイツ表現主義やソヴィエトの革命的構成主義、あるいはロシア・フォルマリズムの影響の下に演劇人としての一歩を踏み出した。彼らの多くが外国語に優れ、文献・絵葉書・写真アルバム、後には、映画などを通していろいろな舞台創作方法を学んだ。第一次大戦後の欧米の主要な舞台の動向を現地で直接学び、ドイツやソヴィエトの演劇に触れたことのある村山知義や土方与志など中心的演劇人がもたらした体験や、購読定期刊行物の劇評を通じて追った。

佐野は、特に一九二〇年代のメイエルホリドの革命的フォルマリズム演劇『巡洋艦ザリャー』『吼えよ支那』『トラストD・E』に関心を持ち、ハントリー・カーター[6]などの本を読んで研究し、メイエルホリド流演出家として認められていた。その舞台は、よく統一され、スポット・ライトを効果的に利用してカーテンをあまり使わず、演劇空間に観衆を引き込み、ダイナミックに演出された。しかし、その頃からすでに、佐野はメイエルホリドの一方的な信奉者ではなかった[7]。メイエルホリドの最良のやり方を学びながら、自分の政治的信条に合わせ、仕事場の状況の中で出来る自分の演劇創作を試みた。たとえば、共同演出、集団創作を彼は主張した。メイエルホリドやその弟子のエイゼンシテインは、民衆芸能・伝統芸能に関心をもち、そこから得たアイデアを舞台に生かしたが、左団次の歌舞伎を観て深い関心を持ったという彼等に触発されて、佐野は、歌舞伎役者と一緒に芝居を作る試みもする[8]。これは、佐野自身は失敗作としているが、このような試みは、後年、メイエルホリドの舞台空間の使い方やエラスト・ガーリンなど特徴的な俳優のしぐさやせりふの言い回しを歌舞伎と比較研究するプロジェクトに生かされ[9]、メキシコや他のラテンアメリカ諸国に行っても続けられ、佐野の舞台に反映される[10]。

東京左翼劇場を結成してからは、政治と芸術を結びつけるプロレタリア・リアリズム、弁証法的唯物論に立脚した演出を求めて研鑽を積んだ。また、徳永直著・村山知義演出の『太陽のない町』の創作過程の徹底的な研究に見られるように、舞台研究の独自の方法を編み出していった。これは、ソヴィエトでの演出家メイエルホリドの創造過程研究の基盤となる。

佐野の日本における革命演劇家としての活動は一九二六年から一九三一年にかけての短期間であったが、演出家としてのほかにも、教育者として、新聞雑誌の編集者・著者・翻訳者、特に欧米の同時代作家の社会的戯曲の紹介者として、ナップ(全日本無産者芸術連盟)・プロット(日本プロレタリア演劇同盟)などの有能な、しかし、共産党の指導、例えば福本和夫の指導に応えて、時に極端な前衛になることもある組織者・リーダーとして縦横の活躍をした。地方公演やオルグ・調査にも積極的に出かけた。一九二八年六月十四日には、農民学校設置などで知られる新潟木崎村の小作闘争支援公演を行い、同年八月五日から二十四日にかけては、北海道と東北の巡業で各地の警察の妨害を体験した。翌一九二九年十月半ばには、京都でのゴーリキーの『母』などの公演と、一九二三年の大震災直後に憲兵に虐殺された平澤計七が創設した日本労働劇団の調査を神戸でおこなった。佐野の舞台と仕事ぶりは、演劇仲間やプロレタリア文化運動の同志の記憶に鮮明にのこり、多くの自伝やインタビューに記録されていることは、藤田富士男の著書に詳しい。[11]

この時期の佐野の演出を特徴付けるものとして、優れた大衆シーンの扱い、例えば、『全線』における、暴力団員と鉄道労働者の集団の個々の成員の社会的に規定された行動様式などがあげられる。日本を離れる間際に上演された『勝利の記録』では、社会運動としての政治と演劇の有効な結びつきの点で、一つの達成を遂げた。[12] また、日本を離れるにあたって、「きたるべき演出形式は……?」という文章を『帝国大学新聞』に発表しているが(本書第Ⅱ部所収)、その中で研究課題として、コーカサスの山間の国ジョージア(グルジア)の民族性をスタニスラフスキー、メイエルホリドに学んだ演劇方法・システムに取り込んだという演出家、サンドロ・アフメテリに触れている。[13] 民衆にアピールする革命演劇の方法を求めていたといえる。

米国で佐野が体験した重要なことは、ハリウッドで、期待したエイゼンシテインには会えなかったものの、有声映画技術の実際を観察したこと。カリフォルニアやニューヨークに多数の日本人・日系人の左翼支持者がいて、日本の左翼の出版物を購読で支えている事実を知ったこと。ジョン・リード・クラブなど各地にネットワークをもつソヴィエト革命支持団体が、白昼堂々と活動し、『ニュー・マッセズ』のような雑誌が公刊されていること。市民に支えられた演劇上演運動が、スタニスラフスキー・システムを取り入れた本格的な劇団ギルド・シアター（The Guild Theatre）などを育てていて、その分派として、グループ・シアター（The Group Theatre）の結成に見られるように、左翼職業演劇が誕生していたこと[14]。また、労働者の自立演劇が大不況の最中でも活動を続けていたこと。人種差別難民である東欧ユダヤ系エスニック演劇グループが左翼活動をしていることなど、特高の追及から逃れてきた佐野にとって目覚ましいものであった。

ロスアンゼルス到着早々、プロレタリア芸術同盟メンバーの歓迎をうけ、米国共産党委員カール・ヨネダも歓迎会で佐野に会っている。会合の終わりに歌われた「ああ革命は近づけり、ああ革命は近づけり」で始まる「インターナショナル」の歌詞が、佐野が訪れた後では、歯切れの良い佐野・佐々木共訳の「立て飢えたるものよ、今ぞ時は来ぬ」に変わっている[15]。

上山浦路[16]の家に宿を取り、詩人・画家三田穣士（平八）や版画家宮城与徳らの手引きで、ロスアンゼルスやハリウッドのジョン・リード・クラブなどと連絡をとり、その会合で日本官憲による左翼芸術家・芸能人の弾圧の状況を訴え

図１　『プロレタリア芸術』誌 No. 3 の表紙、宮城与徳による「メーデーマーチ Los Angeles, 1931」

た。滞在中、日本では、七月七日に、佐野学ら日本共産党幹部の法廷闘争が始まり、日本語新聞の『羅府新報』も一面に取り上げた。同紙は、六月十九日から、一面に二十回にわたって「日本を語る」という座談会を掲載し、日本から戻ったばかりの早川雪洲や伊藤道郎など五人を呼んで当時の日本をコメントさせているが、その第一回目から、プロレタリア演劇をとりあげ、明らかに佐野のロスアンゼルス滞在を牽制している。早川は、つまらないものだと全く否定し、兄弟が左翼演劇家の伊藤は、今の流行で、芝居はたいしたものではないという。一定の評価をしているのは、木村毅のみ。この木村は大衆党の支持者で、同じ頃、共産党系の日本人に論戦を挑んでいる[17]。その後、ニューヨークへ行く途上、七月二十五日には、シカゴのジョン・リード・クラブの会合にでて、即興で話をしている[18]。

佐野が七月末に初めて見たニューヨークは、貧富の極端な矛盾を示していた。一方で、第一次大戦後、世界経済の中心となり、繁栄の象徴としてのエンパイアステートビルが、その年の五月一日にはオープンしていて、ファッションやショッピングの新市街ミッドタウンや、世界ショウビジネスの中心ブロードウェイには人が溢れていた。しかし、他方では、失業労働者のデモ、農業労働者のスト、黒人や外国人移住労働者への人種差別に対する抗議集会など深刻な社会問題が発生していた。ヨーロッパの国々から戦火を逃れ、あるいは東欧のユダヤ人迫害の犠牲者として移住してきた人々や、飢えと軍閥の横行を避けて、あるいは自由を求めて渡米してきた中国人らが集住するマンハッタンには、少数の日本人労働者も住んでいて、主に、港湾労働者、レストランのコックや下働きをしていた。これらの人々は、大恐慌下、真っ先に解雇の対象となった。無権利状態の彼らを擁護し、市民権運動を支持した米国共産党は、彼らの拠り所であり、日本人コミュニティの中にも、画家の石垣栄太郎、同じく画家でコックをしていた白井文平、石垣のパートナー田中綾子（松井はる）など共産党員やシンパが、片山潜らの伝統を継いで、影響力を持っていた[19]。

一般に、一九二〇年代後半から一九四〇年代始めにかけて、ニューヨークの知識人、芸術家たちの多くは左翼的な立場をとり、『ニュー・マッセズ』や『ニュー・シアター』あるいは、『デイリー・ワーカー』紙で紹介される革命ドイツ・ソヴィエトロシアの前衛芸術に関心を寄せた。遠い日本から左翼前衛演劇のニュースをもたらした佐野は、石垣たちや『ニュー・マッセズ』のマイケル・ゴールド等から歓迎され、短期間の滞在にもかかわらず、縦横の活動を行う。謄写版刷りの『労働者演劇』誌に、六月に国際労働者演劇連盟第一回評議会でプロットを代表して報告する予定だった「ファシズム日本の革命演劇」という文章を寄せ、[20]『ニュー・マッセズ』八月号には、日本プロレタリア文化連盟（コップ）についてのベラ・イレス著の文の参考にプロットについて特に詳しいナップ組織図を提供した。同じ八月号には、米国労働者文化連盟の綱領が「芸術は武器だ！」のタイトルで紹介されているが、その中に、レーニンの言葉として「芸術は民衆のものだ」が引用されている。[21]次の九月号には、八月一日の平和のためのデモに参加した佐野がワシントンスクエアで撮ったという小さな写真がのせてある。さらに米国の主要な演劇雑誌『シアターアーツ・マンスリー』（月刊演劇芸術）には、東京左翼劇場、新築地劇場を中心に日本の左翼演劇を紹介する八枚の写真入りの文を発表した。二つの劇団の他にも、全国各地に一〇の左翼劇団があるとし、『勝利の記録』については、佐野、杉本、西郷ら三人の共同演出であることを強調している。なお、歌舞伎の花道が観客を舞台に引き込むためにいかに有効であるかに触れていることは、注目される。[22]

八月後半には、船でロンドンに向かい、パリを経てベルリンに到着するが、その途中で、九月十八日、日本が満州侵攻を開始したことを知る。ドイツでは、待ち受けていた千田是也等左翼日本人グループに迎えられ、早速、十月九日から十五日にかけて開催された、国際労働者救援会の大会での、中国人民との連帯をアピールするアジ・プロ演劇『中国の兄弟を救え！（Helft den chinesishen brudern）』の準備に取り掛かる。これは、揚子江氾濫被害者救援に託して中国人民との連帯を訴えたもので、佐野もプロットの旗をドイツ共産党指導下のユング・ガルデ（青年親衛隊）に舞台上で手渡すという役で出演もした。その後、千田の後任のプロット代表として、一年弱滞独し、ユング・ガルデや在独アジア人留学生のアジ・プロ演劇、労働演劇運動などに積極的に関わった。当時、労働者向けの大衆酒場の一角に設けられたステージで演じられた、歌と踊りとセットしたシュプレヒコールや政治寸劇が盛んだったが、佐野も、仲間と一緒に『中国の兄弟を救え！』などの作品を持って回った。その間に知り合ったドイツ共産党の指導者の何人かには、後に、メキシコで再会する。千田是也が関心を寄せたブレヒトの工場労働者との集団制作や、ピスカートアの政治演劇・民衆舞台を研究しただけでなく、ドイツ表現主義舞台を代表するレオポルド・ジェスネル、カールハインツ・マルティンの演出やマックス・ラインハルトの舞台も学んだと、一九三九年メキシコ入国の際提出した履歴書に記している[23]。

ソ連には、まず一九三一年十一月に、日本に帰国する千田是也と共に革命記念日参観の観光客としてモスクワを訪れ、片山潜、野坂参三と連絡を取り、また、初めてモスクワ芸術座のスタニスラフスキー演出の舞台を観て深く感動する。ベルリンに戻ると労働者演劇の活動を再開し、ドイツ共産党に入党を申請する[24]。翌年四月には、東京左翼劇場「志村夏江」上演初日に、主演女優平野郁子（佐野の妻、高橋二三子）が舞台から直接逮捕され、演出家杉本良吉は地下にもぐったというニュースを受け取る。その前後には、ナップが改称されたコップ関係の作家・芸術家が多数検挙されて、佐野が千田らと呼応して進めてきた国際連帯の革命文化運動は、大打撃を受ける。五月には、赤色救援会パリ支部刊行の *La Defense* に、「日本のテロ」という文章を寄稿して抗議する。六月には、国際革命作家連盟日本代表勝本清一郎とともに海路レニングラード経由でモスクワに向かうが、仁木という偽名のパスポートで入国したため、コミンテルン日本代表野坂参三の指示でベルリンに戻り、パリで与えられた任務を果たした後、十月九日に鉄道でモスクワに到着、このことを『イズベスチヤ』紙が報じた[25]。

十一月からの国際労働者演劇連盟第二回拡大評議会にプロットを代表して参加、「日本の革命演劇——職業演劇と自主演劇の協力について」と題して報告した。この評議会の前に、階級路線に立ち、自主演劇を基盤として職業演劇にも大きな影響力を発揮してきたラップやヴァップが、ソ連共産党中央委員会の決定により解散され、全ソ作家同盟が組織され、社会主義リアリズムが目標とされ、党の指導が強化されるが、日本の例は革命職業演劇家の主導を示すものとして高く評価され、改称された国際革命演劇連盟書記局メンバーとして選出される。その後の八カ月間は、主として、一九三三年五月に延期して行われる国際労働者農民演劇オリンピックの組織に関わり、その後、六月には、佐野も奔走して実行された国際演劇創作者会議に、ソ連邦や欧米諸国の演出家と共に、土方与志やサンドロ・アフメテリを受け入れた。その間、モスクワTRAMなど、ソ連の労働者演劇、アマチュア演劇との組織上の仕事が主だったが、モスクワの舞台を観て回り、演劇人、特に国際革命演劇連盟に所属していたメイエルホリドとは出会いがあったと思われる。帰国した千田是也らとの緊密な連絡による国際革命演劇連盟書記局メンバーとしての佐野の大車輪の活動は、一九三三年六月の佐野学の転向と一九三四年にかけてのプロットなど左翼文化運動組織の壊滅という事態により頓挫し、国際革命演劇連盟書記局員を辞任し、主に演出研究に従事する。佐野が担当していたアジア・南北アメリカ地域委員の仕事は、ガリーナ・ヴィクトローヴナ・ボリソワが受け継ぐ[26]。また、学の転向声明後、佐野碩は、ソヴィエト政治警察（NKBD）の監視下におかれる。

二　抵抗の演劇

一九三三年六月以後、一九三七年にソ連を出されるまでの佐野の演劇活動を「抵抗の演劇」前期とする理由は、第一に、佐野が叔父の学や父からの帰国を促す手紙、妻三三子を送っての説得の計画などに抗して、「家」をことして転向を図る日本天皇制国家の意思に抵抗したこと[27]。一九三四年五月十九日付の佐野彪太宛の手紙で、学は、二三子が自分は碩を迎えに行かないほうが良いといっているそうだが、是非、碩を帰国させるようにと薦めている。前年春ごろ、父母の奔走で佐野家に宅受けされている妻二三子に、碩が離縁状を送っていたこともあるが、彼まで転向させようという働きかけに二三子は同志として、協力しなかったといえる。(28) 第二に、独立した人格として自己の演劇を追求する芸術家メイエルホリドが、スターリン体制の確立・浸透の時期にいかに創造の自由、人格の尊厳を貫こうとしたか、その側にいた佐野は、そんなメイエルホリドの創造の記憶をのこすために努力したこと。

一九三七年八月からの中期は、コミンテルンの反ファシズム人民戦線路線にそってモスクワ、パリ、プラハ、ニューヨーク、メキシコと舞台を変えながら、国際革命演劇同盟解消後も、各国の在住日本人を含む共産党系左翼演劇・映画人、亡命ドイツ人などのネットワークを通じて演劇組織・創作活動に、積極的に携わっていく。

一九三九年五月からの後期は、メキシコに政治亡命したことで、野坂らが佐野に期待した米国日本人コミュニティでの組織活動は果たせなかったが、メキシコの革命作家芸術家同盟のメンバーや、亡命ヨーロッパ人と協力して、民衆のための左翼演劇運動を展開し、メキシコが対枢軸国宣戦布告した後は、労働者大学の支持をえて、アジ・プロの「ラ・ビクトリア」小隊を結成して、メキシコ市近辺から遠くシナロア州まで、各地に移動演芸団を送り込んだ。(29) 一九四三年頃からは、戦時下米墨文化協力政策により飛躍的に発展しつつあったメキシコ映画の制作に協力を要請され、もともと関心があったことであり、また、生活の糧として、映画俳優の養成と役づくりの指導に当たった。

以下、各期をより詳細にみていく。

佐野が正式に国立メイエルホリド劇場の客員研究員として、演出創造過程の研究のための演出助手に任命されるのは、一九三四年の一月で、一九三七年五月に契約が解消されるまで、メイエルホリドの家での演出会議や読

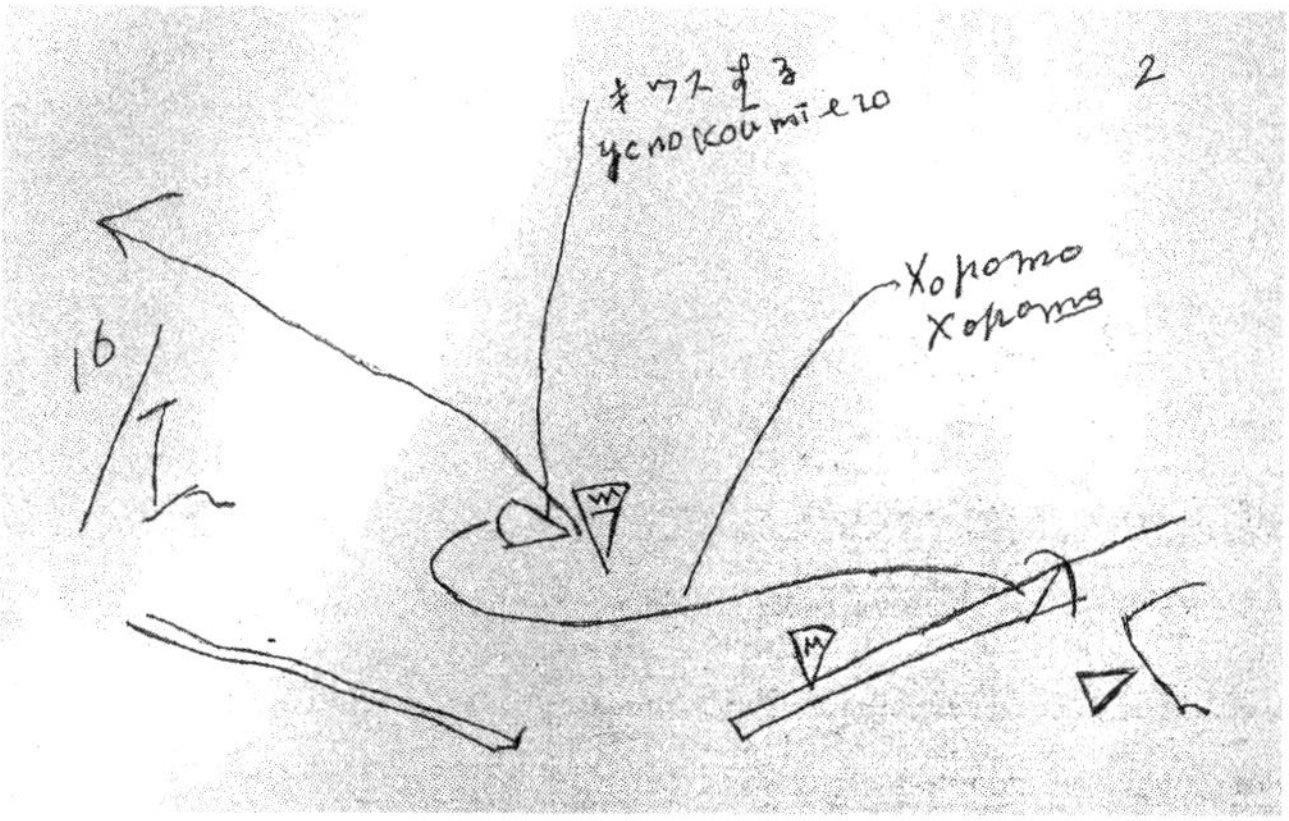

図２　日本語とロシア語が入り混じる走り書き

み合わせ、舞台稽古に参加し、初日から上演期間の一定の時期での舞台や観衆の反応の記録をとり、その結果を「マステル」（師匠）と呼ばれていたメイエルホリドや役者が舞台に反映できるようレポートを用意した。もっとも、これは、俳優たちには歓迎されなかったようであるが。国立メイエルホリド劇場演出研究所（ＮＩＬ）で働いた三年半の間、一貫して研究に従事したのは、佐野のみであった。[30]『椿姫』と『三三回の失神』の三三冊以上に及ぶ演出の諸段階の報告・記録は、メイエルホリドの晩年の数年間の創作活動を知る貴重なデータであり、創造過程の綿密な記録を残すことで、存在を抹消しようとするスターリン権力に抵抗した。佐野はその抵抗の一端をになった。[31]

メイエルホリドに呼ばれて一九三五年から演出助手をしていたプルチェク[32]によると、佐野は、国立メイエルホリド劇場の俳優養成所の学生たちを組織して、モスクワのレパートリーで「珠玉の作品」とされていたヴァフタンゴフ演出の『トゥーランドット姫』や、メイエルホリドが演出し、革命劇場で上演されていた『森』『検察官』や『寛大なるコキュー』の上演記録を作成していたという。一九三四年には、プロットが国際労働者農民演劇オリンピック参加作品と決めていながら、弾圧のために実現できなかった『志村夏江』を、モスクワＴＲＡＭの若者たちと作成した。これも、一つの抵抗であった。その

図3　『ニュー・シアター』誌「食料労働者メイデイ」特別号表紙、ニューヨーク、1934年4月25日

夏には、土方と共に、第一回全ソ作家会議にコップ日本代表として参加する。その印象記の中で、ブハーリンが党や政府を代表してではなく個人としてソ連邦の詩人の評価をしたこと、会議が社会主義リアリズムを採択するにあたって、ラップ等が階級性・政治主義から文学を解放して創造の自由と独立を主張したことを受けとめ、プロットやコップの壊滅を眼にして政治に全面的に依存した芸術のもろさを自覚していた佐野は、自己批判し賛同している。この文章は、土方の報告や主要な参加者の似顔絵と発言の要旨とともに、「芸術は民衆のものだ」というタイトルで国際出版社から翌年三月に日本語で出されるが、ブハーリンやトロツキー派の作家に触れているため、配布を差し止められる[33]。

佐野は、つとめて日本の同志や米国の知人と連絡を取り[34]、一九三四年六月には、国際革命演劇同盟書記局内の会合で、プロットとコップの危機的状況について報告し、さらに情報を集め確認した上で、一九三五年五月十五日に、その壊滅を正式に報告する。同年、演劇創造家会議が開かれ、同じように基盤を失った、土方、ピスカートアなどと国際革命劇場を作り、公演して回る構想が提案されるが、すでに国際革命演劇同盟など大衆組織解体の方向で動き出していたコミンテルンの支持を受けることは出来ない。この年六月パリにおいて、反ファシズム人民戦線の路線にそった、第一回文化擁護のための国際作家会議がひらかれる。

一方、国立メイエルホリド劇場は、モスクワ市レパートリー委員会などからリディア・セイフーリナの『村の窓』による『ナターシャ』の台本が却下されたり、ニコライ・オストロフスキー原作『鋼鉄はいかに鍛えられたか』による『唯一つの命』のように舞台稽古の段階で中止になったりで新作が出せないために、予算を削られ人員縮小を余儀なくされていて、一九三六年にメイエルホリドは、佐野に契約解消を提案するが、懇請を入れて、更新する。[35] この年の春、二月に成立したスペイン人民戦線政府の文化使節の一員として、作家で演出家のラファエル・アルベルティが劇場を訪れた。メイエルホリドは、早速、この頃建設が進行中であった、新劇場の現場に一行を案内し、佐野も同行している。その数カ月後、フランコ将軍の反乱を契機にスペイン市民戦争がはじまり、フェデリコ・ガルシア・ロルカが、反乱軍支持の村人に惨殺される。各地の大学を足場に〝芝居小屋〟座（La Barraca）を率いて民衆に親しまれる新しい芝居を作り、ロペ・デ・ベガなど古典の新解釈による演出をした彼の死は、ナチ・ファシズムのフランコ援助で危機に立つ共和国への左翼演劇人の同情を呼び、支援の演劇・映画作成に駆り立てた。

一九三四年十二月一日には、共産党レニングラード支部書記長で人望のあったキーロフが暗殺され、それを契機に、スターリンの反対派弾圧が一段と強化される。党指導部の批判をする者だけでなく、不満を持つ者、何かの手違いや誤解を受けた者がだれかれとなくラーゲリに送られるようになり、第二次五カ年計画達成のための労力調達の手段化される。佐野の同僚で、一緒にメイエルホリドの創造過程の研究方法を編み出した優れた演出家レフ・ヴァルパホフスキーもそんな犠牲者で、身に覚えのない使い込みの責を負わされて、解雇される。[36] 佐野は歌舞伎とメイエルホリドの舞台との比較研究のプロジェクトを作成し、彼をメンバーに入れるようメイエルホリドに提案するが入れられず、ヴァルパホフスキーはラーゲリに送られる。その年秋には、レニングラードで客演中のサンドロ・アフメテリが反対派として逮捕され、間もなく処刑される。一九三六年には、第一次モスクワ裁判によって反対派弾圧が一段と進み、レーニン没後スターリンと結んで指導権を握ったトロイカのジノビエフとカーメネフ、およびスミルノフなどがソ連政府を転覆させようと試みたとして処刑され、翌一九三七年一月の第二次モスクワ裁判では、ピャタコフなどがトロッキーの指示で同様な試みをしたとして処刑。十月革命の主要な指導者は、ほとんどいなくなった。国外追放の上、ソ連邦国籍を剝奪されたトロッキーは、出廷を希望したにもかかわらず、両裁判とも欠席裁判で、死刑を言い渡された。トロッキー創設の赤軍の劇団の指導を受け持ったこともあるメイエルホリドにとっても、日本で「文化と革命」などの論文を読んでいた佐野にとっても、無関心ではいられない事件だった。

そんな状況下で佐野は、メイエルホリドの演出の克明な記録をとる作業を続け、エイゼンシテインの国立映画研究所で演技指導の授業をしたり、仲間の監督たちの仕事に協力しながら、映画づくりの実際を学んだ。一九三五年夏には、アレクサンドル・P・ドフチェンコ監督の『アエロゴロド』という日本のシベリア侵攻を想定した劇映画に協力し、日本軍人のスパイがシベリアの一寒村で村人に捕まって切腹する場面を演じる朝鮮人の俳優に演技指導した。また、その頃スタニスラフスキーは、〝スタニスラフスキー・システム〟が、社会主義リアリズムの教条化されていることには無関心で、健康を理由に自宅で少数の俳優の養成をしつつ、新しい俳優養成法、演技創出法、演出方法をまとめていたが、秘書としてその授業の記録を克明にとっていたゴルチャコフは、国際革命演劇同盟の仲間でもあり、佐野も招かれて教えたことのある国立演劇研究所の教授でもあって、スタニスラフスキーのシステムを学ぶための助力を得たものと思われる。彼は、ワフタンゴフの演出演技創造過程の記録も編集出版している。[37]

この年の夏、コミンテルン第七回大会が開かれ、人民戦線路線が採択された。米国で対日宣伝活動を組織していた日本代表の野坂参三は、この会議に参加するために戻ってきて、代表代理の山本懸蔵との間で、佐野を米国西海岸在住日本人を対象とした文化運動の指導者として送り込むことが話し合われた可能性がある。一九三六年末には、コミンテルンの改組に伴って、国際革命演劇連盟は解体される。

一九三七年春、メイエルホリドの芝居の作曲もしたことのあるショスタコーヴィチが[38]、レニングラードで初演し好評を得たオペラ『ムツェンスク郡のマクベス夫人[39]』がモスクワでも上演されたが、スターリンも観たことがきっかけで、このオペラが禁止されただけでなく、全面的な形式主義・自然主義批判キャンペーンに発展した。矛先は、メイエルホリドやモスクワ芸術座第二スタジオに向けられ、前年、レニングラードの公開の場で自己批判を強要され、自身の演劇と〝メイエルホリド追従者〟の演劇の違いを主張するなど、苦しい立場におかれていたメイエルホリドを一層締め付けた。五月二十日、国立メイエルホリド劇場との契約が切れた佐野は、ソヴィエト滞在のビザ更新が出来ないことになり、コミンテルン日本代表代理山本懸蔵との話し合いで、米国日本人コミュニティで反ファシスト人民戦線の仕事をするために、パスポート、ドイツ共産党日本語支部関係文書などを返される[40]。米国大使館でビザを申請するが、日本政府からのビザ停止の要請が米国国務省に出ていて、拒否される[41]。

八月、フランスへ到着してからは、既にパリに移り住んでいた国際革命演劇同盟の仲間エルヴィーン・ピスカートアなどを通じて亡命ドイツ人グループや米国共産党・左翼芸術家と連絡をとり、ナチズム、ファシズム、日本天皇制軍国主義に抵抗する国際的な人民戦線の活動家として、演劇・映画関係の連帯活動を推進する[42]。人民戦線政府下のフランスには、さまざまな国の左翼知識人・芸術家が集まって来ていて、特に、スペイン共和国擁護のために国際義勇軍が結成されてからは、国境近くの小都市ペルピニャンが重要な連絡地点となる。佐野がドイツ共産党に入党申請した時に、党文化担当書記であったエスペランティストの軍事専門家ルートヴィヒ・レンは、マドリード防衛義勇軍テールマン大隊の指揮をしていた。

米国では、共産党員のほかにも広くキャンペーンに応じた人々が参加し、医者や看護婦の小隊が組まれ、武器や車輛・資材を送るための募金活動が各地で繰り広げられ、時事報告の寸劇やシュプレヒコール、ニュース映画、記録映画が上演・上映された。これら連帯の演劇・映画制作には、佐野が知己の『ニュー・マッセズ』や『ニュー・シアター』に集う芸術家たちが参加していて、TAC（Theatre Arts Committee）や映画人の組織MOTOCOを作って資金確保に協力していた。

一九三七年七月には、スペイン共和国の臨時首都とされたバレンシアで、第三回文化擁護のための世界作家会議が開催され、ソ連はじめヨーロッパ各国、米国、チリやメキシコなどから多数の作家、芸術家、報道人が参加している。ドイツ・イタリアのスペイン介入に関して、ヨーロッパ諸国は中立協定を結んで不介入の立場をとり、直接軍事援助を行ったソ連の他には、唯一メキシコがいくらか武器を送って共和国を支持し、マドリード陥落の後には、大量に亡命者を受け入れた。そのメキシコで一九一〇年から一九一七年にかけておこった革命とその後の文化復興運動は、海外の左翼芸術家の間では広く共感をもって知られていた。特に、パリやニューヨークでは、一九三六年から三七年にかけてシケイロス、ディエゴ・リベラ、オロスコなど主要な画家の展覧会が開かれ、作家や作曲家の紹介や講演が行われていた。[43]メキシコ政府は、フォークロアを素材に歌やダンスをアレンジした舞踏劇『メキシコ・レヴュー』欧米公演を企画していて、その演出を、世界一流の演出家に頼もうと、一九三八年にピスカートアを招聘した。[44]

フランスでも佐野は、渡米のために、十月には米国ビザを申請するが、日本政府の介入で拒否される。佐野・土方がパリに到着した当初、日本の新聞は、「スターリン粛清の被害者ソ連脱出」として、好意的に報道したが、両人による否定と日本の中国侵攻拡大糾弾声明の後、敵対的な論調になった。[45]その頃、スペイン内戦やナチの侵攻の脅威にさらされる近隣小国の記録映画を撮るために、ハーバート・クラインやジョリス・イヴェンスが米国からよく来ていて、佐野がペルピニャンまで出かけたのも、『スペインでエイブラハム・リンカーン部隊と共に』

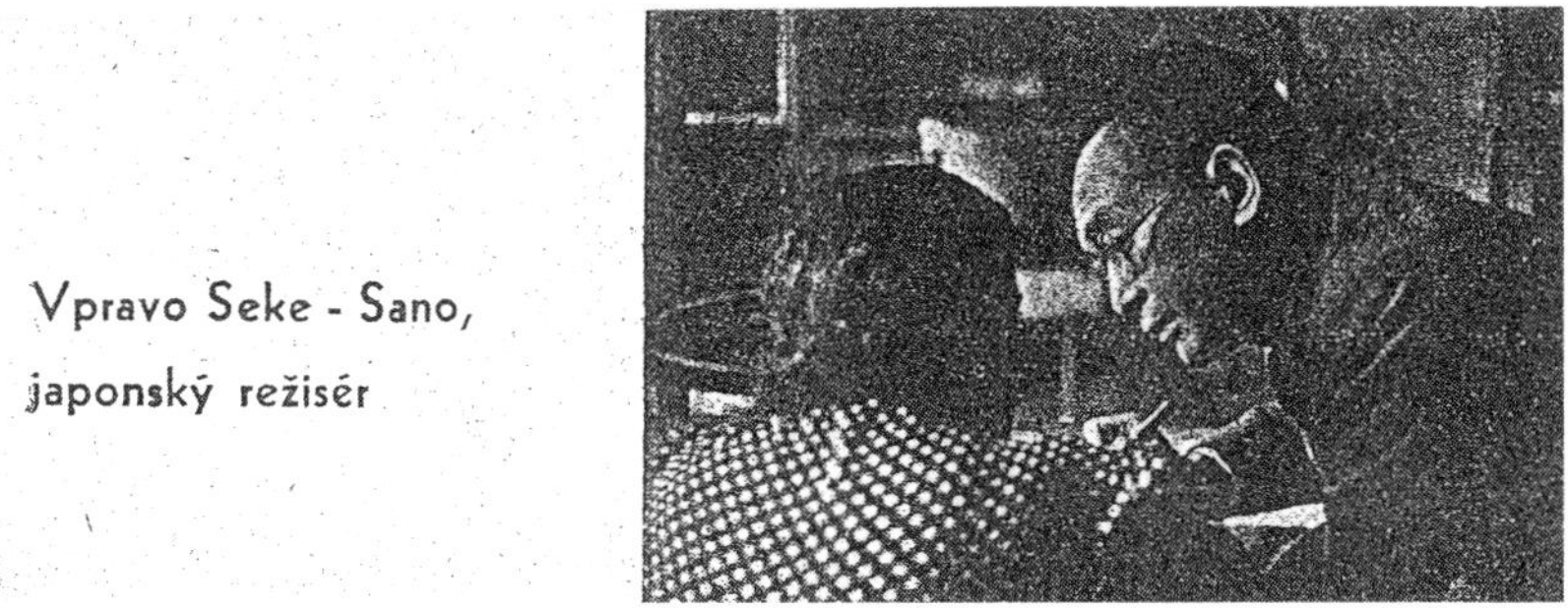

図4　雑誌『D39』は、反ファシズム演劇人会議に出た佐野を写真入りで紹介している。

という記録映画撮影から戻ったクラインと落ち合うためだったとも考えられる。引き続きナチドイツが窺うチェコスロバキアのズデーデン地方の状況を『危機』という記録映画に撮るクラインに、佐野は現地で協力している。七月に再度プラハを訪ね、国際革命演劇連盟の仲間の演出家ブリヤンが組織した反ファシズム演劇人会議に参加するが、その際、クラインの協力と米国共産党の支持で、米国大使館でのビザ取得に成功する。[46]佐野がパリのホテルに居たある日、ガリーナ・ヴィクトローヴナからの電報で、幼い娘の死を知る。[47]

八月半ば、土方家から旅費と入国時の保証金を借りて、ニューヨーク行きの船で発つ。日本政府の介入で入国を拒否され、エリス島の移住者収容所にしばらく足止めされるが、石垣栄太郎たちやニューヨーク左翼演劇人の要請で出されたアメリカ市民権擁護協会（American Civil Liberties Union）の再審査要求が通り[48]、九月二日には、ロペ・デ・ベガの古典『フエンテオベフナ』を演出するという目的で六カ月の滞在ビザが出され上陸する。十月一日には、イースト河畔のリタ・ハッサンの家で、モリス・ヒュートン、ボビー・ルイス、エドナ・オッコ、リー・ストラスバーグ主催のレセプションがあり、その招待状や、佐野を紹介する新聞記事には、演劇制作（プロダクション）を研究に来たとある。恐慌下にハリー・フラナガンが推進した連邦演劇プロジェクトは、WPP（Work Progress Project）の強力な支持をうけて、全国の労働者、農民、黒人など被差別民族居住地域も含めて展開され、アジ・プロ形式の社会教育・時事報道演劇、労働者自主演劇運動、社会的リアリズム創作演劇に弾みをつけ、グループ・シアターの他にも、ブロードウェイでの興行が成り立つような優れた作品、たとえば、裁縫労働者の演劇集団が制作した『留め針と縫い針』などが生まれた。そのような状況を背景に、左翼演劇の有能なプロデューサーがニューヨークやハリウッドで活躍していた。

佐野がグループ・シアターの若手や労働劇団の役者を集めて演出した『フエンテオベフナ』は、実際、翌年三月九日に報道人向けのプレヴューがブロードウェイの劇場で行われた[49]。モスクワを発ってから初めての佐野の作品がどんなものであったかは、残念ながらまだわからない。後に、メキシコで労働者大学の一廓で演劇を教え始めた頃、『フエンテオベフナ』の一部を上演している。同じ頃、『ニュー・マッセズ』や『チャイナ・トゥデイ』の編集者やTACの演劇人と中国抗日運動支援資金カンパのための『中国キャバレー（China Cabaret）』にも参加している。『TACマガジン』誌一九三九年一月号に出た広告によれば、二月五日と十二日の日曜日、午後四時半からニューヨーク・ミュージック・ホールで、と同月六日と十三日の月曜日、夜中一一時四五分からニューヨーク・オペラハウスでの予定で、中国で抗日戦争の記録映画『四億人』を撮って公開したばかりのジョリス・イヴェンスや、モスクワで古典バレエを学んで夫ジャイ・レイダ[50]と共にニューヨークに到着して間もない中国人舞踏家、スリラン・チェンなどと佐野が企画したものだが、これも具体的な内容はわからない。しかし、他のプログラムを参考に推測してみることは出来る。TACキャバレーは、もともと、スペイン内戦義勇軍派遣資金をつくるために、演劇・舞踏・音楽関係の芸能人有志が、バラエティ・ショーに時事ニュースや政治風刺の即興寸劇を組み合わせた出し物に無料出演して募金したもので、例えば、一九三八年十一月十六日日曜日の夕方五時から八時まで、ニューヨーク・ミュージック・ホールで、行われた出し物は次のとおりだった。

「スデータンワルツ」サム・モルゲンステルン新作歌謡、イラン・シャーマン唱

「デイエス委員会」　風刺スケッチ
「二セントで」　歌とスケッチ
「ファシスト飛行士」　歌謡
「ヨークビルに迫るハーグ」　スケッチ
「ローレライ」　歌謡
「宣伝大臣」　踊り
「時代は変わった」　コーラス
「チャンベラン式匍匐」　歌と踊り(51)

スペイン共和国敗北と共に、連帯の重点が中国人民の抗日運動支援に移っていった。佐野の活動も、アメリカ中国人民の友の会やそれを発展させたアジア太平洋研究会などに関係したものが多く、前者主催の十月のフォーラムでは、〝祖国日本は、いつまでも盲目では居られない〟と話し、松井はる（石垣綾子）が編集委員に加わっていた『チャイナ・トゥデイ』誌に「我が日本人民は、いつまでも盲目ではいられない」と改題して発表している。(52)後者の定期刊行物『アメラシア』にも寄稿した。『TACマガジン』十一月号では、東京の街角でみかける子供向けの紙芝居「さるかに合戦」が、いかにファシストのプロパガンダに利用されているかについて紹介している。また同号は、チェコの特集を組んでいて、プラハの政治演劇や、ハーバート・クラインが制作したチェコの危機の記録映画などを紹介していて、この特別企画に佐野碩の協力を得たと巻頭に記されている。十二月の末には、メキシコからピスカートアがニューヨークに到着し、当時、ヨーロッパからの亡命知識人・学者を積極的に受け入れていたニュー・スクール・フォー・ソーシャル・リサーチで劇作家・俳優養成ワークショップを始める。(53)佐野は早速TACに参加するよう連絡するが、両者の政治的活動についての立場は次第に離反していく。しかし、お互いの仕事への関心と好意は持ち続ける。

六カ月のビザの延期を申請するが、叶えられず、石垣栄太郎が高く評価する壁画運動の国、エイゼンシテインを魅了し、スペイン共和国を支持しているメキシコに行ってビザを更新することにする。メキシコ行きの準備として、『フエンテオベフナ』のプレヴューに来ていた画家ルフィノ・タマヨにメキシコ政府からの招聘を受けるための連絡を依頼するが、タマヨの佐野評価は否定的で、芸術部長のセレスチノ・ゴロスティサからは、予算が無いという理由で断られた。ピスカートアから、メキシコの演劇人やドイツ系亡命芸術家数人への紹介状をもらい、四月下旬に〝メキシコ丸〟でニューヨークを出港し、ハバナで一泊して、ベラクルス港には二十六日に到着する。乗船リストには、アメリカ人秘書を伴った日本人興行家と記されていた。しかし、ここでも日本政府の要請で、入国管理官に船上で足止めされるが、予期したことだったので、早速、ニューヨークやハリウッド、パリの友人・同志に電報を打って援助を求める。(54) 例えば、二十七日発のピスカートア宛の電報には、次のようにある。

ベラクルス港でメキシコ丸船上に足止めを喰う。日本領事館の特別な要請によるようだ。日本送還の可能性がある。ゴロスティサに助けを頼んでくれ。碩

(Detained aboard SS Mexico at Veracruz Possibly thru special Japanese consulate instructions stop May face deportation to Japan stop Ask Gorostiza for help Seki)(55)

間もなく、高名な芸術家、芸能人からカルデナス大統領宛に、佐野を政治亡命者として受け入れるようにという請願の電報が次々と届くようになり、米国共産党書記長ブラウダー、コミンテルン日本代表の野坂参三等の援

助もあって、メキシコ共産党員で、かつ、カルデナスが結成したPRM（メキシコ革命党）の幹部でもあるアレハンドロ・カリーヨ、労働組合統合を進めてカルデナスの信頼厚い、労働者大学長ビセンテ・ロンバルド・トレダノ、メキシコ共産党員で画家のハビエル・ゲレロ[56]を受け入れ人として、一週間後には上陸を許され、メキシコ市に到着する。ベラクルス港の日刊『ディクタメン』紙は、五月三日付で、「テロリストではなかった、演出家だ」の見出しで入国許可を報じている[57]。

船上で裁許を待つあいだに佐野がジャイ・レイダに出した第一信から、全部で六通の書簡が残されているが、始め、米国に戻ることを期待していた佐野が、次第にメキシコの現実に引き付けられ、積極的に仕事に取り組んでいく様子が跡付けられる。経済的には苦しく、ジャイから送金された一〇ドルでバナナ食から解放されると感激している。政治亡命者としての入国手続きが完了するまで二カ月ほどかかり、その間に、インディオが住民の大半を占める銀鉱の町タスコに遊びに行って[58]、絵葉書を送ったりしている。その内、労働者大学やメキシコ労働連盟（CTM）を通して仕事が提供され、佐野の要請をいれて、メキシコ電気労組（SME）の新ビルに予定された大ホールが劇場の機能を持つよう変更されるなど、次第にメキシコの現実にコミットしていく。ニューヨークとの係わりでは、一貫して、『シアターアーツ・マンスリー』に送った歌舞伎とメイエルホリドの舞台の比較研究の論文がどうなっているかを問い、発表されることを強く希望していたことが窺える。メキシコ滞在が長引くと知ると、同誌の一九三八年八月のメキシコ演劇特集号を送るよう依頼している。レイダが関係している、中国抗日戦線支持に関しては、多少付けたし風に、メキシコではまだ弱く、日本の浸透が強力だとして、中国友の会を再編する必要を指摘している。

政治亡命者としてのビザを得た佐野は、革命作家芸術家連盟（LEAR）のメンバーで、バレンシアの「文化擁護のための国際作家会議」にもいったガブリエル・フェルナンデス・レデスマの家に受け入れられ、メキシコ政府の庇護と労働者大学の支持のもとに、早速、仕事にとりかかる。[59] 芸術局の要請で、芸術宮殿に開設された演劇コースで、後に新しいメキシコ演劇を共に作り出していくイグナシオ・レテス、ホセ・ヘラダ、ラファエル・ビヤセニョール、マリア・ダグラスなどのグループの指導を始める。同時に、メキシコ電気労組[60]に全体劇場、総合演劇の「芸術劇場」プロジェクトを提出し、受け入れられる。さっそく、LEARの画家ハビエル・ゲレロ、人形劇団を率いるヘルマン・クエトなど多数の作家・芸術家たちの協力を得、芸術宮殿のグループから劇団員を選び助手として準備を進めた。翌年の四月には、民衆の劇場を作る必要を労働者大学で説いている。五月二十日には演劇学校が開校され、六月には教育省から、三人の教師と三三人の学生で構成される演劇学校長に任命される。上級の演技の練習には、チェーホフの小品、『フエンテオベフナ』やクリフォード・オデッツの『レフティを待ちながら』の一部などが使われた。

最初に上演された作品は、共同制作の舞踏劇『女大佐（ラ・コロネラ）』。一九四〇年十一月末に初演され、メキシコ・モダンバレエの画期とされる『ラ・コロネラ』では、革命の最良の部分を象徴する女大佐を除いて、地獄の大口に飲み込まれていく老若男女、あらゆる社会階層のひとびとの姿に、集団制作の共作者の一人として加わったレデスマが長らく研究してきた民衆文化、特に革命戦争前後に人気のあったグアダルーペ・ポサダの骸骨の版画のイメージが全面的に取り入れられている。[61] また、『女大佐』には、革命期のポピュラーな歌「アデリータ」に歌われる美貌で勇敢なソルダデーラ――革命軍兵士の連れあいの、部隊の後を追って行動を共にしながら衣食の世話をした女たち――のイメージが使われる。舞台では、黒子役の俳優が、家具を演じたり吊るした帽子で役者をからかったり、「社交界」を真似る中流下層のコケティッシュな踊りなど、遊びのある場面が、地面から湧き起こる村の女たちの嘆きと怒りの爆発のダンスと組み合わされて、舞踏による大叙事詩を構成している。共同制作者の一人アメリカ人舞踏家ウォルディーンは、伊藤道郎舞踏団のプリマドンナとして日本にも客演したことがあるが、一九三八年の同舞踏団のメキシコ公演以来、古代メキシコ文明と同時代の民衆文化に深い関心を持ち、古典バレエでは充分表現できない感情やエネルギーを、新しいメキシコの舞踊として形象した。ウォルディーンが空間に描く動きにつれて、シルベストレ・レブエルタスが曲を付けていった[62]。この作品で、拮抗する力を持った四人の芸術家が共同制作する楽しさを、佐野は大いに味わった。今でもこの舞踏劇が、メキシコ近代ダンスの出発点とされる所以である。途中、レブエルタスの死により、終章の作曲家がブラス・ガリンドに変わるが、全体のアンサンブルは保たれ、大きな反響を呼び、メキシコ国内のみか、米国各地で客演された[63]。

次に佐野が演出した芝居は、一九三〇年代米国左翼演劇の最高の傑作とされる、クリフォード・オデッツ作『レフティを待ちながら』で、一九四一年五月十七日に、スト中の市電組合ホールで上演された。三つの独立したストーリーをつなぐ構成なので、佐野は、俳優養成の教材としてその一つのストーリーを選んでは、後々までよく使った。当時、ヨーロッパの知識人や芸術家が多数亡命して来ていたメキシコには、米国の作家スタインベック、写真家・撮影監督のポール・ストランドなど多くの左翼芸術家が仕事や講演で訪ねて来ていて、オデッツも一九四〇年の始めに労働者大学で、民衆の劇場の必要について話をしている。

メキシコには、佐野がドイツで活躍中に知り合ったルートヴィヒ・レンやバウハウスの建築家ハイネス・メイエルなどの同志達が亡命して来ていて[64]、ミチョアカン州の州都モレリアに受け入れられていた。彼らの要請と協力もあり、チアパス・インディオ搾取の過酷さと解放のテーマを扱う、B・トラベンの『吊るされ者の反乱』を佐野碩と助手たちで脚色・制作し、メキシコ市より先に、モレリア市設立四百周年記念の祝典[65]の主要な出し物の一つとして、一九四一年五月十九日オカンポ劇場で初演した。その年十一月末には、ロンバルド・トレダノが主催する、ラテンアメリカ労働連盟の第二回大会がメキシコで開かれ、歓迎会の余興に、『吊るされ者の反乱』がメキシコ電気労組の新しい劇場で上演された。階段で結ばれた舞台と客席を縦横に使った反乱の場面が大変効果

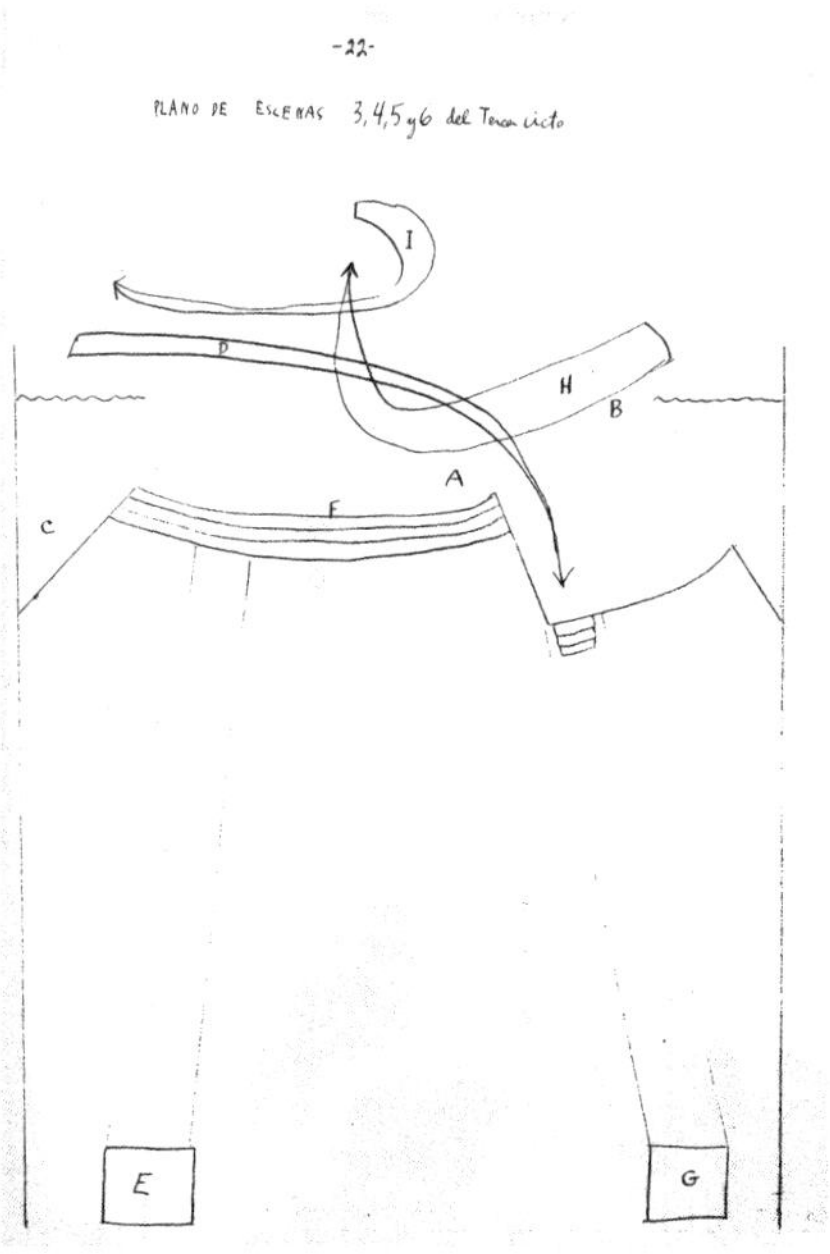

図５　反乱の場の演出プランに示された動線

的だったといわれる。

その一週間後、日本の真珠湾攻撃により、日本大使館は事実上閉鎖される。翌一九四二年の二月には、ＰＲＭ主宰の一九一七年憲法制定二五周年記念祝典に、ケレタロ市に呼ばれて行き、上演。さらに、モレリアまで足を伸ばしているが、演劇集団の中に、政治的宣伝活動を主としていこうとするホセ・ヘラダらのグループと、職業演劇家として立っていこうというイグナシオ・レテスやマリア・ダグラスのグループとが対立し、佐野は、前者に加担して分かれる。『吊るされ者の反乱』は、戦時中、ナチドイツ糾弾、自由ドイツ文化擁護のキャンペーンと共に、その後も各地で上演され、後にはメキシコ革命戯曲集にも収録されて[66]、最近では、一九九四年一月のサパティスタの反乱を契機に、オアハカ市などで再演されている。

一九四二年五月末、メキシコ政府は枢軸国に宣戦布告して、二十五日には大規模な支持の集会が中央広場ソカロでもたれるが、ロンバルド・トレダノの発案で、芸術劇団も佐野とヘラダ共著・共同制作の『立ち上がるメキシコ』という移動アジ・プロ劇をもって参加した。第二次世界大戦が続く間、このような、社会性・政治性の強い演劇を、芸術劇場で養成した左翼演劇活動家たちで作った移動劇団「ラ・ビクトリア」を各地に派遣して上演した[67]。レパートリーの中には、浦和高校時代、大震災後に扱った、アイルランドの民族独立運動や反英国帝国主義運動を踏まえた作品や、スタインベックの反ナチ・レジスタンス運動のものとともに、アナトール・フランスやマキャベリの喜劇も加えられていた。おなじ頃、在墨日本人・日系人の大部分は、メキシコ市とグアダラハラ市に集結させられた。

オデッツの『レフティを待ちながら』も一例だが、メキシコでの佐野は、同時代のアメリカ劇作家の作品を数多く紹介した。戦時中・戦後にはスタインベックの『月は沈みぬ』と『二十日鼠と人間』を、その後、テネシー・ウィリアムズの『欲望という名の電車』、アーサー・ミラーの『るつぼ』、『橋からの眺め』、『みんなわが子』を上演している。上演にはいたらなかったが、演出プランを作り、稽古を重ねたもの、あるいは佐野が択んだ古典レパートリーに入ったものに、ウィリアムズの『ガラスの動物園』、ミラーの『セールスマンの死』、ユージン・オニール『夜への長い旅路』、『喪服の似合うエレクトラ』、ドライサーの『アメリカの悲劇』、リリアン・ヘルマン『子供の時間』など、米国作家が多い。これは、戦前から戦後にかけての米国では、社会性・政治性をもった優れた作品が数多く生まれ、佐野と意識を共有していたためといっていい。戦禍を蒙ったヨーロッパの演劇が停滞を余儀なくされている間、時代の先端をいく米国のドラマは、質量ともに大きな発展を遂げ、ブロードウェイの成功作であったり、映画との同時上演などの効果もあって受け入れられやすかった。さらにこれらの作家は、グループ・シアターのメンバーだったり、ピスカートアのニュー・スクール・フォー・ソーシャル・リサーチの劇作ワークショップの教え子だったりで、佐野はその仕事を直接・間接に知っていて、その動向をメキシコにいても米国の映画やニューヨークの舞台を雑誌・新聞の劇評などで追い、時に連絡も取り合っていた。(68) また、数多くの左派映画・演劇人、ヨーロッパからの亡命芸術家が活動を続ける米国芸能界の情報誌、特に、『ビル・ボード』誌、『バラエティ』誌を通じて、アメリカ側にも佐野のメキシコでの主要な動向はほとんど知られていた。

佐野の動向が紹介された理由の一つは、一九四二年ごろから、クラサフィルムズなどの映画製作会社がメキシコに作られ、演技指導をした新しい俳優たちの多数が、ハリウッドに招かれて活躍したことにある。一九四一年六月二十二日に独ソ戦が始まり、イギリスの要請を受けて中立政策を見直しつつあった米国は、十二月八日の日本の真珠湾急襲を機に、対枢軸連合国を結成して戦時動員体制を敷く。このため、ハリウッドの映画製作所は、資材・人員の面で打撃をうけた。一方、米国の対ラ米諸国への近隣友好政策の手段として、イスパニック（ラ米系）俳優を使ったラ米向けのメロドラマが作成されたが[69]、さらに一歩進めて、メキシコと共同での映画製作が企画され、ハリウッドの制作者ハーバート・クライン[70]などが送り込まれる。それ以前から、名優ドロレス・デル・リオが夫の映画監督オーソン・ウェルズ（Orson Wells）を伴ってメキシコ市に拠点を移し、精力的に映画製作に取り組んでおり、メキシコ政府も、サルバドール・エリソンドを責任者に任じて、クラサフィルムズを創立し、ここに、「メキシコ映画の黄金の時代」の基盤が出来る。多くが農村や地方の町を舞台としたいわゆるランチェロ（ranchero）映画は、メキシコはじめラ米諸国に広く受け入れられ、いまでもテレビやビデオ・DVD・インターネットを通じて鑑賞されている。佐野は、この時代の代表的な俳優ペドロ・インファンテ、ペドロ・アルメンダリス、リカルド・モンタルバン、コロンバ・スタイン他多くの俳優を育て、役作りの実際の指導にあたった[71]。

しかし、メキシコ亡命以後の佐野は、すべて順調に進んだわけではない。一九四〇年五月二十四日夜に起こったトロッキー暗殺未遂事件に関係したとして、芸術劇場演劇学校の学生数人が逮捕され、『吊るされ者の反乱』の初演が遅れた。首謀者のシケイロスがやがて名乗り出て、労働者大学が出していた『エル・ポプラル』紙の主宰者アレハンドロ・カリーヨに、行動の動機を説明し、正当化する手紙を寄せ、裁判の結果、国外追放になるが、チリ大使であった詩人パブロ・ネルーダの援助で、キューバ経由でチリに亡命する。

一九四〇年八月十九日には、スペイン人共産党員ラモン・メルカデルにより、トロッキーは暗殺される。メキシコ政府、特にカルデナス大統領にとって許しがたい主権侵犯であり、対ソ関係は悪化し、すでに一九四〇年初頭、コミンテルンの介入によって、トロッキー殺害の是非に関して自立路線を主張した指導部を排除されて弱体化していたメキシコ共産党の立場が、さらに弱められる。

一九四一年の四月末、駐米日本総領事からの情報に基づいて、メキシコ市警察署長が、統治省の長官ミゲル・アレマン宛に「佐野碩はKGBのエージェントで、シケイロスを唆してトロツキー暗殺未遂事件を起こした。このことを報告しようとしたが、政府幹部に制止された」と書いて差し出した。十月には、佐野はアレマンに呼び出されるが、取調べの結果、ファシストではなく民主主義の擁護者だという判断が出され、その後、佐野は、統治省に翻訳者として協力する。(72) カルデナスからマヌエル・アビラ・カマチョへの政権交代に伴って、PRMがPRI（制度的革命党）に変わり、労働組織の幹部から共産党員のみならず、ロンバルド・トレダノのようなメキシコ革命社会派が次第に排除される。一九四一年末の電気労組の指導部交代で、共産党の影響力は失われ、芸術劇場から佐野やウォルディーンたちは排除される。しかし、PRMの指導者アレハンドロ・カリーヨの援助で国内を公演して回る。一九四二年に、コミンテルンが解体され、苦戦中のソ連のKGBの監視は弱まったとはいえ、佐野は、日本政府、米国内務省や国防省のエージェントに加えて、メキシコ社会政治警察の観察下に死ぬまで、いや死後も一九六七年まで置かれ続ける。一九四二年五月二十五日に、メキシコ政府の対枢軸国宣戦布告を祝う中央広場での集会で、『立ち上がるメキシコ』というアジ・プロ劇を演出したのも、ソ連や日本政府の回し者ではなく、メキシコ民衆との連帯の立場に立つことを公に強調する目的もあったと思われる。

しかし、翌一九四三年の七月には、日系人が集団で収容されて稲作などに従事していたテミスコの大農園に近い、モレロス州の州都クエルナバカに出かけた佐野は、不法滞留外国人として拘置され、身分証明書類を取り上げられた上、メキシコ市に送り返される。統治省で通訳をしているといっても聞き入れられなかった。そんなこともあってか、一九四四年に政治亡命者としてのビザの期限が切れ、移住者として定住の手続きをするか、国外に去るかを決めるという時、佐野は、米国に移ってハリウッドで演劇学校を開くことを計画した。前年の末には、佐野は、民主主義の擁護者として国務省や国防省からは、前歴をクリーンにされていた。しかし、FBI長官エドガー・フーバーは、以前のデータをほりおこし、猛烈な共産党員であるとして、ビザ停止を要求した(73)。その後一九四五年にも、英国に行って、対日宣伝に協力するため、BBCを通じて英国大使館と交渉中、日本降伏のニュースが届いた。一九四五年八月十五日の敗戦について、メキシコ共産党機関紙『メキシコの声』紙上でマルチネス・オカランサのインタビューに応じ、佐野は、日本の降伏は、原子爆弾のためではなく、ソ連が対日開戦したため、日本人民は民主主義に適応するだろう、天皇は戦犯として裁かれるべきだ、と語っている。

三　解放の演劇

一九四五年に第二次大戦が終わり、ルートヴィヒ・レンなどヨーロッパからの亡命者の一部は帰国する一方、冷戦下で米国内の反共主義マッカーシズムに追われて映画や演劇人がメキシコに避難してくる。FBIに共産主義者としてマークされていた佐野は、米国占領下にある日本へは戻らず、メキシコに住みついて、人間性を踏みにじる暴力、人間を抑圧するものからの解放をテーマとする本格的な演劇に取り組む。以後、一九六六年九月二十九日未明に亡くなるまでを、「解放の演劇」の時期として、それぞれ五年前後の四つの段階に分けて見ていく。

大戦終了の年、佐野は、公教育省の「みんなの劇場」の提案に応じて、「巡回民衆劇場」を企画し、全国の町や村の広場や学校でそれまでに準備された『レフティを待ちながら』などの芝居を上演して回った。まだ非識字人口が多かった当時は、舞台を通して社会教育が進められた。次第に政府との協力を深める佐野に対して、CTMなどPRI体制側の労働組織ではなく、ラファエル・ガルバンが指導する電話公社労組のような自立組織を基盤に演劇活動をしていたロラ・ブラボなど一部の活動家たちが批判を強め、年末には、規律違反として除名される。翌年、佐野碩は、米国人演出家ルス・アルバ、俳優アルベルト・ガランとともに、劇場と演劇学校を持つ自立劇団を作る計画をもって、公教育省、CTM、CNA（全国農民評議会）、国立音楽院後援団体などの援助をもとめたが、政権交代期で成功しない。年末には、スタインベックの『二十日鼠と人間』を、都心のアラメダ公園に面したプラドホテル付設劇場、後に映画館「トランスルクス」として知られる劇場のこけら落としとして上演し、劇評で高く評価される。本来、芸術宮殿での上演を望んだが、制度的革命党右派の排外主義と冷戦の空気の強まる中で、スタインベックの作品だということと佐野が演出することに抵抗があり、実現しなかった。[74] 米国各地で『ラ・コロネラ』の巡演を成功裏に果たしメキシコに戻って来て、また一緒に暮らしていたウォルディーンは、ロンバルド・トレダノの支援を受けて、同じ劇場で、任期を終えたマヌエル・アビラ・カマチョ大統領とハイメ・トレス・ボデット公教育省長官に感謝する舞踏コンサートを開催した。

一九四七年には、新たに演劇・文学部長に任命されたサルバドル・ノボから、メキシコ独立劇団協会に集った元弟子たちの自立演劇集団と共に、レフォルマ大通り沿いのサンディエゴ教会を改装して、共同利用の稽古場を設けるよう助成金が出て、テネシー・ウィリアムズの『欲望という名の電車』の稽古を始める。一九四八年末に芸術宮殿で初演され、佐野の演出家としての名声を確立したこの作品は、メキシコの社会意識を転換させる契機になったとされる。[75] それまで公開の場で真っ向から扱われたことのなかった性に関する抑圧のテーマを取り上げたことで、新聞や雑誌で賛否両方の立場からひろく取り上げられ、既にブロードウェイでロングランを続けていた、エリア・カザンの演出との比較で高く評価されたこともあって、国外からの観客もひきつけた。一九五〇年初頭には、演劇評論家賞を得る。同じ一九四八年に、佐野も制作推進に関与し、自身出演した、いわゆる「キャバレーもの」の映画『トンゴレレが殺された』が上映される。ヒロインのダンサーが金のために金満家のパトロンに身を任せるのを妨げるために殺害し、自分も階上から身を投げて果てる劇場裏方の中国人の役で、ビオメハニカ応用のお手本のような投身の場面のほか、なぜ佐野がこんな映画に出たのか、といぶかしがられることが多い。この映画も、『欲望という名の電車』に輪をかけて論争の種になり、旧弊なカトリックに凝り固まった観衆、批評家からは、裸体を曝す不道徳のきわみと決め付けられた。しかし、十六歳でメキシコに招かれたタヒチ系米国人の舞踏家ヨランダ・モンテスの彫刻的な肉体とその生来のリズムを、ニューヨークのハレムの黒人の音楽と踊りの舞台とも結び付けて、深い関心をもったと思われる。佐野はその後も、アフリカ系カリブの歌やリズムを舞台に生かすことを、死の直前まで何度か試みている。

一九四八年には、国立芸術院と国立メキシコ自治大学に演劇学校が設けられる。また、電気労組の弁護士で佐野の弟子のロドルフォ・エチェヴェリアらがアドバイザーとなって、メキシコ俳優協会という演劇・映画俳優の組合が作られ、佐野の演劇学校出の俳優は、即組合員として受け入れられた。

一九四九年には、メキシコ市の春のフェスティバルに招かれて、芸術宮殿でシェイクスピアの『じゃじゃ馬馴らし』を演出し名声を裏づけ、『二十日鼠と人間』と三本だてで、エスペランサ・イリス劇場を足場に、「レフォルマ劇場」を立ち上げ維持できる体制が出来るかにみえた。しかし、一九五〇年七月、メキシコ演劇界に蔓延るスペイン風に旧弊で大げさな演技への正面からのチャレンジを、国民的女優とされていたテレサ・モントヤに仕掛けたため[76]、大方の反発を受け、七月二日には慰謝の集会が「カラコル」劇場でもたれるが、メキシコ俳優協会は佐野の演劇学校の資格認証を停止し、そこで学んだ俳優は、舞台からも映画からも締め出される事態にいたる。これは、佐野にとって大きなショックだったようで、一九五二年の最初の心臓発作の一つの要因であったかとも思われる。当時、メキシコの代表的な劇作家、ロドルフォ・ウシグリの『影の王冠』を準備中であったが、その上演は一年以上遅れ、進歩的なハコボ・アルベンツ大統領の招聘によるグアテマラ客演の計画も流れた。しかし、そんな佐野を応援する多くの手が差し伸べられ、レフォルマ劇場の企画は、規模を縮小して、教育に重点をおいて継続される。メキシコ俳優協会に登録するために他の演劇学校で学んだ者、すでに俳優として舞台や映画に出ている者を対象に、「俳優のためのセミナー」が設けられ、多くの優れた俳優、演出家、劇作家、舞台美術家、劇評論家、映画監督やテレビ制作者たちを輩出する。上級のクラスのために、スタニスラフスキーやヴァフタンゴフの著作を助手たちの協力で訳し、活用した。レフォルマ劇場は、レフォルマ大通りに面した、佐野が高く評価した喜劇俳優マリオ・モレノ（カンティンフラス）の事務所のビルの三階を借りて出発した。

メキシコで本腰を入れて仕事をする困難さを肝に銘じた佐野は、一九五一年から五五年にかけて、前に取り組んでいたウシグリの『影の王冠』を演出すると共に、メキシコ人の社会心理を掘り下げた一連の作品、エドムンド・バエスの『両眼に針を』、ルイサ・ホセフィナ・エルナンデスの『落果』、『聾唖者』などの演出に取りかかる。佐野に期待を寄せる観客・報道人・演劇仲間・教え子たちのいろいろな形での支援をうけつつ、あらゆる可能な演劇制作形態——俳優・友人の個人やグループによる制作、友の会方式による制作資金プール、英語系、フランス語系、イディシュ系などエスニック集団に依拠した制作——を試み、国立芸術院の制作助成を得ることの困難をおぎなった。さらに、メキシコ市以外の客演（モンテレイ市）や出張講演（ハラパ市）、さらに、コロンビアにまで、招待に応じて演技指導に出かけた。これらの活動の中から、意味深いと思われるエピソードをいくつかあげる。

まず、佐野の窮地を察して、労働者大学から手がさしのべられた。一九五〇年からウォルディーンを責任者に迎えて芸術教育を再開していたところで、一九五一年には、演劇専攻コースが設けられ、佐野碩の名が教授陣の一員として広告された。翌年から佐野の名前はないが、佐野が作成した充実したカリキュラムにそって、行動派の教え子たちホセ・ヘラダ、ヘーベルト・ダリエンなどが担当してしばらく続けられた。当時、佐野の学校で学んでいたダゴベルト・ギヨマンによると、一九五二年八月に佐野は、地方の町を回って広場などで公演していたということで、一九五三年にメキシコ市近郊ミルパアルタ村で撮影された『ラ・コロネラ』があることからも、それは裏付けられる。

一九五二年末か五三年初頭、佐野は第一回目の心臓発作を体験する。入院費を出せない師匠のために、代々の教え子たちが集まって、演技指導の教材として良く使われたチェーホフの小品を三篇(『熊』『結婚申込み』『白鳥の歌』)択んで、『チェーホフの三つの宝石』と題して上演した。訳はフランス語訳からウシグリが、演出は佐野碩、演出助手イグナシオ・レテス、舞台装置は国立芸術宮殿専属のフリオ・プリエト、出演者は、マリア・ダグラス、イグナシオ・レテス、ウォルフ・ルビンスキス、リリアン・オッペンハイムなど名声を博した教え子や、新人マルタ・パトリシアの他にも、イグナシオ・ロペス・タルソ、アルトゥロ・ソト・ランヘルなど名優が友情出演した。『熊』、『結婚申込み』は、佐野がメイエルホリドの演出を記録したことのあるもので、俳優の人生をテーマとする甘酸っぱい作品『白鳥の歌』が加えられている。

病後、国立芸術院付属演劇学校やメキシコ俳優協会付属アンドレス・ソレ俳優学校に招かれて授業をした。レフォルマ劇場の佐野の演劇学校の授業も続けるが、家賃が払えず、一時、インスルヘンテス大通りに面した車庫で授業をしたこともあった。転々と場所は変わっても、授業のカリキュラムや内容は維持された。俳優養成に重点がおかれ、予科、基礎、俳優のためのセミナーにおおよそ分かれていたが、実際の授業には、年齢・舞台あるいは映画体験に関係なく、初めての学生は一緒だった。予科では、集中力、観察力をつけるさまざまな練習について、極限状況を解決する課題が出され、一人が課題を解いてみんなの前で演じると、佐野は全員に批判を求め、最後にまとめて厳しいコメントを演者と批判者一人ひとりに向けて行った。時間厳守で、授業時間いっぱい注意を集中することが要求された。発声、ウォルディーンのビオメハニカやダンスなども基礎コースに加えられていた。上級のセミナーでは、演技のほかに、文献をもとに討議も行われ、メルセデス・パスクアルのグループでは、「スタニスラフスキー派」と「反スタニスラフスキー派」に分けた文献の比較が行われた。授業以外にも、学生

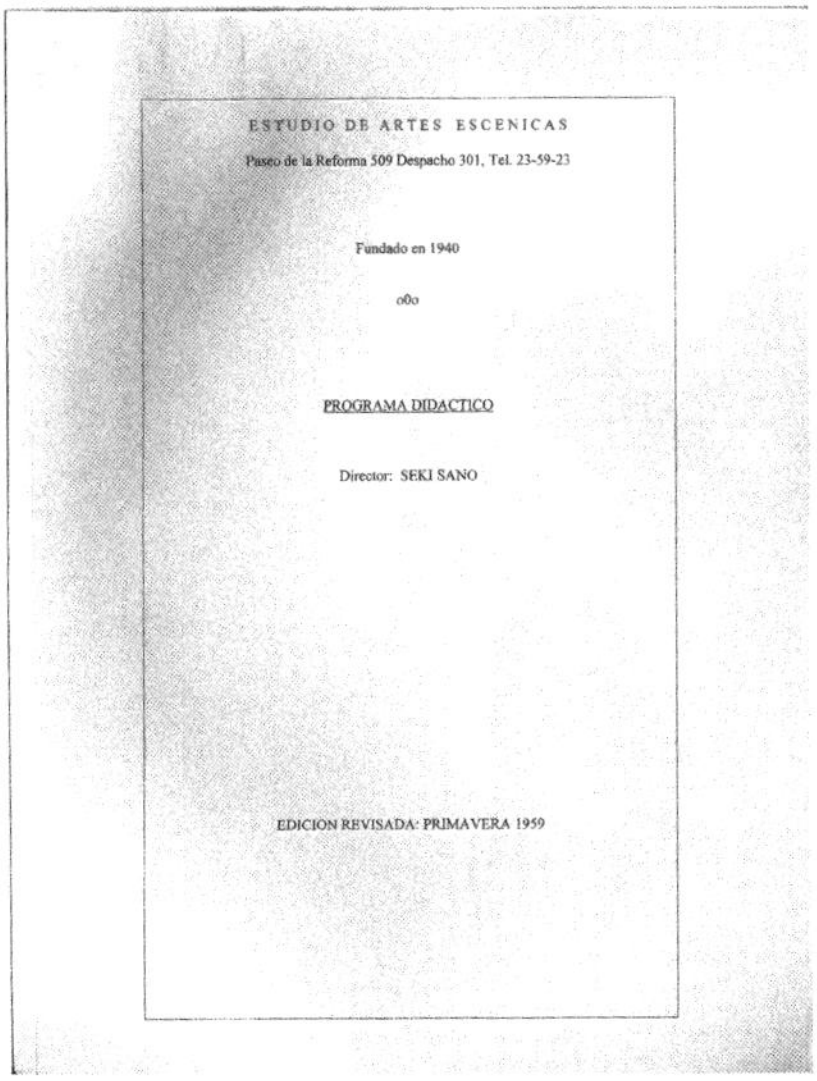

ESTUDIO DE ARTES ESCENICAS

Paseo de la Reforma 509 Despacho 301, Tel. 23-59-23

Fundado en 1940

o0o

PROGRAMA DIDACTICO

Director: SEKI SANO

EDICION REVISADA: PRIMAVERA 1959

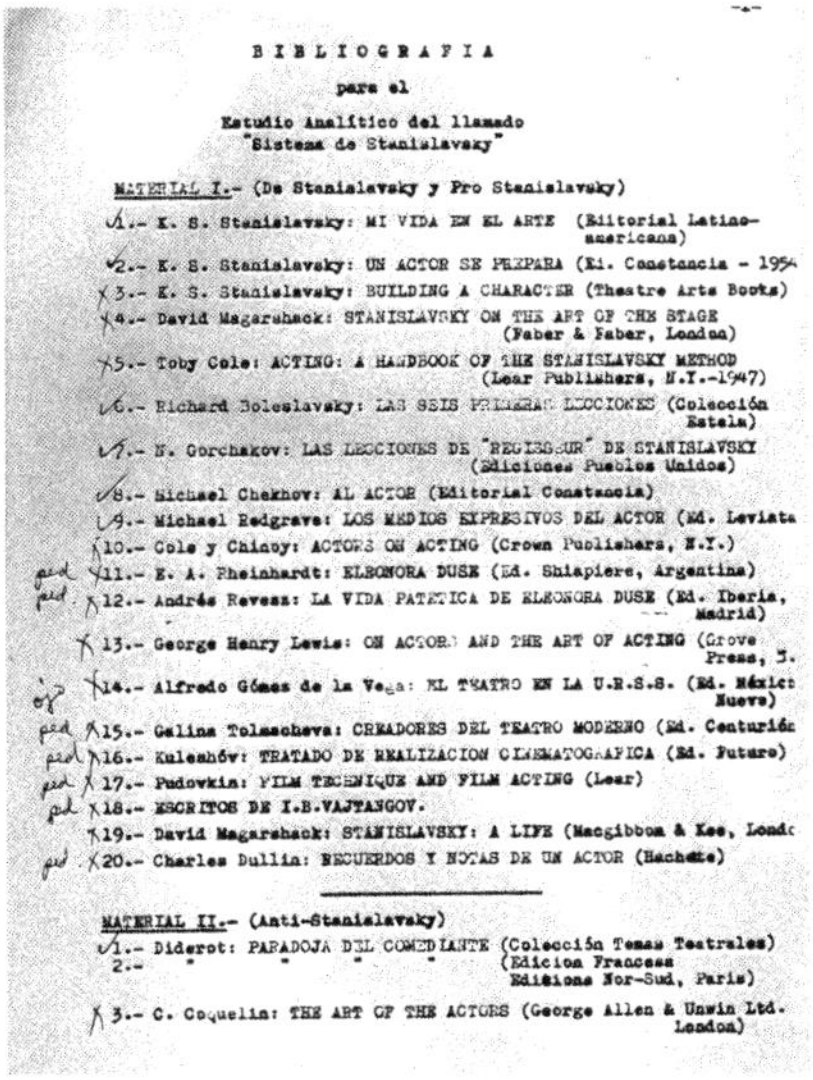

B I B L I O G R A F I A

para el

Estudio Analítico del llamado
"Sistema de Stanislavsky"

MATERIAL I.- (De Stanislavsky y Pro Stanislavsky)

1.- K. S. Stanislavsky: MI VIDA EN EL ARTE (Editorial Latino-americana)
2.- K. S. Stanislavsky: UN ACTOR SE PREPARA (Ed. Constancia - 195
3.- K. S. Stanislavsky: BUILDING A CHARACTER (Theatre Arts Books)
4.- David Magarshack: STANISLAVSKY ON THE ART OF THE STAGE (Faber & Faber, London)
5.- Toby Cole: ACTING: A HANDBOOK OF THE STANISLAVSKY METHOD (Lear Publishers, N.Y.-1947)
6.- Richard Boleslavsky: LAS SEIS PRIMERAS LECCIONES (Colección Estela)
7.- N. Gorchakov: LAS LECCIONES DE "REGISSEUR" DE STANISLAVSKY (Ediciones Pueblos Unidos)
8.- Michael Chekhov: AL ACTOR (Editorial Constancia)
9.- Michael Redgrave: LOS MEDIOS EXPRESIVOS DEL ACTOR (Ed. Leviata
10.- Cole y Chinoy: ACTORS ON ACTING (Crown Publishers, N.Y.)
11.- E. A. Rheinhardt: ELEONORA DUSE (Ed. Shiapiere, Argentina)
12.- Andrés Revesz: LA VIDA PATETICA DE ELEONORA DUSE (Ed. Iberia, Madrid)
13.- George Henry Lewis: ON ACTORS AND THE ART OF ACTING (Grove Press, 3.
14.- Alfredo Gómez de la Vega: EL TEATRO EN LA U.R.S.S. (Ed. México Nuevo)
15.- Galina Tolmacheva: CREADORES DEL TEATRO MODERNO (Ed. Centurión
16.- Kuleshóv: TRATADO DE REALIZACION CINEMATOGRAFICA (Ed. Futuro)
17.- Pudovkin: FILM TECHNIQUE AND FILM ACTING (Lear)
18.- ESCRITOS DE I.B.VAJTANGOV.
19.- David Magarshack: STANISLAVSKY: A LIFE (Macgibbon & Kee, Londo
20.- Charles Dullin: RECUERDOS Y NOTAS DE UN ACTOR (Hachette)

MATERIAL II.- (Anti-Stanislavsky)

1.- Diderot: PARADOJA DEL COMEDIANTE (Colección Temas Teatrales)
2.- " " " " (Edicion Francesa Editions Nor-Sud, Paris)
3.- C. Coquelin: THE ART OF THE ACTORS (George Allen & Unwin Ltd. London)

図６　佐野碩の演劇学校のプログラムと「俳優のセミナー」で使われた文献

の求めに応じてアドバイスをし、食事をしながらの会話から多くのことを学んだという。資力のある学生は、そのために進んで車で佐野の送り迎えをし、食事に誘ったりした[77]。苦しい財政のなかでも、佐野の演劇学校は、貧しい学生や両親の援助を受けられない学生に、学費を免除し、その代わりにいろいろな作業をさせた。また、より多くを学ぶために、進んで協力を申し出る学生もあり、その頃、佐野のアシスタントを買ってでたホルヘ・ベリには、自分の俳優養成の仕事の記録を取らせ、後年まとめる「俳優の創造過程」の準備をはじめた。

一九五三年八月には、新人劇作家ルイサ・ホセフィナ・エルナンデスの『聾唖者』を上演し、続いて『モデル薬局』の演出を完成して上演の場を探したがかなわず、スペイン人の亡命詩人レオン・フェリッペ翻訳による、シェイクスピアの『十二夜』を『雌の子羊は雄ではない』という題で、フランス大使館ラ米文化院モリエールホールで上演する準備を進めるが、実現にはいたらない。一九五五年には、こんな状況を見かねた教え子やユダヤ系カナダ人でシケイロ

図７　写真　コロンビア出立前に教え子や協力者が開いた送別会

スの弟子の壁画家アルノルド・ベルキンなど一三人が集まって、「一三人の会」を結成し、六月、自主制作として、同ラ米文化院の援助を受け、佐野の演出でフランス中世民衆劇五篇を上演し、大成功を収めた。引き続き、その頃モンテレイ市に創立された「芸術協会」の招きで、短期の公演をおこなう。これがきっかけで、教え子のロラ・ブラボが招聘されて演劇コースが開かれ、メキシコ近代産業の首都と見なされたモンテレイ市に近代演劇運動が始まる。

この年、八月には、ロハス・ピニーヤ大統領からの招聘でコロンビアの首都ボゴタでの教育活動に出かける。その前年、コロンビアとベネズエラに帰国する教え子たちに招聘の可能性を探るべく、演劇教育要綱などをことづけていた。到着後、まず小グループを択んで授業をし、その中から、すでに俳優として活躍していた、亡命スペイン人の子弟であるファウスト・カブレラを助手として、四〇名近くの学生に演技を教える。招聘の目的は、テレビ放送が開始されて、それまでのラジオドラマに代えてテレビドラマを放映するために、俳優を促成することにあった。しかし、集まって来た雑多な学生たちの中からは、佐野が望む本格的な民衆のための演劇を志す者が出てきて、十二月はじめ、佐野が突如、共産党員として国外追放になった後も、カブレラを中心に自主学習をつづけ、サンチャゴ・ガルシアのようにチェコスロバキアや東独のベルリン・アンサンブルで学んで帰国し、コロンビアの解放のための民衆演劇運動をつくりあげ、ラ米で大きな影響力を発した。

一九五五年末にメキシコに戻った佐野は、国立芸術院、メキシコ俳優協会などから仕事を提供され、その管轄の演劇学校で教え、メキシコ演劇黄金時代の一端を担う。一九五六年には、モーツァルト生誕二百周年事業の一環として、『魔笛』の演出を依頼され、続いて芸術宮殿でアーサー・ミラーの『るつぼ』を演出し、大成功をおさめるが(78)、他の劇場に移して続けることは出来なかった。しかし、一九五七年始めに、最優秀演出賞を受ける。ミラーのものをさらに二本、英語系演劇グループと英語で『みんなわが子』を、スペイン語で『橋からの眺め』『みんなわが子』を上演する。他にも、マキャベリの『マンドラゴラ』、トルストイの『アンナ・カレーニナ』、またエルナンデスの『落果』を次々と上演した。一九五九年始め、三度、最優秀演出家に択ばれる。この年、再びオペラ演出を頼まれ、『ジュリアス・シーザー』と『カルメル会修道女の対話』を受け持つ。忙しいスケジュールの間をぬって、自分が実践してきた俳優養成と演技指導の方法を整理し、一九五九年にはその一部をフェルナンド・ベニテスが主宰する『ノベダデス』紙の文化欄に「一演出家のメモ」として、発表した。そこには、すでにボゴタでファウスト・カブレラに残し、メキシコの弟子たちにも渡してきた「俳優の創造過程」と題するダイアグラムを中心として、説明が付されている。

一九五〇年代には、ラ米諸国で冷戦下米国政府の支持を得た独裁者が輩出し、それに対抗する民族解放運動がおこった。メキシコでは、制度的革命党は民族主義路線を維持していたが、メキシコ革命社会派は政権から次第に排除され、「政治階級」といわれる特権層が要職を占めて利権を独占し、勤労者・農民・小市民の組織的統合による安定支配を打ち立てていた。このような状況において、一九四八年には、メキシコ共産党を除名された自立派の活動家カルロス・サンチェス・カルデナスや、PRI体制への改組に批判的なPRM左派の指導者ロンバルド・トレダノらが、人民党（PP）を結成した。一九五〇年代はじめには、ボス支配下に置かれたCTMなど労働組合に対抗して、電話公社労組、電気公社労組、メキシコ電気労組（SME）などで組合民主化の動きが生まれた。このような動きは、一九五〇年代後半、鉄道労組、医療勤労者、教員、農民たちの自立的な組織を要求する運動へと拡がって行った。この運動に対応して、佐野の弟子の活動家たちは、労働者演劇団、民衆劇団を組織する。一九五五年ごろ、ウォルディーンから新しい夫として紹介されたロドルフォ・バレンシアが佐野の優れた協力者となるが、コロンビアから戻った後、彼を通じて、レフォルマ劇場の稽古場の家賃負担と引き換えに、再びSMEで演劇指導を始める。当時の書記長アグスティン・サンチェス・デリントは、電気公社労組のラファエル・ガリンドのように、「組合は、労働者にとっての政治の学校」というトロツキーがメキシコで労働運動について書いた論文のテーゼにそって、教育活動に力をいれる方針で、演劇グループの強化と質の向上のために佐野の要求を入れ、全面的に支えた。佐野は、まず全員にメキシコ電気労組結成当時の歴史を調べさせ、それぞれが持ち寄った言い伝えられた記憶や資料をもとに物語をまとめた上で、ポピュラーな闘牛士マリオ・セビーヤ・マスカレニャスに書き下ろしてもらった台本をみんなに演じさせた。単純な成功物語ではなく、時に複数の意見が並行に述べられ、結論は観客各自が考えるようになっていた。一九五七年十一月二十五日に初演の『このままではおけない』は、五一回上演され、全部で二万二千人の観衆を得て、大成功をおさめた。(79) 一九五九年三月には、「ハリウッドの一〇人」として、上院の反米活動委員会に共産党員を指名することを拒否し、メキシコに自主亡命していた、グループ・シアターの作家アルバート・マルツの作品『ヘンリエッタ四番坑』を『黒い穴』と題して上演した。佐野の演技指導は職業俳優か愛好者かを問わず本格的なもので、この芝居の準備では、メキシコ電気の中継所がおかれていたレアル・デ・オロの金鉱の坑道に実際降りる体験をさせた。

図8　メキシコ電気労組演劇グループのメンバーと。

一九六〇年には、ユダヤ・スポーツセンター演劇部でアーノルド・パールの脚色による『ショーレム・アレイヘムの世界』を取り上げた。進歩的な指導者カルロス・ロドリゲスは、それまでイディシュ語で行われていた演劇活動をスペイン語に切り替え、佐野を呼んで若いメンバーを教育しての公演で大成功をおさめ、メキシコ国立自治大学やモンテレイ市のヌエボ・レオン自治大学でも上演された。これは、ウクライナ系ユダヤ人作家ショーレム・アレイヘムの作品を、ポグロム・ホロコーストのために生誕の土地を追われたユダヤ人へのレクイエムとして、モーリス・サミュエルスがアレンジして一九四三年に米国で出版したもので、映画『屋根の上のバイオリン弾き』（一九七一年）のもとになったという『牛乳屋テヴィエ』を素材とする。この戯曲のブロードウェイ初演が一九六四年以後であることを考慮すると、佐野の読みの確かさが窺われる。メキシコの演劇界・芸能界さらに財界で大きな比重を占めるユダヤ系エスニックグループとの協力は佐野の一つの支えであった。

一九五〇年代半ばのスターリン批判、雪解けの時期から、ソ連の仲間、特にヴァルパホフスキーとの連絡がとれ、ソ連大使館員の仲介で、『プラウダ』紙の委託の作家エミリオ・カルバイドによるインタビューに応じるが、佐野は不満で、メイエルホリドに触れた部

図9　イスラエル・スポーツセンター演劇グループで演出。

分など検閲でカットされた部分を含む全文をメキシコの新聞に掲載させ、これは、ベネズエラやキューバの雑誌に転載される。そのころから、彼は、優れた教え子たちにソ連やチェコスロバキアに留学することを勧め、生涯、ロシアを演劇の楽園としていた。のちに、教え子の名優カルロス・アンシラのモスクワ訪問を機に、ガリーナ・ヴィクトローヴナ・ボリソワとの連絡がとれ、互いの消息を知ることができた。

一九六〇年秋に届いたフィデル・カストロからの招待で、翌年三月二十五日から五月四日までの一カ月余キューバに滞在した。しかしプラヤヒロンの侵攻の時にあたり、カストロには会えないまま帰らざるをえなかった。しかし、フィデルの佐野招待のイニシアチブを取った、チリの女優でコロンビアでの教え子のマルハ・オレキアや、キューバからメキシコに来ていた教え子を通じて導入されたスタニスラフスキー・システムを活用している優れた俳優たちに会い、街頭の道化芝居やアフリカ系民衆宗教ヨルバの宗教儀式（サンテリア）などを含む本格的な調査に基づいた、実際的でキューバの現状をふまえた演劇改革プランと、再び来島し革命に協力したいという情熱的な手紙を、フィデルとの連絡を受け持っていた探検家カルロス・ヌニェス・ヒメネス大佐に託して帰った。「キューバは踊る」

とその民族性を把握した佐野は、民俗研究家と組んでマンボの有名な歌い手ベニ・モレ主演のミュージカルを構想していた。彼の熱望は、党文化政策担当者ミルタ・アギレとの確執のために実現しなかったが、佐野の演劇を受け継いで民衆演劇に専念したロドルフォ・バレンシアが、ウォルディーンと共に佐野の推薦で呼ばれていった。しかし、キューバ革命への貢献を思い切れなかったとみえて、米国ものの翻訳を流していたキューバのテレビの改革案を二人に託した。[80]

一九六一年帰墨後、教え子ダゴベルト・ギヨマンの招きで、再び国立芸術院の演劇学校で役づくりのセミナーを担当する。懸案だった、トマス・モアをヒーローとする『時に逆らう男』の演出をはじめ、イグナシオ・レテスが主宰するメキシコ社会保障協会演劇部のイダルゴ劇場で、一九六三年始めに上演する。その頃、舞台や映画の貸し出し用大道具の倉庫として使われていた大きなコロニアル風の家を借り受け、常設レパートリー劇場に作り変える企画を立て、一九六三年十一月に『マンドラゴラ』の再演で「コヨアカン劇場」が実現するが、その開演以前から、資金の使途に不同意の後援会員が去るなど、問題をかかえての出発だった。[81] 一説に、当時、鉄道労組自立派の運動に関わってレクンベリ監獄に収監中だったシケイロスの舞台デザインで、囚人たちが演じる芝居のために散財したという。[82]「コヨアカン劇場」のレパートリーとして佐野が択んだ作品は、次のようなものだった。『神の代理人(Der Stellvertreter)』(Rolf Hochhuth の政治劇)、ウィリアムズの『ガラスの動物園』、ギリシャ古典、ロシア戯曲、シェイクスピアの戯曲、イヨネスコ、『夕鶴』、『レフティを待ちながら』、十六世紀イギリスの芝居『ジョージ・ダンデイン』、イプセンの『ヘッダ・ガブラー』など。翌年五月、皇太子夫妻訪墨の機会に是非というバイオリニスト黒沼ユリ子の頼みを入れて、夜遅くのコンサートの場を提供する。[83]

一九六三年一月、墨ソ友好協会の主催でスタニスラフスキー生誕百周年記念事業がおこなわれ、佐野は講演を依頼される。また、一九六四年はじめ、シェイクスピア生誕四百周年の一連の記念行事の最初の催しとして、『リア王』を上演した。米国や英国から第一線のシェイクスピア役者・演出家が来墨しての大規模なフェスタで、その中で、佐野の舞台でジャクリーヌ・アンデレが演じたコーデリアは、『バラエティ』誌の記者の高い評価を得ている。このように、佐野はメキシコ演劇界の権威的な存在におかれるが、彼が代表する「演劇の黄金時代」のリアリズム・スタイルに反発する若者たちは、そのころメキシコに来ていた、演出家アレハンドロ・ホドロフスキー[84]などに惹かれた。

その秋には、グアテマラに呼ばれ、軍事政権下で民族解放を夢見る演劇人に影響を与えた。グアテマラ文化院が開設した短期研修のほかにも、グアテマラ労働者大学で演劇愛好者のための指導もした。当時、メキシコでもキューバでもそうだったように、ブレヒトがスタニスラフスキーに代わるものとして受け止められていたが、佐野はスタニスラフスキー・システムをもとに発展させた俳優養成法を確立していて、ここでも、その図解を渡している。グアテマラ滞在中に三度目の心臓麻痺をおこしたといわれる[85]。グアテマラの演劇人たちの中には、メキシコに来て佐野の芝居を観ていた者も多く、その後も機会あるごとに佐野を訪ねて来た。中には、マルコ・アントニオ・フロレスのように、反軍部独裁のゲリラ活動に入っていく者もいた。佐野没後、グアテマラの弟子たちは、佐野が残した演出ノートをもとに、イプセンの『亡霊』を記念に上演した。この頃、コロンビアの弟子、ファウスト・カブレラは、中国滞在の帰りに佐野を訪ね、文化大革命のことを報告すると、人民公社やコミューンに大いに関心を示したという。

佐野の最後の演出は、一九六五年九月のイスラエル・スポーツセンター演劇部での『十番目の男』(作者、パディ・チャイエフスキー)で、前回とは違う指導部との折り合いが悪く、上演まで行く前に切り上げたという証言がある。しかし、翌年六月、同演劇部主催のシンポジウム「メキシコ演劇に何が起きているのか」には参加し、暗いムードで、「何も起きていない」ことが問題だと指摘した。この発言は、文章として、没後出版された本に入っている。[86]

一九六三年頃から、佐野を日本に呼ぼうという計画が本格化しつつあり、佐野も日本や中国・インドの古典演芸に興味を持っていたこともあり、相当具体化されていたが、佐野のスケジュールと健康上の不安から実現しない。一九六五年三月に、メキシコ芸術院主催の世界の演劇史のレクチャー・シリーズで、日本演劇史の講義をしたことにも見られるように、佐野の日本古典演劇に関する関心は強く、一九六六年初め、宝生能楽団の米国大学巡演を知ると、主唱者ドナルド・キーンに早速電話を入れ、メキシコにも足を延ばす交渉をし、その実現のために奔走した。この計画は、佐野の死にもかかわらずその年十月に実現する。死の数日前、永年の念願であった劇映画製作合意の協定を、第一流の制作者カルロス・アマドルと結んでいた。[87]

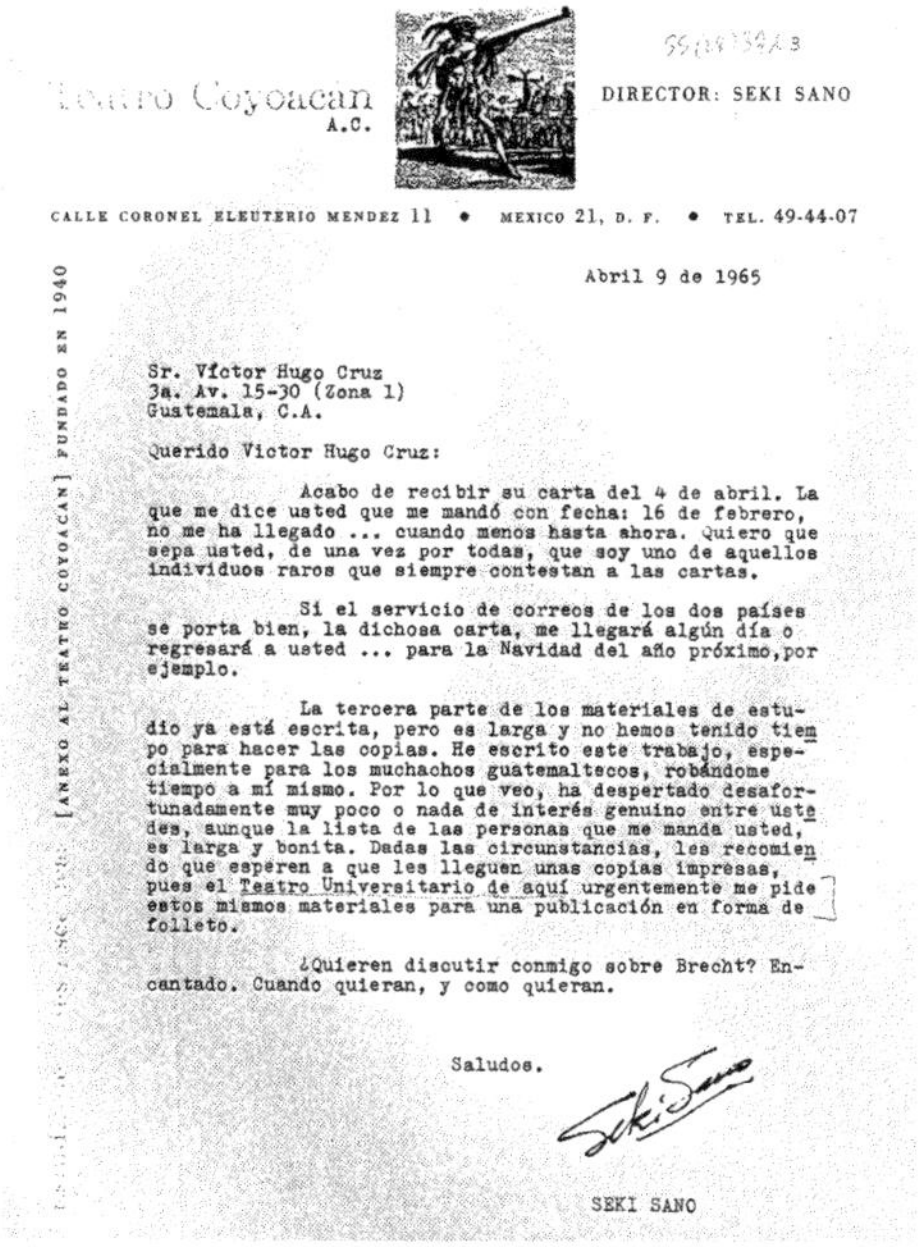

Teatro Coyoacan A.C. DIRECTOR: SEKI SANO

CALLE CORONEL ELEUTERIO MENDEZ 11 • MEXICO 21, D. F. • TEL. 49-44-07

[ANEXO AL TEATRO COYOACAN] FUNDADO EN 1940

Abril 9 de 1965

Sr. Víctor Hugo Cruz
3a. Av. 15-30 (Zona 1)
Guatemala, C.A.

Querido Victor Hugo Cruz:

Acabo de recibir su carta del 4 de abril. La que me dice usted que me mandó con fecha: 16 de febrero, no me ha llegado ... cuando menos hasta ahora. Quiero que sepa usted, de una vez por todas, que soy uno de aquellos individuos raros que siempre contestan a las cartas.

Si el servicio de correos de los dos países se porta bien, la dichosa carta, me llegará algún día o regresará a usted ... para la Navidad del año próximo,por ejemplo.

La tercera parte de los materiales de estudio ya está escrita, pero es larga y no hemos tenido tiempo para hacer las copias. He escrito este trabajo, especialmente para los muchachos guatemaltecos, robándome tiempo a mí mismo. Por lo que veo, ha despertado desafortunadamente muy poco o nada de interés genuino entre ustedes, aunque la lista de las personas que me manda usted, es larga y bonita. Dadas las circunstancias, les recomiendo que esperen a que les lleguen unas copias impresas, pues el Teatro Universitario de aquí urgentemente me pide estos mismos materiales para una publicación en forma de folleto.

¿Quieren discutir conmigo sobre Brecht? Encantado. Cuando quieran, y como quieran.

Saludos.

SEKI SANO

図 10　グアテマラの教え子俳優・演出家ウーゴ・クルスへの手紙

一九六六年八月始め、何度目かの心臓発作で入院するが、いろいろ手がけている企画のことでゆっくり養生できず、病床に人を呼んでは打ち合わせをし、医者に無理を言っては退院し、また再入院を繰り返したうえ、九月二十九日未明に自宅で亡くなる。前の晩、友人であり、制作を引き受けたこともあり、競争相手の演出家でもあったフェルナンド・ワグネルに電話をして、翌朝、医者に連れて行って欲しいと頼んでいた。誰にも看取られなかった佐野の死は、朝、自分の部屋から降りてきたお手伝いが発見した。

「佐野死す」の訃報は、人から人へ伝わり、ほとんどの新聞やラジオ・テレビで大きく報じられると、友人や教え子、一緒に仕事をした仲間に限らず、多くの演劇人・映画人たちが通夜に集い死を惜しんだ。火葬場まで遺体を守って行った教え子たちは、佐野の遺志にそって、モーツァルトのレクイエムをテープレコーダーで流した。連日、国立芸術院、メキシコ俳優協会、芸能界の諸団体、日墨協会などの哀悼の新聞広告が出された。キューバでもラジオで訃報が伝えられたという。佐野の遺骨は二つに分けられて、一部はメキシコ市南西部にあるハルディネス墓地のメキシコ俳優協会の一郭に、弟新が日本に持って帰った分は、多磨霊園の佐野家の墓に埋葬された。日本では、プロレタリア演劇時代の同志や遺族が集まって「偲ぶ会」がもたれ、メキシコとグアテマラでは、教え子たちによって、佐野が上演したがっていた作品、チェーホフの『桜の園』とイプセンの『亡霊』の記念公演がおこなわれた。

四　佐野碩の演劇

二七年にわたるメキシコ生活で、佐野は数多くの演劇人を養成し、折々その総数を公表した。一九八四年に『エクセルシオル』紙上で、「メキシコ市の通りにセキ・サノの名をつけよう」というキャンペーンを三回にわたって張ったラケル・ディアス記者によると、全部で六五〇〇人にのぼるという。もちろん、全員が芸能人として生涯を送ったわけではないが、文献やインタビューで確認できただけでも、数百人に及ぶ優れた俳優、演出家、劇作家、制作者、舞台美術家、教育家、批評家、テレビキャスターなどが出て、メキシコはじめ、コロンビア、ベネズエラ、キューバ、アルゼンチン、米国、その他で活躍した。現在でもなお、佐野との出会いを自分の生涯でも重要な出来事としている、イグナシオ・ロペス・タルソやアナ・オフェリア・ムルギアのようなベテラン俳優がいる。しかしまた、多くの若者が、佐野の授業についていけず去って行った。職業人としての俳優の養成に佐野は特に厳しく、予科での適性判断でふるい落とされる者が、ラケル・ディアスも含めて多数あった。教え子の多くは教育者として後進を育て、少なくともメキシコ、コロンビア、ベネズエラ、グアテマラでは、佐野の方法が受け継がれた。佐野は、スタニスラフスキーやメイエルホリドがやったように、自分の経験を記録に残す計画で作業を進めていて、その一部は生前公表されたが、完成にはいたらなかった。

上演することが出来た作品は二六、七本にすぎないが、その多くは演劇史上深い足跡を残し、テネシー・ウィリアムズの『欲望という名の電車』やミラーの『るつぼ』のように社会意識の変革に画期的影響を与えたとされるものもある。

それでは、佐野はメキシコ、ラ米で、どんなことを学び、何を演劇に取り入れていったか。私は、ここで三点を強調したい。

第一に、多彩で街頭に溢れ出る民衆文化、根強く生き延びる原住民文化に佐野は強くひかれ、舞台や映像に結実させようと何度も試みる。『ラ・コロネラ』の後も、佐野は民衆芸能に立脚した演劇を作ることを探求し続け、カリブのアフロ・アメリカンのリズムを生かしたミュージカルの構想を練ったりするが、結局実現しないままに終わったことは、キューバの例にとどまらない(88)。構想のみに終わったこれらの仕事は、後進の作家・演出家の手にまかされる。佐野のこの思いを受けついだ演出家に、インディオ農民演劇研究所で幾多の独創的な仕事をしたマリア・アリシア・マルチネス・メドラノがあげられる。また、劇作家で『るつぼ』の共訳者エミリオ・カルバイドは、死者の日の墓場を背景に三つの人生が描かれる『思い出の花束』と題する芝居を、農民演劇研究所の卒業制作のために書いている。

さらに、強靭にしかし柔軟に自己の文化を主張しながら、抑圧者に対しては連帯する、世界各地から寄せ集められた亡命人グループとその世界的なネットワークの存在がある。佐野が好んで朗唱したというスペイン亡命詩人レオン・フェリッペの詩、「巡礼人（Romero）」には、国籍や旧習、人間関係の束縛に囚われず、いつも、どこにいっても感じやすい心を持ち続ける人間解放の「巡礼者」がうたわれる。佐野はかれらに支えられて、難関を乗り越え、創作活動を続けることができた。その意味で、ビデオ『るつぼ』（本書所収「シンポジウム『るつぼ』」参照）に出たイグナシオ・ロペス・タルソが伝える、「世界のどこでも、いつでも、どんな形でも人間の自由を束縛するものと闘おう」という佐野の言葉は、メキシコでの演劇をよく言い表している。

もうひとつ、メキシコに限らず、演劇史の上で重要なことは、佐野がヴァフタンゴフを、スタニスラフスキーとメイエルホリドを繋ぐ鍵、晩年のスタニスラフスキーを読み解く手がかりと位置づけていたことで、メキシコ電気労組へ提出した芸術劇場プロジェクトのそもそもの始めからこの立場は変わらなかった。初期の芸術劇場の雑多な生徒たちを短期間の養成で優れた作品を生み出す俳優にしあげ、メキシコ演劇の黄金時代の主要な俳優を何人も育てあげた秘密は、長年日本、ドイツ、モスクワ、ニューヨークなどで得た体験と方法に裏付けられた独自のスタニスラフスキーの読み方、メイエルホリドの応用にあった。その後、演劇学校を運営するにあたって、授業体制は整えられ、佐野が助手の協力を得て翻訳した文献もつかわれたが、上級のクラスで使う文献の中に、スタニスラフスキーの授業についてのヴァフタンゴフの日記から佐野が抜粋したノートが使われているように、初期の立場が貫かれている。もちろん、佐野の舞台にメイエルホリドの演出スタイルは強い影響を及ぼしているが、それだけでなく、常に新しい試みをしていたことも確かで、死の年、宝生能楽団メキシコ客演のイニシアチブを取っていたことにもそれは見られるのである。

注

（1）幕末、異国船打払い令を批判し、開国を唱え、投獄されても脱獄を図り、自己の信念に従って行動し、硝酸で顔を変形しても生き抜こうとしたといわれる。

（2）鶴見祐輔著、一海知義校訂『〈決定版〉正伝 後藤新平』（全八分冊、別巻一）、藤原書店、二〇〇四―二〇〇七年。

（3）鶴見俊輔談。著者による京都でのインタビュー、一九八九年。

（4）藤田富士男『ビバ！ エル・テアトロ！』オリジン出版センター、一九八九年、一九―二二頁。

（5）マーカ・ラベルの佐野碩インタビュー「私は演劇という集団芸術の一コーディネーターに過ぎない」、〝メヒコ・エン・ラ・クルトゥラ〟、『ノベダデス』紙、メキシコ市、一九五九年三月。

（6）Huntley Carter. *The New Theatre and Cinema of Soviet Russia. Being an Analysis and Synthesis of the Unified Theatre Produced in Russia by the 1917 Revolution and an Account of its Growth and Development from 1917 to the Present Day.* London, Chapman & Dodd Ltd, 1924.

（7）佐野碩や友人たちが一九二五年に創刊した、一号だけの雑誌『ＭＮＺ』には、メイエルホリドへの政治的な批判の試みがある。

（8）『スパイ』（原題 *100% American*）で、アプトン・シンクレア原作、堺利彦翻訳、久板栄二郎脚色、本郷座にて一九三〇年、大衆座。

（9）後にニューヨークで『シアターアーツ・マンスリー（The Theatre Arts Monthly）』誌にその成果を発表しようとして果たせなかった。ベラクルス港船上から、一九三九年五月一日付、ジャイ・レイダ宛私信。New York University Tamminent Library, 083, Jay Leyda Collection, Seki Sano Folder.

（10）田中道子「コロンビア、キューバ、グアテマラにおける佐野碩」（スペイン語）*Tokonoma*, No. 1, Buenos Aires, 1995.

（11）佐々木孝丸、村山知義、千田是也、今日出海、太田慶太郎、その他多数。シンポジウムと平行して、演劇博物館で「佐野碩と世界演劇」という展示が二カ月余の間、開催されメキシコでの演出の一端を示すビデオも上演された。アジア・太平洋戦争期にこんな日本人も居たのかという驚きをもって受け止められた。具体的な内容は、演劇博物館に問い合わせて欲しい。

（12）『勝利の記録』は、「前年の、武装メーデーの失敗にこりて、今年は組織的な、分散メーデーをやるという方針が上部できめられ、これを芝居に書いて、メーデー前に上演してくれ、ということが伝えられて来た。」「上海の分散メーデーが、正に組織的分散的であって、しかもイギリスの工部局の弾圧を巧みに蹴って行われたのを、そのまま、舞台に移そうとしたのであった。」と村山知義が記しているように、弾圧強化の日本での大衆運動の方向を探る試みに演劇が積極的な役割を持った作品として注目される。岡村春彦『自由人 佐野碩の生涯』岩波書店、二〇〇九年、一一一頁。

（13）アフメテリは、一九三〇年六月にモスクワで開催されたソ連邦諸民族演劇オリンピックにジョージア共和国のルスタベリ劇団を率いて『アンゾル』（『装甲列車 14-69』のジョージア版）『ラマラ』など四本の作品を持って参加し、絶賛を得た。ルナチャルスキー、ケルジェンツェフ、ボルコフなどの劇評を、主要新聞・雑誌の劇評がいっせいに取り上げ、ジョージアの演劇文化の高さが広く認められる契機となった。このニュースは、*The Moscow Daily News* などを通じて日本にも伝わっていたと思われる。Sandro Akhmeteli, *Sandro Akhmeteli 90 lietiyu so dnya rodzhyieniya, Tbilisi*, Khielovnieba, 1977, pp. 465-487.

（14）佐野碩がニューヨークに滞在した一九三一年の八月前半は、多くの劇団は休暇か客演あるいは避暑地で次のシーズンに向けて稽古中だった。ただし、スタニスラフスキー・メソッドをこなした舞台で知られるギルド・シアターの一拠点として、ウェスト・ポート・カントリー劇場が開演し、『田舎娘』が上演されていた。近郊鉄道で二時間ほどのところで、佐野がその舞台を観に行った可能性はある。グループ・シアターはギルド・シアターの左翼の演出家・作家が恐慌下の世相に敏感な若手を集めて結成し、その夏初めて郊外の農場で合宿稽古をしており、佐野はそこに顔を見せたという参加者 Philip Loeb の証言がある。一九九一年七月、著者による電話インタビュー。

（15）University of California Library, Special Collection. Karl Yoneda Collection, Oct. 1929 "Revolutionary Songs in Japanese" 及び "Manifest of the Los Angeles Proletarian Artists League", 1/4/31.

（16）新劇女優第一期生として養成され、夫上山草人と共にハリウッドを目指して渡米。当時は、すでに草人とは別れていて、息子の俳優三田穣士（平八）と暮らしていた。

（17）『羅府新報』1931. 6.19 -1931.7.12., p. 1. カール・ヨネダは、早川は反動で佐野とは会っていないとする。しかし、佐野は、早川に有声映画の演技指導をしたと語っている。

(18) *New Masses*, 1931.8、p. 21.

(19) 石垣綾子は、石垣栄太郎と片山潜について、「おやじと息子のような交流だった」と書いている。『我が愛　流れと足跡』新潮社、一九八二年、九八頁。

(20) *Workers Theatre*, 1:10 &11, *1932.1*, pp. 10-13& 1932.2., pp. 10-13.

(21) *Ibid.*, p. 12.

(22) Sano, Seki. "The Tokyo Left Theatre and its Relations to the Japanese Stage", *The Theatre Arts Monthly*, New York, 15:10, 1931. 10. pp. 836-842.

(23) 一九三九年に佐野が作成し、『シアターアーツ・マンスリー』誌の編集長エディック・イサークにおくった略歴のコピーによる。New York University Tammiment Library, 083, Jay Leyda & Sri-Lan Chen Collection, Box 9 Seki Sano.

(24) ドイツ共産党日本語部の推薦で、同党文化担当書記ルートヴィヒ・レンの保証がある。コミンテルン文書、佐野碩関係。

(25) ソヴィエト政府の新聞『イズベスチヤ』1932.10.9.

(26) その頃から親しく付き合い、後に佐野の妻となり、一女をもうける。ボリショイ・バレエ劇団所属の医師を父とし、国際革命連盟解散後、全ソ演劇人協会で働き、戦後、「社会主義リアリズム」統制下の時代に、エフロストやリュビモフなど若い世代の創造的活動の自由を側面から支えたといわれる。一九五〇年代後半、メキシコの演劇人のモスクワ訪問をきっかけに、佐野との連絡がとれた。小柄で人望があり、「俳優の家」の芸術部長としての活躍が認められて、ソ連邦功労芸術家勲章を授与された。

(27) 転向のメカニズムについては、思想の科学研究会編『共同研究　転向』平凡社、一九五九年参照。

(28) 佐野家は、離婚後も、彼女の身分保障のために、一九三八年、演劇仲間の峯桐太郎と再婚して満洲に発つまで籍を抜かなかった。

(29) 労働者大学、歴史文書、芸術劇場関係デジタル資料。

(30) ただし、一九三三年夏から秋にかけて、佐野は、ソ連を出る可能性も探っていたようで、南カリフォルニア文化連盟やニューヨークの石垣栄太郎に連絡を取り、夏の休暇には、パリとベルリンに出かけている。

(31) メイエルホリドは、創造としての演出を確立し、演出の過程の記録を速記させ、資料を保存していたが、立ち稽古、舞台稽古、総稽古、初日、さらにその後の手直しにいたる創造過程を図示して記録する方法は、佐野とレフ・ヴァルパホフスキーが共同で編み出したものと考えられる。そのほかにも、歌舞伎の舞台との比較研究で、花道と階段、演技の焦点となる場など対比の他、ショリナフォン、ホドメールなどという電磁器機を利用して動作や音声の記録をとって河原崎長十郎とエラスト・ガーリンの演技の比較をするなど、具体的な提案をした。

(32) 演出家。初舞台は、ゴーゴリの『検察官』で市長夫人へのプレゼントの大きな箱の中から、花束を持って現れるカデットの役。著者によるインタビュー。モスクワ、サチラ(風刺)劇場、一九八七年三月十八日。

(33) このタイトルは、民衆に依拠した革命演劇運動を求めていた佐野が、国際革命文化運動のスローガンでもあった、レーニンの言葉を実感をこめて選んだものと考えられる。共産党内の権力抗争や、党官僚の統制に批判的になった佐野や仲間の演劇人が、「民衆」を理想化しその文化を創造の基盤としようとした表れでもあった。

(34) 当時、ニューヨーク市には、左翼日本人・日系人のグループが形成されていた。

(35) これら実現されなかった作品の舞台稽古の記録の一部は、佐野、グラトコフと共にＮＩＬで仕事をした、リュヴォーフィ・ルドニエヴァが保存している。

(36) 後日、名誉回復を得てマールイ劇場の演出家として優雅な舞台で認められた。彼のメイエルホリドについての回想は、重要な資料。

(37) N. Gorchakov. *Riedzissiorskie uroki K. S. Stanislavskovo*. Moskva, Iskustvo, 1951.; ゴルチャーコフ『ワフターンゴフの演出演技創造——名優を育てた稽古場の記録』高山図南雄訳、青雲書房、一九七八年。

(38) リュヴォーフィ・ルドニエヴァ「ショスタコーヴィチとメイエルホリド」、『アリマナフ』第五号、モスクワ、一九九二年四月、二一八—二二九頁。

(39) ニコライ・レスコフの一八六五年の作品を皮肉と風刺をきかせて現代風に脚色したものに、ショスタコーヴィチが作曲、一九三四年にレニングラードで初演。いつも多忙な建設公団責任者ジノビイ・イスマイロフの若い妻カテリナは、暇をもてあまし愛に餓えている。新しく派遣された労働者セルゲイとの情事の現場を舅にみつかり、殺害する。父親からの通報で戻って来た夫も殺し、二人の結婚を祝うさなか、悪事がばれて、シベリア送りになる。カテリナのために人生を台無しにされたとつれないセルゲイは、同行のコケティッシュな女囚のためにカテリナのストッキングをせびり、見せ付けるように手渡す。逆上したカテリナは、女囚もろとも渦巻く大河に身を投げて果てる。舞台の斬新なデザイン、スピーディな舞台運び、ベッドシーンの大胆さ、官憲やお偉方の皮肉な扱い方など、従来のオペラとは全く違ったもので、大成功をおさめた。二〇一四年十一月、ニューヨーク・メトロポリタン・オペラによって、初演当時の演出にそって再演された舞台による。

(40) 内務省警保局『昭和十六年中における社会運動の状況』「土方与志の活動状況」、四四七頁。

(41) 外務省、外交文書。

(42) ソヴィエトを出されるにあたって、佐野は、モスクワに残る妻子のための経費を残す必要があり、佐野家からの送金があるまで、入国時に預けて返された土方の資金から借り受けた。内務省警保局『昭和十六年中における社会運動の状況』「土方与志の活動状況」、四四七頁。

(43) この展覧会には、北川民次が指導した児童の絵が展示され、ピカソやマチスの高い評価を得た。バレンシアの会議には、正式に招待されたオクタビオ・パスなどの作家のほかに、後に佐野が出会い、一緒に仕事をする、多数の作家、画家、作曲家たちが経費自己負担で参加していて、その前から義勇軍に応募して前線にいたメキシコ革命中尉の画家シケイロスを、野営地に訪ねたりしている。Elena Garro. *Memoria de España. 1937*. México, Siglo XXI, 1992.

(44) Erwin Piscarter Collection (31)/4/1; (31) 4/7 1938.6.21, *Morris* Library, University of Southern Illinois, USA. この計画は、ピスカートアがニュー・スクール・フォー・ソーシャル・リサーチ劇作・演技のワークショップを設置するよう招聘をうけたため、実現しなかった。著者によるマリア・ピスカートアへのインタビュー、ニューヨーク、一九九一年七月。

(45) 岡村春彦『自由人 佐野碩の生涯』二二一―二二三頁。パリで会った旧友今日出海の紹介で『中央公論』誌のためのインタビューに応じるが、検閲を恐れて掲載されない。

(46) D 39 program. プラハ、一九三八、一五頁。

(47) 佐野は、その時の衝撃を後日メキシコで娘と同じ年代の弟子たちに語った。著者によるアナ・オフェリア・ムルギアのインタビュー、メキシコ市、一九九六年。

(48) 同協会は、サッコとバンゼッティやトム・ムーニーの死刑判決の見直し要求のように、裁判所の結審に納得できない市民の運動で、ひろい社会層の共感を集め、権力の横暴や既成法規の不備を市民の良識に立脚して正す機能を果たした。このような体験を経た上で、ジョン・デューイは、トロツキーのモスクワ裁判判決見直し委員会委員長の責を受ける決断をする。自分の件の見直しを行った委員会の長で、当時米共産党員であったジョン・フリーマンに、佐野は後に感謝状を出している。

(49) ブロードウェイの角から近い四二番通りの、左翼系の催し物によく利用されたカメオ劇場であった可能性が高い。

(50) モスクワの国立映画研究所でエイゼンシテインについて学び、後、モスクワに滞在して国際革命演劇同盟の書記局で『ニュー・シアター』の通信員、*The Moscow Daily News* の演劇・映画欄の寄稿者、『シアターアーツ・マンスリー』の編集協力者をしていた。ソ連演劇紹介特別号のためにワフタンゴフの舞台、演出方法に関する資料を『シアターアーツ・マンスリー』の編集者イサークに送るが、古すぎるとして受け入れられない。New York University Tammiment Library, 083, Jay Leyda & Sri-Lan Chen Collection, Theatre Arts Monthry Folder.

(51) *TAC Magazine*, New York, 1939.1, p. 2; *Variety*, 132:15, 1938.12.7, p. 54.

(52) *China Today*, 5:2, 1938.11, pp. 7-8.

(53) ニュー・スクール・フォー・ソーシャル・リサーチは、チャールズ・A・ビアード等が一九一八年に創設し、ジョン・デューイも協力した。紀平英作によれば、「時の経過や科学の進歩によって変化するのが本質である社会関係における新たな問題を掘り起こし、リベラルな市民社会という観点から行政や社会関係、さらに民主的な労使関係の改善を求め」「そのための指導的人材を育成する」ことをめざした。『図書』一九一四年十一月号、四五頁。

(54) 日本政府による佐野の入国阻止の試みと、その後も彼の国外追放を執拗に求めたのには、理由があった。当時、石油国有化以後、英米によるメキシコ石油ボイコットに対抗して海外販路をドイツや日本に求めようという案が検討されていて、メキシコ革命左派でカルデナスの側近の一人、親日家とされ、次期大統領候補とも目されていた、ベラクルス州知事フランシスコ・ムヒカは、州の南部での日系資本による石油開発を許していた。これは、日本海軍がかねて秘密裏に進めていたプロジェクトで、佐野のような日本軍国主義を糾弾する演劇家に反日宣伝を行われては困る。政治亡命者を大量に受け入れているメキシコ政府に対して、外務官僚も、共産党員と言うだけでは入国阻止できないと判断し、日墨関係をそこなうテロリストとして、佐野の日本送還を求めている。

（55）Erwin Piscarter Collection, *op. cit.*

（56）ビセンテ・ロンバルド・トレダノは、革命の動乱が一応おさまった文化復興の時代の中心的リーダー、いわゆる「七賢人」の一人で、メキシコ共産党を介さず、コミンテルンやソ連政府とつながりを持ち、労働界を統合して、メキシコ労働連盟（ＣＴＭ）を結成し、当時、さらにラテンアメリカ大陸の労働連盟を構築するために努力中で、労働者の組織化と教育による解放を信条として、マルクス主義とヒューマニズムに立脚した独自の社会主義を主張した。トロツキーの受け入れについては、否定的な立場をとった。

（57）*Dictamen*, ベラクルス、1939.5.3, p. 1.

（58）タスコは、北川民次がインディオの子供たちに絵を教えた町で、北川の仕事を世に認めさせた、ガブリエル・フェルナンデス・レデスマに薦められて訪ねたことが考えられる。

（59）一緒に来たアメリカ中国人民の友協会のルス・ロベスは、当初、新聞に佐野と結婚する予定だと語っているが、佐野がメキシコに落ち着く様子をみて、帰国したものとみられる。

吉川恵美子「資料メキシコ時代の佐野碩」、『演劇学』二四号、一九八三年三月；「佐野碩とテアトロ・デ・ラス・アルテス」、『早稲田大学大学院文学研究科紀要』別冊集第九集、一九八三年三月；岡村春彦「佐野碩のラ・コロネラ」一九八六年一月。

（60）ＳＭＥは、メキシコで最初に出来た労働組合で、一九三〇年代には、三期に亘って共産党員のエンジニアが委員長を務め、強力な執行部を形成し、スポーツや文化活動も含めて福祉厚生の充実を図った。Victor Sanchez Sanchez La solidaridad electricista y la insurgencia obrera［*El SME en tiempos de Sánchez Delint.*］オープン電子図書。

（61）ちなみに、フェルナンデス・レデスマは、一九二四年から一九三六年までメキシコに住み、「野外美術学校」運動に積極的に携わった北川民次の画風とその教え子のインディオの子供たちの作品を高く評価し、ニューヨークやパリでの展覧会に送り出し、ピカソやマチスの絶賛を受ける契機を作った人物で、佐野は、メキシコ入国から六カ月間、彼の家に滞在していた。

（62）メキシコ派作曲家の随一とされるシルベストレ・レブエルタスも、バレンシア会議に参加した。そのときに作られたいくつかの曲は、革命的、楽天的で、虐殺されたガルシア・ロルカに捧げる曲は、繊細で美しい。

(63) この巡業に際して、ロンバルド・トレダノの支援があり、メキシコ駐米大使および館員宛の依頼状が残されている。労働者大学歴史資料デジタル版、ウォルディーン関係文書。

(64) FBIによると、この二人は、KGBの前・現代表だという。国際義勇軍マドリッド防衛テールマン大隊長だったレンは、ソヴィエト政府との結びつきはあったと思われる。彼らとの関係で、佐野碩もFBIの監視下におかれる。

(65) ミチョアカン州はカルデナス大統領の出身州であり、この祝典準備は一年前から同大統領の賛同をもって始められた。

(66) Wilberto Canton, compl. *Teatro de la Revolucion mexicana*, Mexico DF.

(67) 労働者大学歴史文書、デジタル情報レポジト、芸術劇団関係。

(68) 佐野は、しばしば米国政府がメキシコ市に開設しているベンジャミン・フランクリン図書館に通って調べものをしていて、必要なら米国の他の図書館から図書を取り寄せてもらったりしている。

(69) George Hadley-Garcia, *Hispanic Hollywood*. Citadel Press, New York, 1990 参照。

(70) 佐野が協力した記録映画制作者とは、同名異人。

(71) 仕事でメキシコ滞在中の兄を訪ねて行き、ハーバート・クラインから誘われて映画に出演することになったコスタリカ人でハリウッドのイスパニック若手女優として促成されたばかりのイリス・フロレスは、一九四三年から一九四四年にかけて、友人リカルド・モンタルバンに誘われて、佐野の小グループで指導を受け、役作りに困って佐野のアドバイスを求めている。一九一一年十一月、著者によるインタビュー。

(72) メキシコ国立古文書館、社会政治警察文書、佐野碩関係資料。

(73) FBI文書、佐野碩関係資料。

(74) 五月十三日には、ラ米労働連合の幹部エンリケ・ラミレスに、また、十一月十九日には、その年大統領に選ばれたミゲル・アレマンに、芸術宮殿で上演できるよう申請するが、実現できない。

(75) カルロス・モンシバイス『メキシコ通史』Vol. 4、メキシコ市。

(76) 数人の記者を前にコメントしたもので、例えば芸能通のディアス・ルアノバ記者は、六月二十五日の『ノベダデス』紙に「メキシコの演劇は、闘牛同然」として、佐野の発言を伝えた。

（77）例えば、一九五〇年当時テレビドラマの制作者として活躍していたエクトル・セルベラなど。ちょうど、佐野が困難な状況に直面していた時だった。
（78）一九五三年に書かれたこの作品は、マッカーシズムを批判するもので、一九五六年、エリア・カザンの名指しにより、ミラーは、上院反米活動委員会の査問に呼び出されるが、共産党員を指名することを拒絶し、非協力者として起訴され、裁判中であった。
（79）SMEの機関誌『ルックス』一九五八年一月号。
（80）ロドルフォ・バレンシアへの著者によるインタビュー、一九九五年、メキシコ市。
（81）コヨアカン劇場のシンボルマークに道化師がトランペットを吹いている図が使われているが、このマークは、一九五〇年代末の用箋に付されているので、独立した常設レパートリー劇場の構想をその頃から練り始めていたのかも知れない。
（82）当時の佐野のアシスタントで俳優養成法の共著者であるアリシア・カストロ・レアルによると、『十二人の怒れる男たち（Doce hombres en pugna）』を上演しようとしたという。一九九一年、著者によるニューヨーク市でのインタビュー。岡村、三六二頁も参照。
（83）夜一〇時過ぎに始まったこのコンサートをメキシコの新聞は報じたが、日本の新聞は私的な行事としてほとんど報じなかった。
（84）ウーゴ・クルスへの著者によるインタビュー、一九九六年、グアテマラ市。
（85）アレハンドロ・ホドロフスキーは、ウクライナ系ユダヤ人。一九二九年生まれ。作家、俳優、演出家、さらに心療魔術師と多角的な才能を持ち、メキシコには、一九六〇年から一九七四年まで暮らし、エーリッヒ・フロムや禅の高田師匠に学び、「パニック運動」を起こし、ルートヴィヒ・ウィトゲンシュタインの影響を受けたシュールレアリズム的な舞台を上演した。
（86）*¿Qué pasa con el teatro mexicano?*, México DF, Organización Editorial Novaro, 1967.
（87）死の直前に制作契約を交わした映画は、心が広く陽気な女が民衆の形象であるような作品であったようで、主演女優は、踊りも得意で、二〇一〇年現在でも現役というグラマー女優で売り出したエリサ・アギレ。著者によるインタビュー、一九九二年十二月、メキシコ市ウィルベルト・カントン劇場楽屋にて。
（88）一九五〇年代には、ベネズエラのアフロ・アメリカン民族音楽・舞踏に関心をよせた。

1　日本プロレタリア演劇における佐野碩

佐野碩の時代の政治演劇とその外延

藤田富士男

一　佐野登場以前の演劇

佐野碩は、精神科医の父・彪太《とらた》と後藤新平の長女・静子の長男として生を受け、世界的な視野を持つ父母はじめその係累に囲まれて成長していった。碩が生きる方向性や国外への演劇的な関心を如実にしていったのは、浦和高等学校の一期生として一九二二年に入学したことに端緒がある。そこには暁星小学校・開成中学校以来の演劇・文学好きの太田慶太郎（ペンネーム・谷一）、今日出海、山口忠幸（ペンネーム・川口浩）などの仲間がいたことが関係していた。浦和高校でも演劇活動を始めようとしてリーダーシップを発揮したのは、愛媛出身の紀伊輝夫で、入学以前からメイエルホリドの斬新さに魅かれて原書でその演劇方法を学び、仲間に面白さと革新性を説いていた。

高校の演劇に飽きたらない彼らの周囲では、時代状況から青年の活気が漲《みなぎ》り、それに促されて新しい劇団を創ろうとの空気が充満していった。学生たちの間に「Kraft Leben（生活力）」とか「Zeit Geist（時代精神）」といった言葉がもてはやされていて、「今すぐ起ちあがろう！」「ムンズと起ちあがろう！」という気概を持って劇団結成に向かった。彼らを中心として、一九二五年十二月、機関誌『ＭＮＺ』を創刊すると、劇団「シアタア・ムンヅ」は演劇を通した社会変革への意志を問いかけることになる。けれども、その矢先に紀伊を病魔が襲い急逝するというアクシデントで、劇団は解散を余儀なくされた。

前後して起こった関東大震災（一九二四年九月）は関東圏の主な劇場を灰燼に帰したが、その災厄の一方で、建物も考え方も古いものが一掃されるという思いがけない事態を生じて、新劇場創設は容易になったのである。

その直前まで欧米に演劇修業に出ていた土方与志（一八九八—一九五九）は、「故国壊滅」の怪情報に接して急拠帰国すると、残りの留学費用で自分たちの劇場を建てられると見積もってすぐさま建設に取り掛かった。土方がヨーロッパ最新の劇場形式を備えた築地小劇場を完成させると、佐野たちはじめ演劇青年たちはそこに集まり始めた。日本最初の新劇専用の築地小劇場は、ドイツ表現主義の移入や構成主義の舞台を提供して、連日満席の観客動員をあげ、舞台は本格的なリアリズム演劇への道を歩み出した。この時、土方は二十四歳で、千田是也（一九〇四—一九九四）は一研究生に過ぎず、中心メンバーの大半が二十代前半の若者で占められていた。

劇場が掲げたその理念の一つに、「この劇場は演劇の為に存在し戯曲のために存在するのではない、この劇場は未来のために存在する、ここはあらゆる民衆を迎える芝居小屋である。」とあり、その「戯曲」と「民衆」という土方の考えにも佐野たちは惹かれていった。しかしながらその時点では土方の「民衆」把握は皮相的なものでしかなかった。

実はその二年前に「民衆」の実像を示してくれたのは国鉄労働者出身の平澤計七（一八八九—一九二三）の存在であった。

二　プロレタリア演劇の先駆

平澤計七は、新潟の小千谷から大宮に移り住んでから労働者としての生活をスタートさせた。その生涯は拙著『評伝 平澤計七』（藤田富士男・大和田茂、恒文社、一九九六年七月）に譲るとして、演劇史上で特筆されるのは、「労働劇団」を始動し「労働劇団規約」を創り上げたことだろう。

労働劇団規約（草案）

第一条　本劇団は労働劇団と称す。
第二条　本劇団は民衆芸術革命の為に存在する。
第三条　本劇団は技芸員であると同時に観客である会員組織とす。

（第四条から第九条は省略。『労働週報』第四号、一九二二年二月二十六日より）

この草案は、第三条において「俳優と観客」との関係にまで言及している点が画期的な規則であった。演ずる者と観る者の両者の行為から芝居を凝視させ、一過性としない、という主張は、ドイツの代表的な演劇人、ベルトルト・ブレヒト（一八九八―一九五六）が俳優訓練のなかで述べた「俳優は観客でなければならない」との主張に連なっている。ブレヒトは、演劇が一夜のカタルシスであってはならず、第三者の眼を備えるべきだと言う。それよりも数十年前に、平澤は演劇観を披露しているのである。

労働演劇の可能性を認めたのは、平澤の師でもあった小山内薫（一八八一―一九二八）や土方を除けば、のちの佐野碩たちの集団であった。それを明確に物語っている資料として、佐野を中心に『プロレタリア演劇』（三〇・五）誌上で展開された座談会がある（本書所収「座談会　プロレタリア演劇の思い出」）。

冒頭で佐野が「当時の芝居の見物はどういう人達だったのかね」と口火を切ると、小川信一（本名・大河内信《のぶ》威《たけ》）は「みんな社会主義者ばかりだったよ。アナ[1]もボル[2]もはっきり区別がなかった頃で、その後、第一次世界大戦後の世界的恐慌の波が日本にも襲って、プロレタリアは到る所でストライキを起こしていた（…）これにつれて労働者のなかの演劇にも新しい容貌が見られる。震災前、一九二一年頃民衆芸術研究会[3]が尻押しで平澤計七氏が亀戸で素人芝居をやった。その一座は大工とか左官とか請負師のやってるもので、それへ割り込んだ。その小屋というのは怪しげな寄席だった。」と述べているのである。これを読む限り平澤の芝居を小川自らが見聞したことがうかがえる。ここに実に重要な指摘がなされていたのだ。「割り込んだ」ときの小川は、理研（理化学研究所）の大河内所長の子息でお金にも不自由のない十六、七歳の青年だった。周囲からも早熟だと認められていたうえに、浦和高等学校の演劇グループとは一線を画して、林房雄らの共産党系に近い人たちとの付き合いを頻繁にしていた頃である。劇場にも岡場所にも頻繁に出入りして、「いっぱしの自由人」を気取っていた。だから平澤の労働劇を十分に理解できていたことに疑う余地はない。だからこそこの証言は重要なのである。

これまでの現・近代演劇史においては平澤の労働劇は、単なる娯楽劇の域を出ていないといった記述にとどまっていた。その視点を変えてくれたのは、第二次大戦後に俳優座の役者として活動しながら克明な資料調査に基づいて著された『日本社会主義演劇史』（筑摩書房、一九七五年六月）をはじめとする数冊の著述がある松本克平である。それらにより平澤の労働劇の評価への道標が示されていたものの、劇団員の実態などをはじめ、肝心なことにはあいまいさが少なくなかった。その一つの例が、大島《おおじま》（現在の東京都江東区大島）五ノ橋館[4]での労働劇の出現である。それまでは旅回りか地回りの「川上隆太郎一座」の手伝いで行われた、と記述されたものを踏襲していたのである。だが小川の証言通りに「その一座は大工とか左官とか請負師のやってるもの」だったとすると、ことの真偽はいちどきに氷解していく。このときは民衆芸術研究会の見学会もあった日で、労働作家藤井真澄は、

劇場の光景はすばらしいものだった。最初、川上一座だけの大工劇があった。この芝居は、大工とか左官とか請負などが出るだけで、ブルジョアもプチブルジョアも出ないもので、写実劇としても立派なものだった。

（『演劇研究』二八年二月、傍点引用者）

と記しているように、登場人物が「大工とか左官とか請負師」だった、と重ねて述べているのだ。藤井がこの一文を上梓したのは上演の五年後だったのだからあいまいさが残っていたのだが、小川の記憶とあわせて、川上一座の出し物は川上隆太郎のオリジナルであり、演じた人たちが、大工をはじめとする（大島地区の）彼の知り合いで、当初の配役ではなく労働者自身だったと考えると真実は見えてくる。本物だったから「写実劇」に近いと藤井は感じたのだろう。平澤が日頃は「書斎人」と酷評していた中村吉蔵でさえも、この日の芝居を観て、

平澤君は、旅役者相手に自ら作中の役役〔ママ〕に扮して舞台に立ちました。脚本の題材が皆労働階級の実生活から取られているし、その寄席に群衆〔ママ〕した見物が皆労働者なので、観客席の気分が先ず緊張する。それが反響して舞台と観客と、互いに熱し合って、いかにも盛んな感興の渦巻が湧き返る、一日の労働に疲労して汗と垢とにまみれてきた見物は、慥に「生命の洗濯」をしているように感ぜられました。民衆娯楽というのは、矢張斯ういう意味のものでなければならぬ。即民衆文化のための娯楽でなければならぬとつくづくそう思いました。

（『大観』二一年四月号）

と書いている。当日のその他の『疵痕』『失業』は平澤作品であり、彼の多数の仲間が熱気に押されて助演したことが立証されている。平澤はここで「労働劇団規約」通りに「観客であり役者である」との演技論を実践していた。その結果としては「娯楽劇」にいたるのだが、当時の中村には「役者」の中身にまでは目が届かなかったようである。

確かに地回りの川上一座は存在したのだろうが、数人は一座の者であとは「労働者」が演じており、亀戸警察署への上演の許可のために一座の名義が必要だった、というのが真相で、小川の証言した人たちを中心に組まれた俄《にわか》一座であり、彼らを含めた「純労働組合」(5)のメンバーだったのだろう。傍証すれば、エリザベス朝の演劇を代表するシェイクスピアやマーローたちがキャストを組むときは、旅の一座の手を借り、助演陣は酒場にたむろする、今日的な言葉を借りれば「芝居フリーク」たちの中からキャスティングする方法でまかなったようだ。洋の東西を問わず同じ方法で、平澤の芝居に共鳴する大島地区の芝居フリークや平澤フリークたちから選んだようで、それこそ平澤の望むべき労働劇団だったといえるようである。

座談会に戻すと、佐々木孝丸(一八九八―一九八六)は「土方君は〔大島での労働劇は〕見物として行ったのではない」と断言した上で「土方君は当日手伝いをするために出掛けて行ったんだが、行ってみたら、もう芝居をやっていたのだそうだ」と五ノ橋館での様子を語っている。とすると、後年、土方本人が書いた『なすの夜話』(河出書房、一九四七年九月)に「小山内先生らと車で一緒に見物に行った」と言うのでは、齟齬をきたしている。いずれにしても小山内が平澤を弟子として認めており、土方は兄弟弟子として同等の演劇人の立場に立っていることが了解され、「土方にとってこの夜の観劇体験は非常なもので、舞台と労働者を主体とする観客席との熱い交流を目のあたりにした」(大笹吉雄『日本演劇史』大正・昭和初期篇、白水社、一九九八年十二月)ことで「私のながく演劇に求めていたもの、劇場にみたいと思っていたものに行き当たった喜びを、深く味わった」（土方与志『演劇論集　演出家の道』未来社、一九六九年）と、後年に述懐しているのも平澤の労働劇に心酔したことを裏付けている。その思いが、築地小劇場を創り上げた時の理念に連なったものだと思われ、「ここはあらゆる民衆を迎える芝居小屋である。」という言葉となったのだろう。「商業演劇にいや気がさしはじめるとともに、土方の中でこの時の体験がいや増しに輝き出した」（大笹）と強調しているのも、また、「この間のプロレタリア演芸大会の時、土方君が、平澤君のあれを思い出しますよ、と言っていた」と佐々木が述べているのも、すべて「平澤の労働劇を想起した」ことをいっている。このように佐野の座談会の企画が「平澤再評価」にあったことを教え示している。

ついで、佐々木は、「表現座をつくった時[6]、（…）稽古した芝居が禁止になった。すると、それを知った平澤君は残念がって、場末へ持って来い。検閲なんかのとどかないところへ来てやれ、と言った」というエピソードを思い出している。それは当時の演劇人たちと平澤との密着度を示しているばかりでなく、会議の内容から、一九三〇年のはじめには、労働劇の正しい把握と継承を佐野たちが相互に確認しあっていたことも証左している。ここには演劇動向全体の流れから労働劇が見落とされ、あるいは故意に欠落させてきた歴史を、佐野たちは、同時代的な演劇活動に活かそうとしていたことが容易にうかがえる。

歴史をやや遡《さかのぼ》れば、平澤の「労働者たちのため労働劇」という当時の実践が次第に浸透していくに従って、その「阻止・解体」も体制側の俎上にのせられていった。

その中での思いがけない関東大震災は彼らに絶好の口実を与えた。実は震災直前に平澤や藤井真澄らの労働作家の庇護者であり『新興文学』の出資者である伊藤悉《つとむ》らと芝居をやろうとの企画が持ち上がった時、主宰者の伊藤が突如亀戸警察に拘引されて芝居が頓挫したことがある。この出来事は平澤謀殺の一因を作った。国家権力ほど平澤の民衆を導く力を認めていたので、すぐに姦計をめぐらせた。亀戸地区で純労働組合や南葛飾労働組合との協働体制をわずかの日々で創り上げたことなども恐怖となって、国家体制の秩序の崩壊を予感させるに充分であった。したがって全ての芽を早急に摘み取るべく平澤包囲網を敷いていったのである。

本筋を離れるが、平澤や社会主義者及び朝鮮人などに対する必要以上の恐怖は、朝鮮半島の事件に起因していた。それに加えて平澤虐殺の「亀戸事件」を主導的に導いたのは、組合や社会主義者嫌いの警視庁官房主事である正力松太郎（一八八五―一九六九）と黒幕の水野錬太郎内務大臣、赤池濃警視総監という謀殺トリオの関係が働いたものだった。水野・赤池コンビは、ともに朝鮮総督府勤務のときに「三・一運動」[7]（一九一九年）に遭遇して、ナンバー1、2の地位にありながら暴動を未然に防げなかったことの責任を痛感していた。彼らは本国、日本で復活するや逆恨みの憎悪を社会主義者らに向け、復讐する機会をつねに狙っていたのである。そこへ思いがけない関東大震災が生じたことで、考え続けていた「虐殺の看取り図」通りの決行が図られた。壊滅した家屋の傍らで余震に怯える人々を余所眼に、密命を受けた習志野連隊を大島の平澤宅へと向かわせた。

三　佐野の躍動

再び佐野の活動に眼を転ずると、東京大学の社会文芸研究会、新人会を経て[8]、新人会の七周年記念講演会でケルジェンツェフ著『群衆劇について』と題する講演を任されている。これは、後年、佐野の演出の特徴となった「群衆操作」を詳細に研究していたことを裏付けている。また、年明けの二六年に協同印刷で三三〇〇人が参加した労働争議が起こると、前年の十二月に結成された日本プロレタリア文芸連盟のトランク劇場が慰問に出動しており、演劇はますます政治色を帯びてくることになる。そこでは佐々木孝丸が歯ブラシ、靴墨など簡単なメーク道具一式をトランクに詰めて持って出かけたと言うが、労働者とのやり取りなどのヒントは平澤仕込みだったようだ。平澤が虐殺されてから、彼を知る演劇関係者は、平澤の継承をすることで権力機構への報復を図っていったようだ。

佐野たちの間でも実際の闘争に役立つ演劇が議論され、学生、労働者、文化人を交えたマルクス主義研究会（通称・マル芸）が発足して、佐野はすぐさま入会して土方のもとで役者修業をしていた千田是也を知り、後の行動の多くを共にする機会が増えた。

佐野は六月一日にできた人形座にも参加する。これは千田の兄夫婦伊藤熹朔、智子夫妻を中心に出来た人形劇団であったが、これも政治的に脚色して、千田は「ゴルドン・クレイグ式の審美的マリオネット論を突き抜けよう、美術家や音楽家の道楽めいた匂いを消そう、社会的な意味をもたせよう」という内容の「人形座宣言」を書いていて、観客の前へ飛び出すと「資本家を倒せ！」と罵倒しながら支配階級の人形を蹴飛ばし踏みつけた。資産階級の子弟がやっているお遊びと思っていた観客の度肝を抜いている。[9]

四　前衛座からプロレタリア劇場へ

さらに政治色を強めた佐野たちは、村山知義、佐々木孝丸らを交えた前衛座を創り、二六年十一月に「前衛座宣言」を発表した。その序文に「前衛座は健全なる演劇の創造に向って邁進する――健全なる演劇は、人類を光輝ある未来に向って導き得るものでなくてはならない。」と高らかに宣言し、次に「発展性ある新しき世界観に立脚する」と述べ、マルクス主義的世界観のもとに演劇運動も遂行することを確認した。ここにおいて佐野たちは文化・演劇の日本での主導権を掌握していくことになる。ただ、この一時期には学生間に「分離集合論[10]」をふりかざした「福本イズム[11]」も吹き荒れ、「日本プロレタリア芸術連盟」（略称・プロ芸）と改称された組織も前進するのに困難を極めた。

その第一回公演に前衛座ではロシアの現職文部大臣、ルナチャルスキー作の『解放されたドン・キホーテ』を佐野の演出で上演した。佐野は他劇団への敵対をむき出しに「所謂芸術の仮面を被りながら沈滞と滅落の道を辿りつつある在来のブルジョア的乃至プチ・ブルジョア的劇団に向って放たれた我々の嚆矢であった。」(『文芸戦線』二七年一月)と闘争心をむき出した演出であったことを明らかにしている。この芝居の演出により佐野は高い評価を受け、さらに前進し続けることとなった。その結果として国家権力側からの締め付けも厳しくなり、警察からの呼び出し、拘束なども増えていくこととなった。

前衛座では若者たちからの入団希望者も増加したために、前衛座研究所を開設して次世代の教育にも対応し始めた。その研究生の中に、のちに佐野と結ばれる高橋一三子(芸名・平野郁子)がいた。しかし、すべてが順風満帆には進まず、穏健な「文芸戦線派―前芸」と福本イズムの信奉者を多く抱えたプロ芸派との亀裂は決定的なものになって、路線闘争に勝利したプロ芸派は明確に労農党支援を打ち出した。(12) だがその後も前芸派は「前衛座」と「トランク劇場」の名称にこだわって、プロ芸側に劇場名は渡さないという申し入れがあり、プロ芸派は『文芸戦線』に対抗する機関誌として『プロレタリア芸術』を創刊して、劇場名は「プロレタリア劇場」に変えた。ようやく二八年になり、「前芸」と「プロ芸」は合同することになったのだが、第一回の普通選挙直後に、選挙違反に名を借りた治安維持法違反の大弾圧が開始されたのである。左翼に対する一斉検挙(三・一五)の際にはプロ芸合宿所も急襲され総検束を受けて、共産党に資金援助したという理由で佐野、中野重治、鹿地亘の三人が三日間から一週間拘置された。弾圧はその後度重なり、規模も圧力も過度になっていった。

危機感を抱いた反体制側の人々は結束を強め、四月十六日に「全日本無産者芸術連連盟」(略称、ナップ)を発足させ、五月には藤森成吉が名付けた、機関誌『戦旗』を創刊し、左翼劇場が誕生した。佐野と佐々木は各地にオルグに出掛ける一方で、劇場公演はもとより支持者拡大のための移動公演へと東奔西走した。それらを経て一九二九年二月二十四日に「日本プロレタリア劇場同盟」（通称プロット）が誕生した。

五　『全線』の舞台

四月末を金沢前衛劇場へのオルグで過ごした後に帰京した佐野は、かねてからテキストレジーしていた村山知義作『暴力団記』（検閲が通らず『全線』と改題）の演出に取り掛かった。この戯曲は中国の「二・七惨変」にモデルをとり、さらには藤枝丈夫から材料を得て村山が書いたものだった。

演出助手として佐野の舞台を手伝った松尾哲次によると、「群衆シーンの稽古では、全体をいくつかの小グループに分け、各グループごとに小リーダーが配置されて、そのグループリーダーの吹く笛で、小グループの一つが動き出し、それが終わると次のグループの笛で合図を送って動き出す、それらの動きはウエーブのように連続していき、やがてひとまとまりの大きなうねりを作り出す。」との群衆操作が行われたのである。観客は舞台上のダイナミズムに圧倒されていった。佐野はケルジェンツェフに学んだ群衆操作の演出法に加えて独自のリズム感のある方法を採った。大阪戦旗座から東京に手伝いに来ていた大岡欣治は「台本に音符を配していた」と証言している。久保栄は「労働者、暴力団の二つのグルッペの取扱いに於て、前者を統制ある整然たる一団として、後者を乱雑極まるハキ溜め的存在として表現しようとする意図が見事に成功している」（『劇場街』八月号）と書き、小山内薫は「殊に暴力団員各々の夫々違った歩き方や振りや仕事など、あれは無言の中に大きな効果を読んでいるものだ。それに脚本と演出を通じて部分的にこまかい器用さが目についた」（『都新聞』七月二日）と高い評価を与えている。俳優座の小沢栄も文芸評論家の本多秋五なども絶賛した舞台は以後、プロレタリア演劇の最高傑作として「幻の舞台」と多くの人々に語られる感動の舞台を創り上げた。

六　左翼劇場とメザマシ隊

一九三〇年には治安維持法違反の名目で左翼全体への大弾圧が開始された。築地小劇場に本部を置いていたプロットとそこに加盟する「東京左翼劇場」、「新築地劇団」、「メザマシ隊」、「三・一劇団」などにも拘引者・逮捕者が相次ぎ、劇場に対する警視庁の特高部の厳しい監視と嫌がらせは日増しに酷く陰湿なものになっていった。

ここで言うメザマシ隊とは、東京左翼劇場が佐野の「プロレタリア演劇研究所」[13]での指導を強く受けて作った、「反戦」、「労働者の権利を守る」ためのアジ・プロ[14]を主体とした移動形態の小さな劇団である。最初は専門移動演芸隊「プロレタリア演芸団」として発足した。「この演芸隊は、さまざまの大衆演芸能を器用にこなせる、しかもオルガナイザーとしての経験もゆたかな連中を各劇団から選んで編成されており、現に私が日本に帰った年〔一九三一年〕の十一月と十二月だけでも、小公演五回、屋外集会（ピクニックなど）へ三回、屋内集会へ十八回（うち三回は争議団）、合計二十六回（週平均三回）出動という、きわめて活発な活動をおこなっていた」と千田是也は書いている。さらに、「プロレタリア演芸団では長ったらしく、やぼったいのでたしか、イルマ〔千田夫人〕の属していたステッティンのアジ・プロ隊〈赤いめざまし《ロター・ウェッカー》〉にちなんで、この名をつけた」（千田是也『もうひとつの新劇史』筑摩書房、一九七五年十月十日）と述懐している。千田は「めざまし」と平仮名表記だが、当時の活動ビラやポスターではカタカナで「メザマシ隊」となっていた。

当初のメンバーは、『青いユニホーム』に出演した中村栄二、三島雅夫、新田万作（猪俣時範）、佐山亮介、金波宇、馬場恒夫、北川清、前山清二、平野郁子、沢村貞子、「文芸部」には、島公靖、吉原顕人、「演出部」の依田一郎をはじめ男性十七人、女性三人で編成され、ついで新田、平野、沢村らが逮捕されたために、佐野が直接指導していたプロレタリア演劇研究所から三期生を中心に、大沢幹夫、斉藤荘一、江藤克己、池田生二、北川勇、森信三、西康一、赤池進、内田直、本庄克二、小沢弘、三好久子、赤木蘭子、村田修子、金田きくの（弘中菊乃）、高橋豊子、鳥居末子、川島隆子らが補強メンバーとして再編成され、二十代そこそこの佐山亮介委員長をすえて、平均年齢も二十代前半の若い集団となって再出発する。メザマシ隊の行動はドイツ仕込みの青色のユニフォームとともに演劇青年や運動へのシンパサイザーたちから羨望の眼差しを向けられた。だが、表面上のスマートさとは裏腹に、左翼劇場への弾圧は容赦なく、日に日に激しさを増していった。

逆風の中で、千田是也が逮捕された後も、出演料もほとんど無い中で必死に行動していたが、沢村が留置され、平野にいたっては『志村夏江』上演中の舞台上で拘引されるという荒々しさで、究極の場面で細川ちか子を代役にしてどうにかその場を切り抜けていた。しかしながら、弾圧がプロット参加の全国の団体に及び、度重なるにつれて、消耗戦の様相を呈してきた。

ついに当局からプロットの解散を迫る文書が届き、絶望的な危機状況の中で「第三回拡大中央委員会」を四月二十三日築地小劇場において開催することになった。出席者は、本部員から薄田研二ほか五名、「中央劇場」は原せん子（原泉）他六名、「新築地劇団」からは永田靖他二名、「メザマシ隊」は佐久間玄他一名、さらに東京支部の代表者一名を加えて会議に入った。当初はあくまでも自主的な解体・解散を迫っていたのである。だが、予想通り「メザマシ隊代表佐久間外一名は之に反対したるも、他は全部賛成し、結局メザマシ隊より上申書を提出せしめ、然る後文書により討議の上解散を決定、声明書を発表する事となしたるも、其後メザマシ隊より上申書を提出せず、荏苒《じんぜん》〔延び延びになること〕未決定の儘《まま》現在に及びたるが殆んど解体と同様の状態となれり」（『特高月報』三四・六）とあるように、佐野と千田の熱い思いを受け継ぐメザマシ隊は最後の最後まで抵抗したのである。

警視庁特高課の指導も執拗で、再三にわたる自主的解散を求めてきたのに対して、メザマシ隊が無視したため、ついに業を煮やして力で潰しにかかった。七月一日と二日に東演芸館において『機関庫』六幕、と『嬰児殺し』を上演したが、「其の際、配役に於ても届出と大部分相違し且つ俳優鑑札を所持せざる者多数ありたるを以て一応取調を為すの必要を認め、七月二日演劇終了とともに関係者三十四名を一斉検挙し目下取調中なり。」（『特高月報』同年七月）という有無を言わせぬ強権行使に踏み切った。

ところで、俳優鑑札というのは、明治新政府が役者を税金の支払額によって等級に分けた悪法であり、歌舞伎役者や映画・舞台に常時出演する人たちは「一等俳優」の鑑札ほしさに無理をしてまで払ったが、プロレタリア演劇の若手役者たちは食うことさえままならぬ中で、下等の税金さえ払えないことは周知のことであり、究極の役者いじめで、ここにいたってはなす術もなかった。こうして、刀折れ、矢尽きて、「モスクワの演劇オリンピアード」を目指したプロレタリア演劇の最後の希望の砦は陥落したのである。

七　メザマシ隊の終盤戦・大連芸術座

いざ解散となると多くの隊員たちに空虚な挫折感が漂い始めた。やがて国が戦争へと向かう失意の中で、故郷へ帰る隊員たちもいたが、革命的な芝居への強固な想いを抱き続ける隊員も少なくなかったのである。九月には村山知義が提唱した新協劇団に参加する者もあったが、骨抜きにされた組織では方向性は見えなかった。かすかな伝手を求めて朝鮮半島、中国大陸へと渡って行った。

佐野に心酔し、プロレタリア芸術同盟以来のメンバーだった宅昌一は、事務能力にも才能を発揮して会計責任者となり、醵金集めを委託され、当然特高からはマークされていた。プロットの解散後は、食糧取引で財をなした祖父の財産の引き継ぎの名目で大連に居を移した。人口の約四〇パーセントが日本人で、三〇年には約十万人に達していた。

宅の祖父は税金のかからない大連港を舞台に「宅の店」を開いていた。左翼劇場の役者だった吉谷慎も店の従業員として身を寄せていた。宅は監視の緩やかな大連での演劇運動の復活を目論んでいたが、いち早く動きを察知した特高に「大連で芝居をやると見逃せない」と恫喝されていた。その後、プロットで活動をともにしていた親友の糸山貞家（峯桐太郎）から「満鉄（南満州鉄道）調査部の鈴木小兵衛氏から、村山知義を介して大連で芝居の指導を依頼された」との思いがけない相談を受けた。佐野のもとで演出を学んだ糸山が来ることは渡りに船の出来事で、すぐに糸山が了承の書簡を送ると、「ぼくは大連で芝居を禁じられているので、経済的な支援をするから代わりに始動をしてほしい」と返事が来た。糸山貞家と妻で左翼劇場の女優だった藤川夏子は、解散後の三五年八月に長男朔馬《さくま》が生まれると、翌月には宅を頼って一家転住を決行した。糸山夫妻が来る前に鈴木は劇団の人選を急いだ。東亜同文書院での中西功（後に日本共産党参議院議員）、大連日日新聞の河村好雄、満鉄図書館の萩沢稔、資料課のマリア・ドーリア、他に満鉄の社員やタイピストたちが参加した。三六年四月の旗挙げ公演を予定して、劇団名は、モスクワ芸術座にあやかって「大連芸術座」と名付けた。モスクワで活動していると思いつづけていた佐野への思いもあったのだろう。さっそく、糸山は佐野譲りのマニフェストと規約作りに取り掛かった。

一、名称　本劇団は大連芸術座と称す
二、目的　本劇団は芸術的演劇を創造し以て満州文化の発展に資するを目的とす
三、組織　本劇団を左の五部に分つ
文芸部・演出部・演技部・美術部・経営部

＊以下一七項目省略
＊創立当時のメンバーは次の通り
＊演出部　糸山貞家、河村好雄、柴田英之、藤家貞（藤川夏子）
＊演技部　目木覚、原一、谷川達之、奥村正雄、片山康武、北郷連
藤川夏子、菊池弥栄、江上蓉、深井静江、不破英、阿部マリ、東万知子（以下略）

旗揚げ公演ではチェーホフ作『犬』（『結婚申込み』）と『天鵞絨《ビロード》のばら』を上演した。所期の思いはもちろんメザマシ隊の再建であったが、口を噤《つぐ》んで臨んだ。日本では二・二六事件が起きたが、劇団では変わりなく稽古が続けられていた。第一回公演は無事に終了した。この時手伝った古川哲次郎は、大連芸術座の批評を日系新聞に書いて側面援助を行った。次第に評判が高まってくると幅広い支援の輪が広がり始めた。

第二次大戦の終盤が近づくと、日本・ソビエト・中国共産党・蔣介石の国民政府軍入り乱れての権謀術数の渦巻く市中や周辺部での暗殺なども起き、人知れず逮捕・獄死した者もいたと藤川は証言している。

第二回公演には野上弥生子[15]の『腐れかけた家』を選んだ。これは北海道の地主一家が小作人を搾取することに逡巡する話で、藤川は地主の妹を演じた。公演後には舞台写真と上演料代わりのリンゴを原作者に送ったところ、野上から「『腐れかけた家』が新鮮なリンゴになってかえってきた」という礼状が届けられた。

劇団の体裁が整ってきたこともあって、週二回の稽古日には若者たちを中心に時事問題、戦争、社会問題などをテーマにした話し合いを持って、そこでの話を元にひと月に一回の回覧誌を出していくことが提案された。

第三回公演は、一九三八年春にチェーホフの『伯父ワーニャ』を選んだ。妻の藤川はソーニャ、ばあやを左翼劇場の装置家だった金須孝の姪が受け持った。マリアがロシア語と日本語のバイリンガルだったので、二カ国語

のテキストレジーをつくるほど入れ込んだ。観客層も広がった。しかし、戦線の拡大でメンバーや協力者が最前線に送られて行くと、その都度満鉄の下部労働者や事務所勤務の若者たちが役者を補ったが、さすがに公演は減っていった。

一九四〇年の春にドーデ作『アルルの女』を上演、若者たちも生き生きと動いた。大連交響楽団の演奏協力で迫力のある舞台を提供した。このときまでに大連芸術座名で二十七本が上場され、うち、二十本を糸山が演出し、他を高田茂、萩沢稔が演出した。

日本では劇団が強制解散させられ、それらの一連の動きに刺激されたのか、関東軍の報道部から文化団体に召集がかかり、大連芸術座では藤川と若手の茂木が応じた。担当官から挨拶ののちに司会を担当したのは、プロレタリア作家同盟員であった山田清三郎だった。さらに山田は各団体が積極的に国家の統制下に入ることを促した。大連地区は強固に反対したがすでに大勢は変わらず、「満州文和会」が組織され、本部は新京に置かれ[16]「五族協和」の精神を見据えた活動をすることを団体に強いてきた。

ついにやむなく劇団活動は一時的に停止したが、個人的な仕事には参加した。最初は森繁久弥と芦田伸介などがいた新京放送劇団に招かれ、菊田一夫の『花咲く港』を持って満洲電話の家族慰問会へ参加した。牡丹江、吉林、新京、ハルピン、チチハル、承徳、奉天と回って最後の大連に戻った頃には、芸術座もなんとか活動は再開していたが、報道部の締め付けは厳しくなっていた。満州の他地域の情勢については、ハルピン劇団にはプロレタリア演劇研究所の三期生だった浜村純、大連芸術座から奉天へ行った村井精は協和劇団に所属、新京の協和劇団にはプロット九州支部の藤川研一などがいた。

日本からの家族慰問団が満州にもやってきた。移動演劇の事務局長を伊藤熹朔が務めていた。かつての運動仲間も多く、彼らは体制側におもねり変貌した様子で「メンバーとの再会はつらいものだった」と藤川は述懐している。
その後、四五年八月十五日の終戦を芸術座の人たちは大連で迎えた。一部の人たちは事前に終わりの日を知っていたようだ。大半の日本人たちが落胆する中で、革命の日が近づいたと感じた芸術座の仲間は抑圧からの解放を心から喜んでいた。四日後に少数のソ連兵が飛行機で奉天に進駐してきた。満州の関東軍は国民を放擲して自らの保身に狂態をさらした。満州映画の社長として辣腕をふるった一方で、関東軍の裏事情に通じて影の特務機関の首謀者として暗躍していた甘粕正彦もついに自決したのであった。

ヤマノフ、ソ連軍戦車隊が奉天経由一路南下して大連に突入するや、港大連の街は物情騒然、随所に略奪、強姦、殺傷の地獄絵がくり広げられた。被害者は、日本人、中国人、朝鮮人の差別なく日ごとに増えるにつれ、全満唯一の平穏の街であった大連は、一瞬にして恐怖の巷と化してしまった。

（宇佐美喬爾『ああ満鉄』講談社、一九八一年）

騒然とした状況も穏やかになるにつれ団員には芝居再開の希望が出て、同時に民主的な日本人間での組織を作りたいとの要望を進駐軍に出してみた。大連では軍政を掌握したソビエトと、行政を担う中国との住み分けが比較的に機能していて、両者が日本人の願いを受け入れ、「日本人に民主的な組織を作らせ、日本人労働組合が生まれ、日本人にすべての問題を処理させることになった」（藤川）。リーダーは満鉄工場の土岐強で、ともかくそこへ芸術座全員の履歴書を提出して、芸術座は誰に気兼ねをすることもなく新しく出発したのである。

八　メザマシ隊の躍動

大戦後の第一回目の公演となったのは、チェーホフの『桜の園』であり、これには共同通信記者の円山と結婚して大連に来ていた平野郁子が参加した。大連行きは糸山貞家の活動を知った平野の方から熱望して実現したようだ。糸山は突然の幸運に欣喜雀躍として団員に紹介し、藤川はメザマシ隊のリーダーとの再会に歓喜した。左翼劇場の「伝説の女優」も期待に応えた。大連芸術座の通算第十一回公演（友好電影院・旧常盤座）であり、ヒロイン、ラネフスカヤを平野郁子、アーニャを轟夕起子、ワーリャを藤川、トロフィーモフを萩沢稔などといった配役だった。場所は大連の最大の映画館で、夜間は外出禁止とされていたので、マチネー公演が演劇再開の最初の上演だった。

四六年一月二十六日から三日間にわたった次の演目は、メーテルリンクの『青い鳥』であり、平野は猫のチレットで、藤川の長男朔馬がチルチルを、藤川はそのまま母を演じた。子供を対象にした芝居がほとんどなかったこともあり、入口の硝子戸が破れるほどの盛況となった。

年が明け間もなく、『民主日本の建設』というタイトルのパンフレットが町中でも売り出された。著者は岡野進こと野坂参三であったが、当時、中国の延安に野坂がいることや、あちこちでスパイ活動をしていたことなど知る由もなく、糸山夫妻は佐野先生と夢見た新世界の到来を疑わなかった。劇団員は日本人労働組合文化宣伝部隊所属の文化工作隊を名乗り活動を再開する。その間にも糸山の結核性髄膜炎の病状は進行した。

夢を与え続けることもメザマシ隊の理念であり、メンバーは即興の芝居をしながら語り続けた。現実的に食糧事情の悪い中で、食べ慣れない食品の食べ方を寸劇にしたり、伝染病の対処法なども取り入れた。トラックの荷台を舞台にして、現状を教える時事ネタも披歴した。メザマシ隊ならではの当意即妙のスタイルを貫いた。それでも、開拓団など逃げて来てようやくたどり着いた人々たちは目も当てられぬほどの酷い状態で、その手当てにも時間を割いた。

その渾然とした中でもメーデーは開催され、中国人総工会、朝鮮人労働組合、日本人労働組合の合同主催を勝ちとったことでメザマシ隊はいっそう活気づいた。街頭であるいは休息をとっている労働現場で、メーデー歌を普及させようとメガホン片手に歌い教え、人が集まると芝居を始めた。町中を駆け廻りながら、夜には「生きた新聞[17]」を創り、前夜祭に第一号を持って参加した。内容的には大連での劇団やメーデーのことがギッシリ書かれていた。メーデー当日は合同の行進が行われた。夥しい赤旗が揺れなびく中を、メザマシ隊はこの日ばかりは目指していたものを勝ち得た幻想に浸っていた。意気揚々と行進するデモ隊を、ドラや太鼓、ブラスバンドの音が後押しした。劇場ではソビエト海軍の壮大なメーデー記念演奏会が日本人のために開かれた。本国でも中国でもまだまだ不安と恐怖に慄《おのの》く日々が続く日本人たちの中で、自由都市大連での思いがけない光景が眼前に展開されたのだった。メザマシ隊には予想以上の場も与えられた。ドイツ・ソビエトの戦いに使われた宣伝車に乗り込み、自らも凱旋兵のように市民に訴えかけた。多くの日本人たちに不安が渦巻いていたが、その日を生きるための勇気と希望を与えようと奮闘した。

メーデー後に全員討議で一致して「前衛劇場」に改名することにした。特に佐野の教えに忠実だった藤川夫妻にとっては待ちわびていた日となった。しかし、糸山の持病も悪化していた。また、念願の『暴力団記』を芝居の背景となった中国で上演することにも意義があった。中国市政府に申請すると、実際の京漢鉄道のストライキに題材を採っていることでのクレームがきた。内容を要約すると「作品内容に特に問題はないが、場所を朝鮮に、軍閥を日本軍の将軍にしてはどうか」というもので、概ね指示に従う方針をとった。まず、背景は朝鮮としたうえで、換骨奪胎とならぬように手を入れた。幸い佐野の許で何度も稽古を重ねていたこともあり、順調に進んだ。藤川は原泉子の持ち役だった「おっかさん」をもらい、平野は左翼劇場と同じ葉青山を務めたうえに、調子のすぐれない糸山に変わって稽古中のダメ出しを行った。

次回作は、ハイエルマンス作、久保栄訳『帆船天祐丸』と決まった。ところが平野が稽古中に舞台の階段を踏み外して下に落ち骨折するという予想外の出来事があり、糸山の病状も末期となったことで無期延期となった。それを最後に平野は舞台に立つことも無く、帰国後も、映画に脇役として出演をするに留まった。

十二月に入って、糸山の結核性脳髄膜炎の進行は止まらず、効果のある薬もないままに暖を採るだけの介護が続いていた。長男朔馬の思い出すところによれば、「新しい本までもストーブに放り込む」のをただ見守るしかなく、帰国船が出る数日前に息を引き取った。

四七年一月に糸山の追悼公演をやることになったものの、会場が確保できないという緊急事態に陥った。藤川をはじめとする劇団員たちは必死に駆け回った。劇団員の中に当地の女学校出身者がいたことから、ようやく弥生女子高等女学校の講堂の使用許可を取り付けた。同校出身者は、小杉幸枝（芸名田中ハツ）、時田ユミ（芸名斉田国子）、追川涼子（芸名高橋小夜子）、平原敏子の四人が名を連ねていた。それに大連高等女学校の校長令嬢、野川正子（芸名徳重孝子）らがいたこともあり、近隣の援助を受け易かったのだろう。最初は非常事態の中での芝居そのものに反対する声もあったが、彼女らの懸命な嘆願に最後は女学校あげての応援となった。『帆船天祐丸』の公演後には会場中に歓喜の輪が出来た。けれどもこれが前衛劇場最後の上演でもあった。

その後の劇団員たちは引揚げ船が来るのを待つ収容所での活動を続け、民間人から武装解除された人たちへの工作を最後まで遂行して終焉を迎えた。

注

(1)アナキズム。無政府主義者。
(2)ボルシェビキ。ロシア共産党の前身。多数派。
(3)早大教授の中村吉蔵が呼びかけて秋田雨雀、藤井真澄らが参加した研究会で、平澤計七を評価したことで知られる。
(4)五ノ橋館は羅漢亭という寄席。後に亀戸電気館、現在は薬局。
(5)一九二〇年に友愛会を脱退した平澤計七が城東支部三百人と創立。
(6)佐々木孝丸、秋田雨雀らが創り、一九一一年のロシア飢饉救済のために活動した。
(7)一九一九年三月一日から始まった日本統治下における朝鮮の全民族的な反日独立運動。
(8)赤松克麿が吉野作造らの援助を受けて創った、東京帝国大学内の社会主義団体(一九一八―一九二九)。
(9)Edward Gordon Craig, 1872-1966. 演出家で雑誌 *The Mask* を編集。「演技は芸術ではない」(『俳優と超人形』一九〇七年)と主張した。
(10)福本和夫の唱えた革命理論で、再建共産党の圧倒的な支持を得た。
(11)福本和夫(一八九四―一九八三)は、マルクス主義理論家。理論闘争主義による思想の純化と革命的純分子による革命党組織の樹立を提唱。
(12)大山郁夫によって一九二九年創立された左翼郷合法政党。
(13)左翼演劇人育成のために、一九二八年に佐野碩、中野重治、鹿地亘らによって創設された研究所で、左翼劇場、メザマシ隊などの先鋭な演劇人を輩出した。
(14)アジ・プロ演劇。一九二〇年代のソ連を中心に行われた革命手段としての演劇。アジテーションとプロパガンダ。
(15)野上弥生子(一八八五―一九八五)小説家。夏目漱石門下。大分生まれ。
(16)「五族協和」は中国の辛亥革命の際に主張されたスローガンで、孫文らは漢族、モンゴル族、ウイグル族、チベット族、満州族の五族が平等の立場で中華民国を建設することを目指した。
(17)ロシア革命中に赤軍兵士や労働者クラブで新聞を題材に寸劇を演じた。識字率の低い労働者を対象として広がり、ドイツ、日本の演劇運動でも使われた。

日本脱出までの佐野碩と映画

岩本憲児

一　演劇と映画の融合

岡村春彦の『自由人 佐野碩の生涯』(二〇〇九年)を読むと、佐野碩が何よりも演劇人であったことが書かれているのは当然として、彼が映画にもなみなみならぬ関心を抱いていたことが随所に記されている。たとえば、一九二八年、河原崎長十郎は訪ソ公演の折、エイゼンシテインと親交を結ぶのだが、佐野碩がそのことにふれながら、「エイゼンシュテインの仏頂面——歌舞伎の再評価について」という文章を『劇戦』に書いたこと(八四—八五頁)。また、佐野が一九三〇年一月に大衆座『スパイ』を演出した際、映画場面を担当したのが堀野竜夫であり、堀野との付き合いが頻繁になったこと(八三頁)。そして、プロット活動中に逮捕された佐野は転向(偽装)のための報告書に、今後は映画方面の勉強もしてみたい、海外留学が実現できるならハリウッド映画を研究したいと希望したことなど(九六—九七頁)。[1]

「エイゼンシュテインの仏頂面」は『劇戦』一九三〇年の三・四月合併号に掲載されており、五ページほどの分量である。その冒頭で、松竹蒲田の俳優・山内光とエイゼンシテインの短い会話が、そこにいたはずのない佐野碩によってユーモラスに描写されている。それは山内光がモスクワへ行ったおり、手みやげに写真をエイゼンシテインへ渡したときの会話であり、写真は河原崎長十郎の顔のクロースアップだったと推測される。この写真は村山知義演出の『トラストD・E』でスクリーンに映写された〈エンス・ボート〉役の河原崎長十郎である。エイゼンシテインは一九二八年の訪ソ歌舞伎（市川左団次一行）を見て観劇記を書いており、長十郎とも会っていたから、歌舞伎俳優の長十郎が〈外国人エンス・ボート〉をどんな風に演じたのかは興味津々だったにちがいない（図1）。しかし、山内光が、長十郎が「モダーン」に演じたことを告げると、エイゼンシテインは落胆して、仏頂面になったという。

図1　河原崎長十郎とエイゼンシテイン（1928年）

当時、佐野碩がエイゼンシテインの歌舞伎論をすでに読んでいたことはたしかだろう。なぜなら、『市川左団次　歌舞伎紀行』という本が平凡社から刊行されており（一九二九年二月）、そこにエイゼンシテインの「歌舞伎私観　不思議な総合よ！」[2]が収録されていたからである。それを踏まえながら、佐野碩は「あらためてカブキの形式を見直さなければならない」と述べ、「カブキ形式」を「プロレタリア内容」にどのように変質させるか、それが実現されたとき、プロレタリア的内容が「そのカブキ的表現にもかゝわらず――如何に潑剌と

図2 『スパイ』日本語訳の表紙（1928年）

した姿で諸君の前に現れてくるか」（傍点原文）と論じている。演劇活動から『ストライキ』『戦艦ポチョムキン』『十月』など映画監督へ転じていたエイゼンシテインは、歌舞伎公演から多くの示唆を得ていた。

佐野碩はエイゼンシテインの歌舞伎理解に刺激されて、カブキ形式をプロレタリア演劇へ応用すべきと反応したのである。そのため彼は、『スパイ』がカブキ形式にはまったく不適当な戯曲だったと自己批判する一方で、カブキ形式を「最も広い範囲で最も正常に最も実際的に摂り入れることの出来る者は、目覚めたる歌舞伎俳優以外にないことを忘れてはならない」（傍点原文）と言う。ここから、彼の主たる論調は俳優の演技論へ移っていくので、拙論ではこれ以上ふれない。なにしろ、エイゼンシテインの映画はまだ誰も日本では見ることができなかったのだから。日本で初めて公開されたエイゼンシテインの映画は、四作目の『古きものと新しきもの　全線』（一九二九年）が一九三一年のこと、エイゼンシテインによれば、これには歌舞伎鑑賞の経験が反映されていた。

次に、舞台版『スパイ』へ目を転じてみよう。アプトン・シンクレアの原作小説『スパイ』は堺枯川（堺利彦）・志津野又郎の訳が一九二三年に天佑社から出ているが、脚色はおそらく一九二八年の改訳・新版（堺利彦訳、共生閣）を使ったと思われる[3]（図2）。一九二二年には原著の「愛国者」（別名「百プロセント」）の題で『解放』誌にも邦訳が連載されている。当時のシンクレアは社会主義の作家だったから、日本の社会主義者たちや共産党とそのシンパ、周辺の共感者たちには名が通っており、『石炭王』『ジャングル』などの小説や、『二階の男』『プリンス・ハアゲン』などの戯曲が、翻訳されていた。戯曲はいずれも佐野碩の訳であるが、『二階の男』は北村喜八の訳もある。これらの戯曲は日本での上演を念頭におき、社会状況に合わせて改訳または翻案された個所もあり、そのせいか左翼の演劇人たちに好評だった。前田河広一郎は『文芸戦線』誌上でシンクレア紹介を活発に続けた。当然、シンクレアの名前は革命後のロシアでもよく知られていた。一九三〇年五月、ドイツ、スイス、フランスを経てアメリカ合衆国へ向かったエイゼンシテインは八月以降ハリウッドと映画製作の交渉を続けたが、反共産主義の妨害もあって頓挫し、同年十一月、シンクレア側とメキシコにおける映画製作の契約を結んで、十二月にはメキシコへ移った。だが、シンクレアとの協力関係はその後不幸な結果に終わってしまう[4]。

舞台『スパイ』は久板栄二郎と佐野碩の共同脚色により、一九三〇年一月二十七日から三日間、東京・本郷座で上演された。この上演脚本は『劇場街』一九三〇年二月号に掲載されているので詳細を知ることができる。時代は一九一七年六月から十一月まで、場所は「アメリカの或る都会」という設定（図3）。

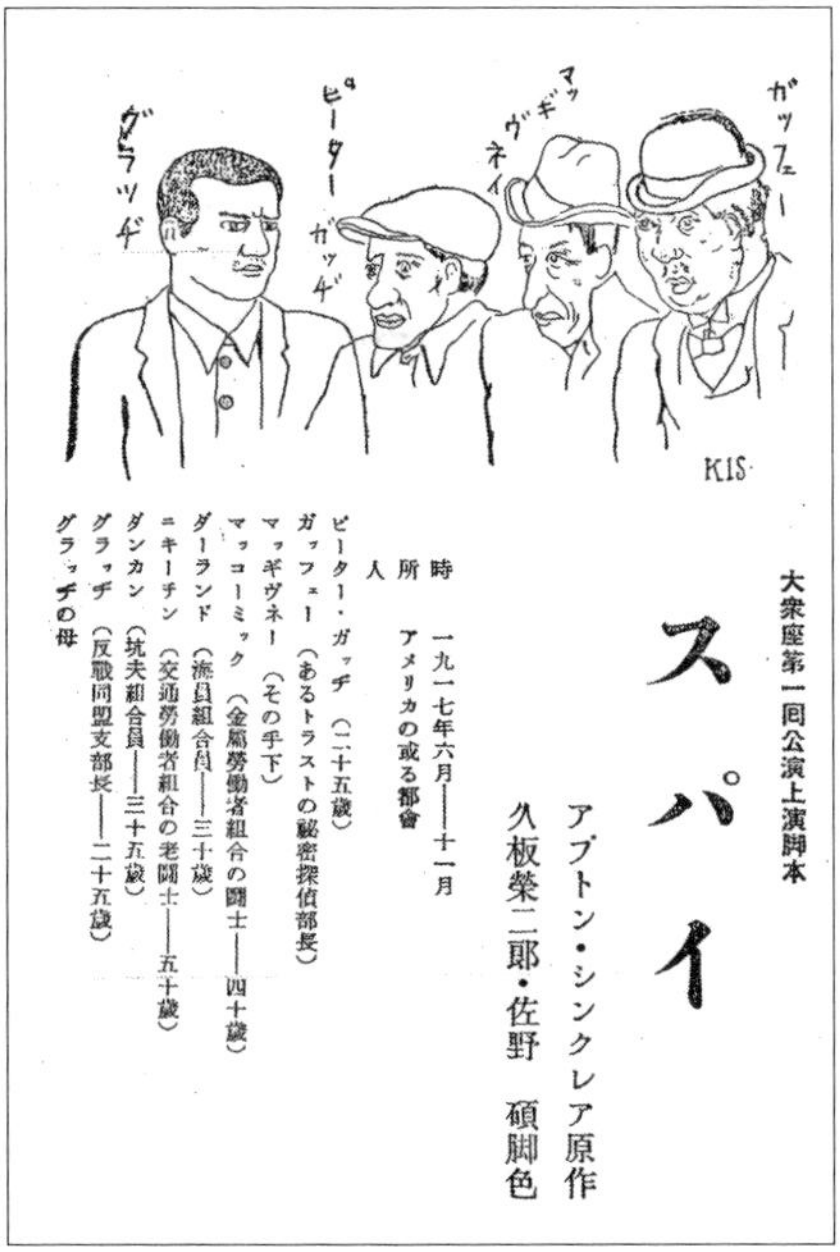

大衆座第一回公演上演脚本

スパイ

アプトン・シンクレア原作
久板榮二郎・佐野　碩脚色

時　一九一七年六月――十一月
所　アメリカの或る都會
人
ピーター・ガッヂ（二十五歳）
ガッフェー（あるトラストの秘密探偵部長）
マッギヴネー（その手下）
マッコーミック（金屬勞働者組合の鬪士――四十歳）
ダーランド（海員組合員――三十歳）
ニキーチン（交通勞働者組合の老鬪士――五十歳）
ダンカン（坑夫組合員――三十五歳）
グラッヂ（反戰同盟支部長――二十五歳）
グラッヂの母

図3 『劇場街』誌掲載の『スパイ』脚本

物語は別にして、この脚本の構成上の特徴は、舞台上の流れが「場割《ばわり》」ではなく、「齣割《こまわり》」になっているということである。たとえば冒頭には「映画を取入れた二齣八景のプロローグ」とあり、ニューヨークを俯瞰する映画フィルムがスクリーンに映し出され、さらに字幕や漫画なども幻燈機を使って映し出され、ちょうど映画のモンタージュのように、舞台上の三つのスクリーンが組み合わさって使われた。このような舞台における映像の使用は現在では珍しくはないが、当時としては流行が終わっていた連鎖劇の復活ではなく、ドイツのピスカートアやロシアのメイエルホリドらの先鋭的舞台演出に呼応する斬新さを持っていた。『劇場街』掲載の上演脚本には映像使用の指定がたくさん書かれていて、それは単なる効果ではなく、まさしく舞台の物語展開と緊密に結びつく「融合」である。にもかかわらず、映像担当者の名前はなく、久板と佐野二名の名前が記載されているだけだ。

図4　堀野正雄『現代写真芸術論』扉
（1930年6月）

『スパイ』上演の際、実際に映像装置を担当した堀野竜夫とは誰だろうか。この堀野竜夫は、日本モダニズム写真史上に輝かしい名を残す「堀野正雄」のことにちがいない。堀野正雄は自著『現代写真芸術論』（一九三〇年六月）のなかで、村山知義を介して『スパイ』の演出家・佐野碩が協力を頼んできた経緯を書いているからだ（図4）。

では、佐野碩は何がきっかけで、舞台における映画の利用に強い関心を持ったのだろうか。『スパイ』以前に演劇が映画を利用した例を広く見渡せば、かつて筆者（岩本）自身が「連鎖劇からキノドラマへ」の中でその流れを論じたことがあるが、[5] モダニズム演劇とプロレタリア演劇両方の動向を含む領域、すなわち新劇や新興演劇に限ると、李正旭が「村山知義における演劇と映像の融合」で具体例を列挙している。(6)『スパイ』以前、それらは『人造人間』(土方与志演出、築地小劇場、一九二六年六月)、『平行』(同、一九二七年一月)、『シネマトグラフ』(小山内薫演出、築地小劇場、一九二七年七月)、『トラストD・E』(村山知義演出、心座、一九二九年四月)、『西部戦線異状なし』(村山知義・北村喜八演出、築地小劇場、一九二九年十一月)の五本であり、小山内薫作の『シネマトグラフ』以外はすべて翻訳劇である。原作者の国は順に、チェコ、ドイツ、日本、ソ連、ドイツであるが、舞台で使用された映画・幻燈・写真・照明等はすべて、若き日の堀野正雄が担当していた。とりわけ、『トラストD・E』は直接メイエルホリド演出を見た河原崎長十郎の感激と興奮が日本版に反映されたもので、演出の村山知義は河原崎からの聞き取りをもとに、工夫して舞台を作り上げた。村山知義自身、演劇と映画を融合させる「新しい連鎖劇」にこれからの演劇の可能性があると書きたてていたので、続く『西部戦線異状なし』も含めて、持論を実現させるべき舞台となった。村山知義の映像利用の実際については李正旭の論考に譲るとして、佐野碩は浦和高校時代からメイエルホリド演出に関心を持ち、(7)村山知義を挑発して左翼演劇へ引きずりこんだ一人だったから、逆に村山演出の前例に大きな刺激を受けて、『スパイ』の舞台に堀野正雄を呼んだのだろう。

脚本『スパイ』冒頭の個所は、堀野正雄も「映画・幻燈を計算に入れた演劇について――上演に関する技術家としての私見」(『現代写真芸術論』所収)で引用しつつ、自己の見解を述べている。併演は『筑波秘録』で、これは佐々木孝丸が名前を変えて原作(落合三郎名)・脚色と演出(香川晋名)を担当した時代ものだった。両作とも大衆座旗揚げ公演のための出しものであり、この劇団は古い歌舞伎にあきたらない若手歌舞伎役者たち――市川八百蔵・市川小太夫・中村翫右衛門らが結成した一座で、河原崎長十郎らの心座のあとにできて、同様に左翼演劇に影響されていた。というより、佐々木孝丸の言葉を借りれば、「これまたプロットの『いき』がかかっており、小野宮吉が顧問格で文芸部的な相談役になっていた(8)」、そのため佐々木孝丸が脚本を引き受け、『スパイ』同様、スタッフや脇役陣に心座と左翼劇場から全面的な応援を得たのである。佐々木孝丸は二つの芝居評が『演芸画報』に出たこともふれているので、その引用を読むと、演出・俳優とも高い評価を受け、とくに『スパイ』に文字数が割かれて「堀野氏のスクリーンにおける努力」も見逃せないとある。同誌の批評全体を確認してみたが、スクリーンの効果に関して、それ以上の具体的な指摘は得られなかった。堀野の見解を大別すると、映画や幻燈を演劇に利用することの意義、そして先駆者としての村山知義の例、もう一つは技術者・堀野が実際に直面したさまざまな技術上・経済上の課題、そのために、脚本完成後には演出家・装置家・照明家と映画担当者との綿密な打ち合わせと協力が必要であることを説いている。技術的な実際上の問題については、幻燈スライド制作の経験も含めて、前掲の「映画・幻燈を計算に入れた演劇について」に詳述されていることがたいへん参考になる。

『スパイ』では、フィルム（映画）や幻燈（写真や漫画）が多数使われており、しかもスクリーンが複数あったことは村山知義演出の『トラストD・E』の経験からだろうが、そもそも堀野正雄は少年時代から写真に興味を持ち、十六歳の頃、赤坂演技座における高田舞踊団の公演を自発的に撮影、舞台照明のみで成功するという技術をすでに身につけていた。これら舞台写真のいくつかは写真集に収録されており、いまとなればきわめて貴重な舞台資料である。[9] 堀野は東京工業学校（現・日本工業大学駒場中学校・高等学校）の応用化学科を卒業後、松竹蒲田撮影所の写真部に入社、そこで俳優の山内光（のち岡田桑三名）と、そして村山知義と知り合い、築地小劇場の『人造人間』へ協力することで、演劇と映画を融合させる先駆的技術者となっていく。まだ二十代前半だったが、佐野碩もわずか二歳上、村山知義は佐野の四歳上程度の違いでしかなかった。

このように、堀野正雄の経験と見解が佐野碩にも影響を与えたことはたしかと思われる。むろん、堀野の経験と見解の背後には、ドイツ時代の村山知義の舞台見聞があったはずで、ベルリンにはピスカートアの政治的演劇と映像（映画フィルムや幻燈）の利用がすでにあった。さらに、訪ソ歌舞伎の俳優・河原崎長十郎のメイエルホリド体験が加わり、それに佐野碩自身のメイエルホリド研究が加わって、舞台における映画と演劇の融合が実験されたのである。

ただし、佐野碩には、映画と演劇の融合に関する具体的な考えを述べた言説は見当たらない。『スパイ』公演のあと、佐野は杉本良吉・西郷謙二らとの共同で『勝利の記録』(脚本は村山知義)を演出した。上演は一九三一年五月一日から十四日まで、築地小劇場においてである。ここで使われた映像は、全体として舞台との融合が成功したという高い評価を得た(李正旭「村山知義における演劇と映像の融合」)。上海街路の地図が示されたモノクロ画面上に赤い太い線が進んで行くなど、技術の詳細は不明だが、李正旭はプロキノの映画『山宣渡政労働葬』を使う場面では「翻る赤旗」にモノクロの欠点が出たことも記している。かの『戦艦ポチョムキン』はもちろんモノクロ・サイレントだったが、エイゼンシテインの回想には、赤旗が翻るシーンではフィルムのコマに直接赤色を塗ったという。余談になるが、かつて日本のパイオニア社がＬＤ(レーザーディスク)版『戦艦ポチョムキン』を発売したとき、解説を担当した筆者(岩本)は、エイゼンシテインの試みに倣って、翻る旗のシーンを赤色で着色してもらった。もっと遡ると、東京で『戦艦ポチョムキン』が非商業的に、もちろんフィルムで公開されたとき、同様の試みがなされた記憶がある。脚本を読み比べてみると、『スパイ』のほうがはるかに演劇と映像の融合度が高く、『勝利の記録』では映像の利用がごく一部に止まっている。『勝利の記録』は村山知義が二一六日間に及ぶ拘留から釈放され、四カ月間で書きあげた脚本だった。それはメーデー・カンパのために「左翼劇場」に向けて書かれ、活字で出版される頃はまだ稽古中だったのではないか。経済的にも状況的にも、困難かつ緊急性を帯びて書かれた脚本だったから、映像利用のゆとりがなかったのかもしれない。

『勝利の記録』はともかく、『スパイ』では映像の利用度が高まり、舞台上で演劇との融合をなしえたとすれば、佐野碩にとって映画個別の表現の問題ではなく、メディアとしての映像と舞台の融合を図る工夫が効果を発揮し

図5 『メキシコ万歳！』DVD日本発売のジャケット

たわけだ。すなわち大衆の興味を引き付け、脚本と演出のメッセージを観客にわかりやすくして、視覚と音響の感覚的な表現にも成功したのである。

『勝利の記録』上演期間中に、佐野碩は日本を離れることになる。共産主義運動からの転向を装って、アメリカ経由のヨーロッパ留学へ出発したからである。佐野が検察への偽装転向書に記した、ハリウッド映画研究への希望は本心だった。一九二〇年代後半から三〇年代にかけては無声映画の成熟期であると同時に、発声映画（トーキー映画）の台頭期でもあった。映画メディア全体の興隆と大衆化、娯楽としての広がりと吸引力は小説家や詩人、文芸評論家や総合雑誌・新聞等のジャーナリスト、哲学者や美学者、はては美術・建築界から教育界まで、幅広く知識人の注目を喚起していた。とりわけマルクス主義とロシア革命の影響下にあった日本のプロレタリア文化運動、その一環としての演劇・映画領域では、映画の利用が重要な課題として認識されていた。欧米映画は学生を含む知識人や有識無産階級である都市の小市民たちを魅了しており、資本主義社会を代表するハリウッド映画に対抗すべく、ソ連映画の現状が誌上での作品紹介のみならず、映画理論や運動論の紹介まで含めて多様な雑誌・言論メディアで活発化していた。とはいえ、映画作品自体は厳しい検閲のせいで輸入公開が困難なため、映画物語や海外からの見聞記という活字媒体での紹介にとどまった。わずかな日本公開作を順に記せば、一九三〇年十月にプドフキンの『アジアの嵐』（原題は「ジンギスカンの末裔」、製作は一九二八年）、三一年三月にミハイル・カウフマンの『春』（一九二九年）、五月にエイゼンシテインの『古きものと新しきもの　全線』（一九二九年）、三二年三月にヴェルトフの『これがロシアだ』（原題は『カメラを持った男』一九二九年）、四月にニコライ・エックの『人生案内』（発声映画、一九三一年）などが公開されただけで、検閲削除個所が多かった。三一年五月七日に日本を離れた佐野碩には、事前に試写などの機会がなければ、浅草や新宿の松竹で五月十四日に封切られた『全線』を見る機会はなかったと思われる。

佐野碩がロサンゼルスに上陸したとき、エイゼンシテインはその前年末、アメリカを去ってメキシコへ移動していた。アプトン・シンクレアからの出資を受けて『メキシコ万歳！』を撮影するためである（図5）。その後、佐野とエイゼンシテインの出会いは、佐野が訪ソ滞在するまでなかったと推測される。次に、日本脱出までの彼の映画観を検討してみよう。

二　佐野碩の映画観

プロレタリア演劇運動の戦友ともいうべき村山知義と比較するとき、佐野碩の映画観は一向に鮮明な像を結ばない。村山知義はその膨大な文章のなかに、多くの映画論を残しており、具体的に論評した作品も数多く、映画製作業界への批判と提言、プロキノ映画への関与、シナリオ論、自身の創作シナリオ、映画演技論、映画演出論を書き、自ら『恋愛の責任』（一九三六年）『初恋』（一九三九年）まで映画監督として手がけている。[10] 一方、佐野碩はどんな映画を見たのか、何を好み、何を嫌ったのか、当時の日本映画（界）をどう見ていたのかなど、映画に関する具体的な言及はきわめて少ない。それは佐野が演劇活動に集中していたこと、そして一九三一年五月はじめには日本を離れてしまったことにも原因があるだろう。わずかの手がかりには、次のような文章と発言がある。

①〈プロレタリア映画運動についての意見〉（ただし、これは標題ではない）『新興映画』一九二九年九月創刊号。

② 「演劇・無声映画・発声映画」『新興映画』一九二九年九月創刊号（本書所収）。
③ 「合評　なにが彼女をそうさせたか」『新興映画』一九三〇年三月号。
④ 『帰郷』合評」『新興映画』一九三〇年五月号。
⑤ 「ソヴェート映画座談会」『プロレタリア映画』第一次、一九三〇年十月号。
⑥ 『拡大』のための『強化』へ」『プロレタリア映画』第一次、一九三一年二月号（本書所収）。

以下、順にふれていく。

① **〈プロレタリア映画運動についての意見〉**。

これは編集部によるアンケート「プロレタリア映画運動に就いて貴下は如何なる御意見をお持ちですか」への回答で、佐野碩は「小生の意見のアラマシは本号の拙稿を読んで下されば分かると思います」と簡単に述べている。ほかの回答者は記載順に久板栄治（二）郎、藤森成吉、北川冬彦、田中純一郎、飯島正、中野重治、袋一平、瀧田出、畑耕一、八田元夫、立花高四郎、如月敏、佐藤雪夫、市川彩、榛名静之、郡司次郎、饒平名紀芳、西川章三、杉本良吉、内田吐夢、支健二、細迫兼光、東健而、貴司山治ら、ただの一言回答もあるようないずれも短い回答ながら、顔ぶれは興味深い。この雑誌は創刊年の二月に結成された「日本プロレタリア映画同盟」（略称はプロキノ）の機関誌に位置づけられ、編集同人の責任編集者に今東光、村山知義、岩崎昶の三名、ほかの編集員に上田勇、中島信、松崎啓次、佐々元十、岸松雄、北川鉄夫らが名を連ねた。うち中島信は編集兼発行人、発行元は新興映画社、発売元は共生閣である。ちなみに、演劇分野では「日本プロレタリア劇場連盟」（プロット）が設立され、プロキノとともに「全日本無産者芸術団体協議会」（ナップ、一九二八年十二月結成）の傘下に入った。『スパイ』の共同脚色者である久板栄二郎についてだけ引用しておく。

一　百万の大衆に最もヂカに訴えかけて行くには何と云っても映画が一番だ。理屈でなくドシ〳〵よい映画を作ること。
二　之を妨害する検閲制度を大衆の圧力で××すること。〔××は伏字。以下同〕

②「演劇・無声映画・発声映画」（本書所収）。

これは右のアンケートへ、佐野が「本号の拙稿を読んで下されば分かる」と書いた回答である。六ページほどの分量で、大きく三つに分けられた見出しがあり、主張は明快である。

すなわち、「1　最も有力な宣伝者としての映画」では、「階級芸術家」としてなさねばならぬ責務を、「芸術の全煽動・宣伝力をプロレタリアートの×××闘争に従属させねばならない」と、同年『戦旗』四月号の中野重治の言葉から引用している。これ以前から、プロレタリア文化運動の動向にはそれぞれの分野で紆余曲折、離合集散があり、ことに演劇分野ではその動きが激しかったが、[11] プロットに統合され、ナップからの指針・指導がなされるに至った。佐野碩の文章も、階級社会の中におかれた芸術運動の位置確認から始めており、当然、政治主導である。諸芸術はポスター、歌、詩、あるいは文学的形態と演劇的形態、それぞれの状況の相違によって煽動・宣伝の効果が違ってくる。佐野はここでは特に演劇と映画について考えてみたいと言う。むろん、レーニンが映画をその大衆性と宣伝力において最重要視した見解からも支えられていた。

「2　発声《トーキー》映画の出現と演劇の将来」では、当時、発声映画技術の不完全さや経費の問題から、時期尚早論、あるいは反対論がかなりあったことに対して、むしろその可能性を積極的に評価する。発声映画にこそ煽動・宣伝の力が加わる、と。これは村山知義の「発声映画の将来」（『映画往来』一九二九年四月号）や、神原泰の「発声映画に対する凡ての批判は余りにナンセンスである」（同誌）に続く、佐野の共感を吐露したもの。村山知義も佐野碩も演劇活動に全精力を注いでいたから、彼らにとって「音声」はきわめて重要な表現と煽動の手段だった。興味深いのは、すでにこの当時、エイゼンシテインらの「発声映画宣言」[12]（一九二八年七月）が日本でも知られていたことである。このマニフェストには、発声映画の可能性について、映像と音声の重複表現ではなく、映像と音声が独自の表現により相乗効果を生み出す方法が示唆されており、その後エイゼンシテインが継続して考えていく「視覚と聴覚の対位法」の源がある。したがって、このマニフェスト直後にエイゼンシテインが見た歌舞伎公演、そこから導き出された歌舞伎論にも、視覚と聴覚の組み合わせ、あるいは共感覚的発想が反映されていた。佐野碩は当然、エイゼンシテインらの考えにも共感したことだろう。

映画が発声を獲得すれば、演劇は映画から脅威を受けるという、演劇側からの懸念や不安は日本にも欧米にもあった。そこで佐野碩は当面の逃げ道に「映画と演劇の融合」を選んだ。この点では、映画の発展形態として映画と演劇の融合を積極的にとらえた村山知義とは異なっている。村山知義にとっては、映画の可能性を広げるのが演劇との融合であり、佐野碩にとっては演劇の可能性を広げるのが映画との融合だったからである。ただし、二人とも演劇の舞台でそれを追求し実現しているので、結果としては変わらない成果を上げたといえる。佐野碩はこの「映画的演出」による舞台は、発声映画の洪水と大衆性の前には一時の方便でしかなく、演劇は独自の活路を見出さねばならないと考えた。演劇はその本来の独自性である、演技者と観客との「共感・共演」にこそ活路を求めなければならない、と。

演劇は、演技者だけが演じるのではない。演劇は、演技者と全観衆とによって共演されるのである。／芸術を創る者と芸術を与えられる者とのこうした緊密な関係は、演劇以外の芸術形態では到底見られないところだ。

（同誌、五六頁。傍点原文）

佐野は演劇に一番近い形態として音楽の演奏会をあげつつ、しかし演奏の途中に聴衆が拍手や歓声で反応することはなく、映画には拍手や歓声があるにしても、演技者へはそれが届かない。それゆえ、演劇における演技者と観衆の直接的呼応関係を重視する。そのとおりであろうが、音楽の大衆化が進んだ現在、演奏者と聴衆の共感・共演・興奮状態はロックなどの巨大コンサートによって実現されており、聴衆の興奮と熱狂は古代演劇が持っていた集団の憑依現象に戻ったともいえる。佐野碩は演劇の新しい活路の例として、こう述べる。

サヴィエート・ロシアに生れ始めている新しい民衆劇——例えば革命記念日と云う様な国民的祝祭を機し《ママ》て数万数十万の演技者乃至観衆によって演じられる大衆的野外劇だとか、街頭や労働者クラブで行われる即興的な芝居（演技者と観客との区別が殆ど無くなってしまって、一堂に集った人間の一人々々が一所になってそれぞ〳〵に娯しむと云った様な芝居）だとかが、一番発展性のある演劇形態として残るだろう。（同頁）

大規模の野外劇、あるいは街頭や労働者クラブでの小規模の即興劇が挙げられているが、煽動・宣伝を効果的にはたす野外劇・街頭劇は、決してプロレタリア演劇運動に特有の形態ではなく、いちはやく西洋近代演劇に刺激されて「国民劇」を創造しようとした坪内逍遥もまた熱心に野外劇へ取り組んだし、ファシズム政権下のイタリア、ドイツにも同様の事例が見られる。イデオロギーに関わらず利用されやすい大衆巻き込み型演劇、パフォーマンスだった。

ところで、佐野はこの小論で自己の演劇論に力を入れ過ぎたことに気が付いたのか、「3　我々は如何にして発声映画を我々の手に握るか？」と、当の『新興映画』の主題に急いで戻っている。彼は発声映画を「有力な武器」と呼び、この武器をブルジョア側から取り上げなければならない、そのためには二つの困難に立ち向かわなければならないと説く。一つは映画に対する厳しい検閲との闘いである。日本における映画検閲の厳しさは「まだブルジョア自由主義的でさえなく」、ドイツやフランスほどの自由さえないと現状を訴える。もう一つは、映画制作のための財政上の課題をどう克服するか。これら二つの困難を乗り越える、佐野流に言えば「押し切る」には「極度の困難の中で実際に仕事をして行く事だ」（傍点原文）と、すでに活動を開始していたプロキノ（日本プロレタリア映画同盟）にふれて、次のように結んでいる。

『九ミリ』でも『九ミリ半』でも『十六ミリ』でも『スタンダード』でもなんでもいゝ、とにかく与えられた材料と財力とで、階級闘争の姿をフィルムにつくりこれを可能な限り労働者・農民に見せる事が何よりも肝心である。／発声映画は、かくしてのみ、我々の掌中に近づくものであることを忘れてはならない。（同誌、五七頁）

佐野が発声映画を「有力な武器」と呼んだように、当時のプロレタリア文化運動陣営にとって、映画は煽動・宣伝の大きな「武器」であった。文学・演劇・美術（絵画・ポスター）に比して、その武器はまだ十分に生かされてはいなかったが、この言葉を映画の領域で強く打ち出したのは佐々元十と思われる。彼は「玩具・武器――撮影機」（『戦旗』一九二八年六月号）を発表したあと、「移動映画隊」（八月号）を書き、それに呼応するかのように他の筆者によって『映画往来』に「小型映画運動雑感」（柳沢詩暁、同年九月号）、「機関車・武器・移動撮影隊」（木村利美、十月号）、翌年には「小型映画に依る運動の可能性」（北晴美、一九二九年七月号）などの記事が続き、佐々元十はもう一つの重要な論考「実写映画の階級性」（『新興映画』同年九月創刊号）を、そして岩崎昶はこれもきわめて重要な「宣伝・煽動手段としての映画」を発表した（『新興芸術』同年十月―十一月）[13]。このように、十六ミリ以下の小型カメラを利用する武器としての小型映画、劇映画に対抗する非劇映画（当時の用語では「実写映画」）、職場や会館で上映できる移動映写隊など、映画をプロレタリア文化運動に組み込むための議論が活発化した。佐野碩はもともと映画の大衆性に関心を持っていたから、この動きに強く同調していた。『新興映画』の責任編集者の一人は盟友・村山知義であり、前述したようにこの雑誌はプロキノの機関誌でもあった[14]。ちなみに、この創刊号には、他の記事として、「ドイツに於けるプロレタリア映画の歴史」（岩崎昶）「ソヴェート・ロシアの村の生活と映画」（秋田雨雀）「日本プロレタリア映画運動の概観」（田中鉄之助）「戦争映画について」（藤森成吉）「シナリオ　印刷機」（村山知義）「シナリオ　戻らざる幻」（ウェ・トルキン脚色、杉本良吉訳）など、筆者は多士済々である。

図6　『何が彼女をそうさせたか』主演の高津慶子

他の論評では、**③合評の『何が彼女をさうさせたか』**、**④同じく合評の『帰郷』**、そして**⑤「ソヴェート映画座談会」**の三つをまとめて覗いてみよう。

最初に、『新興映画』誌が記載している題名『何が彼女をさうさせたか』だが、この題名は拙文での表記を「何が彼女をそうさせたか」とする[15]（**図6**）。一九三〇年二月、松竹系の浅草常盤座での封切り時に、当時としては異例の長期興行

図7『何が彼女をそうさせたか』曲芸団のシーン

（五週間）になるほど観客が入り、そのうえ、『キネマ旬報』の読者投票と審査員投票で一位に選ばれ、大阪の帝キネ（帝国キネマ演芸）製作としては快挙をなしとげた。その後、長年月にわたって作品は消息不明の状態が続き「幻の映画」として伝説化したが、ロシアで発見され、帝キネ創設者の子孫によって日本への帰還をはたし、一九九四年に〈復活上映〉されて、現在ではＤＶＤで販売されるに至った。

前述したように、『キネマ旬報』一九三一年二月十一日号の優秀映画読者投票では、〈現代劇〉の一位が『何が彼女をそうさせたか』。外国映画では〈無声映画〉のドイツ映画『アスファルト』（ヨーエ・マイ＝ジョー・メイ監督）が一位。一カ月後の同年三月十一日号には審査員九名による一位が各部門ごとに発表された。日本映画の現代映画と時代映画、外国映画の発声映画と無声映画、計四部門のそれぞれ一位を記名投票した結果の発表である。現代映画では、九名のうち七名が『何が彼女をそうさせたか』を一位に推している。名前を挙げると、森岩雄、杉山静夫、飯島正、古川緑波、筈見恒夫、田中三郎の面々であり、左翼側から見れば、立派な（？）プチ・ブルジョア批評家たち、あるいは佐々元十ふうに言えば階級的視点を持たないシネアストたちになる。ちなみに外国映画の一位は『西部戦線異状なし』（発声映画）と『アスファルト』だった。

公開当時は話題の映画だった『何が彼女をそうさせたか』。『新興映画』誌の合評は出席者が一九名の多数におよび、議長（司会）が村山知義、ほかに佐野碩、岩崎昶、杉本良吉、小野宮吉ら左翼系（共産党シンパとプロキノの活動家）が中心で、演出、ストーリー、原作との比較、脚色、『都会交響楽』（溝口健二監督）との比較、撮影技術、鈴木重吉監督論、リズムとモンタージュ、主役の女優論ほか俳優の演技、ラストの教会と宗教論等々、実に多岐にわたって論じられている。舞台版よりは映画版の現実味を認めながら、全体としては不満だらけの批判的合評会であり、ヒロインの反逆が個人的なものにとどまり、大衆に結びつかないなど、佐野碩の発言も批判が多い（図7）。批判は映画に対してだけでなく、原作戯曲へもなされており、検閲を避けるべく妥協した点が推測されている。この映画が『キネマ旬報』の読者票、審査員票ともに高得票を得ているのに比べて、『新興映画』の辛口合評は対照的である。この映画自体の批評や分析は現在の視点からも再検討が必要だろうが、佐野碩論からは離れていくので、これ以上はふれないでおく。

次に合評の対象になったのは、ドイツ映画『帰郷（Heimkehr）』である。

これはジョー・メイ（Joe May, 当時の表記ではヨーエ・マイ、またはヨウ・マイ）監督による一九二八年のサイレント映画で、日本公開は三〇年四月、もともとは舞台劇である。時代は第一次世界大戦下、戦場で迷った二人のドイツ兵リヒャルトとカールは親友同士。カールは無事に帰還するが、リヒャルトはロシア軍の捕虜となる。カールは消息不明となった戦友の恋人アンナを慰めるうちに、彼女への慕情が生まれてくる。そして二人が結ばれたあと、リヒャルトが帰還してくる。このプロットから想起されるのは、第二次大戦を背景にしたミハイル・カラトーゾフ監督のソ連映画『鶴は翔んでゆく』（一九五七年製作、日本公開時の題名は『戦争と貞操』）、あるいは山本薩夫と亀井文夫共同監督による日本映画『戦争と平和』（一九四七年、ただしここでは帰還兵一人に二人の妻）である。戦争下にありえたかもしれない悲劇的メロドラマは、どの国の観客にとっても同情と共感を呼び起こすからだろう。

『帰郷』の評者たちは岩崎昶、佐々元十、杉本良吉、佐野碩、山内光ら計一一名で、ここには写真家・舞台映像技術者の堀野正雄も参加していて、撮影法に関する彼の感想は興味深い。『帰郷』に対する各評者たちの意見には厳しい言葉が多いが、二人の男女、カールとアンナの心と体の接近を描くシーンには岩崎昶の「エロチックな場面はアスファルトにもあったけれども今度のは確にうまい」を口火にして、杉本、山内、佐野と次々に同意している。佐野の言葉を引くと「うまい。どうせあゝなるとは大体見当付いて居る訳だから、途中迄持って行って遊ばせるのがうまいではないか」と感心、監督の群衆シーン演出にも感心している。

> ……戦争がお仕舞になって炭鉱に這入って行く。あすこの群衆。それから停車場に汽車が着いた、皆帰って来る。あすこの群衆、あれなんかは実にうまかった。
>
> （同誌、一〇三頁）

　個別の映画作品に関する佐野碩の見解がきわめて少ないので、『帰郷』のいくつかのシーンへ彼の高評価が示されているのは珍しい。なかで、ラスト近くの群衆シーンは佐野の関心を引いたと思われる。なぜなら、前年一月に『ダントンの死』（村山知義と共同）を、六月には『全線』を演出して、群衆場面の舞台処理に才能を発揮していたからである。『帰郷』は岩崎昶がふれた『アスファルト』とならんで、ミヒャエル・ハーニッシュの『ドイツ映画の誕生』ではメイ監督の最高傑作ではあるまいかと高く評価されている[16]（**図8**）。

図8　『帰郷』日本公開時の雑誌広告（『キネマ旬報』1930年3月1日号）

「ソヴェート映画座談会」には、袋一平、佐野碩、佐々元十、杉本良吉、松崎啓次の五名が出席した。この雑誌『プロレタリア映画』十月号は『新興映画』が一九三〇年六月号で終刊になったあとを受けて、同年八月に創刊された雑誌で、創刊号表紙には「新興映画改題」と付されている。座談会はロシアから戻ったばかりの袋一平を囲んで、他の出席者たちが質問をしていき、向こうでの映画製作事情がいろいろと語られている。佐野碩の質問や意見も主に製作実態に関するものがほとんどである。

最後に、⑥**『拡大』のための『強化』へ**（本書所収）。

これは『プロレタリア映画』（一九三一年一月号）の特集記事〈プロキノの為めに〉に書かれた文章で、当時のプロキノの状況を分析して先へ進むための道筋を示している。佐野碩のプロキノ観を明確に表しており、文末には、一九三一・一・五、とあるから、新年早々に書き終えている。『自由人 佐野碩の生涯』の年譜によれば、彼は前年五月に逮捕されて六月に保釈、以後、表向きは謹慎・蟄居していたようだ。もちろんナップと傘下の芸術諸団体の動向へは注意を怠らなかっただろう。特高警察の監視下、「合法的」なプロレタリア文化運動は強い緊張状態のなかで、芸術諸団体ともどもぎりぎりの存在をかけていた。

佐野論文は次の四項に分けられた六頁余の分量で、文章は力強く煽動的・理論的だが、伏字もあり、検閲を意識してか言い回しには慎重さがみられ、状況をよく理解していない後世の読者にとっては、わかりにくさもある。佐野碩はまだ二十代後半、彼の意気軒昂ぶりと理論的な分析傾向は演劇関係の文章でも同様であり、映画よりは運動・制作ともに一歩先を進んでいた演劇、文学などの理論と状況分析を踏まえていたことは明らかだ。要点を私なりに絞ってみる。

1　大衆的基礎の上に――ここではエイゼンシテインがソルボンヌ大学で講演した内容にふれながら、プロキノは拡大のための「強化」に向かうべく、工場や農村に根を下ろして組織しなおす必要があると述べる。

2　労働者農民からの批判――労働者や農民からの批判・助言を得るのは重要であるが、その過重評価や大衆追随は避けるべきである。「最も重要なものを正当に汲みとり、これを基礎として完全な専門的な映画批評をつくりあげること」。

3　合法ということ――現在の合法性は支配階級から与えられている「おこぼれの合法性に過ぎない」が、その合法性、つまり映画公開の場を捨てることなく、非合法、あるいは半非合法的な「移動映写隊」をも利用すること。合わせて、工場・農村における公開の場を集会の場へと意識的に動員網を張りめぐらせ、自主的な活動へ広げること。

4　国際的なテーマを――プロキノ映画の主題は、小さな島国的なものではなく、「世界を股にかけるような大きな題材に移って」いけば、その影響力はきわめて大きなものなる。また、ソヴィエート同盟はじめ世界各国のプロレタリア映画団体とニュース・リールを交換できるなら、それらを素材に日本のプロキノ自身による新たな「プロキノ作品」ができるだろう。そのやりかたは「エスフィル・シュウブがやったような態度で周到なモンタージュが行われたならばどんなにいいだろう」と結んでいる。

「エスフィル・シュウブ」とはロシアの女性の記録映画監督を指しており、『ロマノフ王朝の崩壊』（一九二七年）『偉大な道』（同）『ニコライ二世のロシアとトルストイ』（一九二八年）などで知られていたが、日本では公開されておらず、佐野碩は周辺の情報通の友人・知人から聞かされたか、内外の雑誌から知識を得たはずだ。

佐野碩は一九三一年五月七日には日本を脱出していたから、『勝利の記録』の公演が始まってから一週間目だった。脱出とは言っても合法的な「出国」であるが、船には早川雪洲・伊藤道郎・竹久夢二らも乗り合わせていたという[17]。アメリカでは、前年末にメキシコへ移ったエイゼンシテインとすれ違いになり、そのエイゼンシテインはメキシコからの帰途、日本へ立ち寄る夢があったものの果たせず、一九三二年五月、ソ連へ帰国した。メキシコでの撮影フィルムをシンクレアに取り上げられたまま、傷心の帰国であった。一方、佐野碩は三一年十月に一度モスクワ入りするが、滞在を正式に認められるのは翌年の十一月からであり、念願のエイゼンシテイン、憧れのメイエルホリドに会う機会がやってきた。日本を出たあと、佐野碩は映画とどのように向き合ったのか、どのような映画観を持ったのか、いまの私には手に余る課題である。

＊　＊　＊

映画に関する佐野碩の知識は、前述したように友人・知人からの耳情報や、内外の雑誌から得たと思われる。周辺には映画通の村山知義はじめ、左翼劇場映画部で奮闘していた佐々元十、映画俳優の山内光、実際にロシア映画見聞の体験を持つ河原崎長十郎、プロキノの活動家・中島信や岩崎昶がいたし、『新興映画』『プロレタリア映画』、あるいは『映画往来』『映画評論』『劇場街』には欧米の映画理論、各国検閲の実態、とりわけソ連映画の理論・製作状況・監督論・作品論・シナリオなどが頻繁に紹介されていたからである。『キネマ旬報』のような一般の映画ファン向けでかつ業界向けの情報誌さえ、岩崎昶や袋一平らのモンタージュ論やソ連映画関係の記事、あるいは佐々木孝丸の「左翼映画の将来」などを掲載していた。もっとも、後者は同誌一九三一年一月一日号なので、佐野碩の日本脱出後になるが、情報源はたくさんあったはずだし、実践的理論家としての側面は演劇運動の中から身に着けていったのだろう。ただし、二つの合評で吐露された感想以外に、佐野碩の個人的好悪を明確にした映画論、当人の私的息遣いや感受性を伝える映画評が見当たらないのは残念だ。日本国内に残る手がかりだけでは、プロレタリア映画運動の理念が先走っており、はたして佐野碩には映画への執着がどれほどあったのか、舞台との融合以外に、もし映画演出の機会があればどのような映画を目指したのか、不明のままである。

注

（1）プロットは「日本プロレタリア劇場同盟」として一九二九年二月に結成され、一九三一年十一月には「日本プロレタリア演劇連盟」へ改称、同時にコップ（日本プロレタリア文化連盟）の傘下に入った。佐野碩が治安維持法違反で拘留されたのは一九三〇年五月。

（2）これは、新訳も出ている。セルゲイ・エイゼンシテイン「思いがけぬ接触」（鴻英良訳）、岩本憲児・波多野哲朗編『映画理論集成』フィルムアート社、一九八二年。

（3）原題は米国版では“100%: The Story of a Patriot”（「100%：愛国者の物語」）、英国版では“The Spy”（「スパイ」）で、一九二〇年刊。

（4）エイゼンシテインがメキシコ滞在中に撮った映画は、彼自身が最終的な編集をすることなく、二本の映画となって公開された。一本はシンクレア側が公開した『メキシコの嵐』（ソル・レッサー監督、一九三四年）、もう一本はエイゼンシテイン没後、盟友のグリゴーリー・アレクサンドロフが編集した『メキシコ万歳！』（一九七九年）。

（5）岩本憲児「連鎖劇からキノドラマへ」『サイレントからトーキーへ――日本映画形成期の人と文化』森話社、二〇〇七年。ただし、初出は一九九〇年。

（6）李正旭「村山知義における演劇と映像の融合」岩本憲児編『村山知義　劇的尖端』森話社、二〇一二年。

（7）浦和高校時代の一号雑誌『ＭＮＺ』（一九二五年十二月。本書所収）にはメイエルホリド関係記事が二本ある。藤田富士男はその表紙と目次を記載しており（『ビバ！　エル・テアトロ！――炎の演出家　佐野碩の生涯』オリジン出版センター、一九八九年、四三―四四頁）、武田清はその二本を解説している（『新劇とロシア演劇――築地小劇場の異文化接触』而立書房、二〇一二年、第九章「佐野碩のメイエルホリド」）。

（8）佐々木孝丸『風雪新劇志――わが半生の記』現代社、一九五九年、一九四―一九五頁。

（9）たとえば、東京都写真美術館編『幻のモダニスト――写真家堀野正雄の世界』国書刊行会、二〇一二年。なお、堀野正雄の経歴は同書と、それより早く刊行された『日本の写真家12　堀野正雄』（岩波書店、一九九七年）が参考になる。ただし、演劇との具体的関連はほとんど記されていないが、筆者はごく短い文章を書いたことがある。「築地小劇場と映画」『ロシア・アヴァンギャルドの映画と演劇』水声社、一九九九八年、三二八―三三一頁。

(10) 村山知義と映画に関しては拙文「プロレタリア映画運動」を参照されたい。岩本憲児編『村山知義　劇的尖端』森話社、二〇一二年。

(11) 演劇・映画を中心にしたプロレタリア文化運動の系譜については、前掲書のチャートを参照されたし。『村山知義　劇的尖端』二〇―二一頁。

(12) ロシア語では「将来の発声映画・要望」と題された短い文章。エイゼンシテインのほかプドフキンとアレクサンドロフ、計三名による共同宣言で、日本では「発声映画宣言」、または「トーキー宣言」として知られる。

(13) 佐々元十とプロレタリア映画運動に関しては拙文を参照されたい。岩本憲児「プロレタリア芸術運動と日本映画――プロキノにおける佐々元十の言説をめぐって」『芸術学部紀要』第五七号、日本大学芸術学部、二〇一三年三月。なお、岩崎昶「宣伝・煽動手段としての映画」は単行本、『プロレタリア映画運動の展望』一九三〇年、および『映画と資本主義』一九三一年にも再録されている。

(14) 検閲と弾圧により、この雑誌は一九三〇年八月には『プロレタリア映画』へ、三二年五月には『プロキノ』へ誌名を変更しながら存続、以後、三四年三月には解散状態にまで追い込まれた。

(15)『何が彼女をそうさせたか』の表記について。いろいろな文献・ネット上で「さうさせたか」が多く見られるが、映画は「そうさせたか」を題名としており、藤森成吉の原作戯曲では、『改造』誌に連載時も、一九二七年の改造社単行本も「そ」、二九年の新築地劇団による上演も「そ」である、「トーキー文庫」(一九三〇年)も『何が彼女をそうさせたか』。ただし、戦後すぐに出た新興出版社版(一九四八年)は『何が彼女をさうさせたか』と、「さ」表記で、本文中も「さ」に変わっている。このあたりから「さ」表記が混在するようになったのかもしれない。基本文献である田中純一郎『日本映画発達史Ⅱ』でも「さ」と表記(中公文庫版、一九七六年)。

(16) ミヒャエル・ハーニッシュ『ドイツ映画の誕生』(平井正監訳、瀬川裕司・飯田道子訳)、高科書店、一九九五年、四九六頁。

(17) 藤田富士男監修『劇白　千田是也』オリジン出版センター、一九九五年、一四四頁。

2

越境する佐野碩

コミンテルンと佐野碩——野坂参三との関わりで

加藤哲郎

はじめに——一九三八年末、野坂参三による佐野碩身上報告書

佐野碩は、一九三七年八月、スターリン粛清下のソ連邦から国外追放になり、四〇年四月、メキシコに到着する。その間の三八年十二月五日、モスクワで書かれた、当時のコミンテルン執行委員・日本共産党代表・野坂参三（党名岡野進）の手になる、佐野碩についての英文身上調査報告書がある。いわゆる旧ソ連秘密文書の一つである。日本語では全文が紹介されたことがないので、訳出してみよう。

佐野碩（詳細は、〔コミンテルン〕人事部文書館に保管されている履歴書参照）

——三五歳（身体障害者、跛行）

——東京の著名な医者の息子、世界的によく知られた故後藤〔新平〕男爵の孫。

——東京帝国大学で学んだ。

――共産党を除名され今日では悪名高い裏切り者である元指導者、叔父である佐野学に影響を受け、急進的になった。演劇及び文芸サークルで活動。急進的演劇を演出。共産党の影響下にある「左翼」演劇組織に所属。日本共産党員ではなかった。

――一九二九年（?）に検挙され、数カ月の拘留の後、釈放された（私〔野坂参三〕は、彼がなぜ検挙され、どのようにして釈放されたかを、知らない）。

――釈放後、ベルリンに向かった。ドイツの革命的演劇運動に参加。ベルリンの日本人共産主義者グループに所属。彼の報告によれば、彼はドイツ共産党への入党を申請したが、公式入党の前にドイツを離れた。

――一九三二年に、ＭＯＲＴ（国際革命的演劇組織）〔モルト、国際労働者演劇同盟＝ＩＡＴＢ〕の仕事とのつながりでモスクワに来た。数カ月ベルリンに戻った後、モスクワに再び来て最後の日まで定住。ロシア人女性と結婚し一児を得た（後に死亡）。合法的に旅行し住んでいた。

――モスクワでは、当初はＭＯＲＴに勤務、後の劇場閉鎖〔liquidation〕までメイエルホリド劇場で働く。一九三四年の全ソヴェト作家同盟大会に土方〔与志〕と共に出席。日本の何人かの左翼演劇人とつながりを持ち、モスクワから共産主義路線を伝える手紙や論文を書いた。

――一九三七年にソヴェト政府からモスクワから離れるよう命じられ、（土方と共に）パリに向かった。彼の国外追放〔deportation〕の理由及び手続き（?）について、私は何も知らない。

――パリでは、（彼の手紙によると）生活の糧を得るためアメリカ合衆国に向かう準備をした。一九三八年八月にアメリカに到着し、ニューヨークの移民局に拘留されたが、数週間後にアメリカの左翼演劇人の支援で釈放された。彼がニューヨークで拘留された時、土方はパリからコミンテルン執行委員会の田中〔山本懸蔵〕宛に電報を打ち、後に佐野の釈放を伝えた。伝えられるところによると、佐野はアメリカに六カ

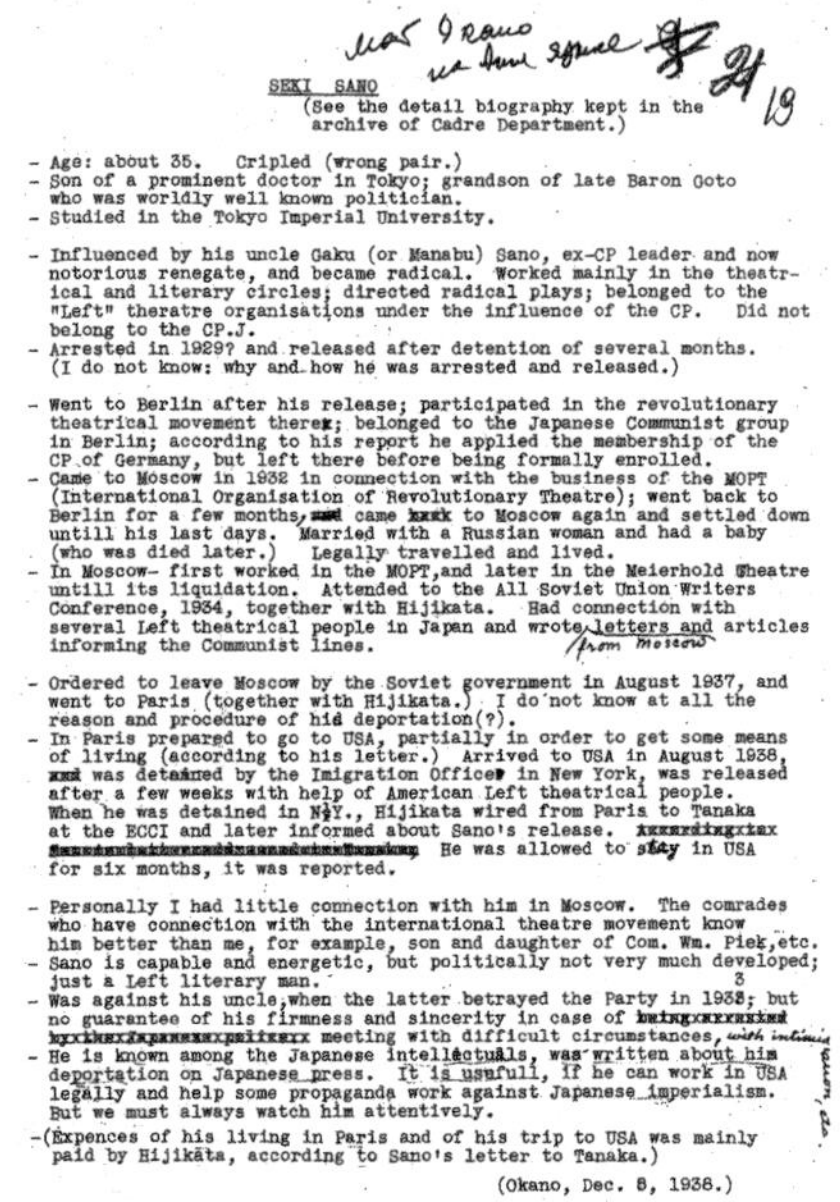
SEKI SANO
(See the detail biography kept in the archive of Cadre Department.)

- Age: about 35. Cripled (wrong pair.)
- Son of a prominent doctor in Tokyo; grandson of late Baron Goto who was worldly well known politician.
- Studied in the Tokyo Imperial University.

- Influenced by his uncle Gaku (or Manabu) Sano, ex-CP leader and now notorious renegate, and became radical. Worked mainly in the theatrical and literary circles; directed radical plays; belonged to the "Left" theratre organisations under the influence of the CP. Did not belong to the CP.J.
- Arrested in 1929? and released after detention of several months. (I do not know: why and how he was arrested and released.)

- Went to Berlin after his release; participated in the revolutionary theatrical movement there; belonged to the Japanese Communist group in Berlin; according to his report he applied the membership of the CP of Germany, but left there before being formally enrolled.
- Came to Moscow in 1932 in connection with the business of the MOPT (International Organisation of Revolutionary Theatre); went back to Berlin for a few months, came to Moscow again and settled down untill his last days. Married with a Russian woman and had a baby (who was died later.) Legally travelled and lived.
- In Moscow- first worked in the MOPT, and later in the Meierhold Theatre untill its liquidation. Attended to the All Soviet Union Writers Conference, 1934, together with Hijikata. Had connection with several Left theatrical people in Japan and wrote letters and articles from Moscow informing the Communist lines.

- Ordered to leave Moscow by the Soviet government in August 1937, and went to Paris (together with Hijikata.) I do not know at all the reason and procedure of his deportation(?).
- In Paris prepared to go to USA, partially in order to get some means of living (according to his letter.) Arrived to USA in August 1938, was detained by the Imigration Office in New York, was released after a few weeks with help of American Left theatrical people. When he was detained in N.Y., Hijikata wired from Paris to Tanaka at the ECCI and later informed about Sano's release. He was allowed to stay in USA for six months, it was reported.

- Personally I had little connection with him in Moscow. The comrades who have connection with the international theatre movement know him better than me, for example, son and daughter of Com. Wm. Piek, etc.
- Sano is capable and energetic, but politically not very much developed; just a Left literary man.
- Was against his uncle, when the latter betrayed the Party in 1933; but no guarantee of his firmness and sincerity in case of meeting with difficult circumstances,
- He is known among the Japanese intellectuals, was written about his deportation on Japanese press. It is usefull, if he can work in USA legally and help some propaganda work against Japanese imperialism. But we must always watch him attentively.
-(Expences of his living in Paris and of his trip to USA was mainly paid by Hijikata, according to Sano's letter to Tanaka.)

(Okano, Dec. 8, 1938.)

図１　野坂参三の佐野碩報告書

月間の滞在を許可された。

——個人的には、私〔野坂参三〕はモスクワにおいて、彼〔佐野碩〕とはほとんどつながりがなかった。国際演劇運動とつながりを持つ同志たち、例えば〔ドイツ共産党指導者の〕ヴィルヘルム・ピーク同志の息子と娘らが、私よりも彼のことをよく知っているだろう。

——佐野は能力があり精力的である。しかし、政治的にはあまり発達していない、たんなる左翼文士〔just a Left literary man〕である。

——彼は彼の叔父〔佐野学〕が一九三三年に党を裏切った時、叔父に反対した。しかし彼が、脅迫されるような困難な状況に直面した時、確固たる態度と忠誠を貫きうる保証は何もない。

——彼は日本のインテリの中では知られており、日本の新聞には彼の国外追放が書かれている。もしも彼がアメリカで合法的に働き、日本帝国主義に反対する何らかの宣伝活動を助けることができれば、それは有益であろう。ただし、われわれは、常に彼を注意深く監視しなければならない〔we must watch him attentively〕。

——（佐野の田中〔山本懸蔵〕宛手紙によれば、彼のパリでの生活費とアメリカへの渡航費用は、主要には土方によって支払われた。）

（岡野〔野坂参三〕、一九三八年十二月五日）

佐野碩がソ連を国外追放になり、メキシコに到達する前に書かれた、野坂参三によるこの報告書は、宛先は明記されていないが、コミンテルン（共産主義インターナショナル、第三インター、一九一九―四三年）書記局の人事部ないし国際連絡部（ＯＭＳ）宛であろう。冷戦終焉・ソ連崩壊で見ることが可能になった、ロシア国立政治社会史文書館（ルガスピ RGASPI、旧ソ連共産党中央委員会付属マルクス・レーニン主義研究所文書館）の「佐野碩ファイル」全四三頁中の一枚である（f.495/op.280/d.169/19）。筆者は、共同研究者である島田顕氏のモスクワにおける収集資料から入手した。

この種の秘密ファイルには、閲覧履歴が記されている。島田氏の前に、野坂参三の晩年の失脚のきっかけとなった『闇の男――野坂参三の百年』（文藝春秋、一九九三年）の共著者加藤昭氏と、佐野碩研究家・メキシコ大学院大学教授・田中道子氏の名が閲覧者として出ている。田中教授は、この野坂報告の一部を、二〇一一年七月に筆者と共に行った桑野塾での報告「国際革命演劇運動家としての佐野碩　一九三一―一九四五」（*The Art Times*, No. 8, Oct. 2011）で紹介している。コミンテルンの「佐野碩ファイル」中には、このほかに、佐野碩のロシア入国時履歴書（ただし日本語自筆履歴書は、党名「後藤関」で粛清犠牲者箱守平造のものが誤ってファイルされている。後藤新平の孫で「セキ」のための混同か?）、前年三七年十一月に「日本のスパイ」として逮捕され三九年三月に銃殺される田中（山本懸蔵）の佐野碩についての報告書、それに日本の父佐野彪太から佐野碩への手紙等が含まれている。

それらの中で、筆者が敢えて野坂参三の佐野碩報告書を重視するのは、第一に、一九三八年末という書かれた時期、第二に、執筆者野坂参三の当時のモスクワでの立場、そして第三に、この野坂の報告書に見られるコミンテルンの佐野碩に対する政治的評価が、その後のメキシコでの佐野碩の滞在と演劇活動にも、微妙に影を落とすと考えるからである。

以下、佐野碩の政治への目覚めとコミットメント、革命的演劇活動のなかでの政治的役割を、コミンテルンとの関係、特に野坂の報告書を念頭におきながら、辿ってみよう。

一　佐野碩の政治的目覚め──叔父佐野学の影響か？

二十世紀は、戦争と革命、帝国主義と植民地、経済成長と貧困・格差の時代だった。筆者の最近の研究から言えば、同時に「原子力の時代」であり、マルクス主義がマルクス・レーニン主義へと展開し、巨大な生産力をもたらすと想定された核エネルギーにあこがれ、裏切られる時代だった（加藤『日本の社会主義──原爆反対・原発推進の論理』岩波現代全書、二〇一三年）。

その時代に、レーニン率いるボリシェヴィキの主導したロシア革命に衝撃を受けて、第一次世界大戦後の日本でも、社会主義・共産主義思想が勃興し、台頭する。

岡村春彦の浩瀚な評伝『自由人 佐野碩の生涯』（岩波書店、二〇〇九年）に詳しく描かれたように、佐野碩が、中学から高校にかけての青春時代を過ごしたのは、ロシア革命に共鳴した世界中の労働者や知識人が、コミンテルンに結集していく時代だった。コミンテルンは世界を揺るがすはずだった。日本にも共産党（第一次共産党、一九二二─二四年）が作られ、碩の叔父で当時早稲田大学講師であった佐野学も創立に関わり、指導者の一人となる。

確かに野坂参三の報告にあるように、佐野碩は名家の生まれである。父彪太は、東京御茶ノ水駅前に佐野医院という大きな病院を構える医者だった。母方の祖父は、内務大臣で関東大震災後は帝都復興院総裁となった後藤新平である。震災後の一九二四年春には、佐野碩の東京帝国大学入学祝いとして中国・朝鮮視察に同行させるほど可愛がられた。政治家鶴見祐輔は、母方の叔父であった（従って、祐輔の子である鶴見和子・俊輔は従妹弟）。

父方の叔父、父彪太の弟佐野学は日本共産党創立に関わり、一九二三年第一次共産党検挙事件時ソ連へ逃亡、二五年帰国し『無産者新聞』主筆、二六年末には第二次共産党再建を主導し中央委員長に、二八年コミンテルン第六回世界大会でコミンテルン執行委員、二九年六月、中国共産党指導の活動中に上海で検挙された。三三年六月、日本共産党の獄中最高指導者として鍋山貞親と共に「転向」を声明し、コミンテルンからは「裏切り者」として除名された。従弟の佐野博は、モスクワ・レーニン学校卒業後、いわゆる「武装共産党」の指導者になり、ほどなく検挙され転向する。

佐野碩は、そういう家に生まれ、暁星小学校―開成中学―全寮制浦和高校―東京帝大法学部というエリートコースを歩む。

確かに佐野医院には、佐野学・佐野博も出入りしていた。ただし、野坂が強調するほどに、佐野碩が叔父佐野学から政治的・思想的影響を受けたかどうかは疑わしい。野坂も述べるとおり、叔父が指導的幹部であった第一次・第二次共産党には入党しなかった。むしろ同伴者であり、「時代の子」というべき存在だった（ただし、国立公文書館アジア歴史資料センターで検索できる日本側外務省記録では、佐野碩は一九二九年日本共産党入党として扱われている）。野坂参三が、碩の叔父佐野学の影響と「裏切り」を強調するのは、モスクワを離れて後の佐野碩にも、叔父同様に「裏切る」可能性が高いことを、コミンテルン指導部に伝えるためである。

一九二三年九月一日、関東大震災が起こる。死者は約一〇万人、そのうち一万人が地震・家屋の倒壊によるもので、その後の火事で八―九万人が亡くなる。祖父・後藤新平らがすぐに復興計画を推進するが、佐野碩自身は、政府の復興計画に距離を置いた。父の佐野医院も被災し、浦和高校在学中の佐野碩も、約一カ月、東京の父の救護医療を助けて様々な救援活動を行う。

関東大震災時、朝鮮人・中国人虐殺や、無政府主義者大杉栄・伊藤野枝らが虐殺される甘粕事件、共産主義者が虐殺される亀戸事件などが起こる。混乱に乗じて略奪・反乱が起きるのではないかという不安から、警察・憲兵隊ばかりでなく、日本人民衆の自警団の手で朝鮮人・中国人や社会主義者・共産主義者が襲われる事件が頻発した。後に佐野碩の盟友となる千田是也（本名・伊藤圀夫）の芸名は、東京・千駄ヶ谷で震災時に朝鮮人と間違えられて危うく殺されかけた「千駄ヶ谷のコリア」体験から名付けられた。

共産主義者への風当たりが強まるなかで、二四年に第一次共産党は解党する。それまで理論的指導者だった山川均は、震災で家を失い、震災後の一年半ほど神戸へ疎開し、論壇から遠ざかる。そのため、「革命を起こすためにはさまざまな社会主義者が協働して多数派を形成し、労働運動の主導権を握るべき」とする「共同戦線論」の山川イズムが衰える。

この頃コミンテルンは、日本共産党の解散どころか、「震災を革命へ」という、ロシア革命の「戦争を革命へ」のスローガンになぞらえた急進的路線を指示した。一九二三年、ドイツのザクセンとチューリンゲンで社会民主党と共産党による統一戦線政府ができたものの、弾圧にあって簡単に潰れてしまったこともあり、コミンテルンの中では、社会民主主義と距離を置いて、共産党の力を純化しようという流れが強まった。

日本の社会運動の中でも、山川イズムに代わって、震災時にドイツ留学中でルカーチやコルシュを学んで帰国した福本和夫がリーダーシップを握り、福本イズムと言われる急進的路線が台頭した。福本は、「世界資本主義は危機と絶望の時代に入っている」として、労働運動の中から不純な分子を取り除き、純粋な共産主義運動を推進しようという「分離結合論」を唱えた。佐野碩も所属していた東大新人会の学生たちを中心に、「もっと急進的に日本を変えて、世界革命に合流しなくては」と、福本イズムが熱烈に歓迎される。それが、演劇の世界へも「飛び火し、佐野碩のプロレタリア演劇デビューにつながった（加藤「福本イズムを大震災後に読み直す」『「福本和夫著作集」完結記念の集い・報告集』こぶし書房、二〇一一年。こうした関東大震災時の事情は、加藤『日本の社会主義』に詳述したので、本章全体の背景として参照のこと）。

二　労働者演劇への音楽導入と革命歌「インターナショナル」

佐野碩は、日本では、革命歌「インターナショナル」の日本語版作詞者として知られている。焼け野原となった東京の震災復興の過程で、当時の伯爵家出身の土方与志や小山内薫らが築地小劇場を作り、これが日本のプロレタリア演劇の出発点で拠点になる。ドイツ帰りでモダニズムを学んできた村山知義・籌子夫妻や、二六年ドイツに渡る千田是也、のちに「インターナショナル」を佐野碩と一緒に翻訳する佐々木孝丸らが、この築地小劇場に集う。やがて土方や小山内の貴族的なやり方に飽き足らなくて、その中の急進的なグループが福本イズムを持ち込み、演劇にもラディカルな運動のスタイルが入ってくる。

一九二五年、二十歳になった佐野碩は、劇団MNZ（ムンヅ）の創設に加わる。その創設宣言に、「一九二五年こそは、後代の人類に取って、光輝ある年となるであろう。……我々は過去の時代と断固として縁を切る。我々は現在の世界をも否定する。……生活だ！　生活力だ！　時代だ！　時代精神だ！　プロレタリアの為に戦ふ事だ！　そして我々の思想だ！　階級闘争時代に代わるに、無階級時代を出現させる事だ！」と書き込んだ（岡村前掲書、一九頁。本書所収）。

共同印刷の争議を応援するために、「演劇も労働運動と同じく街頭に出なくてはいけない」として、ドイツで始まった街頭演劇が、日本で移動劇団・トランク劇場として上演されたのも、この頃である。舞台に労働歌が持ち込まれ、観客たる民衆と演技者たちの一体感が演出された。

日本の労働者演劇の中でうたわれる最初の労働歌となったのは、ドイツ民謡をアレンジした「くるめくわだち」（小野宮吉作詞、関鑑子歌）だった。確かに歌詞は「走る火花　ベルトはうなり　槌は響く　ここにぞ鍛う　くろがねの」と階級闘争風に作られたが、メロディーは牧歌的なフォークダンス調で、山川イズムの微温的な連帯の雰囲気を残していた。二六年十月、トランク劇場が行ったイベント「無産者の夕べ」で初めて演奏された。

佐野碩も、このイベントに久板栄二郎作『犠牲者』という二幕劇の演出で加わったが、こういう牧歌的な雰囲気にはあきたらず、もっと革命的な、福本イズムに沿うものを作ろうとする。二六年十一月、ルナチャルスキーの『解放されたドン・キホーテ』（千田是也・辻恒彦訳、佐野碩演出、村山知義・柳瀬正夢装置）が上演されるが、この時には、キリスト教的な愛や貴族的な人道主義、新カント派的な善といったものを風刺し、急進的・福本イズム的な芸術スタイルを作ろうとする。「インターナショナル」の訳詞を手がけたのも、その延長上にある。

このころ、労働歌というよりも革命歌の代名詞になり、以後、ソ連崩壊まで世界中のデモや集会で歌われた「インターナショナル」は、もともと一八七一年のパリ・コミューンのなかで、ウジューヌ・ポディエにより作詞された。当初はフランス革命歌「ラ・マルセイエーズ」のメロディーで歌われたというが、一八八八年にピエール・ドジェーテルにより旋律がつけられ、一八九九年パリで開かれたフランス労働党大会で感動をよんだのが、二十世紀に国際的に広がる契機になった。

もっとも一八八九年創立の第二インターナショナル（社会主義インター）の大会では、世界の社会主義者が集い、フランス革命歌「ラ・マルセイエーズ」が歌われた。「インターナショナル」は、ロシア革命から生まれた第三インターナショナル＝コミンテルンによって広められ、一九二二年にソ連邦国歌となることで、世界の革命運動や労働組合運動・学生運動の愛唱歌となる。いわば「ラ・マルセイエーズ」はブルジョア民主主義革命歌、「インターナショナル」はプロレタリア社会主義革命段階の革命歌としてイメージされた。

労働歌・革命歌は、その後も数多く生み出されるが、「インターナショナル」は、ポーランドで作られロシア一九〇五年革命時のワルシャワ蜂起で歌われた「ワルシャワ労働歌」と並んで、世界各国で翻訳され、広く歌われた。「ワルシャワ労働歌」の楽譜を一九二八年『ナップ』創刊号に紹介し、鹿地亘訳で歌われるように仕掛けたのも、佐野碩といわれる。

佐野碩の「インターナショナル」訳は、日本語初訳ではない。もともとフランス語の原詞（全六番）には、直訳すると二番の「至高の救い主も、神も皇帝も扇動家も要らぬ。労動者よ、己が力で身を護るのだ！　一般階級の救済を宣しよう！」、五番の「王君らは我らを煙に巻けど、我らには平和、暴君には戦乱あれ！　軍隊にはストライキを、兵役を拒否し、階級を打ち砕こう！」といった宗教批判、王制打倒の意が込められていた。

この直訳の痕跡は、一九二一年の日本語初訳とされる、岡本けにち訳にも見られる。

インターナショナル　岡本けにち訳　一九二一年

一　起て！　乏しき労働者よ！　起て！　欲の獄人！　時は今や稲妻となりて　不可能の時代を終える　古き迷信を投げ捨て　さあ民よ起て！　起て！　今ぞ伝統を変え　勝利を共に得よう！（以下、繰り返し）さあ同志よ来い！　此処でやめてはならん！　インターナショナル　その日ぞ近し！

二　過去に気を囚われず　暴君のみを殺そう！　兵隊も共に起ち　軍法なんぞ忘れろ！　ましてや我が息子達を　国家なんぞの掟にしたければ　銃を手に取り　人間の戦争に終わりを告げよう！

三　天の救世者も求めず　神も皇帝も糞食らえ　自らの力で　鎖を破壊せねばならぬ　我らの富を再び捉え　全員で楽しもう！　皆が共に起てば　勝利は我等のもの！

この岡本訳とは別に、翌一九二二年に翻訳したのが、後に佐野碩と共に共訳者として名を残す、佐野の演劇仲間で先輩である佐々木孝丸である。小牧近江がフランスで入手したジョルジュ・ソレル編『社会主義辞典』に楽譜とともに載っていた歌詞をもとに、佐々木孝丸が詞をつけ、同年十一月に東京神楽坂・牛込会館で開催されたロシア革命記念日集会で初めて披露された。集会自体は講演会に偽装して行われたが、壇上で歌いだした小牧近江は、直ちに検束された（この二二年版は小牧近江作詞という説もある）。

インターナショナル　佐々木孝丸訳　一九二二年

一　たて 呪われしもの　たて 飢えたるもの　正義の炎は 今こそもゆる　過去をば捨てて 奴隷よ たて たて
世はくつがえる 無よりすべてに
（以下、繰り返し）　この戦いに つどえよ明日は　インターナショナル われらがものよ

つまり革命歌「インターナショナル」は、関東大震災前に日本に導入され、ソ連国歌として歌われた。だがもともとロシア革命（社会主義革命）というより、フランス革命（民主主義革命）の流れを引いていた。佐野碩が当初演劇に導入したのも、「インターナショナル」ではなく「ラ・マルセイエーズ」の方だった。

その最初の試みは、一九二九年一月、村山知義と佐野が共同演出したプロット（日本プロレタリア演劇同盟）結成記念左翼劇場公演の舞台『ダントン』であった。村山はもっぱらラブシーンを担当し、佐野が群衆や革命裁判の場面を担当した。その群衆場面で「ラ・マルセイエーズ」を劇中歌にしようとしたが、「王を殺せ」といった過激な内容のため検閲にひっかかり、日本語では許されず、フランス語で歌わせることになった。歌は大好評で、舞台を盛り上げた。この直後の二月十三日、佐野碩は、舞台俳優である平野郁子と結婚する。

一九二九年六月、左翼劇場による『全線』（佐野碩単独演出、村山知義作・装置、小野宮吉音楽効果、杉本良吉演出助手、佐々木孝丸・平野郁子・岸輝子・原泉子・小沢栄太郎ら出演）という、二三年大連での中国人労働者のストライキを扱った作

品で、「シナから手を引け！」のシュプレヒコールと共に、佐野は初めて革命歌「インターナショナル」を挿入した。ただし、やはり日本語で歌うことは許されず、俳優たちには中国語で歌わせることにした。佐野が「インターナショナル」の新しい日本語訳を作ったのは、この時期である。舞台の上では日本語で歌えなかったが、俳優たちに、その意味内容を理解させる必要があった。

佐野碩は、フランス語の原詞をもとに、旧訳者であり出演者である佐々木孝丸と、徹夜で訳し直した。佐々木の回想によると、佐野碩は、佐々木らの旧訳は「歌ってみると、どこか間延びして、力強さに欠ける」「間がぬけているから改作しよう」ということで、「原詞に拘泥するところなく歌詞を作り直した」という。それが、その後長く歌われる、日本語版「インターナショナル」の定訳となった。

それは、フランス語原詞及び岡本・佐々木旧訳にあった「神」「天」などの宗教的語句や「道徳」「正義」「法」に関係することばを、歌詞から完全に消して脱色した。「宗教なんて関係なく、みんなで手をとろう」「正義とか法なんてものは、革命が起こったら全部変わる」というのが、佐野碩の見解だったのだろう。つまり、歌詞の日本語訳のうえでも、原詞に忠実なブルジョア民主主義革命の色彩をぬぐい取り、翻訳というよりも翻案したものだった。

インターナショナル　佐々木孝丸・佐野碩共訳　一九二九年

一　起て飢えたる者よ　今ぞ日は近し　醒めよ我が同胞《はらから》　暁《あかつき》は来ぬ　暴虐の鎖断つ日　旗は血に燃えて　海を隔てつ我等　腕《かいな》結びゆく
（以下、繰り返し）いざ闘わん　いざ　奮い立ていざ　あぁ　インターナショナル　我等がもの

二　聞け我等が雄たけび　天地轟きて　屍《かばね》越ゆる我が旗　行く手を守る　圧制の壁破りて　固き我が腕《かいな》　今ぞ

この頃、第二次日本共産党は、「二七年テーゼ」でコミンテルンから「君主制打倒」スローガンを与えられ、普通選挙法にもとづく二八年の初めての総選挙で公然と活動を始め、直ちに治安維持法にもとづく二八年三・一五、二九年四・一六の大弾圧を受けた。しかし、佐野碩は日本共産党員ではなかった。フランス語原詞の「神」や「皇帝」を消したのは、たんに権力の検閲と弾圧を恐れてのものではなかっただろう。演出上の必要から、宗教も道徳もいらない「革命的連帯と行進の歌」に純化し、翻案したものであろう。

二九年夏の国際文化研究所主催外国語夏季大学では、講師の佐野碩を中心に「インターナショナル」各国語版をはじめ、外国語教育に革命歌を取り入れ聴講生に合唱させる、「当時の社会状況のなかでは一種の解放区」が体験できる教育法が採用された（高杉一郎『わたしのスターリン体験』岩波現代文庫、二〇〇八年、三四頁以下）。

当時、野坂参三は、三・一五事件で検挙され、治安維持法違反事件被告として獄中にあった。ただし一九二九年四月四日の第四回予審訊問調書で、コミンテルンから与えられた二七年テーゼの核心である「君主制の撤廃」スローガンについて、予審判事藤本梅一に対して、「君主制の撤廃及び之に類する事項をスローガンとして掲げ之を大衆の目前に現す事に付いては異論を持って居ります」と、密かに答えていた。

これが明るみに出るのは、百歳での共産党からの除名と寂しい死後のことであるが、当時のコミンテルンと共産党の規律からすると、党のテーゼについてのこうした「異論」を密かに権力に伝えることは、「敵への屈服」「裏切り」に属することであった。

野坂の天皇制問題での「敵への屈服」は、佐野碩の叔父佐野学と鍋山貞親の「転向声明」に先立つこと四年である。これが三〇年二月の眼病を理由とした野坂の保釈、三一年三月ソ連への秘密渡航の前提であったことは、井上敏夫『野坂参三予審訊問調書』（五月書房、二〇〇一年）刊行で、広く知られるようになった。

しかし、一九三八年末の野坂参三は、二九―三〇年の佐野碩について、「共産党の影響下にある『左翼』演劇組織に所属。日本共産党員ではなかった」と突き放し、「一九二九年（?）に検挙され、数カ月の拘留の後、釈放された（私〔野坂参三〕は、彼がなぜ検挙され、どのようにして釈放されたかを、知らない）」と、あたかも佐野碩の被検挙後の保釈理由が怪しい、といわんばかりである。なぜだろうか。

三　佐野碩の「偽装転向」?――三〇年検挙・保釈・出国の謎

野坂の報告書が、佐野碩を「一九二九年（?）に検挙され、数カ月の拘留の後、釈放された（私〔野坂参三〕は、彼がなぜ検挙され、どのようにして釈放されたかを、知らない）。釈放後、ベルリンに向かった」と述べるのは、たんに野坂が二九年に自分は獄中にいて獄外の事実を知ることができなかった、というだけの意味ではない。当時、いったん治安維持法違反で検挙され、獄中被告団に加わらず早期に保釈された者、獄中で特別の待遇を受けた者は、権力に屈して組織と仲間を売り、共産主義を捨ててスパイになったのではないかと疑われた。

佐野碩が検挙されたのは、野坂が疑問符をつけた「一九二九年（?）」ではない。二八年三・一五事件でも中野重治、鹿地亘らと共にいったん検挙・拘置された（岡村前掲書、五七頁）。この三・一五弾圧は、逮捕者一六〇〇人余で四百人以上が起訴されたから、野坂が疑問符を付したのは、自分と一緒の三・一五検挙のことではないだろう。

次の検挙は、一九三〇年五月二十一日、左翼劇場第一六回公演『全線』の稽古中であった。非党員でも佐野碩は、この頃、村山知義と共に左翼劇場の看板演出家になっていた。このことも、岡村春彦『自由人 佐野碩の生涯』

に詳しいが、いわゆる「共産党シンパ事件」では、一緒に村山知義、小林多喜二、片岡鉄兵、中野重治、壺井繁治、林房雄らも治安維持法違反で逮捕されている。野坂の三八年佐野碩報告書が、思わせぶりな記述に続けて「釈放後、ベルリンに向かった」とするのは、この三〇年五月検挙のさいの佐野碩の保釈と日本脱出のことである。

もっとも三〇年五月であれば、野坂参三自身が保釈中である。「一九二九年（?）」なら野坂は獄中で事情を知らないといいうるが、三〇年二月から野坂は神戸にいた。戦後長く日本共産党機関誌『前衛』に連載され、野坂の「闇の男」としての失脚まで準公式党史の扱いを受けた自伝『風雪のあゆみ』（全八巻、新日本出版社、一九七一―八九年）によれば、野坂は三〇年二月に眼病治療を理由に勾留執行停止で釈放され、神戸の妻野坂龍の実家で一年をすごした。当時の獄外指導部の風間丈吉委員長の指令を受けて、翌三一年三月、ソ連に密航した。

野坂は、保釈直後に自分が主宰する産業労働調査所の岡部隆司を通じて、「三人の同志」＝市川義雄、平野義太郎、野呂栄太郎と密かに会い、共産党指導部と連絡を回復し、神戸で療養中も、妻龍を上京させて「党や同志についての情報を仕入れていた」と得意げに語っているから、三〇年五月の「共産党シンパ事件」、小林多喜二や佐野碩の検挙を知らなかったはずはない。だがなぜか、『風雪のあゆみ』の「党の再建から日本脱出まで」の項（第六巻）には、文化人・芸術家への弾圧の記述はない。あたかも、半世紀前の三八年末にコミンテルンに密かに報告した佐野碩についての報告の記述と、辻褄を合わせるかのように。

実際の佐野碩は、コミンテルン執行委員として二九年六月上海で逮捕され獄中中央委員会の最高指導者となった叔父佐野学とも、モスクワのレーニン学校で学んで帰国し二九年七月から三〇年四月まで田中清玄と共にいわゆる「武装共産党」の指導者であった従弟佐野博とも直接の関係を持たず、非党員ではあるが、プロレタリア芸術・演劇運動の指導者になっていた。

いわゆるプロレタリア文化運動は、この頃最盛期を迎えていた。三・一五事件直後の二八年三月二十五日に、全日本無産者芸術連盟（ナップ）が結成された。演劇界では、二八年十二月に日本プロレタリア演劇同盟（プロット）が佐野碩宅で密かに結成され、委員長佐々木孝丸、書記長佐野碩の「インターナショナル」作詞コンビが指導者になった。この時期の佐野の演劇活動での活躍と、三〇年五月、日本共産党の武装メーデー直後の文化活動弾圧＝「共産党シンパ事件」の顚末については、岡村の評伝が詳しい。

野坂が思わせぶりにコミンテルンに対して報告する、佐野碩が五月二十一日一斉検挙ののち、六月二十五日に佐野碩のみ一カ月で起訴猶予・保護観察付き保釈になる事情についても、岡村は、「東京地方裁判所検事局石沢検事殿　佐野碩手記」を発掘し、佐野の父彪太・母静子の祖父後藤新平の線を使った裏工作があったこと、「佐野碩手記」に「日本共産党はもはやコミンターンとも連絡が切れたのでは」「日本でもコミンターンの政策がそのまま実施しうるか」「プロットの演劇活動に専心する」と、ある種の「転向」があったことを、詳細に記している。ただし、非党員の佐野碩は、党員野坂参三や叔父佐野学のように天皇制に対する態度決定を迫られ、供述する必要はなかった。

それはちょうど、治安維持法三・一五、四・一六事件被告団＝日本共産党獄中中央委員会の、裁判方針転換期に照応する。獄中被告たちは、二七年テーゼの「君主制打倒」方針に疑問を持った水野成夫ら「労働者派」に対抗するために、三〇年一月二十八日の徳田球一陳述を皮切りに、それまでのいっさいの供述拒否方針から、「党の真実」「天皇制打倒」を積極的に供述する統一公判戦術へと移行する局面であった（加藤『党創立記念日』という神話」加藤哲郎・伊藤晃・井上学編『社会運動の昭和史』白順社、二〇〇六年）。

国際的には、三〇年六月二十五―三十日、国際労働者演劇同盟（ＩＡＴＢ＝野坂報告書のいうＭＯＲＴ）の第一回会議が、モスクワに一〇カ国の演劇団体の代表が集まって開催された。当時ワイマール・ドイツで、東大医学部教授のポストを捨てて職業革命家となった国崎定洞と共にドイツ共産党日本人部を結成した千田是也が、日本代表として出席した。千田はそのさい、モスクワでコミンテルン執行委員会幹部会員片山潜や、プロフィンテルン（赤色労働組合インターナショナル）日本代表山本懸蔵と会い、山本とは「ＩＡＴＢの会議の模様や、日本から直接に代表を送らせることの必要」を話し合ったが、「特別の指示」はなかった（千田『もうひとつの新劇史』筑摩書房、一九七五年、二〇一―二〇五頁）。

岡村によると、この頃すでに、「新しい任務のため帰国しなくてはならない事情をかかえていた千田からは誰か代わりをよこしてほしいという要請」が来ていた。その要請は、拘留中の佐野碩に密かに伝えられ、碩が両親の勧めるたんなる海外留学・逃避ではなく、千田の後継のＩＡＴＢ日本代表の任務と納得して「手記」を書き、六月二十五日に保釈されたという。七月中旬から明治大学のドイツ語夏期講習に通ったのは「ドイツで千田是也と交替するための学習」で、佐野の手記提出と早期保釈自体が、新しい任務での「戦線復帰」のための「プロットの指示による偽装転向」としている（岡村前掲書、八七―一〇一頁）。

しかし、事態はそう単純ではなさそうである。佐野碩が釈放された三〇年六月二十五日は、ちょうどモスクワでＩＡＴＢの会議が始まったばかりで、千田は日本のプロレタリア演劇についてのドイツ語の報告を行ったが、ＩＡＴＢ創立が本決まりになったのは八月末である。十月に事務局はモスクワと決まり、千田の属するベルリンのＡＴＢＤ（ドイツ労働者演劇同盟、四千人）にはＩＡＴＢの西欧書記局がおかれることになった。これは、当時のコミンテルンの組織形態と同じである。ＩＡＴＢの組織が固まるのは、三〇年十二月二十二日から五日間、モスクワで開かれた評議員会においてであった（千田前掲書、二一六頁）。

岡村の評伝は、「年末に入ると千田是也からＩＡＴＢについてのくわしい連絡が入り、モスクワにＩＡＴＢの事務所が設置され、プロットにも加盟の勧誘があり、翌年六月には第一回拡大評議員総会が開かれる予定で代表派遣の要請があった」と述べる。ただし、それに加えて岡村が「千田は日本事務局設置のために帰国すること」

が伝えられ、プロットは「日本の正式代表として佐野碩の派遣をひそかに決定していたから、碩はさっそくその準備に入った」と書いているのは（岡村前掲書、一〇二頁）、千田の自叙伝と食い違う。

千田是也の日本帰国が決まったのは、千田自伝『もうひとつの新劇史』によれば、翌三一年の六月二十五日から七月二日に開かれたＩＡＴＢ第一回拡大評議員総会（拡大プレナム）においてであった。千田によると、日本からは、当時ベルリンのＩＡＴＢ西欧書記局員であった千田の「後任」としてではなく、「六月プレナムへの日本代表」として「佐野碩がアメリカ経由でそっちに行く」という連絡はあった。しかし「日本代表」のはずの佐野が「なかなかやってこない」ので、やむなくドイツ代表と日本代表をも兼ねて出席したところ、「私が書記局員に選ばれ、日本に戻って本部との連絡や極東書記局の設立に当たらねばならぬことになった」ために、帰国せざるをえなくなった。「この〔三一年〕夏ＩＡＴＢの拡大評議員会に出るまでは、日本に帰ることなどすっかり忘れていた」（千田前掲書、二二二頁）。

少なくとも千田是也が見た佐野碩の海外脱出は、自分の後任とあらかじめ決まったものではなかった。岡村の言うＩＡＴＢ派遣のための「プロットの指示による偽装転向」説は、ひいきの引き倒しである可能性が高い。千田是也の最晩年の藤田富士男によるインタビュー『劇白』中での回想の通り、千田からの日本代表派遣要請は一九三〇年末だが、三一年六月の千田の帰国決定で佐野碩が「後任」にされたというのが真相であろう。

国際労働者演劇同盟ってのが出来まして、（…）私はドイツの共産党に入ってドイツ労働者演劇同盟ってのにおりましたから、そこの代表って資格で出ておりました。日本問題についてはオブザーバーみたいな形で出ておりまして、やっぱり正式の代表が来なくっちゃいけないと思って、日本のプロットに言ってやったんです。それで佐野君が丁度何かの時期にとっつかまって、日本では丁度活動できなくなったもんで、その間、外国にでも行って、というんで日本を出て来たわけですね。ですからベルリンで会った時からは、正式の日本のプロット代表として、モスクワのその国際労働者演劇同盟の書記局に佐野を入れて、私は日本へ帰って来たという、そんな受け継ぎでした。

（藤田富士男監修『劇白 千田是也』オリジン出版センター、一九九五年、一四一―一四二頁）

しかも、この三一年六月帰国決定時、千田は「会議のあと、私は一月ほどモスクワにのこって、極東書記局の設立についての詳しい打ち合わせをしたり、日本への報告を書いた」。そのさい、コミンテルンの片山潜は病気療養中で会うのは遠慮し、「今度は、山本懸蔵氏のかわりにちょうどその春ソヴェトに入られた野坂参三氏にお会いして、極東事務局その他のことで、いろいろ注意を受けた」（千田『もうひとつの新劇史』二一八頁）。つまり、千田の日本帰国とその後任を佐野碩にすることについて、千田が三一年夏にコミンテルンと相談した相手は、四月にモスクワに到着したばかりの野坂参三にほかならなかった。

千田からその人選の相談を受けたコミンテルン日本代表野坂参三が、三〇年佐野碩検挙・保釈・日本脱出の事情や、その後のベルリンでの活動を知らなかったはずはない。三八年の野坂参三は、『闇の男』で明るみに出た最も緊密な同志・山本懸蔵についてのコミンテルンへの報告と同じように、佐野碩に対しても距離をおき、佐野のその後の生き方が自分の政治責任にならないよう注意深く報告する、自己保身の態度を貫いた。

ただし、岡村の言う「千田の後継としてのＩＡＴＢ派遣」を了解しての「偽装転向」が佐野碩の手記提出・早期保釈の本当の理由ではなく、前年亡くなった祖父後藤新平の威光をバックにした両親・佐野家の説得と奔走の結果だとしても、それは「偽装」ではない正真正銘の「転向」なのだろうか。

そもそも「転向」概念そのものが、思想犯取締の特高警察・司法省が作り出した天皇制国家への帰順を導くための誘導概念であった。それに対抗して、当時の日本共産党は、「権力への屈服、階級的裏切り」として「転向・非転向」を共産主義運動に加わる基準にまで仕立て上げた。この基準によれば、二九年の野坂参三の予審供述は、当時コミンテルンと共産党に知られていれば、明らかに規律違反の「転向」であった。

戦後の日本共産党は、「非転向」の「獄中十八年」徳田球一・志賀義雄、それに「亡命十六年」野坂参三や「獄中十二年」宮本顕治を中心に再建されたため、戦前共産主義者の前歴は徹底的に洗われ、「転向」歴があると入党を拒否、ないし「自己批判」を求められて、党内では低く扱われた。例えば三三年以後の大量「転向」のきっかけを作った佐野学・鍋山貞親さえ戦後に共産党への復帰を考え打診したというが、無論、認められなかった。「非転向」で「獄中十四年」でも、戦前「二七年テーゼ」でコミンテルンに批判され「自己批判」歴を持つ福本和夫は、復党は認められたが、地域の基礎組織（細胞）から再出発しなければならなかった。

こうした現象を、戦後に初めて社会科学の対象としたのは、佐野碩の従弟鶴見俊輔と『思想の科学』同人たちだった。『共同研究　転向』（上・中・下、平凡社、一九五九―六二年）は、「転向」を「権力によって強制されたためにおこる思想の変化」と広く定義し、権力の強制ばかりでなく内面的自発性の契機をも含意した概念として、「転向＝裏切り・悪」というイメージから解放し、共産主義運動に留まらない思想問題に鋳直した。

そして、晩年の石堂清倫は、親友中野重治の生涯の葛藤を救済する論理を、「転向・非転向」が大きな問題にされた、日本の共産主義運動の特殊性から導いた。一九三〇年前後の日本共産党の「大量転向」は、「秘教的な組織形態」と現実から乖離した「必敗の戦術」がもたらしたもので、「党員は逮捕された瞬間に党から見捨てられる」「自殺戦術」の副産物だった。当時の中国共産党の「反共啓事」――党員をできるだけ早く活動に復帰させるため、敵の規定する出獄手続きに応じることを勧め、「裏切者とは認めず、組織上差別しない」の方が有効な闘争方法だった、と。中野重治の没後、ソ連崩壊後の思索の産物とは言え、多くの「転向者たち」がかつて抱いた内面の「うしろめたさ」を払拭し、死者・犠牲者の魂を救済する論理であった（石堂『二〇世紀の意味』平凡社、二〇〇一年）。

この石堂的観点からは、佐野碩の三〇年五月の保釈は、彼の「戦線復帰」＝その後の演劇活動から評価される。ましてや非党員活動家の佐野碩が「転向」よばわりされる理由はない。だが三八年の野坂参三は、自分自身の「うしろめたさ」があってか、大粛清期のモスクワで、崩壊期のコミンテルンに対し、佐野を「政治的にはあまり発達していない、たんなる左翼文士である」「彼が、脅迫されるような困難な状況に直面した時、確固たる態度と忠誠を貫きうる保証は何もない」と書かざるを得なかった。

元内務大臣の祖父後藤新平の威を借りての佐野碩の出獄・海外渡航も、当時は一般的に見られた「できるだけ早く活動に復帰」する手法であった。野坂参三自身、自分の三〇年二月保釈、三一年三月「党の指令での訪ソ」を、戦後の自伝『風雪のあゆみ』ではもっぱら眼病の診断書を書いてくれた医師たちの好意によるとするが、後に党内で袴田里見が告発し、渡部富哉らが問題にしてきたように、「保釈の疑惑」がある。神戸で保釈中の野坂が一緒に過ごした妻龍の実家の義兄（龍の姉婿）次田大三郎は、内務省の高官で、二九年に内務省地方局長、野坂がモスクワに到着した三一年四月に共産党取締に責任を持つ警保局長であった（三六年廣田内閣法制局長官、四五年幣原内閣国務大臣内閣書記官長）。

当時獄中の志賀義雄の妻（渡辺）多恵子は、東京女子大共産党細胞の活動家で、弾圧で検挙され、二九年七月に報道が解禁された。彼女の父は、一緒に逮捕された波多野操（当時是枝恭二妻、後の福永操）の父と共に裁判官であったため、「東京女大から三名の党員、何れも名家の出で花々しい女闘士」と報じられた。波多野の「私は父の思想を悲いものと思い反動的な気分も手伝って共産党員になった」という供述も報じられた（『京城日報』二九年七月二十二日）。

つまり、後藤新平・鶴見祐輔につながる佐野碩ばかりではない。この頃「良家の子弟の赤化」は広くみられた。京大（学連事件）、一高・東京帝大新人会ばかりでなく、早稲田、学習院、成城高校、日本女子大、東京女子大等にも共産党細胞があると、特高警察は認識していた。よく知られているのは公爵家岩倉靖子の保釈直後の自殺であるが、男爵家の石田英一郎は京大事件で検挙され入獄後、オーストリアへ向かった。モスクワで佐野碩と一緒になる土方与志は、ソ連に入って伯爵位を剝奪された（『土方梅子自伝』早川書房、一九七六年）。

浅見雅男『公爵家の娘——岩倉靖子とある時代』（中公文庫）、『反逆する華族』（平凡社新書、二〇一三年）は、この時代の「赤い貴族」と検挙後の歩みを詳しく論じている。野坂の義兄次田大三郎の後任で一九三二—三四年に内務省警保局長だった松本学の残した記録（「松本学関係資料」岡山県立記録資料館所蔵）中の「特高秘一　第六三八四号」には、おそらく次田警保局長時代に密かに作られた学習院・帝大の共産党関係者・支援者八五名のリストが、その共産党家屋資金局（「スパイM」こと飯塚盈延が指導）による次頁の指導系統図「学習院関係赤化経路略解」（浅見雅男氏提供）等と共に記録されていた。

野坂も佐野碩も「良家の子弟」で、その活動は特高警察の手の内にあり、早くから「思想善導」の対象で、石堂清倫の述べた中野重治と同様に、当時のコミンテルンとその日本支部＝共産党の「自殺戦術」に都合よく利用された手駒、犠牲者とみなしうるものである。

早くから築地小劇場のスポンサーで、プロットにも加わり、労働者演劇の最前線にあった土方与志の場合は、伯爵家のため逮捕には天皇の裁可が必要で、三二年春の検挙時宮内省は難色を示し、一週間で釈放された。佐野碩の保釈・海外脱出は、後の人類学者石田英一郎のウィーン留学、あるいは都留重人（木戸幸一親族）のアメリカ留学に近いものであり、家族やプロットの支援ばかりでなく、天皇制権力側の事情も加わった結果であった。

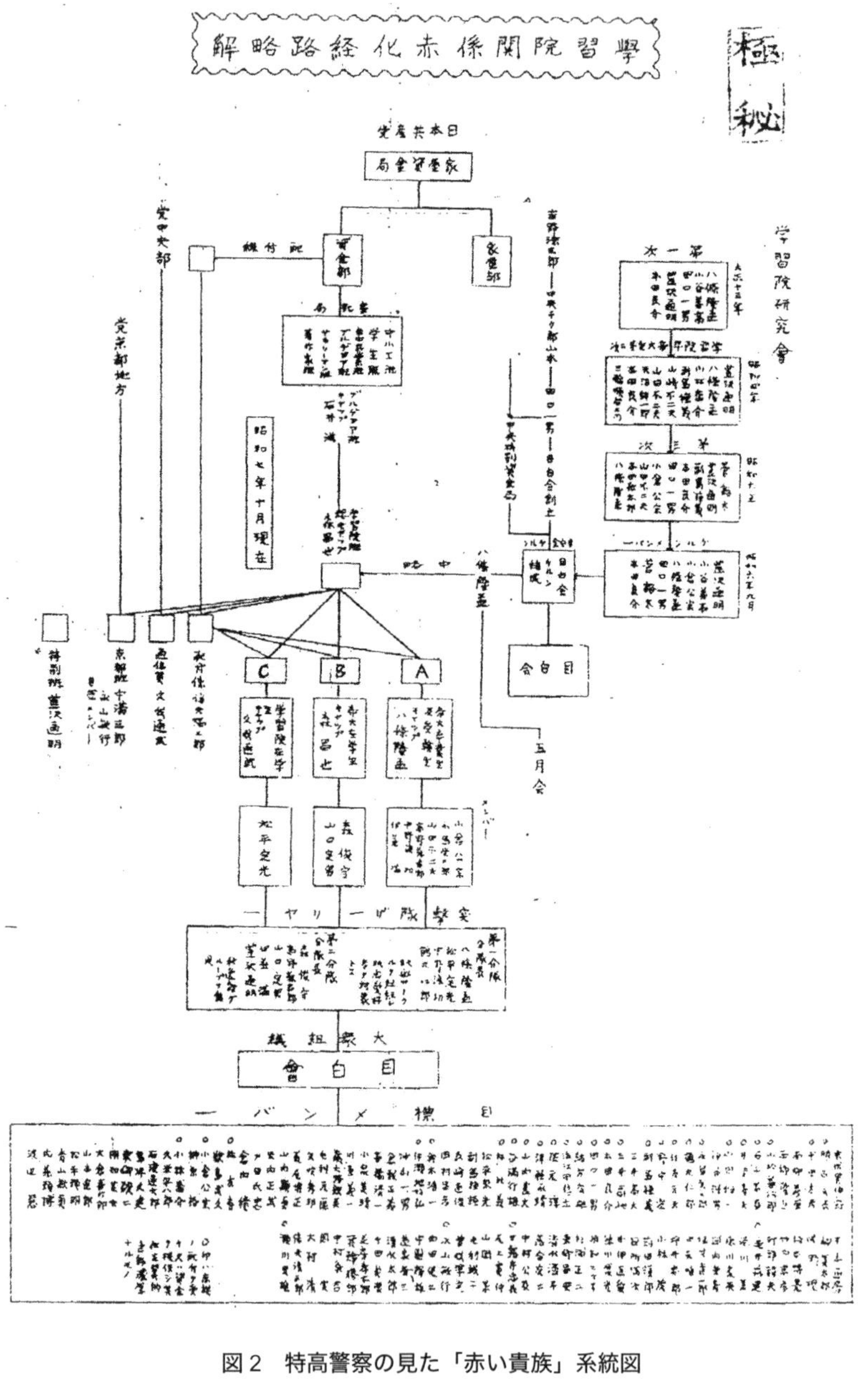

図２　特高警察の見た「赤い貴族」系統図

四　ベルリン反帝グループへの合流とソ連亡命——父の手紙と杉本良吉・岡田嘉子の影

佐野碩が、一九三一年五月七日に秩父丸に乗り込んで、アメリカに遊び、ロンドン、パリを経てベルリンに到着するのは、ようやく九月末のことであった。ドイツ渡航後の佐野碩を、三八年末の野坂参三は、佐野は「釈放後、ベルリンに向かった。ドイツの革命的演劇運動に参加。ベルリンの日本人共産主義者グループに所属。彼の報告によれば、彼はドイツ共産党への入党を申請したが、公式入党の前にドイツを離れた。一九三二年に、MORTの仕事とのつながりでモスクワに来た。数カ月ベルリンに戻った後、モスクワに再び来て最後の日まで定住。ロシア人女性と結婚し一児を得た（後に死亡）。合法的に旅行し住んでいた」と報告している。

一見客観的事実の簡潔な記述に見える、野坂のコミンテルンへの報告は、三八年の在ソ連日本人社会の中においてみると、実は大きな政治的意味があり、「佐野は日本のインテリの中では知られており、日本の新聞には彼の国外追放が書かれている。もしも彼がアメリカで合法的に働き、日本帝国主義に反対する何らかの宣伝活動を助けることができれば、それは有益であろう。ただし、われわれは、常に彼を注意深く監視しなければならない」という、コミンテルンに宛てた総括評価につながるものである。

佐野碩の訪独へのルートと時期が、アメリカに始まる世界恐慌がヨーロッパに飛び火し、特にドイツでの大量失業、ナチス台頭の動きと重なること、それをコミンテルンが「資本主義の全般的危機」ととらえドイツ共産党も活性化していたこと、そこで当時五百人ほどの在独日本人の中から国崎定洞、千田是也によってドイツ共産党日本人部が結成され、勝本清一郎（文芸評論家）、藤森成吉（日本プロレタリア作家同盟＝ナルプ委員長）、島崎蓊助（画家、島崎藤村三男）らの「反帝グループ」「革命的アジア人連盟」が作られ満州事変・日中戦争反対、ファシズム反対の活動が行われていたこと、そこに佐野碩も合流したことなどは、加藤『ワイマール期ベルリンの日本人――洋行知識人の反帝ネットワーク』（岩波書店、二〇〇八年）などに詳しく述べたので、省略する。佐野碩や島崎蓊助と同世代では、小林陽之助、八木誠三、嬉野満洲雄、井上角太郎ら、多くは旧制高校で学生運動に加わり、親が心配してドイツに留学させた「良家の子弟」たちも入っていた。彼らは「反帝グループ」の実働部隊になる。

その活動は、日本の特高外事警察によっても監視されていたから、日本の権力から自由であったわけではない。「反帝グループ」の一員だった村山知義の義弟（籌子の弟）岡内順三の一九三三年日本帰国時の供述により書かれた次頁の組織図では、とっくに帰国した有澤広巳らも入っていて史実とは異なるが、佐野碩の名も、「ナップ伯林支部」「伯林無産者団体協議会・劇場同盟」欄に書き込まれている（加藤『国境を越えるユートピア』平凡社、二〇〇二年、九〇頁）。

佐野碩は、ワイマール共和制末期のドイツで、当時は合法公然組織であったドイツ共産党に入党を申請し、日本では味わえない自由な活動を謳歌する。しかしナチスが台頭して共産党弾圧が強まる中で、勝本清一郎、藤森成吉らのような日本帰国の道を選ばず、指導者国崎定洞、小林陽之助らと同様に「労働者の祖国」ソ連に亡命する。ところがソ連では、このグループの活動全体が、コミンテルンとソ連秘密警察（ＮＫＶＤ）からは、「ブルジョア知識人の反共産主義グループ」と警戒され、密かに監視されるようになった。

それは、「国崎定洞粛清ファイル」中の、コミンテルン組織部コテリニコフによる、一九三四年九月十九日の山本懸蔵会談記録に現れる。おおむねロシア語の党名ないし姓のみで書かれているが、本名に直した解読文で示すと、以下のようになる。

ドイツに、国崎定洞、千田是也、平野義太郎、勝本清一郎、島崎蓊助、与謝野譲というメンバーからなる

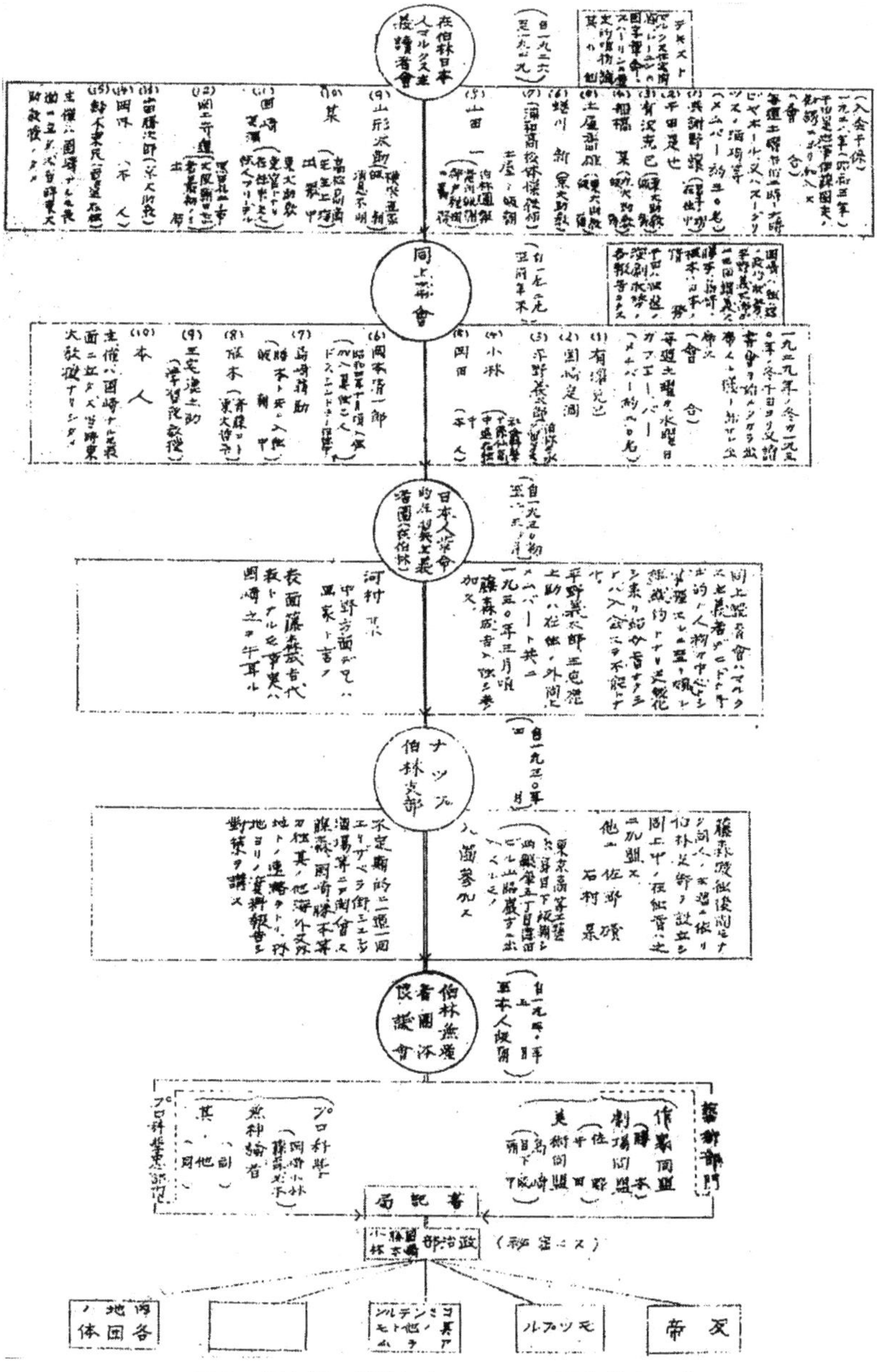

図３　岡内順三供述によるベルリン反帝グループ

日本人グループがあった。片山潜は、このグループと文通していた。現在の彼らの所在は、国崎がモスクワ、千田は日本で非党員の芸術家、平野は日本で反共産党闘争を行っており、勝本はファシズムに与し、島崎は反共産主義者闘争を行っており、与謝野はドイツでファシストの通信員になっている。(…)片山はこのグループと文通していたが、山本は反対だった。彼らは雑誌『戦旗』を受け取っていた。警察はおそらくこのグループの助けを借りて、日本の一連の共産党員を知っていた。概してこのグループは、党に反対だった。(…)山本は国崎をクートベ〔東洋勤労者共産主義大学〕に受け入れることに反対であった。しかし野坂参三とヤ・ヴォルクが彼の受け入れに賛成した。国崎の受け入れに対するそのような対応のため、野坂と山本の相互関係は、決して正常ではなかった。また、そのような場合、コミンテルンの指導的幹部たちは、彼山本ではなく野坂を支持する、と山本は言明した、山本は、日本と連絡をとったり、身元調べがついておらず、コミンテルンから派遣されたのではない他国居住者と連絡をとることに、断乎として反対である。

(原文ロシア語、加藤『モスクワで粛清された日本人』青木書店、八八―八九頁を解読文にした。なお、岡村春彦『自由人 佐野碩の生涯』一八七―一八八頁に、四年の強制収容所生活を経て保釈され、三四年夏に在露日本大使館の助けで日本に逃亡・帰国した「勝野金政日本大使館逃げ込み事件」に関連させて、筆者のこの資料が要約されている。)

一九三四年九月の山本懸蔵のコミンテルン組織部へのこの密告は、国崎定洞の三七年八月四日逮捕、十二月十日銃殺刑になった記録綴りの初発に現れる。平野、勝本らは日本で共産党を支持する活動を続けており全く荒唐無稽だが、生粋の労働者党員山本懸蔵は、片山潜の生前から片山・野坂と在独知識人・文化人グループのつながりを快く思っておらず、密かにコミンテルン組織部に国崎グループの党派性は怪しいと告げ口していた。

佐野碩の名はここにはないが、一緒に綴じ込まれた別の資料で、国崎グループの一員とされている。そして、こうした内部資料は、コミンテルン組織部・人事部に永久保存され、誰かが「日本のスパイ」と疑われるとファイルから取り出され、その指導・交友関係から要注意人物リストに加えられ、監視される。野坂参三の三八年末佐野碩報告を綴じ込んだコミンテルン「佐野碩ファイル」には、右の「国崎定洞ファイル」と重複する、ないし直接関連する資料はないようである。だが、当時のコミンテルン書記局内では、「ベルリンの日本人共産主義者グループに所属」とあるだけで、ある種の政治的意味をもち疑われた。

さらにいえば、当時ソ連に住む外国人への手紙は、すべて密かに検閲されていた。「佐野碩ファイル」には、ちょうど右の山本懸蔵による国崎定洞グループ告発、片山潜・野坂参三への不信が上申されて、コミンテルン組織部・人事部が国崎グループ関係者・日本人全般の監視を強化した時期に、モスクワでみつかった佐野碩宛の手紙があった。ソ連秘密警察（NKVD）から要注意とされ密かに綴じ込まれた、一通の日本語手紙である。

佐野家に取材した岡村春彦の評伝には、この期にモスクワの佐野碩と東京の家族が交信した記録は乏しい。わずかに「小林多喜二虐殺事件の一、二ヶ月後」、すなわち一九三三年春に、「日本に帰らない、ソ連の女性と結婚する、二三子〔妻平野郁子の本名〕と別れたい」という手紙が届いたという。やむなく佐野家は、三八年四月に協議離婚のかたちにするまで、身寄りのない二三子を佐野家に引き取ったともいう（岡本前掲書、一六四頁）。

確かにこの頃佐野碩は、IATBの仕事を通じてガリーナ・ボリソワと出会い、同棲した。三三年五月には土方与志夫妻もベルリン経由モスクワに到着し、日本の事情を聞いただろう。片山潜は三三年十一月に没し、野坂参三は三四年三月にアメリカからの対日工作のためモスクワを離れ、コミンテルンの日本人責任者は山本懸蔵になった。だから佐野碩と土方与志は、三四年八―九月の第一回全ソヴェト作家同盟大会に日本代表として出席するにあたって、山本懸蔵の指導を受けた。後に『芸術は民衆のものだ』（モスクワ外国語労働者出版所、一九三五年）となる一世一代の報告演説の原稿も、山本の検閲を経ていた。

その問題の手紙とは、佐野碩の父彪太が、ちょうどモスクワの日本大使館に勤務することになった加瀬俊一《しゅんいち》に託し、おそらくモスクワで加瀬が佐野碩を訪ね直接手交した、一九三四年六月十九日付手紙である。日本では『闇の男』の共著者小林峻一氏の講演記録で簡単に紹介されたことがあるだけなので（社会運動資料センター『野坂参三と伊藤律』五月書房、一九九四年、九六—九七頁）、一部解読困難な達筆だが、ここに全文を紹介しよう。

健康で元気だろうね。正月以来手紙の往復が出来ぬから或いは途中で紛失するのかも知れぬと思ひ、丁度露国大使館詰加瀬書記官の入露せらるるを幸に此手紙を託した。趣旨は東京の事情を知らせ貴重なる将来を考えて帰朝する様決心を促す事にある。

先頃戸澤検事と面会せし折「左翼の勢減弱し、規律が重きを失せたる此今の情勢中に帰朝すれば刑罰軽し。出来るだけ早く帰朝する様勧めよ」との話なり——弟学や博と相談せし所両人共帰朝賛成なり。学の手紙丈け同封せり。一読すべし。当時演出家なく世は演出家の来るを望み居る由此際現れて社会の為仕事をする事は意義深し。加瀬氏を是非一度訪問して当方よりの言付を直接聴き取るべし。度々面会する事は露国警察が疑を抱く恐れあるらしく碩自身も加瀬氏も迷惑する事あらん。故に面会時の折当方への返事を完全な文書にして託すべし。一同が返事を相待つ。　六月十九日　父　碩殿

この父の手紙には、もう二通の手紙が同封されていた。一つは手紙を託され面会を頼まれた加瀬俊一のものだが、もう一つ、叔父佐野学の、父からの相談を受けての五月十九日付長文の手紙が入っていた。佐野学は、三三年六月、鍋山貞親と共に「共同被告同志に告ぐる書」という「転向」声明を発し、日本共産党の大量転向・自滅を導いた張本人である。

当時獄中の佐野学は、この彪太宛手紙で、「私も兄上同様、碩君の帰国を希望しています。私がかつて国外に流浪していた時の事情とは違い、碩さんは別に訴追されているわけではありませんから、帰ろうと思えばいつでも帰れる次第です」「コミンターンあたりでは自分の無能を棚にあげて日本の党をつぶしたのは私だというので、私共を大に非難して居りましょう。碩君もソ連に居れば、そんな批評に動かされるでしょう」とコミンテルンとソ連をあからさまに批判し、「私の政治的立場からではなく、身内として」、佐野碩の帰国すべき七つの理由をあげる。

それは、①ソ連社会主義での楽な仕事より、日本での運動に加わるべき、②悲惨な日本の左翼芸術運動に新しい風を、③戦争が始まると帰れなくなる、④長くいてロシア人化するより日本人として自己の深化を、⑤長男の碩の帰国を両親・二三子さん（妻平野郁子）が待っている、⑥ロシア人の友人たちとのつきあいにこだわるな、⑦ソ連は立派な国家だがコミンテルンは世界中でファシズムに敗け続ける醜態、しかしソ連ではコミンテルンを批判できない、とするものだった。彪太に在ソ日本大使館員を使っての碩との接触、戸澤重雄・思想検事への面会を勧めたのも佐野学だった。佐野家は二三子と共に、碩の帰国を待っていた。

佐野学は、一九二八年のコミンテルン第六回世界大会で執行委員に選ばれた最高幹部で、コミンテルンのなかでは、幹部会員片山潜に次ぐ日本人最高指導者であった。その佐野学が三三年「転向」し、同じ頃に片山潜は没した。モスクワでは、先任の山本懸蔵ではなく、野坂参三がコミンテルンの日本側責任者になった。ただし三四年三月に野坂はアメリカに出て、山本が責任者だった。そこに飛び込んだのが、父の「私信」中で甥の佐野碩に日本大使館への接触や帰国を促す佐野学＝「裏切り者」の手紙だった。

田中道子教授によると、この手紙は加瀬俊一によって佐野碩のアパートに直接届けられたという記録があるというから、佐野碩は、自分の意思でコミンテルンに届けたのかもしれない。日本の父に返事を書いた形跡はない。

それは、東洋部長のオットー・クーシネンらコミンテルン幹部にとって、佐野碩を監視する必要を意味した。佐野碩も、国崎定洞と同様に、三四年秋からは、自覚することなく、コミンテルンとソ連秘密警察の要注意外国人リストに入った。

五　野坂参三と佐野碩——日本人粛清連鎖のなかで

いわゆるスターリンの大粛清は、一九三四年末のキーロフ暗殺を機に「人民の敵」狩りの嵐が始まり、三六―三八年に最高潮に達する。当時ソ連には、日本大使館関係者や新聞特派員を除いて、約百人の日本人が滞在していた。国崎定洞、佐野碩、土方与志のような「亡命者」もいるが、健物貞一、宮城與三郎（ゾルゲ事件の宮城與徳の従兄）らアメリカ西海岸でアジア人労働運動に加わり米国から国外追放になって「労働者の祖国」ソ連に入った者（いわゆる「アメ亡組」）、樺太やハバロフスク、ウラジオストックなどで鉱山労働者・船員・漁民として住み着いた者など、無名の人々も多かった。

行方不明が今日なお五〇人以上いるが、日本人粛清犠牲者は、銃殺二六人、強制収容所送り七人ほか約四〇人の身元が判明している。それらのなかで、佐野碩・土方与志の三七年八月国外追放は、一番軽いものだった（加藤『モスクワで粛清された日本人』『国境を越えるユートピア』のほか、筆者の個人ホームページ「ネチズン・カレッジ」内の最新情報「旧ソ連日本人粛清犠牲者・候補者一覧」参照）。

無傷で生き残れたのは、アメリカで活動していた野坂参三と片山潜長女片山安子の二人ぐらいで、その片山安子も、夫の伊藤政之助を銃殺され、妹の千代は精神病院に送られ寂しく没した。野坂の妻龍も三八年二月に一時逮捕されたが、アメリカ共産党を通じての野坂の奔走、コミンテルン書記長ディミトロフへの直訴で、ようやく釈放された。

検挙のきっかけの多くは、ソ連在住日本人同士の疑心暗鬼の密告で、拷問により友人・知人を「日本のスパイ」と認め、次々と「人民の敵」にされていった。三八年四月のモスクワの雑誌では、「外国に居住する日本人はみなスパイであり、また外国に居住するドイツ人もみなゲシュタポの手先であるといってもけっして誇張ではない」と論じられていた。

筆者は、そのうち氏名がわかる八三人について「日本人粛清連鎖」と名付け、一人一人の粛清理由に即してその人脈図を解読した。三七年八月十二日の佐野碩の国外追放は、「片山潜秘書勝野金政逃亡事件→国崎定洞グループ→佐野碩」のラインに位置づけた（加藤『国境を越えるユートピア』一六一頁の左図、参照）。

ソ連共産党機関紙『プラウダ』一九三七年七月九日・十日には、「日本諜報機関の破壊工作」と題する論説が掲載され、ソ連市民に「トロツキー派、ブハーリン派等のスパイの外に、亡命労働者、サーカス団、左翼インテリ（舞台監督、文学者等々）の各種の看板でソ連に潜入して来る日本人スパイがあるが、彼らの偽装は巧妙で、之が暴露は相当に困難である。彼等は日ソ開戦と云ふ重大時機前に暴露される事を恐れ、一時活動を中止する方法を以て周囲の疑惑から逃れ様としている」（傍点引用者）と警告した。

国崎定洞の「日本陸軍のスパイ」容疑での逮捕は、外国人を含むNKVDフリノフスキー将軍の大粛清計画＝「この作戦は一九三七年八月五日をもって開始されること、そして四カ月間で終了させること」の作戦開始日、八月四日の深夜であった。日本人のなかでも、「亡命労働者」伊藤政之助、須藤政尾・前島武夫はすでに逮捕されていた。「サーカス団」のヤマサキ・キヨシは『プラウダ』論説直後の七月二十二日に逮捕され、次は「左翼インテリ」の番であった。

その最初に元東大助教授・国崎定洞が逮捕された。同じく「左翼インテリ」として例示された非党員の「舞台

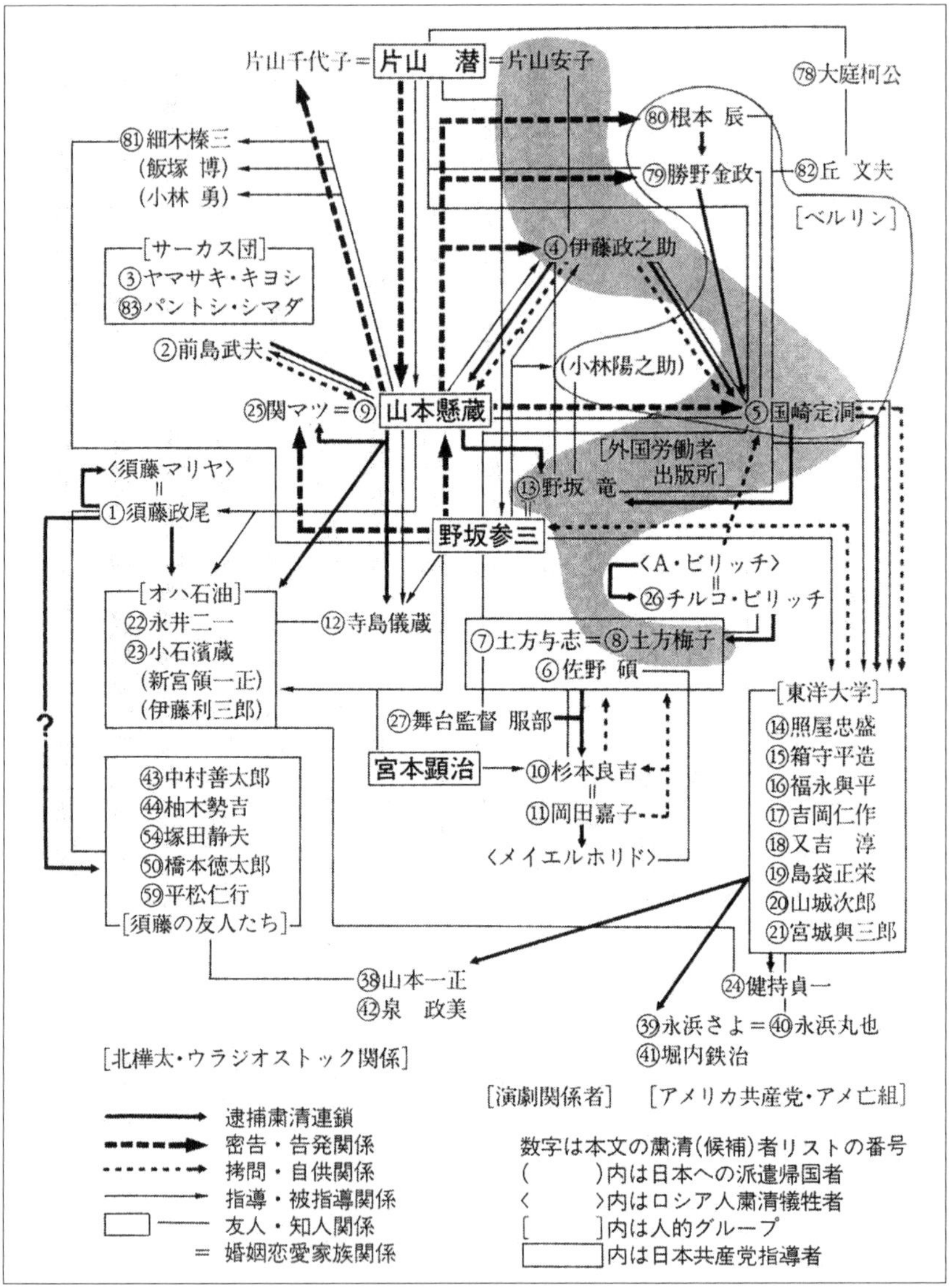

図４　在ソ連日本人の疑心暗鬼と粛清連鎖

監督」佐野碩・土方与志の国外追放・出国は、国崎逮捕直後の八月十二日だった。やがて十一月二日に野坂の「刎頸の友」のはずの山本懸蔵までが逮捕され、三八年に入ると、国崎の東洋学専門学校の教え子であった日本人らも次々と逮捕されて、銃殺ないし強制収容所送りになった。在ソ連日本人コミュニティは壊滅する。

佐野碩は、国崎定洞とベルリンでの仲間であり、モスクワで国崎が日本語部長をつとめた外国語労働者出版所では、山本懸蔵に告発された伊藤政之助（片山安子夫）が三六年十月に検挙され処刑された。おそらく拷問で他の「スパイ」の自白を強要され、それが翌三七年八月の、職場の上司であった国崎逮捕に及んだ。同僚の野坂龍（参三妻）、土方梅子（与志妻）に波及するのも、時間の問題だった。

「佐野碩ファイル」には、佐野が国外追放になる直前、三七年五月に山本懸蔵が佐野・土方の経歴とモスクワでの家計状態を調べ、五月二十七日にコミンテルン書記長ディミトロフに援助を要請した記録がある。七月一日にもコミンテルン人事部に、「佐野の利用の問題」と月五百ルーブルの援助を求めた手紙がある。田中道子教授が前掲桑野塾報告で述べたように、山本は「佐野は政治的には安定していない、しかし海外、つまりソヴェトの外に出した方が、いろいろな活躍の場がある」と評価し、出国ルートをウラジオストック経由（日本への送還の意か？）にするかレニングラード経由（ヨーロッパへの出国？）にするかが、コミンテルン人事部長ベロフと組織部長モスクヴィンで検討された内部記録もある。しかし佐野・土方の生命だけは最後に守ろうとしたかに見える山本懸蔵も、二人の出国の三カ月後、三七年十一月二日に「日本のスパイ」容疑で検挙され、三九年三月には銃殺された。

しかも、コミンテルンで最初に山本を告発したのは、日本で冷戦崩壊後に問題にされた野坂参三ではなかった。コミンテルン東洋部のペ・ミフが、三七年九月三日に「田中〔山本懸蔵〕が、疑わしい、我々に公然と敵対的な分子たちを、恒常的に庇護している」ことを、コミンテルン人事部ベロフ宛に「重大な疑惑」として述べていた。その「敵対分子」の第一に挙げられたのが、「ソ連から追放された佐野碩、土方」であった（富田武・和田春樹編訳『資

料集 コミンテルンと日本共産党』岩波書店、二〇一四年、資料一〇三、三七七頁)。つまり山本懸蔵は、佐野・土方を擁護したことをも一つの理由として、二人の出国直後から「スパイ」と疑われることになった。

すでに国外に出た佐野碩には、パリ・プラハ・ニューヨークと放浪を重ねた時期に、もうひとつの疑惑が重なった。女優岡田嘉子・演出家杉本良吉の三八年一月樺太からの「恋の越境」は、佐野碩「スパイ」容疑を補強し、メイエルホリド劇場総粛清の口実とされた。佐野・土方夫妻の国外追放を知らずに密入国した岡田・杉本は、佐野碩を頼ってきたと答え、まず岡田が拷問により「佐野碩はスパイ」と供述した。それが杉本に示され、演出家である杉本も佐野・土方はスパイだったと認め、三九年十月二十日に銃殺された。岡田の入国直後の供述は、ちょうどメイエルホリド劇場封鎖の時期で、間接的に佐野の師メイエルホリドの粛清の傍証にも使われるが、それは、佐野碩のあずかり知らぬことだった。

逆に言えば、佐野碩の「スパイ」容疑がかたまるのは、ソ連からの追放後で、もしも岡田・杉本訪ソが一年早ければ、「国外追放」では済まず、検挙・銃殺ないし岡田と同じ強制収容所(ラーゲリ)送りであったろう。メイエリホルドの三九年六月逮捕・四〇年二月銃殺は、もともとソ連芸術文化界粛清の一環で、岡田・杉本の「日本のスパイ佐野碩」供述は、ソ連の前衛芸術抑圧の口実に用いられた。

野坂参三は、三八年八月二十二日に、アメリカからモスクワに戻る。ちょうど佐野碩がニューヨークに到着する前日で、アメリカでは入れ違いになった。コミンテルンの粛清は、日本人に限らず、ドイツ共産党二千人、ポーランド共産党八百人ほか、当時の在ソ亡命者の多くに及んだ。外国人を多く抱えるコミンテルンという組織の全体が、粛清の対象だった(マクダーマット=アグニュー『コミンテルン史』大月書店、一九九八年)。

野坂は主観的には自分の知人を助けようとも試みたが、妻の野坂龍を守り、自分に火の粉が及ばないようにするのに、せいいっぱいだった。コミンテルンに対して、日本人でも自分だけはソ連と共産主義に忠実であると証明しなければならない局面だった。『闇の男』で明るみになり、百歳で除名の理由となる山本懸蔵についての野坂の秘密供述は、三八年三月アメリカからと、三九年二月モスクワで書かれた（山本は、野坂供述の前の三七年九月にコミンテルン書記局ミフから密かに告発されていたから、和田春樹『歴史としての野坂参三』平凡社、一九九六年、七七頁のように「ぎりぎりの山本弁護」という解釈も成り立つ）。

その間の野坂による佐野碩についての三八年十二月五日報告は、おそらくコミンテルン書記局内で、山本懸蔵のスパイ容疑、杉本良吉・岡田嘉子の獄中供述から、すでに出国した佐野碩の消息とその後の動向が問題にされたのに、応えたものであったろう。

三八年末野坂報告書の総括的評価、――「佐野は能力があり精力的である。しかし、政治的にはあまり発達していない、たんなる左翼文士である。彼は彼の叔父〔佐野学〕が一九三三年に党を裏切った時、叔父に反対した。しかし彼が、脅迫されるような困難な状況に直面した時、確固たる態度と忠誠を貫きうる保証は何もない。彼は日本のインテリの中では知られており、日本の新聞には彼の国外追放が書かれている。もしも彼がアメリカで合法的に働き、日本帝国主義に反対する何らかの宣伝活動を助けることができれば、それは有益であろう。ただし、われわれは、常に彼を注意深く監視しなければならない」は、佐野が国外で問題を起こしたさいに自分に指導責任が及ぶのを避けるための野坂なりの自己保身とも、田中道子教授が「ソ連からの出国は、追放というよりもむしろ、活動のために外に出されたのではないか」（桑野塾報告）と解読するように、ぎりぎりの佐野碩擁護、また三十代半ばの若い佐野碩を自分の工作員に仕立てるための提言とも読める。

その鍵は、「もしも彼がアメリカで合法的に働き、日本帝国主義に反対する何らかの宣伝活動を助けることができれば、それは有益であろう」という一節にある。当時の野坂は、自己保身、コミンテルン内での地位確保のために、新たな対日工作を企図していた。『資料集　コミンテルンと日本共産党』に資料一〇六として収録された

「日本と我々の活動について」というモスクワ帰国報告が重要である。佐野碩身上書の三カ月前、三八年九月八日に、コミンテルン書記長ディミトロフ宛で書かれた。その末尾は、「われわれの工作の大きな部分はアメリカ共産党日本ビューローに移った」と結ばれている（三九六―四〇四頁）。

野坂は、三五年の日本共産党中央委員会壊滅後、アメリカ西海岸で『国際通信』送付等対日宣伝に従事しながら、モスクワに住む二人の日本人を、日本に送り込んだ。Lこと小林陽之助と、Mこと伊藤利三郎である。しかし小林は三七年末京都で検挙され、いわゆる『世界文化』『土曜日』グループ弾圧のきっかけとなる。獄中ではモスクワでの活動も詳しく供述し、四二年獄死する。長く地下に潜行していた伊藤も、野坂とは音信不通になり、四一年警察に出頭して「転向」する。これらと平行して、野坂は、次の工作を考えた。米国共産党日本人部の「百人を少しこえるほどの日本人共産党員」、ハワイの三〇人の米国共産党員を使って、日本語での対日宣伝と活動家養成を書記長ディミトロフに提案した（『資料集』四〇〇頁以下、和田前掲書二七六―二八二頁）。

つまり野坂は、共産党がとっくに壊滅した日本はもとより、モスクワの日本人社会にも足場を失って、すでに二度密入国で滞在できたアメリカに、新天地を求めた。非党員でも「日本のスパイ」と疑われ、メイエルホリド粛清に使われる佐野碩を、自己の新たな活動の場と想定したアメリカで使おうとした。そして実際に、三九年五月三日には、コミンテルン書記長ディミトロフ宛で佐野の演劇を通じたプロパガンダ活動を評価し、メキシコに着いたがベラクレスで入国できなかった佐野へのコミンテルンの援助と、アメリカ共産党書記長ブラウダーと自分の宣伝活動に使う工作を申し出た（「佐野碩ファイル」）。こうした政策立案能力が、野坂のコミンテルン内での強みであった（ブラウダーと野坂の対日工作についての交信は、クレア＝ヘインズ＝フィルソフ『アメリカ共産党とコミンテルン』五月書房、二〇〇〇年）。

もっともこの野坂の構想は、失敗に終わる。コミンテルンから与えられた野坂の新たな任地はアメリカではなく、周恩来の帰国に同行して、四〇年三月から中国になる。大粛清末期のモスクワで実際に出来たのは、よく知られた山本懸蔵のスパイ容疑の容認と山本の妻関マツの帰国妨害であり（『闇の男』、和田前掲書）、アメリカでは、在米時代の助手ジョー小出（鵜飼宣道）を使った『ソ同盟共産党史』日本語版の出版ぐらいであった（ジョー小出『ある在米日本人の記録』上、有信堂、一九七〇年、一八四―一八八頁）。佐野碩がアメリカからメキシコに移ってのち、メイエルホリド処刑の直後に、野坂参三は延安に向かう。

おわりに――野坂参三の心の重荷とは？

コミンテルンと佐野碩の関係は、本章で検討した野坂参三の一九三八年末報告書に留まるものではない。コミンテルン自身は四三年に解散するが、国際共産主義運動は八九年の東欧革命、九一年ソ連解体まで続いた。日本共産党は今日でも生き残っている。佐野碩が六六年九月二十九日に生涯を終えたメキシコの共産党は、八一年に他の社会主義政党と合流するまで存続し、社会主義インターナショナル傘下の今日の民主革命党の一源流となる。だからメキシコ亡命後も、佐野碩は、コミンテルンとその末裔と関わらざるを得なかったが、トロツキー暗殺事件への関与やメキシコの演劇活動での「統一戦線」などの問題は、本書の田中道子教授らの別稿で述べられるから、ここでは触れない。そこで野坂が三八年末にコミンテルンに報告した内容がいかなる役割を果たしたかも、コミンテルン全体が機能不全の末期症状で、モスクワ以後二人は会うことはなかったから、敢えて問わない。

ただ一つ、野坂参三『風雪のあゆみ』全八巻の末尾近くに出てくる、土方与志と並べた佐野碩についての公式の回想と評価は、結びとして引いておく価値があるだろう。

彼は、一九三一年の秋に、千田是也とともにモスクワにやって来た。そして、国際革命演劇同盟の書記をし、ソ連の著名な演出家メイエルホリドの助手などをしていた。……〔佐野学の「裏切り」「転向」を詳述したうえで〕……こうした事態が、碩の心を苦しめたことは、いうまでもない。しかし、彼自身は、信頼できる立派な同志であった。その彼は、パリに土方とともに脱出したあと、一九三八年の夏になって、新たな活動の場所を求めてアメリカ大陸に渡ったのだという。……その後の彼の動静は戦後まで知ることはなかった。戦後になって、アメリカに渡った彼が、その翌一九三九年にはメキシコ入りして演劇活動を指導し、この国の演劇の黄金時代をつくり出したと聞いている。また、いまから十二、三年ほど前にもなろうか。わが党を訪れたメキシコ政府の高官に、佐野碩のことを訊いてみた。すると、この高官は、メキシコ演劇の興隆に彼が果たした役割りを非常に高く評価していた。これを聞いて、わたしは、長いこと心の底に重たく残っていたものが、すっと引き去っていくように感じたものだった。

（『風雪のあゆみ』第八巻、新日本出版社、一九八九年、二二〇―二二一頁、傍点引用者）

野坂のなかに「長いこと心の底に重たく残っていたもの」とは、たんに戦前消息不明になったかつての「同志」が没し、異国で高く評価されていることへの哀悼と安堵であろうか、それとも、それ以上の何らかの含意があったのであろうか。本書の全体を通して、読者の判断に委ねたい。

佐野碩とピスカートア――異郷で繰り返された接触からの活動の展開

萩原　健

はじめに――佐野の伴走者ピスカートア

佐野碩は日本、ソ連、メキシコで主に活動したが、この三カ国だけに暮らしたわけではない。岡村（2009）作成の年譜をもとに佐野の足跡を国別に追うと、次の通りである。

中国　一九〇五年一月～〇六年（一年）
日本　一九〇六年～三一年五月（二五年）
（イギリス経由）
（フランス経由）
アメリカ　一九三一年五月～九月（四カ月）
ドイツ　一九三一年九月～三二年十一月（一年一カ月）

ソ連　一九三二年十一月～三七年七月（四年八カ月）
フランス　一九三七年七月～三八年四月（一〇カ月）
チェコ　一九三八年四月～七月（三カ月）
（フランス経由）
アメリカ　一九三八年八月～三九年四月（九カ月）
メキシコ　一九三九年四月～六六年九月（二七年五カ月）

右記のように佐野は日本、ソ連、メキシコのほか、生後まもなくの中国を例外として、アメリカ（計一年一カ月）、ドイツ（一年一カ月）、フランス（一〇カ月）、チェコ（三カ月）の地を踏んでいる。これらの地が佐野に大きな影響を及ぼした可能性は――長く暮らして仕事をした三カ国での場合と比べれば――おそらく少ない。影響を及ぼしたとすれば、大きな役割を果たしたのは、場所よりもそこで知り合った人々だ。そしてなかでも大きな影響を佐野に与えたと判断されるのが、ドイツの演出家エルヴィーン・ピスカートア（Erwin Piscator, 一八九三―一九六六）である。本稿では、佐野の伴走者と呼んでも過言ではないこのピスカートアの活動を、および彼と佐野の交流を追う。

一　出会いまで

ピスカートアの足どり

ピスカートアは佐野の十二歳年上である。ドイツ・ヘッセン地方に生まれ、ミュンヘンで見習い俳優になるが、第一次世界大戦に従軍、前線で活動するなかで凄惨な戦場を目の当たりにし、それをきっかけに、またロシア革命の報に接したことを契機として、平和主義的共産主義者を自任し、革命に寄与する〈政治演劇〉を構想するに至った。

一九二〇年代当時のベルリーンでピスカートアが展開した活動は同時代のドイツにおいて実に画期的なものだった。彼は観客を劇の虚構の世界にのめり込ませずに現実世界の変革へと動機づける目的から、俳優による舞台上の演技と前後して、または同時並行で、幻灯や映画を活用し、新聞記事の切り抜きやスナップショットを、あるいは映画を、特に記録映画を示した。そのようにすることで、彼は観客に、劇の人物の立場からものを見るのではなく、その人物を外から観察する視点を得させようとした。そしてこのような客観的視点の導入された、いわば物語る態度をとる演劇を彼は〈叙事演劇〉と呼んだのだが、この点で彼の仕事は、しばしば協働作業を行った仲間の劇作家ブレヒトに、その叙事演劇理論の展開において大きな影響を与えていた。

繰り返し舞台で映画を活用していたピスカートアはじきに映画そのものの制作に踏み切るが、これが彼とソ連との密な関わりの始まりになる。その映画とはゼーガース（Anna Seghers）の小説を原作とした『ザンクト・バルバラの漁民の反乱（Aufstand der Fischer von St. Barbara）』で、この映画制作のために彼は一九二〇年代の末以来、ドイツとソヴィエト・ロシアを行き来した。同作はドイツ語版とロシア語版で制作されて両国で公開される計画で、オデッサほかで撮影が行われた。

しかしその撮影中、ドイツではナチスの勢力が伸張し、ヒトラーが全権を掌握、ピスカートアはそのまま亡命生活に入る。またこの映画の制作に関わっていた他のドイツ人たちについても事情は同様だった。ドイツ語版は結局、政情不安に陥ったドイツからやってくることになっていた俳優および亡命中の俳優の予定が立たなかったために実現せず、ロシア語版のみが完成、一九三四年に公開された。

佐野の足どり

一方、佐野がソ連入りすることになったきっかけは一九三〇年、ドイツにいた千田是也から佐野へ国際労働者演劇同盟（MORT／IRTB）[1]日本代表の引き継ぎが決まったことだった。この決定を受け、翌年佐野はアメリカ経由でドイツへ向かうが、旅の途次、紹介状を紛失し、MORTの第一回評議員総会を欠席せざるを得なくなる。

予定外のアメリカ滞在延長となった佐野は西海岸のハリウッドで映画に、東海岸のニューヨークでは舞台にしばらく親しむ機会を得た（彼は渡米時の客船〈秩父丸〉船内で伊藤道郎・早川雪洲と接触しており、これがおそらくアメリカの舞台・映画関連の人脈につながった）。ハリウッドでは特に、エイゼンシテインが当時撮影中だった『メキシコ万歳！』に大きな関心を寄せたことが推測される。またニューヨークでは当地の代表的な劇団〈グループ・シアター（Group Theater）〉ほかの公演を観劇するとともに、当時のアメリカ演劇界で広く受容されていたスタニスラフスキー・システム（ただしあくまでアメリカでの受容の形態）について知ることになった。

このアメリカでの足踏みを経て、ようやく佐野はドイツ・ベルリーンに入る。ただし最終目的地はこのドイツではなく、MORT本部のあるソ連である。この一時的な滞独中、佐野は千田から任務の引継ぎをするのだが、千田は当時、ベルリーンおよびドイツの労働者劇団に積極的に関わっていた。特にその指導的人物のひとり、演出家・劇作家のヴァンゲンハイム（Gustav von Wangenheim）が率いる〈劇団1931〉のメンバーでもあったから、この縁から、千田を通して佐野はおそらくドイツの演劇人たちと多くコンタクトを結んでいた。

さらに注目すべきは千田とピスカートアとの縁である。千田は一九二七年夏、ドイツの労働者演劇を研究するためにベルリーン入りしていたが、最初に入った制作現場というのがピスカートアの個人劇場〈ピスカートア・

ビューネ（Piscator-Bühne）〉だった。そこではちょうど柿落とし作品のトラー（Ernst Toller）作『どっこい、おれたちは生きている！（Hoppla, wir leben!）』の準備がされており、千田は無声の記録映画が流れるスクリーンの後ろで、映画に登場している人物のために〈声の出演〉を果たした。佐野が千田と接触した時点では、ピスカートアは前出の映画『漁民の反乱』の仕事にかかずらっており、ベルリーンで演出の仕事をすることはすでになかったが（最後の舞台演出は一九三一年一月のヴォルフ（Friedrich Wolf）作『タイ・ヤンは目覚める（Tai Yang erwacht）』）、佐野は間違いなく、千田を通じ、ピスカートアの過去の舞台の仕事について多くを聞き知っていた。

二　ソヴィエト・ロシアでのコンタクト

MORT第二回拡大評議員総会

さて、佐野が目指したソ連に本部のあった国際労働者演劇同盟（MORT）についてだが、これは一九三二年に国際革命演劇同盟[2]へ改称された。この背景には、労働者にかぎらず職業劇団の人々までを含め、反ファシズム・反ナチズムの立場をとるすべての演劇人を結束させる意図があった。実際、改称の前後、ドイツでナチスがその勢力を拡大し一党独裁を固めていく流れと並行して、多くのドイツの演劇人が亡命を余儀なくされていた。

紹介状を紛失してMORT第一回拡大評議員総会を欠席していた佐野だったが、一九三二年の第二回拡大評議員総会には出席し、日本の労働者および左翼演劇の現状について詳らかな報告をした。そしてこの報告を、居合わせたピスカートアは驚きとともに聴き、その印象を記事に書き留めた[3]。

またこの総会では新しい評議員・書記局員・書記局事務所員が選出された。新評議員にはソ連からタイーロフ、キルション、メイエルホリド、ドイツからアルトゥーア・ピーク（ドイツ共産党のソ連代表ヴィルヘルム・ピークの息子）、ピスカートア、ヴァンゲンハイム、ヴォルフといった面々が、そして日本からは佐野、千田、村山知義が選ばれた。書記局員にはソ連のディアメントやキルション、ドイツのピークやピスカートア、そして日本からは佐野が選出され、さらに佐野はその事務所員にも選ばれた。[4] くわえて彼はＭＯＲＴの機関誌『国際演劇』の編集委員にもなり、以後は同誌に日本の演劇の現状を伝える記事をたびたび寄稿、特に土方与志や千田の仕事を紹介した。[5]
佐野がこのＭＯＲＴ中枢に入って結んだ人的ネットワークの一端を示すのがドイツの劇作家ヴォルフの文である。彼は『タイ・ヤンは目覚める』でピスカートアと協働作業をした直後、ヴァンゲンハイムと千田の〈劇団１９３１〉が活動していたのと同時期、ドイツ・シュトゥットガルトの労働者劇団〈劇団南西〉に参加し、その後ＭＯＲＴの総会で新評議員に選ばれた。彼は妻エルゼあての手紙（一九三一年十一月六日付）で、総会時に開催されていた、各国の労働者演劇を紹介する展覧会について次のように記している。

> （…）ＭＯＲＴの展覧会。ここでは壁の半分がシュトゥットガルトの〈劇団南西〉のもので、写真や新聞記事の切り抜きで構成されていた（…）。いちばん興味深かったのは、日本の労働者演劇同盟の壁。書記の佐野碩とも長く話した。彼は、ドイツ、シュトゥットガルトのために素材をくれさえした。〔強調は原文のママ[6]〕

〈革命演劇国際オリンピアード〉とピスカートアのＭＯＲＴ代表就任、一九三五年会議

ＭＯＲＴの次の大きな節目は〈革命演劇国際オリンピアード〉だった。これは前述の総会の翌年、一九三三年六月にＭＯＲＴ世界大会と合わせて開催され、九カ国が参加、日本からは日本プロレタリア演劇同盟（プロット）代表として土方与志がやってきた。つまり佐野がそれよりも前に『国際演劇』誌上で土方の仕事を紹介していたことで、土方がモスクワで受け入れられるためのよい準備ができていた。またＭＯＲＴで多くの役職についてい

た佐野は中枢の人々とよく通じ、結果としてピスカートアを始め、多くのメンバーが土方をモスクワの駅で出迎えるに至った。

このオリンピアードの翌年の一九三四年、ピスカートアが前出の映画『漁民の反乱』を完成させると、仕事にひと段落のついた彼にMORT代表就任の話が舞い込み、彼はこれを受ける。彼に白羽の矢が立ったのはその知名度によるところが大きかったようだが、就任後の彼は名誉職的な役割にはまったくとどまらず、みずから率先して意欲的に活動を展開していく。

なかでも注目すべきはピスカートアが代表に就任した翌年、一九三五年に開かれたMORTの会議である。彼が多くの著名な演劇人に参加を呼びかけた結果、会議のセクションのひとつとして設けられた演出家会合で、ブレヒト、メイエルホリド、タイーロフ、エイゼンシテイン、クラーマン（アメリカ、グループ・シアターの創設者のひとり）、ゴードン・クレイグ、そして梅蘭芳といった錚々たる面々が集まるに至った。よく知られているのは、この場でブレヒトが梅蘭芳の演技を目にし、これが彼の異化効果理論展開の契機になったことである。またこの会合へのメイエルホリドの参加については、当時メイエルホリドのもとで仕事をしていた佐野もきっと関知していたことだろう。あるいはそれどころか、まさにこの場に居合わせていたかもしれない。

エンゲルス計画、MORTの解散

ソヴィエト政府要人にまで人脈を広げていたピスカートアは一九三六年、いわゆる〈エンゲルス計画〉を具体化させる。この計画はソヴィエト連邦内の、ドイツ系移民が多く住んでいたヴォルガ・ドイツ自治共和国[7]に演劇・映画制作組織を設立するというものだった。エンゲルス（Engels）とは同共和国の首都の名で、同市にはすでに〈ドイツ語国立劇場〉が存在し（図1）[8]、付属劇団もあった。この既存の劇場・劇団を基盤にして、世界各国に散り

図１　エンゲルスの〈ドイツ語国立劇場〉

散りになっていた亡命ドイツ人の演劇人・映画人・ジャーナリストを呼び寄せて反ナチスの文化活動を展開するという青写真をピスカートアは描いたのだった。そして実際、ソヴィエト・ロシアの内外にいた多くのドイツ人に声がかかり、それと並行してエンゲルスの劇場所属の俳優たちがモスクワのマールイ劇場へ派遣され、ドイツ語を話す同劇場の俳優の訓練を受けた。だがこのエンゲルス計画はほどなくして頓挫してしまう。

一九三七年七月、ピスカートアはアルトゥーア・ピークとフランス、パリに赴いた。目的は発足したばかりのフランス人民戦線政府との、および関連組織との接触で、ＭＯＲＴを全ヨーロッパ規模で拡大させることが目論まれていた。

その一方、ソ連ではピスカートアがそれまで取り組んでいた活動を困難にする状況が生じていた。ドイツでナチスがその勢力をますます伸長させるのと並行して、ソ連国内にいた亡命ドイツ人たちにはスパイ容疑がかかる危険が高まり、さらにスターリンによる大粛清が開始されようとしていた。一九三七年一月にはコミンテルンがＭＯＲＴの再編を決定、そして十月、ピスカートアはヴィルヘルム・ピークからの指示を受けてパリに残ることが決定的となり、以後ソ連に戻ることはなかった。結局エンゲルス計画に関連する中で注目すべき活動とし

図2　『トロイの木馬』舞台写真

ては、ヴォルフ作『トロイの木馬（Das Trojanische Pferd）』の上演が実現された程度で（図2）[9]、この演出はピスカートアの右腕だったベルンハルト・ライヒ（前出の映画『漁民の反乱』の助監督兼通訳だったアーシャ・ラツィスの夫）が担当した。

また同様に、佐野も一九三七年七月末、国外退去の憂き目に遭う。土方一家とともにソ連をあとにした彼は、逮捕されることの確実な日本から行き先を変更してパリを目指した。ピスカートアと同じく、佐野もその後、再びソ連の地を踏むことはなかった。

三　西への流浪

パリでの再接触

パリに取り残されたピスカートアはその後、複数のプロジェクトを新たに立ち上げ、これらを実現すべく努力した。一例はヴェルサイユでの平和祈念フェスティヴァルで、彼はかつての人脈を活かし、エンゲルス計画の場合と同様、亡命中の人々を呼び寄せようとした。あるいは、ナチスと戦争の危機にさらされるヨーロッパの人々を扱うドキュメンタリー映画の制作も企画した。さらにヨーロッパの外にも可能性を求め、アメリカのプロデューサー、ギルバート・ミラーを頼って、トルストイ原作『戦争と平和』のニューヨーク公演の計画を進めた。

またメキシコへのちに渡る佐野との関連では実に注目すべきことに、ピスカートアは在ソ中の一九三六年十二月一日、メキシコの文化大臣にあてて手紙を書いており[10]（当時メキシコは政治亡命を認めており、ドイツからの亡命者が目指す代表的な行き先のひとつだった）、エンゲルス計画をおそらく基にして、メキシコの映画・演劇・プロパガンダ機関を再組織する全体計画を示し、この実現のためにメキシコへ行く用意があると記していた。追って彼はメキシコ政府から招聘され、またアメリカ・ヨーロッパ巡演のためにちょうど結成された劇団の主宰を引き受けることになってさえいた。ただその後の連絡が非常に滞っていた。

一方、佐野はパリに入って間もない一九三七年八月十八日、ホテルからの短信でピスカートアに連絡をとっている[11]。


親愛なるエルヴィーン！

きょう到着した。急いで君と（…）話さなければならない。どこで、いつ、どうやって会えるか、伝えてほしい。

こちらの連絡先は次の通り。

（…）

君の　セキ　サノ〔傍線は原文のママ〕

そして佐野はパリに滞在中、かつて日本からソ連に渡ったときの経由地だったアメリカへの渡航を試みるが、駐仏アメリカ大使館でのヴィザ申請は拒否された。だが間もなく次のチャンスがチェコで訪れる。岡村によれば、一九三八年一月に佐野へドキュメンタリー映画制作の協力要請があり、彼が四月からチェコでその制作作業を行ったというが(12)、このドキュメンタリー映画はおそらく前述のピスカートアのプロジェクトのひとつであり、この折りに佐野はプラハのアメリカ領事館を訪ねた。ここでのヴィザ取得は成功し、彼は八月、急ぎアメリカへと向かう。他方、ピスカートアもニューヨークでの舞台演出および映画制作のプロジェクトを頼みの綱にアメリカを目指す。またピスカートアには前述のように、頼りなくはあれメキシコへの道もあった。

このように、二人は同じ時期にソ連からフランス・パリへ移動したが、そこからアメリカへ移動したのもまた同時期だった。しかし船が到着したニューヨークで両者は異なる道を歩む。

ニューヨークでの明暗

ピスカートアが当初望んでいたアメリカおよびメキシコでの計画は実現される見込みがなくなってしまうが、彼はかつてMORTの世界大会で交流したグループ・シアターのクラーマンをつてに、社会人大学の〈ニュー・スクール・フォー・ソーシャル・リサーチ(New School for Social Research)〉に教員として活動の場を見出した。その一方、佐野はニューヨークを目の前にして沖合のエリス島に拘留されてしまい、しばらくして期限付きでようやくアメリカ入国を果たす。

滞米中の佐野はニューヨークで意欲的に人脈を広げたようである。また自分よりも他の人々のために人脈を広げる仲介者としての役目も果たしていたように見える。たとえば一九三九年一月三日、佐野はピスカートアに次の短信を送っている(13)(原文はドイツ語)。

親愛なるエルヴィーン!

Bryant 9-6025（演劇芸術委員会（Theater Arts Committee））に電話をしてほしい。十一時と午後三時と五時のあいだに。〔傍線・取り消し線は原文のママ〕Miss エドナ・オッコ（Edna Ocko）（雑誌『ＴＡＣ』）ほかの友人が君と話したがっている。できるだけ早く。

どこで私たちが君をつかまえられるか、伝えてほしい。

私の連絡先は次の通り。

Seki SANO
419 West 119
New York
（電話番号：University 4-6640）

セキ〔傍線は原文のまま〕

だが佐野本人のアメリカでの活動時期は結局限られたままだった。ヴィザ延長の見通しが立たず、次の行き先として複数の人々からメキシコを勧められたというが、そのなかにはおそらくピスカートアもいた。また佐野はメキシコの〈革命作家芸術家連盟（ＬＥＡＲ）〉の、アメリカにいたメンバーを紹介されもした。そしてじきに彼は決意を固め、一九三九年四月、ニューヨークを離れてメキシコへと向かう。

一方、ピスカートアは在墨ドイツ人ジャーナリストのグートマン（Heinrich Gutmann）に手紙を繰り返し送り、佐野を気遣うように求めた。グートマンはベルリーンの日刊紙『ベルリーン朝報（Berliner Morgenpost）』の元記者で、一九三三年に来墨して前出のＬＥＡＲに参加、メキシコ政府と密に接触し、三八年、在墨亡命ドイツ人の反ファシズム運動団体〈ドイツ文化同盟（Liga Pro-Cultura Alemana）〉を設立していた。

グートマンあての第一信（一九三九年四月十九日付(14)）を、ピスカートアは佐野がニューヨークを発つ前、佐野本人に持たせた。それには次のように記されている。

親愛なる友グートマン、

佐野碩氏が私からのこの手紙を届ける。彼はこんにちその国の名誉となる数少ない日本人の一人だが、それゆえに、その国ではなく、メキシコや他のまともな（anständig）国々へだけしか、来ることを許されない。

彼は数週間、君たちのところに滞在したく思っている。演劇や芸術に目で触れて、そして、もしどうにかなるようならば、（物質的な理由からも）あちこちでわずかでも協働作業をしたく思っている。――また彼はあなたに、どうやって私たちが会ったのか、いくらか語るだろう。それから彼の非常に重要な、日本での演劇の仕事についても。

君《ママ》たちが彼を親切に受け入れてくれるといいのだが。

（…）

またピスカートアはグートマンにくわえ、ニューヨークにいたメキシコの劇作家ゴロスティツァ（Celestino Gorostiza）とも佐野の件で連絡を取っていた。ゴロスティツァはメキシコ国立芸術院の演劇部門長でもあり、ピスカートアは懸案だったメキシコ政府との計画をめぐって彼とコンタクトを取っていた(15)。

グートマンへの手紙を記したのと同日、ピスカートアはゴロスティツァにあてて次の文をしたためた。同じ日に書かれたこともあって、内容はグートマンあてのそれと似ている（原文は英語(16)）。

親愛なる友ゴロスティツァ、

佐野碩氏は、近年その国にとって長所（recommendation）である数少ない日本人の一人ですが、それゆえに、あなたの国の厚遇を求めることを強いられています。数週間です。

もちろん、彼は最大限の喜びと熱意をもってメキシコでの芸術生活を学びます。――彼はそれを、感謝の念をもって受け入れるでしょう。もしあなたが、芸術活動に対する、また、知るに値するすべてのものに対する、彼の注意を引き寄せてくだされば。

また私は、そのようにしてくださるあなたのご厚意を非常にありがたく思います。

敬具

あなたの

エルヴィーン・ピスカートア

このゴロスティツァとのやりとりからは道が開けた。約二週間後の五月二日にピスカートアが佐野へ送った便り[17]には次のようにある（原文はドイツ語）。

親愛なるセキ、

君の電報に返信をしていないが、それというのも、ゴロスティツァがすぐここからもう一回、電報を送っていたからで、君がただちに知らせを受け取るだろうと思っていたからだ。

（…）もしかしたらまだ厄介事があると聞いて、私はゴロスティツァにもう一通、電報を頼んだのだ。数日前、ゴロスティッァは私に、君が無事に到着したことを伝えてくれた。
だから、私が何もしなかったと思わないでほしい。そうではなくて、私は自分の力のおよぶことのすべてをやって、そして、うまくいったのだ。
今、メキシコでの君の無事を願っている。手紙を送ってほしい。どうぞ元気で。

君の
〔エルヴィーン・ピスカートア〕

一方、グートマンからの返信はなかった。五月十二日付の手紙[18]でピスカートアはグートマンに対し、「あいにく君〔ママ〕たちからの便りがない」と不平を述べたあと、次のように続けている。

佐野碩は、そうこうしているうちに、ゴロスティッァが私に言ったのだが、当地に到着した。船からの彼の電報を受けて、私はゴロスティッァを通じ、自分の力の及ぶかぎり、すべてのことをやってみた。彼をその厄介な（misslich）状態から解放するために。

（…）

だがその後もグートマンからの便りは届かず、ピスカートアは六月二十九日の書簡[19]で、「少し驚いている（erstaunt）。少しももうあなたから便りがない」と戸惑いを伝えた。また「佐野碩を私は、信じた通り、ここから助けることができた。だが彼も沈黙している」とも書き留めているが、佐野はこのころ、まったくの新天地メキシコでの活動を始めるために多忙を極めていただろうから、便りが書けなくても仕方がなかったかもしれない。

ただ、おそらくグートマンと佐野はＬＥＡＲの縁からメキシコでコンタクトを持った。

またグートマンのドイツ文化同盟とならんで、在墨亡命ドイツ人の団体として〈ハインリヒ・ハイネ・クラブ（Heinrich-Heine-Klub）〉（一九四一―四六）も注目される。これはメキシコに亡命していたドイツ人作家・ジャーナリストの活動体であり、ピスカートア監督の映画『漁民の反乱』の原作者ゼーガースやキッシュ（Egon Erwin Kisch）といった人々が属していた。また北中南米で唯一の亡命ドイツ語出版社である〈自由の本（El Libro Libre）〉（一九四二―四六）を発足させ、朗読会や演劇公演を行っていたが、そのための会場を提供したというのが、ほかでもない、佐野の演劇活動を組織の活動として受け入れた、メキシコ電気労働者組合だった。[20] きっと佐野はゼーガースと、『漁民の反乱』を話題にして、ピスカートアについて語り合ったことだろう。

四　新大陸のふたつの演劇学校、戦後の交流

同時期にソ連からフランスへ、さらにアメリカへ渡った二人のその後の活動の場はそれぞれに異なった。ただしアメリカとメキシコ、おのおのの地で彼らがどのような活動をしたかについては共通している。演劇学校の主宰者である。

一九四〇年一月、ニューヨークでは先述の大学、ニュー・スクール・フォー・ソーシャル・リサーチの付属教育機関として演劇学校〈ドラマティック・ワークショップ〉が開設され、ピスカートアが校長に就任した（**図3**）[21]。また一方、その数カ月後の同年五月にはメキシコの〈芸術劇場《テアトロ・デ・ラス・アルテス》〉に佐野が主導する演劇学校が開校する。またこのふたつの学校で舞踊部門の責任者はともに彼らのパートナーないし妻だった（佐野はウォルディーン、ピスカートアはマリーア・レイ＝ピスカートア）。

図3　1942-43年度の学校案内表紙

図4　校内付設劇場での学生たちとの議論。中央にピスカートア

佐野がその後に展開した活動については別稿に詳しい。一方、ピスカートアのドラマティック・ワークショップは開校後、アメリカでヨーロッパの古典および同時代演劇を知るための重要な拠点としてその地位を確立した。そしてアメリカ現代演劇史を決定づける数多くの演劇人を輩出したことでも注目される。たとえば劇作家としてはテネシー・ウィリアムズやアーサー・ミラーが、演出家としては〈リヴィング・シアター〉の創設者のひとりであるジュディス・マリーナが、俳優としてはマーロン・ブランドやトニー・カーチスがピスカートアのもとを巣立っていった（**図4**）[22]。

ところで、やがて第二次世界大戦が終結して冷戦が始まるが、これを背景に、今度は佐野ではなくピスカートアが国を追われる憂き目に遭う。佐野は引き続きメキシコで活動したが、ピスカートアはマッカーシズム、いわゆる「赤狩り」の嵐のなか、アメリカを離れることを余儀なくされる。またおそらく、主宰していたドラマティック・ワークショップへの責任が、故郷のドイツに渡るか否かの彼の決断を遅らせた。結果、彼が渡独した一九五一年には、それよりも前に帰還を果たした他の人々によってドイツ演劇界の主なポストがすでに埋まってしまっており、ピスカートアはその後、長きにわたって招聘演出家として過ごさざるを得な

図5 『神の代理人』初演舞台写真

かった。

一方、この一九四〇・五〇年代、メキシコの佐野はウィリアムズ作『欲望という名の電車』の演出（四八年十二月）、およびミラー作『るつぼ』の演出（五六年七月）で大きな成功を収め、当地の代表的演出家としての地位を確立しているが、注目したいのは、この二つの作品の作者が両作の発表前（初演はそれぞれ四七年十二月と五三年一月）、ともにピスカートアの学校に籍を置いていたことである。このウィリアムズやミラーを始め、自分たちの学校にいた学生の仕事について、佐野とピスカートアは少なからず情報交換をしていたことが推測される（ピスカートアは五四年、佐野に先立って『るつぼ』を西ドイツで演出してもいる）。

一九五〇年代を通じて結局ピスカートアは自分の拠点をドイツに持つことができずにいたが、帰還から約一〇年後の一九六二年、辛抱の甲斐あって、西ベルリーン（当時）の〈フライエ・フォルクスビューネ（Freie Volksbühne）〉の芸術監督に就任した。そして間もなく、実際に起きた近過去の事件の記録に基づいた、のちに〈記録演劇〉と呼ばれる話題作を立て続けに世に送り出していく。なかでも、ナチスを公に批判しなかった教皇を糾弾する、一九六三年初演のホーホフート（Rolf Hochhuth）作『神の代理人（Der Stellvertreter）』（**図5**）[23]は当時の東西両ドイツでの上演に始まって、キリスト教世界の各国で非常に大きな反響を呼んだ。キリスト教国であるメキシコの佐野は、おそらくこのピスカートアの仕事をつぶさに追っていた。岡村は伝え聞きとして、このころの佐野が

「ピスカトール《〔ママ〕》の芝居『助祭』」を準備していたと記しているが、(24) これは間違いなく『神の代理人』のことである。面目躍如の数年を経て、ピスカートアは一九六六年三月に他界、そしてまるで彼を追うかのように、約半年後の九月、佐野も鬼籍に入った。似通った道を歩んだ二人はこの世から去るのもほぼ時を同じくしていた。

むすび――それぞれの革命

ロシアとメキシコ、二つの国との関わりで語られることの多い佐野碩だが、その仕事を追究するためのさらなる補助線として、これまでに述べたようなピスカートアの一連の仕事が、また彼を通じての、ドイツおよびアメリカという文化圏とのコンタクトが指摘される。

あるいは――このような言い方がむしろ的を射ていると思われるが――、ひとつの国や文化圏という枠組みを大きくこえて活動した演劇人として、佐野とピスカートアがいた。実際、両者とも、奇しくも同時並行で、それぞれの故郷から遠く離れた南北アメリカの演劇に演劇学校の主宰者として大きな影響を与えていた。メキシコの佐野の仕事はラテンアメリカ演劇史に大きな足跡を残す一方、ピスカートアの学校もまた、アメリカ現代演劇史のキーパーソンとなる多くの演劇人を輩出した。

佐野とピスカートアの仕事は結果として日本やドイツの政治的な革命につながりはしなかった。だが両者が出会った場である当時の左翼演劇の牙城、ソヴィエト・ロシアは、その後の二人がそれぞれ展開した、国境をこえた仕事の重要な出発点となった。そして二人は最終的に、世界演劇史の上でみて十分すぎるほど、革命的な仕事を成し遂げたのだった。

参考文献

岡村春彦（2009）：自由人 佐野碩の生涯（岩波書店）
千田是也（1975）：もうひとつの新劇史——千田是也自伝（筑摩書房）
萩原健（2011）：一九四〇年代のアメリカ演劇におけるピスカートアの影響——ウィリアムズの場合を軸として［日本演劇学会『演劇学論集』第五二巻、二七—四三頁］
土方梅子（1986）：土方梅子自伝（早川書房）
土方与志（1950）：佐野碩を想う［『テアトロ』一九五〇年一月号、二二—二四頁］

Boeser, Knut/Vatková, Renata（1986）（Hg.）: Erwin Piscator. Eine Arbeitsbiographie in 2 Bänden. Band 2: Moskau – Paris – New York – Berlin 1931-1966. Berlin（Hentrich）
Diezel, Peter（1978）: Exiltheater in der Sowjetunion 1932-1937. Berlin（Henschel）
——（1993）（Hg.）: « Wenn wir zu spielen – scheinen » Studien und Dokumente zum Internationalen Revolutionären Theaterbund. Bern u.a.（Lang）
——（2006）: Deutsches Staatstheater Engels. Erwin Piscator, Maxim Vallentin und die Verleumdung der deutschen Emigranten als »bourgeoise Nationalisten«. In: Eimermacher, Karl / Volpert, Astrid（Hrsg.）: Stürmische Aufbrüche und enttäuschte Hoffnungen, S. 987-1020.
Jarmatz, Klaus u.a.（1979）: Exil in der UdSSR. Frankfurt a.M（Röderberg）
Haarmann, Herrmann u.a.（1975）: Das « Engels » Projekt. Worms（Heintz）
Piscator, Erwin（2005）: Die Briefe. Band 1: Berlin – Moskau（1909 – 1936）. Herausgegeben von Peter Diezel. Berlin（Bostelmann & Siebenhaar）
——（2009a）: Briefe. Band 2.1: Paris（1936-1938/39）. Herausgegeben von Peter Diezel. Berlin（Siebenhaar）
——（2009b）: Briefe. Band 2.2: New York（1939-1945）. Herausgegeben von Peter Diezel. Berlin（Siebenhaar）
——（2009c）: Briefe. Band 2.3: New York（1945-1951）. Herausgegeben von Peter Diezel. Berlin（Siebenhaar）
Probst, Gerhard（1993）: Erwin Piscator in Amerika（1939-1951）. In: Amlung, Ullrich（Hg.）: »Leben – ist immer ein Anfang!« Erwin Piscator 1893-1966. Marburg（Jonas）, S. 69-84.
Reich, Bernhard（1970）: Im Wettlauf mit der Zeit. Berlin（Henschel）

Tanaka, Michiko (1994): Seki Sano and Popular Political and Social Theatre in Latin America. *Latin American Theatre Review*, Spring 1994, pp. 53-69.
Wächter, Hans-Christof (1973): Theater im Exil. Sozialgeschichte des deutschen Exiltheaters 1933-1945. München (Hanser)
Willett, John (1978): The theatre of Erwin Piscator: half a century of politics in the theatre. London (Eyre Methuen)
Wolf, Friedrich (1968): Briefwechsel. Eine Auswahl. Berlin; Weimar (Aufbau)

Erwin Piscator Papers, Special Collections Research Center at Morris Library, Southern Illinois University, Carbondale, USA

Exil in Mexiko in den 40er Jahren [Ein studentisches Projekt an der Universität Potsdam, Sommersemester 2001]: http://golm.rz.uni-potsdam.de/mexiko/index.htm

注

（１）同組織の略称はロシア語でＭＯＲＴ、ドイツ語でＩＡＴＢである。以下、本文ではＭＯＲＴの略称を使う。
（２）略称は、ドイツ語の場合は「ＩＡＴＢ」が「ＩＲＴＢ」になるが、ロシア語の場合は「労働者」も「革命」も頭文字が同じなので略称に変更はない。
（３）Vgl.: Illustrierte Rote Post, Berlin, Nr. 2, Januar 1933 [In: Diezel (1993), S. 311-312, hier S. 311]
（４）Vgl.: Das Internationale Theater, Moskau, 3/1933 [In: Diezel (1993), S. 316-317, hier S. 316]
（５）Seki Sano: *In geschlossenen Reihen.* Über die Zusammenarbeit des revolutionären Berufstheaters und des selbstätigen Arbeiter- und Bauerntheaters in Japan [In: Das Internationale Theater, Moskau, 4/1933, auch in: Diezel (1993), S. 387-393]; S<eki>, Sano, J. Hidshikata <Yoshi Hijikata>: *Korea Senda* <Koreya Senda> [In: Das Internationale Theater, Moskau, 2/1934, auch in: Diezel (1993), S. 393-396]
（６）Wolf (1968), S. 53.
（７）モスクワから東南東へ六百～七百キロの、いわゆるヴォルガ・ドイツ人の住む一帯に存在した。南北を貫いてヴォルガ河が流れ、西岸にサラトフ（Salatow）、東岸にエンゲルスがあった。
（８）Diezel (1978), Fig. 23.

（9）Ebda., Fig. 24.
（10）Piscator（2009a）, S. 35-39.
（11）Erwin Piscator Papers, Collection 31, Box 2, Folder 10.
（12）岡村（2009）、二二九―二三〇頁、年譜二四頁。
（13）Erwin Piscator Papers, Collection 31, Box 4, Folder 7.
（14）Piscator（2009b）, S. 72.
（15）Vgl. Piscator（2009a）, S. 299-304.
（16）Erwin Piscator Papers, Collection 31, Box 5, Folder 2.
（17）Id., Collection 31, Box 5, Folder 4.
（18）Piscator（2009b）, S. 96.
（19）Ebda., S. 119.
（20）Vgl. Wächter（1973）, S. 191-196.
（21）Probst（1993）, S. 71.
（22）Boeser/Vatková（1986）, S. 55.
（23）Ebda., S. 203.
（24）岡村（2009）、三七〇頁。

モスクワの佐野碩——メイエルホリド劇場での経験

伊藤 愉

佐野碩は、一九三二年にモスクワに渡り、その後一九三七年にロシアを出国した。翌三八年にメキシコに亡命し、メキシコ近代演劇の基礎を作り上げた。ロシア語、スペイン語を自在に操り、各国の演劇人たちと対等に渡り合った佐野碩の活動は、グローバル化と言われる現代から見ても、他に類を見ない国際的なものだった。

これまで、佐野のモスクワでの活動については、この時期の佐野の活動に関する情報と資料の不足から、言及されはするものの詳細に語られてきてはいない。しかしながら、ロシア国立文学芸術文書館には、「メイエルホリド」と「国立メイエルホリド劇場」のアーカイヴがあり、そこには佐野に関する資料も残されている。メキシコ近代演劇の基礎を作ったとされる演出家佐野碩の活動には、モスクワでの経験が大きな影響を与えており、今後の佐野碩研究のためには、メイエルホリド劇場での彼の活動を明らかにすることは極めて重要だろう。

佐野碩は一九三二年十月末に国際労働演劇同盟（ＩＡＴＢ）の日本代表として本格的にロシアに入った。直後の一九三二年の十一月十一―十四日には、第二回モルト拡大評議員総会が開かれている。[1] モルトで彼は評議員、書記局員らに選出されるとともに、雑誌『国際演劇』の編集委員となり、いくつかの媒体で、日本の同時代の演劇

状況を写真付きで積極的に報告している。(2)

こうした言論活動は、ロシア生活のごく初期に限られていたものの、例外的に、ロシアを出国する一九三七年の一月二十一日付で、佐野は日本の演劇状況に関する問題点を記している。これはアーカイヴに残されているもので、実際に公開されたかどうかは分からない。ここで佐野は、日本の検閲状況、革命的な劇場において、赤い照明を使用することさえ禁じられている状況、小林多喜二の死、あるいは満洲国への慰問巡業の状況などを語っている。佐野が指摘していることの中心は、満洲での慰問巡業にしても、国内の上演にしても、選ばれる戯曲が貧困であり、単純に戦争プロパガンダ、あるいは「日本精神の比類ない高さ」を讃え、兵士を鼓舞するために執筆された戯曲の上演が行われていることだった。「一九三六年前半、東京の大劇場で歌舞伎と〈新派〉の人々によって上演された一二〇の戯曲の五〇%は、古典戯曲で、残りのものは現代の劇作家の戯曲だった。第一印象としては、日本劇場におけるレパートリーの側面からとてもいいことに思える。現代ものと古典ものが上演されている。しかしながら、これは単にそう思えるだけだ。古典戯曲のリストは巨大演劇トラストである松竹首脳陣の一握りの人間たちによって決められる。彼らの片手には戯曲のテクストが、もう一方の手には予算書が握られている。観客を呼び込むためには、彼らには一晩にできるだけ多くの戯曲を見せる必要があり、これはとりわけ、激しい変更か内容の悪化にもかかわらず、テクストの刈り込みをもたらした。またときに戯曲は大衆に有益であるかどうかの観点ではなく、収益が見込めるかどうかの観点で、そしてときに単に参謀本部のお役人たちが気に入るためだけに選定された」。佐野碩は次のように言葉を続ける。「民衆に新しい有益な戯曲を提供することはできないのだろうか?(3)」

こうした状況は、三〇年代のメイエルホリドの置かれた立場と極めて酷似していた。メイエルホリド自身、新しいソヴィエト戯曲が出てこないことから新しい演出作品を作ることができず、それゆえにしばしば批判されて

図１　演劇研究工房のメンバー。後列中央、ソファーに肘をついているのが佐野碩[(4)]。

もいた。国は、ソヴィエトの思想を伝える上演のみを求め、メイエルホリドの活動は戯曲の不足そしてプロパガンダ作品としての機能の要求という二つの側面から抑圧されていたと言える。アーカイヴに残された佐野の言葉は、日本の状況を説明するとともに、メイエルホリドが置かれた状況を告発する文章だとも読める。

こうしたモスクワでの言論活動は、佐野の左翼人としての性格をよく表している。だが一方で、メイエルホリド劇場での彼の研究員としての生活は、政治的な動向を強く表すものではなかったことは指摘しておきたい。

一九三三年の十一月に、佐野碩にモスクワ東のカール・マルクス通りの住居があてがわれると、十二月には外国人に対してソ連での演劇活動への参加が認められた。それからおよそ四年間、佐野は国立メイエルホリド劇場の演劇研究工房（**図1**）の研究員としてメイエルホリドのもとで働くことになる。この工房は一九三三年に設立され[(5)]、佐野もほぼ設立と同時に工房に参加しているが、他にも若い演出家が数多く在籍していた。例えば、メイエルホリドの回想録を著したＡ・グラトコフ、後年メイエルホリドの演劇の音楽的構成を引き継いだ後にマールイ劇場の名演出家となるL・ヴァルパホフスキーなどが同僚にいた。三〇年代にはすでに勢いを失っていたメイエルホリド劇場だったが、それでも依然として一定の人々の注目を集めていた。同時代の外国の著名人たちも劇場の公開稽古などに顔を出しており、[6]ときおり国内外の著名人と肩を並べて、佐野はメイエルホリドのもとで演出を学んでいた。

佐野碩は当初、K・スタニスラフスキーのもとで演出を学ぼうと考えていたようだ。スタニスラフスキー生誕百年に合わせたメキシコ人による佐野碩へのインタビューによると、佐野自身は次のように述べている。

「先生、先生のもとで学ばせていただけませんか?」〔スタニスラフスキーの〕返事はおどけたようなまなざしでした。「学ぶ⁉ 私のところで? なにをです?」「演出の極意をです」「演出⁉ 扉を間違えていますよ、お客さん! その願いを携えて、メイエルホリドのところへお行きなさい!」そうして二回目の出会いは終わった。

私はメイエルホリドのところへ行った。「日本から? 素晴らしい! 自由に学んでください、そしてかわりに私に日本の古典演劇の秘密を明かしてください!」

私はとても長いこと彼のところにいた。メイエルホリドはロシアの舞台にフォルマリズムの要素を持ち込んだと看做されていた。当時、スタニスラフスキーがもっぱら感情の演劇を作っていたように。しかし私はメイエルホリドが我々に語ったことを覚えている。「もし俳優がなにも感じなかったら、彼は死んでいる」。そしてことあるごとに偉大な泰斗としてスタニスラフスキーを引きあいに出した。

とうとう私は秘めた夢を実現するチャンスに巡り会えた。私はスタニスラフスキーの元で、彼の教え子一〇人と一緒に彼のスタジオで働いた。我々はスタニスラフスキーから一度ならずある言葉を聞いた。そのなかで彼はいつも、自分に関する回想録を否定していた。「感じるだけでは足りない。素晴らしいフォルムを作り出す必要がある」。まさにここにスタニスラフスキーの偉大な奥義がある。それは追体験されているものの現実味と描写されているものの完成したフォルムの融合なのだ。[7]

佐野が何故メイエルホリドではなく、スタニスラフスキーのもとで学びたいと思ったのか、真意は明らかではない。一九二五年、東京帝国大学の学生だった頃、彼は友人たちとともにシアタア・ムンヅを設立し、同名の雑誌『MNZ』(本書所収)を刊行している。同誌上では、ハントリー・カーターの「演劇力学《ビオメカニクス》」の翻訳や「R・S・F・S・R〔メイエルホリドのロシア国立労働者劇場第一〕に就いて」というタイトルの記事を掲載し、[8]メイエルホリドの演劇システムを紹介し、メイエルホリドに続くべきだと論じている。当初日本にいた頃、佐野はメイエルホリドの影響を強く受けていた。一九三三年の時点で佐野がスタニスラフスキーのもとで学ぼうとした背景には、当時一緒に行動していた土方与志がメイエルホリドの手法は乗り越えるべきものだと判断して、すでに別の道を探ろうとしていたことなども関係があるのかも知れない。あるいは、例えば一九二九年の時点で杉本良吉が、近年のメイエルホリドが古典の改作ばかりやっていることが誤りであり、それゆえに「中間派の陣営に低落した」と結論づけ、いまや学ぶべきはメイエルホリド劇場ではない、と述べたような、[9]既に対メイエルホリド戦線が張られていたソヴィエトの状況を無邪気に反映した日本の演劇人たちの考えが影響を与えていたのかも知れない。しかしいずれにせよ、佐野碩にとって、当時のメイエルホリドの劇場に入ることができたのは、この研究工房の性格からして幸運なことだったのではないだろうか。

もともと革命前から若手の育成に精力的だったメイエルホリドだが、この工房は少し趣が異なっていた。それまでのメイエルホリドのスタジオや学校は彼の思想、考えを試みる場であり、自らの演劇実験を発展させる場としてあった。しかし、この佐野が在籍した研究工房は、どちらかというと、それまでのメイエルホリドの試みを体系化することが目的とされていた。これはおそらく三〇年代のメイエルホリドの演出の評価の仕方にも関わってくる。それまでメイエルホリドは同時代でも実験的な演出家として知られており、毎回手法を変えてくる、なにをするか分からない、そういう面白さが魅力だった。しかし、三〇年代に入ると、古典作品の演出がほとんどとなり、実験的な演出は影を潜めた。これには三二年の当中央委員会決議「文学・芸術団体改組の決議」なども当然影響を及ぼしている。しかし、それ以前にも二〇年代後半から反メイエルホリドの動きというのは徐々に強まってきていた。一九二八年には党の指導により、劇団の中に「芸術評議会」が設置され、演目選定と上演統制がしかれた。二〇年代後半から既にメイエルホリドの動きは封じられつつあり、三〇年代には実験的な演出はほとんど見られず、劇団は実質的に勢いを失っていた。見方によっては体制に屈したかのようにも見える。しかし、こうした評価は実験的に新しいことを試みるメイエルホリドを期待しての評価である。三〇年代のメイエルホリドの演出は、たしかに目新しさこそないものの、それまでの試みを演出家自身の手法として定着させ、完成度を高めるという方向に向いていたことを見逃してはならない。

こうしたメイエルホリドの晩年期にあたる時期に、佐野碩はメイエルホリド劇場で働き、彼が在籍した工房の活動では、メイエルホリド自身の活動の総括ともいえる作業が行われていた。例えば、その傾向が色濃くあらわれているものとして、一九三五年に記された研究工房規定がある（図2）。

この工房規定は、当時の時代背景を反映しているものの、これまでのメイエルホリドのスタジオや講座と比べ、組織として明確に位置づけようという姿勢が窺える。こうした組織化された工房での個々人の課題も明確に定められていた（図3）。佐野碩の担当は、『椿姫』の記録と稽古速記録の註釈、国立メイエルホリド劇場俳優のカー

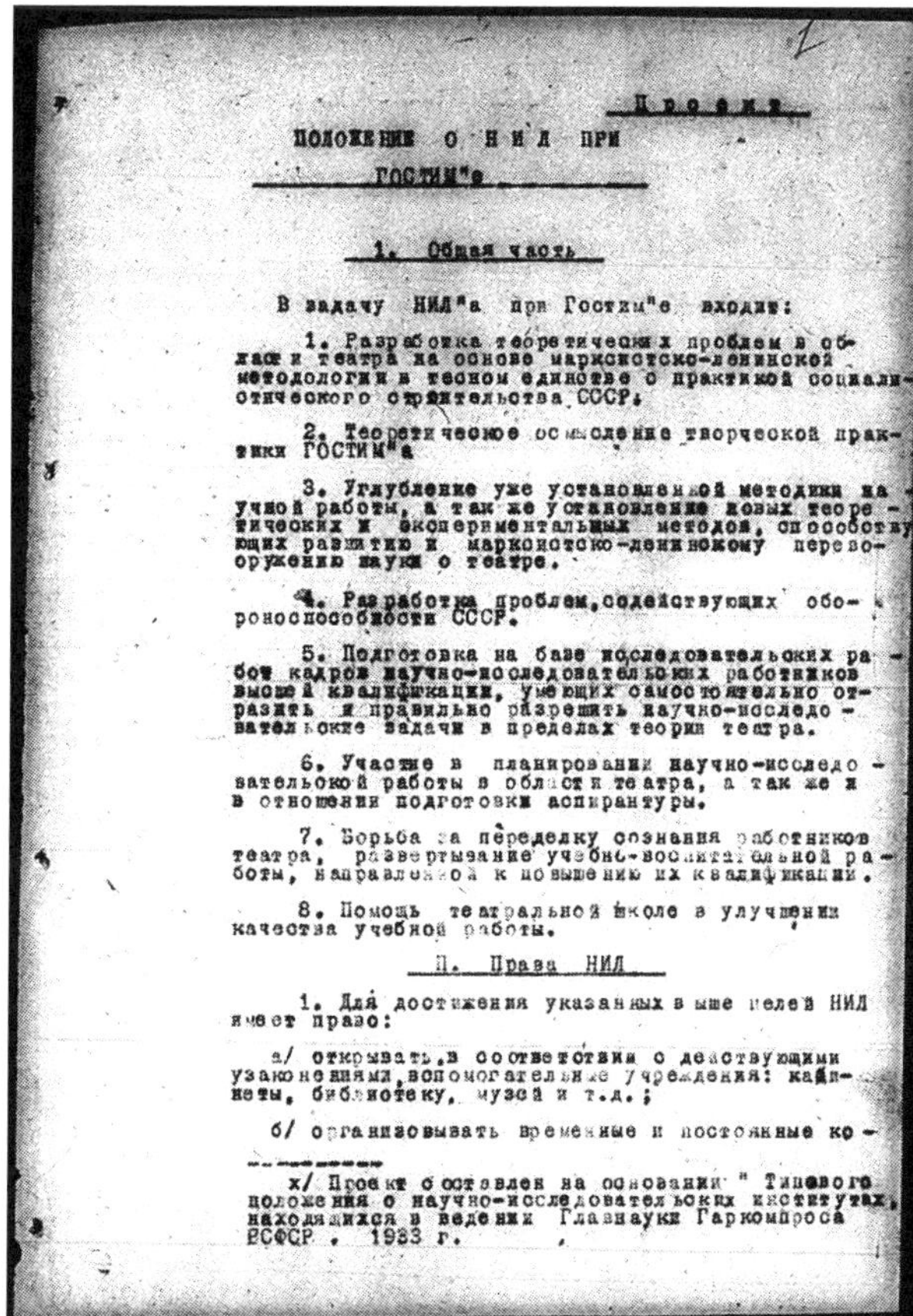

Проект

ПОЛОЖЕНИЕ О Н И Л ПРИ ГОСТИМ"е

1. Общая часть

В задачу НИЛ"а при Гостим"е входит:

1. Разработка теоретических проблем в области театра на основе марксистско-ленинской методологии в тесном единстве с практикой социалистического строительства СССР.

2. Теоретическое осмысление творческой практики ГОСТИМ"а

3. Углубление уже установленной методики научной работы, а так же установление новых теоретических и экспериментальных методов, способствующих развитию и марксистско-ленинскому перевооружению науки о театре.

4. Разработка проблем, содействующих обороноспособности СССР.

5. Подготовка на базе исследовательских работ кадров научно-исследовательских работников высшей квалификации, умеющих самостоятельно отразить и правильно разрешить научно-исследовательские задачи в пределах теории театра.

6. Участие в планировании научно-исследовательской работы в области театра, а так же и в отношении подготовки аспирантуры.

7. Борьба за переделку сознания работников театра, развертывание учебно-воспитательной работы, направленной к повышению их квалификации.

8. Помощь театральной школе в улучшении качества учебной работы.

П. Права НИЛ

1. Для достижения указанных выше целей НИЛ имеет право:

а/ открывать, в соответствии с действующими узаконениями, вспомогательные учреждения: кабинеты, библиотеку, музей и т.д.;

б/ организовывать временные и постоянные ко-

x/ Проект составлен на основании " Типового положения о научно-исследовательских институтах, находящихся в ведении Главнауки Наркомпроса РСФСР . 1933 г.

図２　国立メイエルホリド劇場付属演劇研究工房規定

1、一般規定

メイエルホリド劇場研究工房の課題は次の通り：

1、ソ連邦の社会主義確立と密接な関係にあるマルクス―レーニン理論に基づいた演劇領域における理論的問題の研究

2、メイエルホリド劇場における創造実践の理論的認識

3、これまでに確立された科学的手法の追究、および演劇学の発展とマルクス―レーニン主義的刷新を促進する理論的で実験的な新たな手法の確立

4、ソ連邦の防衛力を促進する問題の立案

5、研究活動に基づく高等研究員の育成。演劇理論における研究課題を自立的に反映し、正しく解決することができる人材の育成

6、演劇分野、および大学院制度の予備教育に関する研究活動計画への参加

7、演劇人の意識改革、彼らの技能向上を目指した研究活動の展開

8、演劇学校の良質な教育活動への支援[10]

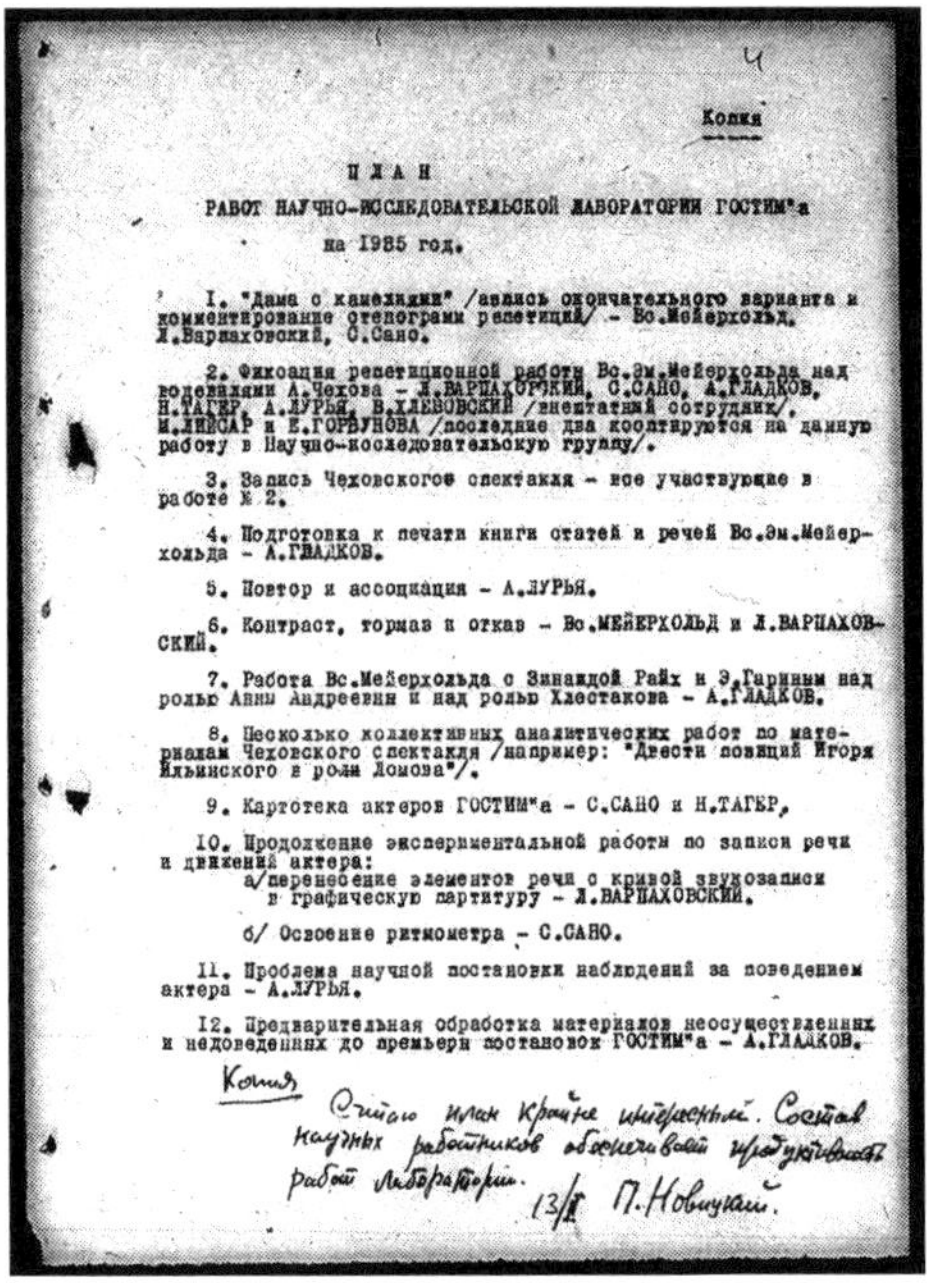
4

Копия

ПЛАН
РАБОТ НАУЧНО-ИССЛЕДОВАТЕЛЬСКОЙ ЛАБОРАТОРИИ ГОСТИМ"а
на 1935 год.

1. "Дама с камелиями" /запись окончательного варианта и комментирование стенограмм репетиций/ - Вс.Мейерхольд, Л.Варпаховский, С.Сано.

2. Фиксация репетиционной работы Вс.Эм.Мейерхольда над водевилями А.Чехова - Л.ВАРПАХОВСКИЙ, С.САНО, А.ГЛАДКОВ, Н.ТАГЕР, А.ЛУРЬЯ, В.ХЛЕБОВСКИЙ /внештатный сотрудник/, М.ЛИЙСАР и Е.ГОРБУНОВА /последние два кооптируются на данную работу в Научно-исследовательскую группу/.

3. Запись Чеховского спектакля - все участвующие в работе № 2.

4. Подготовка к печати книги статей и речей Вс.Эм.Мейерхольда - А.ГЛАДКОВ.

5. Повтор и ассоциация - А.ЛУРЬЯ.

6. Контраст, тормаз и отказ - Вс.МЕЙЕРХОЛЬД и Л.ВАРПАХОВСКИЙ.

7. Работа Вс.Мейерхольда с Зинаидой Райх и Э.Гариным над ролью Анны Андреевны и над ролью Хлестакова - А.ГЛАДКОВ.

8. Несколько коллективных аналитических работ по материалам Чеховского спектакля /например: "Двести позиций Игоря Ильинского в роли Ломова"/.

9. Картотека актеров ГОСТИМ"а - С.САНО и Н.ТАГЕР.

10. Продолжение экспериментальной работы по записи речи и движений актера:
а/перенесение элементов речи с кривой звукозаписи в графическую партитуру - Л.ВАРПАХОВСКИЙ.
б/ Освоение ритмометра - С.САНО.

11. Проблема научной постановки наблюдений за поведением актера - А.ЛУРЬЯ.

12. Предварительная обработка материалов неосуществленных и недоведенных до премьеры постановок ГОСТИМ"а - А.ГЛАДКОВ.

Копия
Считаю план крайне интересным. Состав научных работников обеспечивает продуктивность работ Лаборатории.
13/II П.Новицкий.

図3　メイエルホリド研究工房 1935 年作業計画[11]

1、『椿姫』／最終演出案の記録と稽古速記録の註釈／担当メイエルホリド、L・ヴァルパホフスキー、S・佐野
2、チェーホフのヴォードヴィルにおけるメイエルホリド稽古作業の体系化／担当ヴァルパホフスキー、佐野、A・グラトコフ、N・タゲル、A・ルリヤ、V・フレヴォフスキー／嘱託研究員／M・リーサル、E・ゴルヴノヴァ／この 2 名は所定の作業グループに追加
3、チェーホフ芝居の記録／担当 2 の作業の参加者全員
4、メイエルホリドの論文および発言に関する書籍刊行の準備／グラトコフ
5、反復と連想／ルリヤ
6、対比、停止、拒否／メイエルホリド、グラトコフ
7、アンナ・アンドレエヴナおよびフレスタコフの役を演じるジナイーダ・ライフおよびガーリンとメイエルホリドの作業／グラトコフ
8、チェーホフ芝居に関して、資料に基づいた集団分析の作業／例えば、「ローモフを演じるイーゴリ・イリインスキーの 200 の解釈」
9、国立メイエルホリド劇場俳優のカード目録／佐野、タゲル
10、俳優の発話と動作に関する実験的作業の継続
　a. 曲線の音声記録を付した発話要素の図式的なスコアへの移し替え／ヴァルパホフスキー
　b. リズム測定の開発／佐野
11、俳優動作の観察に関する科学的評価の問題／ルリヤ
12、国立メイエルホリド劇場上演初日までに用意できなかった物品の事前整理／グラトコフ

ド目録作成、俳優の発話と動作に関する実験に関するリズム測定の開発だった。

当時の演出作品であった『椿姫』と『三三の失神』の作業が多くを占めるものの、メイエルホリドの演劇論をまとめる予定として、グラトコフにその作業がまかされ、また稽古作業の体系化が課題とされるなど、メイエルホリドが自身の活動を体系的にまとめようとしている姿が読み取れる。

こうした工房で佐野碩自身はどのような活動をしていたのか。芸術学者のI・ウヴァロヴァは研究工房にいたL・ルドネヴァに行ったインタビューのなかで、佐野碩について、次のように記している。「佐野碩はコミンテルンの日本人コミュニストで、国立メイエルホリド劇場付属研究工房で働いていた。メイエルホリドとともに彼はミザンセーヌ体系化の方法を考察していた。佐野碩は、メイエルホリドがスコアと呼ぶ演出ノートの写しを持っていた。佐野碩はテクストに各ミザンセーヌの数字を書き込み、場面ごとの俳優の動きのプランを作り上げていった。メイエルホリドは佐野碩を歌舞伎の専門家であると考えていたとルドネヴァは語った。佐野碩は、メイエルホリドの元で日本の古典演劇の秘密を研究していると、三〇年後にメキシコから書き記した」[12]。佐野碩がメキシコから書いたというのは、一九六七年に出版されたメイエルホリドの同時代人たちの回想録を纏めた書籍『メイエルホリドとの出会い』[13]に関する編集者からの執筆依頼に対して、一九六〇年に佐野が返信したものだ。次のように記されている。

一九六〇年七月七日

リュボフィ・ダヴィドヴナ様

先日、六月二十四日付の丁寧なお手紙拝受しました。残念なことに、私がL・V・ヴァルパホフスキー氏に手紙を書いてからすでに六カ月が経過し、私がメイエルホリドのもとで日本の古典演劇の秘密をいかに学んだか、という重要なテーマについて、確かな論文を記すには現在のところ時間があまりに足りないのです。それでも、そうした論文を、メイエルホリドに関する論集ではないにせよ、なんらかの雑誌に掲載できることを期待して、どうにか書き記そうと考えています。

敬具

佐野碩[14]

メイエルホリドのもとで学んだ日本演劇の秘密とは何をさすのか。これについては、ロシア国立文学芸術文書館に佐野碩の個人課題の記録が残っている（図4、5）。ここから、メイエルホリドの日本演劇への関心は演劇空間の構造に対してであり、物語に対してではなかったことがはっきりと分かる。佐野は、戯曲のテクストを単なる素材として扱うメイエルホリドのもとで、演劇を空間的に構成するメソッドを執拗に叩き込まれたのであろう。それは、メイエルホリドが日本演劇から学んだものだった。

佐野の他、工房の同僚の個人課題にも興味深いものがある。たとえば、上述のグラトコフの主な個人課題には、メイエルホリドの言葉の記録とその出版があった[15]。これは、後に『メイエルホリドとの五年間』という内容で書籍化され一九九〇年に出版されている[16]。グラトコフは、この本のなかでメイエルホリドが研究工房で自分の側にいて仕事をするように依頼してきたことを回想している。一九三五年の夏にクリミアで保養していたメイエルホリドから手紙を受け取り、そこには、「次のことを君にお願いする。メイエルホリド劇場の研究工房で働き、僕の側にいてくれ。ヴァルパホフスキーとも佐野とも、なぜだか仕事で君とのように親しく接することができないんだ[17]」と記されていた。こうした発言は、メイエルホリドの佐野碩との距離感をうかがわせる一方で、メイエルホリドが研究工房で中心人物だったグラトコフやヴァルパホフスキーと同列に佐野碩を認めていたことを証明し

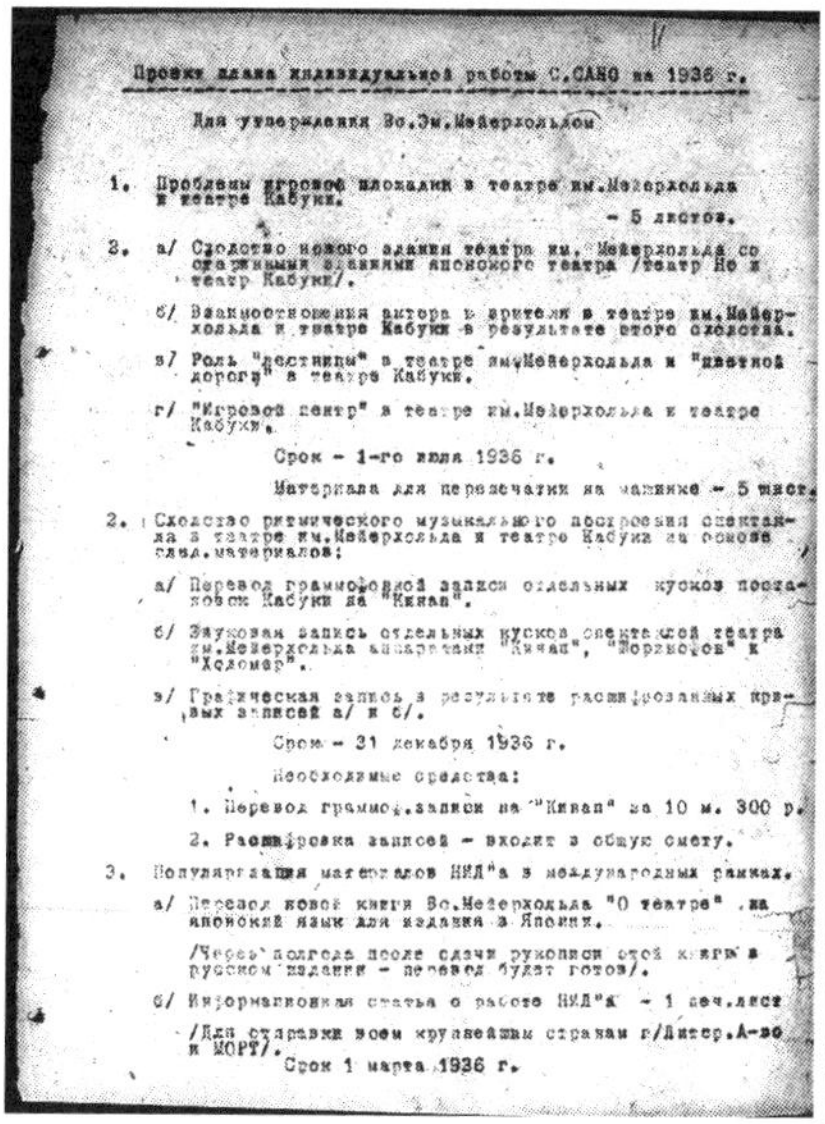
Проект плана индивидуальной работы С.САНО на 1936 г.

Для утверждения Вс.Эм.Мейерхольдом

1. Проблемы игровой площадки в театре им.Мейерхольда и театре Кабуки.
- 5 листов.

1. а/ Сходство нового здания театра им. Мейерхольда со старинными зданиями японского театра /театр Но и театр Кабуки/.

б/ Взаимоотношения актора и зрителя в театре им.Мейерхольда и театре Кабуки в результате этого сходства.

в/ Роль "лестницы" в театре им.Мейерхольда и "цветной дороги" в театре Кабуки.

г/ "Игровой центр" в театре им.Мейерхольда и театре Кабуки.

Срок - 1-го июля 1936 г.

Материала для перепечатки на машинке - 5 лист.

2. Сходство ритмического музыкального построения спектакля в театре им.Мейерхольда и театре Кабуки на основе след.материалов:

а/ Перевод граммофонной записи отдельных кусков постановок Кабуки на "Кинап".

б/ Звуковая запись отдельных кусков спектаклей театра им.Мейерхольда аппаратами "Кинап", "Шоринофон" и "Хелолмер".

в/ Графическая запись в результате расшифрованных кривых записей а/ и б/.

Срок - 31 декабря 1936 г.

Необходимые средства:

1. Перевод граммоф.записи на "Кинап" за 10 м. 300 р.

2. Расшифровка записей - входит в общую смету.

3. Популяризация материалов НИЛ"а в международных рамках.

а/ Перевод новой книги Вс.Мейерхольда "О театре" на японский язык для издания в Японии.

/Через полгода после сдачи рукописи этой книги в русском издании - перевод будет готов/.

б/ Информационная статья о работе НИЛ"а - 1 печ.лист

/Для отправки всем крупнейшим странам г/Интер.А-во и МОРТ/.

Срок 1 марта 1936 г.

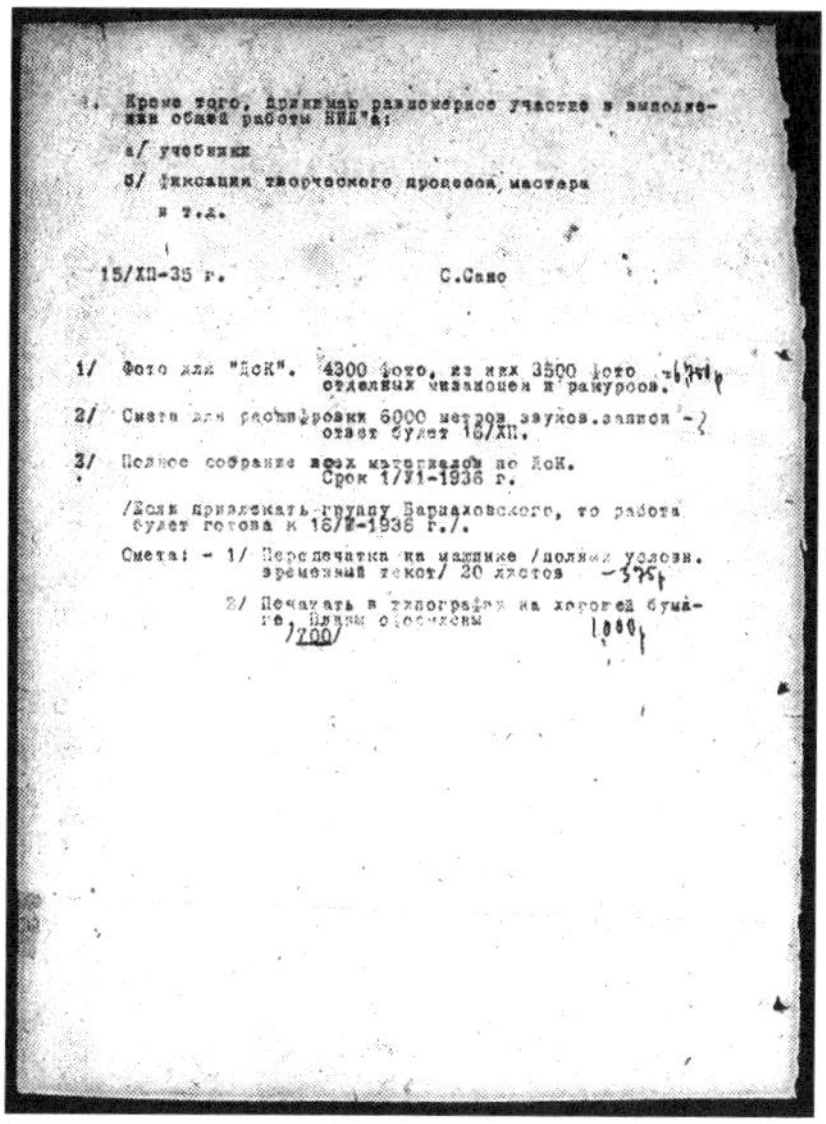
4. Кроме того, принимаю равномерное участие в выполнении общей работы НИЛ"а:

а/ учебники

б/ фиксации творческого процесса мастера

и т.д.

15/XII-35 г. С.Сано

1/ Фото для "ДоК". 4300 фото, из них 3500 фото отдельных мизансцен и ракурсов.

2/ Смета для расшифровки 6000 метров звуков.записи - ответ будет 16/XII.

3/ Полное собрание всех материалов по ДоК.
Срок 1/VI-1936 г.

/Если привлекать группу Варнаховского, то работа будет готова к 15/V-1936 г./.

Смета: - 1/ Перепечатка на машинке /полный условн. временный текст/ 20 листов -375 р

2/ Печатать в типографии на хорошей бумаге, планы отдельно 1000 р
/700/

図 4、5　1936 年佐野碩個人作業計画書

1、メイエルホリド劇場と歌舞伎における舞台の問題

a/ メイエルホリド新劇場と日本演劇（能と歌舞伎）の旧劇場との類似

b/ メイエルホリド劇場と歌舞伎における俳優と観客の相互関係

c/ メイエルホリド劇場における「階段」の役割と歌舞伎における「花道」の役割

d/ メイエルホリド劇場と歌舞伎における「演技の中心」

期間—1936 年 7 月 1 日まで

枚数—5 枚

2、次の条件に基づき、メイエルホリド劇場と歌舞伎における芝居の律音的音楽構成の類似点の考察。

a/ 歌舞伎の個々の場面における蓄音機による録音とキナップへの移行

b/ 装置、キナップ（キノアパラート）、ショリノフォン[18]と歩数記録計によるメイエルホリド劇場の芝居における個々の音の録音。

c/ 解読した曲線を用いた図式記録

期間—1936 年 12 月 31 日まで

3、研究工房の資料の国際的な普及

a/ メイエルホリドの新しい書籍『演劇論』を日本で出版するための翻訳作業　(半年後、ロシア語での出版の原稿があがり次第、とりかかる)

b/ 研究工房の作業に関しての情報公開の論文 1 枚

期間—1936 年 3 月 1 日まで

これ以外に、研究工房の一般業務に適宜参加する

a/ 教科書

b/ 演出家の創造プロセスの体系化

など

1935 年 12 月 15 日[19]

ている。また、書籍には収録されていないグラトコフの日記には、一九三七年五月二十二日にメイエルホリドから次のように打診されたと記されている。「メイエルホリドとの話は長かった。私への研究工房再編の提案から話は始まった。フェイゲリマンとタゲルをクビにし、私と佐野碩は劇場に残るということだ。私は学芸部に、佐野碩は助手に[20]」。

また、佐野碩は個人課題の他に、工房の計画案に記されているように、主に『椿姫』、『三三の失神』の演出に関わり、ルドネヴァがスコアと呼んだ演出ノートにメモを書き込んでいた。この演出ノートは小冊子のようなもので、舞台の平面図が描かれた紙が束になっているものだった。そこに佐野碩はメイエルホリドの指示を聞きながら、稽古中、あるいは上演中、個人的に俳優の動きや台詞のきっかけなど、細かくメモを書き込んだ。ルドネヴァは次のように記している。

芝居の始まる前に私たちは火事のときのような梯子をよじ上って、客席の後ろの、ベリエタージュ〔二階席とバルコニー席の間の高さにある席〕の高さにある桟敷席のようなところに入った。エラスト・ガーリンがからかいながら、私に訊いてきた。「むくどりさんたち住み心地はどうだい?」でも、そこが私たちの仕事場だったのだ。何時間も私たちは不格好な形をした机に向かい、芝居の生活、ガーリンの演技、観客の反応を自分たちなりに描写するための方法を見いだそうと努力していた[21]。

メイエルホリドからの依頼ではあったが、佐野は個人的なものとしてスコアを扱い、時にはロシア語、ときには日本語で演出家の指示を書き込んでいた（図6〜8）。その中で佐野はメイエルホリドについての次の様なメモを残している。「舞台をまとめるのに力点力点で部分的に一つずつまとめる。彼の演出には偶然的なものが一つ

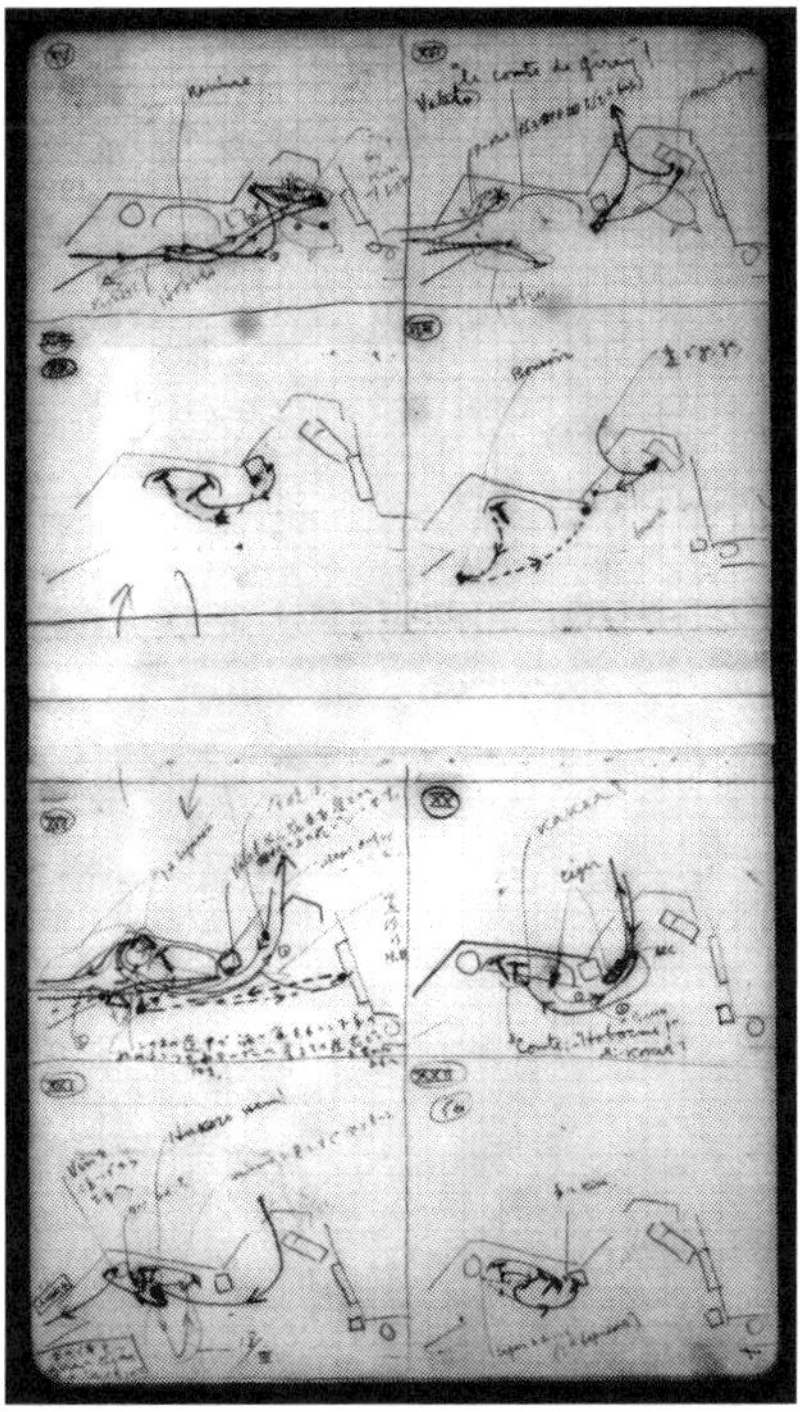

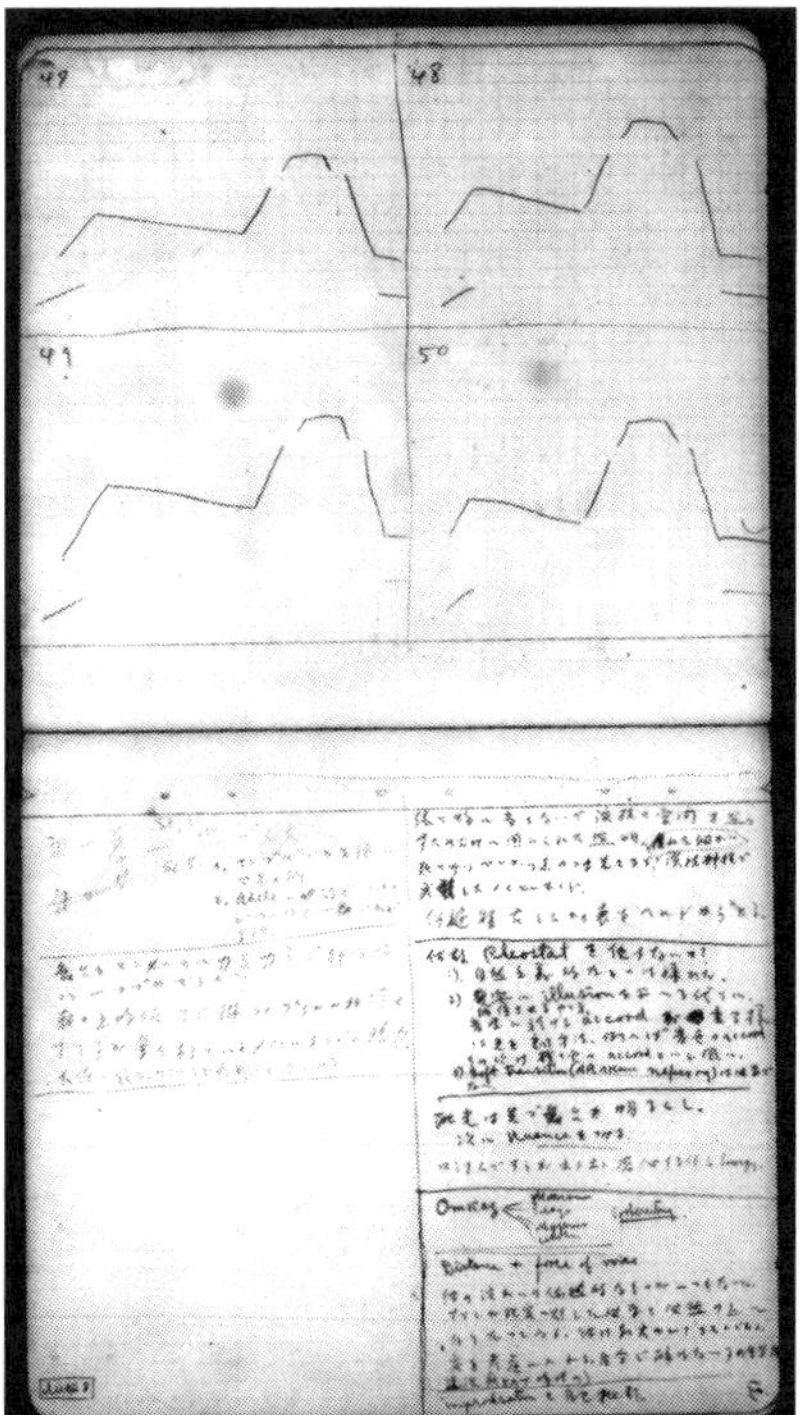

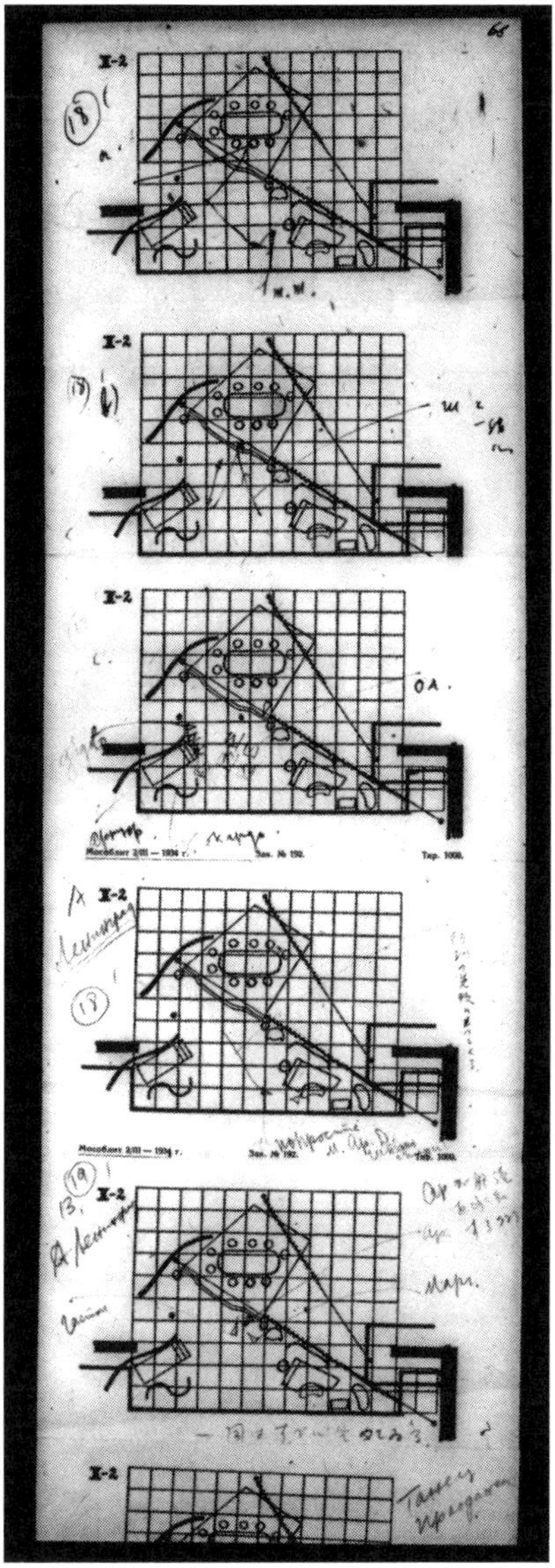

図6〜8　佐野碩個人メモ[22]

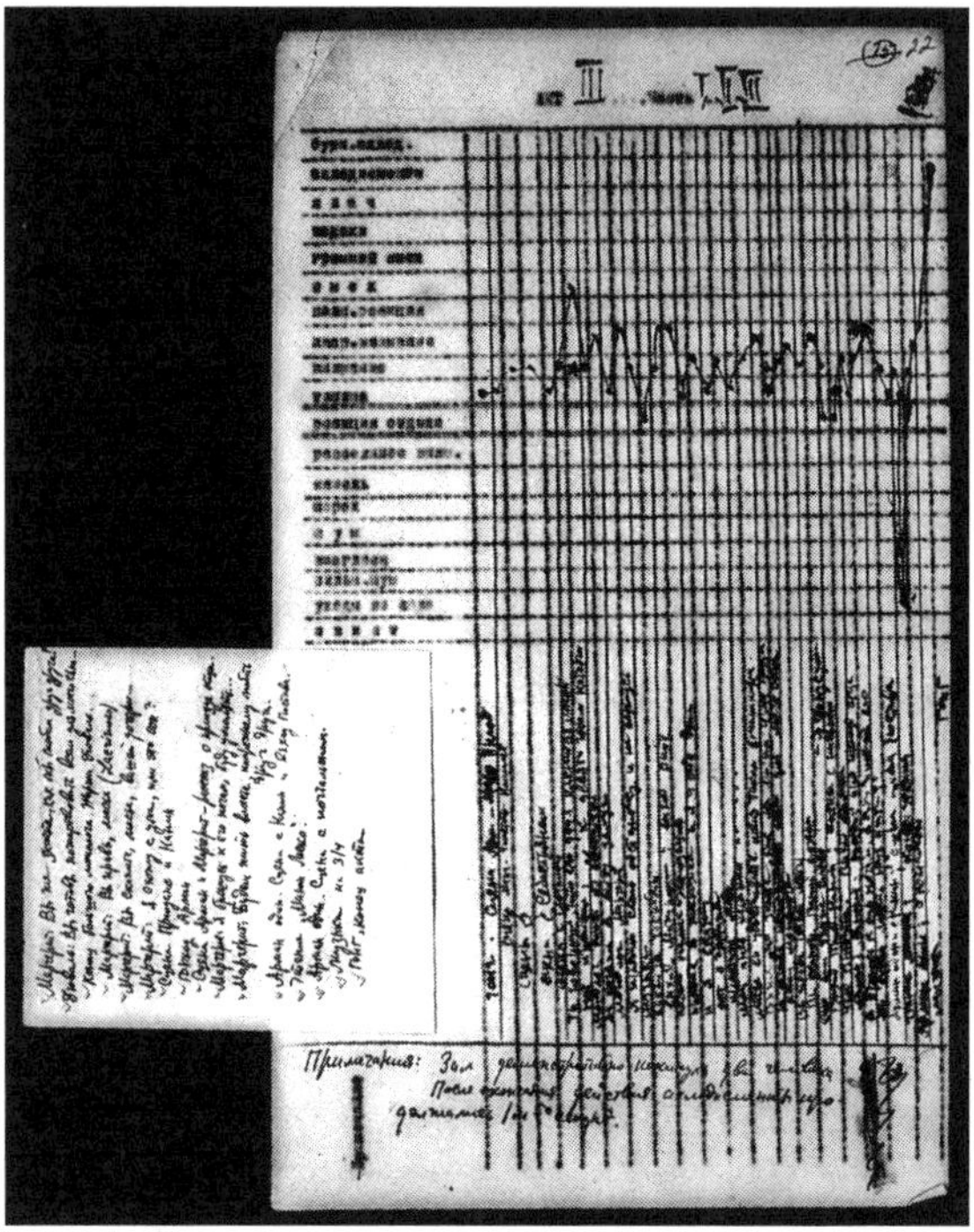

図9　客席の反応調査[24]

もない。すべてが現実に即した必要と必然の上になりたっている。彼は希代のリアリストである」[21]。ここに挙げられている、「力点力点で部分的に一つずつまとめる」という佐野が記したメモは、メイエルホリドの演出における音楽的構成という特徴をよく表している。それは、総合的な物語を形成するのではなく、部分の集合として芝居を形成するもので、小節ごと、パートごとに作り上げ、それを組み合わせることで一つの音楽を完成させる手法である。一九二〇年代からメイエルホリドがしばしば試みた、戯曲のエピソード化（一つの戯曲をいくつもの短いエピソードに分割して上演する手法）もこうした音楽的構成の一部と看做すことができる。例えば、時間を考えたときに、そこには物語《テクスト》が導く時間の流れとは別に、部分部分で音楽的に構成される時間の流れや、あるいは俳優の位置する空間の発展の仕方に沿った時間の流れが存在する。つまり、場面ごとの空間構成を考え、それは観客の位置する客席とつながる空間であり、その同一空間の中で時間が形成されていくことを晩年のメイエルホリドは意識的に試みていたのだと言える。

この問題に関しては、グラトコフやルドネヴァも記していた客席の反応調査という佐野碩の課題も注目に値する。これは観客の反応を時間ごとに記録し、どの場面でどのような反応が得られたかを時系列で図式化する作業である（図9）。例えば第三幕を対象に調査したものを見てみたい。上段に観客の反応の項目を記し、下段に反応のきっかけを記し、両者を合わせてチャート化している。観客の反応の項目は、「つぶやき、拍手、俳優と同時に台詞を読む、口笛、退出、舞台に者を投げる、ため息、笑い、泣く、静寂、せき、足摺、トントンと叩く音、喚声、騒音、激しい騒音」などがある。この図を見てみると、第三幕の最後の直前に出て行く人がいる一方で、その直後のきっかけでは客席は舞台を注視し、じっと見つめ、そして最後に拍手が起こったことが分かる。実は、こうした観客調査の試みは、二〇年代からメイエルホリドの関心にあったものだった。ごく初期は、一九二〇年『曙』や一九二四年『森林』のときにアンケートの形式で、その後一九二五年から一九二六年にかけてのシーズンで佐野碩がおこなったようなチャート式の客席反応調査に移行している。

これらの客席反応調査は実験的意味合いが強く、明確な結果を残したわけではない。しかし、一連の反応調査を行った背景には、メイエルホリドの演劇に対する思想が深く影響していた。演劇では観客もまた参加者、あるいは創作者であるという考えだ[25]。観客は芝居を見るために席に座りながら、笑い、嘆息し、話、拍手をし、叫ぶ。この笑いや喚声、拍手は芝居の構成に加わる。それはあたかも必要な音響効果のように、複雑なリズムで、舞台上で生じていること、つまり発話やミザンセーヌ、音、照明、音楽と一体化する。演出家のスコアは、客席のスコアなしにはあり得ないという考えとも言える。観客反応のチャートは、上演における特定の時間における個別の反応を知ることが可能であり、それらの反応は、該当する個々の場面と合わせて考察することが可能である。観客の反応は、それ自体が、一つのパートの楽譜であり、全体の総譜《スコア》に組み込むことが可能である。言い換えれば、観客の調査の目的は、その反応を調べることで、その後の芝居で観客をより良く反応させよう、あるいは所与の反応をもたらそう、ということ以上に、観客の反応を演出の素材として認める、そのために調査されていたと考えられる。

ときに、こうした観客調査は、観客の組織化＝目指すべき理想的な反応、というコンテクストに回収されがちであるが、上述のようなスコアや演出の素材として客席の反応を捉えていたという点では、「思想的伝達」の目的は薄い。基本的に、こうした観客調査は、個々の観客によって見せる反応は違うということで、積極的には評価されなかった。しかし、これはメイエルホリドの考えを逆説的に裏付けているのである。佐野が在籍していた三〇年代、先ほどあげたグラトコフはメイエルホリドの言葉を次のようにメモしている。


もし全ての人があなたの作品を称賛したら、その作品がくだらないものだということはほぼ間違いない。もし全ての人が非難したら、ことによるとその作品には何かがある。だがもしある人は称賛し、またある人は非難したとしたら、あなたが観客を真っ二つに割ることができたら、確実にそれはいい作品だといえる。[26]

こうした観客を含めて演劇と考える思想は、特にメイエルホリドに顕著なものだった。客席の反応調査も演出の枠組みが客席まで拡張していることを示している。このような意識が、同時に空間としての彼の演出、そして研究工房の作業にも反映されていた。

佐野碩とともによく仕事をしていたヴァルパホフスキーは、メイエルホリドの空間構成、対角線の構造について論文を残している。[27] 佐野碩の稽古場でのメモを再度確認すると、ここでは舞台右上にはなにも書かれておらず、仕切りが斜めに置かれていることを示している。これはメイエルホリドがある目的をもって採用した演出だった。彼の演出上の意図は、すべてが対角線の構成に従属し、常設のカーペットも同様の方向に置かれ、調度品も同様に設置され、さらに最も重要なのは、ミザンセーヌの構造や俳優の動作もそれに従う、というところにあった。

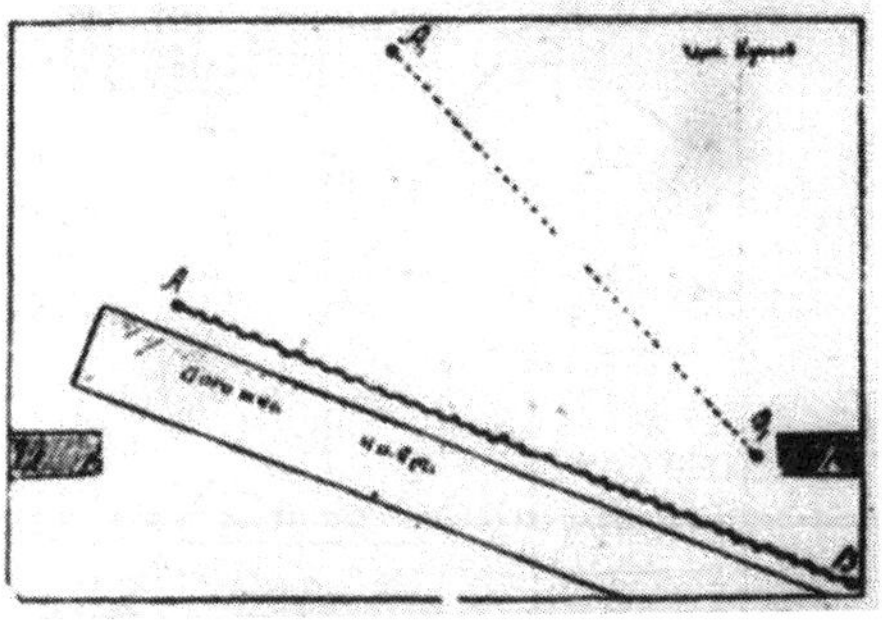

図 10　ヴァルパホフスキーの論文より。『椿姫』マルグリット邸の場面の図解。対角線の配置。

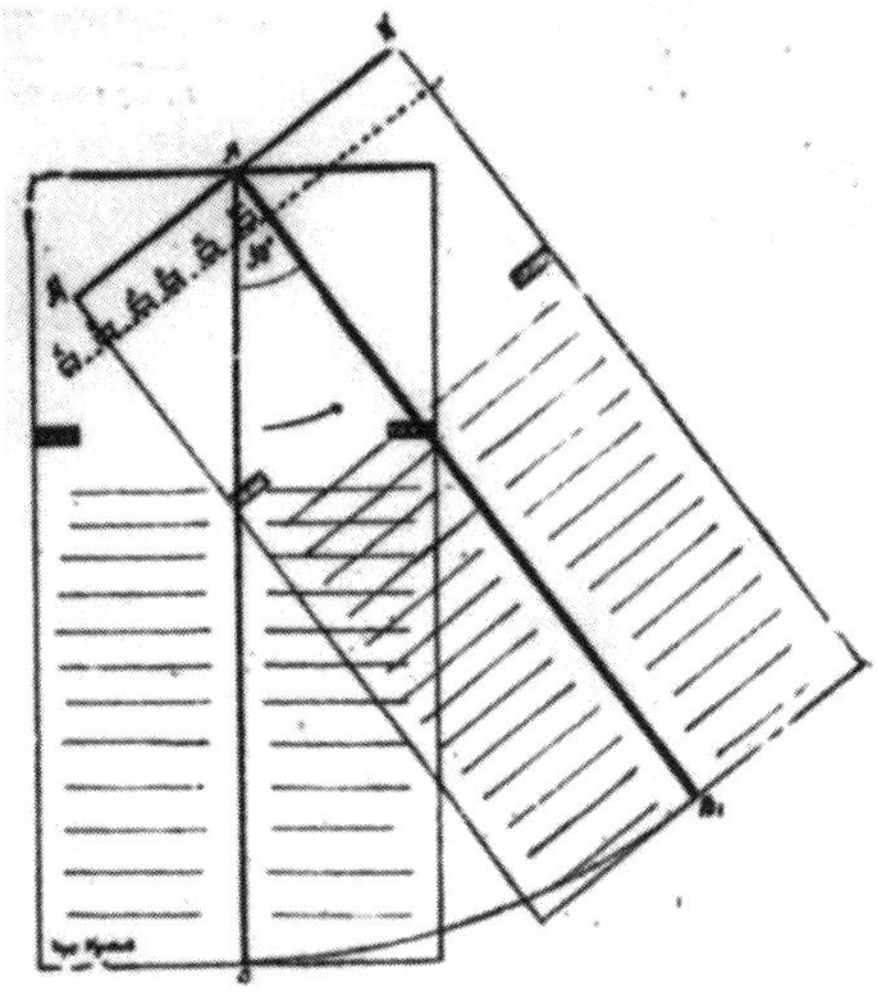

図 11　ヴァルパホフスキーの論文より。舞台を横にずらす行為。

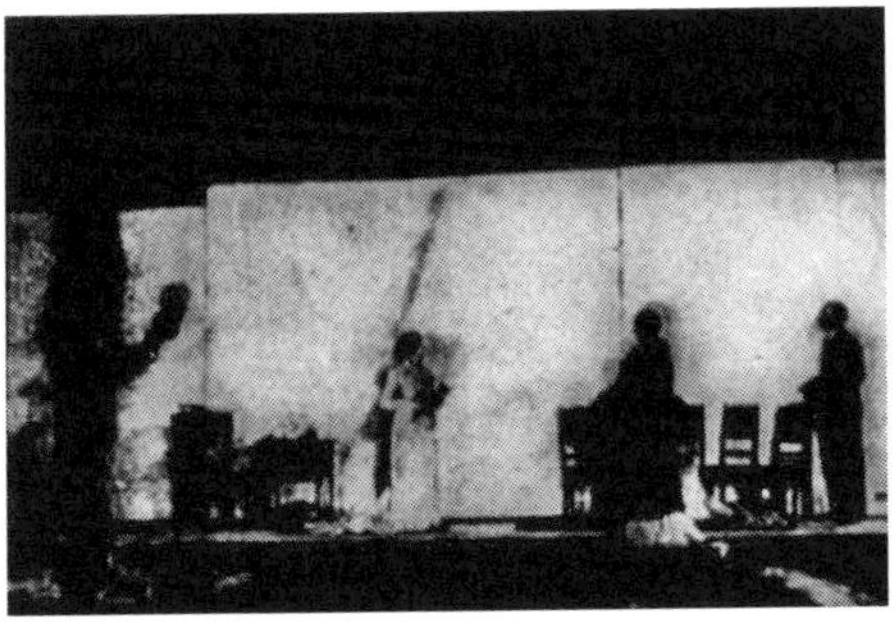

図 12　一対一の構造（左）と対角線の構造（右）

こうした対角線構造の利点をヴァルパホフスキーは次のように記している。「一、二人の人物の役割が異なっている対話における最も優れた配置。二、空間のコンポジションの最大限の拡張の可能性（対角線は、舞台上の最も長いライン）。三、最も透過性のある見え方、とりわけ登場人物が三人、四人、五人、六人、それ以上の場合の複雑なコンポジションや状態において。四、対角線的空間構成の三次元性」。

メイエルホリドの演出は、その活動を通してプロセニアム・アーチを備えた劇場構造との格闘だったと言っても過言ではない。スタニスラフスキーは舞台と客席の間に四つ目の壁があるように、舞台上を閉じられた世界として構築しようとした。観客はその生活を覗き見るように、客席に座る。ここに、舞台と客席の一対一の対の構造が見える。しかし、メイエルホリドは、そうした対の構造を嫌っていた。ヴァルパホフスキーの挙げた対角線構造の利点のうち、四つ目の「三次元性」に関して言えば、対面式の舞台はどうしても平面的に成らざるを得ない。しかし、舞台を斜めに使った対角線の構造は、登場人物同士の関係性を立体的に捉えることが可能になる。

例えば、それまでもメイエルホリドはリハーサルのとき、客席の最前列の端に座って確認することを好んでいた。これは、客席からの単一的な見方を嫌うという考えがある一方で、ここに見るような立体的に舞台を確認するという意味もあったと言える。ヴァルパホフスキーはこの対角線の構造は、舞台を横にずらす行為だと言う（図10〜12）。そこでは、想像上の舞台と想像上の客席が設定されるが、この構造で観客は舞台袖から見るように、舞台と関係を持つ、と述べている。図で見てみると、これは、まさにメイエルホリドの客席一番前列の端の席からの角度と同じ意味合いを持っていたことが分かる。

一九二〇年代後半に、メイエルホリドはセルゲイ・トレチヤコフの『子どもが欲しい』を上演しようと計画を立てている。舞台美術は美術家のエリ・リシツキーが担当し、その構造は、客席の真ん中に立体的な舞台を設置し、観客はそれを取り囲むように見るというものだった。こうした舞台美術は、当時のプロセニアム型の劇場構造にはそぐわず、計画は当時進行中だった新劇場の完成まで延期された。土方与志の回想録にも出てくるが、この新劇場の建設は、すでに佐野や土方がロシアに着いた頃には着工されており、完成を待っていた。劇場案は、プロセニアム型で実現しなかったメイエルホリドの試みが凝縮されたもので、対面式に限定されない、様々な角度からの観劇が可能になる計画、対面式の劇場の平面性を排し、観客が奥行きを自分たちと同じ空間のなかで感じることができるものだった。一九三〇年代、なかなか劇場そのものを変革することができない状態で、それでも客席が舞台を囲みながら奥行きある空間に位置するように思わせる一つの解決方法が対角線の構造だったのである。こうした空間への意識、とりわけ立体的な見せ方というものは、おそらく佐野のメキシコ時代へとひきつがれていったはずである。

佐野碩はメイエルホリド劇場に付属していた研究工房でメイエルホリドの演出そのものを間近で見るとともに、それまでのメイエルホリドによる実践の体系化作業に深く関わっていた。スターリンの粛清が吹き荒れる中、佐野碩は一九三七年にモスクワを離れざるを得なかったが、メイエルホリド劇場での経験が、その後どのように佐野の実践の中で形となっていったか、さらなる研究がまたれる。

注

（1）第二回モルト拡大評議員総会において、組織名称が国際革命演劇同盟（IRTB・ロシア語略称モルト）へと変更された。この第二回モルト拡大評議員総会に関して、一九三三年の『国際演劇』第三号に第二回モルト評議員総会の参加者のリストがある。参加者の国々は、ドイツ、オーストリア、フランス、ベルギー、オランダ、スペイン、アメリカ、日本、モンゴル、ポーランド、バルト海沿岸諸国、ソ連。選出された幹部には、S・ジナーモフ、フェリックス・コン、Ya・ボヤルスキー、Vs・メイエルホリド、H・ディアメント、S・ポドリスキー、B・ロマショフ（ソ連）、アルトゥール・ピーク（ドイツ）、シェイフェル（アメリカ）、フェルナンデス・アルメスト（スペイン）らに並んで佐野碩の名前が挙げられている。この総会報告号では、各国の代表者が自国のプロレタリア演劇の出版関係の状況を報告しており、佐野は、プロットの月刊誌である『プロレタリア演劇』の刊行状況を部数二三〇〇部、毎号一二〇ページほどと報告。またその基本方針として、大衆組織にむけプロット発展の組織的問題、ブルジョア演劇の批評、国際革命演劇オリンピアードの問題とその思想の普及、反戦プロパガンダなどを挙げた（その他に国内および国際規模の革命闘争への呼びかけ、および闘争結果の評価、モルト評議員の方針の普及、抑圧弾圧との闘争、反戦プロパガンダ、労農階級の問題の分析など）。こうした月刊誌の他に、『演劇新聞』と題した大衆新聞を発行していることも報告し（「その発行部数は八千から一万部で二週間に一度発行している」）、その目的として、日本の工場や田舎で働いている人々の演劇サークル活動の最適なる組織化と強化を促進することと報告している（*С. Сано.* « Пресса революционного театра – обзор периодики секций МОРТ » // Интернациональный театр No. 3. M., 1933)。

この他にも佐野碩は『国際演劇』誌上で精力的に日本の戯曲を含む演劇動向を紹介している。佐野の書いた各記事のタイトルは、「海と国境を超えて——日本の演劇動向とソヴィエト演劇」、「現代日本の演劇」、「日本の革命的職業演劇と自立演劇の協同について」。

（2）例えば、*С. Сано.* « О сотрудничестве революционных профессиональных и самодеятельных театров Японии » // Интернациональный театр. No. 4. M., 1933. C. 13-21.

また、十一月四日発行の『ソヴィエト芸術』第五〇、五一号紙上の「資本主義の破滅、勃興するプロレタリア文化」という記事の中で、佐野は次のように報告している。「十月革命は世界史の新たな一章を、世界プロレタリア革命の章を開いた。一五年間二つの世界が併存している。新しい世界と古い世界、発展する社会主義の世界と滅び行く資本主義の世界だ。ソヴィエト政府は、飢餓、破壊、内戦や帝国主義干渉を突き進む勇敢な道を通り、大きな困難を克服し、毅然と勝利へ邁進し、国内の経済的・政治的な力を日々強め、文化革命の前線におけるさらなる成功を勝ち取り、全世界の労働者大衆の革命前線との結びつきをより強固なものにしている。／ソ連との戦争の足がかりにしようと満洲を占有する国から来て、社会主義の局面に相対した我々がどれほどの強い感銘を受けたか、言葉にできない。私は三五〇万の失業者が飢える日本から来た。日本の北部では多くの若者が軍隊に徴兵されている。人々は飢えから木の皮を食べている。

／国内では革命争議が高まっており、ストライキの回数も増大している。プロレタリアートの思想は、農民大衆に急速に普及している。／革命の波は強まり、プロット――モルト日本支局――率いるプロレタリア演劇の運動は日増しに強まっている。／二〇を超える革命的職業劇場、三〇を超えるアマチュア労農劇場、二五〇を超える演劇サークルが、数にして三五〇〇以上の人々がプロットの影響下にあり、積極的に国際演劇オリンピアード参加への準備に携わっている。このキャンペーンのスローガンは以下の通り。『帝国主義戦争を打倒せよ！』『ソヴィエト邦を守れ！』キャンペーンは継続している」（С. *Сано*. « Культура капитализма гибнет, крепнет Культура пролетариата » //Советское искусство No. 50-51, 4 ноября. M., 1932）。

総会直後の十一月十五日付の同紙上では、総会での各国の報告の内容が報じられた。総会では、書記長のH・ディアメントの「国際革命演劇運動の成果と展望」という報告の後、佐野碩とアメリカ代表のブッフワルドが「アメリカと日本の経験」という副報告を行っている。« Опыт Америки и Японии » // Советское искусство. No. 52. M., 1932 を参照。それぞれの報告は、佐野碩は「職業演劇と自立演劇について」、ブッフワルドは「多民族国家における演劇活動についてアメリカの経験」というタイトルだった。

一九三二年の『ラビス（芸術勤労者）』誌の三三―三四号の合併号では、「演劇　世界の十月革命への貢献――日本革命演劇、モルト総会での報告から」と題した記事が佐野碩の署名入りで掲載された。ここで佐野碩は、「日本のブルジョア演劇はヨーロッパのブルジョア演劇と異なり、自らの階級の進歩思想の表現にはならなかった。というのも日本のブルジョアはヨーロッパのそれと違って、常に旧態の封建社会と密接な関係にあったからだ」と断りを入れた上で、二十世紀初頭における日本演劇の動向を報告している。同時に、新派の登場とその失敗を語り、労働者の中から自立演劇が登場、さらにストライキなどの社会運動と連動して、トランク劇場と左翼劇場が登場したと語っている。またプロットの登場とその影響にある築地小劇場にふれ、プロット関係の劇場の主なレパートリーとして、村山の『全線』、徳永直《すなお》の『太陽のない街』、小林多喜二の『不在地主』、三好十郎の『地熱』などを挙げている。С. *Сано*. « Театр – на службу мировому Октябрю » // Рабис. No. 33-34. M., 1932. を参照。

（3）РГАЛИ, ф. 672. оп. 1. ед. хр. 752.

（4）РГАЛИ, ф. 998, оп. 1, ед. хр. 3610, л. 2.

（5）研究工房は『椿姫』の稽古が始まった一九三三年に設立され、第一回の会合は一九三四年十一月の初頭に開かれた。*Е. Горбунова.* Мейерхольд репетирует « Тридцать три обморока ». М., 2002. С. 225. また研究工房に関しては以下も参照されたい。拙論「メイエルホリド劇場付属科学的研究工房の活動——スコア作成の試み」『演劇学論集』日本演劇学会、二〇一五年十一月。

（6）たとえば、その中には、ヌルダル・グリーグ、ユリウス・フチーク、レオン・ムーシナック、ルイ・アラゴン、サン＝テグジュペリ、マリア・テレサ・レオン、ラファエル・アルベルティ、ゴードン・クレイグ、ブレヒトなどの名前が記録されている。

（7）*Эмилио Карбальидо.* « Актеры, отворите двери своих чувств. （интервью с Сэки） » //Советская Культура. 1963. No. 7. М., 1963.

（8）『ＭＮＺ』（シアタア・ムンヅ、一九二五年十二月一日発行）を参照（本書所収）。

（9）杉本良吉「メイエルホリドの『森林』の持つ意義」『築地小劇場』十月号（第六巻、第九号）築地小劇場、一九二九年、九頁。

（10）РГАЛИ, ф. 963, оп. 1, ед. хр. 1043, л. 1.

（11）РГАЛИ, ф. 963, оп. 1, ед. хр. 1043, л. 5.

（12）*И. Уварова.* Смеется в каждой кукле чародей. （http://uvarova.jimdo.com/главная/смеётся-в-каждой-кукле-чародей/　二〇一五年十月二十六日確認）

（13）*Л. Вендровская.*（ред –сост.）Встречи с Мейерхольдом: Сборник воспоминаний. М., 1967.

（14）РГАЛИ, ф. 998, оп. 1, ед. хр. 3457, л. 2.

（15）РГАЛИ, ф. 998, оп. 1, ед. хр. 1045, л. 1-2. 19-22.

（16）*А. Гладков.* Мейерхольд в 2 т. М., 1990.

（17）*А. Гладков.* Мейерхольд. т. 2. М., 1990. С. 37.

（18）技師ショリノフが発明した、当時のラジオや映画で音を録音するのに使われた装置。

（19）РГАЛИ, ф. 998, оп. 1, ед. хр. 1043, л. 15-16.

（20）РГАЛИ, ф. 2590, оп. 1, ед. хр. 78, л. 84.

（21）*Л. Руднева.* « В лаборатории артиста » // *А. Кржановский.*（сост.）Ученик чародея. Книга об Эрасте Гарине. М., 2004. С. 286-287.

（22）РГАЛИ, ф. 963, оп. 1, ед. хр. 1059, л. 12.
（23）РГАЛИ, ф. 963, оп. 1, ед. хр. 1059, л. 7. 12. 66.
（24）РГАЛИ, ф. 963, оп. 1, ед. хр. 1060, л. 22.
（25）メイエルホリドの有名な次の言葉を思い出したい。「作者、演出家、俳優についで第四の創造者を演劇のなかに招き入れる。それは〈観客〉である」。(*Вс. Мейерхольд*. Статьи, письма, речи, беседы. в 2 ч. М., 1968. Ч. 1. С. 164.)
（26）*А. Гладков*. Мейерхольд. т. 2. С. 342.
（27）*Л. Варпаховский*. « Вс. Мейерхольд работает над « Дамой с камелиями »（о диагональной композиции）» // Театр и драматургия No. 2 1934 года. М., 1934. を参照。

＊図1〜5は、The Russian State Archive of Literature and Arts 提供。

3

佐野碩　メキシコでの闘い

佐野碩　一九三九―一九六六
――メキシコとコロンビアの演劇に残した足跡――

吉川恵美子

佐野碩のメキシコ滞在は一九三九年（三十四歳）から一九六六年（六十一歳）に及ぶ。働き盛りの後半生をメキシコで過ごしたことになる。日本、ロシア、ヨーロッパ、アメリカと、演劇の実践経験を積みながら世界を巡ってきた佐野は、最新の演劇の知識と技術を携えてメキシコにやってきた。その佐野をメキシコ、そして一九五五年に一時期滞在した南米コロンビアはどう迎えたのか。本稿では、ともに演劇創造に関わった人々の証言を交えながらこの間の佐野碩の活動を時系列で追う。

一　「民衆による民衆のための演劇」テアトロ・デ・ラス・アルテス

一九三九年四月に佐野碩はメキシコ東海岸のベラクルス港から入国した(1)。彼は「メキシコ」にどういうイメージを抱いてやってきたのだろう。エイゼンシテインが『メキシコ万歳！』を撮った国、スペイン内戦の亡命者が多く渡った国、シケイロスやリベーラが活躍する国、トロツキーを亡命者として受け入れた国、だろうか。一九二一年には片山潜が当地に渡り、メキシコ共産党の設立に貢献したことももちろん知っていただろう。国際的な共産主義ネットワークの中にいた佐野にとっては〝土地勘〟のある国だったかもしれない。新しい演劇の可能性を秘めた約束の地にも思えたかもしれない。佐野はある程度メキシコの演劇事情についての情報を得ていたと思われる。その地が演劇的には未開であり、世界の演劇動向とは無縁の地であることも承知していただろう。演劇の面では後れを取っていても、革命精神のみなぎる地と認識していたのではないだろうか。だからこそ、第一ステップとして、日本でのプロレタリア演劇の経験をなぞる試みに着手したのだと考えられる。活動をプロレタリア演劇の枠組みに絞るとしても、そこでは、ソ連で学んだスタニスラフスキー・システムやメイエルホリドの身体技法も試せるかもしれない。大きな希望を抱いて佐野がメキシコに到着したであろうことは想像に難くない。しかし、実際のメキシコの文化状況はどうだったのだろう。佐野を受け入れる素地があったのだろうか。この検証から始めよう。

一九一〇年に始まったメキシコ革命は一九一七年の憲法制定により一応の完成をみた。一九一七年にはロシア革命が勃発しているが、メキシコはそれよりも早い時期に社会改革を成立させた国なのだ。メキシコ革命は文化の領域にも大きな影響を与えた。日本でもよく知られているように、一九二〇年代にはメキシコ壁画運動が起こり、シケイロス、リベーラ、オロスコらの画家たちが公共施設の壁面に民族自覚をテーマとした大規模な壁画を描いていった。スペインから独立を果たしてのち一世紀を経て、ようやくメキシコ独自の文化表象を獲得したのだった。メキシコ革命は小説や音楽の分野にも新風を吹き込んだ。例えば、小説家マリアノ・アスレアは『虐げられし人々』（一九一五）で革命の動乱に翻弄される民衆の悲劇を描き出し、「革命小説」の分野を開拓した。音楽では、革命のリアルタイムの出来事を伝える物語歌〈コリード〉が盛んに作られるようになり、民衆文化のひとつのジャンルを形成するに至っている。

演劇の分野でも、新しい時代の機運に合致する作品を生み出そうとする試みはあったが、革命をテーマに取り上げるに留まり、舞台創造の技法は従来の演劇と何ら変わりはしなかった。革命演劇の試みに並行して一九二〇年代の終わりには、知識人がヨーロッパの新しい演劇に着目してコクトー、ピランデルロ、ストリンドベリなどの秀作戯曲を研究し始めた。旧宗主国スペイン以外の戯曲に注目したという意味では画期的な出来事であったが、やはり舞台を創る作業においてはスペインからの巡業劇団が持ち込んだ十九世紀の作法がそのまま生き続けていた。舞台をめぐる考え方が刷新されなければ新しい演劇は生まれないという意識は、まるでなかった。スターシステム、前近代的な演技術、興行師が主導権を握る演劇が主流を占め続けた。これが佐野を迎えたメキシコの現状だった。佐野が携えてきた知識のトランクの中には、新しい俳優術、演出家がオーケストレーションする新しい舞台創造術が詰まっていたが、それがどう応用できるかは佐野にとっても不透明だったに違いない。

メキシコに到着して早くも三カ月後の七月に、佐野はメキシコで最も勢力を持っていた組合組織であるメキシコ電気労働者組合（以下「電労組」とする）と接触し、活動を始めた。電労組を舞台とした佐野の活動は組合の機関紙『ルックス』に詳しい記録が残されている。この資料をもとに、この時期の佐野の動きをまとめてみる。

「テアトロ・デ・ラス・アルテス」[2]、これが、佐野が電労組に提案し、電労組が受け入れた芸術集団の名称である。佐野は電労組が建設中であった新劇場を拠点に大芸術センターを作ることを計画した。「テアトロ・デ・ラス・アルテス」のマニフェストには、商業主義を排し、スターシステムを退け、民衆がこれまで享受することが許されなかった芸術創造を目指すことが高らかに謳いあげられている。ここで注目すべき点は、「演劇」ではなく「舞台芸術」を標榜している点である。「テアトロ・デ・ラス・アルテス」の組織は三部門に分かれていた。演劇、舞踊、人形劇である。演劇部門を佐野が、舞踊部門をアメリカ出身の舞踊家ウォルディーン[3]が率いて、活動が開始された。

左翼知識人や芸術家たちのサポートがあったとは言え、なぜ、労働組合組織が芸術企画を受け入れたのか。実は、電労組は、組合員の連帯組織化を図るほかに、組合員の教育にも力を入れていた。組合内部には初等教育や電気関係の専門教育を行うための学校が併設されていて、意識向上を図るための文化活動も盛んにおこなわれていた。図書館が整備され、オーケストラが組織され、スポーツ大会も開催されていた。こうした文化活動の一環に、佐野と同年配の若い詩人・劇作家ハビエル・ビジャウルティアが率いる演劇グループがあった。ビジャウルティアはすでに詩人として名を知られ、メキシコの文壇でも注目される存在だった。アメリカのイェール大学で演劇を学んだ経験もあることから演劇グループが託されていた。ビジャウルティアはチェーホフやビルドラックの作品を取り上げているので労働者による演劇を意識していたのだと分かるが、さほど成果をあげられずにいたことが『ルックス』誌で報告されている。そこへ登場したのが佐野碩だった。『ルックス』誌からビジャウルティアの名が消え、「テアトロ・デ・ラス・アルテス」の記事が大きく取り上げられるようになっていった。この交代劇の詳細は分からない。電労組側にも何か新しいことが始まるとの期待はあっただろうが、その後『ルックス』誌上で展開されていく「テアトロ・デ・ラス・アルテス」の壮大な構想案から判断すると、佐野のエネルギーと、彼を支援する文化人の意向にすべてが押し切られた感がある。佐野に遠慮はなかった。電労組やメキシコ演劇界の事情や実態にはお構いなしに自分の演劇構想の実現に向けて動き出していた。このやり方は、メキシコでの二七年のあいだに何度も繰り返されることになる。「テアトロ・デ・ラス・アルテス」の場合は、電労組内の活動に留まっていたため演劇界には良くも悪くも波紋を起こすことはなかった。ビジャウルティアはさぞ不愉快だっただろうと思われるが、不服を述べた気配はない。しかし、のちに繰り返されるメキシコ演劇界との軋轢の素地はこの時に生まれたのだと考えられる。

「テアトロ・デ・ラス・アルテス」の三部門はそれぞれに活動を始めたが、既存のグループが参加した人形劇部門と舞踊部門と異なり、佐野が率いる演劇部門は全くのゼロからのスタートであったため、まずは演劇学校の開設が急がれた。一九四〇年五月の開校に向け、演劇学校の授業プランが練られていったが、これは佐野の独擅場であった。理論の授業には演劇史と「スタニスラフスキー・システム」が、実技の授業にはメイエルホリドの身体訓練システム「ビオメハニカ」が取り入れられることがプランには明示されていた。スタニスラフスキーもメイエルホリドも、メキシコでは知られていない名前だった。佐野の側近のごく一部を除いて誰もがよく状況がつかめないままに佐野に従っていったのだろう。当初の予定では、演劇学校は電労組の新ビルに置かれることになっていたが、工事の遅れなどの理由から、演劇学校は一九三四年に開場したばかりのベジャス・アルテス劇場の一室に間借りをする形で発足した。メキシコシティーの心臓部にその堂々とした姿を今日も誇示し続けるメキシコ随一の劇場の五階の一室で佐野の演劇学校が開校されたのは一九四〇年五月二十日だった。メキシコで初めての本格的な演劇学校だった。この日を画してメキシコ演劇の近代化が始まったと言っても決して過言ではない。

しかし、前途は多難だった。

佐野の最初の演劇学校に参加したイグナシオ・レテスは当時を次のように振り返る。

生徒として集まったのは、ごく初歩的な教育しか受けていない庶民階層の人たちでした。若い労働者や、中学校や高校を途中でやめた人たちです。あまりにもレベルが低くて、このグループが目指していたことを実行するには不十分でした。佐野碩が劇作家の話をしようにも、彼らは戯曲も詩も小説も読んだことがなかったのですから、佐野は困惑していました。グループは左翼演劇あるいは共産主義演劇をやろうとしていましたが、その思想的立場は曖昧でした。他国でのそうした試みには高いレベルの労働者が参加しています。メキシコの労働者のレベルはそれに及びませんでした。グループは二年半か三年近くまとまって活動しましたが、メキシコの演劇界に受け入れられることはありませんでした。変な連中だと思われていて、グループが持つ意義が理解されることはありませんでした。マージナルな立場に置かれていたのです。(4)

佐野の壮大な理想とメキシコの実情には大きな隔たりがあったことが分かる。それでも、初期グループの中から、この証言を語ってくれたレテスのような堅実な演劇人や、後に佐野を一躍演劇界の寵児に押し上げることになる『欲望という名の電車』(一九四八年)の主演女優マリア・ドゥグラスが育っている。その意味で、メキシコの佐野を考えるうえで出発点であることは確かであるが、上への階段はまっすぐに続いてはいなかった。佐野がメキシコの演劇的基盤の脆弱さや、メキシコ人の気質の中にある排他主義を思い知った時期でもあった。

レテスの証言からも分かるように、「テアトロ・デ・ラス・アルテス」の演劇部門は基本的な俳優教育からスタートせざるを得なかったが、その一方でウォルディーンが既存のプロ集団を率いて参加した舞踊部門は着々と作業を進めていった。そして、一九四〇年十一月、舞踊劇『ラ・コロネーラ』(5)を引っ提げてベジャス・アルテス劇場にデビューする。クレジットには振付・ウォルディーン、演出・佐野碩とある。ホセ・グアダルーペ・ポサーダ(6)の骸骨のモチーフを用いてメキシコ革命前後の歴史をエピソードで綴った舞台には、舞踊部門のダンサーとともに演劇部門の生徒たちが参加していたが、彼らはダンサーの補助をする役割を当てられ、台詞もなく、「バーバー」といった擬音だけ発していたのだとホセ・ヘラーダは語っていた。(7)佐野の生徒たちには大きな活躍の場はなかったが、舞台自体はメキシコの舞踊史の中でエポックメーキングな出来事になった。舞踊の舞台に革命思想やメキシコの民衆文化を登場させ、しかも高い芸術性が示されたことが評価されたのである。しかし、『ラ・コロネーラ』はあくまでウォルディーンの業績として記録される。ウォルディーン自身が佐野と同じくらい高い芸術的技能と政治的意識を持っていた。演出の佐野がどの程度この舞台創造に参与していたかは、よく分からない。ヘラーダの証言を聞く限り、佐野の生徒たちはただ指示通りに舞台の上を動いていただけではないかという印象があるが、とまれ『ラ・コロネーラ』は「テアトロ・デ・ラス・アルテス」の最初の、そして結果的には唯一の本格的な公開舞台公演になった。

演劇部門も独自の活動を展開し始めていたが、それは日本のプロレタリア演劇を率いていた時の佐野を彷彿とさせるものだった。一九四一年には、タクシー会社のストライキをテーマとしたクリフォード・オデッツの『レフティーを待ちながら』と、ブルーノ・トラベンの小説を佐野自らが翻訳戯曲化した『吊るされし者の反逆』を上演するが、通常公演の形をとらず、前者はバスのストライキを支援する公演として、後者は太平洋岸のミチョアカン州のモレリア市創立記念公演やラテンアメリカ労働者同盟の大会記念公演として上演されたものだった。こうして演劇部門も少しずつ実績を積みつつあったが、佐野をとりまく状況には少しずつ変化が起き始めていた。「テアトロ・デ・ラス・アルテス」は電労組の経済的バックアップがあってこそ成り立っていたが、電労組と佐野の関係が経済的支援をめぐってぎくしゃくし始めたのだ。レテスは電労組からの支援をどう活用すべきかについて演劇部門メンバーの中で話し合った折のことを次のように証言している。

徹底的に話し合いました。一日だけではありません。数日間にわたり、電労組から得た初めての支援金をどう使うかについて話し合いました。活動基金として取っておくべきだとの意見もありましたが、残念なことに、メンバーで分けるという決定が下されました。多く分配された人もいれば、少なかった人もいました。(…)大した金額でもなく、私自身はその金を必要とはしていませんでしたが、ともかくみんなで分けるということになったのです。これをきっかけにグループは、運営的にも、組織的、政治的、対社会的にも瓦解し始めました。組合への支援金要求はエスカレートし、とうとう電労組に説明を求められる事態になりました。電労組はグループの要求を蹴り、佐野碩との関係が切れました。

この話し合いがいつ行われたかについては具体的な時期が示されてはいない。レテスは「ウォルディーンと一緒に活動しているあいだ佐野碩の身分は安定していた」とも述べているので、「テアトロ・デ・ラス・アルテス」発足から『ラ・コロネーラ』上演に至るあいだ、演劇部門はいわば準備期間に当たり、舞踊部門に合流、もしくはこれを補助する形で活動していたのであろう。『ラ・コロネーラ』以後にはじめて独立した活動が始まった時にこの問題が起き始めたのだ。レテスのこの証言からは経済的な問題がグループの躓きになったことが分かると同時に、佐野の経済観念の特質が見て取れる。佐野は金があれば使う。将来のために蓄財するといった発想はまるでなかった。特にこの初期グループの場合は、レテスが証言するように貧しい階層の若者が参加していたので、佐野の思想信条に照らし合わせれば、彼らに生活費を分配することは当然の成り行きであったのだと思われる。日本で活動していた時には裕福な実家の財力がバックにあった。ソ連時代は国家のバックアップがあった。ヨーロッパからアメリカへと放浪して過ごした時期も、おそらく国際的な共産主義者のネットワークの支援を受けていたのだろう。金がなければ借りる。ソ連を去るにあたって土方与志から借金をした話は土方梅子が自伝の中で語っている。金銭をめぐるトラブルは二七年のメキシコ滞在中たびたび繰り返され、それが原因で足元を掬われる事態も繰り返された。

一九四一年末に電労組はグループとの関係を正式に絶ち、佐野は活動の足場を失った。メキシコにおける佐野の最初の活動はこうして頓挫するが、創設から二年余りの「テアトロ・デ・ラス・アルテス」の試みの中に佐野がメキシコ時代を通じて追い求めた理想の演劇創造における三つの要件が認められる。第一にスタニスラフスキー・システムで俳優を養成するための演劇学校、第二に自分が育てた俳優で構成される劇団、第三に稽古と上演を可能にする拠点劇場である。しかし、同時にこの時期に、メキシコでの活動を困難なものとする佐野の気質もはっきりと見えてきた。ひとつは前述の金銭感覚である。もう一点は佐野の理想の高さである。それは目の前の現実をまるで考慮に入れなかった。妥協もしなかった。「テアトロ・デ・ラス・アルテス」の場合、もともとの電労組の文化政策と佐野の遠大な計画のあいだにはおおきな隔たりがあった。あくまで組合内部の文化活動という視点に立っていた電労組の思いに比して、佐野は電労組を拠点に対外的な文化構想を描いていた。はじめは協力的であった電労組も佐野の意図が明らかになるにつれ困惑したであろうことは容易に想像できる。恐らく経済的支援をめぐる問題は電労組にとって佐野を切る絶好のチャンスだったのではないだろうか。

一九四二年五月、メキシコは独・伊・日の枢軸国に対して宣戦布告を行い、第二次世界大戦への参戦を表明する。宣戦布告の前日、メキシコシティーのソカロ中央広場で戦意高揚の大集会が開かれた。佐野と演劇部門の生徒たちはこれに参加して寸劇を披露した。メキシコが参戦するきっかけとなった、ドイツ軍潜水艦によるメキシコの石油輸送船の撃沈を素材とした小品であった。これが実質的には「テアトロ・デ・ラス・アルテス」最後の公開上演となる。佐野はこれ以降も「テアトロ・デ・ラス・アルテス」の名称をたびたび用いることになるが、活動内容や構成メンバーを考えるとオリジナルグループはこれを最後に消滅するとみてよいだろう。レテスや、後に佐野演出作品の主演女優となるマリア・ドゥグラスら数名のメンバーを除いて、佐野の元から生徒たちは徐々に去っていった。電労組の支援を失った佐野にはグループを支える資力はなかった。佐野を入国以来サポートしてきた左翼芸術家たちとのコンタクトも希薄になったと思われる。ソカロ中央広場での大集会で反・日本の立場を明示したものの、メキシコの敵性国人であることはマイナスでこそあれプラスに働くことはなかっただろう(8)。当時の佐野を知る人々は、この時期の佐野が経済的に非常に困窮していたと証言している。青年期のプロレタリア演劇活動をなぞるかのように展開させてきた「テアトロ・デ・ラス・アルテス」の活動を休止し、ともかく生活していく道を考えなければならなかった。一九四三年、佐野は「メキシコ・ドラマ・スクール」を設立し、主に映画俳優の演技指導を始めた。第二次世界大戦のあおりを受けて欧米の映画産業が低迷するなか、実質的な戦争被害のなかったメキシコの映画界は活況を呈していた。新しい俳優術の指導者として佐野は映画界に受け入れられることになった。

一九四五年、ある友人に宛てた私信の中で佐野はメキシコ入国以来の六年間を振り返り、次のように述べている。

大変困難で、しかも報われることのない作業を私は続けてきた。しかし、私はこの作業がどのような実を結ぶかを知っている。メキシコの歴史は、激しく、渾沌としていてドラマチックである。伝承文学、造形美術、音楽のどれをとってみても、並外れた創造力を秘めた民族であることを物語っている。このような国が独自の優れたリアリズム演劇を創造できないはずはない。二千万のメキシコ人が、インディオ、メスティーソ、クリオージョ(9)のすべてが、演劇を通して自らを表現する日は遠からず訪れる。(…)メキシコの演劇は今、まさに復活しようとしている。(10)

確かに、メキシコ演劇は「復活」——アイデンティティーの回復——の兆しを見せていた。一九四七年はメキシコの文化芸術にとって新たな時代の幕開けを画する年になった。国立芸術院(11)が創設され、第二次世界大戦後の新しい民族主義的文化の構築に向けた取り組みを積極的に開始した。その演劇セクションの事業のひとつとしてメキシコ実験演劇協会が設立され、旧サン・ディエゴ修道院の建物に拠点を構えた演劇刷新運動が展開されようとしていた。この協会には六劇団が参加していたが、そのうち二劇団は佐野の弟子だった人たちが率いる団体だった。イグナシオ・レテスの「魔法のランプ」、ホセ・ヘラーダの「新劇場」である。そして佐野自身も「テアトロ・デ・ラス・アルテス」を率いてこの協会に加わった。メキシコの新しい演劇運動の現場に佐野とその教え子たちがいたのは間違いないが、あるいは逆にこうした若い演劇人の熱意が公的な機関を動かし、演劇「復活」の流れを作りあげていったとも考えられる。

二　佐野碩演出『欲望という名の電車』

メキシコ実験演劇協会を足掛かりに再び本格的な演劇活動を開始した佐野碩は、一九四七年に「テアトロ・デ・ラ・レフォルマ」を結成し、このグループが一九四八年十二月にテネシー・ウィリアムズの『欲望という名の電車』をメキシコで初演する。メキシコ演劇史の分水嶺にもたとえられる伝説的な舞台になった。上演に至るまでの苦闘の日々を佐野は後日、次のように回想している。

崩れかかった旧サン・ディエゴ修道院の建物が稽古の総本部だった。裸電球に照らし出された間に合わせの舞台には時々、円天井の破片が落ちてきた。扉のない戸口やガラスのない窓から吹き込む冷たい風が私の役者たちの身体に染み入っていたが、それでも彼らは汗をかいていた。作業に注ぐ情熱の炎が心の中で燃えていた。『欲望という名の電車』の稽古はすでに六〇日を超えていた。ブランチ・デュボアの悲劇を生きるマリア・ドゥグラスの目から涙が零れ落ちた。当時はまだ無名だったリリアン・オッペンヘイムの才能は誰の目にも明らかだった。もう一人の新人ウォルフ・ルビンスキスはスタンレー・コワルスキーになりきろうと必死だった。場面が繰り返される。もう一回。六回……九回……一三回……。(12)

当時のメキシコ演劇界の慣習では、ひとつの舞台のために稽古が一カ月も繰り返されることはまずあり得なかった。また、演出家が細かいところまで動きをつけるという当時の演出手法と佐野の演出手法とはまるで違っていた。ルビンスキスは稽古の様子を次のように振り返る。

演出家は、普通、自分で演じて見せて、登場人物の動きや性格やその場の雰囲気を役者に伝えようとしますが、佐野碩は決してそれをしませんでした。佐野は私を演出していない、と思ったことさえあります。彼は何もしていない、全部私がひとりでやっていると思い込んでいました。彼が私にすべてをやらせてくれていることに気づかなかったのです。彼が私の頭に刻み込んだ言葉をもとに私は創造作業をおこなっていたのに、です。[13]

『欲望という名の電車』の初演公演はあの『ラ・コロネーラ』の舞台でもあったベジャス・アルテス劇場で始まった。わずか五日間の公演だった。反響は大きかったが、新聞の劇評はさまざまだった。「冷ややかで、機械的で、アイデンティティーがなく、漠然とした欲望ばかりがむき出しになっている」[14]とする批判的な見解や、「関係者の努力とまずまずの出来栄えは評価に値する」[15]という消極的な意見がある一方で、「力強く、質の高い演劇があることが証明された。この舞台は、我が国の真剣味を欠いた演劇興行に見られる古い枠組みを様々な意味で刷新するものである。メキシコの新しい観客、真の観客を育てるために演劇関係者たちはこの種の試みを促進する義務を負っている」[16]とする好意的な意見もあった。

近代的な演劇の幕開けが未だに到来していないメキシコにあって劇評の評価が全く分かれたということは、『欲望という名の電車』の上演が一つの事件になりうる可能性をはらんでいたことを示す。実際に、人間の心理の奥底を暴露し、現実との葛藤の中で狂気にまで追い詰められていく主人公の姿を描いたリアリズム演劇の舞台は、メキシコの知識人に大きなインパクトを与えた。戯曲の新鮮さもさることながら、主人公ブランチが観客席を通って登場するというそれまでにはない演技空間の用い方や、徹底したアンサンブルによる緊張感のある舞台は従来の演劇観を根底から覆すものだった。この舞台を観た劇作家ルイサ・ホセフィーナ・エルナンデス[17]はこう語る。

〔当時の〕メキシコ演劇は非常に情緒的で、持って回った言い回しばかりが耳につく因習的なものでした。『欲望という名の電車』はこうしたもの全てを打ち破ったのです。この作品には、残酷なことや不快なことを平気でやってのける露骨な人間が登場します。これには大きなインパクトがありました。リアリズムの神髄を識る機会を劇作家に与え、新しい道を開いたのです。[18]

エルナンデスはこの作品を契機として本格的に劇作に取り組む決意をしたと語った。

『欲望という名の電車』の成功を経て、演出家・演技指導者としての佐野の名は広く知られるようになっていた。翌一九四九年には同じくベジャス・アルテス劇場でシェイクスピアの『じゃじゃ馬馴らし』を初演したのち、ただちにイリス劇場で、自らが率いる演劇集団「テアトロ・デ・ラ・レフォルマ」の演劇シーズンを開催した。『欲望という名の電車』と『じゃじゃ馬馴らし』にスタインベックの『荒々しい力』[19]が加えられた。このシーズンも大成功を収め、演劇界における佐野の地位は不動のものになったかに見えた。一九四九年七月の新聞記事は佐野を次のように紹介している。

この一〇年間、過酷で競争の激しいメキシコ演劇界にあって、佐野碩は寡黙に、頑固に働き続けて来た。そして驚くべきことに、メキシコ演劇の衰退が誰の目にも明らかとなり、演劇が活気を失って栄養失調で息絶えるのを待つばかりであるまさにそのとき、非常に前途有望な新しい演劇グループを引き連れた佐野が現れ、新風を吹き込んだ。新しい芸術観と新しい演劇的感性を持ったこのグループは、完璧とも言える『欲望という名の電車』の舞台で観客や世論に大きな衝撃を与えた。現在のメキシコ演劇全体が陥っている無気力な体質を払拭せんとするこの作品は間もなく百回公演を迎えようとしているが、好評のうちにその数字を塗り替えていくだろう。(20)

佐野はようやくメキシコ演劇界に場を得たと思ったに違いない。「テアトロ・デ・ラ・レフォルマ」演劇学校にはおよそ六〇人の生徒が在籍していた。次の公演予定作品も順調な仕上がりをみせ、観客は佐野演出の舞台に期待を寄せていた。しかし、突然、風は逆風に変わった。

三　メキシコ演劇界からの追放

イリス劇場での演劇シーズンが始まる前からすでに、佐野の財政管理に関するスキャンダルが取りざたされ、佐野の成功は、外来の物・人をありがたがるメキシコの伝統的国民性〝マリンチスモ(21)〟の産物だなどのコメントが流れていた。公演が興行的に成功しても、因習的なメキシコ演劇界がすんなり佐野を受け入れるはずもなく、しかも佐野の成功によって彼らは自らを否定された格好になっていた。佐野批判や佐野排斥の流れが出てくるのは時間の問題だった。イリス劇場では次回上演作品にドストエフスキーの『罪と罰』が予定され、新聞にも予告が載せられていたにもかかわらず、佐野とそのグループの名前は突然、新聞の興行案内欄から消えた。原因は、スペイン系の伝統演劇のスタイルを固守する演劇界の重鎮にして大女優マリア・テレサ・モントージャを真っ向から批判した一九五〇年六月の新聞記事だった。ここで佐野はこう述べている。

メキシコの演劇は二つの悪影響のもとにある。ひとつはスペインの影響、もうひとつはアメリカの影響である。今日のスペイン演劇はロペ[22]の時代の演劇とは似ても似つかないもので、ほとんど死に瀕している。こうした演劇は、人間味あふれるメキシコの民衆に何も語りかけはしない。我々が必要としているのはもっと直接的で、鋭く、リアルな表現が伝えるインパクトである。スペイン演劇は、作品、上演形態のどれを取っても有害である。モントージャのような生き残りがそれを証明している。大仰な身振りと絶叫で誇張された演技はいかにも不自然で、演技している自分自身をさえごまかすことができない。こうした演技スタイルはすでに死に絶え葬り去られているのに、無能な女優たちだけは相変わらずこのスタイルを引きずっている。もしも、この手の演技が息を吹き返すなら、我々は再びそれを抹殺するであろう。[23]

メキシコ演劇はスペインをはじめとする欧米演劇の安直な模倣から脱して自己のアイデンティティーを求める方向へ転換し始めた時期だった。それであればこそ、佐野の舞台が受け入れられたのだ。佐野のモントージャ批判はまさに時代の空気を読み取った発言だったが、あまりにも辛辣な言葉はモントージャ自身やその取り巻きを激高させただけでなく、かつて佐野のメキシコ入国に尽力したセレスティーノ・ゴロスティサやサルバドール・ノボら演劇界の権威の不興を買った。彼らはモントージャ擁護の集会を開いて、実名こそ挙げないものの、明らかに佐野と分かる人物を「狂人、恩知らず、悪党[24]」として厳しく非難している。一方、メキシコの舞台・映画俳優を統括する全国俳優協会は協会メンバーに対して佐野とかかわることを禁じたうえ、協会関連のすべての企画から佐野を追放した。これほどのバッシングをなぜ受けることになったのか。『欲望という名の電車』の大成功で演劇界は佐野を認知せざるを得なくなった。しかし同時に、古い演劇観のなかで舞台を創り続けていた人々の間に嫉妬と羨望と疑念が綯い交ぜになった思いが次第に堆積して行った。佐野のモントージャ批判はまさに、飛んで火にいる夏の虫だったのだ。問題となったインタビュー記事の中で佐野は、発言の意図は、質の高い舞台を創る過程で俳優のアンサンブルが非常に重要であることを明確にすることだったと釈明し、メキシコ民衆の芸術的才能に寄せる信頼と期待を熱く語っているが、この部分は一顧だにされなかった。佐野は八方を塞がれたかたちになったが、佐野の薫陶を受けたことのあるメキシコ映画界のトップスター、エミリオ・フェルナンデスらが佐野擁護と表現の自由を訴えて立ち上がり、事態は収束に向かった。しかし、佐野はこの後、一年あまり沈黙を余儀なくされた。

一九五一年十月、ようやく佐野はロドルフォ・ウシグリ『闇の王冠』(一九四三年)[25]でカムバックを果たした。ウシグリは当時もっとも影響力のあったメキシコ人劇作家だった。さらに、一九五二年にはエドムンド・バエスの『目の中の針』を、一九五三年にはルイサ・ホセフィーナ・エルナンデスの『聾唖者』と、立て続けにメキシコ人作家作品の演出を手がけた。それまで佐野が一度もメキシコ人作家の作品を取りあげたことがなかったことを思えば、このレパートリーの変化には佐野を取り巻く状況の変化が影響していたであろうことは容易に推測できる。

メキシコ演劇界と微妙なバランスを保ちながら仕事を進めなければならなかったこの時期、佐野は俳優教育に力を注いだ。一九三九年以来、佐野の門下をくぐった生徒はすでに三千人を超えていたとされる。佐野はそれまでの実践で得た経験に基づく演技論、演出論をこの時期、「職業倫理に関するスタニスラフスキーの見解」と「演出家とその仕事」という二つの文章にまとめている。

四　コロンビアの佐野碩

一九五五年、佐野は南米コロンビアに三カ月滞在した。当時のコロンビアはロハス・ピニージャの軍事政権下にあった。共産主義思想を持つ佐野碩と軍事政権の取り合わせは奇妙であるが、戦後、佐野はその政治思想を公の演劇活動の場で見せることはなかったため、コロンビアに伝わっていたのは「スペイン語を話す、世界でもっとも優秀な演技指導者」としての名声だけだった。このため、軍事政権は佐野の背景を詮索することなく招聘を決めた。目的はテレビ俳優の養成だった。ポプリスモ政治をめざすロハスは、自らのカリスマ性を大衆にアピールし、また大衆を操作するのに絶好なメディアであるテレビの導入を決めていた。そして、テレビドラマで演技できる人材養成のために、佐野を招聘したのだとされる。テレビ局の設立には国営ラジオ局のスタッフが関わっていたが、ラジオドラマ制作の現場で新しいヨーロッパ演劇の紹介を積極的に行っていたベルナルド・ロメロ・ロサーノの鶴の一声で佐野に白羽の矢が立てられたのだった(26)。

佐野のコロンビア渡航が具体化したのは一九五五年の夏だった。七月十三日付でコロンビアの大統領府国家情報宣伝局から在墨コロンビア大使館に公式文書が送られた。そこには佐野がコロンビア政府の公式招聘者であることが記されている。佐野は早々に準備に取りかかったが、トランクの中には「近代的な劇場建設のための基本構想」などの書類も詰め込まれた。佐野は当然、先方の招聘意図を知ってはいただろうが、新天地にテレビ俳優養成以上の期待を持っていた可能性がある。前述のとおり、メキシコではモントージャ事件以来、佐野は微妙な立場に置かれ、演出家として仕事は制約を受けていた。コロンビアの首都ボゴタ市に到着したのは九月上旬であったと思われるが、早速、新聞のインタビュー[27]の中で、テレビだけではなく演劇や映画の仕事もしたいと語っている。また、「メキシコでは質の悪い演劇がはびこっている」と臆面もなく批判していることから、モントージャ事件以来のメキシコでの活動に割り切れぬ思いを抱いていたことが分かる。そんな佐野にとってコロンビアは新たな可能性を秘めた土地だったのだ。佐野の滞在予定は六カ月であった。

ボゴタ市に開校された佐野の演劇学校は「舞台芸術学院」と名付けられ、スタニスラフスキー・システムに基づく俳優教育が九月下旬には始まったものと思われる。カリキュラムは「入門基礎課程」「入門課程」「舞台演出の理論と実習課程」の三コースを予定していた。「入門基礎課程」には理論と実技のクラスが置かれ、理論のクラスには「スタニスラフスキー・システムの分析的研究」をはじめ、演劇史、美術、音楽、舞踊などの歴史及び心理学といった内容が盛り込まれた。実技のクラスは「演技の内的技術」の獲得に主眼が置かれ、スタニスラフスキー・システムの基本である「集中」「正当化」「舞台での課題」の習得をめざしていた。「舞台芸術学院」に入学した生徒は全員、この課程から始めることが義務づけられていた。続く「入門課程」には「作品分析」や「人物分析」を踏まえ、登場人物の体験を自分の体験として〈生きる〉訓練が想定されている。「舞台演出の理論と実習課程」はその名のとおり、演出のクラスであったが、実質的に佐野がボゴタ市に滞在した期間が三カ月であったことを考えれば、実施できなかったのではないかと思われる。

「入門課程」の実際の授業の様子を門下生のファウスト・カブレーラが語ってくれた。

彼は〈役を生きる芸術〉に基づく作業メソッドを作りました。生徒たちに課せられる練習の中では、〈役を生きるインプロビゼーション〉が大きな部分を占めていました。佐野が〈舞台における課題〉と呼んでいた練習があります。〈舞台における課題〉とは人物の行動の主要な目的のことですが、生徒に人物の〈バックグラウンド〉を与えました。「あなたはこうした特徴を持った人物で、こうしたバックグラウンドを持っています。今、あなたはこういう状況に置かれています」と告げて、ひとつのシチュエーションを示しました。その上で、「さあ、人物を生きてみなさい」と指示するのです。そうした練習を私がおこなった時のことですが、そのシチュエーションはとても深刻でドラマチックなものでした。私はこの練習の中で泣きました。それを見た佐野は、彼独特の皮肉たっぷりの様子で近づいて来てこう言いました。「空涙だ」。この言葉は私を傷つけました。そのとき、私は本当に泣いていたのです。〈役を生きた〉ことから湧き出た涙だったのです。私は強く反発しました。激しい議論になりました。佐野は生徒に対して非常に要求が高かったのです。極端すぎることもありましたが、それは良い方向に作用したと思います。(28)

佐野がスタニスラフスキー・システムの基本に則った授業を展開していたことが分かる。生徒の中には、この証言者カブレーラやサンティアゴ・ガルシーアなど、後にコロンビアに新しい演劇運動を起こす若者が混じっていたが、テレビ俳優志願者を含むグループのレベルは高くはなかった。それでも佐野は丁寧に指導を続けた。しかし、この演劇学校の存在がコロンビアの演劇界にどう受け止められていたかが気になるところだ。

当時のコロンビア演劇の状況は、メキシコより更に遅れていた。一九五五年当時、もっとも幅を利かせていたのはスペインからの巡業劇団だった。ボゴタ市で稼動している劇場はコロン劇場だけという状況で、演劇学校も、この劇場の付属演劇学校一校だけだった。校長は朗唱術の第一人者と言われた人物だったが、「俳優にとって最良の教室は舞台」と断言して憚らないことから、佐野の演劇観とはまったく相容れない旧体質の演劇人だったことが分かる。こうした人々は当初、静かに佐野の様子を見守っていたが、やがて、メキシコ同様の理由から排斥運動がくすぶり始めた。わずか数日で状況が変化していったことは、新聞記事から分かる。

十一月九日、新聞には佐野を評価するカブレーラのコメントが載った[29]。

佐野碩が用いているシステムは素晴らしい。俳優である自分の中で有益な変化が起こっているのが分かる。優れたシステムであることは間違いない。

十一月二十九日、佐野招聘に尽力した国営テレビ局のベルナルド・ロメロ・ロサーノは新聞のインタビューに答えて[30]「佐野は素晴らしい！ 全て順調だ。佐野は熱心に働いている」と述べているが、「順調」であったはずの作業は突然の国外退去命令で中断された。三日後の十二月二日のことだった。

佐野はなぜコロンビアを去らなければならなかったのか。公式の理由は十二月三日の『エル・エスペクタドール』紙が伝えている。その概要をまとめると、佐野の政治信条に疑念を持つ人間の告発を受けて秘密警察が調べたところ佐野が共産主義と関わりのある人物であることが判明したため国外追放の決定が下されたと説明されている。これに対し、翌四日の『エル・メルクリオ』紙で佐野は次のように疑惑を否定した。

私は共産主義者ではない。ソビエト政府のスパイでもない。この作り話をでっち上げた人物は私がコロンビアの舞台芸術の開花に手を貸さないことを望んでいる。私は虚偽の告発を受けている。こうしたことは初めてではない。私の敵はいつも話を捏造する。私がソ連に五年いたのは事実だ。ただし、舞台芸術を学び、研究するのが目的だった。私が滞在した一九三二年から一九三七年にかけて、ソ連では大きな演劇運動が展開されて、舞台芸術のメッカとも言うべき地位を占めていた。もしも、エスキモーの演劇が興隆期にあって研究の価値があると分かれば私はそこへも行く。どこにも、まともな人間とそうでない人間がいる。中には這いずり回る虫けらのような連中もいる。虫けらたちは、絵に描かれた私の姿を見るのさえ嫌がる。〔今回のことも〕そうした人々の策謀だろう。（…）ほぼ二十四時間舞台芸術に没頭している私のような人間には政治に関わる時間はない。私は仕事中に芸術の枠を超える話をしたことはない。

コロンビア滞在中の佐野の行動はこの証言のとおりである。生徒たちは演劇以外の話を聞いたことはなかった。しかしモントージャ事件同様、佐野に殴り込みをかけられた格好になっていた旧体制の演劇人たちにあいだに排斥の動きが生まれたとしても不思議はない。佐野の態度にも問題はあった。ある芝居を観に行ったおりに、途中で席を立ち、悪口をまき散らしながら憤然とその場を去ったとカブレーラは語っていた。真っ向から自分たちの演劇を否定するよそ者に容赦はなかった。佐野は発言の中で「虫けらども」「策謀」「敵」という表現を使っている。これは具体的な人物なり、確執の存在が感じられる。[31]佐野自身、やがてはこのときが来るのを予感していたのではないだろうか。

このインタビューが新聞に掲載された同じ十二月三日に、佐野は舞台芸術学院の生徒一二〇人を前に最終授業を行った。順調に進展していたプログラムが突然中断される事態に生徒たちも混乱していた。授業を行おうとする佐野の言葉を遮り、処分が不当であること、当局に対して抗議をすべきだとの意見が飛び交う中、佐野は静かにこう伝えたという。「演劇は私の生きがいだ。どこであろうと私は演劇を続けていく。もしも戻って欲しいと言われれば、私はコロンビアに戻って来よう。私はこの国の未来を信じている。熱意ある優れた人たちに囲まれて私は働いてきた。この学校が閉鎖されてしまうとすれば、残念だ。この学校にこそコロンビアの舞台芸術創造の礎があるからだ。[32]」

この集会はコロンビアの演劇史の中でひとつの時代を画する象徴的な意味合いを帯びていたと考えられる。二カ月という短い期間ではあったが、佐野の下で近代的な演劇理論と俳優術に触れた若いコロンビアの演劇人たちは、この日、演劇と自分との関わりを「受動」から「能動」へ転換する。佐野が去ることで、彼らは新しい演劇創造に主体的に関わっていくことを余儀なくされることになった。佐野の作業が長期に亘って順調に展開して得られるはずであった成果は失われたが、この「事件」を契機に若い演劇人が獲得した自覚はのちのコロンビア演劇の様相を変えることになった。佐野のもっとも近くにいたファウスト・カブレーラとサンティアゴ・ガルシーアは劇団「エル・ブオ」を結成して新しい演劇運動を始めた。カブレーラはその後も、いくつかの演劇学校の創設にかかわっている。ガルシーアはヨーロッパに渡り、ベルリーナ・アンサンブルなどで研鑽を積み、帰国後に劇団「テアトロ・ラ・カンデラリア」を創設した。この劇団は、一九六〇年代以降にひとつの潮流を成すラテンアメリカの民衆演劇運動を代表する劇団として今日まで活動を続けている。この劇団が拠点とする劇場には「サラ・セキ・サノ」の名が冠せられ、現在も日々、演劇公演や関連集会が催されている。コロンビアに佐野が撒いた種は見える形で実を結んだ。

佐野は十二月五日にボゴタ市を発った。舞台芸術学院の生徒たちが当局に提出した処分撤回を求める嘆願書は不問に付された。

五　ココアカン劇場

メキシコに戻り演劇活動を再開した一九五六年から死去する一九六六年までの十年間に佐野はおよそ一五作品を演出している。アーサー・ミラーの『るつぼ』（五六年）、マキャベリの『マンドラゴラ』（五六年）、トルストイの『アンナ・カレーニナ』（五七年）、ミラーの『橋からの眺め』（五八年）『みんな我が子』（五九年）、アーノルド・パール翻案の『ショーレム・アレイヘムの世界』（六〇年）、ロバート・ボルトの『すべての季節の男』（六四年）、シェイクスピアの『リア王』（六四年）などが主な作品である。『るつぼ』のように絶賛された作品もあれば、『アンナ・カレーニナ』のような失敗作もあった。これらの作品は国立芸術院やメキシコ社会保険庁などの機関がプロデュースしており、俳優もスタッフもその時々で集められていた。佐野の教えを受けた俳優も加わってはいたが、各作品の上演チームには『欲望という名の電車』を舞台化したメンバーにみられた均一性はなかった。『欲望という名の電車』ではすべてが佐野のデザインで作品が作られたが、五六年以降の上演では、佐野は「演出」を任されたに過ぎなかったのである。

本稿のはじめに述べたように、メキシコ入国以来の佐野の宿願は、自分の演劇学校を持つこと、自分が育てた俳優から成る劇団を持つこと、自分の劇場を持つことだった。その理想に再度挑戦して得たのが「コヨアカン劇場」だった。

一九六二年、佐野はメキシコシティー南部の閑静な住宅地コヨアカンにあるコロニアル風の屋敷を借りた。そして、屋敷の中にある小さな礼拝堂を客席二百ほどの劇場に改造する傍ら、「コヨアカン劇場運営規約」を整えていった。一九六三年に佐野自身が書いた文書によれば、「コヨアカン劇場」はカルロス・アンシーラ、ロベルト・アヤーラ、マリア・ドゥグラスらから成る恒常的な演技陣と付属の演劇学校「舞台芸術スタジオ」を擁する予定になっていた。「コヨアカン劇場」に関しては、それまでは提示したことのなかった経営手段を考えていた。「コヨアカン劇場後援会」の設立である。後援者たちとは、ブルジョア層の裕福な人々だった。会員には初日前の特別公演に盛装で出席する特典を与えるという後援会規定がそれを示す。佐野が、ブルジョアを対象とした演劇に転向したかと見紛うばかりであるが、この劇場での上演予定演目に、かつてストライキの支援公演で上演したオデッツの『レフティーを待ちながら』が組まれていることも見落としてはならない。佐野が財源をブルジョア階層の懐に求めた理由は何か。コロンビアから帰国した佐野はいくつもの舞台作品に演出家としてかかわったが、前述のように、佐野はあくまでオフィシャルな機関が制作する舞台のスタッフでしかなかった。佐野は、口は出さずに資金だけ提供してくれる後援者を求めていたのではないかと考えられる。

一九六三年十二月、メキシコ入国からすでに二〇年を超える月日が流れ、佐野は五十八歳になっていた。「コヨアカン劇場」は『マンドラゴラ』の再演で柿落としが行われた。自分の劇場を持つという積年の夢が実現したかに見えた。しかし、佐野が「コヨアカン劇場」で演出した作品はこれが唯一だった。一九六四年十一月、屋敷の家主は家賃滞納と賃貸契約の期限切れを理由に佐野に家屋の明け渡しを命じた。半壊状態だった礼拝堂は佐野の熱意で美しい小劇場に生まれ変わっていた。しかし、その劇場も、またもや、佐野の手からこぼれ落ちていった。

一九六五年、再び佐野はスタートラインに立っていた。二十一歳でルナチャルスキーの『解放されたドン・キホーテ』を演出した頃とは世界情勢も変わり、日本も変わり、佐野の政治思想も変化していたかもしれない。しかし、演劇にかける情熱は同じだった。「コヨアカン劇場」を失った痛手も佐野を止めはしなかった。この年の四月には、再び常設劇団設置の企画を文書にまとめている。その序文には、二七年間のメキシコ滞在中に持ち続けた理想の演劇のかたち、個人的な利害を排した芸術観、メキシコ民衆に対する敬愛と信頼が綴られている。

この数十年、メキシコの演劇は目覚ましい発展を遂げてきた。政府の関係機関ならびに民間のプロモーターのたゆまざる努力の賜物である。今日、首都圏で上演される舞台は十万人の観客を動員しているとされる。また、地方都市でも演劇ファンが増えている。

この間、素晴らしい出来栄えの舞台が数限りなく生まれた。しかしながら、これらの歴史的な公演は今日、快い思い出として人々の思い出に留められるだけである。もしもこれらの舞台が再現されるなら、多くの観客が喜んで再び劇場に足を運ぶだろう。若い人たちも熱心に芝居を観るに違いない。

こうした事態は次のような事情から生じる。今日までの演劇興行者は作品を商業的に利用することだけを考えて、その都度、演出家、俳優、舞台美術家などを一時的に雇い、「〇〇回公演」の記念プレートを除幕し終わるとそうしたスタッフを解雇するというやり方を続けてきた。こうして舞台作品は永遠に葬り去られる。グループは散り散りになり、舞台装置は他の舞台に転用され、舞台を成功に導いた努力は消えてなくなる。

世界演劇の優れた作品が今日の観客だけでなく未来の世代にも観てもらえるようにする唯一の方法は、ヨーロッパ式のレパートリー・システムを取り入れた常設劇団を作ることである。

演劇は集団の作業である。スターシステムや、プロ精神に反する欠陥を排して、恒常的に共に作業を続ければ、集団は必ずまとまり、メンバー同士の健全な競い合いによって作品の芸術的完成度も高まる。しかも、やがて劇団は芸術的・社会的に独自の顔を持つようになっていく。その場限りのメンバーを寄せ集めたり、脈絡なく作品を選定したりしている限り、こうした顔は生まれない。

メキシコ国民の文化的な要望に応えうる常設劇団を組織する常設劇団を少なくともひとつは組織する時が来たと確信する。(33)

この文章を書いた一年後の一九六六年九月三十日に佐野は六十一歳の生涯を終えた。宿願であった自分の劇場を十全な形で持つことは一度もなかった。常設劇団も持てなかった。しかし、「テアトロ・デ・ラス・アルテス」演劇学校、「メキシコ・ドラマ・スクール」、「テアトロ・デ・ラ・レフォルマ」演劇学校、ボゴタ市の「舞台芸術学院」で育てた演劇人の数は数千人にのぼる。佐野演出による三〇を超える舞台作品を通して示し続けた演劇の芸術性と社会性は計り知れない遺産をメキシコとコロンビアの演劇に遺した。メキシコの演劇界も、コロンビアの演劇界も、その大きな歴史的転換期に佐野に出会っている。佐野から多くを学ぼうとした人たちがいた。それを越える多くの人たちが佐野を敵視した。そのいずれもが佐野を指標にしながら、前近代的な演劇から脱する道を模索したその延長線上に今日のメキシコ演劇とコロンビア演劇があるのだと思う。

本稿は現在までに発表してきた以下の論文をもとにまとめたものである。

「佐野碩とテアトロ・デ・ラス・アルテス」『文学研究科紀要　別冊第九集』早稲田大学大学院文学研究科、一九八二年

「メキシコ時代の佐野碩」『学苑』六〇九号、昭和女子大学近代文化研究所、一九九〇年五月

「コロンビアの佐野碩（Ⅰ）」『学苑』六三一号、昭和女子大学近代文化研究所、一九九二年五月

「コロンビアの佐野碩（Ⅱ）」『学苑』六四二号、昭和女子大学近代文化研究所、一九九三年五月

「コロンビアの佐野碩（Ⅲ）」『学苑』六五三号、昭和女子大学近代文化研究所、一九九四年五月

"El magisterio latinoamericano de Seki Sano", *ESCENARIOS DE DOS MUNDOS -Inventario teatral de Iberoamérica-*, Tomo I, Centro de Documentación Teatral, Instituto Nacional de Artes Escénics y de la Música, Ministerio de Cultura, Madrid, 1989.

本稿に登場する人名、作品名、機関名などでカタカナ表記したもの及び筆者が訳出したものの元表記は以下の通りである。

イグナシオ・レテス　Ignacio Retes（1918-2004）
ウォルディーン　Waldeen von Falkenstein（1913-1993）
ウォルフ・ルビンスキス　Wolf Rubinskis（1921-1999）
エドムンド・バエス　Edmundo Báez（1914-1990）

カルロス・アンシーラ　Carlos Ancira（1929-1987）
サルバドール・ノボ　Salvador Novo（1904-1974）
サンティアゴ・ガルシーア　Santiago García（1928-）
セレスティーノ・ゴロスティサ　Celestino Gorostiza（1904-1967）
ハビエル・ビジャウルティア　Javier Villaurrutia（1903-1950）
ファウスト・カブレーラ　Fausto Cabrera（1921-）
ベルナルド・ロメロ・ロサーノ　Bernardo Romero Lozano（1909-1971）
ホセ・グアダルーペ・ポサーダ　José Guadalupe Posada（1852-1913）
ホセ・ヘラーダ　José Gelada
マリア・ドゥグラス　María Douglas（1922-1973）
マリア・テレサ・モントージャ　María Tereza Montoya（1900-1970）
マリアノ・アスレア　Mariano Azulea（1873-1952）
リリアン・オッペンヘイム　Lillian Oppenheim
ルイサ・ホセフィーナ・エルナンデス　Luisa Josefina Hernández（1928-）
ロドルフォ・ウシグリ　Rodolfo Usigli（1905-1979）
ロベルト・アヤーラ　Roberto Ayala

劇団・演劇学校

テアトロ・デ・ラス・アルテス　Teatro de las Artes
メキシコ・ドラマ・スクール　Escuela Dramática de México
テアトロ・デ・ラ・レフォルマ　Teatro de la Reforma
舞台芸術学院　Instituto de Artes Escénicas
テアトロ・ラ・カンデラリア　Teatro La Candelaria
エル・ブオ　El Búho
魔法のランプ　La linterna mágica
新劇場　Nuevo Teatro

劇場

サラ・セキ・サノ　Sala Seki Sano
ベジャス・アルテス劇場　Palacio de Bellas Artes
コヨアカン劇場　Teatro Coyoacan
イリス劇場　Teatro Iris

組織・機関

電気労働者組合　Sindicato Mexicano de Electricistas
メキシコ実験演劇協会　Asociación Mexicana de Teatros Experimentales
コロンビア大統領府国家情報宣伝局　Oficina de Información y Propaganda del Estado.
社会保険庁　Instituto Mexicano de Seguro Social

作品・論文名

『虐げられし人々』Los de abajo
『ラ・コロネーラ』La coronela
『闇の王冠』Corona de sombras
『目の中の針』Un alfiler en los ojos, 1950
『聾唖者』Los sordomudos, 1954
「職業倫理に関するスタニスラフスキーの見解」Conceptos stanislaviskianos sobre la ética profesional
「演出家とその仕事」El director y su oficio
「近代的な劇場建設のための基本構想」Bases generales para la construcción de un teatro moderno.

雑誌名

『ルックス』Lux

注

（1）入国をめぐる事情については田中道子の論文に詳しい。例えば、"Seki Sano and Popular Political and Social Theatre in Latin America", *Latin American Theatre Review*, Vol. 27, No. 2: Spring 1994. https://journals.ku.edu/index.php/latr/article/view/1018.

（2）「諸芸術の劇場」の意味にも取れるが、電労組の建物がアルテス通りにあったことからこの名称がつけられた。

（3）アメリカ出身のダンサー。佐野と同時期にメキシコに入国し、モダンダンスによりメキシコの舞踊伝統を塗り替えた。一時期は佐野碩の私生活のパートナーでもあった。

（4）一九八〇年十一月二十八日、筆者によるインタビュー。

（5）「女大佐」の意味。メキシコ革命前の優雅な貴婦人像と、革命を機に自覚を持って強く立ち上がる女性像を描いた作品。

（6）政治や社会風刺の版画を多く描いた。作品には骸骨がモチーフとして使われる。

（7）一九八一年一月八日、筆者によるインタビュー。

（8）第二次世界大戦中、メキシコ在住の日系人は収容所に送られたが、佐野はこれを免れた。

（9）「インディオ」は先住民。「メスティーソ」は先住民と白人のあいだの混血。「クリオージョ」は主に中南米生まれのスペイン人。

（10）Chayele Grober (1898-1978) 宛の書簡。個人蔵。

（11）メキシコの芸術を統括、推進する政府機関。一九四六年十二月三十一日創設。

（12）一九五三年四月、『欲望という名の電車』再演時のプログラム。

（13）一九七九年、筆者によるインタビュー。

（14）*El Universal Gráfico* 紙、一九四八年十二月六日。

（15）*Novedades* 紙、一九四八年十二月十四日。

（16）*Novedades* 紙、一九四八年十二月十六日、Rafael Estrada。

（17）メキシコ国立自治大学で長く教鞭を取った作家、研究者。翻訳者としても佐野に協力した。彼女自身の戯曲二編が佐野演出で上演された。

(18) 一九七九年、筆者によるインタビュー。

(19)『二十日鼠と人間』(*Of Mice and Men*, 1937) の翻案。一九四六年にいちど佐野碩演出で小規模な上演が行われた。

(20) *El Nacional* 紙、一九四九年七月一日。

(21) "malinchismo": メキシコ征服者コルテスの通訳を務めた先住民女性マリンチェにちなむ表現。侵略者と手を結ぶことを指す。

(22) Lope de Vega (1562-1635)。十六—十七世紀に興隆を見せたスペイン黄金世紀演劇の代表的な劇作家。佐野はメキシコ入国前のニューヨークでロペ・デ・ベガの『フエンテオベフーナ』を試演している。

(23) *Novedades* 紙、一九五〇年六月(日付不明)。

(24) *El Nacional* 紙、一九五〇年七月十六日。

(25) メキシコを勢力下に置こうとするフランスのナポレオン三世の政略の駒として送り込まれたメキシコ皇帝の后の苦悩と狂気を描いたウシグリの代表作。

(26) http://www.banrepcultural.org/blaavirtual/biografias/romebern2.htm による。原典は *Gran Enciclopedia de Colombia del Círculo de Lectores.*

(27) *El espectador* 紙、一九五五年九月十二日。

(28) 一九八六年八月九日、筆者によるインタビュー。

(29) *El espectador* 紙、一九五五年十一月六日。

(30) *El espectador* 紙、一九五五年十一月二十九日。

(31) 佐野をコロンビアに招聘した当の人物である国営テレビ局のベルナルド・ロメロ・ロサーノが、ビクトル・マジャリーノらと画策して佐野追放のシナリオを作成したとの指摘もある。*Gran Enciclopedia de Colombia del Círculo de Lectores.*

(32) *El espectador* 紙、一九五五年十二月四日。

(33)「常設劇団編成プロジェクト」"Proyecto para la organización de una companía permanente de teatro". 個人蔵。

佐野碩、師、演出家

スサーナ・ウェイン
（西村英一郎訳）

佐野碩は、個人的に私の師であったという側面と、演劇の演出家であったという側面がある。前者は私の佐野碩との個人的な経験と関係し、後者は演出家としての彼の作品、とくにアーサー・ミラーの『るつぼ』(1)を分析しようという私の個人的な疑問と関係している。しかし、演出家としての佐野碩にアプローチし、彼の創造者としての歩みを再構成しようという私の関心は、彼の教室の生徒であった私の個人的な歩みとも結びついている。

一　佐野碩との個人的な経験

佐野碩は私の師だった。彼と初めて話したのは、十三歳か十四歳のときで、私はメキシコシティーのアメリカン・スクールに通っていた。ある日、有名な演出家がアンネ・フランクの役に興味のある少女の面接をしに来るという話を聞いた。彼は、プレイヤーズ劇団(2)で『アンネ・フランクの日記』を脚色して、公演しようとしていた。佐野は、英語をよく話せる少女を探していた。興味のある女の子たちは、その有名な演出家の面接を受けなければならなかった。私は、心のなかで俳優になりたいと思っていたので、勇気をだして教室のひとつでこわごわ面接を受けた。ドアを開けると、奥に、先生の机のそばに坐って、いかめしい表情で私を見ている男の人がいた。私は足がすくんで、教室に入っていくことができなかった。彼は来るように合図して、彼の前に坐るように言ってくれた。最初に、どうしてアンネ・フランクの役をやりたいのか理由を訊かれた。私は自分がどう返答したか正確に覚えていないが、気持ちを昂ぶらせて、俳優になりたいと答えた。面接の時間は長くはなかった。数週間の間、選ばれたという連絡をまだかまだかと待った。連絡はなかった。その話はもう耳にしなかった。プレイヤーズ劇団に所属し、佐野碩の弟子であった私の兄は、この劇が上演されたという話をしなかった。だから、この劇は上演されなかったと思う。

佐野碩と二度目に会ったのは、数カ月後だった。プレイヤーズ劇団の小劇場でのことである。私の兄は佐野が演出する劇に出演していた。ある夜、兄が稽古を見に誘ってくれた。決められている時間の前に稽古場に兄と一緒に到着した。時間が早かったので、一人で外で長い時間待たされないように、私は兄と楽屋に入った。兄が着替えをしている間に、私は舞台の上を歩いたり、舞台美術や配置されているものを近くで確かめたり、舞台の道具や照明を見ることができた。演劇の舞台を初めて歩くことで頭がいっぱいの私は、佐野がうしろに立っているのに気がつかなかった。彼は不機嫌になって、私とは口もきいたことのない知らない少女だと思ったらしく、舞台に入ることをだれが許したのかと問い詰めた。私は、この世から消えてしまいたいような気持ちで、蚊の鳴くような声で、兄が劇場に連れてきてくれて、時間が早いから舞台裏まできてもよいと言ったと答えた。佐野は向きを変えると、兄を見つけ、芝居に関係のない者を舞台裏に入れたことを叱った。恐ろしい叱責のあとで、私は急いで外に出て、ホールに入るのを許可されるまで劇場の玄関で待った。そうして落ち着きを取り戻すことができた。

数カ月後、家に来た兄から、佐野が稽古場で新しいグループを結成しようとしているという話を聞いた。演技指導は夕方行われるらしかった。もし芝居をしたければ、私の入学を頼むために稽古場に行くと兄は言った。私が女優になることを父は認めてくれなかったが、授業を受けることは許してくれた。面接は母が連れていってくれた。女優になるという夢がかなう可能性に興奮していた私は、佐野がプレイヤーズ小劇場のことを覚えていて、私ははねられるのではないかと恐れた。しかし、このとき佐野は、私と話した二度の機会をどちらもまったく記憶していなかった。いかめしい、そっけない顔で、彼の部屋で私たちを迎えた。彼は私としゃべったことがないかのように話した。たくさん質問された。私だったのか、母だったのか、だれが答えたのかわからない。彼の無愛想な態度は、私の返事を封じる恐怖の混じった尊敬を私のなかに生じさせた。その午後の思い出は鮮明である。驚いたことに、私は入団を許された。彼の劇団に入団できたという喜びは、彼の教えを受けていた長い期間、消えることはなかった。週に二回午後に彼のレッスンを受けること以外に、その頃、私の人生で重要なことはなかった。

私はいろいろな人から成るグループに入った。自分の仕事と同時に演劇を勉強したがっている大学生、自分の舞踊の一座を率いている振付師、アマチュアの芝居をいつもしている有名なプロの俳優。佐野は、私たちの年齢、性別、経験を問わず、同等に扱った。厳しく、厳格で、いつも絶対的な献身と規律を要求した。私たちはみんな彼の怒りを恐れた。いつもどなり声がとび、問題のある役者には杖や椅子が投げつけられた。クラス全体に向けられる叱責のいくつかは私にあてはまるものもあったが、私は個人的に叱られたことはなかった。遅刻、無知、怠慢、授業中の私語や雑音は、佐野の怒りを引き起こす可能性があった。授業は決められた時間に始まり、私たちは椅子に坐って、佐野が入ってくるのを黙って待っていた。五分の遅刻は認められたものの、一分の遅刻につき一ペソ罰金を払った。当時は、映画のチケットが四ペソだったので、大きな額だった。五分過ぎると、ドアをたたくことも音をたてることも許されなかった。どんな理由も、言い訳も聞き入れられなかった。大幅な遅刻や欠席をしたり、準備しないで稽古に来ると、グループから除名された。

私は、授業が行われていた床が板張りの四角い大きな部屋を思い出す。部屋は、床から天井まで届く暗い青のカーテンが、稽古場の入口に通じる廊下と、事務所や授業の教室とを仕切っていた。動かせるものは、部屋に並べられた一列の椅子だけだった。グループに入っていない人は、だれも部屋に入ったり、口をだしたりできなかった。しかし、ある日の午後、知らない人が入ってきた。佐野は怒るのではなく、親切に彼をもてなした。数分、二人は低い声で話し合っていたが、その人は静かにそこを出ていった。この人が佐野の怒りを買わなかったことに驚いたが、佐野から質問が飛んできたときには、もっと驚いた。彼は、私たちにその人物の体つき、服装、時計や指輪をしていたかどうか、髪の形、立ち上がり方、話し方、低い声だったが声の調子について述べるように言ったからだ。だれもその人物を観察していなかった。私たちは、そのような妨害に佐野がてっきり癇癪を破裂させると思って佐野を見ていた。そのとき、あとで自分たちで話し合ったとしても、その人物を観察していなかった理由をだれも思い切って説明できなかった。思いがけない訪問者の細部を少しずつ、みんなで再現できるまで、彼は質問をやめなかった。その日、私たちは、つねに自分のまわりを観察して、細部まで記憶すべきだということを学んだ。このような観察が、俳優に必要な性格づけをするときに役立つのである。登場人物の組み立ては、ジャケットのボタンのようにほんの些細なことから始められると佐野は説明した。登場人物がボタンをはずす仕草のような。

俳優は教養がなければならないということも、しばしば佐野は私たちに告げた。読書をし、知識を身につけ、そのほかの芸術の表現にも近づき、自分を包む世界と歴史的な時間を意識すべきだと。

彼が主張していたもう一つの点は、ある日の感情を、別の日に繰り返すことはできないということだった。リハーサルや公演で演じたことは、同じ瞬間にいるのではないから、翌日、繰り返せないというのが佐野の考えだった。

もし、自分たちの演技の新鮮さと真実を保ちたいのであれば、私たちは、それが初めての体験だと思ってしなければならない。別の場所でも、本当の気持ちが湧いてくる。一つの場面をやり遂げたと思い、前もってつくられた演技を繰り返すことで満足する役者は、ぼやけた、空虚で、力のない演技をするだけだ。役者は、舞台に立つたびに自分の役を創造する経験に心を開いていなければならない。

集中と即興、それが私たちの稽古の基礎だった。生徒は、その場で言われた即興劇をしなければならなかった。ときには、家で準備してくる場合もあった。だれもが前に出て、演技をし、その後、黙ってメンバーからの批評を受けた。最後に意見を言うのは佐野で、彼は、批判のあった点を取り上げたが、それに賛成することも、そうでないこともあった。

私は、メンバーから初めて否定的な評価をされた即興劇の稽古をとくに覚えている。私は、彼らの指摘に驚いた。準備に落ち度はなかったし、正しい仕方で演技ができたと感じていたから。危険な状況にある場面というのが佐野からの課題だった。私は、二、三歳の小さな従弟を浴槽でお風呂に入れる場面を考えた。家には私たちだけしかいなかった。浴槽に戻るところから、即興劇が始まっていた。私は、寝室に忘れたものを取りにいった。遅れてはいけないと思い、お湯を流しながら従弟を浴槽に入れたままにしておいた。お風呂が冷めないように私はドアに鍵をかけてあった。だが、ドアを開けようとしたとき、鍵が壊れてしまって、掛け金がはずれなかった。寝室からお湯が出ているのと、お風呂で遊ぶ従弟の声が聞こえた。だれも助けてくれる人がいないので、私は絶望的になって、落ち着いて従弟と話そうとする。問題の解決方法を探しながら、従弟を坐らせる。すぐにお風呂場に入らないと、子供が溺れてしまうかもしれないと私は心配になる。危険だけれど、私は家の外に出て、外壁のコーニスを昇る決心をする。コーニスは、外の階段の最後の段から行けて、そこからお風呂の窓まで注意して滑っていけるようになっている。私は、従弟が浴槽のなかで騒いで、滑らないように従弟に絶えず話しかける。ようやくのことで私は窓から入って、蛇口をしめる。冗談半分に、みんな遊びだったのよと私は従弟に説明する。

その課題が終わったとき、私はメンバーから厳しい評を受けた。だれも私の即興劇を買ってはくれなかった。私の話の進め方は、本当らしくないと主張した。家の外に出て、壁をコーニスから昇り、浴室の窓から入るなんてありえない。私がそういう行動をできるとだれも信じることはできなかった。実際的な解決ではなく、私の空想がいくぶん度を越していると自分でも思っていた。しかし私の即興の演技は失敗だとみんなが言うのを聞いて、私は気持ちが落ち込んだ。私の姉の家で実際そういうことがあって、子供が水を飲んで死なないように、危険だったが、そうするしかなかったのだと、反論も説明も私にはできなかった。助けを求めに通りに出たり、電話をしていたのでは、誰かが助けにきてくれるまでに時間が過ぎ去ってしまっただろう。

私は悲しい気持ちで、佐野の批評を待った。私は、彼がメンバーと同じような指摘をすると思った。だが、彼の評は私がメンバーから受けたものと違っていて、私はびっくりした。私の演技は彼の気に入り、展開も問題の解決も合格点をくれた。それは、佐野がしてくれた初めての好意的な批評で、私は、自分の出来が認められたと心のなかで感じ、嬉しくてたまらなかった。

私にたいして、佐野は厳しい、しかし、優しい先生だった。大きな声を出されることはなかったし、怒られることもなかった。こういう待遇をどうして受けたのか、私にどんな取り柄があったのか理解できなかったことを認めなければならない。おそらく、グループのなかで一番小さかったか、彼がいるだけで私が震えているのをわかっていたからである。

私は、彼の稽古場に二年ほど通った。女優になりたいという私の願いにはつねに反対だったが、父は佐野の授業を受けることを許してくれた。しかし、学校が休みに入ると、町から遠く離れたところに休暇を過ごしにいくことにしていた。このことでは、どんなに頼んでも、どんなに約束を守ると言っても、メキシコシティーの家に残って、佐野の授業にでることを父は認めてくれなかった。そうしたある休暇のとき、佐野は有名な「トルコ風呂」をするために私のグループを集めた。グループが結成されて一年経っていたので、佐野がトルコ風呂をしそうなことを私たちは感じていた。欠席者がないように、実行するときに前もって知らされるということはなかった。私たちは、ほかのグループからトルコ風呂のことを耳にしていた。それは長時間の集まりで、生徒はそれぞれ自分の出来を、仲間や佐野から評価されたが、佐野が最終的な評価を下した。評は手厳しく、長時間に及ぶので、生徒たちは「トルコ風呂」と呼んでいたのである。だれがグループに残り、だれがグループを去らなければならないか、結論が出された。佐野の稽古場で活動を続けたければ、この集まりには必ず出席しなければならなかった。

私のグループは、トルコ風呂をした。ちょうど休暇で父が私を町から連れだしていた。戻ってきたとき、トルコ風呂のことを知った。私の仲間たちは、トルコ風呂で合格したことを私に自慢した。私は欠席したことで気持ちが重かった。私は、佐野にそのままいてもいいのか、出なければならないのか訊いた。彼は、私に気にすることはない、トルコ風呂はまたあるので、それに参加すればよいと言った。しかし、彼の返答は私の不安を弱めてくれなかった。とくに、何人かがグループを去り、新しいメンバーが入ってきたことがわかったときには。私がいられるのは私に実力があるからではなくて、たまたま選抜にいあわせなかったからだと感じた。新しいメンバーには、かなり有名で、演劇、映画、テレビでの実績のあるプロの俳優もいた。私はそこにいるに値しないという内面の気持ちを彼らの存在が強めた。もしそのトルコ風呂の選抜に参加していたら、外国の大学に行って勉強しなかっただろうし、佐野のもとでのレッスンを続け、大人になったとき大女優になるという私の夢を実現していたかもしれない。

授業で私が最後に取り組んだのは、イプセンの『ヘッダ・ガーブラー』である。課題は、メンバーの一人と組み、その後、授業で演技をすることだった。私の相手は、三歳年上の女性で、ヘッダの役をやり、私はテアだった。論破できなかったが、私はヘッダの役を彼女よりも上手に演じられると思っていた。実際、ヘッダ役もテア役も、まだ子供で、経験に乏しい私たちには大きすぎた。結局、演技はしなかった。というのは、その前に私は大学で勉強するために外国に行ったからである。何年かして、私がメキシコに戻ったとき、私は佐野に再会しなかった。しかし、演劇の指導者、演出家としての私の成長に、佐野の教えは大きい。

その時期、私は佐野の演劇を二回見た。一つはアーサー・ミラーの『すべてわが子』[3]で、プレイヤーズの劇場で公演が行われた。観客としても子供で、経験がなかったが、俳優たちの感動的な演技に私は驚かされた。俳優たちは登場人物になりきり、俳優の一人は私の兄だったが、彼らの何人かが実際の生活での知り合いであることを忘れてしまうほどだった。

もう一つは、『アンナ・カレーニナ』[4]である。佐野はトルストイの小説を脚色した。結果は、経済的にも芸術的にも失敗だった。作品は、多くの小さな場から成り、置いてあるものをその都度動かさなければならなかった。劇場には回り舞台がなかったので、場面を何度も変更することで、劇が重々しく、退屈だった。しかし、昔のことだが、競馬場のシーンのイメージが心に焼きついている。その場面の美しさは衝撃的だった。舞台美術の要素は最小限だった。登場人物は、舞台の側面のボックス席に坐ったままだった。登場人物たちは、馬のレースの展開を追いながら、重要なことを話しあっていた。彼らのセリフに耳を傾けていると、想像のなかで馬が走っているのが見え、レースの賭けの勝敗にたいする登場人物の一喜一憂がわかったし、彼らの周りにいる群衆の存在を感じもしたことが私の記憶に刻まれている。人物がシャンデリアの下で踊る舞踊の場面と同じように、この競馬場の場面のイメージは、演出家としての私の仕事に後に影響するような深い印象を残した。失敗したとはいえ、この作品で、演劇の造形美術、俳優にたいする演出、音楽に関して学ぶことは尽きなかった。そのときはわからなかったが、それは私が受けた初めての演出の授業だった。

当時の有名な、ラファエル・ソラナが書いた評の一部をつけ加えておこう。その概略はホビータ・ミジャンが『佐野碩　一九〇五―一九五六』[5]で書いているが、それは私が観客として見たものを示している。

佐野碩は、セットではなく、書割の舞台で、ほんのわずかな登場人物を動かしただけだが、たくさん人がいるように見える。そして、観客は、見ているというよりも、心で追いかけていくのだ。目の前の事実や人物を示すというよりも、各々の場面は、心に呼び覚ますように構成されている。

二　演出家としての佐野碩の創造的プロセス

田中道子教授から佐野碩のセミナーへの参加を要請されたとき、私は、演出家としての佐野碩の創造的過程についての研究を進めることに関心を抱いた。そのプロセスへの第一歩は、田中教授が俳優や助手にしたインタビューを通してだった。そのプロセスは、歴史的背景、音楽、台本と関係する直接的ないきさつについての研究によってスタートした。そこから、しっかりとした基礎に基づいて、台本や劇の構成――すなわち、舞台美術、衣装、照明、音楽――をチェックした。あとで、登場人物が根拠のない演技にならないように人物の総合をはかった。佐野によると、この点まで達成できれば、演出家はすでに公演の準備ができるところにいるのだそうだ。

スタニスラフスキーやメイエルホリドとの稽古や彼の広い教養は、ドラマチックにメキシコの演劇を変えた一人の演出家を鍛えあげた。残念ながら、インタビューで得られた情報を支持するだけの十分な資料に接することはできていない。助手の証言からも俳優の証言からも、それぞれの劇において佐野が有名な「シーツ」〔大きな紙〕を利用していたことがわかっている。しかし、その実物を見ることはできなかった。佐野が亡くなり、彼の個人的資料、彼の書籍や芸術に関係したものは、日本大使館の名においてエレナ松本の手で集められたが、その日から、これらの資料を見ようとしても松本夫人に断られて、だれもこの材料を手にとって見ることはできなかったからである。佐野新[6]が兄の遺灰を持ち帰るためにメキシコを訪れたときも、松本夫人はこの材料を見せなかった。日本のＮＨＫはエレナ松本の家に入ることができ、佐野が所蔵していたものをいくつか録画したが[7]、佐野の個人的資料にあたるような遺品は公開されなかった。

しかし、佐野の助手の一人であったホルヘ・ベリーは、佐野が演出したオペラのスコアのコピーを私たちに提供してくれた。ヘンデルの『ジュリアス・シーザー』とプーランクの『カルメル会修道女の対話』の二作である。ベリーは、私たちに『ジュリアス・シーザー』のスコアを引き渡してくれた。適切に番号がふってある、利用したそれぞれの景のプラン、大きさや色が指定された小道具類、舞台美術の要素の一覧、一つひとつの演技の細部が音楽、景から景との関連で書かれている演出（mise en scène）の概略。幕、時間配分、演技、セリフの四つの部分にわけた演出ノート。

幕の部分は、さらに、場と景に分かれていた。これによって、演技が行われる演劇の空間、それぞれの場に関係する登場人物、その場で使われる音楽を見ていくことができた。そのほか、時間配分、演技の説明、歌の歌詞。それは、遅れたり、滞ったりしてはならない音楽で決められた複雑な進行を扱うための詳細な演出ノートである。かなりの数の歌手の位置も記してあった。

今、述べたことは、オペラの上演の演出家としての場合についてである。オペラ演出のこのスコアは、彼の協力者が証言している有名なシーツに相当すると思う。おそらく、それは彼が演劇の演出で使っていたものと似ていたであろう。しかし、その点に関して資料はなく、確認はできなかった。インタビューで助手や俳優は、これらのシーツの存在を証言した。佐野は、それに劇の流れ、衣装、舞台美術の構成、照明、また、おそらくドラマの一連の流れを記していた。俳優たちの稽古が始まる前に佐野は演出を考えてあって、演劇の造形美術の構想も直接書き込んでいたと彼の協力者たちは述べた。残念ながら、この点について資料が少なく、佐野の創造のプロセスをさらに深化させることはできない。

こうした限界に突きあたり、私は演出家としての佐野のプロセスに接近する手段を探した。打開の方法として佐野の演出の再現を試みる計画が心に浮かんだ。それによっておそらく、部分的であれ、劇の流れ、舞台設定、衣装、照明について、彼の演出についての情報を投げかけられる、演出ノートの欠落を埋めることができるだろう。一時代昔のことなので、残っている資料は、白黒の写真、劇の批評や梗概だけだった。

私の再現の案は、次のような事柄に立脚していた。公演の参加者が個人的にそれぞれの役割、ほかの人々との関係を思い出すこと、公演とは直接的に関係のないことまで思い出すことだった。ただ、記憶が拡散してしまうほど、時間の経過は重大だった。それゆえに研究者たちの詳細な作業に先立って、リハーサルの形で、演劇の空間に関係者に集まってもらい、記憶を呼び覚まし、それまでは触れられなかった情報を提供してもらうことが不可欠だった。

佐野が一九五六年にメキシコシティーの国立芸術院で演出したアーサー・ミラーの『るつぼ』の公演を再現するための方法を、一九九八年私はセミナーに提案した。セミナーは、この提案の実施を受け容れてくれた。このプロジェクトには、田中道子教授、ホビータ・ミジャン、オクタビオ・リベロらがあたった。後で、ビデオの台本の完成のためにジョヴァンナ・レッキア、マルタ・トリスが加わった。再現の最後の部分は、一九九九年四月にアントニオ・ロペス・マンセーラ・ホールで行われ、エウヘニオ・コボがビデオに収めたが、約四時間のものになった。この後、ビデオを全体的にコピーした。田中教授と私は、コピーをチェックし、編集したものに収めるべきシークエンスを提案した。それは大奮闘だった。『るつぼ』の上演から四〇年以上の歳月が過ぎていた。この演劇を選んだのは、これに出演した人の多くがまだ生きていたからである。最初、私たちは、こうした人たち一人ひとりにもう一度、インタビューすることを考えていた。しかし、インタビューの間、二、三の研究者たちに参加してもらって、研究者たちが準備した質問のリストに従ってインタビューを進めることになった。後に、セミナーの集まりで、これらの回答が示した一致点や差異をきわだたせるためにすべての参加者の回答をつきあわせた。そうすれば、どの分野が欠落しているかを調べることができると考えた。このような材料をすべて集めたあと、すべての参加者を交えて、フォーラムの形を取って、見ている研究者の前で私たちは会合を組織するつもりだった。

再構成の過程は、佐野が使ったテキストの再調査から始まった[8]。私たちはそれを英語のオリジナル、それからアルゼンチンで出版されたスペイン語訳と照らし合わせた。メキシコでの翻訳は、かつて劇作家のルイサ・ホセフィーナ・エルナンデスの手で行われたが、彼女は同じような作家エミリオ・カルバジードの協力を受けた。この作業では、多くの疑問が浮かんできて、疑問を解決するために私たちは、ルイサ・ホセフィーナ・エルナンデスやロドルフォ・バレンシアに訊いた。バレンシアは、佐野といっしょに翻訳をチェックした人物だった。彼の答えからこの演劇に関して佐野が抱いていた狙いを私たちは探し始めた。この翻訳では、佐野は言葉が原作に近く、正確なものであるように努めていたが、言葉の響きが彼が考えている音楽性をもつことにも留意していた。

この作品やそのほかの劇で、佐野のアシスタントを務めたペギー・ミッチェルは、佐野が演出ノートをもっていたことを教えてくれた。ペギーは、このノートを「シーツ」と呼んでいたが、そこにすべての演出が書かれていた。これらの紙を見ることがあっても、佐野はこれに触らせも、読ませもしなかった。この演出ノートは、オペラの『ジュリアス・シーザー』や『カルメル会修道女の対話』で用いられたものと似ていただろうと私は思う。

実施したインタビュー、とくに俳優たちとのやりとりで、長い歳月のせいで、状況は混乱し、記憶は別の舞台や、別の演出家との演技と混同したりしていることが判明した。私たちは、インタビューでこの演劇の公演にだけに集中するようにした。その上、控えめな何人かの参加者に積極的になってもらう必要があった。録画されるというので、とくに最終的な上演を最初はしぶった。

続いての作業は、「『るつぼ』上演の再現」のための台本を書くことだった。台本を通して、個人的なインタビューではわからなかった情報の欠落部分を埋めようとした。各々の研究者が個々の研究に関係する質問表を作成した。そのあと、検討し、選び、優先すべき疑問点、また、その質問の順番を決定するために集まった。

台本は、舞台や観客の存在など、俳優たちが演技でなじんだ雰囲気のなかにいるように配慮した。私たちは、演劇のリハーサルの雰囲気を再現し、そこで創造的な劇が俳優たちを動かし、対話し、互いに議論し、欲しいときには飲み物が手にできるようにした。

舞台の縁の、観客のそばで、演出家が占めるような場所に、この演劇の企てを統括する進行係を配した。ビデオカメラは慎重に、重要な大道具などはなしで動かすことになった。台本が完成したとき、ビデオの監督に渡され、チェックを受けた。最後に、実行する場所が選定された。

選ばれたのは、メキシコシティーの国立芸術センターのアントニオ・ロペス・マンセーラ・ホールだった。不思議な巡りあわせで、アントニオ・ロペス・マンセーラは、一九五六年に上演した際、『るつぼ』の舞台美術を担当していた。ここを選んだのは、観客の場所が四角になっていて、俳優たちに近く、こじんまりとしていたからである。舞台は黒のステージカーテンによって仕切られていた。カーテンのひとつに当時の写真、レジュメ、新聞評が掲げられた。集まりには、俳優ではイグナシオ・ロペス・タルソ、ロドルフォ・バレンシア、アナ・オ

『るつぼ』再現の集まりの全景。国立芸術センターのアントニオ・ロペス・マンセーラ・ホール。

左から右にカルメン・サグラード、アナ・オフェリア・ムルギア、ロドルフォ・バレンシア、イグナシオ・ロペス・タルソ、アブラハム・スタバンス、マリア・エウヘニア・リオス。

『るつぼ』の展示を見る俳優たち。

佐野碩のセミナー参加者と俳優。前列左からアブラハム・スタバンス、アナ・オフェリア・ムルギア、カルメン・サグラード、イグナシオ・ロペス・タルソ、マリア・エウヘニア・リオス、ホビータ・ミジャン、後列左からオクタビオ・モレノ、スサーナ・ウェイン、ロドルフォ・バレンシア、ギジェルミーナ・フエンテス、マルタ・トリス、オルガ・ハーモニー、田中道子他。

フェリアア・ムルギア、カルメン・サグラード、エウヘニア・リオス、アブラハム・スタバンスが参加した。演出のアシスタントだったペギー・ミチェルは、来ると言っていたが、集まりには現れなかった。

観客、すなわち、研究者たち、再現の試みに関心をもつ人々、演劇評論家のオルガ・ハーモニーが、それぞれの場所についた。参加者たちは、セミナーのメンバーから迎えられ、記憶を呼び覚ます展示物を一緒に見てまわった。このひと巡りで、その場の固い空気が和らいだ。俳優たちは意見や冗談を言いだして、次の段階に進むことを可能にする親密な空気が生まれた。舞台の上には半円に椅子が並べられて、奥には飲み物を置いたテーブルがあった。

セミナーは私を司会者に選び、私は俳優たちの前に場所を取った。彼らにこれからの手続きについて説明した。今回の催しは、二部から成り、その間に短い休憩をはさむことになっていて、前半では、質問を整理し、言葉を与えるのを待たずに、俳優たちにその場で答えてもらうこと、対話したり、論議してもらってもよいと伝えた。また、好きなように動き回ってもらっても、坐ったままでいてもらってもよいし、飲み物を取りに行くことも、舞台を歩き回るのも自由だと言った。ただ一つ制約は、『るつぼ』のテーマに限定してもらうことで、それから逸脱する場合は、口をはさんで、再現の企画に話を引きもどすことになると。私は、司会者の役というのがたいへんデリケートなものであることを意識していた。俳優たちの意見のやりとりがスムースにいくように、なるべく口をはさむのを避けなければならないが、俳優たちの意見の交換が劇の再現と無関係のほうにいってしまうときには、きちんと割って入る必要があった。忘却の屋根裏部屋に残っている瞬間や感情を蘇らせる記憶の自由意志を害せずに、優先的な質問ができるだけ広い返答を引き出せるように仕向けなければならなかった。

その日、いろいろな人々の記憶が、親密な空気のなかでその公演の記憶を刺激するのを確認することができた。様々な目で、必ずしも一致しない返答を耳にするのは、興味深かった。対話や議論は、舞台美術、衣装の色や織地、照明、音楽、空間の使い方、配置などについての情報を得る可能性を開いた。リハーサルのときに佐野が彼ら一人ひとりとの間で決めた手筈やそれぞれの俳優が深く役を演じるようにさせた方法を確認することも同時にできた。危機の時代に政治のホットなテーマを表明する佐野の約束もわかった。この作品は、マッカーシズムを公然と批判したので、当時のアメリカ政府の不興を買い、上演のわずかな期間にも、催し物の欄から削除するように圧力がかかった。

セミナーの後半は、俳優や聴衆の対話が舞台と客席の自然な距離で行われた。聴衆の感想や質問は、俳優たちの経験を豊かにし、特に、演劇評論家オルガ・ハーモニーは、一九五六年の夜のメキシコ国立芸術院での公演を実際観た者として、自分の体験を語った。そして、『るつぼ』の上演が彼女にとってもった重要性を俳優たちに話した。

こうした演劇の再現は、一人の演出家の創造の過程を探究するために有効な道具であることがわかった。とくに、今、私たちは作品そのものの記録を保持していないから。一九九九年に撮ったビデオは、編集して、いろいろなフォーラムで、最近では早稲田大学の佐野碩パネルディスカッションで二〇一二年三月に公開された(9)。この録画は、メキシコの演劇活動に深い足跡を残す、それ自体、メキシコの演劇の歴史資料である。関係者のなかにはすでに亡くなった者もいて、時間は待ってくれない。

残念ながら、佐野碩のほかの演劇を再現しようとする方法は、『るつぼ』のようにはいかなかった。というのは、その演劇に関係した人々がすでにこの世にいないからである。有名なシーツや、演出家としての構想に関係するほかの資料を佐野は自分の保管所にしまいこんでしまったと思われる。将来、より深く佐野碩の創造のプロセスが研究されるように、保管された材料に研究者がたどり着くことを願わないではいられない。

注

（1）原題は *The Crucible*（るつぼ）アーサー・ミラー、一九五三年。〔『るつぼ』はメキシコでは『炎の試練（Prueba fuego）』という題名で上演された。ウェインは、以下の文章ですべて、『炎の試練』という言葉をつかっている。本訳稿では、すべて、『るつぼ』としてある。〕

（2）プレイヤーズ劇団は、英語の視聴者のためにその年英語で四つの劇を公演したが、観客はシーズン入場券を買った。

（3）一九五七年十一月、メキシコシティー、ビジャロンヒン通りのプレイヤーズの劇場。

（4）一九五七年七月、メキシコシティー、音楽劇場。

（5）Seki Sano 1905-1996, CONACULTA-INBA, p. 27, México D.F.,1997.

（6）佐野新は、日本でのシンポジウムでこのことに触れて、これらの遺品は、メキシコの演劇界が利用できるようにメキシコに残しておくことにしたと述べた。

（7）斎藤憐「世界わが心の旅　メキシコ　亡命者の栄光を見つめて」ＮＨＫ、一九九八年。

（8）一九九九年二月十日にメキシコシティーのロドルフォ・ウシグリ演劇研究所のシンポジウムが行われ、このリサーチが開始された。

（9）『るつぼ』再現の資料のコピーは、日本語の副題を付して、早稲田大学演劇博物館に所蔵されている。〔本稿で言及されている、一九九九年の『るつぼ』再現公演時のセミナーの記録は、次頁以降に収録している。〕

〔附〕〈シンポジウム〉『るつぼ』——演出家佐野碩の創作過程

「セキ・サノとメキシコ演劇（1939-1966）」研究会（田中道子訳）

スサーナ・ウェイン（Susana Wein）　まず皆さんにおたずねしたいのは、セキ・サノは、なぜこの作品を選んだのか、どなたかごぞんじですか。

ロドルフォ・バレンシア（Rodolfo Valencia）　それはもちろん政治的な理由からです。みんなも知っているように、ミラーがこの作品を書いたのは、繰り返すまでもないことですが、マッカーシズムの最中で、彼のメッセージは、「どの時代もいつも同じこと。米国民に現在、起こっていることは、既に歴史のなかであったこと、民族形成の歴史の暗黒面」。この作品が発表されるとセキは、早速読んで、劇として、強い関心をもちました。実にすばらしい戯曲ではないですか。でも、演劇としてだけでなく、政治的な意味合いもあります。これがとても大切な点です。

イグナシオ・ロペス・タルソ（Ignacio López Tarso）　セキ・サノが私に言ったのは、ボストンの近くの、セイラムという、マサチューセッツのある町で起こったことを物語るのではない。三百年も前に起こったとても面白い事件だが、セイラムで三百年前に起こったことがどんなに面白くても、とても深刻で、現時点で政治的でも、その事件を演じるのではない。この芝居の目的は、セイラムの事件を通じて現在の米国を直接物語るのでも、マッカーシーの政治を物語るのでもない、と。セキ・サノが私に言ったのは、「この戯曲、この偉大な作品をもって、どんな形でも人間の自由を束縛しようとするものと闘おう。それが、あの時代の米国でも、ここでも、あさってでも、世界のどこであっても……」。

アブラアム・スタバンス（Abraham Stavans）　セキは、とても政治的な演出家で、マッカーシズムは全く彼の敵でした。この作品が気に入っていたのはそのためです。そのことでセキと話しに行って、はっきり覚えているのですが、この演出を通して北アメリカ大陸北部を襲った、マッカーシーの専制政治を弾劾したのです。

ウェイン　面白いのは、両面が組み合わさっていたことですね。

スタバンス　そう、そう。

カルメン・サグレド（Carmen Sagredo）　彼は、戯曲について、最初に読んだ時に、作家が言いたかったこと、作家がもっていきたかったところ、作家が指摘したかったことを、充分に説明してくれた上で、作家が望んだことを、彼も作品を通して伝えたいと。でも、思慮深い政治家だったので、彼が戯曲を政治的に利用したなんて誰も言えなかった。

スタバンス　そう、彼は、いつか起こったことを物語った、三百年前に起こったことを。でも、多くの人は、世界のいろんなところで、何がその時起こっているかを知っていました。

ウェイン　セキは出演者との読み合わせの前に、どんな準備をしたか、皆さんと、あるいは他の助手とかと。

アナ・オフェリア・ムルギア（Ana Ofelia Murguía）　とても長い間準備をしていたのを覚えています。芸術宮殿の楽屋に、図面がいくつも貼ってあって、準備に相当時間をかけていた。

マリア・エウヘニア・リオス（María Eugenia Ríos）　彼は、二七項目ほど区分のある長い紙を貼っていました。ちょうどシーツのような、ね。

サグレド　戯曲の分析で、その展開にそって、一場、一場、順番に。

ムルギア　それと一緒に、照明と音楽。

サグレド　そう、照明と音楽も。

リオス　演出者として、台本を区分けし、例の役の前歴を引き出すための作品の分析、哲学的分析とは別に、ね。戯曲を彼独自に区分けした、リズムによる区分とか……そして、「第一連」とか「リズム単位No.1」とか、ね。このリズム単位の出演者は誰々とか、この連には誰々とか、ね。何をするのか。誰をつれているか。どんな意図を舞台に出る前に持っていたか。技術的な仕事や舞台上の動きとは別に。彼は、女とか男を示す記号の矢印を書き込んで、ね。彼女は丸でどちらに向かうか、つまり、彼の舞台構成。でも、舞台稽古のときにもどんどん創造して行ったの。俳優たちが演じ易いようにするのが彼のやり方だったので、矢印も変わっていった。

サグレド 私の記憶では、稽古が始まった時、台本の一ページごとに、二ページ、三ページ、少なくとも一ページ、あらゆることを書き込んだシートがあった。この場でやること、あの場でやることという風に。

タルソ そのシーツのような図面を、彼は検討したし、記憶したし、変更したし、いろいろなことをしたが、私が覚えている限りでは、「ちょっとここを見ろ、プロクトル。ここは、こうなっているからこうしろ」などと言われたことは、一度もなかった。

サグレド 全く。

タルソ そんなことは、ただの一度も。セキとやった仕事は、基本的に、人物の真実を探すこと、その人物を内面から外見へとつくること。そして彼のシステム、方法、技巧、規律、そう、規律は厳しかった。でも、その他のことは口では言わなかった。

ウェイン 次にお聞きしたいのは、最初にこの台本を受け取って一人で読んだ時の印象は、どうでしたか。そして、舞台での仕事を通して、どう変わっていきましたか。

スタバンス 覚えているのは、ぼんやりとだけど、最初の読みに呼ばれたのは、アナ・オフェリア、君もいたし、たぶん君もいた。読んでみてもよく解らなかったので、とても印象的だった。まだ若くて、二十一歳だったし、あまりにも強烈な作品だったので。僕は怖かった、本当に怖かった。読み終わって、彼は言い出した。

「さあ、誰か何か言わないか。何か意見は。」

何か言うなんて、恥ずかしくて、頭が混乱していて、こういう戯曲を理解できなかった。

はっきりと覚えているのは、通し読みが終わって、彼に近づいて従順に、

「マエストロ、この作品のどの役を私が演るのですか。」

「心配しなくていい。それは、私の仕事だから。」

彼が、私が演じるのは老人の役だと言ったとき、三日間眠れなかった。

「どうして僕がこの役を。二十一歳なのに、どうして老人の役を。七十何歳かの老人を、二十一歳で。型にはまったものにならないだろうか。

「それは、君の仕事だ。」

そして、彼は「杖をついたら調子が良くないかい」と言って、僕に杖をくれた。

実際、杖は、僕の内的な部分に役立った。外的な

役づくりというよりも、杖は、僕が内的な創造の過程に入るきっかけを、彼が僕の役を信じてくれるきっかけを作ってくれた。僕にとって、観衆よりも、セキが信じてくれることが重要だった。

タルソ　これは、疑いなく、世界演劇の大作の一つだ。僕の意見では、ミラーの最上の作品だ、最初に読んだときに、どんなに強烈な感情に揺すぶられたかおぼえている。一度読み、二度読み、三度読んだ。俳優にとって最大の敵は、初読から喉がつまり、涙が出て、鼻の奥がもぞもぞし、舞台演技上、感極まってしまうとき。

もし、それが初読から起こるなら、後々までも起こるだろう。この場面は誰と……君とだったな。

バレンシア　そう。

タルソ　毎回、演じるたびに僕の内面が煮えくりかえるようで涙に溺れた。これは恐ろしく困ったことで、その場のその場面が来ると僕に神経症が起こった。最初に読んだときから最後の舞台まで。

バレンシア　僕の体験は少し違って、その頃には、もう相当政治的だったので、戯曲を読むのに、セキ・サノは、まず作品の検討に僕を呼んだ。訳を手直しするためにではなく、訳はなかなか良かったので、会話に、より演劇的なもの、より流暢な流れをつけ、こういうことを、翻訳を検討するというより、戯曲を超えたところまで。

仕事が終わると、「この芝居に出たいかい」ときかれたので、「もちろん」と答えた。

「どの役をやりたいか」と言ったので、「何の役でも」。

僕は、あの作品の創作に参加したかったので、あそこに居ることに関心があったので、彼は、老人の一人の役をくれた。どの役だったか覚えていないけど、読みを始めた。そこでの、セキ・サノの強烈なエピソードをお話ししよう。

読み合わせが始まって、まだ、あの有名なスペイン人の役者がいて……。

タルソ　なかなか良い役者が。

バレンシア　そう、その人。

タルソ　アウグスト・ベネディィコだね。

バレンシア　ベネディィコ。彼に注文をつけたら、彼は自分のやり方に固執した。自分のやり方は、とても良いと。

セキは、「それは、僕の考える作品の人物ではない」。全く平然と僕に向かって、

「バレンシア、読んでみてくれないか。」

今でも、鳥肌が立つ思いです。

「私が?」と聞き直すと、「そう。読んでみてくれ」。

「セキ、その部分はこれまで読んだことがないのですが。」

本当に、自分にはじめに与えられた役の部分以外は、役として読んではいなかったのです。

「どうぞ、読んでください。」

これはもう、演出家の命令なので、どうにか読んだ。セキ・サノの残酷な面も知って欲しいので言うが、ベネディコに向かって、

「聞いたか。これがダンフォルスだよ」と言った。

全く酷い仕打ちで、みんな、といっても、まだ出演者全員は揃っていなかったのだが、息を殺していました。居たのは、主な役の俳優たち、そうだったろ。そこでこんな風に直接言うのは、全く俳優の自尊心を傷つける。役者は、立ち上がると出て行った。

スタバンス　ロドルフォがベネディコに対する扱いについて言ったことについて説明を加えたい。

実際は、特にアグレッシブな態度だったわけではなく、セキの話し方はいつもそうだった。セキは、自分が達成したいことを守ろうとし、そんな風に伝えた。叙情的な話し方をする男ではなく、私たちがするように、相手に合わせて話し方を変えたりしない。僕の場合も、引っ掻き回され、叩き潰され、攻撃され、それで、成長し、成長し、一人でやっていけるようになった。アウグストを傷つけるためにやったのではない。

バレンシア　何のためにやったのか僕は知らない。でも……僕には、恐ろしいことだった。セキ・サノはこういう恐ろしいことが出来る男だということ。

ウェイン　次にお聞きしたいのは、プロフェッショナルな俳優と、学生たちの関係です。どんな風でした。

サグレド　稽古が進んで行くのを聞いていると、ふと、何か荷物のように蹲っているので、

「だれ。だれなの」と声をかけて近づいて、

「マリア・エウヘニア、ここで何をしているの」。

「ひどいわ、集中できないわ。」

〔ある時、セキが話しかけた。〕

「あなたは、集中しない。」

「どうして集中しないっていうんです。」

「あなたは、役に集中していないでしょう。」

「お言葉ですが、役を作る仕事をして、もう私の中に入っていて、初めて『あなたがパットナムの役

をやれ』と言われたその瞬間から、舞台では私はパットナム夫人です。失礼、出番ですから。」
舞台に立って、役を終えて帰って来ると、
「それを、どうやったんだい。どうやったんだい。」
「どうやったって?」
「僕は、君と話していて、注意を拡散させて、舞台で間違えないかと見ていたが、間違えなかった。」
「失礼ですが、マエストロ、演劇、舞台は、それはそれ、私自身の生活、ここでの生活は別。いつも私は私の中に居る登場人物と一緒に居ます。舞台の上でも、外にはいない。ここに私の中に居て、集中すれば、役に入り、言うべきことを言います。」
こう言ったんです。

リオス　アナ・オフェリアと私はヒステリーにかかった娘たちで……。

ムルギア　魔女たち。

リオス　村の娘たち、ね。舞台に出るために集中しないと。悪魔に魅入られたという問題を抱えていて、それは、村の集団的ヒステリーなんだけど、その上、出頭する前に、前の晩からブードゥーを踊ったり、大鍋の周りでチャカチャカ、チャチャチャカ、それを牧師が見つけて、リーダーのアビゲールとその他の娘たちがしらを切るでしょう。ね。全く別の課題を持っていたの。

ムルギア　それは、経験を積んだプロフェッショナルな俳優と学生との違い。私たちは、もちろん充分に集中しなくてはならなかった。学生としての問題は、初めてのデビューで集中するために地下の隅に行っていて、舞台に出る番になると、いつも必ず、カルロス・アンシラが前掛けの後ろの紐をほどくの。それで集中が妨げられて、役に入れなくて困ったわ。

リオス　そうだったわね。

ムルギア　私たちの言うことを聞くのが好きだった。ね。セキとは、意見交換がいつもあった。いつも、いつも。私たちは、スポンジのように吸収しましたが、意見の相互交換もあった。

リオス　そうね。自分たちがゲームに参加しているのを知っているように、ね。その後で、サンボーンズのレストランに……。

ムルギア　タイル張りの店に。

リオス　そう、タイル張りの店にみんなで行って、健康的に食事をして。でも、みんなが一番よろこんだのは、ご褒美としてドローレス通りの中華料理店に連れていってくれたこと。

スタバンス　〈上海〉だね。稽古が終わったとき、不思議にセキ・サノは、劇場でのことは何も話さなかった。それは別として、僕たちを招待してくれた。
リオス　とても深い知識をもっていて、たとえば、布地の選択にも重要な意味を持たせた。私たちの生地は、いろいろな色彩の光線に映えて。彼は本格的な照明家だったわね。薄明かりの照明で、ピューリタンのミステリーや禁止に覆われた状況を、衣装の彩りと布地の手触りで表現した。
ウェイン　どんな色だったか覚えてますか。
リオス　もちろん、灰色。
スタバンス　ええ、はっきりと。いろいろな灰色。
ムルギア　灰色とか黒とか。
タルソ　色は、セピア、土色。
スタバンス　灰色、ワイン色。
ムルギア　緑も、乾燥した葉の緑。
スタバンス　僕は緑は覚えてないけど。
リオス　それは完全なものだったわね。それぞれの楽器に持ち場があるシンフォニーのように。全作品がそうだった。偉大な成功は、どのように作品を上演するか、どのように創るのか、「どのように」にあった。
ウェイン　何か音楽について覚えていますか？　舞台で歌った歌の他に。
みんな口々に　ホープ・フォイエ〔米国出身の黒人女性歌手〕。
ウェイン　太鼓は？
リオス　トゥーバだったでしょう。
ムルギア　そう。
ウェイン　その他に？　何か音響効果とか？
リオス　バックミュージックは覚えていないけど。
ムルギア　それだけだったと思う。
スタバンス　それだけで、何もなかった。
リオス　みんなバルバドスのだった。みんなでパーティに行ったのをおぼえている？
ムルギア　そう、ブードゥーのパーティ。私たちが少しトランスに入るように。
リオス　その状態が解るように。私は、すっかりはまってしまって、カルメン・サグレドさんが平手打ちで……。
スタバンス　それから頬っぺたがそんな風に。
バレンシア　そうだったのか！
リオス　ホープ・フォイエは本当にすごいトランスにかかった。
ムルギア　黒人の……。
リオス　黒人のホープは、踊り始めてすごいトランスに入って、私のことをこうして摑んで、私を摑んで見る目つきが炎のようで。こういうことはみんな役に立ったわね。基本的なことだった。

ムルギア　戯曲は、前夜、そういうところに、みんな居たというところから始まる。

スタバンス　そのような心理状態にみんなあることを俳優が求めるようにセキは望んだ。ああいう稽古の始め方は、とても重要だった。僕たち俳優に心情のあり方を示してくれた。

ウェイン　セキは、一度出来上がった芝居の、質を維持する方法、初演と同じレベルの舞台が保てるようにする方法をもっていたといわれます。例えば、どんな例があげられますか？　どんなことをして上演作品を維持したのでしょうか？

リオス　メモをとっていた。

スタバンス　監視していた。

ムルギア　メモ。

タルソ　メキシコでは、初演の後、毎日舞台を観る必要を感じる演出家はごく少ない。メキシコにも外国にもそういう規範をもった演出家は少ない。セキはそれを持っていた。セキは、毎日上演前に来て、終わると帰った。いつも。あるいは、各自に注意するか、一同に関わる場合は、芝居が終わってから舞台にみんなを集めて、彼の意図するところを説明した。どこを良くしなければいけないか、毎日。

サグレド　こんな強烈な戯曲だから、ヒステリーや、演じ過ぎたり、いろいろあって、どんどん盛り上がっていって、彼は、それを許したけど、枠をはずさないように、作品のクレッシェンドのリズムにしたがうように、しかし、踏み外さないように、誰かが突出しないように、と。

ウェイン　当時の観客として、何か思い出すことは、ありませんか？　私たちにとって、観客の記録はないので、何か記憶にあることを言ってくださるとありがたいのですが。

オルガ・ハーモニー（Olga Harmony）　ほんの少し、あまり細かいことは覚えていません。もうずいぶん前のことですから。あれからずいぶん演劇を観ましたが、この大作が私たち観衆に与えた衝撃を、いままでも覚えています。この印象深い戯曲は、『欲望という名の電車』と比べても――それが今でも興味深いテーマを扱っていて、大成功だったとしても、そして、いろいろなことを語る作品であったとしても――、これはより偉大な演劇で、皆さんが言ったように、あらゆる点に細心の注意を払って、衣裳なら、茶色、ベージュ、灰色と激しい赤などが記憶に残っています。全体的な芝居、全く全体的な演出でした。

田中道子　セキ・サノは、照明を大いに使ったようですが、ある一点を強調するとか、ある場面から他の場面に移る時とか、違います？　ダイナミックに移るときとか。照明のデザインを彼がしたのか、照明係のリカルド・セディーヨさんが担当したのか、どこまで協力したのか、どうでしたか？　照明を入れてのリハーサルは、何度ぐらいありましたか？

スタバンス　このことは、はっきり覚えているので答えられるよ。セキは、何回も何回も照明担当の仲間と打ち合わせをして、僕は、そこに居たか、待っているかしたので知っているんだけど、セキが意図するような最終的な合意に達した。セキは照明を通じて場面を作ろうとした。これはとても大切な点だと思う。

サグレド　でもそれを手帳に書き込んで持っていて、その場面、その場面で何に光を当てるか。照明担当のセディーヨは、電球をつけるだけ。演出家が言うとおりに、演出家が希望するように。それだけ。重要なことは、彼が照明担当者に指示して、「ここに当てて、もっと下に」と。択んだ色で、好みのプロジェクターを使って、彼の言うままに。入れる合図、切る合図、すべて書いてあって、図示してあって、場面ごとに照明のダイアグラムがあった。

ウェイン　照明のデザインはセキがやったと言ってよいですか？

サグレド　ええ、もちろん。

スタバンス　全く。

サグレド　全く一人で。セディーヨさんにそれを渡して、場面ごとにやって欲しいことを指示し、セディーヨさんがプロジェクターをセットした。

リオス　彼はメイエルホリドに付いて勉強したと言っていたけど、メイエルホリドの照明の技術のすべてを、つまり照明家として大変な才能をもっていました。光を、作品全体を包みこむ一人の登場人物として扱っていました。

ムルギア　セキが私たちに教えてくれた重要なことは、演劇は、すべてが一体になったものということ。一つの作品に参加するそれぞれの要素のすべてが、すごく大切なんだということ。よく私たちに、場の最後に出る役者は、素晴らしい仕事をしなければいけないと話してくれました。一言を言うとか、舞台を横切るとか、その通りにしました。舞台装置家、照明係、すべてが一体になって。

ギジェルミーナ・フエンテス（Guillermina Fuentes）　芝居のはじめ、第一場に参加した俳優の人たちにお聞きしたいのですが、どんな風に芝居が始まったか覚えていますか？

ムルギア　ベッティの場面だったわね？

リオス　私の記憶では、すべて真っ暗で、少しずつ……。

タルソ　台本を見なければ、そのとおり始まったから。

フエンテス　でも、芝居として。

タルソ　そのとおり、台本のとおりに始まった。

リオス　一つ覚えてるのは……。

タルソ　台本には、どうなってる？

スタバンス　台本もってる？

ムルギア　パリスが登場するんでしょう、ね。

リオス　誰も台本もっていないの？　そこには。

ムルギア　パリスが小さな女の子と居て、女の子は病気で、それから出て行く。

スタバンス　暗闇で、自動的に照明が目覚めていく。

リオス　そう、そうだったわ。窓からの照明。

スタバンス　そうすると明るさが増して。

リオス　窓から入る光が。

スタバンス　こういう風に始めの場がはじまった。

フエンテス　それが知りたかったんです。病気で、パリスが。

田中　ベッティが居て、病気で、窓から入る光線だったんですね。

ウェイン　つまり、窓から入る光線だったんですね。

スタバンス　そう。

ウェイン　みなさん、ご参加いただきありがとうございました。これで、記憶再構成の会合を終えます。私たちにとって、大変実りある会合でした。

では、食事に行きましょう。

編集・制作：エウヘニオ・コボ・フェルゲレス
作製：「セキ・サノとメキシコ演劇（1939-1966）」研究会
代表：田中道子
司会：スサーナ・ウェイン
研究員：ホビータ・ミジャン、マルタ・トリス、スサナ・ロブレス、オクタビオ・モレノ、ドロレス・エルナンデス、ジオバンナ・レッチア
著作権登録：田中道子／メキシコ 2000

（付記）この字幕は平成二十四年度国際交流基金知的交流会議助成プログラム助成対象事業『「佐野碩と世界演劇」展関連シンポジウム（主催：早稲田大学坪内博士記念演劇博物館）』の一環として作成されたものである。

佐野碩とアメリカの劇作家

ホビータ・ミジャン・カランサ
（西村英一郎訳）

序

芸術家は、生きている社会にたいして無感覚であってはならず、さらには、社会的、政治的な意識の獲得のために積極的な存在でなければならないという信念から、佐野碩は、芸術において自身と立場の近い、同時代のホットな劇作家を選んだ。

これが一九二九年の恐慌がもたらした経済的、政治的、社会的結果としての貧困、差別、階級闘争などをテーマにした、アメリカの劇作家の作品を彼が取り上げた理由である。クリフォード・オデッツ、アルバート・マルツ、ジョン・スタインベック、テネシー・ウィリアムズ等の作品が佐野碩によってメキシコの舞台で上演されたが、それは、それまでメキシコでは公演されなかった作品であり、その内容は芸術性を保ちつつ、メキシコの観客にインパクトを与えようとする作品だった。

取り上げられた作品を見ると、戦後の代表的な劇作家アーサー・ミラーのものも多い。ミラーはテーマにおいても政治的な状況においても佐野と共通するところがある。これについては、戦前の劇作家とは別に扱うことにする。

一 大恐慌

佐野碩のアメリカでの二回の滞在は、それまで前例のない稀有な歴史的な文脈のなかにある。すなわち、彼の滞在は一九三一年の六月から九月と、一九三八年の八月から一九三九年の三月にかけての二回であった。これは一九二九年に始まる大恐慌の最中のことで、不況は経済だけでなく、政治、社会に影響をもたらし、芸術の活動にも衝撃を与えた。

失業、貧困、人種差別、農産物価格の下落は、これらの結果であるが、もっとも深刻なのは、それまで万能薬と考えられていたアメリカ社会の資本主義体制の脆弱性が露呈したことだった。

政治的結果はすぐに現れた。当時の大統領ハーバート・フーバーの対応が遅れ、政府の対策の効果はおぼつかなかったから、危機の状況に対して、市民や労働者は自分で問題に対処しなければならなかった。

このような意識から、アメリカ合衆国共産党やカリフォルニアのプロレタリア同盟のような左翼の組織や、労働者の権利を擁護したり、大量の首切りに反対して闘う労働組合が発展した。

この社会変動を背景に、芸術家たちも傍観者でいるのではなく、結束して表現の自由を擁護し、困難と闘う集団やグループを組織した。左翼の作家を支援するために一九二九年にニューヨークで設立されたジョン・リード・クラブは、そうした組織の一つである。

リアリズムと詳細な描写を特徴とし、ファンタジーとはかけ離れたドキュメント的な手法や、危機がもたらしたものを生々しく描くような、いわゆる不況下の文化も生まれた。

この文化はあらゆる芸術的な領域にまで浸透した。文学、映画、写真、もちろん、演劇にも。文学では『タバコ・ロード』のアースキン・コールドウェル、『スタッズ・ロニガン』三部作（一九三二―三五）のジェームズ・T・ファレル、『U・S・A』三部作（一九三〇―三六）のジョン・ドス・パソス、『失業手当の愛』（一九三三）のウォルター・グリーンウッドなど。映画では特別な関わりが見られた。ミュージカル、コメディー、ミステリーなどで人気のあった映画という第七の芸術も危機に起因する問題から身を遠ざけておくことはできなかった。そして、二〇年代の繁栄が消えていく様を眺める民衆の混乱、倫理、経済の問題を、様々な映画監督が大スクリーンに映し出した。ウィリアム・ウェルマンの『民衆の敵』、マイケル・カーティスの『汚れた顔の天使』、スタインベックの小説を脚色したジョン・フォードの『怒りの葡萄』は、その一例にすぎない。

写真では、ウォーカー・エバンス、ベン・シャーン、ドロテア・ランゲ、FSA（農業安定局）プロジェクトは、不景気から生じた問題の忠実な証言者である。

演劇も例外ではなく、その分野でまさにワーカーズ・ラボラトリー・シアター（WLT）、グループ・シアター、シアター・ユニオンや新演劇同盟、新演劇人委員会のような組織が生まれた。

二　アメリカにおける佐野碩

これは、佐野碩がアメリカに二度滞在した期間の足跡である。最初の滞在時、一九三一年六月から九月、彼はカリフォルニア・プロレタリア文化連盟と接触をもち、上山浦路や米田剛三（カール・ヨネダ）を通して早川雪洲が出演した『龍の娘』という映画の演技補佐として参加した。これはサックス・ローマーの小説『フー・マンチューの娘』を脚色したもので、パラマウント映画社で製作された。

佐野の行動は、シカゴやニューヨークでのジョン・リード・クラブの会合参加も含み、シカゴでは飛び入りで会合の話に加わり、ニューヨークでは当時、雑誌『ニュー・マッセズ』の編集人であったマイケル・ゴールドと結びつきを強めたり、WLTやグループ・シアターという新興の演劇グループのメンバーのインタビューを試みた。

WLTは、一九二九年に設立されて、民衆を決起するように扇動したり、支配的な既成の秩序にたいして蜂起を促すような、いわゆるアジテーション・プロパガンダという技術を用いることを特徴にしていた。一方、グループ・シアターは、一九三一年六月八日に結成されたばかりで、三人の演出家の名前を載せていた。シェリル・クロフォード、ハロルド・クラーマン、リー・ストラスバーグで、彼らの劇団員二八人のなかにはステラ・アドラーやクリフォード・オデッツがいた。恒常的にではないが、劇作家アルバート・マルツが一九三〇年に設立し、指導したシアター・ユニオンともおそらく関係があった。マルツは、社会主義的な方向性をもち、資本主義社会で無防備な階層の生活を描く演劇をもくろんでいた。

佐野碩の二回目のアメリカ滞在は、一九三八年八月から翌年三月までである。最初の訪問から六年が経過していたが、その間に演劇の外観も明らかに変化していた。ヨーロッパの文学の影響から離れて、政治的な綱領の光で同時代の社会を解釈しようとする新しい演劇が支配的だった (Joseph Word Krutch. *Historia informal del teatro norteamericano a partir de 1918*, p. 201)。

WLTとシアター・ユニオンの共同グループは、そのもとに三百人のメンバーを国内で集め、自分たちの劇を演じる開放されたスペースを利用していた。

グループ・シアターは、優れた劇作家クリフォード・オデッツのような社会批判の劇でニューヨークの演劇の先頭に立っていた（このグループは集団的労働の利点を証明し、それをすべての社会的活動に適用することを提案していた）。

実際、佐野碩がロペ・デ・ベガの『フエンテオベフナ』を上演した——一九三九年三月——のは、この集団によってだった。これはアメリカで佐野が演出できた唯一の演劇で、ブロードウェイの公演の前座として上演されたが、画家ルフィーノ・タマヨと知り合うきっかけになり、のちにメキシコを自国として暮らす道を開いた。佐野はメキシコで二八年間暮らし、そこにおいて芸術性を失わない、社会批判の劇を上演することを旨とする、もっとも重要な演出家の一人としての地位を確立することになる。

佐野碩のメキシコへの到着は時流にかなっていた。というのは、彼の努力によってメキシコにおける演劇の革命に、三つの視点から加わることになったからだ。

（a）俳優の養成

（b）演劇での新しい演技法の確立

（c）彼の政治的理念に近い同時代の作品の公演

佐野碩はアメリカには戻らなかったが、アメリカ演劇の展開から目を離さず、自分のレパートリーにテネシー・ウィリアムズやアーサー・ミラーの作品を加えた。

三　佐野碩と新しいアメリカ演劇の劇作家

述べてきたように、佐野碩のアメリカ滞在は、一九二九年から一九三九年のアメリカにおいて経済的に大恐慌が深刻化した時期であった。これは世界的な規模のことであったが、新しい世代の劇作家の出現を促した。彼らは政治的信念に基づいて社会批判の作品を書いた。

危機の条件のなかで鍛えられた作家である彼らは、社会の悪を告発し、民衆の意識を覚醒しようとした。そのためには、単なるメロドラマや民衆には理解できないような「インテリ」の作品にするのではなく、舞台にかけられたテーマに政治的に「焦点をあてる」能力が必要だった。

こうした劇作家としてポール・ピーターズとジョージ・スクラール（シアター・ユニオンが公演した『沖仲士』は二人の共作、一九三四）、アルバート・マルツ（『黒い穴』一九三五）、アルバート・ベイン（『自由を鳴らせ』一九三五）、クリフォード・オデッツ（『レフティを待ちながら』一九三五、『醒めて、歌え』一九三五、『ゴールデン・ボーイ』一九三七）が傑出している。扱われているテーマがメキシコの政治的状況に通じるものとして、佐野碩は、この時期の劇作家からクリフォード・オデッツとアルバート・マルツの作品を選んで、メキシコで上演した。

(a) クリフォード・オデッツ

佐野はアメリカに二度滞在したが、その間に、オデッツは俳優からグループ・シアターの劇作家になった。彼の作品『醒めて、歌え』、『レフティを待ちながら』、『死ぬ日まで』の出版や批評などの経済的成功によって、一九三五年、劇作家ハロルド・クラーマン、シェリル・クロフォードは五週間に渡ってソビエトを訪問することができた。彼らは、そこでスタニスラフスキー、メイエルホリド、ネミロヴィチ＝ダンチェンコ、セルゲイ・エイゼンシテインらと会談し、三五日間で、三五本の作品を鑑賞した。クルーマンの『ソビエト日誌』がこのことを伝えている（この日誌は、一九八七年にホアン・ウンガロによって整理された）。

これらの作品のなかで『レフティを待ちながら』は、佐野の特別な関心を引いた。のちに佐野は芸術劇場の研究の計画のなかの外国作品のレパートリーに入れ、一九三九年メキシコに到着して二、三カ月後、メキシコ電気労働者組合（Sindicato Mexicano de Electricistas　略称ＳＭＥ）にこれを提案している。

グループ・シアターは、特別公演でこの作品を上演し、一九三五年にはグループの定期公演のプログラムの一部として再度演じたが、オデッツの共産主義への改宗——専門家によると——が標榜された作品だった。

この作品は、実際の事件（ニューヨークのタクシー運転手のストライキ）に基づいて舞台化された。そこではタクシーの運転手の集会が行われ、列挙された労働条件に対して反乱が起こる。状況に真実味をもたせるために観客のなかから「扇動者」が加わる。話は、ストライキに向かう労働者の決起で終わる。

アメリカで作品が上演された六年後、一九四〇年十二月一日、メキシコではマヌエル・アビラ・カマーチョが新大統領として労働運動に対する統制の政策を打ち出した。これにたいして鉱山労働者のような組合は反対した。鉱山労働者たちは賃上げと貸付金の増額を要求し、彼らの百日を超えるストライキは、その産業を麻痺させかねなかったが、一九四一年二月十四日、要求に対する部分的な回答を得て中止された。

一方、一九四一年一月十二日、メキシコの市電会社にたいする労働者従業員同盟のストライキが勃発した。労働者は新しい労働協約の実施を要求していた。政治的な結びつきを利用して、メキシコ電気労組の支援を受けながら芸術劇場の計画に乗り出していた佐野碩は、クリフォード・オデッツの『レフティを待ちながら』の上演に組合から援助を得た。

彼は、劇の内容が当時のメキシコの政治状況とほとんど同じで、要求が認められるまでストライキを継続するように労働者を直接的に鼓舞できると考えた。

市電同盟のホールでの上演がその組織の力を結集させることに寄与した可能性はある。これは、佐野が日本で「トランク劇場」に加わったときに行ったことで、そのときは佐々木孝丸に指導されて、共同印刷の争議参加者にたいして、『ある日の一休《いっきゅう》』や『エチル・ガソリン』の上演で活動を支援した。結局、一週間後、ストライキ側は賃上げと貸付金の増額に加え、新しい労働協約を結んだ（Tanaka, pp. 63-64）。

また、佐野は「自己の脱却（despersonalización）」の練習という俳優の養成のコースのプログラムにこのオデッツの作品を取り入れて、シッドとフローリーの場面を、彼が設立した様々な演技学校での必修の教材にした。

佐野はこの作品を活用したが、それは社会批判としてだけではなく、労働組合のいかなる建物のホールでも素人の俳優によって演じることができたからだった。ストライキの委員会が組織したキャンペーンの一部として、臨場感のあるこの作品は、組合の目的と合致している（Wood, p. 203）。

(b) アルバート・マルツ

クリフォード・オデッツよりもおそらくラディカルであったアルバート・マルツは、アメリカの左翼でもっとも活動的な劇作家の一人としてきわだっていた。左翼グループ、シアター・ユニオンの創立のメンバーでもあり、資本主義体制の未曾有の経済危機から生じた、不遇な社会階層の生活を映し出す新しい演劇を目指していた。そこから、彼は失業や飢餓のような労働問題と関係するテーマを選んだ。

彼の作品『大地に平和を（Peace on Heart）』は、ジョージ・スクラールとの協力から生まれたが、とくに労働者階級に向けられた演劇創造の出発点になった。

（1）観客が舞台に映し出されるように、現実に関係する現在のテーマを演劇に取り上げること。

（2）高額なためにそれまでこのような経験ができなかった社会階層に演劇への門を開くこと。

一九三五年シビック・レパートリー劇場にかけられた、この劇作家の『黒い穴（Black Pit）』は、メキシコでは佐野碩が選び、上演された。一九五九年メキシコ電気労組との二回目の共同企画で、『黒い穴（Pozo negro）』という題である。

佐野のこの労働組合との共同企画は、組合の委員長で事務局長でもあったアグスティン・サンチェス・デリン

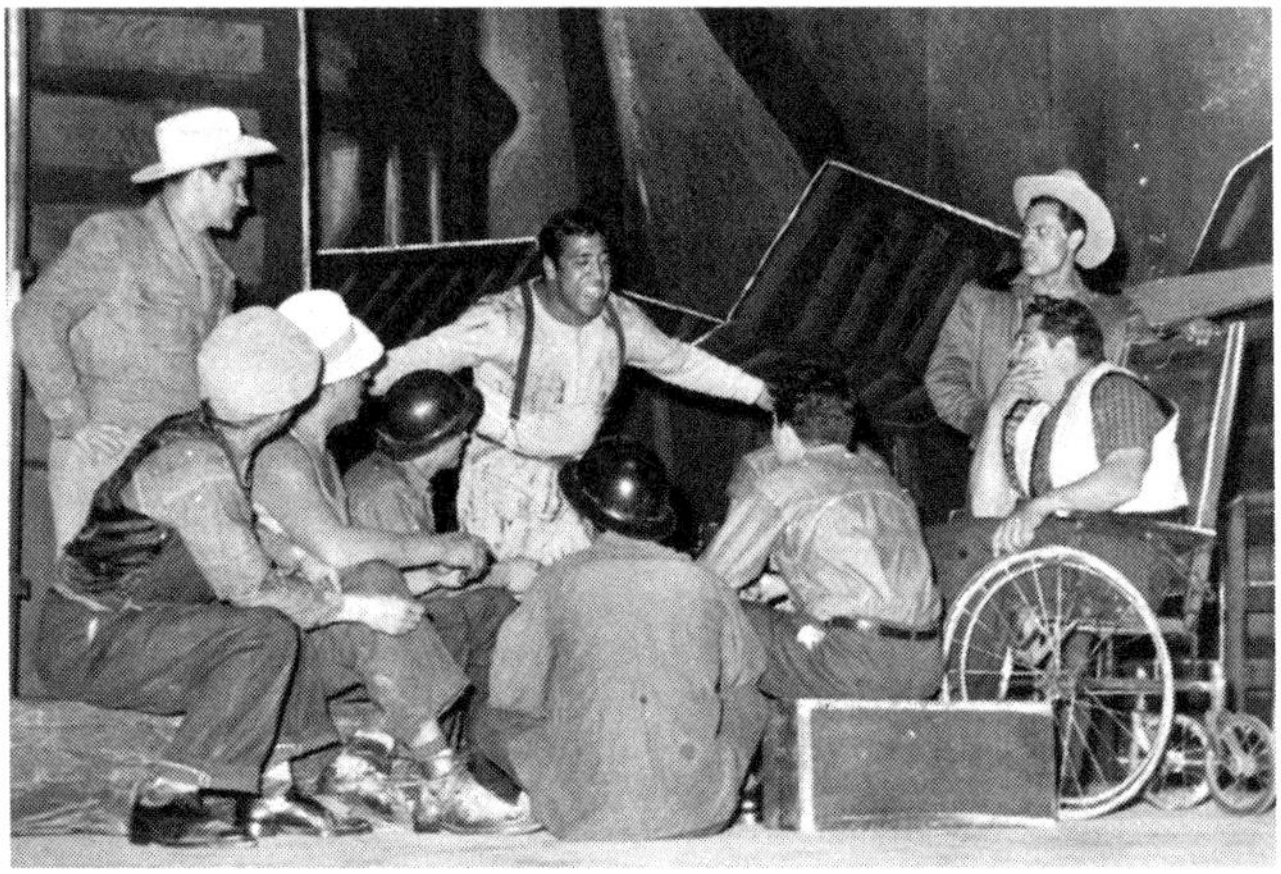

『黒い穴』のシーン（田中道子提供）

トが一九五四年にその職についたときから、集団意識をつくり、強化しようとする政策に着手したために生まれた。たとえ経験的に分かり切ったことにしろ、SMEのなかに真にプロレタリアの民主主義を育てるためだった（サンチェス・デリント、p. 219）。

この過程を具体化するためにデリントは、二つの重要な活動を考えた。定例会議の設定と労働者向けの芸術行事の組織化である。芸術行事の内容は、企業から「共産主義者」という目で見られていた指導者が組合員のなかに注入しようとする組合神秘主義と関係していた。また、ブルジョア的意識に対決する労働者階級の意識の形成、プロレタリアの民主主義を確立する闘い、資本主義が内部にもっている搾取体系の矛盾に対する意識の形成も目的だった。

一般的に言えば、この二つの活動は、学歴や知識のレベルを重視せず、労働者を大規模に方向づけようとする戦略として強調されて、政治化の両輪となった。

一九五九年にはアドルフォ・ロペス・マテオがメキシコの大統領となり、電気労組は国でもっとも強力な組織の一つとなったが、それは電気のインフラを急ぐ政策の恩恵だった。このような政治的思惑のなかで佐野碩は、組合と再度提携する好機だと判断して、芸術の共同企画としてアルバート・マルツの『黒い穴』を選んだ。

『ヘンリエッタ四番坑』の題でも知られるこの作品は、佐野碩の演出のもとでロドルフォ・バレンシアによってメキシコの舞台用に脚色された。サンチェス・デリント自身が技術顧問を務め、組合と会社の交渉の場でこの作品を上演する時間を設けた。交渉は労働の集団的契約の見直し、三〇パーセントの賃上げ、週四〇時間労働、休暇手当、退職者のための積立金の統合に及んでいる。

有利な回答が得られず、交渉が決裂したあと、サンチェス・デリントは、会社が得ている利益からすれば、要求は度を超えるものではないと発表した。「もし、会社がメキシコの発展とともにあるとするなら、その利潤は国内で留保するべきである」と述べた。このようななかで、『黒い穴』は、権利や労働条件の改善を求める労働者の闘いを支援するために上演された。ちょうど企業を公然と支援する公権力によって独立系の労働組合が抑圧されている時期だった。

公演は、労働組合に加入している労働者のグループが行い、素人の俳優が中心になったが、迫力のある作品に参加した観客は感動を抑えられなかった。観客は、民衆のために演劇をする責務に納得して帰っていった。

その頃マルツは、非米活動委員会からマークされ、共産主義者として告発されて、逮捕、投獄された。「ハリウッドの十人」というブラックリストに入れられ、彼はメキシコに亡命した。メキシコには一九六二年までいたが、偽名で映画の台本を書いている。

(c) ジョン・スタインベック

グループ・シアターの集まりの場所となっていたアドラー姉弟(ステラとルーサー)の居間で、共産主義の長所やアントン・チェーホフ、ユージン・オニール、ジョージ・バーナード・ショー、フョードル・ドストエフスキー、ジョン・スタインベックなどの作家について議論が行われていた。スタインベックについては、彼の『二十日鼠

『荒々しい力』のレバ・レイエスとロドルフォ・アコスタ（アントニアーノ提供）

と人間』がまもなく上演されることになっていた。

佐野碩は、この作家の作品の政治的性格に注目していた。一九四五年に佐野は『月は沈みぬ』をリハーサルに選んだ。ナチスに占領された小村の抵抗の活動を扱ったその作品は、彼の演出にふさわしい作品だった。というのは、三国同盟に反対するメキシコ政府の政治的立場を支持して、一九四二年には首都のソカロ広場を全面的に使ってラファエル・ビジェーガスと彼による『立ち上がるメキシコ』を上演していたが、『月は沈みぬ』は、メキシコの立場を支持する佐野碩の活動を継続するものになるはずだったからである。理由はわからないが、上演はされなかった。しかし佐野碩は、スタインベックの別の作品のリハーサルをしていた。それが『二十日鼠と人間』で、『荒々しい力』と訳されて、プラドホテルの完成前の劇場で一九四六年十二月十三日に芝居が行われた。

この作品の公演は、佐野碩がメキシコの演劇界で獲得した地位を示していた。彼はすでにこの地で、バレエ『ラ・コロネラ（女大佐）』（一九四〇）、『レフティを待ちながら』（一九四一）、『吊るされ者の反乱』（一九四二）、『立ち上がるメキシコ』（一九四二）、『検察官』（一九四三）で知られていた。これらの作品には彼のレッテルが貼られていた。たった一度の公演に、メキシコの芸術、文化、知性の分野で名高い、イギリス人やアメリカ人地区の人々が個人的に招待されて観にでかけたが、当時の批評家の評から判断すると、劇は大成功だった。評は演出家としての佐野碩の技量を強調した。舞台の俳優たちを動かした、佐野碩の手腕、技能を指摘した。俳優の多くは、佐野が一九四〇年に創ったメキシコ演劇学校の生徒だった。

『エクセルシオール』紙の批評家セフェリーノ・R・アベシージャの評価は高かった。彼は書いている。「この『荒々しい力』の公演をとおして、彼の基本概念、可能性を知った今、ためらうことなく、世界に存在する少数の偉大な演出家に彼の名をつけ加えよう」。

また、左翼の優れた知識人であったホセ・レブエルタスは、「佐野碩の演劇は、単なる一つの経験ではなく、ドラマの芸術におけるリアリズムというものの、もっとも完全で、もっとも適切で、もっとも正しい表現である」と記した。

グループ・シアターの頃から佐野碩と親しかったステラ・アドラーは、佐野のなかに「俳優の精神」を見た。「その存在を私は忘れていた。確かに存在している。私は優れた、本当の俳優たちから成るこのグループが行った劇で彼の俳優精神を見た」（一九四九年〔再演時〕のシーズン公演のプログラム）。しかし、アメリカン・ドリームから遠く隔たった社会の全体像、不遇な人々の状況、労働者や農民が犠牲となる搾取を表す作品を上演しようという佐野碩の意図に言及するものはなかった。

それから三年後、一九四九年にエスペランサ・イリス劇場で夏の第三回シーズンに『荒々しい力』の再演が行われたとき、佐野の条件は前回と異なっていた。一九四八年の『欲望という名の電車』の成功や、『じゃじゃ馬馴らし』、『罪と罰』（この二作は予告されていたが、上演はされなかった）で、佐野はレパートリーも広がっていた。

三年の間に佐野は、それまで以上に俳優たちを決定し、専門的な立場から登場人物を再検討する機会を得た。そういうわけで、三人の主役には手をつけないとしても、副次的な役にはいくつかの変更を加えた。

公演に際して『荒々しい力』は、広く新聞で扱われ、赤裸々で、強烈で、野蛮な、リアリズムの劇だと報じられた。一九三九年にルイス・マイルストーンが映画化したときに大成功を収めたことも触れられている。

一九四九年八月十三日から上演が始まったが、批評家の受けとめ方は、賛否相半ばだった。ある者は熱烈に喝采したが、「無益で、メッセージは無く、見所がない」と決めつけ、演劇欄で失敗を予言する者もあった。しかし、佐野碩の演出は浸透していた。彼は俳優の演技の能力に賭けて、プロンプターを減らし、舞台で繰り広げられる演技に安定感を出していた。

この時は、作品の現代性が指摘された。アメリカ文学でスタインベックが占めていた地位や、第一作の『勝ち目なき闘い』を書いた一九三六年以来、スタインベックの作品につねに見られた政治的告発というテーマにも言及があった。スタインベックは、『怒りの葡萄』で地位を確立したが、佐野が提起していたのは、まさにそのようなテーマだった。

四　戦後の劇作家

前節で述べたように、佐野碩は、アメリカの演劇の発展に関心を持ち続けた。そこから、彼は第二次世界大戦の結果と、冷戦の大きな緊張のもとで生まれたアメリカ社会の倫理的衰退と関係のあるテーマに取り組む一連の劇作家の登場に目を向けた。この世代の作家から佐野はテネシー・ウィリアムズとアーサー・ミラーの作品を上演した。

(a)テネシー・ウィリアムズ

演劇の演出家としての佐野碩のデビューが一九四六年のスタインベックの『二十日鼠と人間』であるとしたら、『欲望という名の電車』の演出は、メキシコでの演劇において彼の地位を確立した仕事だと言うことができる。これを確実にしたのは二つの要因がある。一つは、作品を選ぶ幸運に恵まれたことであり、もう一つは、舞台の演出における佐野碩の才能である。

メキシコでは、最初、『ポーカー・ナイト(The Porker Night)』という仮タイトルだったが、あとで、『欲望という名の電車(Un tranvía llamado Deseo)』として、スペイン語に翻訳された。アメリカでは、一九四七年十二月三日、ニューヨークのバリモア劇場でエリア・カザンの演出で上演されている。

佐野は、観客に「ショックを与える」大胆でストレートな演出でメキシコで演劇に革命を起こしたが、初演から一年を経てもアメリカでロングランを続けるこの作品の同時代性と新しさという特徴に注目して、メキシコでの上演を思いたった。

上演の発端は一九四七年である。その頃つくられたメキシコ国立芸術院の研究所の演劇部門の指導者であるサルバドール・ノボが、商業演劇の嵐を前に、メキシコの演劇を活性化するために実験演劇のグループをつくったとき、ノボは、劇の稽古場所として旧サン・ディエゴ修道院を佐野碩とレフォルマ劇団のグループに与えていた。『欲望という名の電車』のメキシコでの上演の稽古は、まさにここで行われた。一九四八年八月末に、ノボは突然リハーサルに現れて、その場所で作品を上演しようとする佐野碩の計画を知った。全体のリハーサルを観たあと、俳優たち——とくにルビンスキス——の力を引き出した佐野の手腕に印象を受けたノボは、メキシコの芸術、文化の殿堂であるメキシコ国立芸術院でその作品を上演するように早速グループに提案した。

この作品で、テネシー・ウィリアムズは、「人間存在の大きな部分に影響を及ぼす」孤独、絶望、希望の喪失

『欲望という名の電車』のマリア・ダグラスとウォルフ・ルビンスキス（ソレダ・ルイス提供）

を造形し、ニューオリンズのラテン地区から俳優を抜擢した。そこでは、乞食、娼婦、アルコール中毒患者、ホモセクシュアル、麻薬中毒患者と彼は付き合っていた（Wood, p. 246）。

同じように、衰退する貴族主義と消滅しつつある社会階層の価値や伝統をすでに認めない社会との衝突を、強烈な形で示すことに病的とも言える関心を表明し、高潔さ、モラル、「正しさ」の観念を問い直した。

登場人物を通して特別なレベルに高められたこれらの矛盾は、佐野碩によって彼の舞台でテーマに選ばれ、発展させられた。初日は一九四八年十二月四日で、メキシコ国立芸術院で上演されたが、観客に衝撃を与えた。メキシコでは禁じられていたテーマが生々しく描写されていたからだ。アルコール中毒、狂気、売春、家庭内の暴力、性の乱脈等々。

この衝撃は、佐野碩の提示の仕方と関係があった。彼は因習的な演出には譲歩せず、ぎりぎりのところまでリアリズムを貫いた。ある種の批評家や芸術家は、すでに避けられない、直面すべき現実に観客を向きあわせる佐野の意図を理解できず、そのような仕方で、作品――とくにブランチ・デュボワとスタンレイ・コワルスキーの間のシーン――を提示する妥当性を疑い、立腹した。この上演で、佐野碩は演出家としての高い評価を得た。彼は、コワルスキーの役にレスラーのウォルフ・ルビンスキスを起用した。ルビンスキスは、演劇の経験はそれ以前皆無であったが、一九四〇年に佐野碩によって結成された俳優グループの第一世代の一人である主演女優のマリア・

ダグラスの演技を損なうことなく、自分の役を演じきった。

批評の反応は、待つまでもなかった。エフライン・ウェルタは、上演のその日のうちに、その作品によって佐野碩の名が国際的に高まることを予言し、翌日には、演出家や俳優の成功を屈託なく語り、彼らをその作品を公演したニューヨークのエリア・カザン、ジェシカ・タンディ、マーロン・ブランドと同列に置いた（エフライン・ウェルタ、『ナシオナル』紙、一九四八年十二月五日、映画レーダー）。

しかし、すべての評が好意的であったわけではない。倫理的でないという評もある。とくに、フリオ・サピエツァが『エル・ウニベルサル・グラフィコ』の十二月八日に載せた評は攻撃的だった。


私たちは満足できない。芝居は、すべてが外面的、機械的で、個性がなく、無定形の欲望、本能に満ちている。登場人物は、生き方がコンプレックスだらけの精神異常者のようだが、精力的で、タフであればあるだけ、リアリズムからかけ離れているように見える。


翌日十二月九日には、同じ調子で続けて、作品について述べている。「この分析的な劇はリアリズムを超えていて、私たちの好みではない。なぜなら、機械化された演劇において、とくに粗野な面、残酷さに満ちた露骨さが目立つ。それは害を与え、不愉快にさせる」。そして、疑っている。この劇の目的は何なのかと？　求めている最終目標は何か？　そして、つけ加えている。もちろん、美の高揚など存在しない。どこにも示すものはない。一体、作者は何を求めているのか？

一方、美術の専門家たちの意見は異なっている。レフォルマ劇団の後援者の一人であったホセ・クレメンテ・オロスコは、「すばらしい作品、簡単明瞭、正確で、揺るぎがない」と意見を述べた。「世界の現実から離れないで、芸術をその本質的開花にまでどのように導くことができるかを示した明断な模範とパブロ・ネルーダなら言うだろう」。

他の方法では理解されることのない作品を理解させようとする佐野碩の努力が認められて、「最高」の演出という評価を受け、演劇の演出家としての資格を批評家から与えられて、佐野は一九四八年の最優秀演出家賞を授与された。

その後、『欲望という名の電車』が、イリス劇場で同じ配役で上演された。レフォルマ劇団の一九四九年の夏のシーズンの最初のプログラムとして、一九四九年の七月二十七日からの公演は百回に達した。

作品の成功は、広く批評家たちに認められて、『欲望という名の電車』と『じゃじゃ馬馴らし』で、演劇評論家協会から佐野碩は一九四九年の最優秀演出家として賞を授与された。また、一九四八年の最高の演劇に対する賞をXEW（エキス・エー・ドブレウー。メキシコの草分の放送局。XEはメキシコに割り当てられたコールサイン）から与えられたが、その授賞式は一九五〇年三月サルバドール・ノボの手で進められた。『エル・ナシオナル』紙の「文化におけるメキシコ」という付録に載せられたその後の評で、批評家のミゲル・グアルディアは、佐野碩の芸術的な目論見を取り上げて、彼を今日のメキシコでもっとも勇敢で、価値があり、メキシコの知的な分野を揺さぶっただけでなく、すばらしい大胆さと技量と知性で演劇の観客に訴える力のある演出家としたが、ラファエル・ソラナは、その劇の卓越性、メキシコでの実験演劇における影響に注目した。

一九四九年の演劇界の収穫は、無論、『欲望という名の電車』である。これは、あるグループ、すなわち佐野碩が主宰するグループによる実験劇として上演されたアメリカの作品である。佐野は、商業主義の影響を受けずに活動している。作品の上演は、コメディアンのカンティンフラスの協力でイリス劇場で実現したが、観客のなかに実験劇を知りたいという好奇心を呼び覚ますほど反響が大きかった。『欲望という名の電車』のあと、ラティーノ劇場、カサ・デ・フランシア、エル・カラコル劇場に、客は金を払って観にでかけた。これらの劇場は一九四九年に設立されたが、そのような劇場の開設は、メキシコ演劇の「内面主義」の気運を示していた。『欲望という名の電車』の演劇での姿勢によって佐野碩が道を開いたので、それに触発されて、以前に「plaquetismo」〔詩集のような小冊子の少部数の私的製作、配布〕が流行したように、文字通り、一部の人々のあいだでもてはやされたのである。

（ラファエル・ソラナ「列と数。一観客の印象」、『今日』一九五〇年一月十四日、No. 673, p. 19）

（b）アーサー・ミラー

ここまでで触れた劇作家の作品において、佐野碩が彼の政治的立場と対応する要素や側面を発見したとすれば、アーサー・ミラーの作品はより決定的だった。それゆえに彼は、この劇作家の作品を三作上演した。『るつぼ』（メキシコ国立芸術院、一九五六）、『すべてわが子』（プレイヤーズ劇場、一九五七、ショパン・ホール、一九五九）、『橋からの眺め』（ショパン・ホール、一九五八）である。

ミラーの父親は不況によって事業で失敗したが、ミラーは、個人が他の人々の労働によって財を築き上げ、成功は金融による富によってもたらされる社会の道徳的な側面を省察した。彼の観点からは、これは一連の不正を生みだし、「自由な企業」という名のもとに犯された「罪」は成功を得るために手段を正当化し、偽りの価値をつくりだす。それに対してミラーは、人間であることの尊厳を対置した。

『るつぼ』

佐野碩が演出した三つの作品のなかで、翻訳、テキストレジー、上演で『るつぼ』は、興味深い経過をたどった。

（a）翻訳

・佐野をメキシコの劇作家の新しい世代と結びつけるルイサ・エルナンデスやエミリオ・カルバジードのような新鋭の劇作家の力を借りたこと。

・佐野碩の方針で題を『るつぼ（The crucible）』から『炎の試練（Prueba de fuego）』に変更したこと。

・メキシコの口語の採用。

・台本は上演が目的で、テキストの編集ではないという佐野碩の考えによる、この物語の細部の変更、また第一幕の冒頭部分の削除。

（b）テキストレジー

・翻訳の基礎になった原作にある第二幕から二つの場を削る。佐野碩の重大な寄与。というのは、一九七〇年にニューヨークのThe Viking Pressがまとめ、刊行した著作集の第一版でミラー自身、その部分を削除している。

・ミラーの著書から文字通り翻訳した「残響（Echoes Down the Corridor）」というタイトルをつけた別の紙を追記として印刷した。終演後、観客がこの紙を劇場の出口で手にできるように、プログラムにこのことを書き添えた。〔ミラーの著書『残響』には『るつぼ』の後日譚がメモされている。その部分をプリントし、配布したようである。〕

（c）舞台の提案

・ミラーの原作にはない場面の挿入（ティトゥバが牢屋にいるとき、自分の故郷であるバルバドス島に帰ることを夢見るときに経験する夢の場面）。これは最大の演劇性を出すためにいくつかの場面や狙いを強調するためである。
・作品が指示している繰り返される緞帳の利用に代わって、基本的な要素としての照明。
・衣装のデザイン。とくに作品のドラマ性を強調するために、ライトによってある特定のトーンを映しだす色彩や織地の選定。
・空間の扱いと、俳優たちの革新的な動き（登場人物の立体感がでるように俳優たちが斜め前の方向を向く）。
・舞台美術に関するミラーの提案の部分的な継承（装飾の排除、奥やホリゾントの垂れ幕、「古い舞台美術でよくあるセット」を避けるための部屋の壁の除去）。

『るつぼ』のイグナシオ・ロペス・タルソとアブラハム・スタバンス（スタバンス提供）

（d）政治的内容

・原作の題名は、"The crucible"で、るつぼ、あるいは厳しい試練を意味しているが、佐野碩は、『炎の試練』とした。その方が作品の精神により近いと考えたためである。佐野は、社会の自らへの犯罪（プログラムの説明）を描いたものと捉え、望む、望まないにかかわらず、「この種の犯罪の共犯者となる人々の良心への呼びかけ」とこの作品をみなした。

表向きには十七世紀のセイラムにおける魔女狩りや魔女裁判を扱う作品を暗示するが、

実際は、アメリカの上院議員ジョゼフ・マッカーシーとニュージャージーの共和党員J・パーネル・トーマスが長を務める非米活動委員会が当時、左翼の活動家や共産党と接触のある疑いがある者を取り締まる政治的動きを指している。

『るつぼ』は、一九五三年アメリカで初演され、メキシコではメキシコ国立芸術院で一九五六年七月二十日に公演が行われたが、佐野碩は、観客が現実を知ることができる、作品に含まれる政治的衝撃を伝えることに成功した。また、その結果、その年の最高の演出家として賞に輝いた。

『橋からの眺め』

『橋からの眺め』も批評家には好評だった。この作品は、初演はニューヨークのコロネット劇場で行われ、その三年後、佐野碩は一九五八年六月十八日にショパン・ホールで公演を行った。

専門的には劇作家の転換期の作品と見られるが、エディー・カルボンヌとアルフィエリ氏とによって表現される神学的な性質の倫理的な問題により焦点をあて——社会的な側面を捨ててはいない——、作品はミラーのテーマの展開を意味した。佐野の舞台ではそれぞれの役は、ウォルフ・ルビンスキスとミゲル・アンヘル・フェリスによって演じられた。ウォルフ自身とルイス・アルダスが興行を主宰したが、おそらく公演の成功は、ルイサ・ホセフィーナ・エルナンデスによる優れた訳と、ミラー自身でさえ公演を繰り返すうちに欠陥を感じるようになった脚本の佐野碩による深い解釈によるだろう。ミラーは一九五六年の版で第二幕をつけ加えている。

佐野碩が『欲望という名の電車』でルビンスキスを俳優として世に送り出した一九四八年から一〇年が経っていた。この間に、二人はメキシコ演劇界で重要人物として認められるようになった。佐野は演出家として、ルビンスキスは俳優として、互いに専門家としての関係をもち、『じゃじゃ馬馴らし』(一九四九)や『三つの宝』(一九五二）〔チェーホフ『熊』『結婚申込み』『白鳥の歌』の三篇〕を舞台にのせた。二人は、五年後に再度、仕事をする。演劇や映画の道で俳優として楽天家であったルビンスキスは、演劇や映画の製作者として境地を広げ、一歩を踏み出していたときで、こうして、『橋からの眺め』の公演が実現した。

この公演は専門紙からおおいに注目された。批評家のアントニオ・マガーニャ・エスキベルは、『エル・ナシオナル』紙に掲載された演劇のコラムに評を二回書いた。

一つは六月二十一日付で、第二幕がつけ加わったことを強調している。評者は、一九五五年にニューヨークで公演された台本と照らしながら、実際には二つの作品を一つにしたものだから、このことは論理的に自然なものと言う。

二つ目は、ドラマの現代性を強調している。ハシント・ベナベンテの『愛されない女（La malquerida）』、さらにそれ以前では古典の悲劇作品に先例があるが、弁護士のアルフィエリにコロスの役割を与えている。

ミラーの劇の現代性と逸話に加えて、評者は舞台の空間の扱いに注意を向け、これは佐野碩がドイツやロシアで学んだ技法であると書いた。この意味で、『欲望という名の電車』以来、佐野のものとして知られている演出のテクニックに着目した。「(…) 舞台だけでなく、演技が行われる空間を広げるために通路、部屋を利用する佐野のスタイル、劇の演出家としての方法がある。俳優たちは、降りたり、上がったり、観客の

『橋からの眺め』のルス・マリア・アギラールとウォルフ・ルビンスキス（アントニアーノ提供）

そばに移動したりする（…）舞台としてあらゆる場所を使うのだ」（アントニオ・マガーニャ・エスキベル「『橋からの眺め』アーサー・ミラー作、ショパン・ホール」、『エル・ナシオナル』紙、一九五八年六月二十六日）。

マガーニャが作品のなかで正鵠を得ているとしていることは、同じ新聞社のカルロス・ベンティミージャには、誤りでしかなかった。ベンティミージャの考えでは、俳優たちが舞台を離れたり、観客のそばに移動したりするのはやりすぎ、「かなり古くさい奇抜さ」である。反対に、行動の時間を変えるための溶暗（フェードアウト）がわずかにあるだけで、幕間もなく、中断せずに、スピーディーに動作が進行する、映画の話術と比べられるこの演劇の話術に注目している（カルロス・ベンティミージャ「『橋からの眺め』」、『エル・ナシオナル』紙、一九五八年六月二十五日）。

ウィルベルト・カントンにとっては、観客に感動を与えられず、メキシコ演劇が「氷河」期に入っている時期にあって、この公演は再び生命を吹き込むものだった。また、彼は佐野碩、ウォルフ・ルビンスキス、アントニオ・ロペス・マンセーラ（舞台美術）をそれぞれの分野で最高ランクに入れた。ルビンスキスについてはその年の最優秀演技賞の候補に推した（ウィルベルト・カントン「佐野碩　アーサー・ミラーの高みへ」、『世界映画』一九五八年六月二十日）。ラファエル・ソラナは、ルビンスキスの演技を「傑出し、並ぶものがない」と絶賛した。『橋からの眺め』の成功に自信を得て、ウォルフ・ルビンスキスはレオナルド・ニールマンと組んで、『すべてわが子』の製作にかかった。佐野碩は、『橋からの眺め』で、二回目のメキシコ演劇評論家協会最高演出家賞を受賞した。

『すべてわが子』

メキシコの演劇の歴史では、この作品は二度上演されているが、どちらも佐野碩が演出した。一つは英語を話す素人のグループで、もう一つはプロの劇団によるものである。

一九五七年頃、プレイヤーズというグループは、メキシコの実験演劇において重要な地位を占め、いくつかの

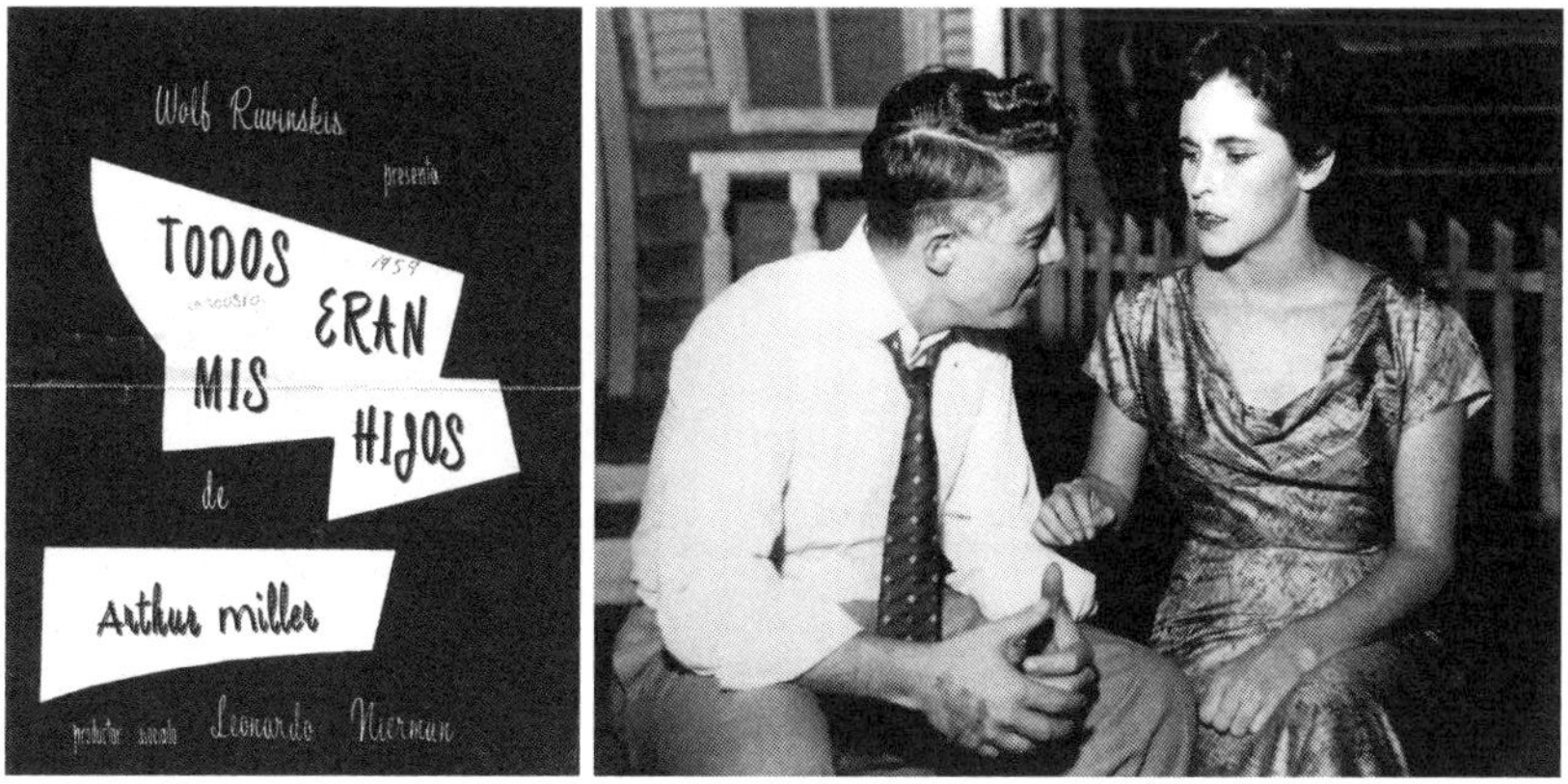

『すべてわが子』のプログラム（左）**と『すべてわが子』のフリオ・ワインストックとベアトリス・シェリダン**（右）（フリオ・ワインストック提供）

作品で成功を収めていた。リリアン・ヘルマンの『子狐たち』（一九五〇）、オルダス・ハクスリーの『ジョコンダの微笑み』（一九五二）、ノエル・カワードの『カドリール』（一九五二）、ジョージ・バーナード・ショーの『地獄のドン・ファアン』（『人と超人』の三幕より、一九五三）、サマセット・モームの『劇場』（一九五四）などで、これらはメキシコ市立大学の演劇科の長で名誉演出家のアール・セネットの指導のもとで演じられた。

佐野碩が、『すべてわが子』の演出を引き受けた――客員の演出家として――とき、取り組みやすい雰囲気があった。グループのメンバーは素人であるにせよ、舞台での経験をもち、学校教育の方向づけの基礎としての歴史、文学、哲学、論理学、倫理、美術、音楽、地理、英語、スペイン語など専門的な教養を備えていた。佐野碩は、この大学の学生たちで配役を決めた。メルル・ハイエスやリチャード・マラバーが中心になり、これに、のちにプロの俳優として実力を発揮するベアトリス・シェリダンやフリオ・ワインストックが入っていた。

三週間の厳しいリハーサルのち、グループ自身の劇場で、作品は一九五七年十一月十九日に上演された。おそらく、英語での上演だったので――メキシコにあるアメリカ人、イギリス人の地区で公演が行われた――、しかるべき批評家の目にはとまらなかった。言葉の壁で、十分に理解されなかったきらいはある。しかし、英語の新聞の報道班のおかげでこの公演の記録が残っている。

「世界のニュース」という欄に載せられた評（『エル・ウニベルサル』紙、一九五七年十一月二十三日）では、メアリー・マルティネスがバーバラ・ヒュブプとフリオ・ワインストックの演技を取り上げ、佐野碩の演出の確かさと権威に圧倒されたと述べた。おそらく、メキシコ演劇界で作品が謙虚に受けとめられたことで、この作品のテーマの重要性を考えて、佐野碩は別の機会をつくり、演劇界でよく知られた俳優たちを集めたプロの劇団で公演しようと考えた。

テレサ・カストロ・レアルとアリシア・カストロ・レアルの姉妹が台本を翻訳し、作品は、一九五九年四月十六日にショパン・ホールで初演された。この二度目の公演はより幸運だった。

批評に関しては、ラファエル・ソラナが『橋からの眺め』の成功と関連づけて、物質的、実用的で、利己的な社会を告発するミラーの批判的な意味を評価した（ラファエル・ソラナ「ルビンスキス」、『永続！』紙、一九五九年五月六日）。一方、アルマンド・デ・マリア・イ・カンポスは、一般的、普遍的な性格の問題を扱っているこのドラマの重要性を指摘し、二度目の新聞への寄稿では劇団の俳優たちの演技と、深く、円熟した佐野碩の演出に敬意を示した。佐野の演出にはその細部の一つひとつが賞賛に値するとした（アルマンド・デ・マリア・イ・カンポス『すべてわが子』、ビルヒニア・マンサーノとアドリアーナ・ロエルによるショパン・ホール公演」、『新報』一九五九年四月二十日、同「『すべてわが子』の解釈」、『新報』一九五九年四月二十九日）。

ミラーの作品に対する佐野碩の関心は、様々の点でミラーとの共通認識を示している。

・両者は、迫害の犠牲者だった。ミラーは非米活動委員会からの、佐野碩は一九五五年に彼の政治的信条から追放処分という、コロンビア政府からの迫害を受けた。
・また、告発、社会的な意識形成、あらゆる時代と場所での自由の擁護の手段として演劇を捉えていた。

結　語

ここまで述べたことは、その厳しい時期に現れたアメリカの演劇界の劇作家と佐野碩との関係をまとめたものである。アメリカの劇作家たちは、自国の歴史だけではなく全世界に影響を与えた。佐野は、彼らの作品をメキシコで伝えることに関心があった。

しかし、この関心は彼らの政治的な考えや感覚を表現する作品の単なる紹介にとどまらなかった。というのは、佐野は批判精神のある観客をつくりだすことを考えていたからである。その目的を達成するには、「建設的な思想をもち、よく表現し、よりよく上演して作品を人々に示さなければならない」と述べている（佐野碩「演劇における観客に対する侮辱」）。

ここで取り上げてきた作品の上演で、佐野碩は演劇界の安易な流れに逆らい、批判的な姿勢を崩さなかった。「不健全で、中身のない作品」を提供して、メキシコの観客の偉大な芸術的感性を害する者や、観客が演劇を好きになるようにさせるには「ヴォードヴィル」（十九世紀末から二十世紀初めに流行した軽喜劇）が第一歩であるという意見を述べる者に、彼は対抗した。

これに関して、佐野は答えている。「私は、パッキン〔ヴォードヴィル系のカナダの一座〕を利用するような教育を信じない。パッキンを読みだすと、観客はつねにそれで満足してしまうのだ」。

つねに批判的であった佐野は、演劇に関する倫理的な原理を守り、演劇の普遍性を確信していた。演出家の国籍は問題ではなかった。今日、メキシコの真の演劇史を理解するためには、佐野が演出した作品を再考する必要がある。

文献目録

Brenman, Margaret. *Clifford Odets american playwrigt. The years from 1906 to 1940*. New York-London, APPLAUSE, 2002. 748p.

Clurman, Harold. *Fervent years. The Group Theatre & the 30's*. New York, ADA CAPO Peperback, 1985. 329p.

Gould, Jean. *Dramaturgos norteamericanos modernos*. México, Limusa-Wiley, 1968. 429p.

Millán, Jovita. *70 años de teatro en el Palacio de Bellas Artes*. México, INBA, 2004. 158p.

Miller, Arthur. *Vueltas al tiempo*. Barcelona, Tusquets, 1987. 587p.（Andanzas）

R. Niblo, Stephen. *México en los cuarenta*. Modernidad y corrupción. México, Océano, 1999. 387p.

Salzman, Jack. *Albert Maltz*. Boston, Twayne Publishers, 1978. 160p.

Tanaka, Michiko y Jovita Millán. Cronología en *Seki Sano*. México, INBA, 1996. 87p.（Una vida en el teatro, 10）

Wood Krutch, Joseph. *Historia informal del teatro norteamericano a partir de 1918*. Buenos Aires, Hobbs-sudamericana, 1966. 263p.

新聞、雑誌資料

Basurto, Luis G. "*Panorama desde el puente*". *Excélsior*, 1958.

Cantón, Wilberto. "Seki Sano a la altura del autor Arthur Miller". *Cine Mundial*, 20 de junio de 1958.

Huerta, Efraín.［Sobre *Un tranvía llamado deseo*］. *El Nacional*. 5 de diciembre de 1948.（Radar fílmico）.

Magaña Esquivel, Antonio. "*Panorama desde el puente* I". *El Nacional*, 21 de junio de 1958.

——. "*Panorama desde el puente* II". *El Nacional*, 26 de junio de 1958.

María y Campos, Armando de. "*Todos eran mis hijos* en la Sala Chopin por Virginia Manzano y Adriana Roel". *Novedades*, 20 de abril de 1959.

——. "La interpretación de *Todos eran mis hijos...*". *Novedades*, 29 de abril de 1959.

Novo, Salvador. [Abrigo el propósito de presentar al grupo Teatro de la Reforma que ya tiene puesto *Un tranvía llamado deseo*]. *Excélsior*, 5 noviembre 1948.

Sapietsa, Julio. [Sobre *Un tranvía llamado deseo*]. *El Universal Gráfico*, 8 de diciembre de 1948.

——. [Sobre *Un tranvía llamado deseo*]. *El Universal Gráfico*, 9 de diciembre de 1948.

Solana, Rafael. "Ruvinskis". *Siempre..!*, 6 de mayo de 1959.

——. [A propósito de *Un tranvía llamado deseo*]. *Hoy*, 14 de enero de 1950. (Fila y número. Impresiones de un espectador).

Ventimilla, Carlos. *"Panorama desde el puente"*. *El Nacional*, 25 de junio de 1958. (Fuera de foco).

劇評から見る佐野碩

ギジェルミーナ・フエンテス・イバーラ
（西村英一郎訳）

序

演出家の佐野碩は、メキシコの演劇界に大きな足跡を残したが、今も傑出した人物であり続けている。彼の芸術家としての人生と経歴は、一九三九年五月にメキシコに来たので、事件、苦境、不慮の出来事、危険に取り囲まれている。痙攣を起こし、挑発的な二十世紀という時代に生まれたほかの人々の人生と同じように、ある場所で生まれた人々は、生き延びるために場所を移さなければならず、異国で生涯を終えた。

佐野碩はアメリカでビザが切れて、ニューヨークからメキシコに入った。当時三十四歳で、反国家的な芸術活動によって数年前に日本を出ていた。彼はソビエトで暮らし、ヨーロッパのいくつかの国々を遍歴したが、つねに左翼と関係を保っていた。彼の任務は「体制」を批判する作品で、演劇グループを組織することだった。新しい戦争でヨーロッパの緊張が高まると、佐野は慌ただしくヨーロッパを離れた。そして、アメリカに到着した。

この期間、彼は日本の警察、ＫＧＢ、ＦＢＩからマークされていた。それゆえに、メキシコに来たときに、次のように新聞が報じたのは奇異なことではなかった。「演出家であって、爆弾テロリストではない」[1]。その記事では、佐野碩が管理局の命令で上陸できなかったと伝えている。しかし、必要な書類を要求したあと、担当部局は、考えられているような危険人物ではなく、ニューヨークでよく知られている有名な演出家だと結論づけた[2]。

佐野のほうでは、日本の帝国主義の代理人になっている敵国にたいして中国を擁護する発言をしたので、メキシコに来たことを知って、「共産主義者で、危険で過激な無政府主義者」だと告発されたと移民局の局長に訴えた。おそらくそうした事情から、ベラクルスに思うように上陸できなかったのであろう。様々な芸術家や知識人がラサロ・カルデナスに仲介してくれたおかげで、政治亡命者として五年間のビザを給付されて佐野碩はメキシコに入国することができた。

SME の講堂の原案

メキシコシティーでは、演劇の教授としてメキシコ国立芸術院の部署で二、三カ月働き、その年の八月、メキシコ電気労働者組合（Sindicato Mexicano de Electricistas 略称ＳＭＥ）と活動を始めた。彼は演劇学校として芸術劇団を設立し、建設中の新しい組合会館の講堂を、開放された舞台のあるフォーラムにするように組合の幹部を説得した。

佐野碩は、ここでメキシコ人劇作家の作品を発表し、そうすることで自分を受け入れてくれた国と文化を理解し、それに同化しようと努めた。最初の演劇の創造は、『ラ・コロネラ（女大佐）』、『レフティを待ちながら』、『吊るされ者の反乱』で、これらはＳＭＥで公演が行われた。私は「メキシコの作品」という分類をしたが、次のような作品の批評や反響にも触れる。ロドルフォ・ウシグリの『影の王冠』、エドムンド・バエスの『両目に針を』、ルイサ・ホセフィーナ・エルナンデスの『聾唖者』及び『落果』である。最後に、外国人の作品として、ロバート・ボルトの『すべての季節の男』を取り上げた。わかるように、佐野が生み出した芸術であるこれらの作品は、芸術家は自分の生きている社会や時代に無関係であってはならず、社会的政治的意識をもつ行動的な構成員でなければならないという彼の信念を表している。(3)

一　メキシコの作品

『ラ・コロネラ』一九四〇年、SME

プログラムは、「ポサーダの版画に基づくバレエ」と表示され、ウォルディーン、ガブリエル・フェルナンデス・レデスマ、佐野碩の署名がある。振付＝ウォルディーン、音楽＝シルベストレ・レブエルタス、舞台美術＝フェルナンデス・レデスマ、演出・朗読・演技指導は佐野碩が担当した。(4)「話と登場人物」は次のとおりである。

一、当時の貴婦人
　貴婦人　三名　下男　二名
二、恵まれない者たちの舞踊
　村の女　八名　小作人(5)　一名　地主　一名　司祭　一名　ポルフィリオ派の兵士　一名　小悪魔　一名
三、ドン・フェルコの悪夢

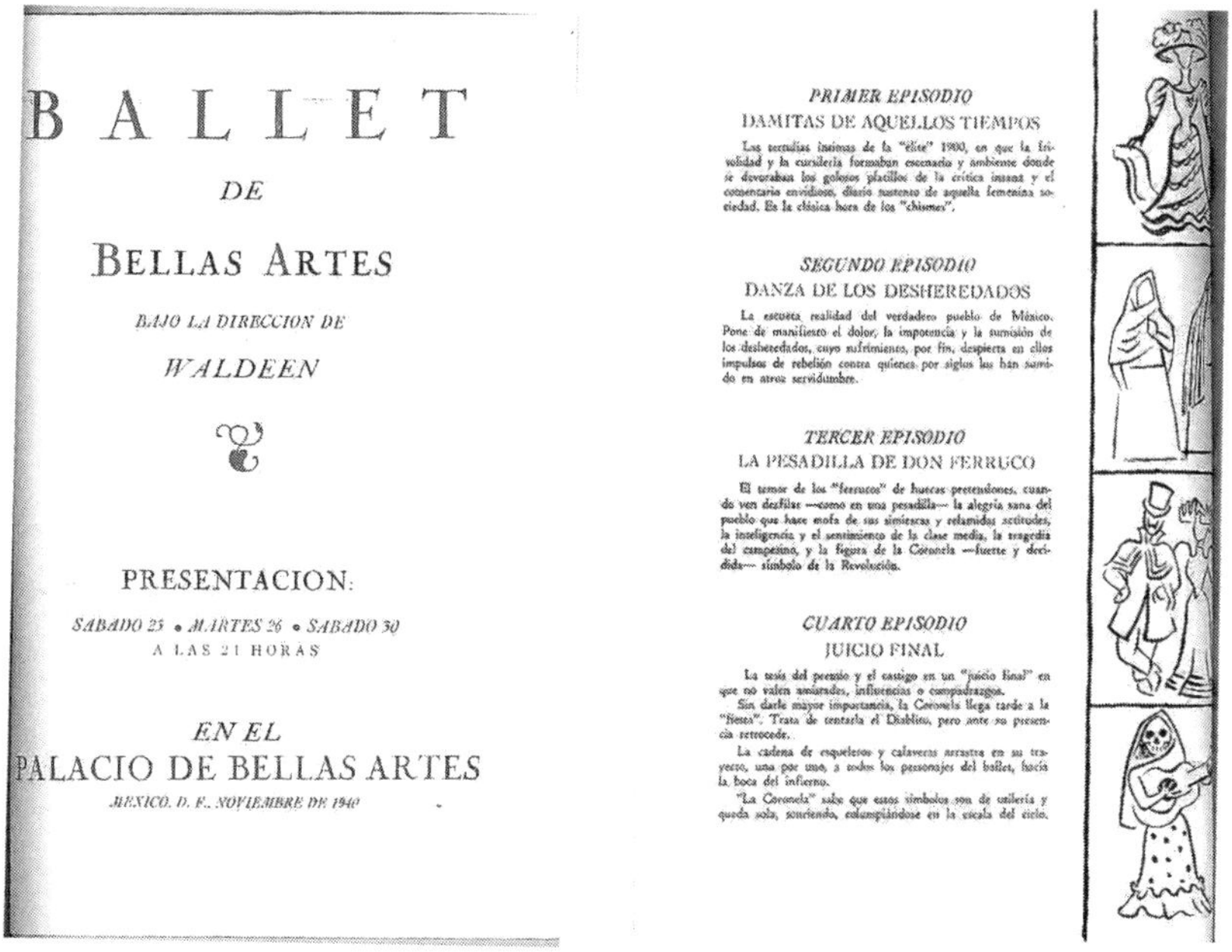
BALLET

DE

BELLAS ARTES

BAJO LA DIRECCION DE

WALDEEN

PRESENTACION:

SABADO 23 • MARTES 26 • SABADO 30

A LAS 21 HORAS

EN EL

PALACIO DE BELLAS ARTES

MEXICO, D. F., NOVIEMBRE DE 1940

PRIMER EPISODIO

DAMITAS DE AQUELLOS TIEMPOS

Las tertulias íntimas de la "élite" 1900, en que la frivolidad y la cursilería formaban escenario y ambiente donde se devoraban los golosos platillos de la crítica insana y el comentario envidioso, diario sustento de aquella femenina sociedad. Es la clásica hora de los "chismes".

SEGUNDO EPISODIO

DANZA DE LOS DESHEREDADOS

La escueta realidad del verdadero pueblo de México. Pone de manifiesto el dolor, la impotencia y la sumisión de los desheredados, cuyo sufrimiento, por fin, despierta en ellos impulsos de rebelión contra quienes por siglos los han sumido en atroz servidumbre.

TERCER EPISODIO

LA PESADILLA DE DON FERRUCO

El temor de los "ferrucos" de huecas pretensiones, cuando ven desfilar —como en una pesadilla— la alegría sana del pueblo que hace mofa de sus simiescas y relamidas actitudes, la inteligencia y el sentimiento de la clase media, la tragedia del campesino, y la figura de la Coronela —fuerte y decidida— símbolo de la Revolución.

CUARTO EPISODIO

JUICIO FINAL

La tesis del premio y el castigo en un "juicio final" en que no valen amistades, influencias o compadrazgos.

Sin darle mayor importancia, la Coronela llega tarde a la "fiesta". Trata de tentarla el Diablito, pero ante su presencia retrocede.

La cadena de esqueletos y calaveras arrastra en su trayecto, uno por uno, a todos los personajes del ballet, hacia la boca del infierno.

"La Coronela" sabe que estos símbolos son de utilería y queda sola, sonriendo, columpiándose en la escala del cielo.

『ラ・コロネラ』のプログラム

ドン・フェルコと愛人　司祭　一名
小悪魔　一名　文無しの男、日銭を稼ぐ女[6]　若い女　一名　小作人　一名
兵士　五名　村の女　三名

四、最後の審判
バレエの出演者全員　骸骨たちと頭蓋骨たち[7]

バレエは、なにもないステージで始まり、最初の場面は、上流社会の女性の生活の無意味さ、気取り、滑稽さが示される。女性の目標は結婚である。話の最後のほうでプログラムは述べている。

（…）貴婦人たちはそれぞれ悲しげに鏡を見て、気持ちを奮いたたせようとする。気持ちが高揚してくると、一時的に忘れていた虚栄心が戻ってきて、もう一度、私たちが知っているコケティッシュな貴婦人になる。まさにこの瞬間、金色の大きな輪が現れて、歓喜に満ち

た婚姻の指輪を暗示する。貴婦人たちは輪のほうへ踊りながら進み、優雅にスカートの裾を持ち上げて、輪をくぐって一人ひとり飛び跳ねる。(8)

次の話では他の女性たちや黒い衣装をつけた恵まれない女たちが登場する。

(…)偽りを暗示するかのように、静かな苦しみ、不況、抑圧の世紀を回顧するかのように音楽が響く(…)このゆっくりとした悲劇的な音楽のなかで再び女たちの声が聞こえる。朗読がほとんど聞こえないくらいに始まり、次第に大きくなって、抗議をつきつけるような極点へと到達する。(9)

女たちの舞踊に小作人が加わり、抗議の瞬間、地主と司祭が登場し、脅し、力で小作人を従わせようとする。女たちは、小作人に味方して彼を囲み、地主と司祭に抵抗する。怒った地主は、操り人形のように従順な兵士を呼ぶ。女性たちを殺すと脅かされた小作人は、グループから離れ、地主に屈服する。女たちの声は苦い呻き声に変わる。司祭は怒って、女たちを地獄堕ちだと咎める。女たちはそれを無視して、集まって、「ゆっくりとひざまずき、厳しい表情で、深い慎ましさと諦めを表す」(10)。

「ドン・フェルコの悪夢」ではドン・フェルコと彼の愛人が舞台に登場し、カリカチュアのようにワルツを踊る。その後、文無しと日銭を稼ぐ女が入ってきて、冗談と魅力に満ちた——紋切り型でない人間的な——民衆の踊りをおどる。小悪魔と文無しと日銭を稼ぐ女は、ワルツを踊っている連中を馬鹿にする。すぐに、若い女のダンスが続き、「伝統と反乱のあいだの中間層の闘いを表す」。兵士に囲まれて小作人は舞台を横切る。女たちと地主、司祭、ドン・フェルコの一団が現れて、両者の間には緊張感が走る。太鼓の連打が小作人の処刑を告げる。すぐ

『ラ・コロネラ』の舞台写真　右は女大佐

にコーラスが始まる。舞台の奥から女大佐が登場する。「インディオの女、力強く、心を震わせる（…）たくましく、楽観的で、反乱の気概をもつ女性」。女大佐の前で女たちは変容する。

女大佐は（…）ゆっくりと、力強く踊る。反乱に満ちたきっぱりとした踊り、静かだが、意志の固い、抑制された感情の踊りを（…）長い苦しみ、地主のために人々が耐えてきた不正、彼らに復讐するために武器をとるという自らの決心の歴史を踊る。彼女の決然とした舞踊は、ほかの登場人物の舞踊を圧倒する（…）人々は麻痺したように静止する。音楽とクペのステップは、女大佐の力で中断し、舞台から消える。女大佐の舞踊は、激しさを増し、嵐の前の諸要素の力を表現する。革命の予言である。舞台のこの登場人物は消えることなく、舞踊のクライマックスのなかで、物語は突然、稲光によって切り裂かれ、音楽は変化を強調する。(11)

最後の場面、「最後の審判」。最初の登場人物は、小さな悪魔といる白い衣装を着た「死」である。その後、それまでの物語に出たすべての登場人物が少しずつ現れる。ただ、彼らは骸骨の仮面で顔を隠している。舞台の奥には地獄への大きな口が開いている。司祭は、判事、

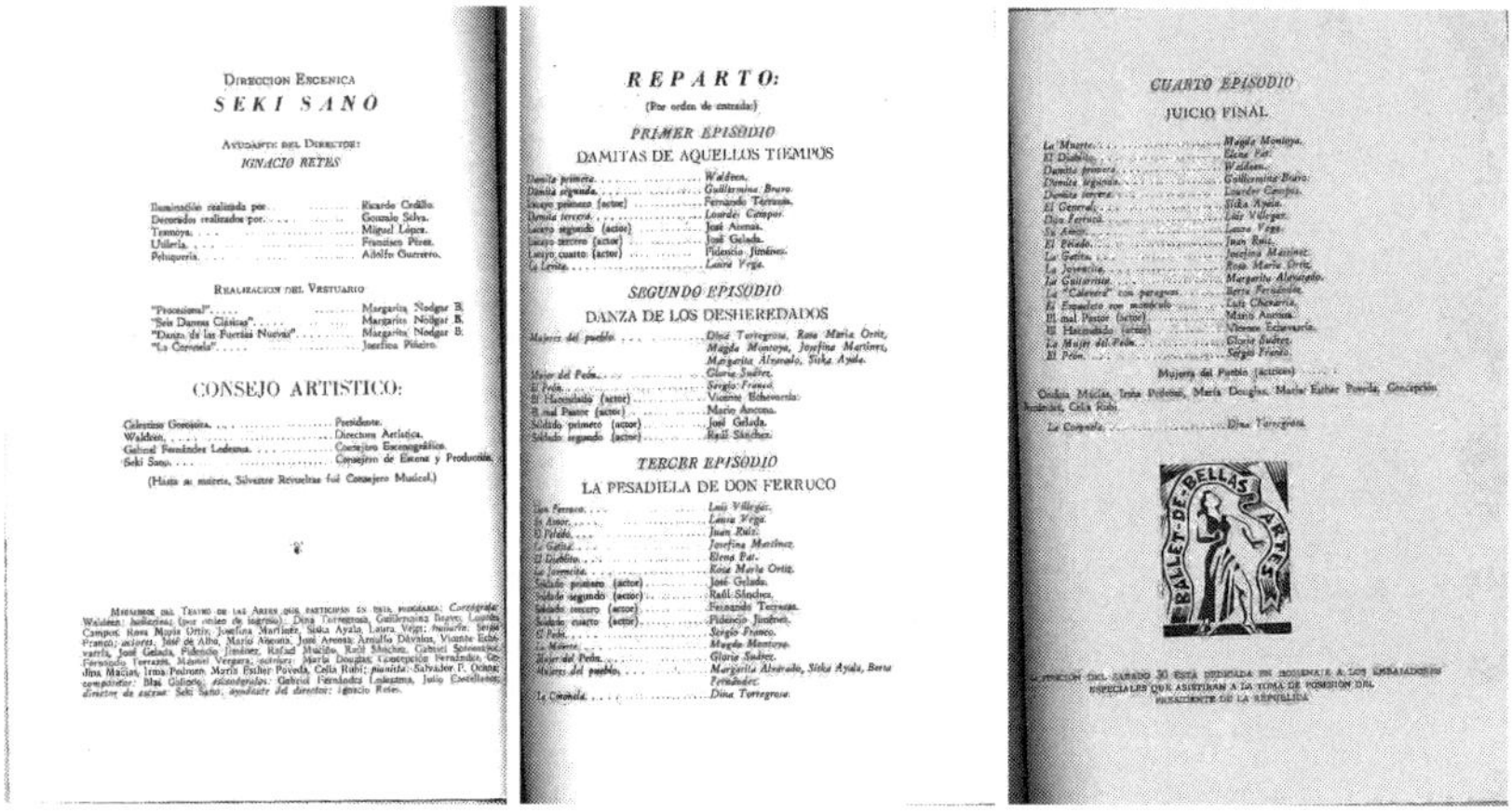

Dirección Escénica
SEKI SANO

Ayudante del Director:
IGNACIO RETES

Iluminación realizada por .... Ricardo Cedillo.
Decorados realizados por .... Gonzalo Silva.
Tramoya .... Miguel López.
Utilería .... Francisco Pérez.
Peluquería .... Adolfo Guerrero.

Realización del Vestuario

"Procesional" .... Margarita Nodgar B.
"Seis Danzas Clásicas" .... Margarita Nodgar B.
"Danza de las Fuerzas Nuevas" .... Margarita Nodgar B.
"La Coronela" .... Josefina Piñeiro.

CONSEJO ARTISTICO:

Celestino Gorostiza .... Presidente.
Waldeen .... Directora Artística.
Gabriel Fernández Ledesma .... Consejero Escenográfico.
Seki Sano .... Consejero de Escena y Producción.

(Hasta su muerte, Silvestre Revueltas fué Consejero Musical.)

REPARTO:

(Por orden de entrada)

PRIMER EPISODIO
DAMITAS DE AQUELLOS TIEMPOS

Damita primera .... Waldeen.
Damita segunda .... Guillermina Bravo.
Lacayo primero (actor) .... Fernando Terrazas.
Damita tercera .... Lourdes Campos.
Lacayo segundo (actor) .... José Arenas.
Lacayo tercero (actor) .... José Gelada.
Lacayo cuarto (actor) .... Fidencio Jiménez.
La Levita .... Laura Vega.

SEGUNDO EPISODIO
DANZA DE LOS DESHEREDADOS

Mujeres del pueblo .... Dina Torregrosa, Rosa María Ortiz, Magda Montoya, Josefina Martínez, Margarita Alvarado, Sitka Ayala.
Mujer del Peón .... Gloria Suárez.
El Peón .... Sergio Franco.
El Hacendado (actor) .... Vicente Echevarría.
El mal Pastor (actor) .... Mario Ancona.
Soldado primero (actor) .... José Gelada.
Soldado segundo (actor) .... Raúl Sánchez.

TERCER EPISODIO
LA PESADILLA DE DON FERRUCO

Don Ferruco .... Luis Villegas.
Su Amor .... Laura Vega.
El Pelado .... Juan Ruiz.
La Gatita .... Josefina Martínez.
El Diablito .... Elena Pat.
La Jovencita .... Rosa María Ortiz.
Soldado primero (actor) .... José Gelada.
Soldado segundo (actor) .... Raúl Sánchez.
Soldado tercero (actor) .... Fernando Terrazas.
Soldado cuarto (actor) .... Fidencio Jiménez.
El Peón .... Sergio Franco.
La Muerte .... Magda Montoya.
Mujer del Peón .... Gloria Suárez.
Mujeres del pueblo .... Margarita Alvarado, Sitka Ayala, Berta Fernández.
La Coronela .... Dina Torregrosa.

CUARTO EPISODIO
JUICIO FINAL

La Muerte .... Magda Montoya.
El Diablito .... Elena Pat.
Damita primera .... Waldeen.
Damita segunda .... Guillermina Bravo.
Damita tercera .... Lourdes Campos.
El General .... Sitka Ayala.
Don Ferruco .... Luis Villegas.
Su Amor .... Laura Vega.
El Pelado .... Juan Ruiz.
La Gatita .... Josefina Martínez.
La Jovencita .... Rosa María Ortiz.
La Guitarrista .... Margarita Alvarado.
La "Calavera" con paraguas .... Berta Fernández.
El Esqueleto con monóculo .... Luis Chavarría.
El mal Pastor (actor) .... Mario Ancona.
El Hacendado (actor) .... Vicente Echevarría.
La Mujer del Peón .... Gloria Suárez.
El Peón .... Sergio Franco.

Mujeres del Pueblo (actrices)

Ondina Macías, Irma Pedroni, María Douglas, María Esther Poveda, Concepción Jiménez, Celia Rubí.

La Coronela .... Dina Torregrosa.

BALLET DE BELLAS ARTES

『ラ・コロネラ』のプログラム

指名者となって、天国に行く者と地獄に行く者を振り分ける。すべての高い社会階層の人々、貴婦人、地主、ドン・フェルコや他の者は天国を約束される。一方、民衆は地獄へ。しかし、女大佐が現れ、司祭に襲いかかると、彼らすべてを地獄に投げ入れる。彼らは手をつないで、それぞれ引っ張られていく。最後に、プログラムは述べている。

> 登場人物たちが消える前に、皮肉な顔をしていた女大佐は天国へのはしごに坐り、司祭が引っ張られていく瞬間、蔑むようにブランコに乗っているかのように身体を揺らせる。同時に緞帳がゆっくりと降りていく[12]。

バレエのプログラムは、『ラ・コロネラ』、『行列』、『新しい力』の三つの劇から構成されている。メキシコ国立芸術院で一九四〇年十一月二十三日、二十四日、二十六日、二十九日に上演された。演目には古典的なバレエも六つ含まれていた。フリオ・カステジャーノスが『行列』の衣装と舞台美術を担当した。音楽はエドアルド・エルナンデス・モンカダが担当した。『ラ・コロネラ』と『新しい力』のバレエに関して、衣装をデザインし、つくったのは、フェルナンデス・レデスマだった。『ラ・コロネラ』の舞台美術と同じように、衣装はホセ・グアダルーペ・ポサーダの版画を利用した。

宣伝は九月から始まり、十月には評論家たちは近づく公演を取り上げて、評価を始めている。アルマンド・デ・マリア・イ・カンポスは、年末までにメキシコ国立芸術院で行われるバレエについて報じた。[13]「ペリキージョの欄」は、一カ月におよぶ公演に触れて、十月二十七日には公演の一部を紹介し、『ラ・コロネラ』では、佐野碩の演出のもとで、朗読、パントマイム、舞台の現代的なテクニックのほかの手段が見られるとしている。[14]一方、SMEの機関誌『ルックス』で、マヌエル・ゴンサレスは述べている。

本物の表現力を備えた、その使命に委ねられた作品が意味することを深く理解し、練習を積んできたウォルディーンの教えを受けた少女たち（…）振付、優美さ、少女たちの回転のなかに新しい舞踊の輪郭を見出す喜び（…）ウォルディーンは一人ではない。彼女が捉えたメキシコの魂が案内し、刺激する。彼女のそばでは貴重な要素が働いている。[15]

公演が行われたとき、雑誌『今日』では、オラシオ・キニョーネスが述べている。

先週、歴史のなかにメキシコのバレエが誕生した。才能と天才の真の雄大さを誇示し、芸術家の小さなグループがその内奥からメキシコの特徴のもっとも高い表現の創造のための要素をつかみとった。スペイン的なものでもインディオ的なものでもなく、これこそメキシコである（…）常に真実に誠実である人々はメキシコ女性のやわらかい足運びの甘い波動を目にするだろう。頭蓋骨の皮肉な苦い喜び。ウアパンゴの熱狂的

『かくて』1941年2月8日号、アセベードの記事の写真ページ。（建設中の組合会館。左中段がステージのある講堂。右は会館の壁画シケイロスの「ブルジョアジーの肖像」の一部）

な跳躍。貧困の痛みの筋肉の神経質な動き。『アデリータ』の遠い反響。(16)

評者は、創造のグループのメンバーの名前を列挙し、「もっともメキシコ的な輝かしい表現」に心を捧げた少女たちの熱狂を記している。彼が言うところでは、全員がこの偉業の実現者だった。そして、『反逆者の女大佐』で、世界と世紀の問題がメキシコ的に表現された(17)」。

数日後、アルトゥーロ・モリも雑誌『今日』で、週のコラムに書いている。

（…）ロシアの学校で学んだメキシコ人ウォルディーンの舞踊。メロディーに反逆の精神。舞踊の造形におけるメキシコ・ダンス学院。古典的な残滓、ポルフィリオ時代の想起、単純性と趣味の良さ。女大佐は勝利し、すぐに引き下がる。目先の利益ではなく、感性の完全な開花。一国民の魂をこれ以上に豊かな洗練さで単純化することは難しいことだろう（…）メキシコ国立芸術院のバレエの様式化されたタペストリーは、あらゆる風土、文明化された世界を受容する、メキシコの知的な形を意味している。［評者にとって、その公演は、］メキシコの新旧の魂を統合した、国民への最高の贈り物だった(18)。

最後に見つかった評は、急進主義的な雑誌『かくて』のロベルト・アセベードのものである。評者は、その場所に劇場がつくられたような、労働組合が行っている文化的な事業を評価している。『ラ・コロネラ』に関しては、その上演は、メキシコ国立芸術院の舞台では数日の催しであったが、批評が熱狂的な声を上げるのには十分であったとし、その誕生の地である芸術劇場で再演されるだろうと述べている。さらに、翌月から「メキシコシティーは、文化と娯楽の正当な中心になるだろう」と伝えている。[19]

この時期にメキシコ電気労組は、組合会館の建設を行っていた。これは、メキシコシティーにつくられた公務員の最初の会館のひとつだった。建築家のエンリケ・ヤネスが設計し、建物は多目的の五階建てで、中二階があった。そこには、事務所、体操場、クラブ、劇場、学校、相談所、庭付きのテラスがあるサナトリウムがあった。自分のものであるかのように、ダビッド・アルファロ・シケイロスは、「ブルジョアジーの肖像」という壁画を描いた。[20]評の最後には写真が活用されている。

最後に、『ラ・コロネラ』の構成について語るとき、私の考えは、音楽と演劇の研究者であるエドアルド・コントレーラス・ソトと同じである。この文章の最初で見てきたように。社会的歴史的象徴を直接的な方法で記述しながら、三幕の物語を示したあとで、その創造者たち、ウォルディーン、ガブリエル・フェルナンデス・レデスマ、佐野碩は、もっとも想像的な結末を選んだ。『ラ・コロネラ』は革命への喝采で終わらない。革命の闘争は、ポサーダの頭蓋骨が登場し、中世的な意味で、詩的に死の舞踊のなかで起こる。革命から生まれる死は、人を尊重することも区別することもなく、女大佐を除いてすべての人々を地獄の口から呑みこむ。女大佐は、ある特定の人を表しているのではなく、革命そのものの価値を体現して生き続ける。[21]

『吊るされ者の反乱』一九四一年、SME

一九四一年五月二十四日、『吊るされ者の反乱』がミチョアカン州モレリアで上演された。台本は、B・トラベンの小説を、当時演出の補助をしていたイグナシオ・レテスの手を借りて佐野碩が脚色したものである。また、その年の十一月までラテンアメリカ労働者同盟の第一回会議が開催されている間、SMEの建物の講堂でも上演された。

モレリア公演のプログラムは、六カ月のエチュードのあと、「まさにメキシコ的で、リアリズムという性格」からB・トラベンの小説を選ぶことが決まった。台本は、三幕、二七場からなっている。この簡単な演劇は、チアパス州のインディオの状況、とくに一九一〇年のメキシコ革命前のチャムラが舞台である。貧困と、コーヒー農園主や木の伐採を営む外国人経営者の暴力的支配にさらされる人々。フィナーレは、照明、音楽、音響効果で構成され、舞台のなかで一種の隔絶した世界を作りだしている。

イグナシオ・レテスはインタビューで、この作品が選ばれた理由は、地域のボス、無法な悪しき政府に対する攻撃、主題がはっきり革命的なものだからだと語った。こうして無防備のインディオがテーマになった。これは、革命劇、抗議の劇、大衆劇、民衆劇といった芸術劇場の企画に完全に合致するもので、共産主義者が制作に関わった。一方で、美的センスがその作品に働いていた。レテスは、その芝居について話している。「場面転換が多いので、セットはなかった。あるのは、その場の雰囲気をだす小道具と、いわゆる大道具だった。衣装には特徴をもたせた[22]」。

この演劇については、それ自体の要約や批評を見出すことはできない。しかし上演に関して二つの報告がある。一つは、機関誌『ルックス』に載ったもので、劇場の建物が完成したと伝えている。それによると芸術劇場によって六月に三回リハーサルが行われた[23]。もう一つの評は、メキシコ労働者大学の付属のリハーサル室で行われた上演に触れている。この場所は、労働界の指導者ビセンテ・ロンバルド・トレダーノの肝いりで実現した。リハーサルは、『吊るされ者の反乱』の第一幕、第二幕の三つの場面、第三幕の一場面が行われた。無名の評者は、終了とともに、感動した観客が喝采したと述べている。観客のなかには様々な芸術家、画家、著述家、映画人や演劇人がいた。そのなかで美術担当のフェルナンド・ガンボアは、グループのスポンサーの発起人であった。一方、評者は佐野碩の姿をこう述べている。

劇の演出を務めた佐野碩は、手を動かし、声を張り上げて、弟子たちのグループのまとまりを維持しようと懸命になっている（…）休みを知らない人物（…）あらゆる時間、試行と完成に心血を注いでいる。弟子たちはそれを知っており、彼という人間を心得ていて、精力的な佐野碩の努力に協力的を惜しまない[24]。

後援団体についてそれ以上のことはわからない。最後にこの時期の佐野碩の仕事の主だった特徴については、次のようなことが指摘できる。第一に、作品の選択は、明らかに政治的で、社会的告発であったこと。第二に、演劇をイデオロギー的な要素として利用したこと。第三に、劇の上演場所として、市電同盟のホールとSMEのホールが代わるがわる使われていたこと、第四に、公演は主にメキシコ電気労組の支援を受けていたことである。

『影の王冠』一九五一年、メキシコ国立芸術院、独立製作

佐野碩の考えでは「この作品はウシグリの演劇の頂点、すなわち完全な円熟の域を示す作品だった[25]」。『影の王冠』は一九四三年に執筆、刊行された。佐野碩によって上演される以前にウシグリと新世界劇団によってアルベ

ウ劇場の舞台で一九四六年四月十一日に一晩だけ上演されたことがあった[26]。ウシグリが反歴史[27]と呼んだ演劇は、ハプスブルク家のマクシミリアン大公と彼の妃カルロータ・アマリアの身に起こった悲劇が主題である。彼らの突然のメキシコ統治、マクシミリアンの銃殺、カルロータの長い狂乱の生涯。

この真実の歴史の作品を書いた動機は、次のようなものであったとウシグリは述べている。

今までマクシミリアンと妃のカルロータの二人は一般的に劇作家、著述家、メキシコの映画製作者によってファアレス寄りの自由主義者ほどにも取り上げられなかった。私は、完全に詩的な意識に従って（…）マクシミリアンの血とカルロータの狂気がソネット以上の価値があるという怒りの意識に動かされてこの作品を書いた（…）[28]

一方、佐野碩は『影の王冠』を上演する動機をプログラムで説明した。彼は一九四九年の終わりからこの劇を舞台で上演するために作業を始めたと言う。実際、一九五〇年六月にはすべてをリハーサルにかけていたが、上演はできなかった。しかし、一九五一年八月リハーサルを改めて行い、変更を加えた。佐野は二三人の登場人物のうち一〇人を「始末」し、一部を削除し、作品を変えたと告白している。しかし原作者の同意を得ていた。あらゆる改善と変更。それは「観客がより容易に作品を理解できるようにしたいという願いからであり、（…）作品を明瞭にし、流れをよくするためだった（…）[29]」。佐野碩は、作品の主要な思想、作者が言いたいこと、また、上演を通じて自らが言いたいことは、次のようなものだと考えていた。「大国でないにしろ、独立と国民主権は、どんな犠牲を払っても、尊重しなければならない。［それゆえに佐野碩にとって］ロドルフォ・ウシグリの作品は今日の国民には緊急のリアリティがある[30]」と。また、彼は、レフォルマ劇団の役割について、「専門の俳優にとっ

て劇の恒常的な実験の中心となり、新世代の俳優の活動の広がりを同時に促進するものとなる」と語っている。(31)

『影の王冠』は十月二十一日に初日を迎えた。(32) しかし、詩人であり新聞人のエフライン・ウェルタは、彼の「映画レーダー」というコラムで一九四九年から佐野碩の演出について語っていた。ウェルタの記事によって一九四九年にチュルバスコのスタジオで劇としてリハーサルが行われたことがわかる。俳優にはリリアン・オッペンハイム、エルネスト・アロンソ、フェルナンド・クリエル、ロベルト・アラヤなどがいた。翌年一月、俳優のエルネスト・アロンソが降板し、リリアン・オッペンハイムが妃の役を演じること、作品は一九五〇年の春の演劇祭で上演されると伝えている。演出家がプログラムで示したように、その時には上演されなかった。

こういうわけで、一九五一年末頃、当時の若手の劇作家で新聞記者であるセルヒオ・マガーニャは語っている。「佐野碩はロドルフォ・ウシグリと組んで私たちを驚かせるだろう。佐野はメキシコ国立芸術院のなかで彼の悲劇『影の王冠』を演出している。スタッフが著名なだけに、かえって心配もある」(33)。

初演が終わると、いくつかの評が出た。フリオ・サピエッァはサブタイトルを付けて彼の見方を要約している。

メキシコ国立芸術院でのロドルフォ・ウシグリの『影の王冠』。佐野碩は再び観客を失望させた。初日の夜、彼のファンがつめかけた。文部省がこの舞台に四万ペソを助成したと言う。『影の王冠』の正しい舞台を私たちは待ち望んでいる。(34)

Se Estrena hoy la Obra Corona de Sombras

"Corona de Sombras", una de las obras más discutidas del genial dramaturgo mexicano Rodolfo Usigli, será estrenada hoy en el Palacio de Bellas Artes, bajo la dirección de Seki Sano, el más audaz de nuestros directores de teatro moderno, y la escenografía de Julio Prieto, el mago de la escenografía. En esta obra de suma trascendencia actuarán como intérpretes conocidos artistas...

Como Carlota, Lilian Oppenheim, Carlos Bribiesca, interpretará a Maximiliano. Napoleón III quedará a cargo de Carlos Riquelme; David Carlin, vivirá la parte de Miramón y Mario Orea la de Bazaine; Fulvio Sotomayor reencarnará al Padre Labastida. Tomando parte además otros conocidos artistas del arte de Talía.

Dado el interés que ha despertado esta representación, cree que vendrá a ratificar el alcance de este gran dramaturgo, conocido ya internacionalmente.

『影の王冠』初日を報じる『エル・ナシオナル』1951年10月21日付

評者は、上演が「まったく駄目」のように見えると述べて、作品を変更したり、登場人物を減らしたりすべきではなかったと強調する。回り舞台の使い方は適切でなかったし、大道具などは不適切で、求められている場所を表現していない。いく人かの俳優の衣装や性格づけは損なわれている。舞台に新しさを出そうとして、台を設置するというお粗末な慣習に従ったために歩きにくい（…）[35]。

そして評者は強調する。

しかし許しがたいのは、登場人物が坐らされ、床の上を引き回されることである。マクシミリアンが石のベンチに坐り、カルロータの脚の上に横になる場面は、不愉快であるだけでなく、馬鹿げており、演出家の強迫観念であり、彼の性格であるように見える。俳優たち、とくにマクシミリアンとカルロータは、最初から最後までこの方法が多用される。恭しく着飾った皇帝とその妃がそのへんの学生のように段に坐ったり、身体を横たえたりすることがあるだろうか[36]？

主演の女優の演技については、狂った老女が目立ったが、微妙な味わいに欠ける、大声を出すあまり、声がしわがれている、人物が把握できていず、女優は自分の声をうまくコントロールできていない、と演出家を責めている。最後に、「私たちは上演を待ちつづけている（…）それは、おそらくプロの俳優陣によって上演されるときだろう」とつけ加えている[37]。

さらに三つの評がカルロータとマクシミリアンの悲劇について出たが、それは、国立芸術院に以前勤めていた、演劇評論家であり、佐野碩の古い友人であるアルマンド・デ・マリア・イ・カンポスによるものであった。彼は一九三九年にはメキシコ国立芸術院の部長で、佐野を助け、彼に演技指導の教授としての仕事を与えた。評は、十月二十八日、三十日、十一月十一日に出た。最初の評は、佐野碩のグループがメキシコ国立芸術院で公演をするとだけ伝え、この劇を書いたウシグリの動機を述べることに話を進めている。オイディプス王とカルロータを比べた劇作家を解釈して、アルマンド・デ・マリア・イ・カンポスは述べている。

劇の中心人物は、『影の王冠』の犠牲者であるカルロータである（…）比較すると、彼女のケースは、だれよりもオイディプス王に似ている。神託は告げたであろう。「お前は、夫を殺すだろう。お前の野心がお前のまわりに憎しみの種を播くだろう。お前はうまずめ、お前は七十八歳まで生きねばならぬ」。オイディプス王が目を抉り取ったとしたら、ウシグリの優れた劇でカルロータは正気を失う(38)。

十月三十日の二つ目の評では、アルマンド・デ・マリア・イ・カンポスは、最初は穏やかな調子で佐野碩の公演にたいしての不快さを示し、最後には別の言葉で不満を述べている。彼は次のように始める。

準備の長い期間に日本人の演出家は、何度も配役を変更しなければならず、一団の俳優たちが最終的な上演に漕ぎつけたが、その俳優たちの大部分は、初めて舞台に上がる連中で、最初のリハーサルの時、彼に従っていた俳優たちではなかった(39)。

演出家について話が進む。

最後の検討の段階で、演出家が宣言したことによると、作品のなかで重要な変更をいくつか加える必要があった。それは、作品の半分以上に及んでいる。二七人の登場人物のうち一〇人を省いたので、作品を切り刻むことになった。(…)一方でハプスブルク家が意思に反して調印し、マクシミリアンの処刑の論駁できない理由となった一八六五年十月三日の有名な布告のような、つなぎの部分が挿入された。これはウシグリの作品として書かれ、上演され、公になったものと異なる。佐野の言葉を借りれば、劇の流れをスムースにし、改善するために削除や変更によって作品を変えたのであって、彼に悪意はない。(40)

もっと先で、佐野碩の演劇とウシグリのそれとを比べて、次のように述べている。

私は、何年か前に上演されるのを観た作品を覚えている。後で、削除や省略や運命の布告を聴衆に想起させるためにつけ加えられた一幕——ピスカートア風の——のない原作の台本を読んだ。(41)

評者にとってウシグリの作品は、「現在上演されているものよりもはるかに優れた劇だった」。ただし、それはある機会に観客のいない場所で上演されたということを評者は忘れている。

彼の評は続き、舞台と演出の担い手について言及する。

現在、メキシコでは、佐野碩の個人的な演出のもとで、プロの女優アンパロ・ビジェーガスを除けば、いろいろなアカデミー出身の素人の俳優によって上演されている。(…)佐野碩の演出は、几帳面で、ゆっくりとしており、つねに訓練されていて、私は気に入らなかった。彼の動きは大変民主的である。かなり「スタニスラフスキー」的で、すべての登場人物は、「ロマンチック」な人物と考えられている皇帝と王妃を含め、王座ではなく段や階段に坐らされる。必要なのかどうかわからないが、佐野の演出ではしばしばのことだ。このように役者を床に引きずり回すのは、西洋の舞台劇の手法としては異様である。佐野碩のもう一つの特徴は、メキシコで話されているスペイン語の甘く、間違いようのない音楽性を忘れようとしているかのように、弟子たちが平坦な話し方をしていることだ[42]。

自身の不快さを示すために別の解説者の言葉を引いて、評を終えている。

厳しく、穏当さを欠いているかもしれない。だが、私は単に誠実で、不偏不党なだけである。私は、公明正大な解説者アルフォンソ・デ・イカサが最近の批評で記したように、私の考えでは私たちが直面している演劇の事象を要約する、自分も同感する言葉を選びたい。イカサによれば、「喝采が起こり、『ブラボー』という声があがるためには、ある芸術家の演劇にわずかでも見せ場があるか、演技をするグループが多くの贔屓がいるか、あるいは、若い未熟な当事者が、偉大な、すばらしいものを見ていると錯覚しているかすれば、十分である。白髪を櫛でとく私たちには笑い草だ。というのは、興奮しやすい、たわいのない娘と昔の大女優とを、あるいは、新米で凡庸な俳優と、演劇に真の輝きと価値を与えた大男優たちとを、私たちは心のなかで比べているからだ[43]」。

アルマンド・デ・マリア・イ・カンポスの最後の評は、『エル・ナシオナル』紙の日曜日の文化欄に十一月十一日に出た。このテキストは、佐野碩の演出を批判する意見を率直に述べている。以前に書いた評からの語句を再び使っている。評は、作品の全般的な内容と上演に触れて始まる。公演時間は三時間十五分で、ウシグリの作に関しては、その質の高さを認めている。改めて「その不幸な出来事、テキストに加えられた毀損、作品の政治的見解の歪曲は、日本人演出家に帰せられるべきものだ(44)」と記している。

さらに先では、ウシグリがマクシミリアンとカルロータを「ロマンチックな、世紀の象徴、悲劇を刻印された人物」と捉えたと繰り返している。そして、カルロータとオイディプス王との類似性を再度、指摘する。評者の判断では、「佐野碩は、悲劇の政治的意味を捻じ曲げ、独立を尊重しなければならないというのがウシグリの基本的な主張だとした」。たとえそれがメキシコ史の流れで、観客の心をつかむとしても、劇作家の根本的な思想だという佐野の解釈に、アルマンド・デ・マリア・イ・カンポスは同意できなかったようである。

作品の部分的削除についても触れて、「ウシグリはこの変更や削除に抗議したこと、ということは、こうした改変は原作者の了解を得ないで行われたということになるが、劇の演出家は、『謙虚で、総合的な代弁者であるべきで、解釈者ではない(45)』という誰もが認める基準を私は支持する」とつけ加えている。アルマンド・デ・マリア・イ・カンポスの考えでは、「普遍的な作品の再創造の権利は、たしかに観客の利益を満たすために認められようが、(…)原作者が存命中は、(…)その作品についての権利や、それが正しく上演される必要性について、議論すべきではない(46)」。

評者にとって主役たちを床や階段で頻繁に引き回すことは、「たんに登場人物の本来の尊厳だけでなく、彼らを包む悲劇の雰囲気」を損ねたが、原作の真価が佐野碩の解釈で変わることはない。最後に、評者は、唯一自分が好感をもてたことについて語っている。「カーテン、小道具、階段は、若い舞台芸術家のフリオ・プリエートが美しい舞台装置を完成させている(47)」。

日本人演出家の演出についてなされた強烈な批判には、いささか驚かされる。というのは、すでにその頃、佐野硯は演出家として活躍していたからである。一九四八年の終わりには『欲望という名の電車』の公演回数はイリス劇場で百回を数えた。この劇は、一九四九年に『荒々しい力』〔スタインベックの『二十日鼠と人間』のメキシコでの題名〕と『じゃじゃ馬馴らし』とともに上演された。彼は演出によって演劇界で確実に地歩を築いていたように思われる。

演出家に強い不満を示す評には次のようなものがある。第一に、実際の舞台よりもドラマツルギーについて記述することに批評は慣れていること。それゆえに、劇のテキストをまずもって擁護すること。第二に、演出家の芸術的、政治的な立場と劇作家の立場とは別であり、批評は劇作家に向けられること。すなわち、佐野碩は、創造者、舞台の作者としての演出家であって、その上、共産主義者としての経歴から、権力者の不正や強制に関しては、国レベルであれ、個人レベルであれ、主観的に反対だった。そこから、『影の王冠』にたいしての彼の解釈は、当然、独立や主権在民を重視し、マクシミリアンの銃殺を認める布告を挿入することになる。彼は自分の視点から、皇帝と王妃がほかの人間と変わることなく人間的で、アルマンド・デ・マリア・イ・カンポスが言うような「ロマンチック」な人間である以上の存在であることを一般の観客に伝える必要があった。だから、劇の論理に従い階段や床に倒れることも当然の成り行きだった。

一方、『影の王冠』のリハーサルのときに、ある取材記者が彼にインタビューしたことを記しておかなければならない。そのなかで佐野の発言は、あけっぴろげで、さわやかで、軽快であると言うことができる。様々な話題に触れて、佐野は述べた。

私の夢は、メキシコ演劇の偉大な伝統の基礎を築くことだ。この国の混乱が私には魅力的だ。メキシコに来たとき（…）人々の貧困、インディオの沈黙、社会的矛盾を目にした（…）いたるところでドラマと喜劇を見た。我々の作家たちがメキシコが求める価値のある作品を創造できていないことに、私はその時、気づいた。[48]

自分の演劇に対する確信が、評価が高く、長い経歴を持ち、レパートリー演劇の代表者であったマリア・テレサ・モントヤの演技にたいして次のように言わしめた。すでに認められていたにもかかわらず、演劇界の第一人者の側に拒絶、さらには敵意を引き起こした断言。彼は次のような言葉を突きつけた。

メキシコの上には二つの忌まわしい影響がのしかかっている。一つはスペインで、もう一つはアメリカの影響である。今日のイベリア半島の演劇は、死の前夜にあり、私たちのような国民に対するメッセージをなんらもっていない（…）作品において、作品を上演する手法において、スペイン演劇は有害である。それを証明するためにモントヤのような俳優がいまだに生きている。誇張、大げさ、喚き、自らをさえ欺くことのできない偽りの演技。そういう学校は、死に、埋葬された。ただ、ろくでもない女優たちだけが、それを延命させている。[49]

こうして、アルマンド・デ・マリア・イ・カンポスとアントニオ・マガーニャ・エスキベルのような、実験演劇の擁護者で推進者であった演劇界の二人の代弁者は、佐野を認めていたけれども（マガーニャは、絶えず新聞の記事で、佐野の仕事を価値づけ、認めていた）、芳しくない評もあった。実際、こう問うことができる。アルマンド・デ・マリア・イ・カンポスも佐野碩の表明に怒っていたのだろうか？　というのは、彼の『影の王冠』についての評は、劇の原作者の側に立って、演出家の仕事を非難してはいないだろうか？

一方、アントニオ・マガーニャは、日曜版の自分の担当紙面に、プロア・グループの実験演劇の演出家であるホセ・デ・ヘスス・アセベスのエル・カラコル劇場で読まれたテキストを掲載した。それは女優マリア・テレサ・モントヤを称えたものである。同時に、囲み記事で次のような釈明をした。

(…)物議を醸すテキストによって非難を浴びて、良心の呵責に苛まれていることだろうが、ある記者が公表した乱暴であからさまな攻撃に関しての釈明。今までにもあったことだが、その記者はこの機会を利用して、私たちの秀でた女優を攻撃する不届きな言説を佐野碩に言わせたのである。(50)

この釈明にはマガーニャの佐野碩への配慮も見てとれる。しかし、そのテキストを書いたと思われるセレスティーノ・ゴロスティサに対しての説明はほとんどない。ほかにも新聞から見えることは、演劇界の争いである。佐野碩の発言で問題は深刻化し、拡大していき、いわゆる実験演劇のほかのグループが象徴的な女優に頭を下げるという事態に至った。

一時は演劇界の中心にいた佐野碩だったが、この事件で彼は居場所を失った。彼はほかの場所を探すしかなく、メキシコにあるほかの外国人のコミュニティで活動することになった。また、彼の以前の弟子や崇拝者は、機会をつくって、演劇の興行を行えるように佐野を助けた。国内のいくつかの州だけでなく、コロンビアに滞在した(一九五五年)ときのように外国からも演劇の講師として要請された。メキシコに戻ったとき、事態はさほど好転していず、一時、演劇芸術学校で授業を担当したが、再びＳＭＥと共同で活動した。すなわち、彼の芸術の製作は活気を取り戻していく。以下の作品の公演は、『影の王冠』以降に実現したものである。

『両目に針を』一九五二年、ショパン・ホール、独立製作

レフォルマ劇団のスポンサーは次のような人々だった。文筆家で外交官のアルフォンソ・レイエス、画家のホセ・クレメンテ・オロスコ、ディエゴ・リベーラ、ダビッド・アルファロ・シケイロス、音楽家のカルロス・チャベス、女優のビルヒニア・ファブレガス、ドローレス・デル・リオ、男優で映画プロデューサーのエミリオ・フェルナンデス、劇作家ロドルフォ・ウシグリである。演出家で、興行主でもあるフェルナンド・ワグネルは、完成したばかりのショパン・ホールで、エドムンド・バエスの三幕の劇『両目に針を』の公演を行った。初日は一九五二年九月十三日だった(51)。

スポンサーというのは、メキシコの文化のなかでもっとも重要な要素ということができる。一方、佐野とウシグリのあいだの、『影の王冠』の公演における軋轢にもかかわらず、佐野の名前はプログラムに出ている。この製作においては、この時期、メキシコでもっとも重要な三人の創造者が集まった。演出家の佐野碩とフェルナンド・ワーグナー、そして劇作家のロドルフォ・ウシグリである。上演場所のショパン・ホールは、新しい時代を告げる劇場だった。

『両目に針を』の話の舞台は、メキシコの保守的で、信心深い田舎である。「良き」家族の未亡人の母親には、二人の娘がいる。母親は、自分の世話を一生させるために一人を選ぶ。もう一人は学校に行かせる。家にはほかに、学校に行った娘の夫である、従順な甥がいる。母親が死ぬと、彼女が、美しい声で鳴くように鳥の目をつぶしていたことがわかる。母親の命令に従い、学校に行かせてもらえなかった娘と甥が愛し合っていることも判明する。しかし、この娘は自分を犠牲にして、塔から飛び降りて自殺する。もう一人の娘は夫を追い出し、母親と同じように振舞うが、いくぶん母親との違いがある。配役は、佐野碩の学校で教育を受けた俳優、マリア・ダグ

ラス、レオノール・リャウサス、ラモン・ガイ、オルテンシア・サントベーニャらが選ばれた。外部からは、ロサウラ・レブエルタス、レイナルド・リベーラ、エンリケ・ルセーロが参加した。

新聞の評がこの公演に触れた。九月二十一日には、アントニオ・マガーニャが、劇の作者であるエドムンド・バエスは、映画の脚本を書いたり、脚色をしていて、『不在者』や『土地の恨み』のような作品があることを思い起こしている。評者は、その前の週の土曜日に公演が行われたことを述べ、主な役を務めたマリア・ダグラス、ラモン・ガイ、ロサウラ・レブエルタスら俳優の名前と、演出家の佐野碩の名前をあげている。マガーニャは、かなりのスペースを劇のテキストにあて、彼にとっては、ガルシア・ロルカとテネシー・ウィリアムズの影響が見られる田舎のドラマであるが、第三幕では強さに欠けるとしている。そのあと、すぐに演出家と俳優の出来について語るが、評者は納得していない。

『両目に針を』のプログラムの表紙

佐野碩は、劇全体を通して、政治的で熱っぽくなり、マリア・ダグラスに、その一点に演技を集中させようとした。ただ、マリア・ダグラスはそれ以上の力を発揮して、重要な場面を見事に演じた。ラモン・ガイは、強く、明瞭で、間合いを控えめに保っていた。〔主役を生かすために〕彼の役割はもっとも難しいものである。ロサウラ・レブエルタスは、求められている悪意と意図が出せている。オルテンシア・サントベーニャは将来性がある。レオノール・リャウサスは、オーバーで月並みな役柄であ

『両目に針を』の舞台写真

るが、演技が不自然だった。[52]

見たところ、評者は舞台装飾家の仕事だけが気に入ったようだ。舞台装飾に関しては「舞台装置の美しさ、色彩、形、空間が完全に釣り合いを保ち、定評のある職人技を示した」と言っている。[53]

数日後には、『ティエンポ』の無名氏が述べている。

かなり複雑な問題が、最初から一人の女性の邪悪な考えによって決定されている。農園の女主人である彼女をどう定義するかは、ドラマの根源に関わる。この考えの古い女性は、人生で自分の娘たちにたいして、宗教的な狂信が召使たちに加えるような専制的な権力を行使した（…）彼女は、封建的で、時代錯誤の権威をかざしている。[54]

また、「はっきりと言うにせよ、無言にせよ、残酷性が劇作家の狙いだ」と考えている。ところが、評者の考えでは、この意図が舞台で実現されていない。彼の評はこうである。

『両目に針を』の舞台写真

全般的に劇は、慢心し、俗悪である。ラティフンディズム〔大土地所有制〕の時代の農園の陳腐なテーマの二番煎じ。映画がうんざりするほど扱ってきたテーマ（…）ただし、多くの場面で劇の力はあるし、対話も悪くはない（…）[55]

一方で、マリア・ダグラスとラモン・ガイの演技を高く評価している。「ほかの俳優たちはよく練習した演技をこなしている」。佐野碩の演出とフリオ・プリエートの舞台装飾は、申し分のない、値打ちのあるよりよい劇の上演に彼らのそれぞれの役割で寄与している。すなわち、この報告者にとって演出の出来は、ドラマのテキストに関係なく、賞賛すべきものであった。

十月十四日、『エル・ナシオナル』紙で、ラモン・フェルナンデスは公演に触れて、寄稿を約束している。そして十二月二十八日「要約」のなかでショパン・ホールの『両目に針を』は、この年の演劇の秀作の一つだとし、関係者に合格点をつけている[56]。

劇評は、それほど芳しいものではなかったが、公演はその年の最高のものとされて、メキシコ演劇評論家協会は翌年一月に「ルイス・デ・アラルコン」賞に推した〔アラルコンは植民地時代のメキシコ生まれの劇作家（一五八〇―一六三九）〕。ただ、実際にその賞を取ることはできなかった。マリア・ダグラスは、俳優として注目されて、『両目に針を』の演技で最優秀賞に輝いた。

『聾啞者』一九五三年、ショパン・ホール、国立芸術院研究所製作

この作品は、当時、若手だった女性劇作家ルイサ・ホセフィーナ・エルナンデスの劇である。彼女は一九五一年佐野碩と出遭った。佐野は春のコンクールで入賞した彼女の劇を見た後で、彼女に電話をかけた。ルイサ・ホセフィーナ・エルナンデスは回想している。「佐野碩は机のところに坐って、短い挨拶をしたあと、立ったままでいる私に、演劇のための作品を書いてほしいと言った。私は自分の作品をもってくると約束し、文字通り走ってそこを出た[57]」。数週間後、彼女の二作目が舞台にかかった。『聾啞者』。作品を読んだ後、佐野碩は彼女に電話した。ルイサは語っている。

私たちは長い時間、話し合った。そこでは、私の人物たちの過去、現在、未来について、登場人物の環境、成功、不運について議論するのではなく、説明をした。その日から、彼は私に電話をしてきたが、それは、時間のあるときに、彼に劇を読み聞かせるためだった。そうしたやりとりのある時、彼は作品を吸収して、作品が自分のものになりつつあると言った。彼を強烈に燃焼させ、公演の初日には興奮が冷めているサイクルが始まっていたのだと私は思う。佐野碩は完成した作品を楽しむのではなく、完成させるためのその前の過程に熱中していた[58]。

三月から作品について話が出始めた。雑誌『マニャーナ』の記者ルイス・ビセンテは、エル・グラネロ劇場でルイサ・ホセフィーナの劇が佐野碩の演出で行われると告げている[59]。

『聾唖者』の舞台写真

『聾唖者』の初演は、実際はショパン・ホールで一九五三年八月六日のことである。メキシコ演出家協会の季節公演の第二作で、国立芸術院研究所が後援していた。三幕からなる喜劇で、二年前に書かれていたが、カンペチェ州の村が舞台になっている。それは、裕福な家庭の争いを語っている。というのは、息子は愛人をつくり、大きな対立を引き起こすからである。明らかに、女性である著者は、性のあいだに存在する社会的な不公平にメスを入れる。フェミニズムという言い方はまだなかったが、状況、すなわち、当時の女性たちに与えられた役割について反省と批判がある。いくつかの新聞はこの公演を取り上げているが、大部分は、演出家には辛いが、劇のテキストと女性劇作家には好意的である。

初日から一週間後、新聞評が出た。八月十三日には、『フエベス・デ・エクセルシオール』に記事がある。「ショパン・ホールで、『聾唖者』が初演で大成功を収めた[60]」と報じている。また同誌に評を寄せたフェリックス・エルセは、作品は強烈なドラマで、構想が完成していて、そのことによってこの瞬間から女性劇作家は「メキシコの劇作家の選ばれた集団の一人となる」と考えている[61]。そして作品の雰囲気について話を進めている。

話は家族の悲痛な雰囲気のなかで展開する（…）いやみな皮肉、もっとも卑しい利己主義者の仮面の父親の性格がすべての子供たちを苦しめ、その家庭を平和と愛という家族の観念と正反対の対立物に変える。それは地獄になる。その象徴は時計であるが、人々は、それが解放の幸福の時間を刻みはしないかと見つめる。最後に家は孤立し、父親はその孤独の中で激怒し、自分の問題を嘆く。自分の息子たちと対立する日々の、変わらない軋轢。(62)

作品は、平和と愛の核としての家族についての理想的な概念に注意を向ける。実際の人生では存在するが、劇場の舞台のうえではこの種の争いは見えないかのように。評の最後に記者は俳優と演出家について触れている。

喜劇の最後にくる清らかな、人間的な、解放の対話は、とくにすばらしい。すべての俳優たちの大きな努力、とくにホセ・エリアス・モレーノ、アリシア・カロ、オルテンシア・サントベーニャ、ターナ・リン、また、マヌエル・ドンデとマルティネス・デ・オヨスの二人の力、佐野碩の傑出した演出。ただ、どんなに優れていても、演出家は上着を脱いで、舞台に出てきて、喝采を受けるわけにはいかない。(63)

八月十五日には、雑誌『インパクト』のリア・エンヘルと雑誌『マニャーナ』のセルヒオ・マガーニャの評が出た。前者は、女性劇作家、演出、後援団体から書きだしている。一九五一年の春の演劇コンクールで賞を受けた『サトウキビのアグアルディエンテ』に次ぐ、これが彼女の第二作であるということに触れている。プログラムによると、彼女には『天使の冠』、『小鬼』、『天国の鍵』など、未発表の喜劇がある。(64)

リア・エンヘルは、この作品を次のように捉えている。

（…）すべての人々が冷ややかで、無愛想な性格のせいで作品は単調になるが、言葉は自在である。私たちに突きつけられる、地方の生活の言い回しと思われる敵対的な言葉。柔らかい表現も、美しい一句もない。[65]

続けて、ホセ・エリアス・モレーノとホルヘ・マルティネス・デ・オヨスの演技を取り上げている。

（…）強烈な輪郭。オルテンシア・サントベーニャ、ベアトリス・サアベドラ、アリシア・カロが続く。カロは、四十歳の女性を演じるために映画での美しさを犠牲にしている。マヌエル・ドンデは、演技がうまい。他の者たちも申し分ない（…）最後にターナ・リンのすばらしい演技に触れておこう。彼女は、ときどき登場するだけで、テーマといくぶんマッチしない役どころにもかかわらず、作品の全体に寄与している。[66]

演出については、次のように言う。

（…）ほとんど言うことはない。佐野碩はもっとも不運だった。ほかの場合であれば、劇にたいして彼はすぐれた経験を示した。今私たちのいるホールで最近演じられた、チェーホフの『三つの宝』〔『熊』『結婚申込み』『白鳥の歌』の三篇〕で彼が見せた高さと能力からはかけ離れた場所にいた。[67]

一方、セルヒオ・マガーニャは、『聾唖者』が女性劇作家の第一作ではないと述べ、劇の場所や、演出、後援団体に触れている。リア・エンヘルの評と異なって、「ドラマのテキストはしっかりと練られ」ていて、「人物を眺める鋭い視点」が明確である。[68] 劇の出だしで、父親、二人の娘、娼婦が浮かびあがるが、娼婦の捨てた名誉は、二人の娘の無愛想な美徳と均衡を保っている。とくに、その最初の場面では、二人の娘と召使の一人も主題に関わる。[69] 話の骨格は単純なものではあるが、作品の良さは、対話を力強いものにし、回りくどい長セリフを最小限にした、劇の進め方と扱いにあるとマガーニャは考えている。彼によると、第二幕でターナ・リンが演じる人物の存在が「状況への関心を強める（…）作品は問題の根源に迫ろうとする」、そして第三幕には最後の幕と同じように完成度が高いシーンがある。[70]

セルヒオ・マガーニャは次のように言う。作品は「溢れるような感情とは無縁である（…）社会批判を遂行する、観客は喜ぶ（…）それは忌まわしい地方の家族の心に向けられた嘲笑である（…）」。[71] 作品をドラマチックに評したあと、俳優や演出家の出来栄えに賛辞を送っている。「佐野碩が拍手にも控えめなのは、自分が評価することではないと決めているからだろう。彼はつねに冷静に自分の出来を見つめている」。[72] それとは別に、評者にとってただ一つピンとこないのは舞台美術のようだ。

別の評が雑誌『ティエンポ』に八月十七日に出た。その無名氏は、これまでの評と同じように初演の日時、劇作家の経歴、処女作の受賞、後援団体の場所と組織に触れている。すなわち、国立芸術院研究所の支援を受けた、メキシコ演出家協会の定期公演だった。記者は、完璧な劇ではないが、「地方の家族の像」を捉えようとする意図に賛意を示している。登場人物は、「全体にぼやけている。コントラストが弱く、単調で曖昧だ」としている。評者によると、これは演出がそうさせている。

佐野碩は、劇作家が柱とした二人の登場人物のコントラストをうまく出し切れていなかった。ラディスラオとコーラ（息子と彼の愛人の娼婦）は、イラリオとの闘いを導く主因としてでなくてはならない役どころである。父親との直接的な関わりで、娘のエンマとフロリンダの姉妹もまた重要な役である。そういうことがはっきりしなかった、（…）佐野碩もカンペチェのような地方の片隅の特殊な事情は舞台に出せていない。ガブリエル・フェルナンデス・レデスマの舞台美術、衣装、登場人物の雰囲気も真実とずれている。(73)

無名氏は「真面目で几帳面なスタイルと、対話がよく練られていること」で台本は最高だが、登場人物の肉づけをしようと俳優たちが自分たちだけでつくった「性格は、他の人々がすれば、もっと秀でたものになっていただろう」と評している。

八月二十四日には舞台の一こまが出た。その下には『聾啞者』とあるが、メキシコの地方の様々な特徴を示したリアルな写真である。(74) 九月には別の評もあり、ショパン・ホールでの公演が終了すると告知している。(75) 最後に、一九五四年一月、雑誌『ティエンポ』は、『聾啞者』がメキシコ演劇評論家協会によってルイス・デ・アラルコン賞の候補作になったと伝えている。

見てきたように、ほとんどすべての評者が、劇が完全なものでないにしろ、その価値を認め、若い女性劇作家を推している。主題に関しては、作家と同年代で、彼女と古い仲間であった若いセルヒオ・マガーニャに全面的に賛成している。この時期には、マガーニャ、エルナンデスほか、若い劇作家たちは、家長を中心にして動く存在としての家の伝統に疑問を投げかけ、権力が忘れているメキシコの現実を暴こうとし始めた。当然のことながら、この作品の原作者が女性であることは大いに注目すべきである。

『落果』一九五七年、グラネロ劇場、独立製作

ルイサ・ホセフィーナ・エルナンデスの『落果』は、一九五七年四月三十日、エル・グラネロ劇場で初演された。[76]『マニャーナ』誌の記者は、『落果』は女性の劇作家の作品で、エル・グラネロ劇場が公演に期待を寄せていると述べて、二週にわたって紙面で取り上げた。[77]もう一人のコメントは、国の政治家と広告欄に掲載されたいくつかの作品とを結びつけるクイズを載せている。「未来派のクイズ」と呼んでいるが、左側のリストには『落果』の名前が、右側のリストには、政治家や大統領予定者[78]の名前が連ねられている。それは次のようなものである。

エル・グラネロ劇場でのルイサ・ホセフィーナ・エルナンデスのメキシコの秀作、『落果』をご覧あれ。繊細で、美しく、よく書かれ、よく感じられた、とりわけ、見事な演技の劇、そこには、お待ちかねのマリア・ダグラスとローラ・ティノコが出演している。[79]

ルイサ・ホセフィーナ・エルナンデスは、この作品において、新しい状況を捉えなおして、一九五〇年代のメキシコ社会で女性が果たすべき新たな役割を示している。中産階級で、自分の人生に確信がもてない女性が主人公である。彼女は、生まれ故郷に戻り、選択する。すなわち、自分の生活を選び、決定する。アルマンド・デ・マリア・イ・カンポスの評価は、若い女性劇作家の経歴に触れて、彼女が国立大学の文学部で文学修士の資格を取得したさい、修士論文が『落果』であったと述べている。

エルナンデスは、大学でロドルフォ・ウシグリの演劇の理論と制作の授業を受けた。そして、その時から

教室で彼の後継者となった。文筆家に与えられるメキシコ作家センターとロックフェラー財団の二つの奨学金を得た。一九五一年春祭りのコンクールで入賞した『サトウキビのアグアルディエンテ』がデビュー作である。一九五四年、メキシコ社会保障院のホールでその年に初演された『モデル薬局』で、『エル・ナシオナル』紙の演劇コンクール最優秀賞に輝いた。彼女の『小鬼』、『天国の鍵』、『天使の冠』は、一九五五年に書かれた『草の生える場所』という小説とともにまだ刊行されていない。彼女の喜劇『聾唖者』は、ショパン・ホールで一九五三年に初演されている。(80)

批評家に言わせると、この作品は、「陰気な作品である。断念、忍耐、苦渋に満ちた精神の強烈で、深遠で、驚くべきドラマである」。続けて、テキストを概観している。

話は、ベラクルスのある村が舞台である。離婚した女が村にやってきて、再婚し、親戚の手にあるわずかな財産の管理を取り戻そうとする。それを売って得る利潤で、都会で経験してきた卑しく、失望した人生をいくらかでも改善するためである。彼女は、村に残した自分の財産を親戚が勝手に使っていることを知っている。親戚の者たちは、細々と生きていくための十分でない財産が取り上げられそうだとわかると、抵抗する。ほとんど狂気のアルコール中毒の老人、諦めて、無関心にぼんやりと裁縫をしている妻女、この不幸な夫婦が引き取った性悪の娘。苦しみに苛まれ、見かけの幸福の裏で悪をなそうとする願いを抱く老婆。どこか恐ろしく、苦渋の（…）悲哀と絶望（…）(81)

そこで自問する。劇場にそんな陰気さを、化膿した腫瘍を、精神の悲哀をどうしてもっていけようか？　こうしたことから、アルマンド・デ・マリア・イ・カンポスは、新しいジャンルの開拓者としてのルイサ・ホセフィーナ・エルナンデスの立場を苦渋主義と名づける。そして、言う。

最後の場面転換の光が消えたあとの半時間後まで、彼女のドラマは苦渋を出し続ける。なぜなら、エル・グラネロ劇場には緞帳がないからである。驚くべきこと、また予想のできないことには、苦悩が極端に表現されているとはいえ、作品の構成は見事で、論理的に組み立てられ、しっかりと展開されている。対話にすぐれ、無論、よく書きこまれている。(82)

そのあと、俳優たちの演技への言及がある。

プロの俳優、演劇の経験者、目をかけている新人たちの混成のグループが『落果』の人物を創造している。勿論、プロの俳優たちに勝る者はいない。マリア・ダグラスが主人公を演じている。ただし、彼女は、注目すべき創造をしているとまではいえない。単調であり、繰り返し苦渋の表情で登場する。実際、その人物は、それ以上に演じようがない。老婆役のローラ・ティノコは舌を巻くところがある。なぜなら、俳優は演出によるのではなく、自身の長い経験がものを言うからだ。アマード・スマーヤは、役者として自分の力を超える人物を演じようと懸命になっている。テクニックや勇気のない闘牛士のようだが、気持ちは買える。同じようなことが、もう少しレベルが下だが、カルメン・デ・モラにも言える。アドリアーナ・ロエルとフェリックス・ゴンサレスは、完全に新人で、彼らの演技は、期待するには忍耐が必要だろう。(83)

最後に評者は、佐野碩の演出に触れて、記している。「誇張された不必要な動き、完全に不出来」。[84]

佐野碩によるルイサ・ホセフィーナ・エルナンデスの作品は、自分の生活に意味を見いだせなかったように見える人々の日常生活への批判を示しているということができる。小市民のほとんど支持できない価値にたいする批判。そこでは、メキシコの女性の役割の変化は遅々としていたが、そうした問題を等閑視する社会で、それを見つめ、暴いていたことを示している。注目すべきことがあるとすれば、重要な経歴をもち、伝説になりつつあった佐野碩のような演出家が、当時、若手の女性劇作家の作品を演出したという事実である。

二　外国作品

『時代に抗う男』一九六三年、メキシコ社会保障院

一九六三年頃、佐野の昔の弟子の一人ホセ・イグナシオ・レテスがメキシコ社会保障院の演劇のプログラムを統括していた。彼はイギリス人のロバート・ボルトの『すべての季節の男』を三番目の出し物として演出するように佐野碩に依頼した。作品は、サルバドール・ノボによって、『時代に抗う男』という題で訳された。作品は、サー・トマス・モアの人生のいくつかの情景を示していて、そこでは、権力の抑圧を超える人間の尊厳と、ヘンリー八世をイギリス国教会の長と認めることも、アラゴンの王女カタリーナとの離婚もアン・ブーリンとの再婚も法的に承認しない人道主義者の勇気を賞揚している。劇は、四月から六月にかけて上演された。

新聞の劇評が出始めた。ファン・ミゲル・デ・モラは述べている。「佐野碩の演出はすばらしいし——いろい

ろな演出家の手で社会保障院の劇が始められたこともすばらしいが――、芝居も申し分ない。（…）一言で言えば、見事に演じられた稀に見る劇[85]」。

『ディアリオ・デ・ラ・タルデ』のファウスト・カスティージョは、彼の担当の紙面で述べている。

人々は、ロバート・ボルトの印象的な喜劇を観た後、イダルゴ劇場から出てきて、褒めちぎった。イグナシオ・ロペス・タルソへの賞賛。タルソの演技が素晴らしかったので、ほかの役者たちも力を発揮でき、自分たちの役を観客に明確に伝えることができた。これらすべては、あなたがたが以前から知ってのとおり、演出家の力によるものだ。今回は佐野碩[86]。彼に指導された俳優たちはフリオ・プリエートが造形した舞台のなかで動いている。（…）プリエートは、最大の飾り気のなさと同時に最大の機能性を生かした[87]。

カタイと名乗るコラムニストは肯定している。

ボルトは、それなりのゆっくりとした二幕から劇を構成した。なぜなら、それは表すことが不可能な概念をもち、例えば、喜劇が要求するようなテンポでは表現できないからである。佐野碩の演出がときとして弱音器のような、井戸の底から来るような感じを与えるのは、秀でた演出家である彼が、主人公の崇高さや、原作者が表現するために選んだスタイル、方法を微細な点までつかんでいるからである[88]。

ホセ・カルボは、「すぐれた演出と驚くべき解釈」というサブタイトルを付けた文章のくだりで次のように述べている。

patronato para la operación
de los teatros del imss

PRESIDENTE: LIC. D. RAFAEL LEBRIJA.
VICE-PRESIDENTE: D. JOSÉ GOROSTIZA.
SECRETARIO: D. FRANCISCO J. MACÍN.
TESORERO: D. LUIS JAVIER LÓPEZ MENDOZA.
1ER. VOCAL: D. JORGE GONZÁLEZ DURÁN.
2O. VOCAL: LIC. MARGARITA GARCÍA FLORES DE MARÍN.
GERENTE: D. JULIO PRIETO.

HORARIO:

Martes a vierues 8.30 P.M.
Sábados 7.00 y 10.00 P.M.
Domingos 5.00 y 8.00 P.M.

LOCALIDAD: $ 12.00
RESERVACIONES: 12-08-10
ADOLESCENTES Y ADULTOS

---

teatro hidalgo
Av. Hidalgo 23

un hombre contra el tiempo

de robert bolt

3a. TEMPORADA del
PATRONATO PARA LA OPERACION DE LOS TEATROS DEL IMSS
Abril/Mayo 1963

un hombre contra el tiempo

de ROBERT BOLT

Traducción: SALVADOR NOVO
Drama en 2 actos

R E P A R T O
(Por orden de aparición)

El hombre común:	ALFREDO W. BARRON
Sir Tomás Moro:	IGNACIO LOPEZ TARSO
Ricardo Rich:	ANTONIO GAMA
El Duque de Norfolk:	ROBERTO ARAYA
Alicia Moro:	ANITA BLANCH
Margarita Moro:	("Meg") LUZ MARIA AGUILAR
El Cardenal Wolsey:	AMADO ZUMAYA
Guillermo Roper:	OSCAR MORELLI
El Rey Enrique VIII:	NARCISO BUSQUETS
Tomás Cromwell:	FRANCISCO JAMBRINA
Embajador Chapuys:	ALBERTO GALAN
Ayudante de Chapuys:	PABLO LOPEZ DEL CASTILLO
Una mujer:	REBECA SAN ROMAN
El Arzobispo Cranmer:	ANTONIO CORONA

ACTO I

Escena 1	Casa de Moro. Abril de 1526.
Escena 2	Despacho del Cardenal Wolsey. Misma noche.
Escena 3	Casa de Moro. Madrugada del día siguiente.
Escena 4	Jardín de la casa de Moro. Verano de 1531.
Escena 5	Una taberna. Misma noche.

ACTO II

Escena 1	Casa de Moro. Mayo de 1532.
Escena 2	Gabinete del Secretario del Rey. 1533.
Escena 3	Casa de Moro. Mismo año.
Escena 4	Gabinete del Secretario del Rey. 1534.
Escena 5	Un muelle. Misma noche.
Escena 6	Celda en la Torre de Londres. Mayo de 1535.
Escena 7	Celda en la Torre de Londres. Unas horas después.
Escena 8	Sala de Westminster. Junio de 1535.
Escena 9	Patíbulo, 7 de julio de 1535.

Dirección: SEKI SANO
Escenografía: JULIO PRIETO
Vestuario: GUILLERMO BARCLAY
Asesor Coreográfico: GUILLERMO KEYS ARENAS

robert bolt

Nacido en 1924 en Manchester, Inglaterra, Robert Bolt obtuvo la aceptación inicial de la crítica y del público cuando fue representada su tragicomedia *Cerezos en flor* (1957), con Ralph Richardson al frente del reparto. Poco después dio a conocer *El tigre y el caballo*, con Michael Redgrave, y en 1960 *Un hombre contra el tiempo* —aplaudida en Londres y luego en Nueva York—, llevada a escena por la compañía británica que encabezaban Paul Scofield y, posteriormente, Emlyn Williams.

El personaje central de *Un hombre contra el tiempo* es Tomás Moro (1478-1535), a quien León XIII beatificó en 1886 y Pío XI canonizó en 1935. Aunque la obra se funda en algunos pasajes de la vida del célebre humanista inglés convertido en santo por la iglesia católica, su tema no es necesariamente religioso sino que se dirige a exaltar la dignidad del hombre por encima de las presiones del poder. Nombrado canciller del reino, Moro no llevó su fidelidad al extremo de reconocer el Acta de Supremacía que declaraba a Enrique VIII jefe de la iglesia en Inglaterra, ni sancionó la legalidad del divorcio que el rey había dispuesto a fin de separarse de Catalina de Aragón y contraer nupcias con Ana Bolena. Antes que admitir el derecho real a establecer leyes apartadas de las creencias tradicionales, Moro prefirió continuar siendo leal a sí mismo y mantener inquebrantablemente su decisión aun a costa de la vida. En su fuero interno, nunca existió la lucha entre la firmeza de sus principios religiosos y sus deberes de hombre de Estado, pues adoptó sin titubeos una actitud acorde con su conciencia. Con sentido moderno, Robert Bolt dramatiza la conducta de un intelectual que, al enfrentarse a las contradicciones de su época, en cierta forma refleja el momento crítico de la historia espiritual de Inglaterra.

TECNICOS:

Construcción: RAFAEL RODRIGUEZ
Pintura: FELIPE PONS
Jefe Maquinista: RAFAEL RODRIGUEZ
Utilería: ANTONIO MARTINEZ
Asesor de Iluminación: MANUEL CEREZO
Electricidad: MARIANO OLVERA
Traspunte: ARCADIO GAMBOA
Apuntador: MIGUEL ANGEL ROMERO
Realización de Vestuario: GLORIA MORALES ARCAUTE
Operador de Sonido: LAURO GASPAR G.
Jefe de Producción: ALEJANDRO CAMARENA
Asistentes de Dirección: ALICIA CASTRO LEAL, RAUL MARTINEZ OSTOS
Relaciones Públicas: ALBERTO CATANI

『時代に抗う男』のプログラム

佐野碩は、必要な要素を駆使し、『時代に抗う男』で見事な演出をした。「それは久しく見たことのない舞台芸術の実現である」(89)。

雑誌『ポリティカ』の匿名の著者は言う。

演出については、いくつかの良さが指摘できる。その一つは、表現描写の力強さ。逆に欠点は、いくつかのシーンの緩慢さ、悠長さ。俳優たちの動きは、確かなドラマ性で息づいているので、最後の場面で拍手喝采になる。佐野碩の演出で、惜しむらくは品位のない人物という設定の男爵〔トマス・クロムウェル〕の役を務める俳優の起用である(90)。

一方、オラシオ・サレスは、雑誌『マニャーナ』で言っている。「この企画に招聘された演出家たちのなかで、佐野碩ほど権威のある者はいない」。その評で、彼は俳優陣、劇の筋に触れ、モアを演じたイグナシオ・ロペス・タルソの演技を取り上げ、その演技について、「聴衆は喝采する。こうした劇場での習いであるが、聴衆は、彼のもとに押し寄せた。(…)彼の演技は非の打ちどころがなかった」。しかし、テキストを閉じるとき、一転して、指摘している。

全般に聴衆は飽きてしまい、長い、退屈な演劇の難しさに嫌気がさし、苦痛を感じる。劇はかなりつまらないと思われ、佐野碩の演出の冴えはほとんど認められない(91)。

『時代に抗う男』の舞台写真

五月十二日、マラ・レイエスは、その評で、最初に、その劇がメキシコシティーで上演された舞台芸術の二つの優れた作品の一つだと言っている。そのあとレイエスは、劇作家について、トマス・モアという人物に立脚した作品の意義について話を進めている。「思想の自由の守護者」、良心が命じることにしか従わない人間。作品の筋、主役やほかの俳優の演技、演出については次のように言及している。

佐野碩の演出は、作品の完全な理解をはっきりと示している。佐野は、当時、改革派や王権から攻撃されていた法王の顧問であったトマス・モアが置かれたデリケートな立場を意識している。これは原作者が意図している見解ではない。佐野は、一つひとつの行動に積極的な価値を与え、一つひとつの身振りに適切な目的を与え、微妙な色合い、動き、場面の転換によってサブテキスト〔内包された主題〕を浮かびあがらせた。真に迫ると思われるような造形的組み立て——自然主義的ではなく、むしろ超越的なイメージ——による舞台構成はすばらしい。
このような悲劇とわかっているので、根源的な、意識に対する槍のように観客に思想が投げつけられる。佐野は的に当てるために、正当な手段を使えるだけ使って、命中させる。〔評者は評を終える〕スタニスラフスキーの手法とは異なるこの作品の演出は、佐野にとって貴重な経験だった。(92)

この終わりの部分はたいへん興味深い。というのは、演出家の経験、また創造性について記述しているからである。気がつくように『時代に抗う男』は、かなり批評に取り上げられた。全般に好評を博し、その演出家もその演出を好感をもって見られたと言える。すでに佐野が広く知られ、多くの人々から評価されていたことは明らかである。佐野碩の活動は傑出している。ちょうどトマス・モアが自分の信念を貫いたように。幸い彼の首を要求する君主はいなかった。

佐野碩が演出した劇作品について拾い出した批評から理解できるように、新聞や雑誌はメキシコシティーでの舞台での佐野の活動に注目した。明らかに、舞台で起こっていることについて書く批評家たちは、観たことを伝えるための十分な知識や手だてを必ずしも備えてはいない。舞台での創造者の仕事を判断しようとしているとしても、それらの評価を正確に広めることができるとはかぎらない。しかし、こうした批判的な批評は、評者たちの異論を含め、舞台についてより多くを語るという点で、舞台の創造者たちの仕事に関して、好意的な寸評以上のことを教えてくれるのである。

注

（1）「劇の演出家であって、爆弾テロリストではない」。*El Dictamen*, Veracruz, 5 may 1939.

（2）内務省。

（3）Michiko Tanaka, "¿Quién fue Seki Sano antes de llegar a México?", *Seki Sano 1905-1966*, p. 5.

（4）Archivo general de la Nación, Propiedad Artística y Literaria, Caja 580 expediente 11559 fojas 12, 1941, México.

（5）ペオン（peón）農業や左官のような仕事で特定の職務を持たない補助的な労働者。

（6）文無し（pelado）蔑称。教養や作法のないお金のない者。 http://dem.colmex.mx.
日銭を稼ぐ女（gatita）。不定期な家内労働で生活する女性の蔑称。

（7）*Ibid.* p. 1. 頭骸骨。死の表象。メキシコで死者の日（諸聖人の祝日の前日）が近づくとつくられる、頭骸骨の形の砂糖菓子。一般的に、その砂糖菓子は額にあたる部分に人の名前を書いて、飾られる。 http://dem.colmex.mx

（8）*Ibid.* p. 3.

（9）*Ibid.* p. 4.

（10）*Ibid.* p. 6.

（11）*Ibid.* p. 8.

（12）*Ibid.* p. 12.

（13）Armando de María y Campos, La alta y generosa labor revolucionaria y artística de la Sección de teatro del Departamento de Bellas Artes, *El Nacional*, oct. 1940, 2ª secc. p. 4.

（14）"Columnas del periquillo", *Suplemento El Nacional*, 6 y 27 de oct. 1949, p. 3.

（15）Manuel González Flores, "Las muchachas de Waldeen", *Revista Lux*, nov. 1940.

（16）Horacio Quiñones, "El ballet mexicano", *Hoy*, 7 dic. 1940 pp. 72-73.

（17）*Ibid.*

（18）Arturo Mori, "Retablo escénico", *Hoy*, 14 dic. 1940, p. 81.

（19）Roberto Acevedo, "El teatro de experimentación del Sindicato de Electricistas", *Así,* 8 feb. 1941, p. 51.

（20）Rafael López R. *Enrique Yáñez en la cultura arquitectónica mexicana*, 1989, pp. 61-61 y 125.

（21）Eduardo Contreras Soto, "Danzando del campo a la ciudad. Lo dramático en la música de *La Coronela* y *El Chueco*", en *La danza en México*, México, CNCA- INBA- CENIDI- Escenología, 2002, p. 219.

（22）ギジェルミーナ・フエンテスによるイグナシオ・レテスへの一九九九年九月二十三日のインタビュー。
（23）“Noticias de la cartera de educación y Propaganda”, *Revista Lux*, 14 jun. 1941, p. 25.
（24）“El hombre de la esquina. El teatro de Seki Sano”, s/pub, 12 ago. 1941, s/p. Archivo Dra. Michiko Tanaka.
（25）『影の王冠』のプログラム。ＩＮＢＡがメキシコ国立芸術院でレフォルマ劇団の公演を行っている。一九五〇年十月。
（26）Armando de María y Campos, “El teatro. Corona de espinas para el autor de *Corona de sombra*”, *Novedades*, 11 abr. 1946.
（27）この言葉で、ウシグリは、公式の歴史見解とは異なる、事件の真実の歴史を対置させようとしている。
（28）Rodolfo Usigli, “*Corona de sombra*, prólogo después de la obra”, *Teatro completo III*, México FCE, 1979, pp. 620-.
（29）*Op cit.*『影の王冠』のプログラム。
（30）*Ibid.*
（31）*Ibid.*
（32）“Se estrena hoy la obra *Corona de sombras* (sic)”, *El Nacional*, 21 oct. 1951.
（33）Sergio Magaña, “El observador. El teatro en México”, *El Nacional*, 14 oct. 1951, 1ª secc. p. 3.
（34）Julio Sapietsa, “El teatro en acción”, *Universal gráfico*, 22 oct. 1951, p. 10 y 18.
（35）*Ibid.*
（36）*Ibid.*
（37）*Ibid.*
（38）Armando de María y Campos, “El teatro. Dos magníficas reposiciones, de Usigli y Villaurrutia”, *El Nacional*, 28 oct. 1951.
（39）Armando de María y Campos, “Se representa en el Bellas Artes una adaptación de Seki Sano de la pieza de Usigli, *Corona de sombra*”, Novedades, 30 oct. 1951.
（40）*Ibid.*
（41）*Ibid.*
（42）*Ibid.*

(43) *Ibid.*

(44) Armando de María y Campos, “El teatro. Una versión de *Corona de sombra* en Bellas Artes”, *Suplemento El Nacional*, 11 nov. 1951, p. 9.

(45) *Ibid.*

(46) *Ibid.*

(47) *Ibid.*

(48) Díaz Ruanova, “Los toros son el teatro de México, dice Seki Sano”, *Novedades*, 1950. Archivo Dra. Michiko Tanaka.

(49) *Ibid.*

(50) Antonio Magaña Esquivel, “El teatro”, *Suplemento El Nacional*, 16 jul. 1950.

(51) Programa de mano, *Un alfiler en los ojos*, producción de Fernando Wagner, Teatro de la Reforma, Sala Chopin, sept. 1952.

(52) Antonio Magaña Esquivel, “El teatro. *Un alfiler en los ojos*”, *El Nacional*, 21 sept. 1952.

(53) *Ibid.*

(54) “Teatro”, *Tiempo*, 3 oct. 1952, p. 48.

(55) *Ibid.*

(56) Raúl Fernández L., “Entre actos semanales”, *El Nacional*, 14 oct. 1952 y 28 dic. 1952.

(57) Luisa Josefina Hernández, “Seki Sano. El hombre irrepetible” *Revista mexicana de cultura*, 1 oct. 1996., p. 9.

(58) *Ibid.*

(59) Luis D. Vicente, “Teatro”, *Mañana*, 16 mar. 1957, p. 63.

(60) “Instantáneas”, *Jueves de Excélsior*, 13 ago. 1953, p. 12.

(61) Felix Herce, “Máscaras”, *Jueves de Excélsior*, 13 ago. 1953, p. 36.

(62) *Ibid.*

(63) *Ibid.*

(64) Lya Engel, “Teatro”, *Impacto*, 15 ago. 1953, p. 43.

(65) *Ibid.*

（66）*Ibid.*
（67）*Ibid.*
（68）Sergio Magaña, “Teatro”, *Mañana*, 15 ago. 1953, p. 49.
（69）*Ibid.*
（70）*Ibid.*
（71）*Ibid.*
（72）*Ibid.*
（73）*Ibid.*
（74）“Teatro”, *Tiempo*, 2 ago. 1953, p. 45.
（75）Felix Herce, “Mácaras”, *Jueves de Excélsior*, 3 sep. 1953, p 43.
（76）“Pasarela”, *Jueves de Exc*élsior, 9 may. 1957, p. 19.
（77）Luis D. Vicente, “Teatro”, *Mañana*, 11 may. 1957, p. 43 y 18 may. 1957, p. 57.
（78）Silas Moscas, “Azulejos” *Impacto*, 15 may. 1957, p. 7. 二十世紀のメキシコ制度的革命党（ＰＲＩ）において慣例となった、選挙で選出される以前の大統領内定者の呼称。tapado と言うが、伏せてある、蓋がしてあるという意味。
（79）Bill Llano, “Los espectáculos. Fiasco en televisión, libertad, teatro y antiteatro”, *Impacto*, 15 may. 1957, pp. 52-54.
（80）Armando de María y Campos, “*Los frutos caídos* de Luisa Josefina Hernández, en el Granero”, *Novedades*, 15 may. 1957.
（81）*Ibid.*
（82）*Ibid.*
（83）*Ibid.*
（84）*Ibid.*
（85）Juan Miguel de Mora, “Anoche en el teatro. El hombre contra el tiempo o el ejemplo de ser hombre”, *Diario de la tarde*, 30 abr. 1963, p. 7.
（86）Fausto Castillo, “Cabeza de playa”, *Diario de la tarde*, 29 abr. 1963, p. 5.

(87) Fausto Castillo, "Los dinosauros", [s/publ, s/ fecha]. Fondos especiales Xavier Rojas, Biblioteca de las Artes, Carpeta.

(88) Catay, "Ciclorama, el hombre contra el tiempo", [s/ publicación, s/ f]. Fondos especiales Xavier Rojas, Biblioteca de las Artes, Carpeta.

(89) José Carbo, "Teatro, asombrosa culminación artística de Ignacio López Tarso", [s/publ, s/fecha]. Fondos especiales Xavier Rojas, Biblioteca de las Artes, Carpeta.

(90) "Teatro, Moro en el Hidalgo", *Política*, 15 may. 1963, p. 59. Fondos especiales Xavier Rojas, Biblioteca de las Artes, Carpeta.

(91) Horacio Zales, "Teatro.Seki Sano en el Seguro Social", *Mañana*, 11 may. 1963, p. 36.

(92) Mara Reyes, "Diorama teatral", *Diorama de la cultura de Excélsior*, 12 may. 1963, p. 8.

小括

佐野碩の現代的意義

菅　孝行

一　革命を創る芸術

一一〇年の歳月を繋ぐ方法

二〇一五年は佐野碩生誕一一〇年に当たる。一一〇年の間に、二つの世界大戦があり、ロシア革命をはじめとする幾つもの「社会主義革命」という、挫折に終わった多くの「野心的」実験があった。それと呼応して、冷戦の数十年があり、「実験」の崩壊の後にやってきた混迷の二五年がある。佐野碩が寄り添おうとしたかつての革命政治の実験はひとまず水泡に帰した。百年を超える歳月は、かつて彼が生きた時代と同じ価値尺度で評価することを妨げる。さりとて、歴史的過去の文脈の中でだけ、佐野やその同時代人の様々な事跡をあげつらってみても、それは文献考証の闇に佐野碩を沈めることにしかならない。

歴史的存在に現代的意義を見出すには、時をこえて、残された事績を再審する手続きが必要である。佐野の軌跡のなかに、今ある世界への〈悪意〉ある〈立ち向かい〉の方法化、この世界の自明性の外部を探りあてようとする志向、想像力の既存の規範の切断への模索が不可欠だ。それを通じて、芸術による世界批評あるいは文化的戦闘に、今、佐野の事績がどれだけ資するところがあるかを問わなくてはならない。

どうすれば、佐野の初心とその後の遍歴の意味や価値を、この時代に移し替えることができるか。佐野のイデオロギーを丸ごと脱色してしまったのでは、佐野は出汁殻になってしまう。しかし、佐野が前提にしていた規範をそのまま受け入れたのでは、古色蒼然たる歴史の排泄物[1]としてしか革命も社会主義も語りえなくなってしまう。

現代の政治的芸術

隘路を抜け出すには〈方法〉が不可欠である。佐野は、極めて政治的な演劇運動家であったから、佐野を媒介とした〈芸術の政治〉の復権がどこまで可能かを模索することにもそれは通じる。ここでいう「政治」の意味は、たとえば、一九六〇年代後半から一〇年に及んで、J-L・ゴダール[2]が映画で試みた芸術における政治性の復権・再審とも重なり合う。当時のゴダールのテーゼは、端的に言えば、映画を〈政治的に作る[3]〉ことであった。この場合「政治的」とは批評的ということとほぼ同義であり、世界にも構築物にも構築の主体である作者自身にも距離を取る手続きを自覚的に踏む方法に貫かれていることを意味した。

因みに、「一九五〇年代における政治思想の枯渇について」という副題のついた、ダニエル・ベルの『イデオロギーの終焉[4]』が刊行されたのは一九六〇年である。第二次世界大戦後、中国革命やキューバ革命があったとはいいながら、東西冷戦が一時均衡に達した時だった。先進国における社会主義革命の差し迫った可能性が失われ、ソ連もまた自国とその勢力圏としての東側世界の防衛をもってこと足れりとした時期である。回顧的に見れば、この著作には必然性があった。F・フクヤマ[5]の歴史の終焉論の独善とは比べものにならない。

佐野碩の後半生には、古典的な階級闘争論の規定力は低落の一途を辿っていたため、いわゆる社会主義芸術の芸術価値もまた低落した。ただ、ソ連社会主義に幻滅したダニエル・ベルでさえも、第三世界の登場が新たな歴史の地平を開くことを直観していたし、事実、新たな現実認識の方法と新たな革命論が既存の階級闘争理論にとってかわるのにさほどの時間はかからなかった。ゴダールが、芸術における政治性の概念の転換を試みたのは、こうした歴史的経緯と呼応していた。

革命を創る運動と芸術

それから五五年、「政治」の意味の転換はさらに進んだ。二〇一四年、台北で、学生を中心に展開された立法院占拠闘争があった。直接には、「両岸サービス貿易協定」の締結阻止要求と、馬英九国民党政権による民衆の意思の蹂躙と、大陸の「社会主義」権力への従属の志向への抗議の運動であり、古典的な権力奪取という意味での革命ではなかった。彼らはコミュニストではないし、地上のいかなるコミュニスト政権とも無縁である。運動の性格は、難局を迎えつつある香港の民主化運動と似ている。ただ、台湾では、中国の威圧が香港より間接的なだけだ。

この種の大衆運動には、ＣＩＡはじめ、各国の諜報機関が暗躍する。だからこの運動は怪しいなどというべきではない。密偵の潜入しなかった大闘争などいつの時代に存在しない。怪しい分子の潜入こそ、生まれた運動の根拠の深さと規定力の大きさの証明になる。ロシア革命や中国革命でもそうだったし、ハンガリーでもチェコでもポーランドでもそうだった。アフリカや中東で起きた民主化運動でも諜報活動は入り乱れている。それらに比べれば、太陽花（ひまわり）運動と呼ばれた台湾の立法議会選挙闘争は、運動の本筋の筋目の遥かによく見える運動である。

その過程を描いた『革命のつくりかた[6]』のなかで、港千尋は、ジャック・ランシエール[7]を媒介に、古色蒼然とした政治と芸術の関係の定義を一新して見せた。港はランシエールが、政治とは「集団への参加と同意、権力の組織化、地位や職業の配分といったプロセスを指す」こと、そして、このプロセスではまず「身体の秩序」が作られ、その秩序に従って「身振りや話し方や地位や役割が割り当てられる」と述べていることを紹介する。「身体の秩序化」によって、そこに在る人間集団に形成される共通の感性の態様をランシエールは「感性の布置」と呼ぶ。

港はこの「集団的な感性の布置」に「変換」が訪れる瞬間にランシエールのいう「もう一つの『政治』」つまりは革命が生成するという。太陽花（ひまわり）運動が開示したのは、この「もう一つの『政治』」であった。港は、ここで生成する政治と先鋭的な芸術表現との親近性・共軛性を強調する。

> 変換のモデルを探すなら（…）アートのほうがよい。ジョルジュ・ブラックとパブロ・ピカソは一九一二年から一三年にかけて、絵画の様式に小さな革命を起こした。カンバスの中にモノをそのまま導入したのである。それは、新聞の切り抜き、ボタン、家具の一部が描かれた画面の一部となり、カンバスはそれ以前のような均一の空間ではなくなった。モノの導入によって画面もまたモノに還元される。絵を見ながら、そこにある切り抜かれた新聞の見出しを読むことになった観衆は、そこでイメージの異なる体制を発見したのだった。カンバスは「モノの議会」となったのである。[8]

ピカソたちから百年後の台北の路上に展開した運動には、議会占拠運動の担い手たちによって「ピカソやエルンストが用いたような絵や新聞や写真から、デジタル写真、ビデオ映像、テキスト、光、音、身体といったこの一世紀が試してきた、ほとんどあらゆる素材と方法が投入」された。そのなかから、『報民』というメディアが生まれた。権力は、立法院を占拠し、路上に集団としての〈自己〉を展開した表現者たちを「暴民」と呼んでいた。「報民」と「暴民」は台湾の使用言語では同音だという。路上は議会（立法院）と呼応しており、議会は「占拠され、言葉を分配されていない者たちが語ることで」「その本来の意味を明らかにした。」「議会ははじめて〔もうひとつの〕政治の場所となった」[9]。議場で行われた出来事と、路上で行われたこととは、一つの事柄だったというべきではなかろうか。

議場と路上で同時に起きたひとつのできごととは、既存の規範、在来のフレームワークによる統御が不可能の地平を生きる場の中に呼び込み、自明性を食い破り、日常的な馴致の反覆によって産出された「身体の秩序」を「暴民」が駆逐し、関係をゼロから作り替える駆動力を産出することにほかなるまい。それを〈革命〉ということに憚りは要らない。

二　前衛芸術と政治革命の蜜月

佐野碩たちの〈初心〉

一九二二年、旧制浦和高校劇研に集まった佐野碩たち[10]もまた、港千尋がひまわり運動に見たものと同形の事柄、つまりは〈革命をつくること〉を構想し、実践しようとしたのではなかっただろうか。二十世紀初頭にはまだ社会主義の「革命」は起きていなかったし、「成功」した革命が変転・頽落し、ついに芸術における革命と不倶戴天となるまでには、まだまだ時間があった。一九一七年からの少なくとも数年間、西欧の前衛芸術派は、ベルリン・ダダに典型的なように、政治革命と芸術革命を一体のものとして考えていた[11]。

現在は、コミンテルンもソヴェート作家同盟も社会主義リアリズム[12]という「社会主義」国家の芸術の公式理論も存在しない、ゼロ地点に再び立ち戻っている。重要なのは、「身体の秩序」の解体、「集団的感性の布置」の「変換」である。二十世紀の初頭において、「集団的感性の布置」の「変換」を目指す芸術がアヴァンギャルドと呼ばれた。

日本で「新興芸術[13]」と呼ばれたものがほぼそれに当たる。ほぼ、というのは、かなり微温的な先物買いの芸術家や作品も含めて「新興芸術」派として語られることが多いからである。また、ヨーロッパのアヴァンギャルドにいつの時点で接触し、何を吸収して帰国したかによって、時差によるかなりの温度差や質的差異がみられるからでもある[14]。

佐野碩は浦和高校で、その後、演劇運動の仲間となる紀伊輝夫、太田慶太郎らと遭遇し、「劇研究会」に入った。劇研のリーダーは紀伊輝夫であった。佐野碩らは紀伊を通して、アヴァンギャルド芸術の知識情報を吸収した。ロシア革命を機に始まった疾風怒濤の時代である。因みに、一九二一年、後の『文芸戦線』の起源となる『種まく人』が創刊され、その年の暮、村山知義はドイツに向けて旅立ち、二二年には、表現主義やダダイスムの運動を目の当たりにした。この年、第一次日本共産党が結成される。この共産党では、山川均などのちの労農派は勿論、アナーキズム系の荒畑寒村も排除されていない。ロシア革命の衝撃とアヴァンギャルド芸術運動の風が重なり合ってこの国にも吹き込んできた。

一九二三年の関東大震災は、日本の青年知識層に甚大な影響を与えた。佐野は、階級支配の厳然たる存在を身に染みて実感する[15]。千田是也は、千駄ヶ谷で朝鮮人と間違えた自警団に殺されそうになった[16]。それが本名伊藤圀夫という演劇青年の芸名が千田是也となった由来である。土方与志が名付け親である[17]。その土方は、ドイツ留学のさなかであったが、帰国前にモスクワでメイエルホリド演出の『大地は逆立つ』（原作マルチネ『夜』、脚色トレチヤコフ）を見て衝撃を受け、築地小劇場をどういう劇場にするかを決断したといわれる。

一九二四年に開場した築地小劇場で、劇団築地小劇場によって上演された舞台[18]は、佐野たちの芸術的成長の揺籃であったが、やがて築地を批判することが、彼らの新しい演劇にとっての共通の旗幟ともなった。築地小劇場は、最新の演劇の実験場であったが、小山内薫・青山杉作など、中心的担い手の演劇的素養は、古い演劇の母斑から自由でなかったからである。土方与志演出のゲーリンクの『海戦』に始まる前衛演劇を養分としながら、佐野たちはその先を目指すこととなる。

注目すべきことは、佐野碩だけでなく、のち（二〇年代後半から三〇年代前半）に左翼演劇運動の代表人格となる村山知義、千田是也もまた、演劇開眼はアヴァンギャルドを媒介にしていることである。佐野より四歳年上の村山知義は、一九二一年末ドイツに渡り、表現主義やダダイスムのエートスを十二分に吸い込んで帰国した[19]。インペコーフェンのダンスを導きにダンスのリサイタルを開き、美術家としてはマヴォを結成して、守旧派だけでなく、前世代の新興芸術派の微温性を徹底して批判した[20]。築地小劇場で行われた「劇場の三科[21]」では、演劇の前衛に激しい挑発を仕掛けた。村山は「意識的構成主義[22]」を提起して、「古い」新興芸術派と理論的に決別した。佐野より一歳年長の千田是也は、築地小劇場の研究生として、一時表現主義演劇に没頭・心酔している[23]。左翼演劇に走った初心は集団的感性の布置を根底から覆す志を徹底させることにあった。

シアター・ムンツの結成

一九二五年、紀伊や佐野、太田たちは旧制東大に入学すると、小川信一（大河内信威）、川口浩（山口忠幸）らとともに劇団シアター・ムンツを結成する[24]。紀伊の急死によって劇団は解散されるが、その理論的成果は、一号で終わった雑誌『ＭＮＺ』に残されている[25]。ＭＮＺ・ＭＮＺＩＳＴ・ＭＮＺＩＳＭは彼らの造語でプロレタリアとしての Lebenskraft und Zeitgeist（生命力と時代精神）の芸術的表現を目指す（現実をむんずと摑む）立場を意味する。

佐野が執筆に参画した「MUNZIST MANIFESTO」[26]は、表現主義や構成主義を「自然主義時代の人々の想像にも及ばなかった」「驚くべき進歩」だとしながら、それらは「表面的にはプロレタリア芸術だが、内面的にはブルジョワ根性を有する」から「プロレタリア芸術とは云い得ない」といい、それは「機械の運転を眺めて、プロレタリアの時代が到来したものだとは云えぬのと同じ」だという。「我々」は「此の材料〔表現主義や構成主義〕」を「駆使」し「プロレタリアとしての生命力と時代精神とを、吹き込まねばなら」ないともいう。

要するに表現主義や構成主義という様式は「プロレタリア芸術」だがプロレタリアの「生命力と時代精神」に欠けているというのだ。アヴァンギャルドを機械文明の発展に比すべき「驚くべき進歩」とみなしつつ、それに魂を込めるのが自分たちの使命だということだろう。科学の進歩が人類の社会的発展をもたらすという素朴な信念に溢れている。また、冷かしていうと、魂を込めるのは人間の主体だというこの発想はいわば一種の「主体性論」[27]であり、そこには福本イズムの全盛期だった歴史的刻印が垣間見られる。

表現主義や構成主義を「駆使」し発展させるのがプロレタリア演劇の使命だと考えているのだから、のちに日本の左翼演劇を席巻したクソ「リアリズム」（戦後の和製スタニスラフスキー・システム）と彼らの発想は無縁であり、佐野にとって前衛的様式と「リアリズム」は矛盾していない。また、一時ソ連でも横行したらしいメイエルホリドへの模倣志向にもいかなる「教条主義」にもとらわれていなかった[28]ことも記憶されるべきである。

メイエルホリドとTAYLORISM

しかし、シアター・ムンツの時代の佐野碩たちに、メイエルホリドへの強い関係意識がみられることは疑いない。本書に収録されているが、雑誌に掲載された記事は、

・「MUNZIST MANIFESTO」

・「第一回公演に就いて」（谷一）
・「『舞台』対『観客席』の問題」（伊丹徹）
・「イェスナーとグラノフスキー」（新井貞三）
・「演劇力学《ビオメカニクス》」（ハントリー・カーター、谷一訳）
・「スカパ・フロー」（ラインハルト・ゲーリンク作、内海謙三訳）
・「R・S・F・S・Rに就いて」（伊丹徹）

である。

R・S・F・S・Rというのは、当時、メイエルホリドが活動の拠点としたロシア共和国第一劇場のことである。[29]「R・S・F・S・Rについて」によると、「今日、最も多くを提示する者はメイエルホリドである。――我々はまずメイエルホリドを経る事によって我々の道を進もうと思う」と書き、伊丹徹は次のように言う。

〔劇場は〕如何なる時代も常にその時代に特有な社会的様式を持っている。（…）〔革命以後の〕露西亜は、一つの確然たる様式《スタイル》――R・S・F・S・Rを有している。／R・S・F・S・Rは、線に基づいた様式である。ロココ・スタイルが、曲線及び楕円線に基礎を置くに対して、このソビィエット・スタイルは、直線に基づいた様式《スタイル》である。（…）この新形式に用いられた根本観念《イデオロギイ》は、TAYLORISM――亜米利加式テイラリズムに外ならない。テイラリズムは、職工の能率を最大限度に増進すべき一のシステムである。――職工を一個の自働人形に化し、之によって彼のエネルギーを節減しようとする一のシステムである。露西亜の新しき演劇に用いられるものも一に之であって、劇術、殊に特異なる演技に応用される原理、例えば「人体機械学」の理論も、凡てはこのシステムに発して居るのである。（…）演技上の新しき「頭脳及び肉体様式《ブレイン・エンド・ボディシステム》」

は、俳優に対して、「演技する以前において彼の身振を毛筋一本に至るまで精確に測定せよ」と提言するのである。

彼らの「進歩主義」はTAYLORISMと一体化している。科学技術の発展による社会の発展に対するほとんど底抜けの楽天主義は、『MNZ』同人だけの傾向ではなく、当時の芸術運動全体に共有されていた。

抄訳が掲載されているハントリー・カーターの「演劇力学」（訳者谷一は碩の左翼運動上の同志となる太田慶太郎の筆名[30]）は重要な文献である。武田清によると、イギリスの演劇批評家ハントリー・カーターが当時の日本のメイエルホリド研究のほとんど唯一のリソースだったようだ[31]。因みに、『MNZ』にも紹介されている当時のロシア演劇の「左傾派」「中間派」「右傾派」の「三分類」の出典は、カーターの「労農露西亜に於ける新しき演劇[32]」である。

「演劇力学」には「演劇力学を用ふる方法は（…）メイエルホリドによって、一九一八年から一九二二年に至るまで、ペトログラードのR・S・F・S・R劇場に於いて、系統的に採用されてきた」とある。「人体機械学」とはメイエルホリドの俳優訓練法「ビオメハニカ」のことである。これを、二十世紀初頭のアメリカに生まれ、フォードによって修正発展させられた大量生産の科学的管理システムと同一視していることに着目してほしい。

テイラリズムを「駆使」して文明化を進めれば革命は成就するという楽天主義は、到底歴史の試練に耐えうるものでなかったが、この際それは割り引いて考えることにする。割り引いた後に残る彼らの「革命」芸術の構想が重要であるからだ。それはランシエールがいう「集団的感性の布置」の「転換」とほぼ同じ性格の事柄と考えることはできる。当時の革命権力には、絶えざる布置の転換をめざす前衛芸術の様式を統制し、「集団的感性」の布置を強固に固定しようとする志向が存在しなかったことに着目したい。

ハントリー・カーターが書いている。

第一の分派〔先述の「左傾派」のこと〕にはいる多くの小劇団は国家的組織の外に置かれて居る。そして彼等が共産主義の態度を持する限り、政府は彼らに干渉しない。[33]

これこそ、尖鋭的な芸術に対する政府の最も賢明な態度であり、そういう環境の下で、前衛的芸術は自由を限界まで試すことができる。

三　政治革命に寄り添う演劇

共同印刷争議とトランク劇場

シアター・ムンツ解散をスプリングボードとして、ムンツの元メンバーはこぞって左翼演劇運動に参加する。思想的転機は、帝大新人会[34]とマルクス主義芸術研究会への参加であり、演劇の実践活動の機縁は徳永直の小説『太陽のない街』のモデルとなった共同印刷の争議支援のためのトランク劇場である。原作者の徳永直は植字工で、争議の当事者だった。佐々木孝丸が責任者を務める日本プロレタリア文芸連盟の演劇部に所属する多くの演劇人が、簡素な装置や小道具で上演できる移動舞台を作って、ストライキを支援した。一九二六年二月、佐々木によると、最初の「出動」は、「佐藤誠也（青夜）、高橋季暉、仲島淇三、今野賢三、柳瀬正夢、萩郁子、八田元夫、それに私[35]」だった。千田是也、佐野碩、小野宮吉はじめ、当時の左翼演劇人の多くが次第にその輪の中に入った。長い闘いの後に争議は敗北するが、この闘争を契機に本格的な左翼演劇運動の戦線が形成された。

碩たちにとって、このトランク劇場公演の現場や佐々木たちとの出会いは、自分たちがぶちあげた劇団MNZの宣言文のような、今までの演劇に対する全否定の大言壮語がみごとに打ち砕かれた瞬間であり、同時に新しい演劇の方向性の発見と出発点となった。(36)

佐野たちの観念が現実によって試されたのである。それは確かにいい経験をしたのだったが、芸術のラディカリズムが政治革命の演劇と不幸な分岐を遂げてゆく契機ともなった。

プロレタリア文芸連盟(プロ連)演劇部では、移動演劇体のトランク劇場だけでなく、劇場での継続的な上演に耐えうる劇団を結成すべきだという議論が起こり、急遽前衛座が結成されることとなった。前衛座の設立宣言は佐野が書いた。(37)村山知義も参加した。

先鋭化とセクト主義

一九二五年末あたりから、芸術における前衛主義を共産主義の政治から切り離し排除する傾向が政治の側に次第に顕著になりはじめる。同じ年に、ソ連でトロツキーが失脚する。芸術的素養に長けていたトロツキーは、アヴァンギャルド芸術に強い共感を抱き、アンドレ・ブルトン(38)とも親交があった。日本では、『無産者新聞』(『アカハタ』の前身、編集長は碩の叔父で、第二次共産党の最初のリーダーだった佐野学)が刊行されるなど、再建された共産党の組織化が進み始める。それとともに、福本和夫・山川均の論争(39)が激化し、芸術運動でも党派的な極左主義が台頭し始める。一九二六年、佐野は佐々木孝丸、中野重治、太田慶太郎、久板栄二郎、千田是也らとマルクス主義芸術研究会という左翼芸術運動家のフラクション(派閥的な結集のためのインフォーマル組織)に加わり、(40)このグループは政治的極左化の推進力となった。極左主義はセクト主義、つまり小異を排除する流儀と結びつく。具体的には無政府主義者、労農派マルクス主義者の放逐である。

一九二六年十一月、前年秋に結成されたプロ連は、秋田雨雀、小川未明、壺井繁治らアナーキストを排除してマルクス主義系だけに組織を純化し、プロレタリア芸術連盟（プロ芸）を名乗った。左翼の内部でのマルクス主義陣営による異質（アナーキズム）排除と、左翼芸術におけるアヴァンギャルド芸術の排除が同時に進んだのである。異質排除はさらに深まり、労農派をも標的とした。共産主義運動の統合のためにはまず差異を際立たせる分離が不可欠だとする福本和夫の「分離結合論」[41]に心酔していた当時の佐野は、この党派的再編の先兵の役割を担った。「集団的な感性の布置」の「変換」をもって革命とするなら、図らずもこの時期の佐野は、そのような意味での革命から最も遠い、「集団的な感性の布置」を打ち固めることに熱中する硬直した左翼主義の実践者となっていた。

「革命的」という概念には矛盾するふたつの意味がある。一つは、「集団的な感性の布置」を「変換」し、既存の「身体の秩序」を解体することである。もう一つは反対に、敵と対峙し、打ち破るために、すでに構築された理論や現実認識や集団的な感性の布置をより強固に打ち固める作用やその傾向のことである。それは必然的に内部の「小異」の排斥を促す。通常、既存の共産主義運動が想定してきた「革命（的）」とはそういう集団的な思惟と行動のことだった。それは究極的には戦争に打ち勝つ組織論の論理と相似形である。それは、敵との酷似という副産物を生む。これを一義的な定義としてしまえば、――つまり、政治過程の中で「集団的な感性の布置」の「変換」の契機が産出されない限り――体制の転覆は革命ではなく、単に別の独裁的権力との交替に矮小化される。現在の「自由主義圏」と武装組織「イスラム国」との応酬もこの次元の出来事にほかならない。

前衛座分裂と左翼演劇人佐野碩の誕生

二六年十月、佐野は『無産者新聞』主催の「無産者の夕」で、久板栄二郎作『犠牲者』をトランク劇場で演出し、才能を認められた[42]。いわゆる「左翼演劇」への演出家佐野のデビューである。またアプトン・シンクレアの『二階の男』を翻訳し、翻訳家としてもデビューした。続いて、同年十二月、佐野は、前衛座の旗揚げ公演ルナチャルスキー作『解放されたドン・キホーテ』（築地小劇場で上演）を演出した。

前衛座結成は、それ以前のいわば〈虫〉の目線の労働者演劇から、コミュニズムによる〈鳥〉の目線で階級闘争全体を視野に収める左翼演劇運動が組織的に開始されたということができる。それは、先述した通りセクト主義の純化の過程でもあった。一九二七年七月、アナーキスト系を追い出したばかりのプロレタリア芸術連盟は、今度は共産党系と労農派系に分裂する。共産党系が「プロ芸」に残り、機関誌『プロレタリア芸術』を創刊する。脱退派は労農芸術家連盟（労芸）を結成し、機関誌は『文芸戦線』を引き継いだ。前衛座では、佐野碩らがこれと呼応して前衛座を脱退し、プロレタリア劇場を創立するとともに、そこにトランク劇場を吸収した。

共産党シンパの佐々木孝丸、村山知義らはひとまず労芸系の前衛座に残った。しかし、親組織の労芸のなかの反労農派系が再分裂して全日本無産者芸術連盟（ナップ）を結成すると、演劇人で労芸に残っていた村山たちは、前衛座を割って前衛劇場を結成した。前衛座本体は活動を維持できず、労農芸術家連盟は演劇集団の基盤を失った。

前衛劇場は、十一月に村山知義作演出『ロビン・フッド』で第一回公演を行った。一方、先に分裂したプロレタリア劇場は十二月に公演を行い、佐野碩が鹿地亘作『一九二七年』（築地小劇場）を演出した。鹿地亘は、プロレタリア芸術は〈階級闘争の進軍ラッパ〉だと主張して、プロレタリア芸術連盟の「左翼的」分裂を煽動した理論家でもあった。

因みに、四月に千田是也は築地小劇場をやめドイツに赴く。ドイツ演劇への強い関心が主な動機であることに疑いは入れないが、千田の回想からは[43]、左翼芸術内部で激化する内部闘争への関与を回避する緊急避難の趣が感じられる。

共産党の組織操作

一九二七年、コミンテルンは七月に「日本に関するテーゼ」を発表すると同時に、日本共産党の主導理論となっていた福本イズムの一掃を命じた。モスクワの意向を受けて、日本共産党は内部対立の収拾——労農派を排除すると同時に、福本和夫の理論を誤りとし、指導部から除外するというもので、共産党それ自体のセクト主義的作風を克服する性格のものでは全くなかった。むしろ福本という人格と、極端な観念論的理論をスケープゴートにして、コミンテルンの歓心を買うていのものだった——に動きはじめた。

翌年に起きた三・一五の共産党大弾圧を契機に党の分裂収拾を求める機運が強まった。党の傘下の芸術運動での組織分裂に対しても、再統合の模索が開始された。三月二十五日、プロ芸と労芸の統一組織、全日本無産者芸術連盟（ナップ、十二月に一部改組されて、全日本無産者芸術協議会と改称）が誕生した。佐野碩は評議員となった。演劇部門では、前衛劇場とプロレタリア劇場が合同し「東京左翼劇場」が創立される。これは、単なる分裂した劇団の統一ではなかった。多重的分裂を反復することを通して、旧前衛座から労農派系を叩きだし、共産党系のメンバーを再結集する政治であった。今日の眼から見れば、まことにいかがわしい組織操作である。分裂と統一の過程における軌跡こそ異なれ、佐野碩も村山知義も、それに荷担したのである。

ナップには、演劇・美術・映画（通称プロキノ）・音楽の各部門の下部組織がつくられた。演劇の組織は日本プロレタリア演劇同盟（劇場同盟と名乗った時期もある）、略称プロットである。東京左翼劇場はこの団体の中心劇団となった。佐野碩はプロットの書記長に就任し、中村栄二とともに綱領を作成した。プロットの総会など重要な会議は佐野家で行われたという。また、メーデーや労働争議の映画撮影などには、佐野家の車が提供された[44]。

思えば、築地小劇場は土方伯爵家の資産で建設されたものだし、先述のマルクス主義芸術研究会（マル芸）の会議は、大河内正敏子爵の長男信威（小川信一）の邸宅で開かれていた。支配階級に生まれたインテリ青年が、自身の出身階級に真っ向から逆らう立場に立って行動するようになることは、当時は決して珍しくなかったのである。

〈狐つき〉の運動の前進・拡大

権力の弾圧と組織内部のセクト主義や権威主義の悪弊にもかかわらず、この時期の左翼運動は拡大の一途を辿った。労農大衆に対する資本の収奪と権力の抑圧が激しく、革命への大衆の期待が大きかったためだろう。第一回普通選挙では合法政党最左派の労農党から山本宣治が当選した。無産階級のエネルギーに共産主義者は幻想を抱いた。皮肉なことに抵抗する大衆の戦闘性と強靭さが、極左路線とセクト主義への反省を堰き止めたのである。

そもそも、党派・党内闘争こそが闘争のエネルギーの源泉とみなす組織論はレーニンの『何をなすべきか』[45]に淵源する。共産主義者はみな、組織の内部に政治的緊張を作り出せば、敵との戦いのエネルギーに転化すると信じた。そこには弁証法の誤解、あるいは政治の生産力主義とでもいうべき、ささくれ立ったエートスが蟠踞している。それはスターリンの害悪云々以前の、共産主義運動全体を貫通する根深い属性であった。党派闘争の政治から遠い位置にいた佐々木孝丸は、当時の運動を「狐つき」のようだったと回想する[46]。

左翼劇場に平松義彦という舞台美術家がいた。佐野が演出した作品の舞台げいこのとき、ついうっかりミスをして、稽古の進行を妨げる結果となった。そのとき、佐野碩は、関係者全員を集めた上で、満座の中で平松を辱しめ、お前のミスは全労働者階級に対する犯罪だと面罵し、謝罪を要求したという(47)。この物の怪に憑かれたような大仰な身振りは何だろう。たかだかバカヤローの一言で済む話ではないか。その舞台を最後に、平松は演劇運動を遠ざかった。さしずめ、当時の佐野碩は最も優秀な〈狐つき〉だったのである。

共産主義運動の悪弊とスパイ潜入

悪弊は世界の共産主義運動を覆っていた。一九二九年、「社会ファシズム論」「社民主要打撃論」がドイツで猖獗を極めていた。社会民主主義者こそ、共産主義運動に結集するべき大衆を社会民主主義に吸引して運動の力をそぐ元凶だから、社会民主主義こそファシズムの温床だというのが「社会ファシズム論」の骨子である。そこから社会民主主義者をまず倒せという「社民主要打撃論」が導かれる。一番近くにいて自分たちと異なる勢力を敵より先に打倒しろというのだ。モスクワではこの悪弊が支配するラップ（ロシア・プロレタリア作家同盟）の跳梁が猖獗を極めていた。ラップの指示に従わない芸術家は攻撃の的になった。

一九三〇年八月、プロフィンテルン（赤色労働組合インターナショナル）第五回大会が開催された。この大会で「日本における労働組合の任務」が決定され、文化芸術運動でも赤色組合主義の原理が適用されることとなった。目的は、党へのリーダーシップの集中である。この路線に基づいて多元的なリーダーシップの共存・並立を可能にするナップを解散して、党が直轄できる組織としてコップ（プロレタリア文化連盟）に再組織することが決定された。八月のプロフィンテルンの大会に先立って、蔵原惟人は先述のような組織方針を「プロレタリア芸術運動の組織問題」に書き、『ナップ』に発表していた。九月、村山は「プロットの新しい方針と新しい組織方針」（『ナップ』九月号）を発表し、文化運動家の観客組織ドラマリーグの解体を提起する。五月にその成果を誇った報告をしたばかりの運動を、九月に廃棄してしまうのである。ドラマリーグの機関誌『同志』も廃刊された。[48]
蔵原ら党の幹部は、プロット担当のオルグ生江健次に、運動の党による「指導」を強固にするために、活動家を数多く入党させるよう求めた。それはコップ結成の布石であった。

宮本顕治、中野重治、窪川鶴次郎、壺井繁治らとともに、プロット関係では杉本良吉、小川信一、村山知義もこの時期に入党している。[49] 生江の上司で、党の方針に深く関与していた幹部党員の一人は松村昇（飯塚盈延）という権力のスパイ（通称スパイM）だった。弱体な組織が集権性を強めれば、スパイは容易に潜入することができる。ナップとプロットはスパイに誘導されて、弾圧の最前面に引きずり出されていった。

左翼演劇の〈絶頂〉

運動の未熟と思想の硬直にも拘らず、プロレタリア演劇運動は幾つもの成果をあげた。三・一五、四・一六を乗り越えた政治運動、労働運動とパラレルである。一九二九年一月、左翼劇場はビュヒナー原作、アレクセイ・トルストイ脚色『ダントンの死』（築地小劇場）を村山知義と佐野碩の共同演出で上演した。とりわけ、佐野の担当した群衆場面の演出が高く評価された。六月の公演で上演された村山知義作、佐野碩演出の『全線』[50]は、プロレタリア演劇の歴史に残る最高傑作と言われている。ソ連では既にメイエルホリド批判が起っていたので、村山知義や久保栄は佐野のメイエルホリド的「偏向」を気にかけていたが、この舞台に関しては二人とも絶賛を惜しまなかった。[51]『全線』は藤枝丈夫が提供した資料をもとに執筆された中国労働運動の作品だったから、佐野は劇中の革命歌「インターナショナル」を、即時中止にされぬために、俳優たちに中国語で歌わせたという。因みに「インターナショナル」の日本語の歌詞の翻訳者は佐野と佐々木孝丸である。[52]

尤も左翼劇場の観客数は『ダントンの死』も『全線』も、たかだか二千人台[53]であった。因みにプロットの機関誌『プロレタリア演劇』（第一次）『プロット』（第二次）とも、発行部数は二五〇〇部[54]である。権力の弾圧（この年、三月五日、山本宣治はテロリストに暗殺されている。四月十六日には、前年の三・一五に続く大きな弾圧によって活動家が多数投獄された）や、当時の左翼の力量を考えればかなりの組織力だが、左翼演劇が大衆に広く浸透していたとは到底言えない。

四　政治的想像力の布置の転換へ

政治的極左化と様式の統制の乖離

左翼劇場は一九三〇年二月、徳永直作『太陽のない街』を上演（脚色藤田満雄、演出村山知義）した。佐野は現場スタッフから外れ、外部から創作過程を観察する「演出研究」を試みた。その成果が『劇場街』三月号・五月号（一〇号・一二号）に掲載された「演劇に於けるプロレタリア・レアリズムへの道」である。現場を外れた劇団員の手による「第三者評価」のようなものだ。佐野のこの作業は、今日ならばドラマトゥルク、あるいは文芸部員のものである。論文の主要な論点は、一つはプロレタリア・リアリズムという当時提唱されていた創造方法における様式の模索であり、もう一つは、この目的の実現に向けた佐野碩の俳優評価（演出していない演出家の個々の俳優に対するダメ出し）である。

『太陽のない街』の「演出研究」のレポートである「演劇に於けるプロレタリア・レアリズムへの道」は、「プロレタリア・レアリズム」における様式の問題を論じたという点で、独特の性格を有する。佐野碩は素朴な現実模倣、つまり狭義の写実を否定し、プロレタリア演劇にはその名に相応しい〈様式〉が発見されなければならないと強調している。

佐野のこの観点は、築地小劇場を左翼演劇のシンボル[55]ととらえ、一貫して「社会主義リアリズム」の教条に縛られていたという通念とかなり隔たっている。佐野ほど自覚的でないにせよ、戦前の左翼演劇は全て画一的な「社会主義リアリズム」だったという通念は無知が生んだ誤解である。様式の統制は一九三四年の全ソ作家同盟の「社会主義リアリズム」の提唱以後に本格化するのであって、皮肉なことに、それは日本の左翼演劇のセンターであったプロットが解散した後だった。「社会主義リアリズム」が提起された時、「左翼演劇」は崩壊[56]していて、転向左翼による新協・新築地の「知識人演劇」の時代になっていたのである。逆に言うと、スタニスラフスキー・システムを矮小化して、日常の模写に貶めたのはむしろ戦後の新劇である。少なくとも一九三〇年の段階で、そのような事実はない。佐野碩のこの論文はそれを証拠立てている。当時、この国の左翼演劇の代表的演出家の一人であった佐野碩は、プロレタリア・リアリズムを、これから創造されるべき様式と考えていたのであり、そこには与えられた写実の型だという発想は存在しない。

この時期のコミンテルンの組織方針を日本国内に徹底させる目的で書かれた蔵原惟人らの論文にも、党中枢への権力集中と、労農派・社会民主主義などへの敵意は露わであるものの、「プロレタリア芸術」諸ジャンルの表現様式について、細かく規範を定め、それに反するものを反党だの反革命だのフォルマリズムだと烙印を捺し、それを理由に粛清しようとする態度はまだ示されていない。ラップ（ロシア・プロレタリア作家同盟）によって、左翼イデオロギー上の統制の言葉としては「プロレタリア・リアリズム」とか「唯物弁証法的創作方法」ということが提起されたが、それが画一的な一つの様式と結びつけるということはなされていないのである。それ故、ロシアではまだ、メイエルホリドは批判に曝されながらも健在だった。アフメテリ[57]も生きていた。ブルガーコフも、映画作家エイゼンシテインも、後に屈服して第五交響曲を書く作曲家ショスタコーヴィチも、スターリンと確執を醸しながら活躍していた。

『勝利の記録』――劇場と路上の呼応

一九三〇年五月、佐野碩は、所謂「共産党シンパ事件」(58)の折の大量逮捕で長期勾留される。父、佐野彪太がすばやく工作し、佐野碩は運動を離脱してアメリカに映画留学するという偽装転向のストーリーが描かれ、他の被告より早く佐野は仮出所した。(59)だが、出所した佐野を待っていたのは、IATB(国際労働者演劇同盟)の日本代表として、ドイツにいる千田是也と交替し、その上でモスクワの事務局に赴くという「任務」だった。

六月二十五日、拘置所から出所した碩は一時「謹慎」して、「留学」のためのドイツ語の勉強(60)に励んでいたが、一九三一年になるとプロットの指示によるモスクワゆきが決定され、次第に左翼劇場の仕事に復帰し始める。主な仕事はまずレマルク原作の『西部戦線異状なし』であり、次が村山知義作『勝利の記録』の演出(61)だった。『勝利の記録』は、『全線』の姉妹篇のような、中国労働運動を舞台にした作品である。村山は次のように書いている。

三月の末に、地下の指導部から、「この年のメーデーは新しい戦略でやろうと思う、それは分散メーデーというやり方で、東京の各地区が隠密に集会場所を決め、一斉に各所でデモも行い《ママ》、警官隊が現れる前にサッと消える。そしてまた別のところに現れてデモをする。この新戦術を革命的組織以外の者にも広く教えたいから、メーデー以前に、是非、演劇でそれを知らせたい。そのためには去年、上海で行われた分散メーデーが大きな教訓になるから、それを劇化してもらいたい」という指令が来た。そこでまた藤枝丈夫の助力で資料を集め、急遽、この戯曲を書いたのである。四月三十日に間に合わせたかったのだが、いろいろの都合でメーデー当日からしか開幕できなかった。

当日朝から分散メーデーは各所で行われたが、当夜、劇場に集まった満員の観衆は、終演後築地から銀座に溢れ出し、幾つもの分散メーデーを実行した(62)。

「いろいろの都合」とは、官憲の検閲の許可が遅く、前日まではできないように仕組まれてしまっていたことのようだ(63)。だが、村山の証言によると、

当日は、東京中のいろいろのところで、不意に数十人、数百人の通行人が突如としてデモに変じ、かくし持っていた赤旗をひるがえし、突っ走り、闘争歌を歌った。それから突如姿を消し、雲散霧消してしまった。そして、その晩、そういうことをした人達が、いっぱいに築地小劇場に集まって来、そういうことをしなかった人も話を聞き伝えて、芝居を見に来た。そういうことが十日十六日続き、七一四一人の人が集まった(64)。

『勝利の記録』について、田中道子は岡村春彦の『自由人 佐野碩の生涯』を踏まえながら、次のように書いている。

「政治と演劇」――民衆の解放を勝ち取るためには、民衆が政治的な意識をもって革命を自分のものとしなければならない――という観点から見ると、この作品は非常に大きな成果であった。
この公演では、党の指導方針と演劇人たちの創作活動が、ただ見るだけの存在から脱した観客たちと結び付けられた(65)。

現代台湾のひまわり運動が占拠した議場と路上とが呼応していたように、この上演では、劇場内部と街頭が呼

応した。これは、画期的なできごとだった。前年、竹やりで警官に突撃する無謀な「武装メーデー」[66]をやってのけ、多くの逮捕者を出した共産党が「分散メーデー」などという方針をどうして考えついたのであろうか。

一九三一年という年は、一九二七年の日本に関するテーゼの最高責任者であったブハーリンが失脚し、新たなテーゼが必要とされるなか、日本共産党が自国の党員自身（風間丈吉ら）の手で起草した唯一の綱領といわれる「政治テーゼ草案」――それは一年で反古にされ、三二年テーゼに置き換えられるのだが――が書かれた年である。いわば、モスクワから比較的〈自由〉だった例外的一年であったと推測される。その結果、当時の共産党の流儀には似つかわしくない、分散戦術という統制的でない「指令」がもたらされることになったのではあるまいか。

そして何よりも中国で実践された闘争の説得力がこの作品を支え、かつ観客の想像力や緊張感を掻き立てた。神出鬼没のゲリラ戦の追体験は、多元的な運動のあり方への刺激を運動家や観客に与えたに違いない。街頭と劇場をひとつながりのものととらえて舞台を見、街頭に出た観客は、「集団的感性の布置」の「変換」を経験したのである。

ＩＡＴＢやＩＲＴＢ（国際革命演劇同盟）での佐野の演劇運動報告は、ピスカートアやディアメント、ポドルスキーなどに高く評価された[67]。それは、ドイツなどと違って、労働者ではなく職業演劇人の左翼演劇運動が、直接大衆に浸透している稀有の事例であったからでもあろうが、その実践が、芸術的成果と同時に、社会的政治的な実践として効果を上げ、観客の学習に貢献していることが、ヨーロッパの演劇人にも直観されたからにほかなるまい。

アメリカからドイツへ

映画留学を名目にアメリカに渡った佐野碩は、アメリカ在住の左翼知識人と出会ったり、ハリウッドの映画製作の現場を訪れたり、慌しく動き回った[68]。アメリカ滞在で、後の佐野碩を考える上で重要だったのは、ひとつは、アメリカでスタニスラフスキー・システムを継承していた演劇人との遭遇、もうひとつは、後にアメリカ滞在とメキシコ入国を支援してくれることになる、アグネス・スメドレーをはじめとする『ニュー・マッセズ』誌[69]などに依拠した広い意味での同志たちとの出会いである。

アメリカでのスタニスラフスキー・システムと佐野碩の遭遇の意義はなにか。スタニスラフスキーの助手を務めていたボレスラフスキーは、モスクワ芸術座のアメリカ公演ののち、アメリカに残ってラボラトリー・シアターを作った。そこからリー・ストラスバーグのグループ・シアターが分岐した。

リー・ストラスバーグが後に作ったアクターズ・スタジオは、ハリウッドの俳優たちの演技研修のメソッドだという意味では、極めて重要な事実である。しかし、その方法がスタニスラフスキーの本意であったかどうかは別である。近年解明が進んだ所謂「後期スタニスラフスキー」の方法とも別物であろう。にもかかわらず、アメリカで行われていた「スタニスラフスキー・システム」が、よしんばアメリカ流に誤解されたものであったとしても、佐野にとっては絶大な意味を持った。スタニスラフスキー・システムとは、俳優に「自由」を獲得させるための、演技の「方法」であることを佐野は発見したのである。それまで日本では、スタニスラフスキーの技法とは、小山内薫がロシアに赴いて、モスクワ芸術座の舞台の明細を克明に記録した「観劇ノート」に基づく原典の記録の外面的模写であった[70]。『俳優修業』の第一部が翻訳されるのさえ、一九三〇年代後半のことである。

その上、先に触れたカーターの論文では、スタニスラフスキーが主宰していたモスクワ芸術座は「右傾派」に分類されていたし、ラップは、スタニスラフスキーを観念的でプロレタリア芸術に敵対するものだと批判していたのだから[71]、佐野碩に刷り込まれたネガティブな先入観念は相当根深いものだったであろう。それが、一新されたという点で、ラボラトリー・シアターやグループ・シアターとの遭遇は、佐野碩にとって目から鱗の経験だったに違いない。後年、ソ連で、スタニスラフスキーに師事することを希望した[72]一因でもあったと考えられる。

第二のアメリカの左派インテリたちとの交友については多言を要すまい。それは左翼運動の国際連帯に貢献しただけでなく、その同志的関係の輪は、後に日米両国の官憲にアメリカへの入国やメキシコ亡命を妨害された時、それを突破する大きな力となった。

佐野はアメリカでIATB宛の紹介状を紛失したらしく、おそらく再発行された紹介状が日本から到着するのを待っていたに違いない一時期をアメリカで過ごし、IATB第一回評議員総会に間に合わなかった(73)。佐野がドイツで千田是也と合流するのは一九三一年九月、すぐに国崎定洞・勝本清一郎・藤森成吉らの知遇を得、在独日本人グループの一員となる。十月には、千田是也とモスクワに赴き、IATB書記局に紹介される。帰国する千田と別れ、佐野碩は一時ドイツに戻り、ドイツ共産党に入党した模様である(74)。

ベルリンでは、日本語での正式発表以前に「三二年テーゼ」が在独日本人左翼のなかに流布されていて、佐野や勝本清一郎など在独日本左翼の間では新しいテーゼを巡る討議がなされていた。在独ドイツ人のなかで「三二年テーゼ」への批判の議論が進むことを危惧した野坂参三は、自制を求める手紙を佐野たちによこしたという(75)。

五　苦境——メイエルホリドと佐野碩

モスクワの佐野碩

佐野がIATB書記局員としてモスクワに滞在しはじめた一九三二年からの何年間かは、「統一戦線論」という名の下に、見かけ上の極左主義の清算と、実質的なスターリンへの権力集中が進んだ時代だった。また、世界戦争への緊張が刻々高まってゆく時期でもあった。

モスクワでは、極左主義の震源であったラップが、共産党中央委員会の命令で解散された。社会ファシズム論や社民主要打撃論の潮が引き、統一戦線論が優位を占めはじめる。日本でナップがコップに再編されたのも、建前上は、幅広い階層の文化戦線形成のためであった。ＩＡＴＢをＩＲＴＢに改組した目的も、労働者（Arbeiter）だけの演劇運動ではなく、革命的（revolutional）な全ての階層の演劇運動をめざすためとされた。

しかしそれは、モスクワにおいてはスターリンの統治への権力集中、各国の左翼運動においては、闘争主体をプロレタリアから人民一般に希釈しつつ、党への権力集中を図る方便にすぎなかった。赤色組合主義と正反対に見える組織論の目的が実は同一であり、モスクワ裁判・粛清への道を準備するものだった。反面、資本主義各国での弾圧への抵抗のためには「統一戦線」の提起は手遅れだった。日本では一九三二年、コップの拡大中央協議会に権力の解散命令が下され、関係者二百名が逮捕された。文化戦線は壊滅状況に近づいた。

佐野碩は、ディアメント書記長の下、ＩＡＴＢからＩＲＴＢに改組された国際演劇運動組織の書記局員として、タイーロフ、キルション、ピスカートアらとともに活動した。[76] 佐野は「日本プロレタリア芸術運動に対するテーゼ」を勝本清一郎と共同執筆し、日本の同志たちに送ろうとした。要点は分散戦術と人民戦線の提唱、前者は組織のサバイバルのための細分化、後者は芸術戦線におけるプロレタリア作家同盟の文芸戦線派への合同申し入れであった。極左主義による戦線の壊滅への敏感な対応だが、これも野坂参三に止められた。[77]

佐野の「統一戦線」論にはスターリンと違って掛け値がない。劣勢の時には手を組める勢力全てと組めということである。また、分散戦術には『勝利の記録』の原作となった中国労働運動の組織論と、演出家としての自身の経験が如実に反映している。プラナリアのように、いくら寸断されても、最後の一つの最小単位でも生き残ったら再生できるという構想である。一九二〇年代、日本で活動していた時の〈狐つき〉のような佐野碩の面影はここにはなかった。佐野碩のこの変貌には、勝利のために（少なくとも負けないために、あるいは消されないために）自ら変わろうとする意志、つまりは「集団的感性の布置」を根底から「変換」する構えがみられる。

二人の〈師〉・様式の統制からの自由

佐野碩は、一九三三年の土方与志のソ連入国の世話をし、国際オリンピアードでは並んで壇上に立った。土方の演説は聴衆に感銘を与えた。天皇の藩屛たる伯爵家の当主がソ連で演説し、日本国家と対決する意思を示したのである。権力は土方の爵位を剝奪した。だが、国際オリンピアードは、国際的共産主義演劇運動の最後の華であった。ソ連のオリンピアード実施母体は、ほとんどこの大会に意義を見出していなかったようだ。[78]

プロットは三三年に解散し、佐野も土方もＩＲＴＢにおける組織的母体を失ったため、劇場に帰属する演劇人としてソ連に在留するしかなくなった。土方は革命劇場のスタッフとなった。佐野はスタニスラフスキーにつくことを希望したが、演出家志望であればメイエルホリドにつくようスタニスラフスキーに指示され、メイエルホリドの助手となった。田中道子は佐野がスタニスラフスキーにつこうと考えたのは、モスクワ芸術座の『伯父ワーニャ』の演出に感銘を受けたためだという。[79] メイエルホリド演出の舞台に関しては、佐野がモスクワ滞在中に上演されたものはほとんど全て観ているようだ。助手についたのは『椿姫』はじめ五作品である。[80] そのほかに、佐野は演出研究の仕事でメイエルホリドに評価された。[79]

晩年、スタニスラフスキーは、自分の権威を盾にメイエルホリドを防衛するというだけでなく、メイエルホリドと自分の演劇上の方法的統合のための協議[80]をしていたとベネディティは書いている。岡村春彦は佐野がその場に立ち会っていたと推測しているが、残念ながら詳細は明らかでない。

一九三四年、佐野も土方も出席した全ソ作家同盟の大会で、「社会主義リアリズム」こそ唯一の創造方法だとする決議が行われ、この時から、作品の様式に対する権力の介入が行われるようになる。プロットの担い手だった久保栄や村山知義や千田是也は、ソ連からの指示をどう受け止めるかという課題を背負わされた。[81] 村山や久保は愚直に対応しようとして論争した。千田是也はこの論争に冷ややかだった[82]。

粛清の危機に直面している当事者の謦咳に接していた佐野は、「社会主義リアリズム」の是非どころではなかっただろう。佐野は〈台風の目〉の中にいたために、久保や村山、千田のような選択を迫られなかった。そのためもあってか、佐野碩の発言には終生、「社会主義リアリズム」という文言が見られない。

佐野は、この時期、演劇運動を含む日本の左翼運動の解体を憂慮して、運動論的な総括と自己批判に力を入れた。ひとつは先述の勝本清一郎と共同執筆したが、「不発」に終わった「テーゼ」である。もうひとつは、日本の左翼の文化芸術運動の自己批判だった。ＩＲＴＢは一九三五年、日本語出版物『芸術は民衆のものだ』を刊行した。佐野はそこに「ソヴィエト作家大会印象記[83]」を執筆し、その中で、プロット（当然、指令を発し指導した党とコミンテルンがその背後には存在する）が、政治と演劇（のみならず、直接には政治運動ではない大衆的文化活動の関連諸領域）を一体化したために、政治戦線だけでなく、文化活動全体が壊滅したこと（もちろんそれを実践した本人を批判対象に含む）を批判した。

遅きに失した、というべきであろうが、だが、それは、この時代に生きた者の歴史環境の宿命である。この冊子自体は刊行とほぼ同時に、執筆者にブハーリン主義者がいたという理由で回収されてしまう。出回った一冊[84]が日本に届き、回収を免れた。今回資料として掲載された佐野の原稿は、この冊子に掲載されたものである。

モスクワ退去は「追放」だったか

一九三七年八月、土方と佐野にソ連からの退去命令が出て急遽出国した。加藤哲郎[85]は、これは粛清、つまり異端狩りの一環で、野坂参三と山本懸蔵[86]が保身のためにソ連の権力への忠誠が疑われている佐野を放逐したという立場に立つ。これに対して田中道子は、野坂や山本は、佐野を「思想的」には不安定としながら、その能力には高い評価を与えていて、「反ファッショ、人民戦線の活動」をさせるためにアメリカに行かせようという方針だったとし、加藤哲郎とは「ちょっと違った感じ方をしている」[87]と述べている。

佐野がモスクワを離れた直後、ベルリン時代からの在外日本人共産主義運動家の重鎮であった国崎定洞が処刑された。山本懸蔵も逮捕され、処刑された[88]。日本共産党の幹部の意向はどうあれ、柳条湖爆破、五・一五事件、傀儡国家満州国建国、国連脱退、二・二六事件、盧溝橋事件という日本の軍国主義化の過程を通して、次第にソ連の権力は、ソ連に駐在している日本人は一部の例外を除いてすべて日本国家のスパイと認識するようになった。

そのはざまをぬって、佐野はフランスに逃れた。当時のパリは、ナチスを追われて亡命したユダヤ系知識人をはじめ、緊急避難のために流浪する知識人で溢れていた[89]。佐野は一時、内線下のスペインに赴こうとした節がある[90]が、結局、チェコでアメリカの短期滞在のビザを取って海を越えた[91]。

入れ替わりに、杉本良吉と岡田嘉子がソ連に密入国したが逮捕され、杉本は日本のスパイとして処刑され、岡田は拘束された。また、杉本が会いに来たのが佐野とメイエルホリドだったという理由で、メイエルホリドが処刑されたとされる。

しかし、メイエルホリド処刑の経緯については異説がある。武田清は、杉本や岡田の証言がメイエルホリドを死に追いやったのではなく、スターリンはメイエルホリドを殺すことを決めていたのであって、杉本の供述は口実に過ぎないという[92]。武田の認識は、スターリンに対して挑発的だったメイエルホリドとジナイーダ・ライフは、自己責任(警戒心の不足)に近いという判断に近いようだ。因みにメイエルホリドには、使い込みの濡れ衣で部下(ヴァルパホフスキー)を証拠もないのに更迭し、ラーゲリ送りになるのを放置するなど人格的に粗暴なところがあったという。エイゼンシテインのメイエルホリドに対する人物評価にも、「彼に仕えた者は災難」と書かれている[93]。

もうひとつの異論は、塩川伸明の発言である。三〇年代後半のモスクワでの芸術家に対する粛清は、次はだれを血祭りにあげることにするかを極めて恣意性に決めており、佐野もその次元で処理される駒の一つに過ぎなかった、とするものである。[94] いずれにせよ、杉本の証言が、佐野をスパイと認定させ、それがメイエルホリド処刑の口実にされたなどという濃密な因果関係はないというのである。

少なくとも、メイエルホリドと佐野の構えは全く違う。メイエルホリドとジナイーダ・ライフは芸術家の矜持と尊厳をかけて、ほとんど突撃するようにしてスターリンと正面から戦い、弊履のごとく抹殺――本人は粛清裁判による処刑、連れ合いは暗殺――された。佐野碩は、スターリンとは闘わなかった。「レーニン主義の原則」に忠実に、赴いた部署で敵と闘う運動家として任務を全うした。指導部が消えた後の佐野碩はまるで戦場に残置された兵士のようだ。

スターリン権力にとって佐野がカギとなる人物だったにせよ、ただの弊履であったにせよ、政治――ここでいう政治とは、生活に寄り添う政策とか、そういう意味ではない。権力の角逐をめぐって生成する緊張関係の所産のことだ――とは、渦中にある生身の人間の運命など顧慮しない。佐野は、ふりかかる火の粉を払いながら、駆け抜けたのである。

六　メキシコは佐野の楽園であったか

フランス、アメリカ、そしてメキシコ――流浪と定住

佐野碩はアメリカに永住したがった。その理由は何であったか。アメリカは、一九三〇年代の国際的な左翼運動の中心地だった。そこには自由な言論があった。コミンテルンの統制を受けない運動家・思想家・芸術家・ジャーナリストの交友や共同の生み出せる格好の場所であった。ドイツがナチスに制圧された後は、おそらく最も共産

主義者が数多く活動している国家であったに違いない。社会民主主義者も、無政府主義者もいた。祖国を追われた亡命ユダヤ人の思想家、芸術家が溢れていた。またそれは、スタインベックの『怒りの葡萄』に描かれたような闘う農民による動乱の社会でもあった。

佐野碩の周辺でも、ボールドウィンが会長を務めていたシヴィル・リバティーズ・ユニオンや、ポール・ムニ、ジョン・ガーフィールドなどの支援者が、エリス島に足止めされた佐野の解放のために奔走している。[95] 彼らは、佐野がアメリカを追われることになった時には、メキシコの労働運動の指導者ロンバルド・トレダーノや、レアル（LEAR＝革命的作家芸術家連盟）に連絡してメキシコ入国を支援した。

他方、注目すべきことは、これから戦争に向かおうとしていた米日両国が、結果としては相携えて、佐野のアメリカ入国、メキシコ入国を激しく妨害していることである。[95]「国賊」である佐野を日本の警察が追跡するのは必然的であろうが、敵国日本の警察が追跡する共産主義者が、自国や隣国へ亡命するのを妨害するアメリカの姿には、敵を枢軸国から共産主義国へとシフトし、冷戦に備える過渡期の姿が伺われる。因みに、一九四四年、アメリカ共産党は壊滅させられた。

佐野碩をめぐる政治的緊張関係

佐野のメキシコ入国の当時、大統領は左派のカルデナスであった。カルデナスはメキシコ労働者同盟の指導者ロンバルド・トレダーノとも近しかった。メキシコへの入国は、いろいろトラブル[96]はあったものの何とか無事に行われた。当時のメキシコは、アメリカと反対に、政府はリベラルで各国の反政府派がこぞって亡命して来るのを受け入れる空気があった。トロツキーも受け入れたが、トロツキー暗殺者も入国できたのだった。亡命を認められた佐野碩は、反スターリン系からはスターリンの回し者として警戒され、コミンテルン系の左翼からはトロツキー派（スターリンに対する反対派）として警戒された。

佐野が関与した芸術劇場（テアトロ・デ・ラス・アルテス）の建設を推進したメキシコ電気労組と佐野碩の確執や、劇場の舞踊部の責任者でもあり、佐野と事実婚のような関係にあったウォルディーンと佐野の決別の背後には、佐野が反モスクワ派であるというメキシコ左翼勢力の認識が働いていたと思われる。ウォルディーンは有名なダンサーであるとともに、国際共産主義運動の重鎮だったようだ。(97)

劇場建設と並行して開設された演劇学校の学生に、失敗に終わった一度目のトロツキー襲撃の実行犯がいたことから、反スターリン派からも佐野は警戒された。加藤哲郎の判断(98)の通り、佐野がスターリンの抹殺対象だったにせよ、田中道子の指摘(99)の通り、まだスターリンの党の圏内にあったにせよ、どのみち両陣営からの警戒は不可避であったようだ。

佐野のスタンスを解くカギを探すうえで、注意すべきなのは、日独伊の枢軸国と、これと対立する連合国――そこには米英仏蘭とともにソ連も、蔣介石の中華民国も加わっていたし、蔣介石政権と延安の毛沢東政権は国共合作の協定を結んでいた――による戦争の危機が切迫し、一触即発の状況にあったという現実である。本質的には植民地再分割・資源争奪戦という一面があったにせよ、国際世論の趨勢は連合国側には平和の大義があり、枢軸国側が戦争の元凶とされていた。ファシズムか反ファシズムか、戦争か平和か、が国際政治の最大の分岐点であった。スターリンに追放されたトロツキーでさえ、ファシズムからの労働者国家ソヴェート無条件擁護をスローガンに掲げていた。政治の大局では反ファッショ統一戦線を最優先するという態度が、左翼の、従って佐野の常識だったのである。

佐野がモスクワに忠実なシケイロスと親交を結んでいたのにも、個人の友情ということに加えて、統一戦線こそ大義という国際政治に対する佐野の判断が働いていたのではあるまいか。佐野は、政治運動から遠かったオロスコ、タマヨや、共産党を除名されたリベラ[100]とも交友関係にあったことを忘れてはならない。また、政治的関係で一元的に人間関係が説明できないメキシコ社会固有の人間関係の文化も考慮すべきだろう。

メキシコ演劇界と佐野碩

佐野が「メキシコ近代演劇の父」として幸福な生涯を全うしたと考えるのにも幾つもの留保が必要である。佐野は終生決して安穏ではなかった。佐野碩は、時折見せる人格的粗暴さも災いして人間関係における失敗を重ねながら、公共劇場を社会の中軸に位置づける壮大な戦略の説得力と、『欲望という名の電車』のメキシコ初演の演出をはじめとする優れた舞台成果と、彼が育てた優れた弟子たち[101]の支援によって、辛うじてメキシコ演劇の変革者の地位を失わずに生き抜くことができたに過ぎない。斎藤憐の描き出した夢多きロマンティスト佐野碩のイメージはやや一面的である。[102]

電気労組との確執も単に政治的確執であったというだけでなく、メキシコ演劇全体の変革を構想した佐野と、遠大な演劇革新運動の計画を回避して組合の文化活動に限定したかった電機労組の対立でもあった。[103]演劇界の大御所ゴロスティーサは、何度も佐野の前に立ちはだかった。第一にスタニスラフスキーの『俳優修業』が翻訳された時、その序文の中で、遥かに先立って佐野碩が実践し、成果を上げていたスタニスラフスキー・システムによる演劇教育を全否定した。[104]更に一九五〇年には、サルバドール・ノボとともに、守旧派の大女優マリア・テレサ・モントージャを批判した佐野碩に対する追放運動の先頭に立った。「擁護」より「批判」の方が筆者には明らかに妥当に見える。佐野はこう書いた。

今日のスペイン演劇は（…）ほとんど死に瀕しているといえる。このような演劇は、人間性豊かなメキシコの民衆に何も語りかけない。我々が必要としているのはもっと直接的で、鋭く、リアルな表現によるインパクトである。スペイン演劇は、作品、上演形態のいずれをとっても有害である。モントージャのような生き残りがそれを証明している。大仰な身振りと絶叫による誇張された演技はいかにも不自然で、演技している本人自身をさえ誤魔化すことができない。こうした演技のスタイルは既に死に絶え、葬り去られているのに、無能な女優たちだけは相変わらずこのスタイルを引き摺っている。[105]

最終的にゴロスティーサのような「有力者」の「抵抗」を突破したのは、佐野の舞台成果と彼の支援者と佐野が育てた弟子たちの力だった。

佐野の前に立ちはだかったのはゴロスティーサだけではなかった。佐野と親交のあったアントニオ・ハラ・オリバの証言によると、一九四九年、俳優をキャスティングから降ろしたことで俳優労組から批判され、国会でも取り上げられて、佐野は国外追放にされかけた。新聞による世論の力と、ハラ・オリバの国会議員への工作で追放は免れた。元レスラーの俳優ルビンスキス（のちに佐野に心酔する）が佐野に手を出そうとしたときもアントニオ・ハラ・オリバが仲裁に入った。[106] 五四年にまた四九年と似たような、女優を配役から降ろして組合のボイコット運動に会い、演劇界から追放の憂き目にあいそうになっている。[107]

佐野は近隣諸国にたびたび招聘されているが、外国でも度々国外退去させられている。一九五五年九月、コロンビア政府に招かれて佐野は俳優の指導に当たったが、「共産主義者」だという疑いで十二月に国外退去させられた。しかし、この時、短期間ではあったが佐野の薫陶を受けた演劇人のなかから、佐野を受け継ぐ「弟子」が生まれた。一人は、サンティアゴ・ガルシア、もう一人はファウスト・カブレラ[108]である。テアトロ・デ・カンデラリアの拠点劇場は現在セキ・サノ・ホールと名づけられている。佐野は追放されたが、佐野の演劇の種子はコロンビアに根づいたのである。皮肉なことに、晩年の佐野が拠点としたメキシコのテアトロ・デ・コヨアカンはいま、セキ・サノ・ホールにはなっていない。

一九六一年には、かつての恋人でもあったウォルディーンとともに演劇指導のために革命キューバに赴いたが、時期尚早という理由で帰国を求められた。六二年にもテレビ局改革のため再びキューバに招かれるが、また時期尚早という理由で帰国させられた。穏便に受容されるには、佐野はどこでも、ラディカルで〈過剰〉であったということだろう。

古典の上演

メキシコでの佐野の業績を概観しておこう。第一に、佐野は演劇変革の運動家であった。公共劇場を基軸にした遠大な戦略を立て構想を政府や労働組合などに提起し実行させた。その功績の対価として与えられるべき地位を得られなかったが、佐野の劇場構想を起動力として、メキシコ演劇が変わったことは疑えない。

第二は演出家としての多岐にわたる業績がある。佐野は、自身が提案した公共劇場など、施設の整った大劇場でのストレートプレイの舞台やオペラの演出、小さな劇場での実験的な上演、在墨外国人やユダヤ人コミュニティに依拠した上演、労働者演劇など、さまざまな上演の場で佐野は作品を作った。最後には、自身の主宰するテアトロ・デ・コヨアカンを拠点の劇場とした。この多様さは、佐野の運動性の幅と対応している。

演目も多彩である。古典では、『じゃじゃ馬馴らし』『ジュリアス・シーザー』（オペラ）『リア王』などシェイクスピアを度々演出し、マキャベリ作『ラ・マンドラゴーラ』を繰り返し上演した。モーツァルトの『魔笛』も演出している。

近代の作家では、モスクワ時代からの蓄積に依拠してチェーホフの作品（『熊』『結婚申込み』『白鳥の歌』）の演出が評価された。アメリカ現代作家では、スタインベック原作『二十日鼠と人間』（ビクトル・O・モヤ脚色『荒々しい力』と改題）、T・ウィリアムズの『欲望という名の電車』、佐野がおそらく強い共感を覚えていたと思われるA・ミラーの『るつぼ』『みんなわが子』『橋からの眺め』やクリフォード・オデッツの『黒い穴』などを演出した。『欲望という名の電車』の上演では、佐野の演出とマリア・ダグラス、ウォルフ・ルビンスキスの演技が絶賛された。このほか、プーランク作曲のオペラ『カルメル会修道女の対話』、ロバート・ボルトの『時に抗う男』（原題『すべての季節の男』）を演出した。

残された資料や伝聞に基づけば、演出のスタイルはメイエルホリド、つまり、素朴な写実的造形からは遠い、「集団的感性の布置」の「変換」を目指し、「身体の秩序」を揺るがす様式の実験を試みた。他方、佐野の俳優訓練法はビオメハニカではなく、スタニスラフスキー・システムであったようだ。佐野は、緻密な俳優訓練と、卓抜した造形力で、舞台の外の確執で失ったものを、作品を通して取り戻したのである。

メキシコの戯曲・ユダヤ人演劇・アジ・プロ

メキシコ人の作品も手掛けている。まずは、芸術劇場舞踊部の杮落しの演目となった、ホセ・グァダルーペ・ポサーダの版画を原作とするウォルディーン主演の舞踏『ラ・コロネラ』を挙げるべきだろう。メキシコの革新的な公共劇場の歴史はここから始まった。この外、B・トラベン『吊るされし者の反逆』、エドムンド・バエス『目の中の針』、ロドルフォ・ウシグリ『宿命の王冠』、マリオ・マスカレーニャス『此処はあまり静かではない（Esto no se queda asi）』などがある。ルイサ・ホセフィーナ・エルナンデスの『落ちた果実』は、初稿執筆当時二十一歳だったルイサを佐野が指導して完成させた作品である。

メキシコ在住のユダヤ人との共同作業にはチェーホフ『結婚申込み』のほか、ユダヤ人作家アーノルド・パール『ショーレム・アレイヘムの世界』、同じくパディ・チャイエフスキー『十番目の男』がある。抑圧され差別されたマイノリティの魂に火をともす演劇に連帯することも佐野の業績の、無視してはならない一要素であった。当時の在米ユダヤ人と、いまパレスチナ人を大量殺戮するユダヤ人国家イスラエルの位相とは全く別だ。

注目しておきたいのは、一九四二年、カマチョ大統領の主催した一〇万人の大集会で、街頭劇『武装せるメキシコ』を演出したことである。内容は、ナチによる船員殺害の悲しみを乗り越えて、メキシコを中軸に中南米の国々が反ナチ・反軍国主義の連合国の戦争に決起することを呼びかける煽動劇であった。アジ・プロ演劇というと、日本人は、せいぜいトランク劇場やメザマシ隊、あるいは戦後の文化工作隊や、集会での「余興」としての小さな煽動演劇を思い浮かべ、今どき時代遅れだとするのが一般的反応だ。だが、武田清が述べているように、[109]ソ連革命期のアジ・プロ演劇の規模と政治的・芸術的影響力は半端ではなかった。土方与志が観て衝撃を受けたメイエルホリド演出の『大地は逆立つ』(原作マルセル・マルチネ、脚色トレチヤコフ)はコミンテルンの第五回大会で上演された大群衆劇である。このとき、登場人物一五〇〇人、観客は二万五〇〇〇人であった。[110]マヤコフスキー作メイエルホリド演出の『ミステリア・ブッフ』も、巨大なアジ・プロ演劇だった。メイエルホリドはいわばロシア革命期のアジ・プロ演劇の「帝王」であり、そうであるがゆえに前衛の先端だったのである。

アジ・プロ演劇というジャンルが成立しうる時空の振幅を知る日本人演出家は、土方のほかには、おそらく、ドイツでワンゲンハイムの下で労働者演劇を実践し、ソ連から来たシーニャ・ブルーザ[111]をみたことのある千田是也と佐野碩だけだろう。

勿論、群衆の祝祭としてのアジ・プロ演劇は両刃の剣であることも忘れてはならない。ナチスはこのページェントの政治的効果を横領した。「参加」の演劇ティングシュピール[112]である。ティングシュピールの第一人者は、表現主義からナチズムに転向したハイニッケであった。

七　佐野碩の現代的意義

現代演劇にとっての佐野碩

佐野の現代的意義は冒頭に述べたように、「集団的感性の布置」を切断し、「身体の秩序」を変転させる活動の蓄積というに尽きる。前衛芸術と左翼芸術の蜜月時代の若き佐野碩は、ヨーロッパで起きている新しい演劇運動における、「身体の秩序」の破壊運動の理論と実践の学習の軌跡を『ＭＮＺ』一号に残した（だが、それがそのまま実践に移された訳ではなく、プロレタリア演劇の運動家としての佐野碩の歩みは、ある意味では、この地点から遠ざかる過程として始まった）。演出作品の業績も忘れてはならない。今日の視野からは、名舞台の誉れの高かった『ダントンの死』や『全線』が劇場で生み出した感動よりも、『勝利の記録』による「集団的感性の布置」の変換と「身体の秩序」の関節外しこそ最大の貢献というべきだろう。また、日本では舞台創造のシャドウワークとなる「演出研究」の仕事の先鞭をつけたことに注目すべきである。

メキシコでは、独自の俳優訓練のシステムと造形の方法がそれを支えたことに注目すべきだろう。また、演劇を成立させる場の関係と施設を生み出す演劇政策（公共劇場論）を提言し、政府や諸機関に芸術劇場や教育機関の設立を実行させせた。日本の演劇に公共劇場の名に値する施設が東京にできたのが一九九七年[113]であるのに対して、メキシコでは一九四〇年代前半に実現していることは瞠目に値しよう。

大衆運動家としては、野坂参三に二度とも阻止されて日の目を見ることはなかったとはいえ、セクト主義と左翼主義の〈狐つき〉状態――若き日の佐野もそれを生みだすことに荷担したのではあったけれども――に対する根本的な批判を加え、運動家たちが統一戦線の不可避性を受け止めることと、分散戦術による運動のサバイバル追究の指針を提起した功績は極めて大きい。

翻って、既存の基準でいえば高く評価されたであろう前衛座結成以後の歩みは、批判的検討の対象にならざるをえない。佐野は福本イズムを信奉して分離結合論を実践し、前衛座からの労農派排除のために分裂してプロレタリア劇場を立ち上げ、コミンテルンからの指示で共産党が動くと、福本を生贄にして左翼劇場への統一を受け入れ、セクト主義の作風だけは堅持した。プロットの運動家としては反対派に「害虫」という罵詈を浴びせた。またプロレタリア階級のためという大義名分で、仲間の失敗の責任を居丈高に追及して脱落者を生み出した張本人である。この上なく聡明な青年であった佐野碩がなぜ、こうした行動に走ったのか、佐野の軌跡は、極めて重要な歴史資料であるといわねばなるまい。

時差が生んだ変転の意味を辿る

佐野の「失敗」は、佐野の身を置いた時代の歴史的性格から導かれる宿命というべきだろう。百年という歳月が革命性という概念を転倒させたのである。左翼か右翼か、リアリズムか反リアリズムか、メイエルホリドかスタニスラフスキーかといった二項対立の間の価値選択ではなく、二項対立を載せている場の再審が求められている。いま問われるべきは、世界批評はいかにして可能かという問いである。世界批評とは、「集団的感性の布置」の「変換」の契機を摘出し、提示することである。それは、世界に対して、従って世界の内部にあって世界と対面している自己に対して、どれだけ批評的でありうるか、みえない他者を感じ取れるか、というにほかならない。

佐野にとっての芸術の場は政治的文化闘争の場であり、それは今も日常のどこにでも存在する。必ずしも出会いのためにどこかに出かけてゆかなくてはならないという類のものではない。ただ、大きな〈現場〉の例を探すとすれば、オキュパイされた台湾立法院やウォール街であり、経産省前や首相官邸であり、辺野古の海でもある。

政治的文化闘争の演劇とは、そこで起きている出来事やこれから起きるかもしれぬ出来事を、集団の身体造形による知的構築物として開示し、「身体の秩序」を揺るがして人々の批判精神を喚起するしごとである。批判精神の喚起と「集団的感性の布置」の「転換」はほぼ同義と考えてよい。

佐野碩の再審とは、この次元での佐野の貢献を検証することにほかならない。史料はなお次々発掘され解読されつつある。そういう意味ではまだ佐野碩は生きている。そのことを知るにつけても、コヨアカン劇場をセキ・サノ劇場として顕彰し、発信と研究の拠点たらしめることが、日墨の学術・文化共同事業の任務であると改めて思うこの頃である。

注

(1) ウォーラーステイン『史的システムとしての資本主義』(岩波書店刊)で、著者は、既存の社会主義(運動)を史的システムとしての資本主義の排泄物だと語っている。

(2)(3) いずれも『文藝別冊　ゴダール　新たなる変貌』二〇〇二年、参照。ここで言及しているゴダールは、所謂「中期」のゴダールである。

(4) ダニエル・ベル『イデオロギーの終焉』岡田直之訳、東京創元新社刊。

(5) フランシス・フクヤマ『歴史の終わり　上下』渡辺昇一訳、三笠書房刊。

(6) 港千尋『革命のつくり方』インスクリプト刊。

(7) ジャック・ランシエール『不和あるいは了解なき了解』松葉祥一訳、インスクリプト刊。

(8)(9) いずれも、港、前掲。

(10) 岡村春彦『自由人 佐野碩の生涯』岩波書店刊。

(11) 座談会「『主体』の破壊と『外部』としての身体」(池田浩士・岡崎乾二郎・石沢秀二・菅孝行)『演劇人』一八号の池田浩士発言、演劇人会議刊。

(12)「社会主義リアリズム」は一九三四年、全ソ作家同盟が提唱した創作方法、これに従わない者は異端とされた。「社会主義リアリズム」とは、「現実をその革命的発展において真実に、歴史的・具体的に描くことを芸術家に要求する」ものであり、「その場合、芸術的描写の真実の歴史的具体性とは、勤労者を社会主義の精神において、思想的に改造し教育する課題と結びつかなければならない」とされた。

(13) 「新興芸術派」については、五十殿利治『大正期新興美術運動』スカイドア刊、『日本のアヴァンギャルド芸術――〈マヴォ〉とその時代』青土社刊。

(14) 座談会「『主体』の破壊と『外部』としての身体」前出の岡崎乾二郎の発言。

(15) 岡村、前掲書。

(16)(17) 千田是也『もう一つの新劇史』筑摩書房刊。

(18) 『小山内薫演劇論全集2　築地小劇場篇　上』巻末に上演記録が記載されている。

(19)(20)(21) 村山知義『演劇的自叙伝2』東邦出版社刊。

(22) 村山知義『現在の芸術と未来の芸術』本の泉社刊。

(23) 千田、前掲書。

(24) 岡村、前掲書。

(25)(26) 本書、掲載稿参照。

(27) 敗戦後、松村一人ら歴史発展について決定論的立場に立つマルクス主義を批判して梅本克己らが主張した議論。拙稿「主体性とマルクス主義」(『占領と戦後改革』三巻所収、岩波書店刊)。

(28) 松本克平、『ロシア・アヴァンギャルド3』月報所収、国書刊行会刊。

(29) 武田清『新劇とロシア演劇』而立書房刊。

(30) 岡村、前掲書。

(31) 武田、前掲書。

(32) ハントレエ・カーター「労農露西亜に於ける新しき演劇」小野宮吉訳(『築地小劇場』第二巻第三、四、六号)。

(33) 同、第六号。

(34) 一九一八年、主に旧制東京帝国大学の学生によって組織された左翼運動の活動家組織。集団の構成員の資質などの帰結として生まれたエリート主義的傾向が批判の対象となってきた。有力な運動家のプールではあったが転向者が相次いだ。一九二九年に解散。

(35)佐々木孝丸『風雪新劇志――わが半生の記』現代社刊。
(36)岡村、前掲書。
(37)本書、掲載稿参照。
(38)アンドレ・ブルトン(一八九六―一九六六)、詩人、芸術理論家。シュルレアリスム運動のリーダー。著作に『シュルレアリスム宣言』『ナジャ』など。トロツキーとの共著がある。
(39)理論家の福本和夫は理論闘争、イデオロギー闘争で内部の差異を明らかにすることにを強く主張し、運動家の山川均は大衆闘争を優先しようとし、およそ嚙み合わぬ論争が続いた。福本は一時共産党の指導部の中心にいたので、再建された共産党からは山川たちが排除されることとなった。しかし、コミンテルンが福本の理論を異端とみなしたので、日本共産党は福本を失脚させた。
(40)千田、前掲書。
(41)マルクス主義者が組織したグループ。コミンテルン(コミュニスト・インターナショナル)直系の共産党と一線を画し、『労農』という機関誌に依拠したグループなのでこの名がある。代表的な人物は櫛田民蔵、猪俣津南雄、山川均、鈴木茂三郎、土屋喬雄、大内兵衛、向坂逸郎など。
(42)岡村、前掲書。
(43)千田、前掲書。
(44)岡村、前掲書。
(45)レーニンは『何をなすべきか』(大月書店、国民文庫)で、党派党内闘争こそ階級闘争を活性化するという意味のことを強調し、内部の緊張を高める組織論を推奨している。
(46)佐々木、前掲書。
(47)岡村、前掲書。
(48)林淑美「『演劇的自叙伝』は一九三〇年で終っている」『水声通信3』所収。
(49)「生江健次予審尋問調書」、栗原幸夫「解説」、いずれも『運動史研究3』所収。
(50)戯曲は『村山知義戯曲集　上』所収。
(51)村山の批評は『演劇的自叙伝3』、久保の批評は『劇場街』3、一九二九年七月号。
(52)岡村、前掲書。

(53) 佐野碩「左翼演劇現勢図」本書掲載稿参照。『ダントンの死』二一二二人、『全線』二六三四人。『劇場街』7、一九二九年十二月号。
(54)『新劇年代記　戦前編』五二六頁所載の警保局資料。
(55) 浅利慶太「演劇の回復のために」『三田文学』一九五五年十二月号、『浅利慶太の四季1』所収。
(56) 左翼演劇の母体となっていたプロットの解散が一九三四年四月、社会主義リアリズムを唯一の創造法等とする全ソ作家同盟の決議が同年八月、社会主義リアリズムを実践したのは、全て政治的には転向を表明した、警察の監視付きの演劇人だった。彼らはモスクワの路線に忠実に演劇活動を展開しようとした。一九四〇年に、元左翼の演劇人が大量逮捕されたのは、この活動を転向していない証拠と警察が見なした結果ではなかったかと松本克平は推測している。松本「私の昭和新劇史」『テアトロ』一九六四年五月号。
(57) サンドロ・アフメテリ（一九三五年処刑）、ジョージアの演出家。佐野碩が絶賛していたという。田中道子「国際演劇運動家としての佐野碩」（武隈喜一責任編集『The Art Times』no. 8 所収）。
(58) 佐野が逮捕され、長期に勾留された弾圧事件。岡村、前掲書。
(59) 岡村、前掲書。ただし、加藤哲郎論文によればＩＡＴＢの日本代表となるため偽装転向をプロットが指示したのではない。父が書いたストーリーで仮出所し、そのあとでプロットが動いたのだという。
(60) 岡村、前掲書。
(61)『村山知義戯曲集　上』。
(62) 村山、前掲書、解説。
(63) 岡村、前掲書。
(64) 村山、前掲書。
(65) 田中「国際革命演劇運動家としての佐野碩 1931-1945」武隈喜一編『The ART TIMES』no. 8 所収。
(66) 村山、前掲書四巻。
(67)(68) 岡村、前掲書。
(69) 当時のアメリカで発行されていた部数の多い左派知識層向けの雑誌。
(70) ジーン・ベネディティ、高山図南雄訳『スタニスラフスキー伝』あとがき、晶文社刊。
(71) 岡村、前掲書。

(72)田中、前掲誌、岡村、前掲書。
(73)岡村、前掲書、千田、前掲書。
(74)田中、前掲誌。
(75)対談「ハリコフ会議の頃」平野謙・勝本清一郎(平野謙対談集『政治と文学篇』所収)。「三二年テーゼ」は、天皇制打倒という当時の日本人の組織化にはほとんど不可能な無理難題を突き付けるものだったと同時に、日本革命の性格を、社会主義革命を掲げた三一年の「政治テーゼ草案」とは違って、民主主義革命に切り下げるものだった。感度のいい党員が違和感を覚えても不思議ではなかっただろう。
(76)タイーロフ(一八八五—一九五〇)、ソ連の著名な演出家、カーメルヌイ劇場の創設者、IRTBの書記局員。粛清は免れたが晩年は不遇だった。キルション(一九〇二—三八)、ソ連の劇作家、代表作は『風の街』『パン』、ラップで活動した。ピスカートア(一八九三—一九六六)、ドイツの著名な前衛演出家。『左翼劇場』の著者。IATB、IRTBの書記局員としてモスクワに長く滞在した。
(77)対談「ハリコフ会議の頃」平野謙・勝本清一郎、前出。
(78)藤田富士男『ビバ! エル・テアトロ!』オリジン出版センター刊。
(79)田中、前掲誌。
(80)ジーン・ベネディティ『スタニスラフスキー伝』晶文社刊。
(81)社会主義国家における社会主義リアリズムを資本主義の君主制国家日本にどう適用するのかというテーマで、中野重治、森山啓、村山知義、久保栄など、多数の芸術家が空しい議論を重ねた。演劇人では、自らの持論を、久保は反資本主義リアリズム、村山は発展的リアリズムと命名した。論争の軌跡は戦後刊行された雑誌『久保栄研究』(劇団民芸刊)でもフォローされているが、久保の死後も村山は久保の人格攻撃をやめず、両者の関係がただならぬものであったことが推測される。
(82)千田、前掲書。菅『戦う演劇人』千田是也の章参照。
(83)本書掲載稿参照。
(84)本書を所有していたのは松本克平であろうという。
(85)シンポジウム「佐野碩と世界演劇」における発表。二〇一三年三月二日、早稲田大学。
(86)二人とも一九三〇年代の日本共産党モスクワ駐在員。佐野に仕事を指示したり、党への忠誠を吟味したりする立場にあった。
(87) 田中、前掲誌。
(88) 野坂が山本を密告したという証拠が出てきて、長らく共産党委員長をつとめた野坂は、最晩年に共産党から除名された。しかし、野坂が密告しなければ山本が野坂を密告しただろうとも言われる。ソ連は当時、ソ連に在留するすべての日本人にスパイの嫌疑をかけていたため、密告しなければ密告されるという最悪の環境に置かれていた。
(89) 岡村、前掲書。
(90) グラトコフの回想。シンポジウム「佐野碩と世界演劇」(二〇一三年三月二日)における伊藤愉の配布資料。および、岡村、前掲書。
(91) 岡村、前掲書。
(92) 武田清、前掲書。
(93)『エイゼンシュテイン全集』第一巻、キネマ旬報社刊。
(94)「スターリンと演劇」(講師塩川伸明、司会鴻英良。一九三八年問題研究会第三回公開研究会、二〇一二年三月三日、早稲田大学一一号館七一一号教室)。
(95)(96) 岡村、前掲書。
(97) 吉川美奈子、シンポジウム抄録桑野塾「亡命者佐野碩」(『The Art Times』no. 8) での発言。
(98) シンポジウム「佐野碩と世界演劇」における加藤哲郎の発表。二〇一三年三月二日、早稲田大学。および、加藤のブログ「ネティズン」。
(99) 田中、前掲誌。
(100) メキシコ絵画を代表する画家は、シケイロス、リベラ、オロスコ、タマヨ。ルフィーノ・タマヨは政治運動から遠く距離を取っていた。クレメンテ・オロスコ、ディエゴ・リベラ、ダビッド・アルファロ・シケイロスは壁画運動を推進したという点では、民族革命にコミットしたといえる。オロスコも共産主義者ではない。リベラとシケイロスは共産党に入党している。しかし、リベラはトロツキー派で除名、シケイロスは忠実なモスクワ派である。但し、リベラは後にトロツキーと不和になり、彼も暗殺への荷担を疑われた。シケイロスは失敗した暗殺事件の実行犯である。

(101) 男優ではウォルフ・ルビンスキス、女優ではマリア・ダグラス、劇作家ではルイサ・ホセフィーナ・エルナンデス、演出家ではアリシア・カストロ・レアルなど。
(102) 故斎藤憐がナビゲーターをつとめたテレビ映像「世界わが心の旅　メキシコ　亡命者の栄光を見つめて」(一九九八年、NHK BS2)の佐野碩像は極めてロマンティックである。斎藤には佐野をモデルとした『異邦人』という戯曲があるが、これもスタンスは変わらない。抒情的・感動的な物語に仕上がっている。
(103) 吉川恵美子「メキシコ時代の佐野碩」(『学苑』昭和女子大近代文化研究所、一九九〇年、五月号)。
(104) 吉川恵美子「佐野碩とスタニスラフスキー・システム」(『演劇学』no. 39、一九九八年)。
(105) 吉川、前掲、(103)。
(106)(107) 岡村、前掲。アントニオ・ハラ・オリバのいう四九年の事件と、ゴロスティーサが佐野追放に動いた事件は同一なのかもしれない。確証が取れなかった。
(108) サンティアゴ・ガルシアは、テアトロ・デ・カンデラリアを主宰した演出家。里見実、吉川恵美子らの立ち上げた企画で来日したことがあるが、ファンドレイジングが不調で(つまり、日本の演劇界が見向きもせず)舞台の上演はできなかった。ファウスト・カブレラは、演出家、俳優。二〇一一年十一月十一日~十四日に開催されたシンポジウム「佐野碩と北川民次　一九二〇~一九六〇年代メキシコにおける日本人芸術家たち」の二日目に、テアトロ・デ・コヨアカンで行われたプログラムに登壇した。
(109)(110) 武田清、前掲書。
(111) 「青服劇場」と訳される一九二〇年代末のソ連を代表する労働者劇団。小山内薫が訪ソしたとき観劇し、帰国後に政治演劇の路線は否定しているが、この劇団の舞台は高く評価した。ただし、これは小規模なアジ・プロ演劇で『大地は逆立つ』『ミステリア・ブッフ』『闘うメキシコ』などの大ページェントとは性格が異なる。
(112) 池田浩士「〈参加の時代〉の果てに」(講座『現代と変革5』所収)。
(113) この年、新国立劇場、静岡芸術劇場(SPAC)、世田谷パブリックシアターがそろって開場した。

第Ⅱ部　芸術は民衆のものだ！——佐野碩の仕事

＊第Ⅱ部には、佐野碩自身の論考や佐野が参加した座談会など（一部、佐野自身が執筆者ではないものを含む）を編年的に収録した。それぞれの位置づけについては「第Ⅱ部収録文献解説」を参照のこと。

1 『MNZ』（一九二五年）

MNZIST MANIFESTO

一九二五年こそは、後代の人類に取って、光輝ある年となるであろう。なぜならば、此の年にMNZが産れ、MNZISTが初めて宣言を発表するからである。実に我々の時代は、我々によって初まるのだ。我々は過去の世界と断乎として縁を切る。我々は現在の世界をも否定する。我々と他の芸術家との間には、過去数千年間の歴史が作ったであろうよりも、より大なる距りがあるのだ。人類前史の芸術家と、人類後史の我々との間には、越ゆべからざるギャップがある。此の二つを較べて見るさえ愚な事である。

過去如何なる芸術家と雖も、我々の如き、思想を持ち、綿密なる計画に従い、定められたる目標に突進したものはあるまい。彼等は単なる感興と才能とによって労作を産む。彼等の思想は空虚であり、彼等の目的は不確実であり、彼等の計画は不安定である。彼等の思想は高々熱情が迸しって、無智なる支配階級を僅か計り追い越したものに過ぎぬ。彼等の計画よりも、通俗小説家や探偵小説家のそれの方が、遥に優れたものである事は、漸く最近に至って、彼等の発見した所である。殊に彼等の無目的極まる芸術が、何等の疑いもなくして、数千年間入れられて来たと云う事は、人類の恥辱でなくて何であろう。

幸にして、彼等の保護者の大部分は、愚かなる支配階級であって、人類の真の支《〔ママ〕》導者たる民衆ではなかった。

けれども今や、支配階級の存在は不安定なものになり、彼等の権力は亡びつつある。民衆こそ世界の支配者となり、民衆こそ芸術の真の保護者となる時が来たのだ。過去数千年間、醜い労作を続けて来た芸術家達は、今こそ絶滅する時が来たのだ。今こそ我々の新しい時代が来たのだ。

彼等は支配階級の芸術家であり、之に反して我々は被支配階級の味方である。しかるに彼等過去の芸術家達は、自分達のブルジョア的労作に冠詞を冠せて、直ちにプロレタリア芸術を作り得たものと考えて居る。彼等が自分達の無能を覚らずして、先駆者たる自負心を、どの位満足させ様として居るかは笑うべき事実である。

見よ。彼等の狼狽と空虚な顔を以て作り出した、似而非プロレタリア芸術とを。彼等は自然主義を破壊する事によって、新ロマンチシズムに反対する事によって、直ちにプロレタリアの本塁を突き止め得たものと思惟して居る。彼等は如何にして彼等の心に変動が起ったか、如何にして彼等が自然主義とロマンチシズムとを忌避せねばならなくなったか、何が故に表現主義へ、構成主義へと進まねばならなくなったかを自覚して居らぬのである。

十九世紀後半より起った資本主義の新時代、資本主義の第三期、最も極端なる機械への崇拝、之こそ資本主義の平和時代の産んだ自然主義と、ロマンチシズムとを破壊したものではなかったか？　之こそ表現主義を産み、構成主義を育てた母親ではなかったか？　彼等所謂プロレタリア芸術家が、プロレタリアの芸術だと信じて居るものこそ、実は新資本主義の慰み物に過ぎぬのではないのか？　新資本主義が巧みに変装して、第二インターナショナルに、労働党に、プロレタリアの仮面の下に、自己の基礎を求めつつある時、彼等の娯楽物、彼等の玩具は、表現主義や構成主義の覆面を被って、プロレタリアの芸術を巧妙に誤魔化して居るのではなかろうか？　カンディンスキーもマリネッツィもカイザーも、タイロフも、結局は芸術界のマクドナルドやカウツキーに過ぎぬのではなかろうか？

或は神の世界へ逃れ、或は無味乾燥だと称する現在の機械的世界に直面するも、唯単なる資本主義的心理の発露に他ならぬのだ。彼等の熱、彼等の力、彼等の破壊力、それ等のものは、詰る所資本主義への戦、軍国主義的帝国主義の現れなのである。

哀れな芸術家達は、経済界に於ける彼等の無残な地位に気が付かない。彼等の体を流れる行動が、何処から発して居るかを見極めない。彼等は新資本主義の提供してくれた舞台の上で、新資本主義の為に踊り狂って居る、見窄《みすぼら》しい人々なのである。

彼等に取っては、彼等の熱、彼等の力、彼等の創作が本質的に如何なるものであるかよりは、其のものが、表面的に如何なるものであるかが問題なのである。自然主義やロマンチシズムとは表面的に異ったもの、彼等を支配する機械主義の現われ、ただそれだけで彼等は満足を感じる。其のものが実際的に如何なる作用を成して居るかは、彼等の気付かぬ所である。

成程表面的に眺めれば、表現主義も構成主義も、素晴しい創造を成したものに違いない。我々は、自然主義時代の人々の想像にも浮ばなかったであろう所の、赤裸々な材料と現実とを、端的に窺う事が出来る。如何なる過去の芸術的営為に於けるよりも、より広大な新生面を、彼等が開いたと云う事は、何人も否定しない所であろう。けれども其の変動は、前世紀の人々が、恐らくは驚愕の余り気絶したでもあろう所の、機械の進歩、資本主義の発達と、何等異ならぬものである。上部構築物の一部である所に芸術が、建築基礎たる経済社会の変動に引きずられて、変化したものに他ならぬのである。

旧資本主義芸術より眺れば、驚くべき進歩であるには違いないが、それを以て、直ちにプロレタリア芸術とは云い得ない。それはあたかも、機械の運転を眺めて、プロレタリアの時代が到来したものだと云えぬのと同じである。其処に見出すものは、単なる機械の発明である。ベッセマー式溶鉱炉の発明は旧資本主義の土台を作り、ひいては共産主義をして今日あらしめた端緒を開いたものと云える。併し、ベッセマー式溶鉱炉に取っては、共産主義は、何等関係のないものである。

表現主義、構成主義も、つまる所は、之等の発明に比せらるべきものである。我々はその発明を讃美し、称讃する事に吝かではない。けれども我々はそれを以てプロレタリア芸術なりと思惟する事には、絶対に反対する。我々は彼等によって与えられた此の材料をば、思うままに駆使せねばならぬ。我々はその材料に、プロレタリアとしての生命力と時代精神とを、吹き込まねばならぬ。我々はその材料の一つ一つに、我々の有する思想を巧みに織り込まねばならぬ。そして我々は、我々の確固たる計画に従って、それ等を組み立てねばならぬ。

人類前史に於て、機械を最大限度に利用し得たものは資本主義であったけれども、共産主義のそれとは較べものにならぬのである。それと同様に我々は、表現主義者等の作ってくれた材料をば、彼等の到底及ばぬ程度に利用する。新時代に於てこそ可能である様な方法で利用する。元来機械と云うものが、資本家の為に作られたものではなくして、民衆の為に作られたものだと云う事を覚る人は、直ちに、我々によって、どんなに之等の材料が使用せられるかを想像する事が出来るであろう。

かくして一つの製作品が作られる場合に、彼等芸術家達は、芸術家的タレントによって製作する。併し我々は創作せぬ。我々は生産するのだ。製造するのだ。過去の時代に於て、芸術的タレントありとせられた者も、我々の時代に取っては無価値である。我々は過去の芸術を求めない。我々によって、芸術の根本意義が変化せられたのである。従って我々の製造と彼等の創作とは全く相入れぬものである。

それ故我々の生産的も又、表面的にはプロレタリア芸術だが、内面的にはブルジョア根性を有する表現主義、及び構成主義の創作物とは、根源的に別種のものである。我々の生産物は粗野である。未成品である。お上品でも美しくもない。我々はあらゆる過去の芸術観念に反対して生産するだ。どんな時代に於ても、未曾有の事業を成す場合に、洗練だとか、繊細だとかを求める事は不可能であり、又不必要な事である。まして新時代に入る為に、先ずあらゆる方面に向って戦わねばならぬ我々に取っては、ましてそうである。粗野こそ我々の生命であり、未完成こそ我々の誇である。斯くして初めて我々の生産物の新しい意義が生れるのである。

我々は一つの目標を有する。我々の生産物は、その目標に向って作られる。即ち我々の目標は、総てのものをば MNZISTIC にする事である。我々の生産物は当然イズムの表現であり、生活に無くてはならぬものである。過去の芸術家の如くに、芸術の中に生活を求めるのでもない。自然主義者の如く生活の中に芸術を求めるのでもない。生活だ！　生活力だ！　時代だ！　時代精神だ！　プロレタリアの為に戦う事だ！　そして我々の思想だ！　階級闘争時代に代るに無階級時代を出現させる事だ！　それ等を突きつめてこそ MNZISM は産れ、総てのものは MNZISTIC になる。従って我々の生産物は、過去数千年間の歴史を通じて現われた芸術品とは全く異ったものである。我々の生産物は、それ等の如くに娯楽物ではない。なんと人が否定し様とも、支配階級と被支配階級との数千年間の闘争時代に作られた作品が、支配階級の芸術品であって、被支配階級のものでなかったと云う事は明白な事である。

我々は此処に於て、全然新しい時代に突入し、新しい生産物を作る。過去の歴史は我々の前に終ったのだ。人類前史は此処に終ったのだ。我々の生産物は、人類後史の生産物である。

其処に我々の生産物が、表面的には既成芸術に似通って居るにも拘らず、本質的には全然別物だと云う理由が存するのである。其処にこそ我々が、芸術なる言葉を否定して、MNZISM なる言葉を用い、芸術家なる名前を退けて、MNZIST なる名称を用いる所以がある。

けれども、我々の現在生活して居る世界は過去の時代だ。資本主義の時代だ。我々は此の時代より一刻も早く逃れねばならぬ。此処に於て我々は、勇敢に宣言し、反抗し、戦うのだ。我々は躍動する。我々は叫ぶ。我々は民衆と共に変化して止まる処を知らぬ。戦こそ我々の現在の生活である。

第一回公演に就いて

谷一

今迄の芝居は——過去数十年の間、尊敬す可き人物なりとして世人の賞讃を博した人々によって、理論を与えられ、脚光を浴びた、所謂、新劇は——要するに社会意識を欠いた、芸術家の仕事であった。彼等は時代によって動かされはした。併し、時代そのものの理解が欠けていたのである。従って、それ等の脚本家によって呈示さるるものは、錯雑した人生の、価値なき横断の再生であり、余りに、個人的である、纎細な感情のニュアンスの展開であった。而して、舞台芸術家は之が上演に際しては、時代精神《ツァイトガイスト》と生命力《レーベンスクラフト》を欠いた作家の想像をそのまま、舞台に移す為に汲々として努力して来たのである。一方観客は、芸術なる仮面の下に、強いて舞台芸術家と一致しようと努めていたのである。

吾々は、今広言する。それは結局ブルジョア的娯楽であった、と。技巧によって表現された人生を、技巧に依て覗いたのであった。力あるべき人生は技巧によって、枉曲され、纎細な、恰も産後の婦人の美しさの如きものとなって現われたのみであった。

吾々は、感傷性《ゼンティメンタリテート》によって欺瞞されてはならない、美によって誘われてはならない。

芸術！　それは感傷性の遊戯である。美！　それは感傷性の遊戯である。不朽の真理！　それは感傷性の妄想である。然らば、感傷性は？　それこそ、資本主義が生んだブルジョアの憎むべき個人主義の悪果である。新しき建設に向わんとするMNZISTは先ず之等を破壊しなければならない。

かくて次に来る可きものは、「現実」の新認識である。過去！　それは現在を通しての追憶である。未来！　それは現在を通しての夢たるに過ぎない。

民衆の向上を希う新人道主義、マッセとして力強くも生長せんとする同僚の精神《タワリシチー》。茲に、時代精神の動す可らざるものを見出さないであろうか。

如何なる障害をも飛び越えんとする力、積極的生活欲。

吾々の仕事は、この時代精神と生命力の強調に非ずして何んであろう。

時代精神と生命力の強調こそ、演劇の本質的精神でなければならない、赤裸々な表現、動作《アクション》による肉迫力、それこそ、吾々の演出の第一条件である。かく、吾々の演出方針は定った。

さて、脚本。それは演出者に取って、恰も料理人にとっての生肉と異るところなきものである。然るに従来の芝居に於ての脚本の横暴は？　それは恰も食卓に上ったビーフテキ同様であった。演出者は、それに辛をつけるか果又ソースをかけるかに過ぎなかった。

吾々は、時代によって脚本を考慮しない。吾々MNZの主張を表現し得る脚本である限り、脚本が東西なると古今なるとを問わないのである。

吾々の第一の仕事の為に、かくしてレフ・ルンツの「真理の町」が選ばれたのである。

而して、演出に関する、種々の冗言はこれを省くべきである。吾々の仕事は飽く迄仕事であり、理論の為めの理論は我々の取らない所であるから。

「舞台」対「観客席」の問題——「真理の町」演出に就ての準備的考察

伊丹　徹

演劇の歴史は古い。

遠く希臘の昔に源を発した演劇は、爾来数千年に亘って、常に民衆の共有物であった。悲哀のどん底に於て、歓喜の絶頂に於て、それは常に彼等の好き伴侶たるを失わなかった。——更に適切に云うならば、民衆が演劇によって「生命力」を得、演劇が民衆を通して「時代精神」を呼吸し得た場合に於て、真の演劇は存在したのである。

真の演劇は、たとえそれが如何なるイズムの下に生長しようとも、常に「時代精神」の発露であらねばならない。更に、それは、その時代の民衆に対して「生命力」を吹込むものでなくてはならない。

併し乍ら、翻って見るに、現在の日本に就いては遺憾ながら、此の当然の定則が殆んど適用されないのである。そして、此の「遺憾ながら」をただ「遺憾ながら」で済まして置けないところに、THEATRE・MNZが生れたのである。

今日日本の劇界は、古物商と遊治郎の集りである。古物は老耄の弄ぶべきものだ。ステッキは、銀のにぎりを附けずとも用は足りる筈だ。「万人がパンを得る迄はお菓子は贅沢」なのである。古書の模写は、之に新しき精神を盛ってこそ始めて意義を持って来る。銀のにぎりを造る様な低徊趣味は一日も早く願い下げにして貰いたい。彼等の生産する演劇は、とかく「時代」の歩みを忘れ勝ちである。――「生命力」に至っては到底求むべくもない。彼等の演劇は、日蔭のとうもろこしの如く痩せこけて無内容である。泥田の案山子の如く空威張りである。帰するところ、彼等は余りに芸術家過ぎるのである。恐ろしく彼等の所謂『芸術』に銘酊しているのである。『芸術は不朽である、時代は問題でない』と彼等は云う。或は又彼等の一寸した思い付きが直ちに新しさでありフレッシュネスであると心得ている。

――彼等は、自分が何時の人間であるかをしらないのである。彼等は現代に生き甲斐なき人間である。

十八世紀に於て、親しむべきハイドンは幾多の愛すべきサロン・ミュージックを書いている。今世紀初頭の数年間に於て「芸術座」と提携したチェーホフは偉大である。併し乍ら、ハイドンは十八世紀の人間なるが故に偉大であり、チェーホフは今世紀初期の人間なるが故に偉大なのである。

黙々として路上を行く白髪の老爺に対すると同様、私は彼等に対して親愛の微笑を送るに吝かではない。併し乍ら、彼等には彼等の時代があり、我々には我々の時代がある。現代人たる我々は、過去人たる彼等を真似る必要はないのである。我々には我々の仕事がある筈である。「時代」と云う大きな背景は、彼等と我々との間に築かれた深い溝である。

再び云う。『今日の演劇は、今日の生命と今日の精神とを包含しなければならない』――此の平々凡々たる哲学、此の云わずもがなの公理が、何故今日の日本に行われないのか？――そこに我々の不満がある。そこに我々の反抗がある。そして、此の反抗の中に MNZ はその存在の意義と権利とを有するのである。THEATRE・MNZ の目的が、今日演劇の生産にある以上之は当然の義務であらねばならない、MNZIST たる我々が、今更ながら今日の日本に向って、敢えて、此の云わずもがなの公理を主張する所以――我々の MNZISM が、「生命力」と「時代精神」を以てその精神とする所以も、亦之に外ならないのである。

我々の仕事は、すべてかかるMNZISMの発現である。第一回公演に上演するルンツの「真理の町」は、かかる標準の下に選ばれた戯曲である。THEATRE・MNZのレペルトアール劈頭を飾るべく、此の戯曲は充分の意義を持っていると我々は信ずるのである。我々は、今、全力を挙げて此の戯曲の演出を準備している。

× × ×

此の戯曲は、数十人の群衆《マッセ》を必要とする。

そして、此の演出の根本方針は次の一語に尽きている。曰く。

LEBENSKRAFT UND ZEITGEIST

そこで、群衆を使って此の戯曲を演出する場合、どうすれば「生命力《レーベンスクラフト》」と「時代精神《ツァイトガイスト》」とを最も効果的に放射し得るかと云う問題が起る。そして私は之に対して、「舞台と観客席との一致」が最も有効であると考えたのである。私が此の稿に附した表題も此の故に外ならない。

只、茲に断って置きたいのは、此の稿が、その表題に示された様な純然たる研究論文ではないと云う事である。舞台対観客席の問題は、演劇上甚だ重大な位置を占めるもので、到底かかる僅少なる紙数に尽さるべきものではない。

私は、単に、「真理の町」を演出する一つの準備として、此の問題に対する幾多先人の努力の跡を辿ろうとしたに過ぎない。——之れによって何等かのヒントが得られるかも知れないし、若し得られない場合には、更に、新らしい手法を考え出さなければならないからである。

それ故、此の稿は、此の問題の研究としては、その体系《システム》に於て甚だ不備である事を弁解して置く。只、紙数の関係上、舞台と観客席との一致と云う問題を誘起するに至った根本精神を述べ得ないのは残念である。以下少しく、手段のみの上から、此の問題に触れようと思う。

× × ×

舞台と観客席とを一致せしむる為めに従来用いられた方法は、大体に於て四つに分類することが出来る。

1 「心理的共感」による手法。

変化されたる超写実主義、超自然主義を奉じたスタニスラフスキーは、「心理的共感」ちょう一個の宗教、一個の幻想によって観客の芸術心に喰入ろうとした。此の宗教によって、彼は、小さな額縁の中へ、観客を引摺り込もうとしたのである。併し乍ら、彼の意図は、純芸術的な立場から、近年の民衆的劇場の要求とは正反対な貴族的精神に基いてその写実主義を完成するにあった。一般観客にとって、小さな額縁の中に終始する彼の演劇は、余りに貴族的であり、余りに高踏的であった。彼に取って、演劇の力点は飽くまで観客席よりも舞台にあったのである。

事実、『芸術座の演劇に於ては、その観客の全部を除外しても殆んど何等の支障を生じない』とバクシーは云っている。

従って、強いて私が茲にスタニスラフスキーを引用した理由は、彼の所謂「心理的共感」も亦「舞台と観客席との親和」の一手段として充分存立し得ると云う事を述べたいからに過ぎないのである。

2　モノドラマ的手法。

更に積極的に舞台と観客席との一致を計った人に、ニコライ・エフレイノフがある。彼の主張するモノドラマの根本は、「俳優即観客」「舞台即観客席」の理論にある。換言すれば、それは、舞台上で演技する人物の生活経験が直ちに観客の生活経験になると云う事に外ならない。モノドラマの仕事は、観客の精神を舞台の上に連れて行って、彼自身が演技している様に感じさせる事である。演技者は即ち此の場合の橋渡しである。——そこで、当然の結果として、舞台と観客席とが一致すると云うのである。

従って、モノドラマ的演出の根底は、演技する主人物の「我」と、観客各自の「我」とを、演技する主人物の幻覚の影像によって融合させようとするにある。かくて、観客は、演技の場処たる舞台の上に於て彼自身を見出す事となり、忌わしき脚本は自ずとその姿を消すのである。

3　幻想破壊《ディスイリュージョニズム》による手法。

前の二例がその根本に於て、観客の幻想に基いた手段——イリュージョニズムであるに対して、逆に、之等の幻想を破壊すると云う手段——ディスイリュージョニズムを用いて舞台と観客席とを一致させる方法がある。

歌舞伎を見に行く。劇中の一女性は、容姿典麗、性情又可憐である。恍惚として彼女を憧れた一人の観客が、彼女を楽屋に訪れる。然るに先刻の美女たるかの女形は脛を露わに胡坐を組んでいるではないか。——観客にとって此の光景は正に青天の霹靂である。彼の美わしき幻想は、茲に悉く粉砕されるのである。

「観客の幻想中に秘められたる可憐の美女——それはいぶせくも一介のおのこに過ぎなかった」——と云う様な箆棒《べらぼう》なぶちこわし——幻想破壊《ディスイリュージョニズム》を、実際の舞台にまで持出して観客席と舞台とを融和する事が出来る。

中期のメイエルホリドが演出したモリエールの「ドン・ジュアン」、第三研究所のワフタンゴフが演出したゴッツィの「トゥランドット姫」等は此の最も好き例である。

「ドン・ジュアン」の演出は、メイエルホリドの根本主張たる「演劇の演劇化《シアター・シアトリカル》」の一つの現われである。彼は、従来のイリュージョニズムに対して断乎たるディスイリュージョニズムを採った。彼は、従来の観客が舞台に対する態度――「舞台が舞台にあらず」ちょう観客の幻想を根底からぶちこわしたのである。「ドン・ジュアン」の演出に於て、舞台は飽くまで現実の――在るがままの舞台であった。

緞帳は一切用いられず、前舞台は二十呎も観客席へ乗り出している。そして、此の舞台の上を道具方が平然と歩き廻って観客の眼の前で道具を飾る。――芝居が始まらない前から、観客席の舞台の間には或る種の疎通が出来上っているのである。

そして、芝居が始まる。――観客席は舞台と同じ明るさに照らされている。その結果、観客は自然と陽気な気持ちになって来る。一方、俳優は、観客の口辺に浮ぶ微笑を明らかに見る事が出来る。そして、此の微笑を見る事によって、俳優は、恰も鏡に向った時の様に自分自身を讃美し得るのである。

更に又、劇中の人物ならざる多くの小さい黒奴が、舞台を右往左往して色々と俳優の世話をしてやる。口上を述べ立てる。鈴を鳴らして観客に幕を知らせる。

総べてが幻想破壊《ディスイリュージョン》である。戯曲「ドン・ジュアン」に現われた人生の模倣、之に対する観客自身の扮飾的幻想は悉く破壊され、観客は、此の幻想破壊《ディスイリュージョン》を意識する事によって自ら「芝居」を演じるのである。

舞台と観客席とは、かくして完全な動力的《ダイナミック》な一致に到達することが出来た。

ワフタンゴフの演出した「トゥランドット」も略々之と同様の手段によったものである。

ワフタンゴフの演出した「トゥランドット」は、ゴッツィの原作によって誘起される幻想を徹底的に破壊する様な方法によっている。

真面目な悲喜劇として書かれたゴッツィの「トゥランドット」は、二十世紀の我々から見れば可成り馬鹿々々しいものである。ワフタンゴフは、此の馬鹿々々しさを狙って、「トゥランドット」を演出し、此の馬鹿々々しさを徹底的に観客の感得させる為めに、途方もないぶちこわしを使ったのである。

舞台の空気が段々しんみりして来て、例えば観客の涙が胸元まで込み上げて来そうになる。すると役者が、不意に、今迄の気分とは似てもつかない、途方もない不調和な表現を持って来て、見物の眼の前に神妙に積み重ねつつある様に見せていた世界を一挙にぶちこわして了う。見物は面喰う。彼等の幻想は頭から叩き壊されるのである。

勿論此の急転は甚だ箆棒ではあるが、此の箆棒さの中には些かの毒も含まれていないから、見物は唯何とはなしに無邪気な寛ろいだ気持ちで、役者全体に極めて親密な感じを持つ様になる。劇場全体が、何等の蟠まりなく一つの空気を呼吸するのである。

(「トゥランドット」の演出に就いては、可成り詳わしい小宮豊隆氏の印象記が「新演芸」に載っている。以上の記録は大部分、此の印象記に拠ったものである。)

4　群衆心理による手法。

登場人物の一部たる群衆《マッセ》を観衆の間に配置し、一種の「心理的共感」を利用して観衆全体を此の群衆《マッセ》と一心同体ならしめるという事も、舞台と観客席との一致にとって甚だ有力な一つの手段である。云わば、此の群衆によって誘導された或る種の「群衆心理」に訴えて観客を舞台へ引摺り込もうと云うのが此の手段の根本である。

大劇場に立籠った頃のラインハルトの実験、例えば、ZIRKUSに於ける「エディポス」の演出、「グローセス・シャウシュピールハウス」に於ける「ダントン」の演出等は、此の手法を用いた最も完全なる例である。

希臘の半円劇場を支配した「親和」の精神にヒントを得たラインハルトは、オーケストラを観客席の中央に持出して演技の大部分を此処に行い、多くの俳優を観客席の各所に配置したのである。劇場内の各所から翳された反抗の腕、観客の足下に起る昂奮の叫び、それ等は、如何に遅鈍なる観客をも引摺るに足る恐ろしい力を持っている。

茲に於て、安閑たるオペラグラスは吹飛ばされ、劇場全体は、燃ゆるが如き一個の渾然たる塊と化するのである。

（一九二五年十月稿）

イェスナーとグラノフスキー

新井貞三

A　イェスナートレッペンに就いて。

イェスナーは屢々舞台に階段を用いる。否、彼の舞台の殆んど総てが階段より成り立っていると云っても過言ではない。イェスナートレッペンの名ある所以である。

彼以前にも、舞台に階段を齎した人が二三ある。クレーグやアッピア。然し真の意味に於いて、舞台の三次元性を発見して、階段を用いた最初の人はイェスナーであると云い得る様に思われる。

以下、マックゴーワンのイェスナートレッペン評を抄訳する。

マックゴーワンに依れば、イェスナートレッペンは大体い三つの長所を有している。

一、俳優の三次元的運動

従来の俳優の運動は二次元的であった――左右と前後――然かも、後者の運動は、見物席のある部分から見る時、何等の効果もなかったのである。トレッペンは俳優に、左右前後の運動の外、上下の運動も可能ならしめた。

二、群集場面

トレッペンは、演劇上の一困難事を解決している。即、従来の舞台に於いては、二人の俳優が前後に重なる時、一人の俳優は全然見物の視界から隠れる。然るに、トレッペン上に於いては斯の如き事はない。数人の俳優が重なる時も俳優は常に見物席の如何なる部分からでも見える。而して此の事は、群集場面に特別な効果を造り出す。個々の俳優は何等隠される事なくして、見物の眼に現われるのである。

三、構図

トレッペンに於いては、平面舞台に於けるよりも、はるかに素晴しく立派な構図が可能である。イェスナーは三次元に於いて自由に構図する。彼は美的並びに劇的両効果に対して構図する。

マックゴーワンは今一つ、イェスナー舞台に於ける特色を述べている。之は直接トレッペンに関した事ではない。然しながらトレッペンビューネに於いては間接的関係を有している。それは俳優の出入の為に舞台の床に造った切穴である。此切穴は、舞台の奥、トレッペンの終った後方に設けられ、此口から、俳優は舞台に上昇するのである。而して、此効果に対しても、マックゴーワンは賞讃している。

B　セントラル・ジュイッシ・シアターに就いて。

ハントレー・カーターに依れば、現今ロシア演劇は三大別される。即、右傾、中央、左傾劇場である。右傾劇壇の代表者は、スタニスラフスキー、中央劇壇の代表者は、ルナチャルスキー、タイロフ、並びに、セントラル・ジュイッシ・シアターの演出者、アレキシス・グラノフスキーである。左傾劇壇に於いては、勿論、メイエルホリドである。

セントラル・ジュイッシ・シアターは、一名、ジュイッシ・カメルヌイと云われる。今此劇場の主張を、カーターに依って書いて見る。

一、ナチュラリスティック及びコンディショナルな形式を打破すること。

二、俳優の演技を助け、全体の統一を得る為に、本質的なネオ・リアリスティックな形式（タイロフ）を使用する事。

三、リズミカルな運動に豊富と変化を与え、三次元的な俳優に充分価値を附する為に、三次元的な舞台を用うる事。

四、絵画的平面の代りに建築的、幾何学的立体を用うる事。

五、種々な高さを得る為、階段、プラットフォーム、木造建築を用うる事。

六、急激に転換され、且、種々の場合に用いられ得る様な適合的、概念的な舞台装置及び小道具を用うる事。

セントラル・ジュイッシ・シアターに用いられる方法は、他のセミ・アカデミックな演技に於けると同様に、俳優の演技を最も重要視する。

演技組織の基礎と為る抽象原理は簡単な次の如き提議である——即、若しも、各戯曲が其自身の中に、見物と劇的共感を為す所のあるものが存するならば、其共感の最も完全な方法は、俳優の頭脳と肉体とを次の如く訓練するにある。——俳優が其あるものを抽象し、それを妨げなく十二分に伝達する様に。

「演劇力学《ビオメカニクス》」

ハントリー・カーター
（谷一訳）

演劇力学《ビオメカニクス》は、真に俳優に対し、構成又は機械的理論を適用したものである。この演劇論にあっては、俳優は、寧ろ、各種の機関によって組成せられた機関であると仮定されている。かかるが故に、劇場に於ける新問題は、この機関を、如何にして、完全な活動状態に至らしむるかの方法に就いての考察である。この機関は、変通不在なピストン・シリンダーに代うるに筋肉、腱を以てして、常にその全能力を尽して活動し、尚且、背髄や神経組織を通じて、脳髄が発する伝示によって、彼等個有の意味を伝うるものである。

この演劇力学の原則はメイエルホリドの手により、彼の研究所に於て、初めて適用されたものである。演劇力学を用うる方法はコメディヤデラルテ時代の伊太利喜劇研究の産物である。それは、メイエルホリドによって、一九一八年から一九二二年に至る迄、ペトログラドのR、S、F、S、R劇場に於て、系統的に採用されて来たのである。

演劇力学の法則は人体の生理的構造の研究の上に築き上げられている。この方法に於ては、メカニズムとその構造を理解し、且つ、それを完全に使用し得るような人々を創り出さんことを目的としている。その為には、分析の原則が建てらるることとなり、それによって、人体の各動作は、各々区分され、各独自の表現をなすに至るのである。演劇力学は、人体のメカニクスに就いて無知であるものの如き演技の情緒的理論に代うるに、技巧術の教育の形式を以てしている。それは、俳優の理智を練り、スポーツによって、肉体を発達させ、かくて、身心共々の鍵盤を完全に所有し、その職業に一層の品位を与うることの出来るような、有機的俳優を生むるに至る。

約言すれば、劇場に於て、演劇力学を採用する人々の目的は、動作が俳優を制抑することに代って、俳優が動作を制抑するに至らしめようとするにある。動作が俳優を制抑すると云うことはモスクワ芸術座の場合に於て云い得可きものである。即ち、其処では、制抑する頭脳は俳優のそれではなくして、舞台監督のそれである。

演劇力学は、社会的目的を有している。その原則は労働者の物的組織に適用されている。労働者に対しては、俳優、殊に、精密、敏捷、鋭敏な神経、勇気、大胆、判断、操縦の正確と長期の苛酷な訓練とを必要とするサーカス団の俳優は、理想的な有機的人体とそのメカニズムの表示となるのである。

戯曲　スカパ・フロー

ラインハルト・ゲーリンク
（内海謙三訳）

スカパ・フロー短評

「海戦」に於ては、その観念《イデエ》が陶酔の中に失われた為、それは一つの純粋な戯曲とはならなかった。『スカパ・フロー』においては尚一層その傾向が強く表われて居る。即ゲーリンクは英国の軍港内における独乙艦隊の沈没をその契機《モティフ》とし、何らの目的意志もない、暗中の呪咀に終らさせて居る。――それは一つの、舞台上特別な戦艦スケッチにすぎない。

ゲーリンクの才能は、一見した所、意力的なものではなく、むしろ憧憬的なものである。精神力の強さよりも気分の方が勝って居るのである。

――ベルンハルト・ジェボルト

第一幕

独乙の旗艦。一群の水兵、及び士官候補生が欄干の前で立膝をして座って居る。海を凝視する。夜。休戦決定の前夜。

第一の水兵　国土！　もうそんな物はない。生命――もうそんなものもない。嘗て、俺達が知り、俺達が愛して居た、或物があった。然し、それはある日霧の如く消え失せた。おお太陽よ！　太陽よ！

おお国土よ！　おお生命よ！
おお避けがたき事件よ！
おお苦痛よ！

第二の水兵　時は静かに横る。静かに。時は一歩も進まないで、前後にゆらめく。存在するのは時だけだ。それ以外に何物もない。他の総ては紙屑同然だ。巨大な穴。俺達は慄えながら、その前に帰る。

第三の水兵　嘗ては希望があった。誇らかな欲望があった。喜びがあった然も尚喜びがあった。嘗ては憧憬があった。期待が、知識が――俺達は死んで居る。死んで居る。

第四の水兵　一本の綱が張られて居る。右手からは何物かの光がさし、左手からは誘惑の歌が聞えてくる。おい、じっとして居ては駄目だ。踊れ、綱の上で踊れ、踊り続けろ！　右にも左にも誘惑がある。然しお前は綱にしばられて居る。歌に誘われ、約束に惑わされて、一歩でも踏出して見ろ、それが最後、お前は永遠の闇に落込むんだ。

第三の水兵　いや、もう俺達は死んで居るんだ。俺達はもうとうから死んで居るんだ。

（一人の士官が列の中から立上って命令する）

士官　立て！

（人々は闇の中に立上る。士官が命令する。それに従って、彼等は体操をする。士官が次のような号令をする）

士官　気をつけ！

（体操は暫く続く。それは二三人ずつ一組となって行われる。それから人々は何ら特別な命令なしに、黙って蹲る。これは後になると、士官が立上り命令するや否や、全く同じ方法で繰返される）

一人の水兵　嘗て海は歌った。

他の水兵　今じゃあブツブツ云って居る。

一人の水兵　嘗て船は矢のように走った。

他の水兵　今じゃあへたばって居る。

一人の水兵　嘗て心臓は踊って居た。

他の水兵　今じゃあ腐って居る。

（人々は黙って座って居る。暫くして誰か一人が再び話し初める）

一人の水兵　嘗ては進んで居た。

他の水兵　今じゃあ停って居る。

もう一人の水兵　今じゃあ壁を見つめるだけだ。（間）

一人の水兵　目には喜びの光があった。

他の水兵　もうそれもない。

もう一人の水兵　今じゃあ欺された眼から濁った光が

さして居る。
新たな水兵　今は恐怖だ。
もう一人の新たな水兵　今じゃあ答のない質問、無益な、鎖のような、毒のような質問だけだ。
遠くに座って居る水兵　仮令俺達は立上って、手足をふろうが、頸を折ろうが、それが何だ？　それが何の役に立つんだ？　何んだってそんな事をするんだ？
他の水兵　そんなら一体どうだと云うんだ？
他の水兵　ほんとの生活はどこにあるんだ。
他の水兵　ここにか？　それとも、思いもよらない所にか？
遠くに座って居る水兵　俺達は影にすぎない。俺達は只の影にすぎないんだ。
（士官、立上って云う）
士官　立て！　気をつけ！（前同様）
一人の兵士　戦争は美しかった。
他の水兵　最も美しいもんだった。
他の水兵　全くその通りだった。
（啜泣きの声が聞える）
他の水兵　あの時死んだ奴は、うまい時死んだもんだ。
他の水兵　ああ苦しい、ああ苦しい！
絶望が心臓を噛む。単調だ！
墓の中の生活だ
他の水兵　何だってみんなへこたれて居るんだ？
他の水兵　どこでもこんなにへこたれて居るんだろうか？
他の水兵　いくらでもある。
他の水兵　死は逃避だ。（一同黙る）
一人の水兵　敵の奴等は間もなく俺達の顔を照らすだろう。俺達がまだ生きて居るか、艦が一杯になって居るかを見る為に。
他の水兵　俺達はまだここに居る。
他の水兵　そんな事を云う奴は誰だ？
他の水兵　俺達に嘗て、戦争があり、希望があった時には、活動や、欲望や、光明や、行為や、国土があった。国土。俺達はそれを忘れなかった。
士官　立て！　気をつけ！（前同様）
一人の水兵　おお海よ！　汝教会よ！　汝の棺桶である船よ！　それを今迄は忘れて居た。棺桶同様な船にしばりつけられた俺達、人間よ。
海よ、貴様は唾をひっかけるにも足りない奴だ。
他の水兵　おお悲哀！　おお故郷！
他の水兵　そんな事を考えるな、そんな事を云うな、元気を出せ。
他の水兵　誰か、俺達に年をとらしてくれ。
他の水兵　時よ、走れ！　俺達に年をとらせてくれ。
他の水兵　気を付けろ、白い手がやってくるぞ。
他の水兵　見ろ！　奴等は雀踊りして居る。
他の水兵　じっとして居ろ、座って居りゃあ、それで好いんだ。
他の水兵　来たぞ、いよいよ白い手がやってきたぞ。
（彼等は探照灯に照らされる。それが過去ると再び暗黒。沈黙）
一人の水兵　目が眩んだと思ったら、もう闇だ。
他の水兵　もう俺達は発見された。
他の水兵　もう船は発見された。
他の水兵　俺達が人間だと云う事を、奴等も亦知って居るだろうか？
他の水兵　実際は猿も同然だ。
他の水兵　望のない俺達。
他の水兵　以前はこんなではなかった。
他の水兵　もう故郷はない。
他の水兵　時以外には何物もない。
他の水兵　奴等にとっちゃあ、時は幻だ。
他の水兵　奴等は幻を憎む必要はない。
他の水兵　苦悩だ！　苦悩だ！
他の水兵　魂とはなんだ？
他の水兵　俺はなんだ？
他の水兵　船が沈む為に生きて居るんだ。全くその為だ。俺達は余計ものだ。有害無益だ。
他の水兵　もう船の揺れる事もないだろう。
他の水兵　けがらわしい海よ！
士官　立て！　気をつけ！
（一同ブツブツ云う）
何の為だ？　何の為だ？
（一同服従する）
一人の水兵　白い手が又やってきたぞ。
他の水兵　奴等はしつこくも青白い光を、俺達の顔へ投げかけてくる。
然し心から俺達を青くする事はできない。
他の水兵　見ろ！　奴等は雀踊りして居る。
他の水兵　よせ、眼をつぶれ、二度と開けるな。
（探照灯が再び一同を照らす。彼等は眼をつぶって座って居る。探照灯の光が過去る）
一人の水兵　嘗ては空に晴れやかな雲が浮んで居た。
他の水兵　雲には名前が書いてあった。
他の水兵　嘗て木々は囁いて居た。

他の水兵　木々はその名前を囁いて居た。
他の水兵　美しい雲、美しい木々。
他の水兵　俺達の時は過ぎた。
　嘗ては独乙の艦隊があった。
他の水兵　それはまだある。
他の水兵　何か珍らしい事はないか。
他の水兵　何んにもない。
他の水兵　昔は幸福があった。
他の水兵　寝床に休み、朝は楽しく目醒め、愉快な日を送る人達もある。
　総てが終ったのではない。
他の水兵　俺達だけだ。
他の水兵　何故だ？
他の水兵　貴様、それを聞くのか？
他の水兵　そうだ。何故だ？
士官　立て！　気をつけ！
　（長い沈黙）
一人の水兵　もし船が沈んだら。
他の水兵　俺達は一緒に沈むんだ。
前の水兵　俺にはそうは思われない。
前の水兵　じゃあ、どう思うんだ？
前の水兵　船が沈めば陸に上れるんだ。
他の水兵　何処へ？
前の水兵　あの向うの陸へさ。
他の水兵　陸地は沢山ある。
他の水兵　俺達を生んだ土地だ。
前の水兵　もうそんなものはない。
　（長い沈黙）
一人の水兵　その土地は何の役に立つんだ？（長い沈黙）
他の水兵　害になるかも知れない。
他の水兵　役に立つかも知れない。
他の水兵　不正なものかも知れない。
他の水兵　誰だ、そんな事を考える奴は？
他の水兵　それを考える俺達はもう死んで居るんだ。
　もう影にすぎないんだ。
　（間）
一人の水兵　俺達にはもう故国なんかないんだ。
他の水兵　頼りになるのはもうこの柱ばかりだ。
他の水兵　それが沈めば、俺達も一緒だ。
他の水兵　たよりもない。
他の水兵　おお神よ。
他の水兵　俺達は山を築いた。それを船と呼ぶ。
　俺達は布を染めた。それを旗と呼ぶ。俺達は喜びにみちた人々を探してきた。彼等は尊ばれ、恐れられて海上をゆく。彼等に勝る奴は誰もない。

彼等は思う所に航海する。

然し故国は忘れなかった。

他の水兵　もうだめだ。もうだめだ。総ては終った。土地もなければ、船もない。只蹲るだけだ。

俺達は義務を求めた。義務！　義務！　それは何処にあるんだ？　俺達はそれを譲って了った。俺達はそれが求められない。武器もなければ、防御もなく。敵の手中に渡された。

ああ！　ああ！

戦争では誰も死なない。期限は今日で切れる。苦悩よ。おお苦悩よ。

（間）

一人の水兵　一つの鉄柵が総ての物の間を通ってゆく。その中に俺達は坐って居る。

他の水兵　何物かが存在する。それが生命だ。それは油のように水上を滑ってゆく。水は生きて居る。油も生きて居なければならない。水は運命だ。

他の水兵　嘗ては希望があった。

他の水兵　愛があった。

他の水兵　一片の布が俺達を覆って居る。

他の水兵　俺達は責任を持たなければならない。

他の水兵　もう責任に対する希望はない。

他の水兵　俺達は何んにも見出せない。

他の水兵　もう一度探そう。

他の水兵　俺達は責任を持たなければならない。それが唯一の慰めだ。

他の水兵　慰め。

他の水兵　太陽。

他の水兵　力の根原。

他の水兵　探せ、探せ。

（一同黙って坐って居る。呻声が聞える。一人の男がその間に現れる）

一人の水兵　誰かきたぞ。

男　艦長室へ四人！

（一同揃って立上る）

男　近くのもの四人だけ。

（彼は近くの四人をつれて去る。長い沈黙）

一人の水兵　嘗ては土地があった。そこには多くの人々が住んで居た。彼等は自分の欲望を知って居た。世界は彼等を非常に恐れて居た。その為全世界は一致して、彼等に反抗した。

他の水兵　そして数年間。全世界は単独な彼等をどうとも出来なかった。

他の水兵　もうそんな事は忘れられて居る。

他の水兵　ああもし実際忘れられたら！

他の水兵　俺達の属して居る国がそれを忘れて居るようだ。

他の水兵　その国は独逸じゃあなかったのか？

（一同不安にかられて立上り又蹲る）

一人の水兵　昼が去り、夜がきた。夜は去ろうともしない。

夜は永遠に続くのか？

他の水兵　俺の魂を覆う霧よ、去れ！

他の水兵　俺は聞こう。生存はどこにあるんだ？　何処にあったんだ？　それを思うと堪らない。

他の水兵　静かに、静かにしろ。

（騒音が聞える）

他の水兵　陰気な物音だ。

他の水兵　意地の悪い音だ。

他の水兵　あれは艙口の音だ。

他の水兵　四人の奴はうまい事をやった。

他の水兵　奴等は艦長室へ行ったんだ。

他の水兵　もうじき帰ってくる。

（四人の水兵が帰ってきて、黙って坐る）

一人の水兵　どうしたんだ？

四人の水兵　なんでもない。

他の水兵　一日中空を見つめて居た奴等はどこに居る？

他の水兵　俺の側に居る。

他の水兵　お前は新しい故郷でも見つけたのか？

他の水兵　他の二人は両手を眼にあてて坐って居る。

他の水兵　奴等は内ばっかり見つめた為自分の空虚がわかったんだ。

他の水兵　慰めはない。たよりもない。希望もない。

他の水兵　だから黙って居るんだ。

（一同暫く黙って、身動きもしないで坐って居る。それから咳が聞える）

一人の水兵　奴等は又照し始めた。

他の水兵　みんな、左手を上げろ！

他の水兵　何の為だ？　何故そんなことをするんだ？

他の水兵　何んでもない。唯上げさえすりゃそれで好いんだ。

（一同左手を上る。光が一同の上を掠める。光が照ている間に、一人の水兵が中腰になって云う）

一人の水兵　俺を止めだてする奴は人間じゃないぞ。

（彼は甲板から海へ飛び込む。一同坐ったまま動か

ない）

声　さよなら！

他の水兵　之で二人目だ。

他の水兵　三人目は俺だ。

（彼も亦飛込む）

士官　立て！　気を付け！　廻れ右！

声　何処へ行くんだ？

士官　十米先へ！

（一同舞台を去る。司令官登場。二人の士官が彼から少し離れて立つ）

司令官　一人の男があった。その男は常に為す可きことを知っていた。もう何にもない。何物にも屈しなかった彼も、今日は自ら頭を下げる。

（司令官は自ら頭を下げ、そのままにしている。それから再び頭を上る）

司令官　彼は頭を下げ、再び上げた。

然し何にも解らない。

忠誠は消え失せるのか？　勿論。

信仰はぐらつくのか？　勿論。

徳はつぶれるのか？　勿論。

才能は衰えるのか？　勿論。

総ては忽ち崩壊するのか？　勿論。

彼はどうして、自分のすべき事を知って居よう？

暗黒が彼の心を摑む。

彼は光明を望むが何にも見出せない。

そして頭を下げる。（前の様にする）

彼は頭を下げて、再び上げた。

然し、何にも解らない。

（彼は欄干によって、暗黒を見つめ、船を算える）

祖国は亡び、君主は走った。

艦隊は俺の掌中にある。

俺は独りだ。それを俺は知っている。

（彼は船をもう一度算える）

まだみんな居る。

全世界の眼は俺に向けられている。

総ゆる過失を見張っている。

墨縄は何処にあるんだ。

（司令官は一人の士官に合図する）

司令官　昨日海へ飛込んだ奴を呼べ！

（士官去る）

司令官　俺は総ゆる手段を尽して、何物かを求めている。俺は求めている。

（彼は空中を手探りする）

事此処に至り、総ては崩壊し、何人も判断を失い、己れが何物であるか、又何をなすべきかを忘れて以来、俺が求め始めて以来、俺は総てを尽して求めて居る。そして俺は頭を下げる。(前の様にする)
俺は頭を下げて、再び上げた。
然し何んにもわからない。
おお祖国よ！　俺はもうお前が解らない。
然し俺は絶えず此事だけを考える。
俺が善きにつけ、悪きにつけ、なした事はお前の為になったかどうか。
何人もそれに答えない。
俺は独りで判断しなければならない。
然し何にもわからない。
其が解ったと思うと、又ぐらつく。
何物も存在しない。何物も存在する事は出来ない。
凡ては崩壊し壊滅する。
(士官が見張りの水兵と、若い士官候補生を伴って登場、若い候補生は未だほんの子供である。士官と水兵は遠のく。司令官は暫くの間黙って候補生を見つめる)
司令官　お前は熟考の上飛込んだのか？
若い候補生　熟考の上。司令官。
司令官　お前に続いて、二人も飛込んだ。お前は何を考えたのか？
若い候補生　総てが変化すると云う事を。司令官。
司令官　飽く迄、そう考えるのか？
若い候補生　確信します。司令官。
司令官　お前はまだ若い。
若い候補生　千年！
司令官　今解放されたら何をするか？
若い候補生　凡ての変化を通して、抜出る事を。司令官。
司令官　身内はあるか？
若い候補生　ありません。司令官。
司令官　友達は？
若い候補生　勿論ありません。
司令官　恋人は？
若い候補生　勿論ありません。
司令官　お前を生んだのは誰だ？
若い候補生　一人の女と一人の男。
司令官　何処で？
若い候補生　遠く、煙突が煙を吐く処。
司令官　いつ？
若い候補生　十六年前！
司令官　目的は？　希望は？
若い候補生　何にもない。司令官。

（司令官暫く沈黙）
司令官　いつから此処に居るんだ？
若い候補生　一年前から。
司令官　お前は水兵になりたかったのか？
若い候補生　いいや、決して。
司令官　では目的は何んだ？
若い候補生　忘れました。
司令官　折があったら、又飛び込むつもりか？
若い候補生　わかりません。
司令官　じゃ何うしようと云うんだ？
若い候補生　凡ての変化を通して、抜け出る事を。司令官。
司令官　そんな事を誰に教わったんだ？
若い候補生　知りません。司令官。
司令官　何か俺に出来る事はなかった？
若い候補生　ありません。
（司令官は士官に合図する）
司令官　この男を解放しろ！
（水兵士官候補生が遠のく。候補生は敬礼して去る）
司令官　祖国よ！　祖国よ！　我々を決定する只一言を云ってくれ！　お前は黙っている。我々は孤独だ。期限は切れる。

（司令官が第二の男に合図する）
司令官　準備は整ったか？
士官　合図次第、直に艦隊は沈みます。
司令官　合図は何んだ。
士官　光をかかげる。
司令官　何分間？
士官　十一秒。
司令官　場所は？
士官　此処で。
司令官　方法は？
士官　不動のままで。
司令官　信号手は何処にいる？
（彼は信号灯を持って、入って来た男に合図する）
司令官　用意しておけ。秘密は守られているか？
士官　絶対秘密であります。
（司令官合図する。士官及び信号手去る。司令官は暫く、動かず立っていて、欄干に倚って闇の中に語り出す。答がない）
司令官　お前はいるのか？　もし其処にいるなら、俺をきめてくれ。（間）お前は云う。多くの猿共が住んでいる天体がある。

彼等の行為や知識は結局何んでもないのだと。
だが、俺は云う。
此処に、名付け難い苦悩に充ちた国があり、人間がいる。
人間は此以上、苦しむには余りに善良だ。
だが、俺れに何が出来よう？
お前は云う。汝自身を知れと。
俺は云う。徳があると。
お前は云う。徳は知識だと。
俺は云う。徳は愛だと。
俺は苦悩に充ちた国を考える。
苦しむには余りに善良な人間を考える。
何ちが正いんだ？　俺か？　お前か？
国家と人間を救う凡ての事は終った。
お前は云う。死だ。
俺には明にそれが聞える。
俺は云う。まだ人間は生きている。
お前に聞えるか？　之が聞えるか？
おお祖国よ！　雄々しき人間よ！
俺の決心はついた。
もしお前の為になるなら俺は船を沈めよう。
然し其が、為になるかどうか、俺にはわからない。
お前はどうだ？　又黙っているな。
俺は知っている。俺は矢張り独りだ。
期限は切れる。

第二幕

英国の旗艦。鉄の防御壁。旗檣。左手前方には多くの水兵或は士官候補生が背を横に向け、半円を書いて座し、「マイスタージンゲル」中のプライス・リードを唸っている。此の唸声は劇の始まる前暫く続く。後方には二人の見張りの水兵が、海と闇とを見つめて居る。其処に独逸の艦隊が居る。前方の人々は歌が終ると唸るのを止める。

一人の水兵　愉快な生活が最もいい生活だ。

他の水兵　今は何だ？

前の水兵　誰だって之以上愉快にはなれないぞ。

他の水兵　今は何だ？

前の水兵　誰が之以上愉快だとしたって、そいつは矢張り愉快だって云うだけさ。

他の水兵　聞け！

（彼は民謡を歌い出す。一同之に和して唸る。歌が終ると止める）

一人の水兵　おお美しい世界。
他の水兵　戦う奴はその目的を達する。求める奴は得られる。骨を折った奴は喜びが得られる。得られるに定っている。之が世界の法則って云うもんだ。
他の水兵　愉快な生活が本当の生活だ。愉快でない生活だって矢張り同じ事さ。何故って其が生活即ち愉快な生活なんだからさ。もう一度。
(一同歌を繰返して歌う)
一人の水兵　おお美しい夜！　おお美しい生活！
一人の水兵　最後の最後迄美しい！
他の水兵　誰も九十位迄長生きするだろう。
他の水兵　獲物が居る時には、猟師は愉快なものだ。もう一度。
(一同前と同じ歌を歌う)
一人の見張りの水兵　一寸静かにしろ。
(彼は闇に耳を傾ける)
第一の見張りの水兵　光も無い。声も無い。静かだ。暗い。唯暗黒だ。沈黙だ。
第二の見張りの水兵　異状なし。
第一の見張りの水兵　何の為め俺達は此処で見張って居るんだ？
第二の見張りの水兵　冗談の為さ。
(ブラッシを持った一人の男登場。しきりに体をこする)
ブラッシを持った男　明日は戦祝いだ。明日は戦勝祝いだ。明日はお祝いだ。
(ブラッシを持った男去る。一同再び歌う)
彼等の中の一人　(皆が歌って居る間に)せいぜいもう三日だ。そうすりゃあ家へ帰れる。
え、柔かい寝床だ。
え、長い眠りだ。
え、美しい眼だ。
その眼が見られるんだ。夜も昼も同じだ。皆抱合おう。しっかりかじりつこう！
(一同抱合う。歌いながら前後左右に体をゆする)
第一の見張の水兵　一寸静かにしろ。声も無い。光も無い。静かだ。暗い。
第二の見張りの水兵　さっきよりも一層暗い。一層静かだ。
第一の見張りの水兵　期限はきれる。
(前方の水兵の中の一人が立ち上る)
その水兵　あっちへ行こう。防御壁の蔭へ、あそこの方がよっぽど気持がいいぞ。此処にわめき立てて邪魔する奴が居る。おまけに背中に闇を背負っている。余り気持がよかないぜ。行こう。
（人々立上って防御壁の蔭に座る）
（ブラッシを持った男再びやって来る）
ブラッシを持った男　明日は戦勝祝だ。
前方に居る一人の水兵　ヘェお前一体何をして居るんだ。
ブラッシを持った男　俺は擦って居るんだ。
一人の水兵　どう云うわけだ？
ブラッシを持った男　明日は戦勝祝いだ。
（一同笑う）
ブラッシを持った男　俺の髪の毛は段々なくなって来る。
一人の水兵　お前一日に四回位擦らなけりゃ駄目だぜ。
他の水兵　過去ったものは帰らねえ。
他の水兵　だが総てのものは変化して新しくなる。
他の水兵　熱い湯で二回洗ったんだ！
他の水兵　その中へ油を入れろ！
他の水兵　安楽に平穏に暮すんだ。
他の水兵　禁煙、禁煙、禁欲って奴さ。
他の水兵　だが、皆な何の役にも立ちはしねえぞ。
ブラッシを持った男　明日は戦勝祝だ。（彼去る）
第一の見張りの水兵　光もない。声もない。暗い。静かだ。
第二の見張りの水兵　敗けた奴には相応だ。
第一の見張りの水兵　敗けた奴は黙っているのが相応さ。
第二の見張の水兵　闇の中に座て未来の出来事を待つ。
第一の見張の水兵　奴等も命がありゃあ愉快な真似が出来る。
第二の見張りの水兵　時間は奴等の味方をして動かない。
第一の見張りの水兵　暗い。静かだ。奴等はそれが肝に銘じて居るんだ。
第二の見張りの水兵　船乗りにとっちゃあ、呪わしい運命だ。
第一の見張の水兵　船もなければ土地もない。
（一人の候補生登場）
第一の士官候補生　異常はないか？
第一の見張りの水兵　光もなければ声もない。
第二の見張りの水兵　敗けた奴には相応だ。
第一の士官候補生　敗けた奴？　あそこの闇の中で一人でも生きて居りゃあ勝利なんかありあしない。総ての勝利が恐怖に充ちて居る。

第一の見張りの水兵　あそこじゃあ誰も生きて居る奴は居ないようだ。

第一の士官候補生　奴等を皆な殺さなければ駄目だ。殺すんだ。奴等の坐ってるのが見えるか？

第二の見張の水兵　猿のように。

第一の士官候補生　生きて居る石のようだ。明日になりゃ奴等の船は俺達のものさ。だがまだ明日じゃない。見張れ！　見張れ！　何んにも見逃すな。

（士官候補生去る。前方の人々の歌う声が聞える。もう一人の士官候補生登場。彼は欄干に寄り、長い間闇の中を眺める）

第二の士官候補生　気味が悪い。怖しい。暗い。静かだ。然し死んでは居ない。決して死んで居るんじゃない。無限の苦悩を抱いて、戦場に倒れたって、又人間性を主張したって、総て之等は外の事よりましじゃないか。あの様な運命！　それは当然なものであろうか？

若し俺が司令官だったら、俺は彼等を船の中から、闇の中から、連れ出して、明い処へ導いてやる。彼等にもお祝をさせてやる。

俺は彼等と戦場であった。

生きる事にも、見る事にも、知る事にも、何等の正義が無いのか。

彼等はもはや、一生涯の価値を計算する事が出来ないんだ。

じゃ、一体生活とは何だ？

おお闇、その中に人間が坐り、蹲っている事が出来るのか？

おお闇！　おお闇！

彼等を助ける同情もない。理解もない。愛もない。驚嘆もない。

彼等を解放するんだ！

それが同じく彼等の運命だ。彼等にも同じくそう定められている筈だ。

ああ！　俺は愛する波となって、お前を溺らす事が出来やしないか。俺は有効な犠牲となる事が出来やしないか。彼等はどうやって、あそこから逃れ出るだろうか？

彼等は何うして生き長えるだろう？

俺にどうする事が出来よう？

誰か来て、俺達総てに知らせてくれ。どうしたら自分自身との戦も、又他人との戦もなくなるのか？

だが、一人が他人と対立している限り、勝利者はない。

何人もよくはならない。
両方が勝つんだ！
そうすれば、どうして相異る運命と云うものがあり得よう？
声もない。光もない。
静だ。暗い。
然も生きている。
（彼は欄干に凭ったままで居る。防御壁の傍にいる者達が歌ったり笑ったりする）
第一の見張りの水兵　あの闇の中にいる奴等は、もうまるでいない様だ。
第二の見張りの水兵　俺達は向うを照して見た。
第一の見張りの水兵　貴様、奴等が彼処に坐って居るのが見えるだろう。奴等はああやって、もう二三ケ月も坐っている。一人ずつ並んで欄干にへばり付き、まるで誰かが奴等を蹲まらせ、押しつけ、据えつけた様だ。奴等は探照灯の光りを三度も喰いながら、その度に違った様子をしている。だが実際は何時も同じなんだ。一番始めには眼を開けていた。二度目には眼を瞑っていた。そして三度目には右の手を挙げていた。奴等は気が狂っているんだ。ためして見ろ。（光りが三回照される。可なり近くに独逸旗艦の一部が見える。先刻人々が坐っていた場所には誰もいない）
第一の見張りの水兵　誰もいない。甲板にゃあ人の子一人いないぜ。貴様見たか！　こいつあ変だ！
第二の見張りの水兵　もう十一分経てば真夜中だ。
第一の見張りの水兵　何か用意しているんだろうか？
第二の見張りの水兵　見ろ！　あの防御壁の処にいる奴等のやってる事を。
第一の見張りの水兵　奴等はスカーゲラックの難船者の真似をしているんだ。呶鳴ったり、笑ったりしてやがる。
（防御壁の傍にいる水兵中の二人がやや真中に出て、奇怪な格好をしながら甲板を動き廻り難船者の真似をする。一同哄笑の一斉射撃を浴せる）
二人中の一時　こりゃ笑い事じゃねえぞ。だがお前達は笑え。彼奴はあの時自分で笑っていやがった。あの後で俺達は彼奴を飼っておいた。併し彼奴はホームシックでくたばっちゃった。おい見ろ！
（人々は彼のグロテスクな影絵を見る。彼が夢中になっている間に、第一幕の少年士官候補生が欄干をよじ登る影絵が現れる。彼はビショ濡れになっている。そしてそれは英国水兵のそれに酷似している。

少年は静かに歩を進め一息してデッキに蹲る。水兵達は初めの中仲間の一人だと思っている）

独逸の少年士官候補生　死、死、死、俺には今でもお前の姿が見える。彼処に、其処に凡てのものの真中に、死、死、死、外には何もない。おお怖しい。苦しい。気味が悪い。おお何という事だ！

一人の英国水兵　うまいぞ、うまいぞ！

他の水兵　彼等は何を云ってるんだ。

他の水兵　英語で云え？

独逸の少年士官候補生　千年以前も、千年この方も、いつも至る処、ただ一つの目的さえなかったのだ。

一人の英国水兵　おい静にしろ、静に。

他の水兵　向うの船の奴だ。

他の水兵　子供だ。

他の水兵　早く誰かそう云って来い。

独逸の士官候補生　俺は何処にいるんだ。俺を、俺が飛び出した船へ返してくれ。俺は、俺があの下であの水の中で見た事を仲間に話してやりたいのだ。俺が死なない中に早く。俺は云ってやりたいんだ。

（彼は欄干の方に向き直って闇の中に云い返す）

俺はあの下で見た――。おお兄弟よ、おお人間よ、俺を殺したのはお前の悩みだ。俺はその悩みが判らなかった。悩みがある限り、俺は生きる事が出来なかった。俺はあの下で見た――。地球を去らないで、地球をそんなに暗くするものが何であるかを。去りもしなければ去ることも出来ないもの。俺はそれを知っている。お前達、生きようとする者のために、俺はあの下で見た――。俺が見たと云うことは本当だろうか？

俺はそれを話すことが出来るだろうか？　お前達は希望を持ってもいいんだ。お前達には道理がある。俺はお前達の仲間として見た。俺ははっきり見た。お前達の仲間として俺は見た――。そうだ。お前達は希望を持ってもいい。時は近付いている――。俺は死に臨んでそれを見た。それを行う者は誰だ？　それになる者は誰だ？　姉妹達、お前か？　兄弟達、お前か？　俺はお前達の中にそれが起るということを見た。

（彼は倒れて死ぬ）

一人の水兵　死んだのか？

他の水兵　子供は死んだ。

他の水兵　静かにしろ。死んだのだ。

他の水兵　どう云う訳だ？

他の水兵　誰かそう云って来たか？

他の水兵　俺達は座ったままちっとも動かなかった。
他の水兵　そして何にもわからなかった。
（間。英国の司令官、第一の士官及び部下を引連れて急ぎ登場）
英国の司令官　何事だ？　子供だ？　どうしたんだ？　何が起ったと云うんだ？
一人の水兵　士官候補生であります。
英国の司令官　敵の船のか？　何処にいるんだ？　どうして来たんだ？　何をしたんだ？
一人の水兵　死んで居ります。
英国の司令官　どう云う訳だ？
一人の水兵　此処に座って、向うの方に話をして、それから死んで倒れました。
司令官　向うへ話をした？　静かにしろ、何か聞える、いや何にも聞えない。声もないか、光もないか？
第一の見張りの水兵　なし。
司令官　全員甲板へ！　甲板へ！　甲板へ！　全員早く、早く。全員用意。艦隊全部！　ああ我々を喜ばした事は何の意味もないんだ。ああ俺の名誉、俺の名声、俺の官職。ああ仕事の中には何か怖ろしいものがある。ああ運命、ああ運命、全艦隊用意！
（彼は欄干の傍へ寄る）
我々は彼等が闇の中に座って居るのを見た。
第一の士官　我々は見ました、司令官。
司令官　我々は彼等のやる事が解っていた。
第一の士官　然し油断はしませんでした、司令官。
司令官　我々は油断する筈はない。我々は、彼等をその運命に任さなければならなかったのだ。
第一の士官　我々は彼等を知って居ました。
司令官　我々はそれを知って居なければならなかったのだが。
第一の士官　人間である事を知って居ました。
司令官　我々の見張りは怠慢だった。俺の名声、俺の名声、俺の官職。
第一の士官　お聞きなさい、司令官。彼が話して居ります。
（闇の中から独乙の司令官の声が聞える）
声　我が祖国よ。我が貴重なる祖国よ。お前達兄弟よ、今や私は疑わしき事を行う。兄弟よ、お前の国の為めに、お前の意志に於て。私はそうするより外には仕方がなかった。今や私はそれを行う。私は忠誠に死ぬ。
（声、消える）

英国の司令官　ああお前達は聞いたろう。お前達は解ったろう。ああ戦場に聞える独乙司令官の声！　探照灯！　照らして見ろ、光を浴せろ、早く々々。おお何が起ったんだ？　何が起ったんだ？　おお又聞えやしないか？

第一の士官　すっかり静まりました。

司令官　光だ！　光だ！　何をぐずぐずしている。俺は艦隊を見るんだ。船を！　今は何時だ？

第一の士官　真夜中。真夜中。

司令官　神よ、時を借せ。

第一士官　おお何と云う闇だ！

一人の水兵　光だ！

（此の瞬間一つの灯光が闇に浮ぶ。それは不動のまま十一秒間を経過し再び消える）

一人の水兵　十一数えた。

司令官　そうだ。

その水兵　十一秒。

司令官　信号灯。探照灯。はっきりさせろ！

（騒音が聞える。それが次第々々に高まる）

第一の士官　お聞きなさい、司令官。ざわざわ云います。

司令官　嵐だ。嵐が起ったんだ。

第一の士官　いや違います。

司令官　鷗の群だ。

第一の士官　いや違います。

司令官　騒音は高まる、増して行く。おお運命。

第一の士官　まるで世界中が騒の為めにつぶれ相だ。

司令官　つぶれる、つぶれる。回復し難い。

第一の士官　何か又変事が起ったんだ。

一人の声　独乙艦隊が沈む。

司令官　独乙艦隊。

第一の士官　沈む。

司令官　安心した！

（此瞬間、探照灯が独乙の旗艦を照す。全員は甲板に居る。司令官は司令塔に立っている。船は沈んで行く）

司令官　五十三隻の船が沈んで行く。

第一の士官　人間も沈んで行く。

司令官　勿論救助を出すんだ。

第一の士官　一人でも溺らせた奴は死んじまえ。

（司令官、部下を率いて甲板を去る。救助作業。舞台空虚。それから英国水兵の一部表われる。英国々旗が掲げられる。英国の司令官と将校等が現れる。大いなる静寂。二人の足音が聞える。海中から救助

された独逸の司令官、ズブ濡れになって現れる。頭に帽子を頂いている。彼の傍には英国の士官候補生）

英国の司令官　君が人間の神聖な掟を破ったのは之が始てではない。

独逸の司令官　（自分に向って）人間の神聖な掟。

英国の司令官　君の行為は永久に記憶されるだろう。君等の汚れた心の為めに未来永劫を通じて。

独逸の司令官　君等の汚れた心の為に。

英国の司令官　我々が止むなく暴挙を審判するに至ったのは之が始めてではない。

独逸の司令官　暴挙！

英国の司令官　我々の法律は君には通用しない。君は独逸人だ。

独逸の司令官　独逸人。

英国の司令官　君には審判に付せられる。数百万の金銭が君の行為の為に無駄にされた。

独逸の司令官　数百万の金銭。

英国の司令官　それに対しても君は責任がある。

独逸の司令官　俺は責任がある。

英国の司令官　君は君を脅したものを知っている。

独逸の司令官　俺は知っている。

英国の司令官　其他種々の判決が下る迄君は我々の船の捕虜だ。君は何か望みがあるか？

独乙の司令官　二言、三言。

英国の司令官　誰に。

独乙の司令官　向うへ。

（彼は東南の方を指示す）

英国の司令官　云い給え。

（其時迄罰を恐れる人の様な格恰をしていた独乙の司令官は其の態度を一変しすっくと体を起して話し出す）

独乙の司令官　神聖な国土よ！　神聖な祖国よ！　お前は思慮のない人間を生み、人間の神聖なる掟を破壊する為に、その人々を戦場に送ったと人は云う。おお我が祖国よ！　おお我が祖国よ！　力ある限り、忠義に胸の高鳴る人間よ！　吾々を誤解して呉れるな。総ての人と同様に、俺の行為は、お前の為を思ってした事だ。誰も此の事を疑ってくれるな。唯一の楽しみ！　唯一の慰め！　時を眺めると、真暗だ、真暗だ。眼を得た者は只暗を見る。俺達にはもう眼はない。闇は我々に触れた。もしお前がなかったなら、俺達は絶望したかも知れない。おお祖国よ！　おお故郷よ！　おお友達よ！　おお友達よ！　おお仲間よ！　人間は、友達や助力者や心からの讃助者以外の何物を持ち得ようか。彼等は俺を罰するかも知れない。彼らの好むがままに、国家に最善と信ずるがままに、俺の忠実なる心臓の鼓動するのを知り、潔白に、男々しく、いかなる恐怖も俺を捕えない限りは。俺は、恐怖なしに吾々凡てが亡んで行く永遠の気息を聞く。おお人々よ。おお友達よ。俺と心を打開け信じ合い共に生長した人々よ。我々は迷った。何処かへ迷込んだ。そうでなければこんなになる筈はなかった。俺に誓って呉れ、誓って呉れ。お前達は過ちを探求し、それが判るまでは二度と再び、それを犯さないと。何となれば、お前達は俺と同じ様に我々の祖国を愛し、我々の祖国はお前達だけを持って居るからだ。そしてお前達と同じ様に、家畜を飼い紳士となった人達は死に直面し、数々の自分との戦にもひるまなかったからだ。広い世界の上で、俺が見たいと思ったもの、俺にとって美しかったものは只、戦の日に、お前達を見る事だけだった。吾々は、自分自身を最も優れたものと思っても好かった。然しながら、教訓が、恐るべき転変がやって来た。我々はそれを認めねばならなかった。我々は善良だった。然し吾々は過った。今やもう一度始まる。お前達を眺め、遠き大地の彼方を眺め、天を眺め、再びお前達を眺める。聞耳を立て、又目を見張る。お前達は過失を見出すだろう。お前達は男だ。眼の明らかなもの、喜ばしきもの、唯一の真理を知れるもの、悲しみを知れるもの、訓練を積めるものは、祖国を救う者の後に従え。おお故郷よ、神聖な国土よ、神聖な祖国よ、夜があれば昼がある。之でいい。俺を連れて行って呉れ。

（英国の司令官が合図する。士官候補生が独乙の司令官の側に行く。二人は黙って去る）

英国の士官候補生　独乙の悪党奴！

（此の瞬間、彼は仲間外れになっている事に気が付く。彼は仲間の視線に会ってくず折れる）

士官候補生　俺か？　俺は何を云ったんだ。何をしたんだ？　俺はそんな積りじゃなかった。俺はそんな積りじゃなかった。ああ、ああ、只の一言だった。俺はこんな積りじゃなかったのだ。

（倒れる）

R・S・F・S・Rに就いて

伊丹 徹

新日本の演劇生産を志す我々に対して、今日、最も多くを提示する者はメイエルホリドである。——我々は先ずメイエルホリドを経る事によって我々の道を進もうと思う。

然し乍ら、彼を実見し得ない我々は只僅少な記録によって彼の片鱗を窺うより外はない。従ってアクティングに関する彼の根本主張たる「人体機械学《ビオメカニックス》」の理解も、あくまで大きな謎として我々に残されて居るのである。私は今カーターの暗示的な記録によって、此の謎を幾分か明にしたいと思う。

ハントリー・カーターによれば、「革命以後に於て、劇場は、テクニック上の或る目的——「思想」及び「動作《アクション》」の社会的新様式の表現に向って、根本的に改革された。過古の歴史に於て、如何なる時代も常にその時代に特有なる社会的様式《ソシアルスタイル》を持って居る。

かくして、「バロック」が生れ、「ロココ」が生れ、「帝国式」が生れ、「近代式」が生れたのである。同様に今日の露西亜は、一つの確然たる様式《スタイル》——R、S、F、S、Rを有して居る。

R、S、F、S、Rは、線に基いた様式である。ロココ・スタイルが、曲線及び楕円線に基礎を置くに対して、このソビィエット・スタイルは、直線に基いた様式《スタイル》である。

直線に関する幾何学的根拠は、二点間の最短距離にある。それ故、「R、S、F、S、R様式」はこの根拠の上に建てられたものである。

簡潔に云うならば、この新形式に用いられた根本観念《イデオロギイ》は、TAYLORISM——亜米利加式テイラリズムに外ならない。テイラリズムは、職工の能率を最大限度に増進すべき一のシステムである。——職工を一個の自働人形に化し、之によって彼のエネルギーを節減しようとする一のシステムである。露西亜の新しき演劇に用いられるものも一に之であって、劇術、殊に特異なる演技に応用される原理、例えば「人体機械学」の理論も、凡てはこのシステムに発して居るのである。此システムも次の二項の探求に帰する。

1.「運動」及び「身振」において、全くエネルギーの浪費を防ぐべき新しき運動法（演技）の構成。

2.理論的根拠による、同じくエネルギーの浪費を防ぐべき配景、小道具その他の構成。

煉瓦工は、煉瓦を並べる前に先ず自己の運動を八分之一吋までも精確に調製する必要がある——とテイラリズムは提言する。同様に演技上の新しき「頭脳及び肉体《ブレイン・エンド・ボディ》様式《システム》」は、俳優に対して、「演技する以前において彼の身振を毛筋一本に至るまで精確に測定せよ」と提言するのである。

雑記

本号に掲載した「スカパ・フロー」は俳優演技練習用の試演台本として訳したもので、何ら纏った思想――観念《イデエ》のない事が之を撰ばしめた所以である。寧ろ確然たる偏見的思想の表れたものはＭＮＺＩＳＭと背反する憂がある。ＭＮＺＩＳＭに関しては、今ここに贅言するまでもあるまい。

ＭＮＺは日進月歩する。

（Ｋ・Ｕ）

MNZ-IST

新井貞三　伊丹徹　上山秀一　近藤東　小山道夫　森八郎　佐藤基　嶋崎幸一郎　清水秋夫　下山長
谷一　内海謙三　和田垣信一　渡邊礼次

2 『文芸戦線』（一九二六〜二七年）

戯曲　二階の男

アプトン・シンクレーア
佐野碩訳

人物
ジム・ファラディ――『二階の男』
ハーヴェイ・オースティン――弁護士
ヘレン・オースティン――その妻

舞台
オースティン家の書斎

時間
午前二時

(贅沢にしつらえた一室。中央に、ランプを載せた卓子。上手に、玄関に通ずる出入口——その向うに、表の戸口が見える。室の隅に、骨董品を陳べた戸棚。舞台奥、道路に面して、大きな窓一つ。巾の広い造りつけの暖炉。下手に、扉二つ。その他、本棚、安楽椅子等々。幕開く。——舞台空虚。暖炉の火の他、部屋は真暗。(窓枠の折れる音がする)

ジム (お粗末な服を着け、片眼に目隠しをした若い男——が窓から入って来る。おずおずと辺りを見廻し、玄関を覗きなどする様子。やがて、薄暗いカンテラを照らして見る。)ホウ、豪勢々々。

(暖炉棚に近附いて銀のコップを取り、それを自分の持って来た袋に蔵まって下手へ去る。)

オースティン (表の戸口から静かに入って来る。外套と帽子を掛けて、部屋の入口に佇む。——夜会服を着た髯の無い青年)何だ、もう皆んな寝ちまったのか!(と、シガレット・ケースから一本取出して火を点けようとする。途端——下手の方で、花瓶でも落ちた様なガチャンと云う物音。ギクッとして、彼は卓子に駆寄り、抽斗を開けて拳銃を取出す。一応それを調《あらた》めた後、『どうも階下《した》の音らしいな』と云いながら、忍び足で、ジムとは別の戸口から下手へ去る。)

ジム (あわてふためいて出て来る)桑原々々! 何て事をしちゃったんだ!(玄関や階上《うえ》へ眼をやる——長き間)ふん、誰も起きねェらしいぞ。

(そろそろ部屋の中を調べ始め、時々立留っては耳を澄ます。三ツ四ツ目星しい品物を袋に収めた後、今度は戸棚を開けようとする。が、仲々手間がとれるので、彼は上手の戸口に背を向けたまま暗がりに踞み込んでいる。——そこへ、ヘレンが入って来る。)

ヘレン (若い美人。寝間衣の上へ化粧衣を羽織っている。心配相にあちこちと見廻して部屋の中程へ来る、——とジムの居るあたりからカチカチ音が聞えるので、喫驚りして了う。)あッ!

ジム (飛上ってピストルを構える)手を挙げろ!(彼女、怖ろしさの余りタジタジとなる)挙げねエか!

ヘレン (半ば頼み入る様に)だって……あたし……此の通り……空手《からて》ですもの……

ジム 心配ェする事あねエさ。(両人、ジッと眼を見合う——)(長き間)なにも、煮て喰おうってんじゃねエよ、奥さん。

ヘレン　(やっと落着いて)ええ。……分ってます。……ただ……逃げさえすりゃいいんでしょう、あなた?

ジム　そうよ。仰言ゃる通りさ。

ヘレン　いいから、お逃げなさいな。

ジム　ヘン……それで、俺様が戸外《そと》へ出るか出ねエに手前エ、警察を呼ぶ気だな?

ヘレン　いいえ、警察なんか呼ぶもんですか、人を牢屋へぶち込むなんて、嫌やじゃありませんか。

ジム　ホウ!

(再び間)

ヘレン　どうして、こんな事なさるんです?

ジム　どうしてって、稼業《しょうべえ》じゃねエか。

ヘレン　随分辛らいでしょう?

ジム　それや……楽じゃねエさ。

ヘレン　(ニッコリして)気が咎めるでしょう、それじあ? 他に地道な仕事は無いんですか?

ジム　知らねエな。成程あるかも知んねエさ。だが、もう捜し飽きちゃったよ、そんなもなあ。

ヘレン　何なら……捜して上げてもよござんすよ、手伝って。

ジム　ホウ、真平だ、…助けて呉《す》れたあ云わねエぜ。

ヘレン　だけど……いいでしょう、ね、あたしが自分で手伝うって云うんなら……(間)ずっと前からですか、こんな事?

ジム　いんや。

ヘレン　何時頃《いつ》から?

ジム　(モジモジして)実あ……今夜が始めてでさ。

ヘレン　まあ! そんな………?

ジム　本当に……始めてですよ、奥さん。

ヘレン　どうして、こんな事する気になったの?

ジム　長え話でさ………

ヘレン　話して呉れませんか?

ジム　冗談……! こんな時に。

ヘレン　怖わいの、私が? あたし、一寸もあんたを恨んでやしないんですよ。その袋に入ってる物なんか、あたし何とも思ってやしないし、第一、今となっちゃ、あんただって真逆か持って行きゃしないでしょう? ただ、あたし人が悪い方へ堕ちて行くのを見ては、とてもジッとしちゃ居られない、——出来る事なら、どうにかしてそれを止めて上げたいと、それしか考えちゃ居ないんですよ。ね、卑怯な事なんかするもんですか、……さ、名誉にかけて約束しますわ。
ジム　お生憎様さ。名誉なんて奴あ、こんな稼業《しょうべえ》にゃちいッと縁が遠過ぎらあ！
ヘレン　それや……そうかも知れませんわ、だけど、あたしを信用してね。さ、ピストルを蔵って、訳を話して呉れませんか。
ジム　（不愛想に）薬になる様な話じゃねエんですぜ。
ヘレン　だけど、毒にもなりゃしないでしょう？　ね、それを蔵って、話して下さいな。
ジム　いざッて時にゃ逃がして呉れるね？　瞞ましッこ無しだぜ！
ヘレン　大丈夫。約束しますよ。
ジム　まあいいや。屹度、俺は馬鹿を見るんだ、……まあ信用しまさあ。（ピストルを衣嚢に蔵う）坐《か》けませんか、奥さん。寒いでしょう？　泥棒にして見りゃ、全く今夜は妙な御馳走でさ……（彼女の向いに腰を下ろす）聞こえたんですか、さっき、あっちの部屋の音？
ヘレン　ええ。どうしたんです？
ジム　何でも、花瓶みたいなもんでね……
ヘレン　まあ、希臘の花瓶だわ、……なに、よござんすよ……ほんのまがいものだから……。何かしてたんですかあの時？
ジム　喰い物はないかと思ってね。
ヘレン　まあ！
ジム　おといいから一口も喰わねエんでさ……
ヘレン　どうしたんです？
ジム　あぶれたんでさ。（間）「なあんだ」と仰言ゃるでしょう？……『やる気にさえなりゃ仕事は山程ある筈だ』なんてね……
ヘレン　いいえ。私だって少しは知ってますもの、それほど疎《う》とかありませんよ。さもなけりゃあたし先刻《さっき》あなたを見ただけで、屹度もう気を失うかどうかして……とてもこうやって話なんかして居られやしませんよ。……お酒は飲むんですか、あなた？
ジム　前にゃ飲《や》らなかったんですがね、……然し、あんな目に遭やあ誰だって飲らずにゃ居られませんや。
ヘレン　お内儀さんは？
ジム　ええ……あるにゃあったんですがね……死んじまいましたよ。
ヘレン　お子さんは？
ジム　二人――だが、二人とも失くしました。
ヘレン　まあ！
ジム　だから、あんまり有難てエ話じゃねエってんでさ。何しろ貧乏野郎の身の上話ですからね。

ヘレン　いいから、聞かして呉れませんか。

ジム　あっしはよがあすがね、……奥さん、こんな話を聞いちゃ、今夜はもう夜中ウトウトしてとても寝つけやしませんぜ、……だがまあ、話しましょう。(間)一年ばかり前までは、あっしも、皆んなから正直な働らきものと云われた男でした。私にも家庭があって、家内中、仕合せに暮らしていました。酒も、大して飲るでなし、仕事はつらかったが、それでもあっしはセッセと働らきました――あっしあ、此の町の鉄工場に居たんですよ。

ヘレン　(ギクッとする)あの……『帝国鋼鉄会社』ですか？

ジム　そうですよ。どうかしたんですか？

ヘレン　いいえ、……どうも…。ただ、あすこに知った人が居るんで……。それから？

ジム　全く、並大低の仕事じゃありませんよ、あすこはね。

それに、無暗と怪我をする奴が出来る、……全く世間の人には想像も附かない程、多勢怪我をする。それこそアッと云う間に娑婆を離れやがった男をあっしあ知っている。だが、「会社」の奴あ、ズルを極め込みやがって、………何時も事件をうやむやに胡麻化しちめえやがる。全く、聞いただけじゃ、とても本当た思われねェ事だらけさ。

ヘレン　いいから、話して下さい。

ジム　また或る野郎は、あっしのすぐ眼の前で起重機に捲込まれてしめえやがった、……皆んな、大急ぎで機械を停めたにゃ停めたんだが、とてもそいつを引摺り出してやる事あ出来なかった……。どうしても起重機をバラさなきゃ駄目なんです、――だが、そんな事でもすりゃ、五日や六日の仕事はすぐフイになる。……丁度、忙しい盛りだったし、それに、その野郎、たかがハンガリヤ人だと云うので、誰も面倒を見てやろうとはしませんでした。――機械は又動き始めました、そして、その野郎、とうとう片脚をやられて了ったんです。

ヘレン　まあ！

ジム　全く、見なくちゃ本当た思われねェ話でさ。だが、現に此の眼で見て置きながら、あっしは平気の平坐だった。あっしは馬鹿だったんだ。……で、そうこうする内にとうとうあっしの番が廻って来たじゃありませんか！

ヘレン　え？

ジム　衝風炉が破裂して、鉄糞《かなくそ》の飛ばっちりが、丁度此処へ――此の目隠しの処へ飛込んで来たんです。……もし此の目隠しを外《は》ずそうものなら、奥さんもう、二眼《ふため》と見ちゃ居られませんよ。……痛いの痛くないのって、とても口には出せない程痛むんでさ……で、二日ばかり経って、漸っとあっしは我に帰りました。その時――病院でしたよ、其処はね、――初めて気が附いて見ると、……変な弁護士みてェな奴が、紙を持ってあっしを待っているじゃありませんか。

ヘレン（心乱るる様子）弁護士が？

ジム　そうです。弁護士ですよ、奥さん。――例の、会社の代理人て奴でさ。で、そいつ、あっしに向って、その紙に名を書けって云うんです。……つまり、手術だとかその他治療代一切の領収書でさ……此の眼玉を抉り出す手術のね。勿論、あっしは見る事が出来ない、……だから、ただ、「書け」と云われる処へ署名するより外はなかったのです。で、癒って見て、初めてあっしは奴等の罠に掛かった事に気が付きました、――あっしが署名したのは棄権の証文だったんでさ。

ヘレン　棄権の証文て？

ジム　治療代の領収書ッてのは、つまり会社が当然支払うべき一切のものに対して、あっしが棄権する――権利を棄てると云う証文だったんでさ。そんな訳で、損害賠償は一文取れず、……片眼はてんで見えなくなる、……おまけに、その数週間の給料は何処かへフイになって了う…………

ヘレン　まあ！

ジム　それなのに、奴等め、漸っと歩けるか歩けない位のあっしを平気で叩き出しやがった。……それに……

ヘレン（昂奮に駆られて）誰ですその男は？

ジム　何奴《どいつ》です？

ヘレン　ええ、その弁護士……

ジム　名は知りませんがね。何しろ、若造でしたよ、……ちょっと男ッ振のいい……髯の無いね……

ヘレン（小声で）ああ！

ジム　あんな事にかけちゃ、奴等てんで平気でさ、……慣れたもんですよ。何しろ、年中あんな事ばかりしやがって、……それで給金に有り附こうって野郎ですからね………

ヘレン（両手に顔を埋めて）ああ、もう止して！

ジム　どうかしたんですか？

ヘレン　(真ッ蒼な面を上げて)いいえ、……何でもないの……。それから?
ジム　そんな訳で、ともかく働らける様になる迄には、二月もかかって了いました。が、その内に家賃が切れて、家内中、追い立てを喰う。……しかもそれが、丁度冬の真最中。……嬶は風邪を引く、それが昂じて肺炎になる。挙句の果には死んで了う。……まあ、そう云った調子でした。
ヘレン　それから?
ジム　そうこうする内に、例の不景気でさ。……工場は閉鎖する。……全く、寝耳に水でしたよ。例の弁護士の云い分《ぶん》じゃ、仕事の口は何時も会社が面倒見て呉れる様な話だったが、考えて見ると、ありゃあ、ただ、あっしに署名させる為の口実だったんでさ。
ヘレン　(昂奮して)でも……直接《じか》に当って見たんですか、その人に?
ジム　事務所へ出掛けて、やっては見ましたよ。だが、奴等、てんで会わせようともしねェじゃありませんか。
ヘレン　まあ!　それで?……
ジム　仕方がねェあっしは口を捜しに出て歩きましたよ。……先刻《さっき》も云う通り、あっしには餓鬼が二人いました、……どんなにあっしがそいつ等を可愛がって居たか、全く神様でなくちゃ分りませんや。……「やるとも。こいつ等のために、俺は屹度勝って見せる」そう、あっしは云いました。処が、アミー──てのは下の娘ですが──こいつ、元来が弱い体質でしてね。……実際、「之が一番いい食い物だ」と云う事が分って居ながら、貧乏人にゃそれが買えねェじゃありませんか。此の町で売っている牛乳が子供に適かねェなあ知れ切ってまさ。……そんなわけで、見す見す赤ん坊は死んで行きました。が、それでも未だあっしには、どうしてこんな事が起るのか、はっきりその訳が判りませんでした。で、ともかく餓鬼は一人に減って了いましたが、……それでもあっしは一日中、街から街へ口を捜し歩かない訳には行きませんでした。いくらその子の面倒を見てやりたくとも、見てやる閑がないじゃありませんか?　どうにも仕様がないじゃありませんか?(感情のあまり声が乱れて来る)ね、奥さん。本当に可愛いい子でしたよ、その子は。……金色の髪の毛でね…そりゃあ気嫌のいい、丈夫な子でしたよ…
ヘレン　(低い声で)どうかしたんですか、それが?
ジム　電車がね……

ヘレン　まあ！

ジム　胸をですよ、奥さん。……日が暮れて家へ帰るとその話でさ、――あっしはもう気が狂い相でした。……その子に会って、一体どんな気がしたと思います？――眼玉は両方とも飛出している、……可愛らしい小さな体は、まるでセンベイ見たいに

………

ヘレン（夢中になって）後生です、もう止して！

ジム　だから云ったでしょう、あんまり有難え話じゃねエってね。あんなのを見たら、奥さん、もう何にも喉へ通りゃしませんよ。（グッと後へ凭れて）その事があってからも、あっしは口を捜すにゃ捜したが、とても前ほど身を入れて捜す気にはならなかった。ただ、どうにかしてあの弁護士の若造に会ってやりてえもんだと、時々、そんな気がしますさあ

………

ヘレン（吃驚りして）まあ！

ジム　そうとも。元はと云やあ、みんなあの野郎のした事なんだ。が、俺は、奴を知らねエのが残念で堪らねエ。――実際、うまく胡麻化しやがったもんでさ。……で、今夜、あっしが或る居酒屋に坐り込んでいると、丁度そこへ、二人連れの男が入って来たんですが、その一人が例の二階の男と云う奴、――つまり、玄関の柱や非常梯子から攀じ上ろうって野郎だったんでさ。で、聞いていると、そいつ、今夜これから一仕事やろうってな話。――そこで、あっしも考えました、『こいつあ、いよいよ仕事にありついたわい。俺も一つ二階の男をやって見よう』ってね。で、やって見たんでさ、処が、御覧の通り此の態《ざま》じゃありませんか。何しろあっしあ、もう駄目ですよ。（オースティンが、ピストルを手にして、下手から下って来る。そして目を瞠ってそこに佇んだまま『どうしたんだ、これや』と呟やく。が、二人はそれに気が付かない）

ヘレン　何とも云えませんよ、未だ。何処でどう運が向いて来ないとも限らないじゃありませんか

………

ジム　そんな事があって堪るもんか。何やったって、あっしゃ駄目と決っている。――もう紙屑同然の人間でさ。

ヘレン（熱心に云う）いいえ。暫らく我慢しなくちゃ、……男じゃありませんか、……ね、未だ大丈夫ですわ……

オースティン（進み寄る）どうしたんだ。

ジム　（いきなり、飛上ってピストルに手をやる）来たな！
オースティン　（ピストルを構えて）手を挙げろ！
ヘレン　（馳け寄る）いけません！……何をなさるんです！
オースティン　な、なに云ってるんだ……？
ヘレン　いけませんたら！……あたし、此の人と約束したんです！
オースティン　だってお前……
ヘレン　ピストルを下さい……
オースティン　どうして……
ヘレン　いいから、お寄越しなさいったら。（と、ピストルを取上げて了う）お坐んなさい、其処へ。
ジム　（先刻からズケズケとオースティンを凜視めている）畜生！　この野郎！だ。
ヘレン　ええ、そうです。
オースティン　どうしたってんだ？
ヘレン　御覧なさい…、此の人を！
オースティン　（目を瞠る）何故？……
ヘレン　知らないんですか？
オースティン　知らない。
ヘレン　ようく御覧なさい、気を附けて。（灯を点ける）
一度も会った事ないんですか？
オースティン　憶えてないね。……名前は？
ヘレン　そう……まだ。（ジムに向って）何て云うの？
ジム　フン！（躊躇する）どっちみち、分る筈じゃねエか――ジム・ファラディてんだ。
オースティン　ファラディ……聞いた様な気がするな。
ジム　（鋭く）違えねエ。――大勢だからな、あの手を喰った奴あ。
オースティン　（ヘレンに）何の話なんだ？
ジム　「慈善病院」を忘れたてエのか、貴様？　あの大爆発で片目を黒焦げにした奴が居たのを知らねエってのか？
オースティン　（ギクッとする）おお！
ジム　（鼻ッ先で笑う）「おお」か！　糞ッ！
オースティン　君があの人か？
ジム　そうだ。
ヘレン　あなた、署名させたでしょう、此の人に？
オースティン　うん、……覚えている。
ヘレン　其紙に何が書いてあるか教えて上げたんですか？
オースティン　（口籠る）どうして……
ヘレン　いいから、返事をなさい……

オースティン　何故……
ヘレン　何が書いてあるか、此の人に教えたんですか?
オースティン　だってお前……職掌柄、そんな事は出来ないじゃないか。
ヘレン　まあ!
オースティン　俺は、会社の代表だったし……
ヘレン　……だから?
オースティン　だから、書面の内容は、此の人が自分で見るべきだったんだ。
ヘレン　だってあなた!、片眼を黒焦げにした此の人が……それに、事件も未だすっかりは済んでいなかったのに。
オースティン　だって、……お前、……お前にゃよく解らないんだよ。
ジム　(ズバズバ云ってのける) 俺に見せようとはしなかったじゃねエか。嘘を吐きやがったじゃねエか!
ヘレン　どっちみち、あなたは此の人が瞞されるのをみすみす黙っていたんじゃありませんか、書面に何が書いてあるか、又、若しそれに署名して了えば、後でどんな事になるか、本当の事を云わなかったんじゃありませんか。
オースティン　お前……お前にゃ解らないんだ。どうして俺にそんな事が出来るもんか、俺は、会社の利益を代表する人間じゃないか。
ヘレン　それがつまり、こう云う人達に対するあなたの御役目だと仰ゃるんですか?
オースティン　厭応なしに、そう云う役目をさせられるんだ。俺がいくら力んだって、他に仕様はないじゃないか。
ヘレン　(語気を強めて) まあ、あなたは、……之迄さんざんなさった癖して、未だ之から先も続けようなんて……
オースティン　だってお前……
ヘレン　あなたが家へ持ってお帰りになるお金は、みんなこんな事をして儲けたお金でした。それなのに、あなたは一度だってそのお金の出所を明かしては下さらなかった……そして、……そして、……とうとう此の私にまで捲き添えを食わしてお了いになったんです。
オースティン　ヘレン!
ヘレン　こんな事をして、あなたは自分の地位を上げていらっしゃった!　そればかりか家へ帰ると、あなたはそれをあたしの前で自慢話の種になさった！　こうして儲けたお金で私達は結婚しました！　此お金――あなたが此の無力な労働者から正当な権利を欺し取って得た、血の出る様なあのお金、此の人が世の中に持っているそれこそ在りと有らゆるものを欺し取ったあのお金…………！

オースティン　お前、……どうかしてるね、今夜は。職務上の事なんか、お前にゃ解らないんだよ。

ヘレン　いいえ、何もかも解ってます、……三つ子にだって解る事じゃありませんか！　解らないのは、あなたお一人です。前途有望な青年弁護士、――そのあなただけがお解りにならないんです！　ね、あなた！　此の人に対してどんな事をなさったか、あなたは知っていらっしゃるんですか？……私達二人が此の人に対して為て来た事がどんな事だか、それを御存じなんですか？　私達二人は此人の一生を滅茶々々にして了いました！　此人を、地獄へ追いやって了いました！……此人のお内儀さんや二人の子供さんを殺したばかりか、私達は、揚句の果に、此人を、ごろつきに……罪人に……迄して了ったじゃありませんか！　此人を踏付けて、私達は成功しました。……此人の血を啜って、私達は財産を造り上げました。此家も、……此椅子や卓子も…此額も、……この綺麗な、何不由ない生活も――皆んな私達二人が、此の人の涙と苦しみから絞り取った結果じゃありませんか！……患っているお内儀さんや、二人の小さな子供の生命を絞り取った結果じゃありませんか！　そして……そして……こんな事をなさるのも、元はと云えば、みんな私の為めを思って下さるからでした。一にも私、二にも私。お蔭様で、私の若い人生は、とんだ濡衣を着せられて了いました、……此の世の息を引取るまで、一生涯、へばりついて除《と》れない様な汚点《しみ》をつけられて了いました！

オースティン　（彼女の方へ進み寄る）ヘレン！

ヘレン　厭や！　あたしに触わらないで！　此の人に……お話をなさい！　此の人に、……此の人に何と云って云い開きをなさるか、それが問題じゃありませんか！　私の事なんか、うっちゃってお置きなさい！

オースティン　そ……そう無理を云っちゃ！

ヘレン　何と云って此の人に云い開きをなさるか、それがあたし伺いたいんです！　本当に、……本当に、もうあなたの人格問題じゃありませんか！

オースティン　大袈裟だね、お前は。

ヘレン　何が大袈裟です……聞いて御覧なさい。

オースティン（長き間。暫くしてジムの方を向く）ファラディ君。
ジム　何だ。
オースティン　妻《これ》の話だが、ありゃ本当かい？
ジム　本当だ。
オースティン　会社からは一文も賠償金を貰わないんだね。
ジム　貴様自分で手続しもしねえで……一体、何の為めに給料貰ってやがるんだ？
オースティン　貯金は無かったのかい？
ジム　有ったたって、馬鹿、それで、家内中、食って行くんじゃねェか。
オースティン　復職したんだろう、後で？
ジム　ヘン、御蔭様でね、……だが、それも例の「工場閉鎖」までよ……
オースティン　そうそう、そんな事もあったっけ。忘れていたよ。
ジム　糞ッ！　笑わしやがら！
オースティン　全く泣ッ面に蜂だったね。何か為て上げたいと思うが……
ジム　そうでもすりゃ、手前え、嬶や餓鬼が戻って来るとでも云やがるのか！
オースティン　本当に、家内中、家内中、死んで了うなんて！　何と云う怖しい事だ！　（間）ファラディ君。本当に堪らないよ。どうしたらいいんだ？　ね、君、……御覧の通り妻はあんなにまで気を病んでいるんだし、まさか君、僕に出来ない事を為ろと云うんじゃあるまいね？
ジム　何にも為ろたあ云わねェぜ、俺や。
オースティン　まあ君、そう無理を云わないで、……せめて、あの時の罪滅しをさせて呉れないか。ねェ君、此の事に就いちゃ……今夜の事に就いちゃ、もう何もかも水に流すとしよう。一切、新規蒔き直しだ。……ね、……僕が、何かいい仕事を見付けて、一ッ運の向く様にして上げようじゃないか。
ジム　フン！
オースティン　いいだろうね、君？　あの事に就いちゃ、僕あ、心《しん》から気の毒に思うよ。で、……もしなんだったら資本《もとで》として幾らか上げてもいいと思うんだが……（ガマ口を取り出す）
ジム　止して貰いてェな、お生憎だが、金なら、俺あ、もっともっと沢山、会社から受取る権利があるんだ。
オースティン　ああ、そうか。成程、それやそうかも知れないね。じゃそう云う事にして話を進めようか……

ジム　だが、他の奴等は一体どうして呉れるんでえ！

オースティン　他の奴等？

ジム　だって貴様、他の奴等にも同じ様なペテンを仕組みやがったじゃねエか。あの翌る日死んだダン・キアネイはどうして呉れるんだ、……貴様を始め、会社の野郎共が皆んなうめえ工合に胡麻化しやがったんで、可愛相にあいつの後家は、どうして亭主が怪俄をしたのか、それさえ解らすじまいだったじゃねエか！

ヘレン　貴郎！

ジム　本当ですぜ、奥さん。皆んな実際あった話でさ。……しかも、こんな事あ、なにも今に始まった事じゃなし、又、これッ切りって訳のものでもねエんでさ。奴等あ、陪審官を買収する、……判事でさえ抱込んじめえやがる此のあっしが請合いさ。全く、此の町で「帝国鋼鉄会社」が手を出さねエ様な悪事ってもなあ、まずたんとはねエんですぜ、そして、「会社」に飼ってある小粋な弁護士の若造共が其の辺のコツをすっかり御承知だって事あ、奥さん、賭をしたって大丈夫でさ！　だが、奥さんにして見りゃ、全くお気の毒、あんたはこれッぽっちも悪い事あねエんだ。ね奥さん、あんたの為ならあっしあ何でも為ますぜ。……だが会社の遣り口を飽きるくれえ見て来たあっしは、もうおめおめへいつくばって会社の手を舐くる様な真似は迚も出来ませんや……仮令、山ほど金を呉れたって、そいつあ金輪際真平でさ！　こう見えたって、あっしあ、嬶と餓鬼二匹の値段を、『さあ之だ、持って行け』なんて突出されて、そいつを黙って受取る程見下げた人間じゃねエんですぜ。請合って置きますが、あっしあ、之から垣根の外に身を退いて一か八かやってみる、簡単でさ。どうせ終いにゃくらい込む位えが関の山、第一、……現に、あっしよりか良い人間で而かも、その手を食う奴がたんと居るじゃありませんか。まあまあ、あっしも行くとしましょう。此の上、いくらほざいたって、ほざくだけ野暮な話。……潮時ですよ、こ
こらが。

（と、席を起って行きかける）

ヘレン　貴郎！

オースティン　うん？……

ヘレン　あれっきりしか云えないんですか、此の人に？　このまま、……此の人を行かせちまうんですか？（ジムに向って）仰ゃる通り……、仮令どうし

ようと、あたし達の罪滅しは出来ゃしない。――元通りにして上げる事なんか迚も出来ゃしない……。でも、……兎に角あたし達は、せめて出来る事だけは為なければなりません。これからも悪い事を重ねて行くと云うのに、どうして黙って居られるもんですか。仮令あなただって、平気でそんな事をする権利はないんです、……一生を棒に振る様な権利は、あなたにだって有りゃしないんです。

ジム 御無理御尤も。だが、そいつあ出来ねエ相談でさ。出来る事なら、そりゃあ、あっしも思召に添いてえたあ思うんですがね、――もう手遅れでさ、……確かに手遅れでさ。何処のどいつだって、もう、此のあっしを救う事あ出来ゃしねエ。あっしあ日蔭者、――もう、屑の屑でさ。……今更止そうと思ったって、他に仕様があるじゃなし、第一、態々止す程の理屈もねエじゃありませんか……もうお先まっくらの人間でさ。

ヘレン （両腕を差延べて）じゃ、どうしたらいいんです！

ジム まあ、こうまで成り下らねエ奴の面倒でも見てやるんでさ。ね、……つい明日が日にも、あんたの旦那の、「会社」の野郎共のペテンに掛からねエ様に、……

ヘレン 真逆か！

ジム 処が、「真逆か」じゃねエんですぜ！……奥さんがどう云う心算か、それやあっしも分っている。――成程、自分の亭主にあんな事をさせねえようにする位の事あ、あんたにも出来ようさ。だが、そうなりゃそれで、奴等すぐまた後釜に誰か他の野郎を引張って来やがる。……まるで『機械』でさ、狂いっこなしの『機械仕掛け』でさ。全くさ。思う程の事あ出来ませんぜ奥さん。まあまあじっくり考えるさ。とても、とても今考える様な訳にゃ行きませんや。

ヘレン そ、……そんな事！

ジム いくら力んだって、どうにもなりゃしねえんですよ……そう云うあんただって、やっぱり『機械』の切ッ端にゃ違えねえんだからね。つまり、あんた方の階級がそうなんでさ、そりゃあ、あんただって、同情めいた事を口に出したり心に思ったりする事あ出来ようがね、……さて実際にぶつかって見りゃ、もう、手も出せやしねェんでさ。どうしようがこうしようが、あんた方あ、自分達の住居や綺麗な着物を持たずにゃ居られねェ、そいつが無くちゃ生きて行かれねエ人間でありながら、そのくせ、なにもその為めに苦労するにゃ及ばねエと云う御身分。……云い換えて見りあ、そりゃ、つまり、あんた方と云う人間が、どん終いまであっしの階級に喰いつかなくちゃ生きて行けねエ——どうしても、俺達の背中におんぶしなくちゃ、やって行けねエ人間だってことじゃありませんか。であっしの考えだが、仮令あんた方が、あっし達の何処へどうおんぶしようが、おんぶするって事に変りはねエんでさ。早い話、仮りにあんたが、亭主に何か別な仕事をさせた処で、亭主は、遣り方こそ違がえする事なす事、結果はみんな前と同じなんでさ。……ただ、あんたの方で、それに気が付かねエだけの話、どっちへどう転ろがろうと、奴の儲けて来る金は、みんな、俺から——俺の仲間全体から——絞り取った金じゃありませんか。どうです、ちったあ解りましたかね?……あっしが仕事をする、——上から抑え付けられているあっしが仕事をする、——たんと良い物を造る。すると、あんた方が片ッ端からそいつを攫って行く、てな段取りでさ。(間)まあまあ御気嫌よう。

ヘレン　あ、……あんまりじゃありませんか!

ジム　どう致しやして。ほんの事実を申上げた迄でさ……が、奥さん、本当にあんたは気の毒な人だ。出来る事ならあっしゃ何でも為て上げまさ。(両腕を左右に開いて)ね、考えても御覧なせえ、あっしが何をしたか!——あっしあ旦那の生命をあんたに預けたんですぜ。

ヘレン　おお。

ジム　そうとも、それに違えねエんだ。出ッ会はしたが最後きっと叩き殺してやる、——見付け次第、捻り潰してやる、——って、俺あ、幾度誓ったか知れねエんだ。一杯気嫌で坐り込んでいる時にも、俺あ、それぱかりが気に掛った。小さな餓鬼の死骸を突付けられた時、俺あ、きっとやって見せると誓ったんだ今、……今、俺はちゃんとここにピストルを持っている、そして、こいつのピストルは、先刻あんたが取上げて了った、——が、その今でさえ、俺はこいつを射ちゃしねエんだ。(間)此の野郎は、身ぐるみ、あんたに任かせまさあ。(凄い目付をする)奥さん、……酷い目に遭わして下せえよ、こいつ。

(と云い捨てて上手へ去る)

(オースティン、両手を妻の方へ差延べる。妻、両手に顔を埋めたまま、卓子に泣き伏す。)

——(幕)——

(一九二六・三・八——訳了)

「探照灯」と「地獄の審判」

合評者　久板栄二郎／水野正次／佐野碩／千田是也／山田清三郎（ＡＢＣ順）

1　「探照灯」（山田清三郎作『解放』八月所載）

水野　山川亮氏は『幽霊読者』の合評で『幽霊読者』には、新聞社と云う社会の最下層に生活する人間の生活の悲惨が描かれている。私は、山田君が更にその上層生活者たる記者とそのまた上に生活している新聞社各幹部の生活と、此の三箇のものを有機的に引くるめた新聞製作事業そのものの正体に筆を着けられん事を希望する』と云っているが私は山田君の近作戯曲『探照灯』がこうした希望の大半を満たすものである事を疑わない。最早一個のトラスト的存在とも云うべきブルジョア新聞の正体暴露――其処に、我々は山田君の意図をハッキリと見る事が出来る。併しながら、此の戯曲に於て、技巧上の致命的な欠陥は、（第三場）校正係が家を飛出して、テロリスティックな行動に出る場合の心理的な動機が明確に描出されていない結果、その必然性を感じさせない事である。私は寧ろ第一場と第二場とを置き換えて、第二場で校正係が玩具で子供をあやしている時、馘首の速達が届けられると云う風にすべきであったと思う。

佐野　内容から見て、最大の欠陥は、第三場に取扱われている社員のストライキが余りに空想的なものに見える事である。校正係の馘首と云う導火線以外に此のストライキを不可避的に惹起せしめるに至った諸種の必然的要因——新聞社内のからくり惹いては、現代社会の矛盾——にまで暴露のメスを振う事によって、右の欠陥は救われたであろう。第一場と第二場とを交換すると云う水野君の意見に賛成である。第三場で、校正係が発心する処の描写は余りに簡単である。無政府主義的な一個の小ブルジョアたる彼が、何故同志と呼ばれる様になったか、——それをもっと懇切に描出して欲しかった。小ブルジョアたる彼が自覚するに到る過程の説明が完全であればある程、此の作品は、小ブルジョア階級の読者に対して、より深い感銘と、より明瞭な指針とを与えずにはいないからである……。

千田　取扱い方としては、第二場、第三場の様な大まかなズバリとした手法が暗示的で甚だいいと思う。此の意味で、第一場は写実的に過ぎて他の場との均衡がとれていない。

佐野　題材から見て、活動写真のシナリオとして書いても面白いものが出来ると思う。

久板　題材も手法も推賞に価する作品である。内容も形式も大体は批評された様に思うので、細かい所で気の付いた点を挙げるなら、第一場で妻の独白並に第二場での校正係の独白は不要である。第三場「影の声」は非常に効果的である。

佐野　異議なし、「影の声」は甚だいいと思う。

久板　全体として、科を軽視して白のみを重んじ過ぎた傾向があるのがキズだと思う。

千田　さっきの佐野君の意見に従ってストライキの必然的動因を説明する為めに、もう一つ小さい場面を挿し加えたらいいと思う。

山田　〆切に追われて、未定稿のまま出してしまった。根本的に改訂して、文芸戦線へ今一度発表して見たいと思う。

水野　争議団本部の場面を入れる等もその一法だろう。

2「地獄の審判」（佐々木孝丸作『文芸戦線』八月号所載）

佐野　先ず内容から見て、一個のプロレタリア作品として此の戯曲は幾多の難点を含んでいる。内容に於て潑剌たる生活姿態を欠いているため、此の作品は余りにも現実から飛び離れた概念から成立っている。従って感銘が稀薄である。

山田　プロレタリアに呼びかける戯曲として、不健全なところがたしかに気になる。

佐野　日本の無産階級――既に帝国主義の段階を経験しつつある現代日本の無産階級――は、かかる非闘争的な作品を要求しないであろう。戦闘的無産階級に対して非闘争的な要素を吹込むと云う点、――そこに、私は此の作品の怖るべき危険性を発見する。題材の中心とも云うべき現実界のからくり暴露が不徹底に終っている、此処にも亦、此の作品の概念的な特徴が窺がわれる。勿論、かかる種類の諷刺的作品が、一見、抽象的概念的である事に異論はないが、そこに表現さるべき概念は如何にそれが戯画的であるにせよ、常に現実から蒸溜された概念――端的に現実を暗示し得る抽象でなければならない。

水野　プロレタリアに喜劇は必要である。が、いかに喜劇でもその底にはプロレタリア的精神プロレタリア的世界観が把握されていなければならない。

佐野　尚お表現の上から之を見れば第一齣は不要である。若し序幕的な第一齣を必要とするならば、簡単な無言劇風のものを使えばいいと思う。セリフの運びは軽妙洒脱で面白いが、時に余り凝り過ぎて脱線した傾きがある。もっと簡潔な新鮮さが欲しい。劇としてどうも動きが少な過ぎる。

千田　第一齣は不要だと思う。総じて安易に運んでいるのがとり所である、面白いと思うが、同時に又それが欠陥である様に思う。

山田　それは、作者が、一人のモデルを頭に置いていた為めにそれにひきずられて行ったからだろうと思う。ルンペン・プロレタリアの飲まずにいられない酒の弁解には、僕は同感がもてるが。

千田　夢と現実と交錯しているのはよいが、それが混乱しているのは困る。細かい所では、第二齣の老人のセリフ「……地獄の労働者がお前さんを……」等は大分苦しいコジツケである。空想的な筆の滑りとは云え、此処にも又、作者の架空的な遊戯の延長を見逃がす訳には行かないと思う。

佐野　全体として労無階級に喜劇を与えようとした作者の意図は推賞に値するが、之では少し作者自身の遊びが多過ぎはしまいか？　無産階級の喜劇は、激しい闘争と苦悩に堪えて勇敢に前進せんとする無産階級独特の明るさを盛ったものである様に思う。ともかくも、此の作品が持つ幾多の難点は、――甚だ失礼な云い分ではあるが――作者自身が現在に内にひそめる小ブルジョア的な思考及び行動を止揚し得た時、始めて止揚されるであろう。僕はそれを期待している。

（八月三日合評）

小堀甚二論

合評者　久板栄二郎／水野正次／佐野碩／千田是也／山田清三郎（ＡＢＣ順）

山田　今日は最近注目されている小堀甚二君の作品を一と纏めにして合評したいと思う。小堀甚二論という風に。

久板　僕は『解放』の三月号に出た『或る貯蓄心』と『文戦』〔『文芸戦線』〕七月号の『転轍手』と二つしか読んでないんだが、他に発表されたものがあるでしょうか？

山田　短かい小説が二つばかりあったと思うが。

佐野　免に角、『或る貯蓄心』と『転轍手』の二つに就いてやろう。最初内容方面から――

久板　『転轍手』について、僕に少し纏めた意見を述べさして貰いたい。

山田　どうぞ。

久板　項目に分けて述べる。（一）主人公の規律（制度）に対する反抗が表現されている。つまり権威としての規律に反抗しているのだ。決して資本主義に対する批判でも、反抗でもない。――例えば、『紳士淑女』と云う言葉を侮蔑的に使っているが、階級的な見方をしているのではない。又、『一二等列車の窓から自分の直立不動の姿勢を見下ろされるのが不快だ』と云う意味の事を云わせているが、一個人としての自尊心に過ぎない。

（二）病的な快感を讃美して（悪魔主義的な要素）――強度の神経衰弱にかかっている主人公の破壊的な幻想と行為との交錯だ。この点で、中村吉蔵氏の『剃刀』と共通したものをもっている。（三）一個の労働者の威力を暗示している。――社会の下層に虐使されている者が、心の持ち方一つでどんな大きな事件を惹起すことも出来ると云う観念。併し、そのすばらしい力と云うものは全然個人主義的な力である。（四）次に僕は、読者や観客に与える効果と云う方面から考えて見た。A、ブルジョアに対して――ブルジョアは鉄道事故を防止するために社会政策を行うだろう。これはプロレタリアの闘争意識を麻痺させる。B、プロレタリア――は自己の力を膀大妄想的に信ずる。集団を通しての威力ではなく、全然個人主義的な力を。

水野　小堀君の作品には、一体プチプル的な意識が濃厚だ。唯心的で、ニヒリステックなのが気になる。

山田　『転轍手』の効果的な方面に於ては先刻の久板君の意見に教えられるところが多い。が、久板君の所謂病的な快感を讃美している主人公の強度の神経衰弱には、依って来るところの原因がある。その原因の探究にまでさかのぼって批評する必要があると思うが。

佐野　一面に於て、同僚に対する心づかいが出ていると思う。『転轍手』の牧野に対する気持ち、『貯蓄心』では主人公の浅野に対する気持ち等。併しそれは、全然職人気質的なもので、ちっとも近代的プロレタリアートの集団精神ではない。

水野　『貯蓄心』の方では、それが一層甚だしい。

山田　『或る貯蓄心』には、貨幣制度――つまりそれは資本主義制度でもあるが――に対する可なり鋭い批判と抗議を作者は提出していると僕は思う。

久板　金と云っても、題名が示すように貯蓄心を解剖したもんだろうと思う。夜盲になる程節約して溜めても、何時ぽっかり馘首になるかも知れない、つまり苦しみをなし崩しに苦しむことだ……と黒川に云わせているが、そこがやっぱり作者の狙いどころじゃなかったのかな。

水野　作者の狙いどころはそこだと思う。併し、それを資本主義制度との有機的関係に於て暴露していない。細君が溜めた金を浅野に遣り惜しみにした気持ちを黒川が弁護して『今の世の中がお前をそうさせたのだ。………お前のせいじゃない』と云っているが、それ丈けでははっきりしない。

山田　金のために悩み苦しめられているものには実にピンと来る。貨幣制度が無産者をしばりつけている手枷足枷というものが。

千田　さもしい『貯蓄心』が、遂いには友を売る事にまでなると云う見方は出ているが、貯金そのものが、現代に於て、金融資本家の手に如何に利用されているかと云う暴露が無いのが惜しい。題材の扱い方にも、もう一段の工夫が欲しかった。

山田　併しこの場合の貯蓄心は、金融資本と結びつけるのはどうかな。銀行に預金して、利殖を目的にするというような貯蓄心とはちがうんだから。

水野　とにかく作者がはっきりした理論を摑んでいないから困るんだ。悲劇の社会的必然性を可なり忠実に精細に検討してるんだが、作者がプロレタリア作家としての目的意識をしっかりと把握していないので、妙にあきらめの心持ちで萎縮しているんだ。

山田　それは僕も認める。併し、一体に労働者乃至労働者出の作家は、自然発生的である限り、どうしてもかかる作を生むのは已むを得ない。それはかかる作品を産み易き状態にあるんだから。だから、頭から目的意識的でないからいけないなどときめつけるのは高圧的だ。少くとも行届いた批評じゃないと思うね。

千田　僕は、その点山田君の意見に、より多く共鳴する。これらの作品に、権威に対する反抗や、病的な美感や、宿命観が表現されていると論ぜられたが、それは決して作者が意識的にやった事ではなく社会の下層に虐げられ通して来た作者の自然な気持ちの流露であると見るのが至当だと思う。

佐野　だから我々の為すべき事は、かかる作品を大いに世に紹介すると共に同時に厳密な批判を下して健全な生長を期する事にあるんだね。

水野　『文戦』が『転轍手』のような作品を発表したからには、次の号に計画的にその批判を載すべきだった。それをしなかったのは編集者の怠慢だと思うが、山田君。

山田　手きびしいね、今後はそう云う事にしたい、いやすることにしよう。――次に、技術的方面について意見を述べて欲しい。久板君どうです。

久板　題材と云い、舞台の取り方と云い、二つとも非常によいと思う。凡手ではないね。せりふも簡潔で明瞭だ。

佐野　動きも可なりあるし、だれるような所はない。只、処々に伏線を張っているんだが、それが生きて居ず、却って邪魔をしている場合が多いと思うが。

久板　『転轍手』で、幕明きから、皆の口を通して、今に事故が起るぞ、事故が起るぞと暗示させている。殊に長沢自身のせりふで『だがね、助役さん。俺のポイントの転換方一つであの魔獣のような列車がたわいもなく腹を見せてひっくり反えるんだ――そんな考えをしょっちゅう腹の中に蓄えているのは、ひとの知らない楽しみですなあ。』と云わせてるのは、少し利き過ぎはしないか。だから幕切れで、同じ長沢が云う『俺が一体誤って列車をひっくり返したんだろうか、それとも故意に』云々のせりふが取って付けたように響くのだ。

水野　『貯蓄心』にもそれがある。幕切れで浅野に投身自殺させたのは先ずいいとして、そのために、前場から繰り返えし繰りかえし水の事を話題にしているのは少し見え透く。

佐野　『貯蓄心』の第一場で、おつたがよろけて怪我をする所、『転轍手』の妻が胸騒ぎがして眠れないので夫の安否を尋ねにやって来ると云う段など、旧劇などでよく使う技巧だ。

山田　兎に角、作者は技巧の点で、ブルジョア文学の伝統的な教養に可なり禍いされていると思う。

久板　ブルジョア文学の教養は幾ら受けても関はないと思う。只それを如何に継承するかにある。我々の芸術は、内容に於ても技巧に於ても、ブルジョア芸術を止揚するところにある。

水野　我々が作者に望む事は、一日も早く、自然発生的なところに止まらず、目的意識を持って貫いたいと云う事だ。

佐野　それには、作者自身が、プロレタリア運動の組織の中へ這入って仕事をする事が何よりも肝要だ。

山田　作者は現に目下×××で争議を起し始めている。日常生活は可なり闘争的であり、目的意識もつかもうとしているようだが、創作の場合になると大分違って来るらしい。創作の場合には、自己に甘えるところがあるんだね。境遇やその他いろいろの点で。それが意識的な理性の力をにぶらすんだ。

佐野　そう云う所は葉山（嘉樹）君にもある。芸術の特殊性と云う事を強調しているんじゃないか知ら。もしそうだとすればそれは正しくないと思う。芸術がプロレタリア解放運動の一翼であると云う認識が足りない所から来るんだから。

水野　芸術を特殊なものとして、日常生活から遊離さして考えるのは、見方が間違っている。そう云う考えは我々は一日も早くかなぐり捨てる事が必要だ。

山田　小堀君は労働者としての体験も深く、被搾取階級としての実感も充分もっているんだから、理論を把握すれば立派なプロレタリア作家たり得ると思う。精進を祈る次第だ。次号の分は葉山嘉樹君に就て大に論じたいと思う。異議はありませんか。

一同　異議なし。異議なし。

（八月十八日合評）

前号の作品から

合評者　久板栄二郎／水野正次／佐野碩／千田是也／谷一／山田清三郎（ＡＢＣ順）

1　「母」〔Ｋ・Ａ・〕ウィットフォーゲル、川口〔浩〕訳

谷　先ず、合評の方法として、第一に此の作者の社□性――即ち彼が独乙共産党の一員としてプロレタリア作品を作ったと云う点に留意して、彼が此の題材を如何に進展させたか？　そしてその為めには如何なる手法を用いたか？　を検討してはどうか。

久板　此の作品は、〇〇〇〇の過渡期に於ける一小事件を描きそれによって変革そのものを暗示したものだと思う。

谷　その意味に於てウィットフォーゲルは空想的なプロレタリア作家ではない、自然発生的な反抗意識より組合主義へ、そして更に〇〇主義的政治闘争へ展開する事によってのみ〇〇〇将来すると云う用意周到な題材を取扱っているからである。

佐野　その点で、此の作品は無産階級運動の現実に即している。それだけに、またプロレタリアートに対して訴えかける力も強いと云う事が云える。私は此の点を最も推賞したい。

山田　谷君佐野君の意見に賛成であるが、ただ、これを日本のプロレタリア文学と結びつけて考える時、日本はまだこのような作品が生れ得ない状態にあるのではないか知ら。何故なら此の作品は一つの非常時の事件を取扱っているのだから。

佐野　勿論、かなり切迫した内乱状態ではあるが、かかる状態は現代の〇〇〇する事が出来る。その意味に於て、此の作品は現代日本のプロレタリアートに対しても充分現実的に訴えかけ得ると思う。

水野　しかも、此の作品に現われた反軍国主義は決して無政府主義的なものではない。軍隊と監獄と工場と、此の間の三角関係を髣髴たらしめる事によって作者は、資本主義下に於ける軍隊の役割を充分に暴露している。

佐野　私は此の作品の随所に現われている同僚精神を推賞する事実、主人公たる『母』の中に個人的な英雄主義が些かも見出されない。我々としては、如何にして彼がかかる作品を作り得たかと云う点を学ばなければならない。それは、インテリゲンツィアたる彼が党の一員として無産階級と共に思考し行動した点にある。プロレタリア芸術家にとって、如何に『組織』が必要であるかと云う事は、之によっても明らかだと思う。

山田　そうだ。そうしてこそ始めて、彼は、自然発生的な無産階級の反抗意識をより高い集団的な階級意識にまで止揚する事が出来たのだ。

久板　在来のプロレタリア作品では、主人公の覚醒が他を覚醒させているが、此の『母』は始めから目醒めていると云う事を注意すべきだと思う。

谷　いや、此の場合、『母』は始めから明らかに目醒めているのではなくて、民衆自身の動きがそれを可能ならしめるのだと見なければなるまい。次に手法上の問題に入っては？

佐野　『革命的演劇の限界と任務』の中で、作者は『プロレタリア群衆劇は、二三の玄人役者を中心として之に素人の群衆の添えるのが上策である』と説いているが、『母』は正にその具体的ないい例であろう。

水野　各人物の性格がよく現われていて、しかもその各々に階級的批判力を働らかしている点に敬服する。

山田　始めは個々の性格を持った人々がバラバラに描かれているが、終りに近づくに従ってそれが必然的に一つの階級的意識の中に融合されて行く。其階級的自覚が甚だ順序だって表現されているのが実にいいと思う。

佐野　作者は自ら『革命的表現主義』と云うものを唱えているが、此の作品の簡潔さは、在来の病的な表現主義のそれとは異って、プロレタリアの生活様式に特有な簡潔さである様に思う。前者は『病的な興味のための簡潔さ』であり、後者は『解り易いための簡潔さ』である。

久板　そうだ。ほんの一つか二つのセリフで、帝国主義時代の種々相が実に端的に表現され暴露されている。例えば始めの方で、軍人の無知を皮肉っている個所や、後の方で、息子の死んだことに対する表現や、それから又、兵士が喰えなくなって『パンと靴下』とで軍隊を○○る所など。

佐野　しかも、此のセリフの簡潔さと云う事の裏には、直ぐ又芝居として重要な『動き』と云うものが豊富であると云う事実を見る事が出来る。

山田　此の作品が最も効果的である点は、中間にグラついている、インテリゲンツィアに対して明確な指針を与えると云う事だ。……尤も、同様な事が無産階級の前衛分子に対しても云えるが。

2　「罠」　金子洋文作

山田　無自覚な労働者が持っている潜在的な反抗意識からヒントを得て、それを判事のワナと結び付けようとした所に作者の巧な機智が窺えると思う。

水野　作者は、判事の側に立っているのか、労働者側に立っているのか、その辺の態度が、頗る不明瞭だ。この作に於ては作者の思想的立場と云うものが、頗る薄弱である様に思う。

久板　そうだ。単に機智をねらっただけで、そこに何等の批判がないのが物足りない。

水野　ワナと云っても、これは決して官憲側の卑劣なワナを暴露しているのではない。のみならず、ストライキ指導者の陰険なワナと誤解されるおそれさえある。そして、労働者に対して之が如何なる影響を与えるかと云う点に作者の不用意がありはしないか。

佐野　此の作品は甚だ軽妙には相違ない。だが、此の作品から受ける感銘は、単に無政府的な革命的情熱に過ぎないと思う。『単なる革命的情熱を○○主義的政治闘争意識——確然たる一の階級意識にまで止揚し得た』点に就いて、我々はウィットフォーゲルを推奨した。今、私は之と同様の点に於て、ワナの作者を批難したい。

千田　此の位の演説なら、こんな形式によって表現する必要はないと思う。

谷　題材は事実かも知れないが作者がそれに批判を加えずして表現した点に最大の欠陥がある。

山田　最後の言葉によって、作者もいっている通り、作者自身もこの作に対する危険性を、始めから懸念していたことは認めねばなるまい。

一同　要するに、之はプロレタリア作品として殊にトランク劇場などで上演すべく、余りに不用意な分子を含んでいる。少くとも作者が予想した以上の反対的効果を持ち得ると云う点で、危険である。

（九月一日合評）

戯曲

炭坑夫（一幕五場）

ル・メルテン
佐野碩訳

人

ヤコブ・ブルゲル、炭坑夫組合同盟の幹部、元の坑夫。
グレーチェ
ヘルマン　｝彼の子供達、共に肺結核。
ドクトル・ヴルト、組合の顧問。
バッハ
ハウゼル　｝年取った組合幹部。
ヴレルト
ギルケ、若いカトリックの坑夫。
ギルケ婆さん、その母親。
シャット、非常に年取った坑夫。

その他、坑夫、女、など大勢。

所　大炭坑地帯。

時　一九〇八年。

舞台　或る炭坑夫の住居。

（人物に関する附記）

ヤコブ・ブルゲル――五十歳前後。痩せた、丈の高の男。智的の相にて、思慮深く、顔色は蒼白である。二人の子供は、結核性の挙動を表している。

グレーチェ――十八歳。反抗的な、真剣な、物解りのいい娘である。

ヘルマン――二十一歳。丈高く前かがみで、異様な頭をしている。才気に満ちた赫ら顔。鬚はない。時々、挙動が荒々しくなったり、狂熱的な表情を表わしたりする。体に合わない着物を着ている。

二人の会話や挙動には、肺病患者特有の調子が見える、――陰欝な、理知的な、そして敏感な性質。

（舞台に関する附記）

部屋は甚だ殺風景で、小ブルジョア的なあくどさはおろか、プロレタリア的な、粗末な飾り付けさえ見えない。

第一場

上手と正面に出入口。正面出入口の上手寄りに大きな窓がある。その前に寝台。出入口と寝台との間に衝立がある。下手に卓子一脚——その上に本が載っている。

午後である。——父親ヤコブ・ブルゲルが忙し相に卓子に向って書き物をしている。グレーチェは、寝台の上にキチンと座っている。

グレーチェ　ねエ、お父ッつぁん、争議が始まってから、今日でもう九週間だねエ？

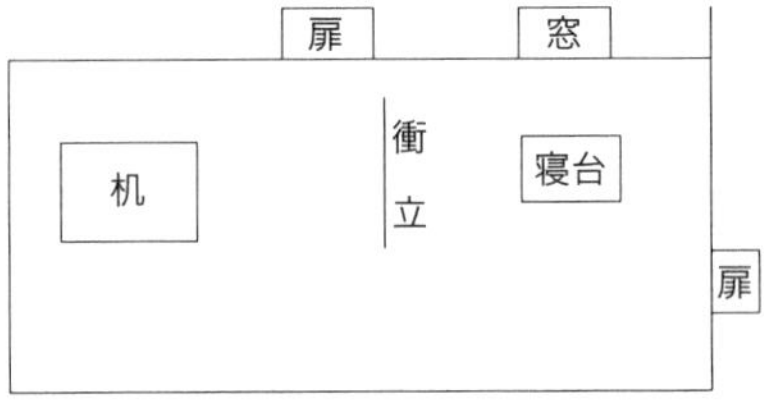

ブルゲル　（考えて）九週間！……そうだなあ。

グレーチェ　丁度あの日から、又、あたし、寝附いちゃったんだよ。……あたし、よく覚えている……

ブルゲル　さっき、俺を会議に呼びに来たね。……もう大分経つかい？

グレーチェ　うん、一寸しか経たないけど……まだ行かないの、お父ッつぁん？

ブルゲル　何故さ？……ヘルマンが行ってるじゃないか。（暫らく間）

グレーチェ　どうなるんだろうね、お父ッつぁん？

ブルゲル　（がっかりした様子で）よく解らないがなあ……駄目だろう、多分。

グレーチェ　駄目じゃないよ！

ブルゲル　遣れるだけは遣って見た。だが、もう皆んな気を落しているんだ。大勢子供を抱えた女達と来たら尚更だ。第一、炭鉱主の奴等あ、譲歩なんて素振りにも見せねえじゃねえか。おまけに、冬は近けえし……

（短き間）

グレーチェ　ねエ、お父ッつぁん、今日は、屹度ヴルトさんが応援の承諾を持って来るって云ってたんだもの……譲歩するなんて、そんな馬鹿な事はないわ。

ブルゲル　うん、来るにゃ来るがな。……承諾はどうかなあ？　第一、こっちの連中は、譲歩するにもしようがないし……そうなりゃ、何時まで続くか分りゃしない。

グレーチェ　しっかりしてお呉れよ、お父ッつぁん！

ブルゲル　お前もそう云うし、ヘルマンも毎日そう云うが俺は、………お前達二人がそんな体になってからと云うもの、もう精も根も尽き果てた様な気がするんだ………
（陰気に黙り込む）
お前の阿母《おっか》さんや、お前の兄弟を、三人まで死なしたのに………
（力なくうなだれる）

グレーチェ　（キッとなる。………強いて落着いて）阿母さんが死んで、私達はどんなに悲しかったか知れやしない。だけど、それだけ、また、強くもなれたんだよ。………それに、………兄さんと私がもうじき死ぬ体だって事は、ちゃんと眼に見えているんだよ、お父ッつぁん。………死なせまいッたって、どうにもなりゃしないんだもの………もう、クヨクヨするのはお止しよ、ね、お父ッつぁん――そうなりゃ、お父ッつぁんは、もう捨身で働けるんじゃないか。

ブルゲル　（苦悶の中に呻く）

グレーチェ　（ジッと父を見守りながら）その事を知ってからと云うもの、私達は、もう自分の事なんか一寸も心配しないで、始終お父ッつぁんの事ばかり気に掛けていたんだよ。………そりゃあ、お父ッつぁんだって辛らいに極ってるわ。（優しさの籠った声で）だけど、………強くなってね、お父ッつぁん、強く………

ブルゲル　お前、ヘルマンと話したのかい、死ぬッて事を？………（うなずく）

グレーチェ　………お父ッつぁん、落着いてよ。――私達みたいな病人だって、まだ話は出来るんだもの……。私達ヴルテルとエリエが死んだ時から気が付いたんだよ。お父ッつぁん、………私達は、一の道を行く様に一緒に死んで行くよ。だけど………お父ッつぁん………お父ッつぁんは一人ぼっちになるんだねェ。

ブルゲル　（陰気に、だがキッパリと）なあに！

グレーチェ　（段々しっかりして来る）お父ッつぁん、世間にゃ、私達よりかもっともっと惨じめな人や、もっともっと無考えな貧乏人が大勢いるんだよ、そう云う人達は、是非とも、お父ッつぁんが助けてやらなきゃいけないんだよ。どうしても、手を借してやらなきゃいけないんだよ。（少し疲れて来る）ああ、………私達が何を考えているか、兄さんだったら、もっとよく話せるんだけど………兄さんまでが、あの体で、あんなに仕事をしなけりゃならないなんて、なんて怖ろしい事なんだろう！　兄さんは、本当に普通とは違っているんだもの、………病気さえなかったらねエ………！

ブルゲル　（ピッタリと娘に寄り添う）どうしたんだい、そんなに夢中に話なんかして？　お前は、まだまだ若いんだ、………そんな話をして怖わくはないのかい。グレーチェ？（娘の手をとる）あんまり喋ると病気に障わるからなあ……

グレーチェ　ううん、今日は、そりゃあ、気分がいいんだもの、………もっと話したって構やしないよ。（まるで死人の様に）初めは、あたし、早死にするなんて、本当に馬鹿々々しいと思ったんだよ、………何と云う事なしに、毎晩、それで、ジリジリしていたっけ、………ただもう、『厭やだ厭やだ』ッて云ってね………。早死にするのが判ると、誰でもあんな気がするんだろうね。――エリエだって、屹度、そうだったに違いないわ。

ブルゲル　（うなずいて見せる）

グレーチェ　だけどね、お父ッつぁん。その後、兄さんまでがあんな体になって、私達兄妹がお父ッつぁんの事を考える様になってからは、もう、まるで前とは変って、すっかり気が楽になったんだよ。――あたしなんかなら兎も角、兄さんに早死にでもされちゃ、それこそ倍も三倍も困るんだからね、――兄さんは、色々、仕事も出来るし、それに、立派な闘士なんだもの。だけど、………あたしなんて、………（表面《うわべ》だけ父を慰めようとする）………お父ッつぁんさえ居なけりゃ、私達、安心してこんな暗い世の中から死んで行けるんだもの。（父に凭りかかる）あたしね、お父ッつぁん………あたし、お父ッつぁんの子供だって事を――或る坑夫の子供だって事を――自慢にしているんだよ。そりゃ、私だって、いつも、もっと綺麗な晴れやかなものが欲しかったわ。（笑う）海だとか森だとか太陽だとか、話には聞いているものの、一度だって見た事はないんだもの。――私達の仲間は、誰一人、そう云う綺麗なものには縁が無かったんだねエ。……（ジッと父を視る。――何かを期待する様な眼差し）

ブルゲル　（陰気に）ヘルマンもそんな事を考えているのかい？

グレーチェ　うん、兄さんは一生懸命に戦っているよ、お父ッつぁん。………兄さんはね、色んな事を考えているんだ。お父ッつぁんや私達の事だとか、仲間の事だとか色んな事を考えているんだよ。そして、『死ぬ』ッて事に就いちゃ、いろいろ考えた揚句、とうとう暗い死と云うものを明るい生の様に考える様になったんだよ。（疑わし相に父を眺めて）お父ッつぁん、解る？………。こんな事云っていいのかしら、あたし。

ブルゲル　（非常に驚いて）何て事を云うんだ、お前は。お前は………そして、俺は………！

（苦痛が抑えつけ様に襲って来る）

第二場

（ヘルマンが入って来る。四辺を見廻す様子。父娘元気づく）

ヘルマン　お父ッつぁん、此処に居て宜かったな。連中、すぐやって来るぜ。ハウゼルと一緒に、皆して、あっちで緊急の相談をやってたんだ。………お父ッつぁんが居なかったんで、それでまあ、俺が代りに出掛けた様な訳さ。丁度ヴルトさんも停車場から来合わせたんで、早速、連れて行ったよ。

炭鉱主連は承諾しそうなんだ。もうちっとの辛棒だよ。それに、他所《よそ》の組合幹事も俺達を支持して呉れるんだ。そりゃあ、見方によっちゃ随分危ぶないが、………とにかく、今夜、必らずもう一遍集会を開いて、そこで、お父ッつぁんに何か喋って貰う事に決ったんだ。

ブルゲル　（立上って、迷惑そうに云う）誰か居そうなもんだな、他に。ヴルトさんは出ないのか？

………

ヘルマン　（怪訝そうに）お父ッつぁん、急にどうしたんだい？

（他の連中が入って来る）

ヴルト　（ブルゲルとグレーチェに握手する）いよいよ今夜決まるんだぜ、今後の成行きは。是が非でも、今夜まで保《も》たせなくちゃ駄目だ。……ブルゲルさん、頼むよ、ほんとに。………何しろ急いだんで、我々の陣営を支持すると云う確かりした返事は貰えなかったが、とにかく、それも今夜決まるんだ。報告《レポート》は電報で来る。それ迄は、俺達で頑張るんだ。

ブルゲル　ヴルトさん………あんたは、みんなが就業しそうになったのに気が付かないんですか？――もう、すっかり気を落してるんですよ、みんな。

ハウゼル　（軽い驚ろき。咎める様な口調で）それで、俺達が此処に集っているとでも云うのかね？　集会はもうすっかり用意が出来てるんだし、………第一、お前ェさんだって二三日前迄は、そんな反対めいた事あ、おくびにも出しゃしなかったじゃねェか。今はもう精かぎり根かぎり闘う時だ。なあ、………是非、話しに来て呉れ、ブルゲル。

ヴレルト　云わずと知れた事《こ》ッちゃねェか………

ブルゲル　こんなに気を落している俺が、どうしてあの連中を引張って行けるんだ？………もう、あいつ等のしたい放題にさせる迄だ？………（両手を後ろに組んで、あちこちと歩き廻る）

バッハ
ヴレルト　}どうしたんだ、ブルゲル！

ヘルマン
グレーチェ　}お父ッつぁん!!

バッハ　（静かに辺りを見廻しながら）ブルゲル、お前ェさんの子供は病気だ。——だが、俺にしろ、他の衆にしろ大勢が、それなんだぜ。——そいつを苦に病んでるのかね、ブルゲル？

ブルゲル　一体、俺は、幾人《いくたり》、奪《と》られたんだ。女房も子供も………。それに、こいつ等兄妹《きょうだい》は、もう自分達が死ぬッて事を、ちゃんと知ってるんだぜ。——だが、その為めばかりじゃないんだ、バッハ。………俺にゃ云えない……自分に信じられなくなった事が、どうして人に云えるんだ。

（一同感動する）

グレーチェ　（両手を揉合わせながら、静かに）お父ッつぁん！

ヘルマン　（驚いて）お父ッつぁん!!——お父ッつぁん！

一同　ブルゲル！………？

ヴルト　ブルゲル……お前がそんな事を云うのは、みんな俺達が現在、こんな苦しい羽目に立っているからだ。だが、それよりも、まず今度の争議を考えて見ろ、決して小ッぽけな問題じゃないじゃないか。万一、敗けでもしたら、それこそ、何十年と云うもの俺達は屈服しなけれやならない。——そりゃもう、誰の眼にも見えてる事なんだ。………お前だって分ってる筈じゃないか。

ハウゼル　そうとも、誰より先きに、お前えがそこに気が付いたんだ。それなのに、………そのお前ェが、今更、勝負を投げようってのか？（がっかりして）………皆んなが何を仕出来《しでか》すか、そこを考えて貰いてえんだ。俺にゃ、うまく云えねェ。……俺が腕で働らく人間だ位えは、お前ェだって知ってる筈だ。

だから、………だから、俺にゃ喋れねェんだ。……（無理に、ハッキリと引緊めて云おうとする）物事には二面がある――人間は、そのどっちか一方を頼って行きゃいいんだ。……『組織』ッて奴にゃ、信頼と衆の力とが附き物だ。……しかも、現在の俺達は悪戦苦闘の最中だ。だから、……だからこそ、とりわけ、俺達にゃ正しい指導者が必要なんだ、――ブルゲルが必要なんだ。なあ、……解るか、ブルゲル？

ブルゲル （相手に釣り込まれて）そうだ、ハウゼル、お前の云う通りだ。………だが、ヴルトさんにも喋って貰おう（ヴルトに）喋って下さい、………ね、喋れるでしょう、あんた？

ヴルト 今となっちゃ、お前以外に、喋れる人間は一人も居ないんだ。一切がお前に懸っている。お前が苦労人であるだけに、苦労した連中は皆んなお前を買ってるんだ。……俺は、お前の様には喋れない。――俺とあの連中とは、血が違っているんだ、……俺は炭坑夫じゃないからな。………とにかく、もう一度考え直して呉れ、ブルゲル。

ヴレルト （深く感動して）俺達あ、一人だって弁舌家じゃねエんだよ、ヴルトさん。誰だって、ブルゲルの代りは出来ゃしねえんだし………。ブルゲルが出なけりゃ、戦は敗けだ………

シャット爺さん そうなりゃ、みんなお仕舞《しめ》えだ。（崩れる様に椅子に掛ける）

（ブルゲル、苦悩の内に躊躇らう様子）

グレーチェ （静かに）お父ッつぁん！

（此の間中、ヘルマンは蒼ざめた顔をしてジッと父から眼を放さない）

ブルゲル （疲れ切った様に） お前達の云う様な勇気と言葉とを、一体、俺は今夜どうしたら出せるんだ………。（相手が自分の失望を理解して呉れないのを諦めるかの様に頭を振る）………いつまで経ったって、辛れえ事あ辛れえんだ。堪まらねえ！一層、気でも狂ってくたばりゃなあ！………だが、狂死《くるいじに》したところで、何にもなりゃしねエ！ 罷業――敗北――希望――冷たい世間――そうして日は暮れて行くんだ。いくら遣ったって水の泡よ。一人ずつ一人ずつ、俺達は動かなくなるんだ。それっきりさ。（絶望的な科《しぐさ》。一同、望を失って立ちつくしている。ハウゼルは、辛気臭さ相にブルゲルを眺め、問いたげな眼差しをヘルマンに向ける）

ヘルマン （圧しつけられた気持ちで、ズバズバ云ってのける）お……お父ッつぁん！……子供や仲間を前に置いてそいつあんまり意気地がなさすぎるじゃねエか！　辛らかろうが、苦しかろうが、ただもうがむしゃらにやり通すのが俺達だ。なあ、お父ッつぁん……そうジメジメしねえで、もっと突込んで考えちゃ呉れねえのか！　腸の千切れる様なあの連中の苦しみが、俺やお父ッつぁん見てえな、突きつめたどんづまりの気持に変ったらなあ……仲間全体が一人残らずこんな気持になりゃなあ——そうすりゃ、……そうすりゃ、うまく行くんだ！（自分だけが合点している様に）俺達の素晴しい仕事が成就するんだ！

ブルゲル　（近寄って）本当にそう思うのか、本当に？

ヘルマン　（陰欝に）本当も嘘もねエ、そりゃそうに違いねえんだよ。だが、ハウゼルも云う通り、今は眼先の事をやるのが肝心だ。だから……だからこそ、双肌《もろはだ》抜いで貰いてえんだよ、お父ッつぁん。行き詰ったら考え直すまでだ。とにかく、男一匹、捨身になって掛かる事だ。七転八起さ。お父ッつぁんの消えかかっている元気を、今夜の演説に叩き込みゃいいんだ。演説ッて奴あ、喋り方一つだからな。——死にかけている俺達に、その元気を見せて呉れ、……俺達、炭坑夫の面魂《つらだましい》を見せて呉れ、みんなに、死んで行く俺達の希望《たのみ》を聞かしてやって呉れ！……なあ、お父ッつぁん、……仲間の事を、仲間の将来を考えて欲しいんだ！　俺達の事なんざどうでもいい。——これでも、俺達は炭坑夫の子供なんだ。俺だって、元は一人前エの坑夫なんだ。——あんたあ、俺達の先に立つ身じゃねエか。なあ、お父ッつぁん、……聞いて呉れ、俺達の頼みだ！（少しく語気を和らげて）分ってる、そりゃ、……俺だって、よく分ってるよ、お父ッつぁん。そりゃあ、お父ッつぁんも辛れえにゃ辛らかろうが、そいつを、その辛らさを一時に炎に燃え上らせて貰いてえんだ。お父ッつぁん一人の辛らさを、仲間全体の辛らさにするんだ。そうすりゃ、……そうすりゃ、みんなだって黙っちゃ居ねエや！——とにかくお父ッつぁん、……俺は、俺達が死ぬッ事を、ただの犬死ににゃしねえ様にやって欲しいんだ！

グレーチェ　（静かに）お父ッつぁん！

ハウゼル　（重々しく）なあ、お父ッつぁん、……此の苦しい最中《さなか》じゃ、あんた一人が頼りなんだ。……お父ッつぁんに出来ねえ様な事あ、一ツだってありゃしねエんだよ………
（ブルゲルは、猶お茫然として心乱るる様子。一同、不安げに悲しげに囁き始める）

ハウゼル （深刻な口調で）今から諦らめちゃ不可《いけ》ねえぜ、お父ッつぁん。――お父ッつぁんだって、未だ、そんな事をする権利はありゃしねえんだ。………第一、お父ッつぁんでなくて、一体、誰が眼先が利くと云うんだ。（嗄れ声で）小ッぽけな事にこだわっている位なら、一層、嘘を吐いた方がいいんだぜ。（額の汗を拭く）ああ、戸外《おもて》へ行けたらなあ………！　だが、こう直きに冷汗がある様じゃ、何にも出来ゃしねエ………！
（椅子に崩れかかる。一同、問いたげな様で近寄る）

ヘルマン （其方を向いて、静かに云う）お父ッつぁん、こっちへ来て呉れ、俺の傍に。………皆んな、安心して行って呉れ。……大丈夫、親爺は行くよ。
（ブルゲル、点頭いて見せる。一同、そそくさと出て行く）

ブルゲル （ヘルマンに）お前、えれえ事を云って呉れたなあ！
（ヘルマン、立ち上って、妙な笑を泛べる）
（ブルゲル、息子の項《うなじ》に面を伏せて泣く。やがて、グレーチェに近づいて、急いで接吻する。兄妹は、抱き合いながら寝床に戻る）

ヘルマン （親しみのある口調で、静かに云う）なあ、お父ッつぁん、俺達あ、あんたが居なくちゃ遣って行けねえんだ。………一から十まで、お父ッつぁんの手加減一つなんだよ。
（握手する。ブルゲル、黙ったまま急いで出て行く）
（間）
（兄妹は窓際に立って居る。グレーチェは、時々頭を振りながら、黙ったまま兄を眺める）

グレーチェ お父ッつぁんを送り出しといて、………どうして一緒に行かないの？

ヘルマン 俺はお前と一緒に居る。………なあ、グレーチェ、一緒に居よう。

グレーチェ ――気の毒なお父ッつぁんだわ………！
（間）

グレーチェ さっき何て云ったの？………本にでもあるのかい、あんな事？

ヘルマン いいや、だが、ありゃ、俺が本を読んで考えた事なんだ。

グレーチェ （再び側から兄を凝視めて）ねえ？………もっと長生きがしたいねえ、兄さん？――本当に、私達みたいな病人でも、未だこんな事が話せるんだわ！………

ヘルマン　（避ける様に頭を振る。頼み入る様な口調で）お止しよ、ね、グレーチェ。

（間）

グレーチェ　――じゃ、別な話をしようよ。

ヘルマン　（微笑みかけて）別な話だって？

グレーチェ　ねエ、兄さん、『恋』ッて、どんなもんだろうね？

ヘルマン　惚れられるッて事かい？

グレーチェ　ああ。（点頭く）

ヘルマン　――そんな事もあったっけ、……知ってるだろう、………グレーチェ？　だが、俺は無理矢理に我慢した………その内に、じき消えて了ったのさ。

（小さい間）

ヘルマン　俺の息《いき》や手を気味悪るがる様な奴に、縁は無《ね》えんだ。

グレーチェ　（嫌やな顔をする）

ヘルマン　なあ、グレーチェ………（グレーチェの言葉を繰返して）『私達みたいな病人でも、まだこんな事が話せる』ッて云ったね………だが、本当は駄目なんだよ………

グレーチェ　如何したの、兄さん？

ヘルマン　第一、………お前は、俺の気苦労を知ってる筈じゃないか。………口にこそ云わないが、俺は、始終それが気に掛っていた、………本当に、体の病と同じ位、苦しい事だった。俺にゃ、迚もそれを云い切るだけの勇気はなかったんだよ。無論、そりゃあ、正体は分ってるんだし……云って云えない事じゃないが………云やあ、きっと気でも狂って了うだろう。俺は、もう洗いざらい振り捨てたい様な気がする……！

グレーチェ　（ジッと兄を凝視める。――諒解しようとする心持）男じゃないの、兄さん。………兄さんは、お父ッつぁんとおッ母さんの子供じゃないの。

ヘルマン　（洞ろな声で）お前だってそうなんだ、グレーチェ。――それに違いないんだ！

（間）

ヘルマン　人生、………人生ッて奴あ、時々怖ろしい様な気がする。……いつまで経ったって、俺は淋しい人間なんだ。

（此の対話の間、グレーチェは、気忙わし相に向側の時計に眼を注ぐ）

グレーチェ　（ちょっと歩いて）もともと、坑夫なんかにならなきゃよかったのにねェ、兄さん。――そうすりゃ病気なんかしずに済んだわ。

ヘルマン　俺は、長い間、炭坑《あな》ン中で働いて来た。――だから、地の底の事なら、これでも、ちったあ知ってる積りだ。だが、俺は一体、何に成りゃよかったんだ？………どっちみち、あん時ゃ、稼せがずにゃいられない体――と云って、明るい娑婆で金を踏ンだくったり、喧嘩をしたりする様な真似は、俺にゃ迚も出来なかった。………お蔭で、俺は荒らくれた事ばかり覚え込んだ。――一々、役に立たねェ事ばかりだ！………お前だって、大方、知ってるだろう。(自暴《やけ》気味に腕を振り廻わす) 全くだ、………地の底の事なら、俺あ何だって知ってらあ！

グレーチェ　兄さんは、労働新聞かなんかの記者にでも成りゃよかったんだよ。

ヘルマン　それにしたって、あの時分にゃ、俺はまだほんの子供だったし、………今は今で、こうやって病みついてる始末さ！　(間) いつだったか、或る友達が、俺に、都《まち》の百貨店の支配人の話をして聞かした。――何でも、そいつ、職《くち》を捜しに来た奴を部屋に入れて、一応、自分に必要な事を調べると、いきなり、指で表の戸口を指すんだ相な――来た奴等あ、後になって漸っと、またあぶれたって事に気が付くんだ、………それが落ちよ。俺も、まあそう云った調子だった。部屋から部屋を歩き廻って揚句の果にゃあぶれたんだ。仕方がねェ、――俺は炭坑《あな》ン中へ潜り込んだ。………娑婆にゃ、もう俺の居る場所が無かったからなあ。

グレーチェ　あぶれたんだ！………本当に、あんなに困ってさえ居なけりゃ、お父ッつぁんやおッ母さんだって、屹度、兄さんを放ッときゃしなかったろうに………！

ヘルマン　(点頭きながら) 俺が炭坑《あな》ン中で詩を作ったなんて、今考えると可笑しい気がするよ。(微笑む)

グレーチェ　詩を作ったんだって、兄さんが？………一寸も見せなかったじゃないか。――炭坑《あな》の詩だったのかい？

ヘルマン　(微笑む) 処が、太陽の詩なんだよ、それが………考えても御覧、太陽の詩なんだ。尤も、………随分、まずい詩だったがなあ。

グレーチェ　(段々、苦しくなって来る。驚いて、悲し気な眼差しを兄に向ける。ぼんやりして、時々、頭を振る) 何だか、………心臓がおかしくなって来た様だわ。……何時頃かしら？………

ヘルマン　（気づかって）何か遣ろうか、え？　グレーチェ。（妹を支える）

グレーチェ　ううん、何にも欲しかないよ。………だけど、何時頃かしら？

ヘルマン　おっつけ七時だ。……何故だい？

グレーチェ　だって、お父ッつぁん、随分、遅いじゃないか。

ヘルマン　遅いなあ。………だが、早く帰って来る様じゃ、却って心配だよ。（窓越しに外を眺める。――間）

グレーチェ　兄さん！……何か話してお呉れよ、ね、黙っていられちゃ、迚も堪らないんだよ。

ヘルマン　――坑内《しき》ン中に居ると、俺あ、何でも不思議に見えた。娑婆の生活は、何でも、どんな下らない事でもまるで別な、迚も素晴しいものに見えたんだ。坑内《しき》ン中と来たら、全く生命懸けだからなあ。だが、俺は一寸も怖わくなかった。『死』なんて奴あ、俺にゃ、まるで、カンテラをぶらさげた老耄の坑夫みたいに思えたんだ。始終、そのカンテラが俺達の生命《いのち》を照らしている、――まあ、そんな気がしたんだな。

グレーチェ　お止しよ、そんな。………もっと他の話をしてお呉れよ。

ヘルマン　（問いたげな心細い調子）じゃ、一体、何を話せって云うんだい？

グレーチェ　詩の話でもさ。ねェ、近頃毎晩書いてるの、あれも矢ッ張り詩なのかい？

ヘルマン　ありゃ、お前、芝居やなんかだよ。

グレーチェ　（無気力にジッと前を凝視めている）あたし、ちっとも知らなかった。芝居なんて………あたし、もう、一生見られないんだねェ………！

ヘルマン　（笑う）見られない？………いいじゃないか。俺達の見たい芝居は、どうせ今の芝居小屋じゃ見られないんだ。俺達の芝居にゃ、なにも、お役者の為めの役だとか――格別偉らい人間だとか――恋物語だとか、罪人だとか、――そんなもなあ、一切要らないんだ。俺達の芝居にゃ、唯一つ、大きな果てしない苦しみさえありゃいいんだ。（問いたげに妹を眺める）

グレーチェ　（ジッと前を凝視めたまま）ああ。分るよ……だけど、どうしてそんな事いうの？

ヘルマン　（思い遣る様に微笑む）まあ、考えても御覧よ。………若し、俺達の一人が詩人だったら、そいつが、自分の嘘のない生活をさらけ出すのは当り前じゃないか………で、さらけ出しゃ、そりゃ、俺達の苦しみに決ってるんだ！――奴等の不正に決ってるんだ！

グレーチェ （点頭きながら）私達の苦しみ………！（生々と）話してお呉れよ、ね、兄さん。………兄さんは、私よりか沢山本を読んでるんだろう。（熱に浮かされた様に勢いづいて来る）世間にゃ、随分、物識りも多いけれど、私達の事なんか、――私達のしてる苦しみなんか、ちっとも知りゃしないんだわ。どうして、私達が、若い私達が死んで行くか、――来る日も来る日も、病気と闘って、終いには連れて行かれて了う、――そんな事があの人達に分って堪るもんか！　年が年中、みんな病気にならずにゃ居られないって事なんか、迚も知りゃしないんだ！………どうしてエリエが死んだのか分りゃしないんだ！　あの子は、一寸も死にたがりゃしなかった。………あの子は、おッ母さんや私達兄妹《きょうだい》と一寸も離れたがりゃしなかったんだ！　エリエは、………死にかかったエリエは、恐ろしい権幕で寝床を這い出して、いきなり部屋の真中に棒立ちになったかと思うと、拳固を振り廻しながら怒鳴ったじゃないか！――『死にたくないよう！　死にたくないよう！』――ッて、あんなに怒鳴ったじゃないか！（声を張上げて）あの子は、……あの子は、一体、何処の何奴《どいつ》に怒鳴ったんだろう!!（昂奮のあまり泣き倒れる）

ヘルマン （心配相に妹をなだめながら）そうだ、グレーチェ、その通りだ。奴等に何が分って堪るもんか！　何時だって、何も分っちゃいねエんだ！　未だに、奴等あ、恋の悩みだとか、嫉妬《やきもち》だとか、そんな事ばかり思ったり書いたりしてやがるんだ！

グレーチェ （蔑む様な調子）あああ！（苦し相に息をする）いつだったか、三百人が、いきなり生埋めにされて、子供やお内儀さん達が、坑《あな》の上で『おいおい』ッて泣いてた事があったっけねエ。………あの時、始めて、私の耳学問が眼の前に現われたんだよ。本当に……みんなが犬死にするのをみすみす黙っていなきゃならなかったんだもの……！

ヘルマン （妹を昂奮させまいとして、非常にしっかりと云う）お前の云う通りだ、グレーチェ。だが、今は、俺達あ静かにして居なけりゃいけない、ジッとしていなけりゃいけないんだ。『死ぬ』ッて事あ、エリエの時よりゃ、ハッキリ分ってるんだからな………。頭を静かにしとかなけりゃいけない。

………（我を忘れて、囁く様な声で）さもないと………俺達はお了いになるんだ！

（グレーチェが静かに溜息をつく。ヘルマンは、ジッと前を凝視めている）

グレーチェ　（溜息をついて）水！………水を頂戴！………胸が………！

（ヘルマン、驚いて妹に水を飲ませながら体を支えてやる。グレーチェ、溜息をしたかと思うとグッと虚空を摑む。――肺病患者の心臓麻痺である）

ヘルマン　どうした、グレーチェ！（楽に寝かしてやろうとする）

グレーチェ　ああ！（兄に獅嚙みつく。やや落着く）ああ！………（息が絶える）

ヘルマン　グレーチェ！………（不審そうに低い声で）グレーチェ！………（驚いて後退りする）行っちまうのか、グレーチェ！………（しばし、ベッドの側に突立ったまま両手で眼を覆う。やがて、部屋の中程に来る）………グレーチェ………真暗な嵐を乗り越したんだ！――俺も、………俺も直ぐ行く！………（机の傍の椅子に崩折れる）

第三場

ブルゲル　（額を拭きながら入って来る。グレーチェをチラッと見て）グレーチェ………寝たのか、もう？

ヘルマン　（蒼い顔をしている。――悲哀を抑えて父に手を差出す）どうしたい、お父ッつぁん？

ブルゲル　上首尾だった。実にテキパキ運んだ。俺が三十分余り喋ると、そこへ、応援承諾の電報だ。………就業する様な奴は、もう一人も居やしないよ。それで………とにかく明日《あす》の朝、炭鉱主達と会う事に決ったんだ。

ヘルマン　（釣込まれて）じゃ、お父ッつぁんが喋ったんだね？

ブルゲル　（点頭く）うん、暗くなるまで喋っていた。………喋っている間、俺は始終お前の顔が眼の先にチラついていた、――本当に嬉し相な顔だったぜ。だが………仲々、辛らい仕事だった。……俺は、自分にあれ程の力があるとは知らなかった、

ヘルマン　俺は、初めから分ってたんだ。

ブルゲル　（注意深くグレーチェの方へ寄って）すっかり寝込んでいる。………今日は、よっぽど快《い》いと見えるな。

ヘルマン　（ジッと父を見守りながら）あ、………あ
あ………お父ッつぁん！　グレーチェは、………グレーチェは、もう死んだんだよ！

ブルゲル　（解しかねた様に一寸息子を見る）死んだ？

ヘルマン　実際、急だったんだよ。……ヴルテルの時とそっくりだった。屹度、心臓麻痺なんだろう。

（ブルゲル、無言。ヘルマンは何かに体を寄せかける）

ブルゲル　（やがて気を取り直して）何か云ってたかい、グレーチェは？

ヘルマン　（疲れた様に）ああ、色んな事を………

ブルゲル　どんな事を？

ヘルマン　心細い話でもしたと思うかも知れないけど、今になって考えると、死際にグレーチェと話し合った事は本当に美しい事ばかりだった。

ブルゲル　（娘の傍に膝まずいて）ああ、………可哀想に………なあ、ヘルマン、彼女《あれ》だって何時もこんな石炭の中で暮したくはなかったろうに………。どうして、俺は、もっと早くお前達をこんな処から連れて出なかったんだ！

ヘルマン　お父ッつぁん！　今更、そんな事を云ったってそりゃあ、愚痴にしかならないよ。やろうと思えば出来た時分にゃ、あんたあ、そうする気がなかったし、……今となっちゃ、もう遅いんだ。

（間）

ブルゲル　エリエの他は、俺は子供の死に目にさえ会えなかったんだ。

ヘルマン　これでも当り前だと云うんだろうか？……仕様がないんだ。——お父ッつぁんは何時も仕事をしていたし、それに、外出勝《そとでが》ちだったんだから……。ちょっと、……（と、父を傍の方へ連れて行って）お父ッつぁん、会議の模様はどうだった？……それから明日《あす》はどうなるんだい？……

ブルゲル　（余り気乗りしないらしく）急に寒くなったんで石炭の需要が増した。——そんな訳で、まあ俺達の要求が通り相なんだ、まだ大丈夫、そうとは決らないが……勿論、俺達あ、まだまだ待たなけりゃならない。だが、俺達の陣営にも新しい勇気と反抗とが出来て来た。——これが、今、一番大切な事なんだ……。そりゃそうと、俺は告発されるらしい。先週の檄文がいけなかったんだ、——お前も知っている……

ヘルマン　（驚いて）俺が書いた奴かい？

ブルゲル　うん、あれだ。

ヘルマン　（何か云おうとする。――急に或る新しい考が浮んだらしく）お父ッつぁん、引ッ張られる迄にゃまだ大分間があるだろうな。
ブルゲル　うん、まだ二三週間は大丈夫だ。
ヘルマン　（少し微笑みながら）じゃ、結局、お父ッつぁんがはいる様な事になるんだね。
ブルゲル　そりゃ、そうだよ。
（間）
ヘルマン　――グレーチェの死んだ事を知らせなくちゃ。
ブルゲル　（再び娘の方を向いて）俺は、どうしても、グレーチェが死んでいるとは思えない。……

第四場

（坑夫達大勢、続々と興奮して入って来る）
バッハ　お、ヘルマン！　親爺はいるか？……ああ、ブルゲル！　坑道に火が出たんだ！
ブルゲル　何？　火が出た？
バッハ　なんでも、此の二三日、風を通さなかったらしいんだ。
ブルゲル　どうしたんだ、一体？
他の坑夫　小さい方の廃坑で爆発があったんだ。
バッハ　丁度居合わした奴が、三人で飛込んで行って、火を消したり、馬を救け出したりしたんだが……
ギルケ婆さん　（駆け込んで来る）ほ、……本当かい、うちの倅が降りて行ったってのは？
バッハ　奴、いきなり飛込んだと見える。……誰も気が付かなかったんだよ、婆さん。
ギルケ婆さん　（悲し相に）たった一人残った子だったのに……お前達あ、彼《あれ》を置いてきぼりにしたんだね！　彼をお前達の仲間に引ずり込んで、とんだ罰当りな真似をさして置きながら……その上、こんな事までしやがった！　ありゃ、生残った私のたった一人の子だったのに……（泣きながら行きかける）
ヘルマン　（婆さんのそば近く寄って）静かにおしよ、婆さん。そんな出鱈目を云うもんじゃない……。じき上って来るよ。（父をチラと見、気付かれない様にそそくさと出て行く）
バッハ　なあに……何しろ、まだ元気で、若いんだからな……（ブルゲルの傍に歩み寄って）ブルゲル！　お前さん疲れたろう、別に行く事はないよ。ただ、ちょっとお前さんの耳に入れとこうと思ってね、――それだけなんだよ。お前さん、気分が悪いんじゃないか？
ブルゲル　（力なく寝床を指して）留守の間に、娘が死んだんだ。
（一同、帽子をとる）
シャット爺さん　グレーチェ！（身をかがめて、グレーチェの手をとる）
ヴルト　ブルゲル！　何か俺に出来る事があったらさせて呉れ。……君は、まあ何より静にしている事だ。
ブルゲル　（額に手をあてて）ああ、何が何だかさっぱり解らない……。火事か！……
ヴルト　誰かが消して呉れるよ。
ブルゲル　（娘を見ながら）ヴルトさん、役所へ行って、彼女《あれ》の死亡届を出して呉れ。
（ヴルト行きかける）
ブルゲル　明日《あす》の事で、何か報告はなかったかい、ヴルトさん？
ヴルト　確かな事はまだ一つも解らない。会議はうまく行ってたんだが、……そこへ、失火の報《しらせ》が入ったんで、みんな目茶苦茶になって了った（行きかけて）だが、何にも気に掛けない方がいいぜ。
ブルゲル　（ヴルトを見る）そうかなあ……
（一同此間に去る）
シャット爺さん　（近寄って）若しよかったら、俺を此処に置かして呉れ、ブルゲル。――こりゃ、グレーチェとも約束してあった事なんだ。
ブルゲル　俺の処に居るって事をかい？
シャット爺さん　ああ。
ブルゲル　じゃ、居て呉れ。一体、ヘルマンは何処へ行ったんだ？……どうも、俺は休んだ方がいいらしい。（椅子に腰を下す）

第五場

（若い坑夫ギルケ、其の他多勢が駆け込んで来る）
ギルケ　（せきこんで）ブルゲル！　ヘルマンが俺を助けに来て呉れたんだよ！……だけど、その為めにヘルマンが死んじまうなんて……！
（ブルゲル、彼を見ながら起き上り、よろよろとよろめく。バッハ、両腕に彼を抱き止める）
バッハ　（たたみかける様に）ヘルマンがどうしたって、ギルケ？
ギルケ　ヘルマンは俺を助けに来たんだ。だが、誰もそれにゃ気が付かなかった。ヘルマンは、あの通り、坑内《しき》ン中の様子に精わしいんだ――で、早速、俺を救助籠に戴ッけて、うまく連れ出して呉れた。彼《あれ》は、帽子も被らず普段着のままだったが、俺を連れ出す事が出来て非常に喜んでいるらしかった。彼《あれ》の顔は真白で、輝やいている様に見えた。疲れ切って、身動き一つ出来なかった俺にゃ、まるで天使が救けに来てくれた様に不思議な気がしたんだ。で、上りついて、漸っと息がつける様になった時、始めて俺は、彼《あれ》が苦し相な息をしているのに気が付いたんだ。俺は、彼《あれ》があんなに体が悪いたあ一寸も知らなかった。何しろ外は涼しかったんで、始めの内は、やけに俺達あ、爽々《せいせい》した気持で歩いて居たんだ、と、丁度俺ン家《とこ》の少し手前まで来ると、彼は急に咯血を始めて、仲々、それが止みそうにないじゃないか……！　取敢えず、俺あ、うちの阿母《おふくろ》ン所へ寝かして、早速、飛んで来たんだよ。（気がかりらしく）ブルゲルさん、早く来て！

ブルゲル　（動こうとするが、体が云う事を聞かない。死人の様な顔。取乱している。嗄れ声で）まだ、喋れるのかい、ヘルマンは？

ギルケ　ああ。小さな声で俺にこう云うんだ、――『おやじに、……俺が愛してるッて事を……そいつを、何時も思い出して呉れッてなあ……！』――そう云って、何遍も眼で何か云ってる様だった。それを見て、俺は、すぐ駆けて来たんだ。

ブルゲル　（聞えるか聞えない位に）何と云う事だ！……（もう一人の坑夫が入って来る）

ギルケ　（その坑夫に）どうだ、ヘルマンは？

（坑夫、点頭いて見せる。――動揺。ブルゲルは、それに気付かずに腰を下す。ギルケとシャット爺さんが彼を立たしてやる）

（間）

（部屋中が、男や女で一杯になる。一同、泣く）

バッハ　（低い声で）――ブルゲル、……何か云って呉れ！

ブルゲル　（何か云おうとして苦心する。やがて、不自然な位落着いて、最後まで嗄れ声で云う）みんな、聞いて呉れ……！　あいつあ――俺の倅は、みんなの方で埋めて呉れ。俺にゃ迚も出来ない！……ヘルマンが俺にして貰いたい事は、もっと他に沢山ある筈だ。俺は、そこを、確ッかり考えて置かなけりゃいけない。……俺にゃ出来ない。……だが、考えて見りゃ、あれ達が死んだのは決して無駄じゃなかった。――今日と云う今日、俺は完全にお前達のものになったんだ！　グレーチェもチャンとそれを知っていたし、……ヘルマンはヘルマンで、すぐ眼の前に立って、あのバッチリした眼を開けて俺をせき立てる様な気がする！……俺は、もう一言《ひとこと》云いたい。そうだ、——俺だって、そりゃ分っていたんだ。——今こそ、もう心の底から呪ってやるんだ、呪って……！（一同、声を挙げて泣く）泣かなくてもいい。俺の子供達は一度も泣きゃしなかった。泣くんじゃない、——憎むんだ、……憎んでやるんだ！（夕闇が迫って来る）お前達が俺の倅を埋める時、あいつと同じ様に奪いとられた自分達の子供の事を考えろ、そして、憎しみの火を燃やすんだ……！　火を涙で消してはいけない！　何時か火が焔に燃え上るまで、そいつを、その火を煽り立てろ！……怖しい、何もかも焼き尽す様な焔に煽り立てろ！……そうすりゃ……そうすりゃ、屹度、その時は来るに違いないんだ！（稍々落着いて、ジッと遠方を凝視める）俺達が、自分で自分を滅ぼさない限り、その時は必らずやって来るんだ！　『世界が血によって浄められない限り、その時は決して来はしない！……俺達は、新しい闘いに進まなければならない！——力の続くかぎり、新しい憎悪を燃やさなければいけない！』——あの親切者のヘルマンが、いつも口癖せの様にそう云っていたんだ！……俺も……俺も、そう思う。——その時は、必らず来るに違いないんだ!!……

（力なく、誰かの腕の下に倒れる。覆《おおい》をしたヘルマンの死骸運び込まれる。——グレーチェの傍に置かれる——）

—（幕）—

（一九二五・九・四・訳了）

葉山嘉樹論

合評者　林房雄／小堀甚二／前田河広一郎／金子洋文／佐野碩／中野重治／鹿地亘／佐々木孝丸／山田清三郎（ＡＢＣ順）

前田河　これまでの此の合評会の様子を見ると批評の批評——反駁の駁論堕していたような傾きをやって居た様ながあった。で、作者の作風を中心として、それにそくしてやってほしい。

一同　異議なし。

前田河　聞く所によると、葉山君は、ルンペン・プロレタリアよりだんだんにプロ的に自覚を持って来た作者で本来の彼は可成不統則な反抗意識の漫然とした所にあまんじて居た人だったが、しかし、だんだんに一つの確固たる目的を持って来たから書くものもしっかりして来た。と言われて居る様だ。所が、自分にとっては実に逆の感がある。即ち、最初に書いたものはピタリ来るが、最近のものは、アピールしない所のものがある。此の点で、自分は、「海に生きる人々」をとる。

林　最近のものの中で、ある目的を持ったと言われる、此の「目的」とはどんなものですか。

前田河　例えば、——有る目的的な作品として——「セメント樽の手紙」「労働者の居ない船」などがそれだ。

之等ははっきりした目的を示して居る。之程、直接にあらわさなくても善い勿論短編と長編との相違はあるが此の目的意識は、

林　その「目的意識」とは……

前田河　今、「目的意識」と言ったが、此が二つの短編と「海に生きる人々」との相違は、短編の方では、ジカに我々の組織された反抗意識をしげきするに反し、長編の方では、それを自然にたどって、内的爆発を待って出し、読者に之に共鳴させる点がある。之は、長編と短編の相違による所だとしても、そこになお、一考慮あってしかるべきだと思う。

林　その比較に於て、長編の方がすぐれて居る事をみとめるが、短編に目的意識が露骨にあらわれて居ると言われた、その事は、長編と短編との形式の相違からあらわれたのだと思う。

議長（佐野以下姓略）作者の目的意識作者の意図について論じて下さい。

鹿地　時代的に見れば、「淫売婦」には、まだ人道主義的な所がある。「セメントダル」「どっちへ行くか」では之よりぬけ切ったが、まだ行くべき所を見出して居ない。そして「海に生きる人々」に於て此の反抗が可成目的を持って居るかの様に見える。

林　「海に生きる人々」は最近書かれたものでなくて、極く初期の作品だ。時代的に先なのだ。

金子　「どっちへ行くか」では行くべき道を明かに示して居ると思う。

林　鹿地君その目的意識とは何を言うのですか、政治闘争とか経済闘争とかの扱ったものを目的意識のある作品と言うのですか？

鹿地　それだけを言うのではないが、帝国主義時代となり、闘争が政治的になって来るにつれ、素材のえらび方も必然に政治的暴露にまで進んで来るべきだと思う。

山田　僕は、必ずそうでなくてはならぬとは思わぬ。今日でも封建のイブツは残って居る。そこから主題をとって来ても善いのだ。此の素材を、如何に取扱うかが問題だと思う。葉山君の作には封建時代のイブツを取扱ったものはない。みな、近代資本主義時代の重圧の底から引き出されたものだと思う。彼は之を無秩序に投げないで、之に一つの秩序をあたえ、そして意識づけて居る。長編と短編との話があったが、私の見る所では、彼の此の長編は形式としてまだ処女性を持って居る様に思える荒削でガムシャラなところが多分にある。所が短編はすべてぐっとより文学的に洗練せられ来た。前期のものはプロレタリヤによりじかにより端的に訴えかける力が強いが、後者のものはより芸術的な、より文学的なものを好む人々にも充分迎えられると思う。

林　僕は、「目的意識」の言葉の、意味をはっきりさせることが必要だと思う。僕は、そうした誤解され易い言葉の代りに社会主義的世界観と言った言葉を用いたらいいと思うが。

鹿地　それは分る。しかし、かかる意識に於て、作者は、此の素材の選択をなすべきだと思う。

林　しかし、どうも「目的意識」論者は題材の選択を制限しすぎる傾がある。

前田河　且《マヽ》なる外形的な政治的経済的闘争が全体ではない。感情までが社会主義的でなくてはならぬ。Sentimentに於ての教育を先ず経て居るものである必要がある。

中野　目的意識性。――今日は、階級闘争は政治闘争にまで入って居る。之を作者は主として取扱うべきだと鹿地君は言われた。林君は、あらゆる点が取扱かわれ、「いかに見るか」が問題だと言われた様に思う。自分の見る所では、客観的衝動力によって素材が制約されて居る。此の理由によって見方もちがって来て居る。そこではじめて林氏の論も生きると思う。前田河氏の、先に言われた所――短編に於ては目的意識が露骨だが、長編では、之が内的バクハツを伴って居る――と言う所の此の露骨と言うのは、之は手法の問題である。

佐々木　同感。素材はいたる所に求めらるべきだ。例えば、主観的に決して目的意識を持って居ないかの如く見える暴動や一揆などに於ても、我々は之を社会主義的立場から見る、――そこが問題なのであると思う。此の「目的意識」とは、社会機構を「ばくろ」する所から生じるのだ。帝国主義の時代にあっては、素材はせいげんせられるのではなくして、ますます広くなるのだと思う。

前田河 議事進行について発言。批評の批評となりかけた様だ。作品に即してやってもらいたい。

佐々木 今日まで、此の「目的意識」は可成間違って考えられて居る、これを此の機会にはっきりさすべきだ。

中野 何が素材として選ばるべきかについて、も少し議論を進めたい。経済闘争の時代には漠然たる経済的反抗を文学の素材として持って居た。所が帝国主義の階段に入るに至っては闘争は広く政治闘争にまで及んで来た。だからこそ芸術の問題、その素材は、ますます拡張されるべきなのである。

前田河 コンミュニストである以上、目的意識は一つしかない。之に向って作家は作家なりの努力をすべきである。此の点が問題なのだ。

林 此の言葉――「目的意識」――は、「社会主義的の認識」と言わるべきだと思う。

議長 では短編を代表して「淫売婦」に於けるその内容を論じて下さい。

佐々木 ある科学者の話によると、現在には、ここに取あつかわれた内容以上に悲惨な事実があるそうだ。しかし、かくまでに勇敢に描かれたものはまだないだろう、と言って居る僕は、此の内容が、彼の空想なりとすれば、それは、かかる空想を可能ならしめた彼の体験の深さを感じせしめ、又之が体験だったとすれば、それは彼の非常なるいきどおりを思わせる。尤も、此のいきどおりの中には、少々トルストイアン的な所があるが

………

山田 自分は「淫売婦」を通じて、被搾取階級仲間の姿の象徴を見た。そしていかなる場合にも失われていない仲間の愛を見せられた。ここではみんな一緒に泣いて居る。自然発生的な反抗意識、相互の愛から、我々の異常な

力が発生すると言う点を見た。僕等が――いや僕が仮にこうした題材を扱うとなるとこの事実を見ようとばかり、先ず事実ばかりたたきつけたくなるが、葉山はそれを意識的に統一して、而して後おもむろに、これを芸術化している点は、僕の敬嘆しているところで、同時に彼から大に学びたいと思っているところだ。

前田河 此の作について言えば、先ず我々が感心するのはそして必然にここで同感させられるのは、読者の性欲の衝動だ。そして、ここでやって来るのは、しかも、次にそれが果されないと言うのだ。之等に面した主人公の気持の次に、――さて、その次にだ。「赤旗を持てたて」と彼が言わなかったからと言って、之は文学として弱いものだと言う事にはならない。

林 之は「無産階級の同胞愛」である。人道主義的であると言うべきものではない。

佐々木 僕は作品の内容が人道主義的な部分を含んでいると云うのだ。

前田河 佐々木は、決して人道主義を攻める必要はない。

金子 「淫売婦」の内容、この特長は、「しいたげられ乍ら、しかも愛し合う」その中から、起ち上ろうとして居る所にあると思う。そこを見ないで目的意識がないと言うならばそれは間違いだと思う。之はブルジョアにも感じ動かせる、又プロレタリアにふるい起たせる。このいずれもが大切な所だと思う。

鹿地 僕が最初に人道主義的だと言ったのは、作者が次に発展して行った諸作品の階段から見て、比較的に言ったのである。

前田河 作品は最後の八行目まで人道主義的感情を出し、八行を以てそれをひっくり反して見せる。此の最後の八行が強いか、前の人道主義が強いか。僕は八行だと思う。

林 その人道主義とは……

前田河 僕の云う人道主義とは、主人公の女に対する優越の感情――そしてそこから来る此の女に対する、弱きものに対する、憐びんの情だ。

林　人道主義とはセンチメンタリズムを言うのではない。超階級的なそして反動的な世界同胞主義だ。

議長　「淫売婦」の技巧について言って下さい。

前田河　人道主義を此の八行でひっくり反す事は技巧としてはまずいい。

中野　たしかに、「淫売婦」は技巧に於て欠点を持って居る。今、ヒューマニズムが問題となった様に、冗漫である。此の中のリズムにブルジョアのそれと似た所がある。も少し簡潔に書けたら、なお立派だったと思う。

佐々木　大体賛成。しかし、小説として、読者を惹きつける点に於て、さ程、ジョーマンではないではないか。作者の意図して居る点に引く為にはあれ位書いて行って善いと思う。同じ事実、あれにおとらぬ内容を書いたものでは問題にならなかったものがあるが、しかし、之がかく問題にされたのは、たしかに技巧のすぐれた所によると思う。

中野　僕は「欲」を言ったので、「セメントダル」に比べて見て、ジョーマンな所があると思う。

小堀　「淫売婦」の善いと言う事には最大の賛辞を惜しまないのだが、淫売婦の生きた生活が描かれて居ないのでそれが却って夢幻的な感じを与えて読者を惹いたかも知れないが、僕等のものとしては失敗だと思う。僕が生活と言ったのは、経済生活や其の他の機械的な生活と言う意味ではなく、生活姿体という意味だったのだが、異口同音の反対を受けて、面喰ってしまったので、中途で止してしまった。(附記)

佐々木　否、「淫売婦」と言う題を出しておき乍ら、普通に頭が浮ぶであろうものを描かないで、こう言った異常な淫売婦を描いたので、却って効果があったのだ。

一同　同感。

山田　此の作によって、無産者文芸にも、如何に技術が、必要があるかと言う事を、具体的に示された様に思う。

中野　そして同時にプロ作品は、ブルの持ち得なかったものを持って居ると言う事を教えた。

議長　「海に生きる人々」の内容について——

林　僕はすばらしく打たれた。人にひしひしと迫る力を感じた。此の作品を貫ぬいて居る社会主義的認識と社会主義に対する確信——その熱情的□□妥協的な表出が僕をうったのだと思う。

中野　此の船は、忠実に資本主義につかえて航海して居る。そして、「此の中」で闘争が行われて居るのである此の作品の内容は之である。此の走馬灯にかかれた闘争の鎖は、やがて監獄までつづいて居る。こうした事件、題材は、ブル作家によって、かつて書かれた事がないのはもとより知られてさえも居なかった事である。此の新しいと言う事は　又、新しい感覚を持って来る。此の後、作者は従来の文章によらないで、新しい表現を持つ。此の点が、人々を打ったのだと思う。

山田　題材としては、多くある事実だが、作者の現実観の把握と認識が徹底して居る為に、全体が生々とした社会的感覚で依って生かされて居ると思う。此の作の中に扱われている人物には、境遇上非常に憐むべきものもあるが、しかし作者はそれ等に対して明確なる社会主義的世界観に依って、人道的な涙を殺し乍ら、少しもプチブル的な同情をそそがないで、それ等の人間の行くべき道をハッキリと指示している。全体に作品が潑溂として健康である。取扱われて事件は被搾取階級の重圧そのものであるが、しかもこの作では、圧えつけられて居た者は、やがて奮然としてけっ起するだろうと言う一つの大きな力を感じさせる。

林　自然主義作品と社会主義作品、此の両者の差を此の作を読んで考えさせられた。前者は、生活姿態をはっきりと描き出しはするが、作者の主張や理想は、これを作品に現す事を出来るだけさけた。ゾラ、モーパッサン等はちがうが、一般に「主張」を押しかくさんとした。所が後者は生きた生活姿態と同時に作者の主張をぐんぐん概念の形で出す。そして此の二つの事が少しも矛盾して居ない。此の事実に僕は大いに教えられた。

中野　此の作品の持つ特性は、メンミツである事、ブルの持ち得なかった事にメンミツである事だ。そして又実際、資本論を引用し、その頁数までも示してあったり、争議の方法を教えたりして居るが、然もそれが十分に感情を持って居る。そこにある。

林　表現の混乱性が、非常に効果をあげている。之が意識的であれば、成功であり、無意識的であるとすれば怪我の功名である。だが何れにしろ中野君の言われるように、且つて日本になかった、そして日本の社会主義文学の最高収獲を妨げるものではない。

中野　色々な点で、作者の意識的統制に欠くる所があったと思う。

前田河　葉山君の特長は統制されないで、無意識である。もっともっと無中でやる所に彼の生命があると思う。

中野　僕等の言うこんぜんたる作品を出せと言うのは、洗錬された、みがかれた玉を出せと言うのでは決してない。十分計画的に混乱性、溌溂性を出せば善いのだ。

小堀　理智的になって、はつらつ性が現わせれば善いのだが、やっぱり統制に重きを置くと主智的になってそこから欠点が生れる所がある。

前田河　意識的に奔ぽう性を出すと、すでにそれはほんぽうでなくなって来る。

林　しかし、ただ「統制」の方向に努力してほしいと言うのであって……

金子　例えば、「どっちへ行くか」でもも少し技巧を練ったら、なおよくなる。此の意味で意識的に統制したら善いと思う。

前田河　芸術上、技巧上の普遍性と特異性とを混同して居る議論だ。むつかしい文章をことに好いて読むと言う事もあるのだ。

山田　葉山の最近のものと、「海に生きる人々」とを比べて、最近のものの方がより文章や技巧の方から見て進んでいるように思ったが、それは此の長編の前の方だけを読んだ所の考であって、これを読み終って見て、此の方が、最近のものより処女性のあるところが却っていいのではないかと思った。そのあらけずりな力のある点に於て……しかしそれは題材にも依ることだが。とに角、葉山のものが二三年前発表された時、殆んど問題にならないで、今、之が問題となったのは何と言っても、今の社会的情勢がかかる作品を要求するに至ったからである事は事実であろう。

前衛座宣言——我等の劇団前衛座生る！

前衛座　は健全なる演劇の創造に向って邁進する——健全なる演劇は、人類を光輝ある未来に向って導き得るものでなくてはならない。

前衛座　は、故に、最早衰退に趨きつつある世界観を排撃する事によって、発展性ある新しき世界観に立脚する——現代の演劇がその正道に転向せんが為めには、先ず茲に発足しなければならない。

前衛座　は以上の歴史的使命を果さんが為めに、潑剌たる生活を生活し得る人々の世界観を内容とする演劇の確立に努力する。

前衛座　は而して、必然的に這の内容に最も適応せる表現形式を採る。

前衛座　は斯くして演劇の内容及び表現形式に於て、前人未踏の境地を拓かんとするものである。

真に演劇を愛する人々よ、我々を支持し、来って我々に看よ。

（前衛座同人）　ＡＢＣ順

青野季吉　葉山嘉樹　林房雄　久板栄二郎　前田河広一郎　村山知義　仲島淇三　野村明　大河内信威

小野宮吉　佐野碩　佐々木孝丸　佐藤誠也　関鑑子　千田是也　辻恒彦　山田清三郎　柳瀬正夢

「解放されたドン・キホーテ」演出後記

佐野　碩

人類を光輝ある未来に向って導くという重大なる歴史的使命を帯びて生れた我等の劇団『前衛座』は、全く予想以上の反響を喚び起しつつその第一回演出を終えた。云わずもがなの事ながら、それは我々に対する要求を演劇の分野に於ても如何に切実であるかを雄弁に物語った。正にそれは、所謂純芸術の仮面を被りながら沈滞と滅落の道を辿りつつある在来のブルジョア的乃至プチ・ブルジョア的諸劇団に向って放たれた我々の鏑矢であった。同時にまたその反響は、新しき戦線に於ける我々の貴重なる経験であった。今若し、此の反響を単なる反響として受け流すならば、我々は決して進展し得ない。前衛座が自己を止揚する為めには、此の経験を基礎として我々の厳格な相互批判乃至自己批判が行われなければならない。かくする事によって、否、かくする事によってのみ、前衛座は日進月歩する。

とまれ、『解放されたドン・キホーテ』によって、前衛座はその宣言を実践に移した。併しながら、演出者として此の戦跡を顧る時、私はそこに幾多の難点を発見せざるを得ない。以下私はその根本的な二三の点に関する私の自己批判を述べて、諸兄姉の厳正なる批判を請う次第である。

前衛座の演出会議に於ける討論の重点は、先ず「此の戯曲は如何なる内容を持っているか」、次に「然らば現在の日本に於て、我々は之を如何に取扱うべきか」にあった。かくして我々は此の戯曲の正確なる理解に到達した。即ち――

『此の戯曲の発展要素としての対立は、既にその歴史的使命を果し終えようとする封建君主の暴政と、そのアンチ・テーゼとして現われた民衆の反抗とである。そして、作者は、此の危機に際してドン・キホーテの人道主義――階級対立を度外視したお目出度い世界同胞主義――が如何に無力であり危険であるかを明快に示している』

そこで我々は、此の対立及びその発展の過程に於て、『現実的なる激しき階級闘争とその必然的帰結――覚醒せる民衆の之に対する積極的な意志表示』を発見した。即ち、我々は、悲しき姿の騎士ドン・キホーテの英雄的行為が如何に有害無益であるかを表現すると同時に、『飽くまで自己の地位を死守せんとする封建主義的権力の絶望的努力に比して、民衆の積極的反抗力が如何に優越的であるか、如何に正当であるか如何に輝しい未来を有するか』を強調しようと試みたのである。

×

かくて我々は、ムルチオ伯とドリゴとを以て彼我の対立の中心に置き、前者の周囲にある人々――御殿に巣喰う随民共――を戯画化し、後者の周囲にある人々――一揆指導者の一群に溌溂たる生命と発展性とを与えて、此の対立に関する我々の批判を表現しようと企てた。そして、又、此の対立の間に彷徨する嗤うべきドン・キホーテとその盲目的追徒サンチョ・パンサの姿は、勿論、我々にとっては一幅の戯画に過ぎなかった。

「解放されたドン・キホーテ」の演出方針は概略上述の如きものであった。そこで、私は、――
殿様に於ては、脳梅毒患者の如きブラブラ男の姿を、
奥方に於ては、すべてに飽満を感じた無智な女の姿を、
ミラベラに於ては、閉さされた閨房戯に欝血を感じる若後家の如き姿を、
マリア・ステラに於ては、尼寺教育によって歪められた不自然な愛欲の姿を、
バッポに於ては、無智な狡猾さを持った蝙蝠の様な阿諛者を、そして最後に、
ムルチオに於ては、之等すべての黒幕として動く野獣的な反動権力の権化を、
――現わす事によって、之等一群の人々を、憎むべきもの、呪うべきもの、嗤うべきもの、唾棄すべきものとして演出し、一方、一揆指導者の一群に就いては、ドリゴに現われた鉄の如き決意と綿密なる考察とを持った「我々の闘士」と対照して、バルタッサルの日和見主義と、バーミリオンのテロリズムを表現しようと試みた。尚お又、嗤うべき無抵抗主義の騎士ドン・キホーテの従僕サンチョに於ては、盲目なるが故に動揺常なき「民衆」の姿を描こうと努力した。

×

併し乍ら、かかる企画が実際の舞台に現われた結果は決して満足すべきものではなかった。少くとも、私は、その最も大なる二三の難点として、――
1、御厳に於ける糜爛せる生活の戯画化が不徹底であった事、

2、ムルチオに於ける反動権力の野獣性が充分に表現されなかった事、
3、ドリゴとバルタッサルの対立が明快に現わされなかった事、
――等を挙げる事が出来る。

1の欠陥は、ミラベラとマリア・ステラに於て特に甚しい。そして、それは、之等の演技者がそれぞれ役に対する充分なる理解に欠けていた結果に外ならない。尤も、ミラベラに就いては、滑稽に醜く化粧して呉れと云う私の要求を、演技者が容易に容れようとしなかった（こんな事は、演技者としてあるまじき我儘である）事にも原因がある。

2は固よりムルチオを演じた村山知義君が反動の如何なるものなるかを充分に認識し得なかった事に起因するけれども、同時にまた、私が、演技形式に現われた村山君の素晴しい新機軸に眩惑され結果、演出者として、充分に村山君の認識不足を指摘し得なかった点に責任の一半を感ぜざるを得ない。事実、あの演出に現われたムルチオは、反動の権化と云うよりも寧ろ近代的遊蕩児に近かった。そして此の事は、あの演出全体から見て、最も大きな欠陥の一つである様に思われる作者が描こうとしたムルチオ――野性の裏に純情を備えたムルチオ――に対して、先ず我々は我々の批判を加えた。そして、ムルチオの野性を反動の野獣性を強調するために、ムルチオを憎悪すべき存在として表現するために、私は敢て、ムルチオから純情の一面を削り取った（第四場の幕切れに於て私はムルチオの独白を全然反語として取扱った）それにも拘らず、私の内に潜む小ブルジョア的感情は、単なる演技上の器用さに面白味を感じて遂にムルチオから一個の道化役者を作り上げて了った。村山君と私の意識がより明瞭であったならば、必ずや此の欠陥は救われたであろうと考えて、今更ながら慚愧に堪えない次第である。

3に就いては、検閲官の鋭利な鋏が主として此の戯曲の重眼たる第六場に加えられた事が最大の原因である。

ただ、私は、エピローグに於て、バルタッサルが人道主義の危険を痛感してドン・キホーテに反省を促すと同時

に過去に於けるバルタッサル自身の誤謬を反省する台辞を原作に挿し加える事等によってドリゴとバルタッサルの相違を出来得る限り表現しようと努力した事を茲に附記して置く。

×

以上、私は私の気付いた欠陥を要約して来たが、之等の欠陥の根本的原因が我々の演出会議の不備にあった事は争えない。仮令、如何に時間が僅少であったとは云え、完全なる集団主義的創作を行い得なかった事は我々の最も遺憾とする所である。ただ我々は、今声を大にして云う――『近き将来に於て、我々は、我々の自己訓練によって、完全に之等の欠陥を止揚するであろう』

×

最後に私は、如上の欠陥にも拘らず我々に対して心からなる拍手を送られた新しき観衆諸君に向って満腔の謝意を表して筆を擱く。

（十二月八日、第一回演出終了の夜）

文芸戦線（共同コラム）

山田清三郎／前田河広一郎／佐野碩／林房雄

「最も科学的なる演劇理論及び技術の研究と、新時代の劇場人の養成」を目的とする前衛座演劇研究所、勇ましくその産声を挙げる。蓋し、一九二七年劈頭に於ける我国芸術界の一大快事でなければならない。

〇

前衛座演劇研究所は、飽くまで「最早衰頽に趨きつつある世界観を排撃する事によって発展性ある新しき世界観の上に立脚する。」前衛座演劇研究所の出現が、沈欝泥の如き我が劇界にいかに、生々潑溂たる光明を投げ与うるものであるかは、言を費すまでもないことだ。健かに大きく育て！

〇

一つの運動が、決定的に進出すると、運動から取り残されたもの、運動と共に進み得ないものが、自分等のことは棚に上げて置いて、唯わけもなく怨恨の声を放ちたがるものである。近頃の「文芸戦線」に向って、狂犬のように吠え立てている一味の如き、すなわちそうした手合に他ならない。

〇

我々は無論、真の同志の一人でも多からんことを衷心から冀う。併し我々は、単なる私的関係や、所謂文壇的情誼のために、陣営内の落伍者に引きずられることに依って、仮にも運動の水準を低めるとか、運動の進展を妨げることはあってはならない！　然り、その歴史的使命の前には、我々の行動は常に勇敢であり、非妥協的であらねばならぬ！

○

有産者文芸家の支配階級への芸術的奉仕が、愈々露骨になって来た。久米正雄作ミリタリズムの宣伝映画「清水二等卒」の如き、その顕著なる一例だ。有産者文芸家は口を開けばすなわちいう。「芸術は芸術である」「芸術は階級を超越す」と。頭かくして尻かくさずとはこのこと也。（山田）

×

麻生義が「アナキズム文芸の特異性」と題する論文中に、「マモンアート」がアナキズムを主張した論文であるという暴論を、「毎夕」で吐いていたのには少々噴飯した。

×

社会主義文学のＡＢＣを知っているほどのものなら、「マモンアート」は唯物史観的に観た西欧文学史であり、特に作家とミリューの相対関係を弁証法的に観破した点に於て、シンクレーアその人がコムミュニストであると同じくコムミュニズム一貫の創造的批評であることは知っている筈である。

×

鳥なき里の蝙蝠で独り気炎を楽んでいるのもよかろうが、今に同書の翻訳が出たら困るだろう。少しは暴言をつつしむがよかろう。（前田河）

□

前衛座の演出に関して批評区々。――もっと色眼鏡をはずしてじっと見てくれたらと思われるもの、吾々の投出すままを正直に受取ってくれたもの、その他色々多数ではあったが、社会主義の立場から下された批評には吾々を鞭打って呉れるものが多かった。

□

が、その場限りな、感情的な感想の羅列には弱かった。

その一つ。――飯田豊二君は「文芸時代」の一月号で、「解放されたドン・キホーテ」を台本通りに演出しなかった廉で、私に「一考を煩わしたい」と言う言葉を呉れた。がすでに前号の「演出後記」にも書いた通りあの演出は一考どころか、二考も三考もした結果なのである。

一九二六年の演出者が一九二六年の演劇を創るために原作に修正を加えることの可否については、誰よりも先ず、作者ルナチャルスキー自身が賢くもこう言っている。「一つの戯曲が書かれた時、それは直ちに社会に属すべきものであって、勝手に演出していい。翻訳者又は演出者は自分の欲するままに変形させていい。」

前衛座は古い演劇そのままを忠実に上演する博物館ではない。前衛座は現代の日本に最も適応する、最も進歩的な演劇の創造者だ。

□

第二には、現代の教権下で、ああした演劇を創る場合には、必ず法制的圧迫を受ける。この圧迫によって失われた部分を他の方法によって補わない限り、その演劇に支離滅裂たるを免れない。吾々が「ドン・キホーテ」のエピローグに新しい台辞を加えたことは、だから決しておこがましいことではなく、必要なことなのである。

演出とは、素材としての原作を最も其時代に適応するように舞台にのせることだ。飯田君の言うが如く「ルナチャルスキーに武者攻撃の如き口吻を叫ばせ」たからと言って現代の日本を考うれば、決して不遜でも失礼でもない。(佐野碩)

△

「闘争は力と活気とを党に与える。……純化することによって党は益々有力となる。」

レーニンが「何をなすべきか」の巻頭に掲げたラッサーレの言葉である。――今、吾が社会主義文芸運動の状勢を顧る時、新しい意味と感銘をもってこの句を思出さざるを得ない。

△

今にして闘争を避くるものは俗物的折衷主義者のみ。

今にして思想的純化の意義を解し得ざるものは思想的無能力者のみ。

真の社会主義文学は闘争によってのみ自己を高め、純化によってのみ大衆の支持を得るであろう。

×

最近新しく吾々の敵として出現した無政府主義文学は、無産階級より離れて次第に反動化し、ファッシズムと警視庁とに好意を寄せ始めた帝国主義下の小ブルジョアジーを代表する。

彼等の代表的理論家の一人たる新居格の論調を見よ。共産主義の烙印を誇張的に「文芸戦線」におしつけ、これを怪物化し、現下の反動的小ブルジョアの歓心を買うに汲々たるものがある。賀川豊彦的論調にあらずして何ぞ！　総同盟的反動幹部の論調にあらずして何ぞ！　警視庁的スパイの論調にあらずして何ぞ！

△

同じく彼等の理論家の一人麻生義は言う「労働階級の方が俺達知識階級より収入が多い。困っているのは俺達だ。俺達をどうしてくれる！」

小ブルジョア知識階級の悲鳴に非ずして何ぞ！　アナーキズムが無産階級運動の極左翼をもって任じていた時代は去った。アナーキズム文学とは小ブルジョア知識階級の悲鳴にすぎない！（林）

前衛座の稽古部屋から——第二回公演に際して

千田是也／佐野碩／佐々木孝丸

『仲々書いてる暇がないから三人分一緒にやっつけよう。』『よかろう。』『お客に嫌われるといけないから言葉使いだけは他所行きにやるんだぜ。』『異議なし。』

佐野　とうとう第二回までこぎつけたな。

千田　二回目で『とうとう』はないよ。

佐野　なるほど仕事はこれからだ。

千田　世間の奴等は、前衛座なんて向う見ずの横紙破りで、いつ潰れても良い気でやっているように思っているが、こっちにはちゃんと目算ありだ。

佐々木　だが切符がウンと売れて呉れなきゃ困るぞ。

佐野　だから大衆の支持を必要とするんだ。外の劇団と異って十年一日の如く安閑と構えちゃいられないんだから、前衛座が本当に民衆劇場として進む為には、いつも時代の刻々の動きをはっきり睨んでいなければいけない。その意味では第一回の時よりはずっと難かしくなったように思う。

佐々木　それは詰り、第一回の時には未だ漠然としていた前衛座というものの存在意義がハッキリして来たからではないか。

千田　第一回公演が済んで有頂天になっていた時分には、変に思い上った『前衛』気分が抜けなかったからな。

佐野　思い上ってる暇に、運動はぐんぐん進展した。本当の意味の民衆劇場として勇敢に具体的に民衆の中へ飛び込んで行かねばならないと云うことが最近に到るまで俺達には分らなかったような始末だ。

千田　抽象的な『社会主義芸術』の研究ばかりやっていたらボグダーノフの二の舞だ。

佐野　俺達の民衆劇場と云うものは、ただ客を多くする事や、客が多くなった為にやたらと刀を振りまわしたり新劇にお砂糖を混ぜたりすることを云うんじゃない。俺達は運動の刻々の指導方針が俺達に命令するままに民衆の中へ飛び込んで行くんだ。茲が築地小劇場の浅草出張や帝劇出張と断然違うところだ。

千田　築地と云や、俺達も、あんな狭苦しい小屋でなく、早くもっと広い所へ行く必要があるな。コンマーシャリズムに諛らわずに今の世の中で大勢観客を組織するにはどうしたらいいんだろうな。

佐々木　だから独逸の民衆劇場《フォルクスビューラグ》のような方針で、辛棒強くやることだ。愈々第二回公演を機としてこの基金募集に着手するんだが……小口会員網を全国に張ることによって、こいつの実現は可能なんだ。

千田　だが、こういう奴は、――独逸でもそうだが――兎角ダラ幹や反動に利用され易いから、褌を緊めなきゃいけないぞ。

佐野　当り前さ、民衆をファシズムから救う一つの手段としてこんな事もやるんだ、俺達の敵は絶対専制政治なんだからな。

佐々木　だから今度の演出に就いても、力点を何処に置くべきかが非常に問題になって来るんだ。『ハーゲン』にしても『手』にしても原作の儘じゃどうにもならない。

千田　で、原作を補修するに就いては、観客の質に対する予想が問題なのだが、今度の場合も、やはり、結局インテリゲンチャの方が多いんだろうな。これは我々の出発が出発だったから、今の処止むを得ないだろう。併しそういう層を一緒に引っ張って民衆の中へ入って行けるんだし、亦行かねばならないんだ。

佐野　兎に角補修の立脚点を現段階に置けば間違いはない。原作によると、『プリンス・ハーゲン』は、要するに金融資本のからくり暴露に過ないしシンクレアは主役ハーゲンをただ機関車みたいに、盲目滅法に突っ走らせてるに過ぎない。俺達の演出方針は先月号に村山が大体書いている。ところで君はハーゲンをどう演る積りだい？

千田　何てってもこの役は新時代座の横田儔のものだと思う。併しあの男は飽くまで『日本人』だがハーゲンは飽くまで『アメリカ人』だ。一度仕事にとっついたら最後どんづまりまで遣り通す。恐ろしいテンポとエネルギーで仕事をやる。だがこいつあ走るように出来てるから走るんだ。やっぱり機関車だな。で、シンクレアによれば、勝手に方々走り廻って金融資本暴露の道具になって、またニーベルハイムへ帰って行きゃいいのだが――またそうして出来るだけがむしゃらに走り廻る事がからくりの暴露と云う点では、一番かっちり行くんだろうが、同人会議の注文は単なる金融資本の暴露ばかりでなくデマゴーグの正体を明白に抉り出すことによって、民衆の憤激を喚び起させるとのことなので、俺にして見たら尚更やり難い……

佐々木　で具体的に、そいつをどう表現するかね？

千田　具体的に表現するのは舞台の上さ。

佐々木　『だから見に来い！』ってのかい、こいつ！

佐野　なる程、それはそうとして、五幕目で金融資本家になり澄ましたデマゴーグのハーゲンが、腮一つしゃくって、大統領や軍隊や警察や新聞や法律を自在に操って民衆を虐めつける所は、見ていて実に癪にさわるだろうな。

千田　なにしろ御当人ヒョロヒョロした青二才だから脂ぎったデマゴーグにゃ向かないし、例の表現派をやっちゃ化物じみて、真面目に憤慨する気も起らないだろうし……

佐野　だからって千田是也の貫目は減りゃしまい。それに楽の日の翌る日後片付けもしねえで当分御洋行なさるんだから、茲一番いい置き土産を残して貰いたいもんだな。冗談は抜きにして今云った所を一番確りやって欲しいな。

千田　憎しみを起させるには、否な誇張は抜きにして、実際其処等に頑張っていて目障りになる奴を舞台に登せるのが一番いい。機械や化物じゃアピールしない。ぶっつかった相手が電信柱じゃ腹も立たねえからな。だが、日本にゃハーゲンのような型のデマゴーグはまだいないらしいんで困る。日本のファシストはいい、、、はりこの虎然としてのろのろしてやがる……

佐々木　なあに、日本のデマゴーグだって鈴文タイプだけではないさ。

佐野　絶対専制政治はどしどしハーゲンの卵を生んでるんだ。（佐々木退場）

千田　佐々木の奴、勝手な事ばかり云って消えやがった。

佐野　令嬢のエステルが原作とは違って唯だのオチャッピーのモダン・ガールになっている。もとはやけに解りが早くって、終りの幕では一廉の社会主義理論で、頭っからハーゲンに喰ってかかるんだが、俺達の補修によると唯だ哀れむべきブルジョアのお嬢様として、強くって頑丈なハーゲンにコロリと惚れ込む事になっている。この作だけではなく、シンクレヤは、よくこんなブルジョア出のパーラー・ソーシャリストを書いているが、こんな事は作者自身の小ブルジョア的な手慰みとしか思えない。

千田　手慰みと云えば、例のニーベリンクの伝説をしつこく持ちまわるので、ハーゲンのテンポがひどく弛んで来ている。

佐野　だがそれは第五幕の補修で大分救われている。

千田　シンクレヤはあんなわるさをやったハーゲンをその儘ニーベルハイムへ逃げ込ませているが、――それに又逃げ込まされ得る程、全体をお伽噺的にしているが――吾々の手で充分現実的にされ、悪埒にされたこのデマゴーグはどうしても殺されなければこの芝居が幕にならない。もう『プリンス・ハーゲン』はこの位でよそう。

佐野　近い中、前田河が原作通りの翻訳をシンクレア戯曲全集の一部として『改造』から出版するそうだ。

千田　君のも十五日過ぎには金星堂から出るんだろう。

佐野　俺のには違いないが、あれは今度前衛座の演出会議で補修した儘のを出すんだ。尤も一幕目は全然原作通りだがな……

千田　前田河の照らし合して、見に来て呉れれば、色々俺達の苦心も分って貰える訳だ。

佐野　処で『手』の方はどうかな。大部稽古も進んだが成算はあるかい。

千田　この戯曲、少し表現派じみた処があって嫌なので、前田河と相談して幾分なおした。

佐野　それより内容的な補修は、どんな処に力点を置いたと云えるかね。

千田　船長の饒舌を出来るだけカットした。つまり船長の神秘的なお説教が全体に覆いかぶさるのを出来るだけふせいで、黒人の反逆を現実的に生で出したかったからだ。直ぐ上では海と人間との猛烈な闘いがあり、下では人間と人間との争いがある。この二つの平行を最後の場面で一塊りにする様に演出したいんだ。

佐野　一塊りにするには違いないが、そこへ行くまでの過程では、被圧迫者としての黒人奴隷の反逆――人と人との闘争――に力点が置かれる訳だな。

千田　そうだ、それまでの過程では狂暴な海は、この人と人との烈しい闘争に景気をつけるものとしか、観客の頭には響かないが、此闘争が終りそうになって、一息つけそうになって来る時、はじめて現実の姿でぶつかって来る。そこで、人と人との闘争に勝った黒人奴隷が、今まで抑えつけられていた全身の力をもって自然にぶつかって行くのだ。全体としてみて反逆が偶然の力で爆発して、反逆者の意思力が強く現わされないので、神秘劇的に見える嫌いがあるかも知れないが、この戯曲の現すものは、極端に矯めつけられた力の猛烈な反発にある。唯だそれのみに集中されているんだ。

佐野　その意味で一種の叫喚劇的な色彩を帯びるのはやむを得ない。……演出方針はその位にして、この戯曲は技巧上の新機軸をフンダンに使えると思うが……

千田　しかし凝ったら、いくらでも金がかかって貧乏世帯じゃあやりきれないよ。かっちりした写実の舞台をつくって、本水を使ったり、揺ぶったりしたら一番いいと思うんだが、そんな事は今の処一寸空想だ。舞台は出来るだけ簡単に要領よくやる。しかし、この戯曲にはどうしても壮大な大海原、狂瀾怒濤がなくちゃならない。それには活動写真をフンダンに使おうと思っている。

佐野　つまり連鎖劇だな。兎に角日本では新しい試みだから、しっかりやって呉れ、ハーゲンの演出助手を引請けたんで、忙がしいから、この辺で切り上げよう。

一九二七・四・一〇・前衛座演劇研究所にて

お前は戦争に行くのか！

マルセル・マルチネ
佐野碩訳

お前は戦争に行く

仕事場を捨て、工場を捨てて、
収獲《とりいれ》を間近に控えながら、
鋤を畝《うね》に放り出し、
葡萄棚の葡萄を捨て、
牧場の牛を忘れた
百姓たちよ――
手袋、腰巻、香水壜
ツンと気取った奥様がたに
お追従笑いをするのを止めた
番頭たちよ――
肺の中を滅茶々々にする
あの炭坑を捨てた
坑夫たちよ――

血走った眼をいつやられるか分らない
あの坩堝を捨てた
硝子工たちよ――

それから、兵隊のお前たち、――
胸の悪くなる様な
あの兵営と教練とを、
そして、自分のつとめさえ忘れて了う様なあの生活を、
それから、あの軒なみの居酒屋や、
あの別嬪たちを捨ててまで――

戦争に行くんだ！

お前は戦争に行く——
それで、お仕著せが脱げると思うのか？
惨めな生計《くらし》が立て直せると思うのか？
御主人様の機械と縁が切れると思うか？

鋤一本で飯を食う小作人——
君は、
君のあばら家を見廻りに来て、
自分の苗の世話をツベコベ云う
あの地主の若様に、
戦争をしかけているのか？

屋根裏で細工をした出物の着物に
財布をはたく番頭の君よ
君は——
君のお追従笑いに
やっと百フランそこそこをお恵み下さる
あのだんつくに向って——
戦争をしているのか？
炭坑の株主に向って、
あの硝子工場の持主に向って、
戦争をしかけているのか？

それとも——
『別室』のボーイを小突き廻して、
お前たちの醸《つく》った葡萄酒を、
お前たちの作ったグラスであおりながら、
女どもと勝手な真似をしやがる
あのいけすかねえ若造どもに、
戦争をしかけているのか？

それとも——
兵営の中で
奴等の生命と財産とを衛る様に
お前を仕込んだあいつら——
仕事場や工場などで、お前の兄弟達が企らんでいた僅かな反抗さえも
喰い止めろと教え込んだあいつ等に、
戦争をしかけているのか？

金持ちどもに向って、主人たちに向って、——
君の所有品《もちもの》を君の生活を食い荒らす

奴等に向って——
君の伜たちの所有品《もちもの》や、君の伜たちの生活を掻っ浚って、腹一ぱい喰い足りた奴等に向って——
自働車を乗り廻し、
下男をこき使い、
大ッかい家に納まりかえっている奴等に向って——
君のズボンに平気で泥をハネかすあの自働車だ。
君が、垣根の外からやっと拝める様なあの大ッかい家だ。
君の作業服を見て、鼻ッ先で嘲っているあの下男どもだ。——
貴様は戦争をしかけているのか？
貴様は——貴様のパンの為めに、貴様自身の為めに、
貴様の子供達の為めに、子供達の母親の為めに、——
戦争をしているのか？
貴様は——
貴様を裸にした奴等に向って
貴様を馬鹿にした奴等に向って、
親切ごかしに貴様を酷い目に遭したあいつ等に向って
——
戦争しているのか？
圧伏され、骨抜きにされながら、
しかも振い起とうとする貴様——
貴様は——
貴様を惨めなお先まっくらな敗北者にして了った奴等に向って、——
戦争しているのか？

貧民よ！ 百姓よ！ 労働者よ！

貴様たちは——
貴様たちを虫けら扱いにした奴等と一緒に、
金持ちどもと一緒に、主人どもと一緒に、
争議団に銃丸《たま》を浴びせて
貴様たちの賃銀を切り盛りした奴等と一緒に——
工場の周りに寺や居酒屋をこしらえて
貴様たちを釣ろうとしたあいつ等の為めに、
空ッポの米櫃の前で、
貴様たちの女房を泣かせ、
子供たちをひもじがらせたあいつ等の為めに、
貴様たちを虫けら扱いにした奴等が
貴様たちを喰い物にするだけで生きて行ける為めに、
あのお偉い方々が、貴様たちの涙で気を腐らさないで

いられる為めに、

貴様たち自身をすっかり忘れさす為めに、
　貧民よ！　百姓よ！　労働者よ！
貴様たちは――
金持ちどもとぐるになって、主人どもとぐるになって、
剥奪され圧迫された仲間に向って、
貴様の兄弟に向って、貴様自身に向って、
戦争しようと云うのか！　戦争しようと云うのか！

やるならやって見ろ！

同志よ！
嘗てお前たちは大会で幾度か手を握り合った！
同じ血が同じ体を流れていた！
ベルリンに、ロンドンに、パリイに、ウィーンに、モ
スクヴに、ブリュッセルに、――
お前たちは集った。
万国の労働者が集ったんだ。
野獣の如き旧き搾取階級は、
既にお前たちの堅く結ばれた手の重みを感じ、
その暴圧の専制の下からじりじりと起って来る
あの正義と自由の叫びに震え戦いた。
　昨日の事だ！
都市の建設者よ！　誇らかなる自由の魂よ！
お前たち戦友は、共通の×を前にして、
昂然として起っていた！
　昨日の事だ！

しかも今日は？
今日もまた昨日の様に、
ベルリンに、ロンドンに、パリイに、ウィーンに、モ
スクヴに、ブリュッセルに――
お前たちは集っている。
万国の労働者が集っている。
然り！　お前たち奴隷の群が、お前たち嘘吐きの群が、
お前たち裏切り者が！
お前たちが握りしめたあの手が、今、
銃を、槍を、剣を握っているのだ！

その手が、今、
○○を、○○○を、○○○を操っているのだ、
お前たちに向って！
だがお前たちは――

お前たちもまた機関銃を操っているんだ！
お前たちもまた精巧な×を握っているんだ！
お前たちの兄弟に向って！

労働者よ！
クルーゾーの鉄工よ！　お前の前にはエッセンの鉄工が居る！
そいつを斃せ！
ザクセンの坑夫よ！　お前の前にはランスの坑夫が居る。
そいつを斃せ！
アーヴルの造船工《ドッカー》よ！　お前の前には、ブレーメンの造船工《ドッカー》が居る。
そいつを斃せ！
さあ、斃せ、斃せ、お前自身を斃しちまえ！
おお、労働者よ！　まだこんな仕事をすると云うのか！

　おお！　お前たちの手をよく見ろ！
おお！　貧民よ！　労働者よ！　農民よ！
疲れた充血した眼を見開らけ！
お前たちの黒い重い手をよく見ろ！
お前たちの娘を見ろ、あの蒼ざめた頬を！
お前たちの息子を見ろ！　あの痩せこけた腕を！
あのいじけた心をよく見ろ！
お前たちの年老いた連合いを見ろ、あの古い友達の顔色を！
あの身も心も枯れ果てた婆さんを！
そして、お前たちの仲間、父、母、
その共同の墓穴が、
お前たちの目の前にあるんだ！

さあまだお前たちは戦争に行くと云うのか！

（詩集「呪われたる時」より）

3 『戦旗』（一九二八〜二九年）

『巡洋艦ザリャー』に就いて——演出者の覚え書

佐野　碩

アキーモフの模型舞台

1

一九一七年十月、××勃発の直前、ニェワ河に進撃したバルチック艦隊の一巡洋艦『黎明号《オーロラ》』が『冬宮』へ放った最初の一弾を人は永久に忘れ得ないだろう。十月革命の暦は、之によって更に紅い一頁を添える。

ケレンスキー一派の臨時政府による革命のストライキ破りの下にあって、我々の『黎明号』が進んだ道は、彼等が正当に生きる為に残されたただ一つの道であったのだ。

一九二七年十月、××の十週年に当って、べ・ラヴレニョフはこの十年前の激情を把えて四幕五場の戯曲『崩壊《ラズローム》』を発表した。ワフタンゴフ劇場の上演を始めとして彼の処女戯曲『崩壊』がサイエト連邦全土の賞讃を擅にしたことは既に人の知るところだ。

第一幕（A）の真中の枠

我々の『左翼劇場』は、九月下旬、ワフタンゴフ劇場の台本に拠ってこの戯曲を築地小劇場に上演しようとしている。以下は、『黎明号』の激情が嵐の日本に移し植えられる為の演出覚え書である。

2

『崩壊』は、十月の変革に先立つ数ケ月間（七月――十月）に於ける巡洋艦『黎明号』の水兵大衆と士官達との対立を題材としている。作者は、戯曲構成の要素として三つの歴史的事実を之に盛った。

第一に――七月のデモンストレーション（反革命軍によって襲撃された有名なペトログラードの示威行列）

第二に――十月に於ける『黎明号』のニェワ河への進撃。

第三に――右の計画を知って巡洋艦を爆破しようとした反革命組織の陰謀。

ラヴレニョフは、この三つを頂点として動乱の渦中に於ける『巡洋艦朝焼号《ザリャー》』（モデルは実在の巡洋艦『黎明号』）を中心とするボリシェヴィキ対メンシェヴィキの対立の発展を克明に力強く描いている。

第二幕第一場の幕あき（B参照）

×　×　×

劇は、『朝焼号』の艦長ベルセーニェフが、同艦の艦内委員長である慓悍な一水兵ガドゥンと連れ立って『七月のデモンストレーション』から帰宅するところから始まる。娘等は家族によって温かに迎えられる。只管に夫の身を案じる年老いた妻。××を承認して親しく水兵の協働者となった父を全幅的に支持して、健気にもボリシェヴィキの一看護婦として働いている長女タチアーナ。そして最後に、タチアーナの夫でありながら、母娘とは全然反対の側に立つ海軍大尉フォン・シュトゥベ。――××の大浪に気圧されて明らかな××の敵となったフォン・シュトゥベ。彼と彼等との間にはもはや越えることの出来ない溝が横わっている。ベルセーニェフとガドゥンは、夕方の茶を啜りながら、示威行列に加えられた反××軍の暴行を交々に語り聞かせる。溝はますます深められて行く。ガドゥンとシュトゥベとは遂にピストルを擬して相争う。我々は茲にこの家庭内に現われた『崩壊』の要素――シュトゥベ――と、之に代るべき『生成』の要素――ベルセーニェフ、タチアーナその他――との対立を見る。タチアーナが辛くもガドゥンとシュトゥベとの殺し合いを制める。ベルセーニェフは再びガドゥンと共に巡洋艦の仕事に帰って行く。（**以上――第一幕**）

巡洋艦『朝焼号』の後甲板。多勢の水兵が甲板の掃除に余念がない。今日は、海軍少将ミリツィン、社会革命《エス・エル》党中央委員兼全露サイエエト中央執行委員ウスペンスキー（実在に於ける反動の巨塊〔ママ〕ケレンスキー）その他のお歴々がこの艦を見廻りに来ると云うのだ。ガドゥンを委員長とする艦内委員会に組織された之等の水兵は大きな未来を抱いて元気に働いている。陽気な笑声の間にも、彼等は先日ビーチェル（ペトログラードの略称）で彼等自身の示威行列に加えられた反××の魔手を憎まずにはいられない。彼等は艦内に於けるメンシェヴィキの一味シュトゥベや彼の手先きである兵曹長シュワッチ等に対して事々に反発する。**（以上――第二幕・第一場）**

いよいよ臨時政府の使者たちがやってくる。だが、水兵たちは些かも彼等を歓迎しない。ミリツィン、ウスペンスキーは交々起って水兵たちにデマゴギーを飛ばす。――『諸君はこのロシアをドイツに売渡そうと云うのか？……諸君はボリシェヴィキどもに瞞されているのだ！』……等々。そして遂には彼等の犬、黒海艦隊の似而非水兵ファトキンまでが、何や彼やと喋り立てる。水兵たちの憤激は最早その極に達する。そして、彼等は即座にこの虫ケラ共を屠ろうと迫る。がデマゴーグ共はなおも臨時政府の名によって水兵たちを抑えようとする。ガドゥンが遂に叫ぶ。『本巡洋艦ザリャーは、ボリシェヴィキの命令以外の何物にも服従しないのだ！』デマゴーグ共は水兵たちの哄笑に憤怒の色を浮べて巡洋艦を立去る。**（以上――第二幕・第二場）**

再びベルセーニェフの住居。夜。

『ザリャー』に、密偵として乗込んだシュトゥベの手先きシュワッチは、巡洋艦が、湾外に出て戦争することを欲しないばかりか、明朝までにはビーチェルに向けて抜錨する手筈になっていることを嗅ぎつける。メンシェヴィキにとって、『ザリャー』の進撃は、彼等の地方本部であり臨時政府の城砦である『冬宮』の襲撃を意味する。

しかも彼等は『ザリャー』の六吋砲に対抗すべき何物も持っていない。

『祖国及び自由防衛委員会』会員ヤルツェフ、パレヴォイ等のメンシェヴィキ一味は、シュトゥベの部屋に集って、今夜中に『ザリャー』を爆破すべく密議を凝らしている。警備の水兵が彼等を捕縛しにやって来る。だが、タチアーナの最後の好意によってシュトゥベ等は辛くも難を逃れる。密議が続く。だが独りパレヴォイは、タチアーナの美しい妹クセーニャ――革命に吹飛ばされた精神的畸形児――と心臓の話がし残してある。心臓の話は進展する。そして接吻の約束に夢中になったパレヴォイは、迂闊にも今夜の陰謀を、クセーニャに明かして了う。クセーニャは、屋根へ上れば巡洋艦の爆破されるのが見えると聞いて無精に嬉しがる。そこへ、密議を終えた人々が出て来る。接吻は空約束に終る。シュトゥベ等はそれぞれの計画を実行する為に出て行く。クセーニャが一人残る。タチアーナが出てくる。クセーニャはタチアーナに望遠鏡を借して呉れと頼む。その理由を聞いてタチアーナは愕然と駭く、そしてヒステリックに泣き叫ぶ。

『妾はお前たちを見棄てます……妾とお前たちとは敵味方だ！……』（**以上――第三幕**）

深夜、『ザリャー』の甲板では若い番兵と老水兵ミトリッチとが今夜の出動に就いて語り合っている。ミトリッチは、嘗て自分が乗組んでいた『クニャヅ・パチョムキン』の失敗を二度と繰返さない様にと番兵を励ます。そこへこっそりとシュワッチが忍び込む。そして隙を窺って番兵を打倒して海中に投げ込む、水兵に変装したシュトゥベがやってくる、彼等はいよいよ船艙に行って仕事に取掛る。そこへ小蒸気でガドゥンとベルセーニェフが到着する。番兵が居ないのに不審を抱いた彼等は直ちに哨兵を招集して艦内の捜索にかかる。水兵たちが続々と甲板に詰めかける。計画の破綻を恐れたシュワッチは、その場を切抜ける為に、艦長ベルセーニェフが反××の手先になっているのだ等と出鱈目を云ってベルセーニェフを危地に陥れようとする。叫喚――怒号。水兵たちは仲々これを信じようとはしない。だが、ベルセーニェフは一言の弁解もせずに沈黙を続けている。シュワッチの重ね重ねのデマゴギーが遂に成功する。そして終いにはガドゥンまでが去就に迷う。ベルセーニェフは水兵たちの悪罵を浴びて逮捕される。

途端、バルチック艦隊中央委員パノーフが小蒸気で馳けつける。意外にもタチアーナが彼の後に続く。妹の口からメンシェヴィキの陰謀を聞き知ったタチアーナは、取るものも取敢えず、バルチック艦隊中央委員会へ之を報告したのであった。一切は明らかにされた。ガドゥンの命令で船艙が捜索され、シュトゥベとシュワッチが引摺り出される。彼等は全乗組員の審判の前に立たされる。そして、水兵たちの口から異口同音に下された判決によって、彼等は忽ち渦巻く海中に投げ込まれる。

『ザリャー』は救われたのだ。

その時、無線電信が、バルチック艦隊中央委員会からの出動命令を伝える。

彼等の待ちに待った日は来たのだ。水兵たちは雀躍して喜ぶ。ガドゥンは命令の紙片を握りしめて叫ぶ――『タワーリシチ！　前進だ！　ビーチェルに向って、偉大なる前進だ！　諸君、大地の為め、全世界の為め、パンの為め、労働者の自由の為めに最初の前進だ！　ブルジョアの軛を永遠に断ち切るのだ！……』

『錨上げ！』

『挙げ旗！』

そして、全員の緊張裡に×旗が舞台の全面を覆う。（――以上――第四幕）

3

以上は『巡洋艦ザリャー』（これは訳者杉本良吉君が、解り易いためにつけた名前である。訳は原著――ワフタンゴフ劇場によって補修を加えられた演出台本――の巻末に附されたア・ポポーフ及びイ・タルチャーノフの演出覚え書、N・アキーモフの舞台装置に関する手記と共に近く南宋書院から上梓される。茲に掲載する写真は主として之から採ったものである。）の略筋である。

四幕を貫いてこの戯曲に動力を与えるものは原作の表題が示す通り『崩壊』の力である。作者によって把えられた基本的な問題は、一切の旧きものの『崩壊』の過程であり、同時にまた一切の新しきものの『生成』の過程である。より具体的に云うならば、それは、この戯曲に取扱われた一切の根底に横たわるボリシェヴィキ対メンシェヴィキの対立の発展であり、後者に対する前者の必然的な決定的勝利である。

彼等をしてこの決定的勝利に導いた原動力――『ザリャー』の全水兵の血管を流れた××的気迫――を正当に表現すること、そこにこそ我々の演出の根本方針は立てられなければならない。

我々は、如何にしてこの演出方針を具体化するか？

幕切れに『×旗』が上り始めた時、ワフタンゴフ劇場の観衆は遂に総立ちになって了ったと云われている。だが、大切なことは、幕切れで観客を総立ちにさせる迄の間に既に演出者は観客を自己の味方としていなければならないと云うことだ。だが、観客を自己の味方とすることは、この場合先に述べた対立の発展を正当に描き出すことを措いてない。このことが——このことのみが、最後の『×旗』を真に我々の『×旗』として観客の心に焼付けるだろう。『崩壊』の演出は、この時始めて成功する。

我々は今この戯曲に現われた対立の要素を吟味しなければならない。

4

我々は、この対立の一方の代表者として臨時政府委員ウスペンスキーとシュトゥベとを見る。彼等の側に立つ者としては、この他に『祖国及び自由防衛委員会』会員ヤルツェフ及びパレヴォイ、番犬シュワッチ、黒海艦隊の似而非水兵ファトキン、そして最後に海軍少将ミリツィンを数えることが出来る。

対立の他の一方は、艦内委員長ガドゥン、バルチック艦隊中央委員パノーフ等によって代表される健全な水兵の××的大衆である。

先に述べた観点からこの対立を生かす為には我々は特に注意して後者の要素を強調しなければならない。

ワフタンゴフ劇場の演出者ア・ポポーフ及びイ・タルチャーノフは、この点に関して、『水兵の一群は質的にも量的にも絶大な力と大さとを持つべきである』と提議している。勿論この提議はそれ自身正しいに違いない。我々のガドゥンは、勇取な、炎の様な闘士として描き出されなければならない。そして又、水兵の一団の表現に就いては、彼等特有の絶大な発展力が何よりも重要である。此の意味で、私は、水兵を演ずる人々には特に優れた演技者を当てなければならないと云うワフタンゴフ劇場の方針に賛成するものである。作者によって驚くべき程の朗かさと力強さとを以て描かれた水兵、この戯曲の全面に漲る水兵の偉力を正当に表現することは、この戯

反動の手先シュワッチ

曲の演出者に課された重大な責務の一つでなければならない。

だが、我々は之と同時に、対立の他の一方——反動の一群——を強調することを忘れてはならない。之なしに、我々は決してこの対立の発展を正当に観衆の心に感銘づけ得ないだろうから。

シュトゥベ、ウスペンスキーその他は、真に我々の憎むべき内敵として表現されなければならない。若し之等の一群がただ単に通り一ぺんの反動として描き出されるならば、観衆は之に対してさほどの憎悪を感じないだろう。従ってまた水兵の大衆が持つ力を充分には感得し得ないだろう。かかる演出は、寧ろ観衆に反対効果を与える危険性さえ持っている。

神経質な我儘な洒落男シュトゥベや、ただ糶売商人《せりうりあきんど》の様に口達者なウスペンスキーは、我々の演出にとって全く不必要である。之等の一群は、全く手の附け様のない、しぶとい反動の虫ケラとして演出されなければならない。

更に、我々は艦長ベルセーニェフとその長女タチアーナに対する注意を怠ってはならない。勿論彼等は××を承認しその為に尽力しようと努めている。だが、彼等の『××性』は未だ決して充分ではない。彼等には未だ多くの根底的な『動揺』があること（第三幕及び第四幕）を注意して演出しなければならない。その『動揺』を、『崩壊』から身を退く為の『動揺』として演出しなければならない。この場合、演出者は、ベルセーニェフやタチアーナに対して常に観衆の同情を繋ぎ止めて置くことが出来るだろう。

尚お、タチアーナの妹クセーニャは、ただ筋を運ぶ為の登場者であるに過ぎない。クセーニャの存在は、タチアーナとガドゥンとの淡い恋愛関係と同様に、決して必要以上に誇張されてはならない。クセーニャは、××の砲火が道端へ弾き出した石ころに過ぎない、クセーニャは単に愚かな浮気娘として演ずるのが上策であろう。

5

以上によって、我々が右の対立の発展を如何に盛り上げるべきかはもはや明らかであろう。ワフタンゴフ劇場の演出者は、これに関して二三の重要な点を指摘している——

a　社会的崩壊を意味している艦内の群集の場面が戯曲の中心となる様にこの劇を構成すべきこと。

b　家庭内の『崩壊』及び一個人の心の崩壊は単に全体の中の一部分であるべきこと。更に正確に云えば、大きな絵巻物の細部《ディーテイル》であるべきこと。

c　戯曲が偉大な社会的歴史的絵巻物であればあるだけ、演出に際しては日常生活の細々した事は省略すべき事。

a・bは、勿論、相関連して特に重要視さるべきであり、aの意味に於て、演出者は特に水兵の群衆の取扱い方に細心の注意を払わなければならないと私は考える。またcは、之と同時に劇の発展に有効に役立ち得る日常生活の溌溂とした断片が適度に取り入れられることを意味する。

『日常生活の溌溂とした断片が適度に取り入れられる』ことは、だが、『日常生活の進行に於ける頂点的部分の各々が生々と表現される』ことに外ならない。所謂『無駄のない演出』、『無駄のない演技』等々は、右の基準に適った『演劇技術の体系』である。『無駄』は、『頂点的部分以外の部分』への意識的或は無意識的拘泥から生ずる。そしてこのことが、『それがよき芸術品であり得るための条件』に致死的な傷を負わせる。

それは宛も、日常生活のあらゆる断片の逐字的記録が詩あるいは小説等を構成し得ないと同様である。

あらゆる芸術部門の技術にとって、この基準が最も重要である。

我々の演劇技術も亦、この基準の没却から、しばしば重大な誤りを犯して来た。演技に就いて、このことは最も直接的に看取されるだろう。

村山知義の『やっぱり奴隷だ』に、久板栄二郎の諸作に、鹿地亘の『嵐』に於て我々が用いた誤った演技様式（この誤りは勿論戯曲そのものにも責の一端を帰することが出来る）――もはや溌溂とした生活を営み得なくなった、末期的小ブルジョア演劇から、我々が粗雑に受け継いだ種々の演技様式基準の没却を穴埋めする為に必要以上の誇張をもってする演技、或は、神経質な病的な興奮を以て、之に置き換えようとする演技、等々は、もはや断じて我々の採るところでない。

我々の演技様式の多様性は、決してかかる穴埋めの工風から生れては来ない。

『基準の没却を没却すること』――そこにこそ、我々の多様性が生ずべき発足点がある。

演出者は、演劇を構成する各要素が常にこの発足点に発足してそれぞれの多様な独自的創意性を発揮し得る様に仕向けなければならない。

映画化されたイプセンの『野鴨』に於て、ルブ・ピックが用いた演出の手法、ウェルナー・クラウスその他によってなされた無駄のない演技――勿論、私はこれらが直ちに我々の演劇技術を為すと云うのではない――は、先に述べた意味に於て、我々に学ぶべき多くを提供していると考える。

また人は、エルモリエフの『タラス・ブーリバ』（ゴーゴリの小説の映画化）に鏤められたあの日常生活の宝石的の頂点――ブーリバの家庭に於ける田舎踊りの場面を決して忘れ得ないだろう。

更にまた、『世界陸地の六分の一』の製作者としてサイエト映画界に優れた演出者の天分を認められたヴィガ・ヴェルトフの手法は、より多くの暗示を我々に与えている。

ヴェルトフは、彼のキャメラを携えて、近く或は遠く彼の撮影の旅に上る。彼は、彼の手近かにある種々様々の事物をキャメラに把える。そして、彼の頭脳と鋏とが、こうして把えられたあらゆる断片から一つの優れた映画を編集する。従って彼は、一人の専門的俳優さえ用いない。ただ彼にあっては、彼によって把えられた日常生活の頂点的部分の中を往来する素人の一人々々が最も優れた名優として生きているに過ぎないのだ。

ともかくも、我々の演劇技術は、いま正しい発足点に立ってその多様性を発揮しようとしている。

このことこそが我々によるラヴレニョフの『崩壊』の為に、最も新鮮なそして最も強力な演出を準備するであろう。

6

舞台も亦この条件に適合するように構成されなければならない。舞台全体を支配すべき様式は、厳密な意味に於ける力点を置いた現実主義であろう。舞台は、この点で個々の現実的な迫力を持った演技と融け合う様に組立てられることを原則とする。

ワフタンゴフ劇場の演出に於けるアキーモフの舞台装置は写実主義と横隔膜式或は蜂窩式構成主義とを調和させたものだと云われている。蜂窩式と云うのは、プロセニアム全体を大きな一枚の張り物で覆い、之に窓枠式に

A　第一幕及び第二幕

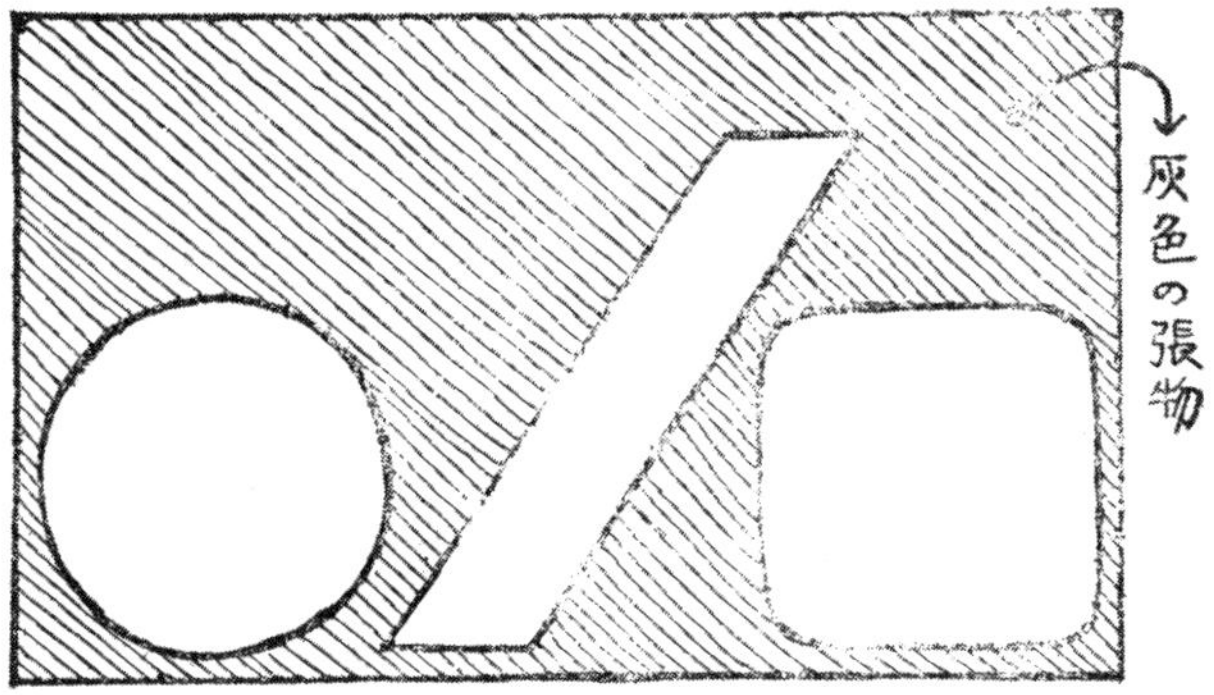

B　第二幕及び第一幕

いくつかの穴を明け、この穴から劇の進行する各瞬間に必要なものだけをクッキリと部分的に取出して見せようと云う新しい手法である。（挿画A及びB参照）例えば、扉と窓と卓子とを持った部屋を表現する場合には、扉、窓、卓子はそれぞれ異った三つ枠（穴）を通して一つ一つ他の部分とは区切られて観客の眼に映る。そこで、若し劇が卓子の部分を中心として（扉や窓の部分とは関係なしに）進行する瞬間には、扉や窓の部分のスポットライトを消してただ卓子の見える枠（穴）だけを明るく残す。そして劇の進行の必要に応じてこの三つの枠（穴）の内側にあるライトを点けたり消したりすると云う仕組みである。従ってこの窓枠式な穴は、そこから見えるものの種

C　第四幕（裁きの前に立つシュトゥべとシュワッチ……中央）

類に応じて、色々な形に切り抜かれていることを必要とする。だがこの装置はこの戯曲の特殊な場面(室内の場及び甲板の場の最初の部分)に応用されているに過ぎず、他の場面は、すべて前記の大きな張り物を取り払って若干の写実的な道具を配した露出《ムキ》しの舞台で演じられている。(挿画C参照)

更に、この演出に用いられた他の新しい手法は、舞台の立体感を強める為に、卓子、甲板の床板等の類を観客の方に向けて傾斜させて造ると云う試みである。恐らくこれはキャメラ・アングルの原理に基いた一つの試みであろう。

だが私は、これ等の試み以外に、この戯曲により適したより簡潔なより力強いそして効果的な舞台構成の方法を発見し得る様に思う。

我々は過去一切の実験に基いて最もよき結果の為に努力するであろう。

×　　×　　×

以上、私は演出方針の概略を述べた。演技、照明、効果、衣裳等に関する問題、或は又、場面の空間的並びに時間的統一に関するコンストラクション、コムポジション、リズム、及びテンポの問題等に就いて私はなお多くを語らなければならない。だが之等の具体的な点に関する演出上の方針は他の機会に述べることとする。

7

ともかくも、大衆の直接的アジ・プロの為に働く我々の『移動劇場』と、一定の劇場に拠っての我々の『大規模の公演』と――この両者の活動の相互関係の中にプロレタリア演劇発展の為の唯一の大道を見出す我々は、この大道に打建てるべき一つの里程標としてこの戯曲の上演を企てた。

今秋、予想される弾圧のさ中に、それを決行し様としている。来るべき弾圧が如何なるものであるかは勿論憶測を許されない。ただ我々は我々の観衆の全幅的支持の下にあって、何物にも屈せずこの公演を戦い抜くことを誓っておく。

――一九二八・八・五――

プロレタリア演劇運動当面の任務

佐野碩／中村栄二

（この小論は、**日本プロレタリア劇場同盟――略称『プロット』**――仮常任中央委員会の討論に基いて紀草したものである。勿論プロットの運動方針は、来るべき**プロット創立大会**――一月下旬、挙行の筈――によって正式に審議決定されるであろうが、予め全国の同志諸君の大衆的討論に材料を提供するため、取敢えずその一草案を発表する次第である。）

一、日本帝国主義ブルジョアジーは、歌舞伎より剣劇に至る一切のブルジョア演劇を『演劇報国』一スローガンの下に結集し、これを露骨なる愛国主義、軍国主義の鼓吹の機関として利用する一方、上演禁止、脚本削除、不当興行取締、小屋主への干渉等の×策×術を弄して一切の進歩的プロレタリア演劇を組織的財政的に屈服せしめんとしている。

二、これに対抗して我がプロレタリア演劇運動は、一般芸術運動の全国的展開（ナップ）の闘争に伴って、その独立的活動を遂行し得るまでに成長し、漸く労農階級の演劇に対する関心と支持とを昂め、労農階級自身、その初歩的劇団を組織するに至った。（例、某出版労働組合、東京某新聞社従業員会、名古屋一農民組合等ではその集会に彼等自身の演ずる演劇を利用している。）

三、我国階級闘争は既にその党と党との公然の決戦にまで激化し来った。かかる客観的情勢からして、支配階級はますますその『公演禁止』の斧を振い、我々の公然的活動を妨げつつも、他方、我々を合法主義の泥沼へ誘わんと努力するであろう。

然るに、労働者階級と我々との結合は、今尚、微弱であり、我々をめぐる諸条件は、他の芸術部門に於けるよりも、この事を困難ならしめている。（特に『公演』の場合に）然かも、労働者階級は、その組織事業に、その闘争場面に、我々の積極的活動を俟つこと益々急となるであろう。

我がプロレタリア劇場同盟は、かく我々に課せられるであろう任務の重大さを予図すると共に、一九二八年度に×ける我々の活動の厳密な批判の上に立って、当面の諸活動とその規準とを次の如く規定する。

I　演劇運動の全国的統一。

a、その組織に就て。

我同盟の組織原則は次の如くでなければならぬ。

i　プロレタリア演劇の生産並びに持込みの全国的統一的闘争組織たること。従って、

ii　全国的規模に×て組織し、民主主義的中央集権たること。

iii　その構成単位は各加盟劇団である。

iv　各劇団はその執行部を持ち、日常的活動部（文芸・財政・組織宣伝部等）をそれに所属せしめるべきである。

v　一地域に加盟劇場二個以上存在する場合は地域的統一体（地方評議会）を持つこと。

（『プロット』規約参照）

b、全国的機関誌、その端初としてのニュースの定期的発行。
c、技術的オルガナイザーの派遣。

II　公演によるプロレタリア演劇の集中的発表。

a、現下の政治的経済的諸条件は大劇場、大会堂に於ける公演を益々不可能ならしめつつある。劇場設備なき会場（例、公会堂、講堂等）或は寄席を、これに代るものとして積極的に利用することを用意しなければならぬ。

このことからして、この種の活動は次の二つに分かれる。

i　集中的大公演
ii　巡廻的小公演

各々、その特徴的な条件に最も適応した形態が探究され活用されねばならぬ。（上演戯曲、演出、経営、宣伝等に於て）

b、持込みの組織化に就て

この仕事は、我々の技術的発展と共に芸術大衆化の問題と不可欠に結びついている。更に、××が狂暴化するに従って、その政治的経済的重要性を増すものであろう。そしてこの仕事の解決の鍵は『その持込み──経営基礎を労農階級の闘争の、組織の上に築くこと』にある。東京左翼劇場第二回公演はこの点に就て貴重な経験を示すものであろう。

Ⅲ　移動劇場の拡充強化。

今や、この方面の具体的活動が必要である。争議団本部組合事務所、寄宿舎、工場、労農階級の諸種の集会、その活動の場面はかく豊富であり、その政治的要求も昂りつつある。特にⅡに依る活動の合法性が狭られ行くであろう。現在に於て、移動劇場の拡充強化は緊急の任務でなければならない。

Ⅳ　五月・十一月芸術祭への積極的参加。

公演、移動劇場、講演会等、各地方の条件に適合した形態を以て、参加活動すべきである。

Ⅴ　演劇技術研究所の設置。

当面最もこれを必要とするものは大阪、金沢、静岡等の劇団であるが、然かも、これ等の劇団は独力にはこれを遂行し得ない。東京左翼劇場に若干の技術講師を送り、その地の劇団と共力して、これを果さねばならぬ。又、かかる研究所は、演技者の養成に最も力点を置いてその一切のプランが立てらるべきである。

Ⅵ　観客の組織（ドラマリーグの確立）。

従来、この方面の活動の不活発の原因は、それの具体的活動が明示せられなかったところにある。今後吾々はドラマリーグをその劇団の観客網として発展させ其活動は次の如くである。

（ⅰ）プロレタリア演劇の共同的観賞とその財政的支持。

（ⅱ）批判会、茶話会、講演会の開催。

（ⅲ）ニュースの発行。

Ⅶ　演劇戦線の統一。

a、左翼的劇団の獲得

b、新劇連盟の組織

c、労働者劇場、農民劇場との連絡並にその技術的指導

Ⅷ　演劇理論の確立。

我々の具体的な仕事の進行の上に、先進プロレタリア演劇運動の経験摂取の中に、ブルジョア演劇批判の上に我々の技術の指針を確保して行かねばならぬ。

Ⅸ　国際的提携。

我々の経験の交換とその運動の統一とは、国際的規模にまで成長し来った。プロレタリア演劇運動の今や著手せねばならぬ重要な仕事である。

Ⅹ　上演の自由獲得のための闘争。

『ダントンの死』——左翼劇場第四回公演合評会

村山知義／佐野碩／佐々木孝丸／小野宮吉／中村栄二／西郷謙二／佐藤武夫

村山　何しろ大変な景気だったな。一体どの位の観客が吸収出来たのだろうな。

中村　平均、日に五百四十名で、その中労働者割引券では入った人が、一日平均百五十名、満員では入れなかった人が四日間を通じて四百人位いただろう。

西郷　宣伝の点も何時もよりは余程手順よく行っていたらしいね。

中村　宣伝については組織大衆には相当行われたが、未組織大衆には充分行われていなかったといえる。

佐藤　それにしても前よりは、余程宣伝方法が計画的に行われるようになった。たとえば、無新に出した「アジ太プロ吉の漫画」入りの広告のごときは今後も益々行われなければならない。

佐野　兎に角、かなりさし迫ってからの宣伝で、あれだけの人を集め得たことは、それだけとしてみれば成巧に違いない。その原因は先第一に労働者の演劇に対する関心が、急激に増大した為には違いないが、それにしても今度のは、左翼劇場の公演が非常に久し振りだったという事も可成り大きな原因だったろう。

小野　それに「ダントンの死」というような名前も知識階級の注意を引いたこともあるだろう。

第一場　マリーの部屋

中村　そうかな?

小野　我々はそれを目的としてはならぬが、現実としてはこれは事実だったと思う。

村山　観客の種類の今迄のものは学生層が大部分を占めていた。それが非常に労働者その他の階級層を雑多に集め得ている。が労働者の数が圧倒的に多くなっていないということは考慮されなければならない。

中村　今度の場合は入場料が高かったこと、会場が労働者に親しまれていなかったこと、故に、もっと安くより親しみのある会場を選ばなければならない。

小野　それではそういう条件を備えた劇場が東京にあるかね。

村山　いい芝居を提供するということと、それを安く見せたいということは現在のジレンマだ。

←ロベスピエールのダントンへの挑戦

小野　結局今迄のような条件の場所でさえ労働者が親しんで押しかけて来るような芝居を俺達はやらなくちゃならない。だから要するに劇場を求めるよりも芝居の実質そのものが我々には問題となるのだ。

村山　労働者の支持が大きくなればいい芝居を安くみせられ、いい芝居を提供すれば労働者の支持が多きくなっていくわけだ。

佐藤　だからその為には労農階級に日常的に近づく為の努力、例えば工業地帯へ移動劇場を頻繁に持って行くと云うような事などが益々必要になってくる。そのような努力を続けてこそ公演の場合にも多数の労働者を吸収する事、真に労農大衆の要望する様に芝居が発展することが出来るのだ。所で今度の脚本は労働者にどう云う風に迎えられただろうか？

小野　その点から云えば今度の脚本は決して理想的ではなかった。第一に戯曲の主題に就てみてもブルジョワ革命に於けるボルシェビィキ的要素とメンシェビィキ的要素との対立と云うような事は現在の日本の労働者にとって適切な問題ではない。

村山　元来此の戯曲はソビエートの政府が独逸の戯曲家ビュヒナーの（一八一三年――一八三六年）**「ダントンの死」**をア・トルストイに頼んで改作させたもので、革命後の幹部派と反幹部派の対立を示し、反幹部派の墜落的傾向を攻撃することを目的としたものであり、従って現在の日本の労働者にはピッタリと来る事が出来ない。只此の戯曲からは真正な左翼と種々の時代、種々の環境に従って種々な形をとって現われてくる反革命的要素との対立を示し、それが大衆の力に従って克服されると云う事を表現すると云う事しか期待できない。

小野　それにしても材料の撰び方と戯曲の構成のしかたをもう少しどうにかすれば何とかなったんだろうに。

佐野　そうだ。村山の言った革命的なものと非革命的なものとの対立が充分に出て居さえすれば文句は無かったのだ。元々此の芝居はその対立の発展が土台なのだが。此の対立の一方であるダントン一味は相当書かれて居るのに比べて他の一方であるロベスピエールとそれを巡る民衆の姿が非常に影が薄いと云う事は、あの芝居の根本的な劇作術上の欠点だ。例えば第八場までダントンのデマゴギーにすっかり陶酔して居た民衆が第十場で赤頭巾黒頭巾の市民（**民衆の中のアジテーター**）の簡単なセン動演説を聞いて忽ちロベスピエールを支持する様になる――と云うの等は到底うなずけないだろう。批判会で聞いた話だが、家へ帰ってプログラムの解説を読み返す迄はダントンが正しいのかロベスピエールが正しいのかさえ見当が着かなかったと云う人も少くなかった。

村山　何しろビュヒナーの「ダントンの死」に作者が余り拘泥し過ぎた事が、失敗の第一の原因だ。ビュヒナーの「ダントンの死」ではダントンがニヒリスティックな英雄として決定的に祭り上げられている。それを酒場の主人の末に至る迄同様な登場人物を使って全く別な内容を盛り込もうとしたものだからこんな大きな欠点が生れるような事になったのだ。元来一般に題材を過去の歴史的事件にとると云う事が困難なのであって最も陥入り易い過ちは過去の革命的事件を、総ての当時の条件を無視して直ちに現在の状勢にひき直して書くと云う事である。又過去の事件を当時の総ての条件の中から革命的要素を摑み出してその儘書くと云う事も現在の戦闘的労働者の観客にとっては見ていてまだるっこい事に違いない。

佐野　それにしても歴史劇の取扱方としては一般に後者の方が正しい。

佐藤　ビュヒナーのものをトルストイが改作した様に我々もトルストイのものを改作すればよかったんだ。例えば、日本では今資本家地主の政府が××裁判で吾等の××を鉄窓へ鎖付けているような際に、革命裁判が酔っぱらいや聾の陪審官を使って被告を陥入れるような場面がある事は非常に観客の誤解をまねき易いから気を付けなければならないと思う。

中村　その点を非常に憤慨して居た労働者があったが無理もない話だ。

第二場　酒場のある街路

小野　それにしてもア・トルストイにしろ左翼劇場にしろもっと労働者の事を念頭にいれて居たならばこういう欠陥は未然に救う事が出来たのだ。それに翻訳の非常に難かった事も、時間が無かった為とは云え今云った欠陥の現われの一つだ。演出に就ても同様な事が云える。それはこんな欠陥があった戯曲を演出するに際してもっと充分にこう云うような欠陥を救う様に努力すべきだった。

佐野　時間が足りなかった為もあるが殊に今度は演出会議が充分に戯曲を検討する事が出来なかった上に、演出が僕と村山と二人の分坦で（**第一、二、三、四、六、七――村山担当。五、八、九、十、十一――佐野担当**）充分細かな点迄は自然統一が取り難かった事は此の欠陥を益々大きくした。是は勿論直接には僕と村山の責任に違いないが、同時に左翼劇場全員の責任であり斯うした事は今後絶対に避けなければならない。芝居に携さわる全員が可なり細かな点迄統一された方針の上に立って活動すると云う事は特に吾々の演劇にとっては絶対に必要な条件なのだから――。

小野　それにしても第三場の最も革命的であるべき群衆が他の群衆と同じ調子で演出されたと云う事はどうも演出者の罪らしいな。

村山　全体のつり合からみる事が出来なかったと云う点（即ち分坦した演出と云う事もあるが）あれは確かに僕の責任だ。その為に戯曲ですら不充分にしか書かれていなかった民衆の力が愈々弱められてしまった。

第六場　並木通り

中村　第八場は先刻誰かも云った様に殊に注意して演出しなければならない場面だが演出者が此の場のつぶを立てると云う事に余りとらわれては居なかったか？　群衆の一部をダントンの煽動演説にのせられて騒ぐものと対立した部分をつくって置いたならば今少し原作の欠陥が救われたのではないか？　是は疑問として提出して置く。

佐野　今言われた事の外にも色々貼り紙細工的な工夫は考えてみなかった訳ではないが、たとえそう云う手段を講じたとしてもそれはその場丈では効果があるかもしれないが、ダントンに対立する民衆――題材の中の革命的要素――というものが戯曲全体に、にじみ出るように描かれてないあの原作のままでは却って芝居を面白くなくすると云う丈の結果しか生まないのではないかと思う。例えばあの場合第八場でダントンに対抗する群衆を拵らえたとしてもその群衆の叫びは、以上の戯曲上の欠点から非常に根底の薄い歯の浮いたようなものになりはしまいか？　矢張り問題は戯曲を根本的に改作してから取りかかる事にあった様に思う。

村山　戯曲に民衆がよく描かれて居ないと云う事、演出が分担だったと云う事の為に演出者は群衆の扱い方に最も困難した。それはリアリズムと用式化との間に彷徨して結局ぴったりとしたものとなり得なかった。次に配役が一応はまっているように見えて実はどれもこ

第八場　革命裁判所

れもあまりはまり役ではなかったので非常に困った。

佐野　倒えばダントン（**佐々木孝丸**）にしても、もっとぶよぶよしたそれでいて妙にずぶとい男が欲しかったし、ロベスピエール（**小野宮吉**）も、もっとインテリゲンチャ的でない毅然して而も民衆の友といった様なタイプが欲しかった。

村山　ダントンの一味を一渡り見よう。カミュデムレン（**杉本良吉**）は柄はよかったが、瞬間的な熱情の爆発を表現出来ず、ラクロ（**仲島淇三**）は摑み所のない役で気の毒ではあったが、彼はどうも潤い足らず、ルイズには新鮮さが欠け、リュシー（カミーユの妻）（**関鑑子**）は音楽家的であり過ぎた。コリーには、ツンとした堕落女という役が勝ち過ぎた。エロー・ド・セシエル（**藤木貞二**）だけが、いい出来と言えるだろう。ロザリー（**秦よしえ**）はさすが慣れたものであったが、若し配役換えの為めたった一日しか稽古しなかったということがなかったら、もっと完成されたろう。ジャンヌ（**原仲子**）はまだ粒が立たぬ。

佐野　ロベスピエール側では、コローデルボア（**伊達信**）は、可もなく、不可もなく、セン・ジュストは（**村山知義**）自分のいい持ち味を殺す様な役を押しつけられたと言う点で気の毒であり、エルマン（**峯桐太郎**）は四日間とも他人の着物を着て他人の話をするという結果だった。ル・ジャンドル（**田中義男**）は初舞台としては好かった。只、フキエ・テンヴィ

第十場　革命裁判所

ル（**藤田満雄**）の演技は、演技者中の白眉と言えるだろう。赤頭布の市民（**中村栄二**）に付ては、黒頭布と同様、役がはっきり書かれて居ないという点でやりにくかったには違いないが、それにしても身体のこなしその他をもっともっと勉強する必要がある様に思う。黒頭布の演技も、今の所ちょっと行きづまった形だが、欲を言えば、もっと大胆であって欲しかった。

佐々木　その他では、フィリボー（**曾根孝**）に到っては、役柄を全然理解していなかったのみならず、此度の芝居そのものを理解していなかった。無我夢中で、只、与えられたセリフを朗読していたに過ぎなかった。それはフィリボーに限らず、市民中多くの者についても言えることだ。一般に、観客からの好評をはくした役としてはシモンがあるが、ただ、一通りやりこなした、と言うだけで充分役を生かし切っていなかった。動きが非常に不正確であり、而もその不正確な動きにセリフが支配されていた。だが、独特な表現技術を持っている点と非常に熱心な研究心を絶えず持っていると言う点で推しょうに価いする。アンナ（**平野郁子**）は黒い肩掛の女と二役であったが、前者は全然壺をはずれて居り後者では相当に役を生かしていた。然し過去の我々全体が陥っていた、演技上の悪い所にとらわれて、そこからぬけ出ることの出来ないみじめさがあった。特に発声

第十一場　ギロチンのある広場

法を根本的にやり直す必要がある。首をくくられる青年（永田修二）と本に接吻する市民（園部浩）は独特なエクセントリックな表現が役にはまっていた。裁判所の廷丁（成田梅吉）は非常に固った。今一層自由な表現を研究する必要がある。

佐野　全体的に見て演技が目に見えて、うまくなったと言うことは一般の定評だが、それにしても末だ々々苦心の余地があるし、第一我々の善い技術者は階級的に見て、もっとよい芝居をやることによってこそ、生まれるのだと思う。その意味から言えば、今度の芝居は、只色々に異なった役柄を演って見る機会を与えたというに過ぎない。それはともかくとして、市民や兵士や陪審官などをやった演技者達は芝居全体の中の部分として自分の役をはっきり認識しなかったと言う点で、出発点を誤まっていた。我々の芝居は群集の動きという物が決定的な重要性を持つ場合が少くないのだから、この点は特に今後注意しなければならぬ。左翼劇場員以外で群集を手伝ってくれた諸君を始め、全員の異常な熱心さにも拘らず、群集全体としての動きが非常にぎごちなく、群集の中の一人々々が、余り気がきかなさ過ぎたという事も、基本的には今言った事に原因していると思う。あの芝居では群集は決して組織化された民衆として書かれて居なかった。その為めに演出者も演技者も非常にやり難かったには違いないが……。

西郷　その通り、群衆に出て居たもの殆んど全部に云える事だが、芝居全体に対する関心が足りないと思う。自分のきっかけの所丈しか知って居ない。従って台詞も演技も非常に突発的で板につかず浮いてしまって居る（群衆のみに限らず、エロマンなどその甚だしき一例なりテヘ……）

村山　第二場のカルマンオルの踊りは、我々の劇団としては、破天荒とさえ言える試であったが、成功した。将来もこう云う要素が適当に取り入れられねばならぬ。

次に、舞台装置は場数が非常に多いこと、転換を早くしなければならぬ事、及び脚本のスタイル等を考え合せて全部を通じて動かさない柱と桁を組み、それにドロップを取り換え引き換え吊る下げることにした。ひどく貧相になりはしないかと思ったが割合に役に立つやり方と言うことを発見した。

佐野　あれは確かにその意味で新らしい試みだったが、やはり貧相で例えば所々玩具の様に見える場もあったし、役者の動きと、装置とが充分有機的に結合されて居ない点もあった。経済上の原因もあるだろうが、全体の調子にしてももっとがっしりした感じがほしかったし、もっと大胆にやるべきだったと思う。

西郷　大道具が非常に粗雑でプラン通りに行かなかった事は装置者に気の毒だった。が、土台の構成が上下へ固定されて居た為、舞台の位置の取り方が定まり過ぎはしなかっただろうか？　充分な時間が無かった為とは言え村山君にしては余りいい方とは云えないと思う。特に所要時間は大体約三時間半位だった。その中芝居だけは一場平均十五分ずつとして全体で二時間半、従って転換に一時間も要して居る。勿論是は大道具がプラン通りにやって呉れなかったため、敏速さを欠いた点もあるだろうが、劇場員全体の集団的な訓練が足らなかった事も大きな原因だ。兎に角二時間半の芝居に対する一時間の休憩時間は一寸考えなくてはならない事だと思う。猶どうしてもそれ丈の休憩時間が必要ならば、その無駄に観客を待たせる一時間をもっと有効に使うべきだ。例えばその間幻灯でニュースを報告する等――。

佐々木　然しあれをもっと工夫すれば移動劇場のものとしても巧みに応用出来るだろう。それはそれとしてこれは今度の場合だけでなく、装置の色彩と照明プランとの厳密な計算が立てられて欲しい。

佐藤　その点は全く一言もない。照明と装置、衣裳、メークアップとの関係——裏方の統一を今後正確にやる必要がある。装置のプランが立てられるとそれに従って照明が計算されメークアップの色調衣裳の色彩が考慮さるべきであったろう。今度の演出に於いて、特にメークアップの不統一等は、照明の全体との統一的な関係を非常に困難した。今度は特に照明に付いては、独自的なプランが立てられないと同時に、技術上にもスポットの動揺等全くまずかった。第十一場がマルセイエーズ禁止の為め削除されたので二日目から、十場の幕切れに市民達が口でロベスピエール万歳を叫ぶと共に「赤い星とハンマーと鎌」を幻灯で出したのは、ロベスピエール側が正しいことの理解と検閲の為めの十一場の削除を救うに役立った。

佐々木　検閲と云えば相変らず虐圧を極めていた。**第二場で——三ケ所、第三場で——二ケ所、第五場で——三ケ所、第六場で——一ケ所、第八場で——一ケ所、行数にして合計二十三行カットされた。**これは警視庁の台本に加える理由なき干渉であるが、更にショカツ築地署が演技の隅々に渡って干渉したばかりでなく、仏蘭西国歌マルセイエーズの合唱を禁じた如きは、単に彼らの無智と低能を嘲けり笑ってすまされる物ではない。

佐野　検閲について、今度一番癪にさわったことは、第十一場の幕切れにさし加えたマルセイエーズが禁止されたことだ。仏蘭西の国歌まで禁止しなければならなくなったとは、昭和聖代の支配階級もよくよく喰いつめた物と見える。あの場は、原作では非常に悲劇的に終っているのでさっき云われた戯曲上の革命的な力の弱さを救う為めには少くともこの場の幕切れをもっと希望的に演出することが絶対に必要だったのだ。その為めに試みられた演出上の工夫が稽古の不足その他の原因で充分には効果を示し得なかった（初日の観客は御承知だろうが）とは云え、この幕切れの歌を奪い去られた為めに脚本が持っている欠陥をより大きくしてしまった事は残念でならない。今後も上演に対する圧迫はいよいよ野獣的になる許りだ。これに対抗する我々の方法は、我々と我々をめぐる観客とが固く結びつくこと以外にない。観客の組織による大衆的抗議――労働者の中に強く根を張った抗議――こそが、現在の悪検閲制度を一歩々々に克服して行くだろう。

小野 それにつけても我々が労農大衆の要望する好い芝居をすることが最も必要である。この意味から云って今度の公演は基本的な欠陥を持っていた。今云われた欠点を矯め成果を伸し切ることが、今後の重大なる現実的な我々の任務だ。

一同――異義なし。

同志佐藤武夫を悼む――同志佐藤が歩いた道

佐野　碩

同志佐藤武夫は、一九〇六年九月廿日牛込に生れた。少年期を関西と金沢で過ごした彼は、中学の中途で上京して成城中学に転じた。その頃の彼は殊に数学が得意だったそうである。成城の四年を修了すると同時に、彼は早稲田の理工科へ入学した。ここで彼は建築を勉強するつもりだったらしい。だが、激化する社会の諸矛盾は、青年佐藤のイデオロギーに動揺を与えずにはおかなかった。潑溂たるサヴィエート・ロシアの生活に対する強い憧れが彼を支配した。こうしてロシア行の決意を固めた彼は、その日から旅費の工面に余念がなかった。彼は月々の零細な小使銭と学費とを積み立てて用意を怠らなかった。そして一九二六年五月、トランク一つを手にした彼は、一通の書置きを残して出奔した。それは丁度彼が千葉県での徴兵検査で丙種不合格を喫した直後だった。

だがロシア行の企ては、当時にあっても極めて困難であった。ハルピンまで辿りついた、彼は出先官憲の妨害に遭って遂に数ケ月を徒費しなければならなかった。日本を去る時抱いていた彼の明るい希望は、この北満に於ける××帝国主義の関所に阻まれて一たまりもなく絶望に変った。ルンペンとしての数ケ月をハルピンに送った彼は、同年八月、懐中の金も残り少なになった頃漂然と日本に帰って来た。その後約半歳、東京に旧『前衛座』の演劇研究所が開設された。一旦失われかけた希望が青年佐藤の胸中に再び燃え始めた。

そして、一九二七年一月、同研究所の入所試験に百パーセントの成績で合格したのが我等の佐藤武夫であった。我々が『同志』と呼び得る佐藤武夫の出発はこの時からである。劇場人としての佐藤武夫の志望は、芝居の仕事の中で一番人目につかずしかも重要な舞台照明であった。研究所の数ケ月を彼は粘り強く細心に勉強し続けた。彼が一人前の舞台照明家として立ったのは同年の初夏旧『トランク劇場』が現在の馬島労働者診療所建築基金募集の為めに、上野の自治会館で『無産者の夕』を催した時が始めてだった様に思う。それ以来照明家としての佐藤武夫は、我々の凡ゆる演劇活動になくてはならぬ一人であった。やがて同年六月芸術運動内に起った分裂は遂に『前衛座演劇研究所』の分裂にまでその余波を及ぼした。研究所の分裂と同時に同志佐藤は、旧プロレタリア芸術連盟の演劇部（旧プロレタリア劇場）員として活動し始めた彼が家庭的な絆の総てを断ち切って解放運動に没頭し始めたのはこの頃からである。同年夏『プロレタリア劇場』と改称した旧トランク劇場は東北及び北海道地方に遠征を企てたがこれに先立って単身各地の旧労農党支部との交渉に当ったのは佐藤武夫であった。芸術運動に対する労働階級の理解と関心とが未だ極めて薄かった当時にあって、ともかくもこの交渉を成功させた事は、陣営に入ってから間もない彼としては初陣の功名と云えるだろう。だがプロレタリア劇場は北海道到着のその日、全道に於ける上演禁止を通告された。我々が、北海道庁を直接の×として上演の自由獲得の為めの闘争の口火を切った時佐藤武夫は既にその最も優秀な戦士の一人であった。又北海道からの帰途青森での公演中ドロ靴が×力的に我々の芝居を妨害した時、観衆の目の前で私と一緒に荒縄で縛り上げられたのも佐藤武夫であった。

若き戦士佐藤武夫は、こうして×圧と共に鍛え上げられた。

その後同志佐藤はますます闘争に献身した。彼の住居はこの時以来、常に合宿であり彼の全生活は文字通り、プロレタリアート解放の為めに、献げられ始めたのである。やがて同年の末頃から芸術運動においても戦闘的戦線統一が叫ばれ旧『前芸』と旧『プロ芸』とは互いに合同への道を辿りつつあったが、この合同に関しても同志佐藤の尽力は決して少くなかった。

越えて一九二八年四月、この合同に依って×圧の中にナップが結成されると同時に同志佐藤は輝ける常任中央委員の一人として機関誌戦旗編集の衝に当る事となった。機関誌の編集は、演劇活動に於ける舞台照明よりも更に更に煩雑な下積みの仕事である。しかも同志佐藤は、この目に見えない仕事に全力を傾注して倦むところがなかった。一九二八年五月の『創刊号』から一九二九年四月の『×色テロル犠牲者追悼号』に至る十二冊の『戦旗』は、何よりも明白に同志佐藤の努力を裏書きしている。

我が国プロレタリアートの、刻々の闘争の線に沿って『戦旗』を大衆的に編集する事に於て、同志佐藤は全く非凡な才能を発揮していた。『戦旗』の編集の為めには、彼は何物をも犠牲に供して顧みなかった。三・一五の一週年を機とする全国的闘争の姿を四月号に織り込む為めに、彼は高熱を押して数日の徹夜を敢てした。去る三月廿八日苦心の四月号が出来った日、そして時を移さず発禁命令と押収とが襲いかかった日、彼の肉体はもはや堪え難いまでに衰弱しきっていた。その夜彼は遂に病床にたおれた。しかもその後うち続く高熱と呼吸困難とに戦いながら、死の直前まで同志佐藤が洩らし続けた言葉はすべて『戦旗』の編集に関する彼の意見であり全快後の更に精力的な活動に関する絶大な抱負と決意であった。

四月三日午前九時五分、『戦旗』はその名編集長を失い、日本プロレタリア劇場同盟は輝ける常任中央執行委員の一人を失い、東京左翼劇場はその献身的舞台照明家を失ってしまった。

今この最も勝れた一人の同志の死を悲む時、我々を強く鞭うつものは彼の限りない闘志と揺ぎない決意とである。我々は彼の決意をもって彼の闘志を受継ぐであろう。今日同志佐藤武夫の柩を覆ったナップの×旗を、我々は闘争によって更に色濃く染めなすであろう。

（四月五日告別式の夜）

4　その他の雑誌（一九二九〜三一年）

『新興映画』
演劇・無声映画・発声映画

佐野　碩

1　最も有力な宣伝者としての映画

『われわれ階級的芸術家は、労働者農民のすべての生活、感情を芸術につかみとり、その一切の反逆性をば×××プロレタリアートの掲げているスローガンにいきいきと結びつけねばならない。かようにして、我々は、芸術の生きた機能において、労働者農民に対する×の思想的・政治的影響を確保拡大し、芸術の全煽動・宣伝力をプロレタリアートの×××闘争に従属させねばならないのだ。』（「戦旗」四月号――中野重治）

この場合、×の全活動の基本単位が工場・農村細胞にあるかぎり、×のアジ・プロの仕事――我々の芸術的諸活動は本質的な意味においてこの仕事の一部である――も亦この工場・農村細胞を中心として行われなければならない事はもはや云うまでもない。

そして、かかる芸術を創る者がプロレタリアートであり、従ってまた、プロレタリアートこそが芸術を自分のものとするのだと云う事も最早説明を要しないだろう。

そこで、

――詩人及び小説家はその作品を朗読し或は印刷の形で発表する事によって――美術家はその造型美術的技術の一切を階級闘争の刻々の必要に従属させる事によって――音楽家は刻々の闘争が要求する素晴らしい闘争歌を労働者・農民の間に広める事によって――劇場人は「舞台」と云う一定の空間を利用し芸術の各部門の材料と技術とを存分に駆使しながら、労働者・農民の闘争の生きた姿を画き、極めて直接的に労働者・農民の視覚及び聴覚に訴えて彼等に働きかける事によって――映画人は「闘争実写」から「演技映画」に至る一切の映画を労働者・農民の間に持ち込む事によって……それぞれの階級的芸術家としての役割を果し、或は果そうとしている。

これ等の芸術活動の諸形態のうちどれが一番有効であるかは、もちろん一概に論じられない。例えば、一枚の絵入りポスターと闘争歌とを較べて見ても、ある演説会への動員をアジると云う点では歌よりもポスターの方がはるかに有効であるが、さてその演説会が解散されてデモに移った場合、全員の士気を鼓舞する点で、何よりも効果的なのは「歌」である――と云う風に各々の芸術形態の有効性は、それぞれの場合場合によって異ってくる。

だがしかし、これ等の諸形態が持つ煽動・宣伝力の大きさに就いては、それぞれの形態における芸術の材料及び持ち込みの方法に従って、原則的な大小の相異が認められる。例えば、或る××的内容が「詩」と云う文学的形態で表現され、印刷と云う形で持ち込まれる場合、そしてこの印刷物が個人々々によって読まれる場合と、この同じ詩が、「シュプレッヒコール」と云う演劇的形態で表現され、同時に同じ場処で数百数千の拍手と叫喚に呼応して労働者・農民の胸板に叩きこまれる場合と、更にまた同じ詩の内容が映画的形態で表現され、スクリーンを通じて全国一斉に数万乃至数十万の大衆に与えられる場合とでは、明らかに後者ほど煽動・宣伝力が大であり、大衆性が多いと云えるだろう。

レーニンが『我々のすべての芸術の中で最も重要なものは恐らく映画であろう』と云い、カーメニェフが『映画は、労働階級の手に×した時、最も有力な宣伝者となるであろう』と云ったのも、映画と云う芸術形態が持つ素晴らしい煽動・宣伝力を正当に理解したからに外ならない。

私は、この小論の目的に従って、種々の芸術形態のうち特に演劇と映画とに就いて問題を進めよう。

2　発声映画《トーキー》の出現と演劇の将来

この問題に入る前に、発声映画が出現する以前の映画と演劇に就いてその形態上の特徴と差異を簡単に検べることが必要だろう。

少くとも我々は、一定の時代の芸術の形式（形態）が、当該発展段階に於ける当該社会の生産力（技術）によって決定されると云うことを知っている。映画と云う新しい芸術形態の誕生が、一九世紀の後半に於ける科学の発達——殊に写真術と電気光学に於ける——の成果によっていることは衆知の事実である。のぞきからくりから映画へ——この新しい芸術形態の出現は演劇にとってこの上ない脅威であった。舞台芸術に於けるフォーチュニー式照明法の画期的な発見でさえ、この『動く写真』の発明に較べれば太陽と蠟燭ほどの違いがあった綜合的芸術形態として、他の芸術形態に対する優越性を誇っていた演劇はここで始めて有力な敵手を発見したのである。だがしかし、光と色と動きと音と言葉とを手段としている演劇に較べて、従来の映画には色と音と言葉とが欠けていた。

やがて映画は、色彩の要素を取り入れることに成功した。更に、二十世紀に於けるラジオの隆盛は、遂に音と言葉を克服しようとする努力に大きな刺激を与えた。そして、この努力の最初の試みであった『キネトフォーン』の失敗は、こうして、今日もはや殆ど完全に近い発声映画《トーキー》の出現によって補われ始めたのである。

いまさらD・W・グリフィスの創始にかかる『クローズ・アップ』や『カット・バック』やアベル・ガンスの

『フラッシュ・バック』や『トリプル・エラン』等々を引合いに出さなくとも、映画が持つ技巧は、演劇のそれに較べて遥かに近代的であり力学的であり自由であり多様である。事件の広汎な関係を展開して見せる為めに、映画が必要な場面を自由自在に取り入れる事が出来ると云うことだけを考えて見ても、一定の「舞台」や「場割」と云うものによって制約を受けている演劇に較べて、大きな強味である。更に映画は、演劇に較べて、極めて簡単に、広汎な観衆に接し得ると云う特点を持っている。A地方の演劇公演をB地方に移す場合と、A地方で封切られた映画をB地方へ郵送する場合とを考えれば、費用の点でも手数の点でも前者に較べて後者が如何に簡単であることか。それればかりではない、A地方の観衆に見せたものを同じ時刻にB・C・D……地方の観衆に見せられると云う事も映画でなければ出来ない芸当である。ある旅行者が、モスクワの撮影所にエイゼンシュテインを訪ねて、『君は何故芝居から映画に鞍替えしたのか？』と聞いた時（エイゼンシュテインは革命の直後しばらくプロレットカルトの劇団で働いていた）、彼は答えた。『私は、労働者に芝居を見せるためにクラブや工場や街頭に出掛けて行った。或る時は、本物の工場の中で本物の機械を背景にして芝居を演った。だが考えて見れば、毎日方々の工場で芝居を見せたとしても観客の数は知れたものだ。それよりも、もっともっと広汎な大衆に接したい――そうした希望が、私を映画界へ押込む動機となったのだ』。今日、彼の希望は実現した。メイエルホリドが一シーズンに接する観客と、エイゼンシュテインの『全線』が相手にした大衆とは数に於て非常な相違である。

×　　×　　×

映画と云う芸術形態が持つこの驚くべき大衆性は、発声映画の出現によって更に更にその威力を増した。

考えても見るがいい。数千数万の労働服の行列――先頭に翻る××の大写し――大地を踏みしめる数万の巨大な足――汗と埃にまみれた悲壮な顔――絶叫する無数の口――裂けんばかりに張りつめた喉――この無声映画の数呎が、大地を揺がすデモの歌声と轟く跫音と数千の馬蹄の音と官犬のサーベルの金属音とによって裏づけられる時、如何に多くの効果を増すことか！

『我々のすべての芸術の中で最も重要なものは恐らく映画であろう』――一九二三年のレーニンが若し発声映画の存在を知っていたならば、彼は映画の上に『発声』の二字を書き添える事を決して躊躇しなかったに違いない。とは云うもの、発声映画はまだその揺籃時代を抜け切っていない。絵と音とのシンクロニゼーションはまだまだ不安心であり、発声に伴う雑音は時として五、六年前の蓄音機を聞く様である。ピストルの音は如何にも子供だまし的であり、拍手の音に至っては箆でセンベイを叩くに等しい。更に遺憾に堪えないのは、心なきブルジョア映画製作者の発声映画に対する無謀な態度である。彼等はただ利潤を得るためにのみ発声映画を製作する。彼らの指導方針は従って当て込みの一語に帰着する。そして当て込みの結果は、発声技巧の濫用であり、濫用の結果は、これ見よがしのテーマ・ソングだとか伴奏だとか乃至はだらだらした会話だとかを寄せ集めた駄作映画のトコロテン式なセリ売りに過ぎないのだ。

だがしかし、若しこの現在の現象だけから判断して発声映画を頭から否定してかかるとすれば、それは完全な間違いである。何故と云って、第一の欠点――未熟な発声技巧――は日を追うて改良され完成に近づくだろうし、第二の欠点――製作者側の誤った意図――は、「ありったけの発声技巧を押し売りする』と云う方針を『必要な限りでの発声技巧をすべて映画的に従属させる。音と声と影との間に完全なリズムの統一を与える』と云う方針に置き換えさえすれば充分に救われるだろうから。

映画は、その内容に応じて、必然的に、或は『無声』の形をとり或は『発声』の形をとらなければならない。『発声』であるべきか『無声』であるべきかは、ただ、その映画内容の必要に応じてのみ決定される。『発声映画』は、かくして、『無声映画』と共にその洋々たる未来を持っている。

敢て、エイゼンシュテイン、プドーフキン、及びアレクサンドローフの三人の『宣言』を持ち出さなくとも、明らかに『発声映画は両刃の武器である』。

『発声映画否定論者』は『犬に喰われてしまえ！』だ。

× × ×

さて、——

『演劇』の強敵である『映画』が『発声』であると否とを問わず、更に更に発達した場合、『演劇』は果してどうなるであろうか？　『演劇』は袋小路に追い詰められて滅びて了うだろうか？

否。演劇もやはり逃げ路を持っている。

ロシア革命の十週年にワフタンゴフ劇場のア・ポポーフとイ・タルチャーノフが『崩壊《ラズローム》』（巡洋艦ザリャー）の演出でやった様に、或は又ちょうど同じ頃ノルレンドルフプラッツの劇場の蓋開けにピスカトールがシュピールゲリュストを利用して『どっこい、生きてる！』を演出した時の様に、映画的な手法を舞台に取り入れて映画と演劇とを握手させると云う方法も勿論この逃げ路の一つである。

だがしかし、音と云う新しい要素を手に入れ演劇と同等の武装をする事によってますますその大衆性を発揮するに至った映画の洪水の前には、演劇の『映画的演出』と云う逃げ路はもはや単なる方便でしかない。

演劇は、他に活路を見出さなければならない。勿論それは演劇のみに与えられている独自的な本質的な特徴の上に見出される。

演劇と云う芸術形態が持つ本質的な特徴とは何か？——云うまでもなく、それは演技者と観客との完全な共感、共演を意味する。演技者の演技によって惹き起された観客の笑いや拍手や叫喚の一つ一つが如何に直接的に反射的に演技者に逆作用するか、更に次の瞬間に於てこの逆作用の結果が如何に敏速に観客に作用するかを考えて見るがいい。演劇は、演技者だけが演じるのではない。演劇は、演技者と全観衆とによって共演されるのである。

芸術を創る者と芸術を与えられる者とのこうした緊密な関係は、演劇以外の芸術形態では到底見られないところだ。演劇の上演と表面上一番似かよった形で行われる音楽の演奏会を例にとって見ても、演奏される曲の各『小節』は、絶対に客席からの拍手や感激の叫びによって中断される事を許されない。切り離された各『小節』は無意味である。だがしかし演劇にあっては、個々の台辞と台辞、科《しぐさ》と科の間に挿入された客席からの拍手や叫喚は、何等演劇の進行を妨げないばかりか却って上演の効果を強める事が屡々である。

映画も亦、『舞台と客席との関係』と云う点では到底演劇の敵ではない。スクリーンの側から飛び出して来る素晴らしい音響効果や感激的なセリフに対して観衆が如何に熱狂し如何に叫び掛けようとも、スクリーンの上の演技者は全然之と無関係に演技を続けるしかないのだ。

演劇は、だから、この点に関しては何物の追随をも許さない。

映画の洪水が大きくなればなるほど、演劇はこの独自的な長所を生かす様な方向に発展して行くだろう。だから、サヴィエート・ロシアに生れ始めている新しい民衆劇――例えば革命紀念日と云う様な国民的祝祭を機として数万数十万の演技者乃至観衆によって演じられる大衆的野外劇だとか、街頭や労働者クラブで行われる即興的な芝居（演技者と観客との区別が殆ど無くなってしまって、一堂に集った人間の一人々々が一所になってそれぞれに娯しむと云った様な芝居）だとかが、一番発展性のある演劇形態として残るだろう。

× × ×

だが、以上は現在の我々にとって直接的な問題ではない。我々は、『現在の日本に於けるプロレタリア映画運動』

と云う現実的な点に問題を集中しよう。

さて――

3　我々は如何にして発声映画を我々の手に握るか？

すでに我々は、発声映画が我々の宣伝者として如何に有力であるかを見た。

いま日本のブルジョアジーは、この有力な武器を取り上げて我々に向けようとしている。我々は、直ちにこの武器を彼等から奪うための闘争を始めなければならない。云うまでもなく、ブルジョア発声映画の克服はプロレタリア発声映画の製作を通じてのみ可能である。

この闘争に当って、我々を取り巻いている条件は何か？

先ず第一に――ブルジョア検閲制度による困難。

映画が大衆に対して恐るべき親和力を持っていると云う点で、その検閲が、演劇の場合に較べて遥かに遥かに厳重苛酷である事はすでに誰でもが知っている。ブルジョアジーがドタン場へ追い詰められれば追い詰められるほど、この検閲上の苛酷さが加重する事も誰でもが知っている。そして、映画が発声と云う有力な性質を備える場合、この苛酷さが更に更に増すだろう事はもはや明らかである。

日本の資本主義の特殊的発展の結果として、日本の検閲制度はまだブルジョア自由主義的でさえないのだ。エルノ・メッツナーが宣伝映画『フライ・ファールト』を製作発表（尤もこれは残念ながら独逸ブルジョアジーの手先社会民主党の宣伝映画だから無理もないが）したり、ヴェリトフの『キャメラを持った男』やプドーフキンの『アジアの嵐』やエイゼンシュテインの『十月』などが公開の席で映写されたりする独逸だとか、『赤色救援会』

の催しにやはり同じようなロシア映画が自由にフンダンに上映される仏蘭西だとかとは大分事情が違うのである。

第二に――財政上の困難。

従来、日本のプロレタリア映画は『金がない』から出来ないのだ――と云われていた。映画が非常な『金食い虫』である事に異議はないが、だからと云って、『金がない』から出来ないのかどうか?――それは次に述べる。

第一の困難にしろ第二の困難にしろ、これらは、映画に限らず、あらゆる日本のプロレタリア芸術が当面している問題である。

他のプロレタリア芸術がこれらの困難を押し切って前進している時に、映画だけがこの困難を押し切れないと云う筈はない。

押し切る道は、ただ一つ――映画が、他のプロレタリア芸術がやって来たと同じように、極度の困難の中で実際に仕事をして行く事だ。我々は可能的なものに就いて考えるのではない、現実的なものを実行して行くのだ。ナップ参加の日本プロレタリア映画同盟は、すでにこの困難な実行を始めている。そしてこの苦しい仕事がジリジリとブルジョア制度そのものの根拠を衝きつつある事は、全プロレタリアートが知っている。

『九ミリ』でも『九ミリ半』でも『十六ミリ』でも『スタンダード』でもなんでもいい、とにかく与えられた材料と財力とで、階級闘争の姿をフィルムにつくりこれを可能な限り労働者・農民に見せる事が何よりも肝心である。

発声映画は、かくしてのみ、我々の掌中に近づくものであることを忘れてはならない。（一九二九・八・八）

『劇場街』
「左翼劇場」現勢図――一九二九年から三〇年へ

佐野 碩

小目次――

1 一九二九年の歴史は?

日本のプロレタリアートにとって、一九二九年の数ケ月は、打ちつづく受難と貴い教訓の歴史であった。「血の三・一五」の一週年を迎えて間もなく全国を吹き捲った「四・一六」の大嵐は、その最も顕著な現れに過ぎない。「古今未曾有の不祥なる犯罪」として喧伝されたこの事件は、明らかに、左翼陣営にとって極めて大きな打撃であった。その後間もなく唱えられた「大衆に対する左翼的指導力の一時的減退」は、だが、その反面に於て大衆自身が如何に急激に革命化しつゝあるかを物語るものでしかなかった。

「旧労農民党華やかなりし頃」の夢をかなぐり捨てて、日本のプロレタリアートが真に革命的な苦闘の中に更生の第一歩を踏み出した事――そこにこそ一九二九年の最大の収獲がある。

「嵐は強い木をつくる!」――一九二九年の歴史は、この階級闘争の定則を我々の前に実証してくれた点で、忘れ難い記念碑である。

プロレタリア演劇運動にとっても亦、過去の一年間は、決して坦々たる大道ではなかった。検閲制度その他による妨害も、もちろん前年度と較べて少ないなどと云う事はなかった。

しかも、一九二九年のプロレタリア演劇運動史は、一見、華やかな姿さえ備えている。曰く『日本プロレタリア劇場同盟』の創立、曰く両『築地』及び『心座』の急進化、曰く『新興劇団協議会』の成立、曰く何………曰く何………

無産階級運動全般の表面的沈滞の中にあって、この賑かさはまた何とした訳であろう? それについて、二つの理由が考えられる。

他の運動と較べて芸術運動に対しては彼等からの風当りが比較的弱く、従って演劇運動もまだ地下に追い込まれるまでにはなっていない点――が第一の理由であることは今さら云うまでもないが、第二の理由――小ブルジョア諸劇団の急進化とこれに伴うプロレタリア的劇団の激増――については後で詳しく述べることにする。

いずれにせよ、こうした多彩な新興演劇運動の情勢の中から「左翼劇場の一九三〇年」を展望するために、私は先ず「左翼劇場」の現勢図を引いて見よう。『現勢図』から『展望』を割り出すための定規は、もちろん新興演劇運動全般に関する正しい理解であるが、これについては最近発表した拙稿を見て戴きたい。（都新聞――『新興演劇鳥瞰図』）

2　左翼劇場の足跡

一九二八年四月、旧「前衛劇場」と旧「プロレタリア劇場」とが合同して、「東京・左翼劇場」が出来上った。東京に於けるプロレタリア演劇運動の主体の実力は、こうして量的にも質的にも倍加された筈であった。にも拘らず左翼劇場は、創立後の最初の一年間に僅か三回の公演と数回の移動劇的活動の記録を残したに過ぎなかった。

一九二八年は、遂に、演劇運動始まって以来の凶作の内に幕を閉じた。

一九二六年から二九年へ――左翼劇場に対してこの数ケ月は何を斉したか？　一九二九年を終えようとする今、凶作を取り返す為めの数ケ月がそれに続いた。

左翼劇場はどの地点を歩いているか？――我々は先ず「二九年の足跡」を辿らなければならない――

a　「ダントンの死」と「プロット」の創立

二九年を迎えて、左翼劇場は捲土重来を期した。一月二十六日から四日間の第四回公演は、何よりも先ず二九年度に於ける左翼劇場の劈頭の示威でなければならなかった。

更に一方、既に（二八年末）「ナップ」が『地域別組織』から『芸術部門組織』に再組織された結果、従来「ナップ」の全国支部に所属していた「左翼劇場」その他の姉妹劇団は全日本の演劇運動を統一的に展開するために緊急に強固な劇場同盟を結成する必要に訴られていた。各劇団から選ばれた「劇場同盟準備委員会」は二月初旬の創立大会のために着々と準備を進めていた。

変革前期の日本にプロレタリア劇団の全国的組織が成立すると云う事は、単にそれが世界最初の出来事であると云うばかりでなく、我が国プロレタリア演劇運動の揺るぎない基礎と限りない発展を約束すると云う点で、プロレタリア演劇運動史上に画期的な意義を持つものであった。

「日本プロレタリア劇同盟」の創立大会を目前に控えて、「左翼劇場」の「壁頭の示威」は二重三重の意義を持っていたのである。

演劇運動のこうした状勢の中で第四回公演が行われた。『大きな示威』であるべき「ダントンの死」の上演は、だが、不幸にも『小さな示威』でしかなかった。

新しい年を迎えた「左翼劇場」全員の闘争欲――脾肉の嘆に堪えぬと云っただけでは足りない程の焦慮――これが、「ダントンの死」の演出方針を誤らせ、公演を不成功に導いた最大の原因であった。「左翼劇場」が、迂滑にも、ア・トルストイの原作の不備な点に対して何等改修の斧を加えずにそのまま上演してしまったイキサツについては、既に他の機会に書いた通りである。

こうして「左翼劇場」は、大入の四日間に押し寄せた観衆諸君――殊に我々の公演を待ち焦れていた労働者諸君――の絶大な支持と期待に対して、革命的なエネルギーを吹き込む代りに少なからぬ不満と失望とを与えてしまったのである。

勿論この公演も失陥ばかりではなかった。第一に、ともかく公演を持ったと云う事がそれ自身ある程度の示威として役立ったし、その他にも、従来に較べて観客が量的にも質的にもよくなって来た（四日間を通じて我々が動員し得た観客は総数二一二二人、その内、労働者が六三五人であった）点、劇場員の技術が急激に進歩して来た点、等々に若干の収獲が見られたが、それでも公演全体の総勘定は、前に述べた通り、依然として「凶」であった。

やがて、二月四日にいよいよ「日本プロレタリア劇場同盟」の創立大会が開かれた。

二八年末、例の旧「新党組織準備会」主催の結党大会を皮切りに、左翼の集会に対しては苛酷な弾圧が集中されていた。我々の創立大会も亦、この弾圧の余波の中に闘われた一つである。

監督は、狂暴にも、仮中央委員会が提出した運動方針草案の説明にすら「中止」を以て襲いかかった。予定の議案の説明、審議の一切が禁止された。しかも、大会は断乎として満場一致で「同盟の創立」を決議した。

全国から集まった五十余名の代議員が、来るべき闘争のために決定した同盟の綱領は次の通りである――

1　吾が同盟は、プロレタリア演劇を組織的に生産し之を統一的に発表する事によって、一切のブルジョア演劇を実践的に克服しつつ、無産階級解放運動の為に計うことを期す。

2　吾が同盟は、演劇に加えられる一切の政治的抑圧撤廃のために計うことを期す。

「日本プロレタリア劇場同盟」（略称『ＰＲＯＴ《プロット》』）プロットの名称が決定されたのもこの日である。

そして「左翼劇場」は、「プロット」加盟の最も有力な劇団として、この日から同盟のスローガン「演劇を工場・農村へ！」の下に計い続けて来た。

如何に闘ったか？――それは次に述べる。

b　『築地』の分裂と『左翼劇場』

その頃、新聞の三面を賑わしていた新劇界の事件は、例の「旧築地小劇場」の内紛問題である。

三月末、分紛は遂に『分裂』と云う形をとって現れた。やれ『土方派は左翼劇場と提携する』だとか、やれ『分裂を覗って虎視眈々の左翼劇場』だとか、口さがない劇壇雀の風評は日に日にうるさかった。

だが、「左翼劇場」にして見れば、そうした「廊下トンビ」のうわさは、誠に笑止な取越し苦労に過ぎなかった。分裂後の両『築地』がそれぞれ勇敢に急進化を宣言した事は、それ自身、もちろん喜ぶべき現象に違いなかった。だが、両者が果してどこまで急進化するかと云う点については、宣言だけでは全然未知数に属していた。「分裂」に関して発表された『プロット』の声明書がハッキリ云っている様に、そして又、その後の『左翼劇場』の態度が現実に物語っている様に、『左翼劇場』は、分裂にツケ込んであわよくば何れか一方を引入れ様などと云う火事ドロ的な魂胆を抱くほど軽卒でもなかったし、また事実、それほど食い詰めても居なかったのである。

『築地』の分裂は、むしろ別な意味で我々の関心を唆るに充分であった。

云うまでもなく、およそ小ブルジョア劇団が階級闘争の激化に伴って或は反動化し或は急進化すると云う事は、プロレタリア演劇運動の発展の途上に現れる副産物的現象の一つである。たとえその動機が「小ブルジョア一流の感情的対立」にあったにせよ、『築地』の分裂の本質的根拠はこの一点に懸っていた。「小ブルジョア劇場人の限りない動揺の結果」――これが分裂を導いた根拠の一切であった。しかも、過去数年間の新劇の牙城であった『築地小劇場』の瓦解は、それ自身、明治末期以来の所謂ブルジョア自由主義に立脚する我が国の新劇そのものの破産を端的に物語るものでしかなかった。

『築地』の分裂を狼火として、こうした新劇団急進化の現象が次々に起るだろう事が予想された。

新劇団の急進化に対して如何に処すべきか？――この問題は、こうして二九年度に於ける我々の議事日程に加えられねばならなかった。

我々は之を如何に解決しつつあるか？――私はそれを『新興劇団協議会』に関する項で述べよう。

c 『全線』

一九二九年は、東京にプロレタリア演劇運動が発生してからちょうど満三年に相当した。『左翼劇場』は、之を紀念する意味で、旧『前衛座』、旧『プロレタリア劇場』、及び旧『前衛劇場』以来の各公演を通算して、我々の第六回公演（第五回公演については第十四回公演と一緒に後で述べる）を第十三回公演とする事を決議した。

そして、六月二十七日から七月三日まで一週間、築地小劇場で村山知義の『全線』（『暴力団記』改題）が上演された。

一回のマチネを加えて我々が七日間に吸収した観客は、総数二六三四人、その内、労働者が七五二人で、労働者の率が若干多くなったと云う点を除けば、数字上では決して成功とは云えなかった。

にも拘らず、公演全体の結果は、『ダントンの死』の時などとは較べ物にならないくらい素晴らしかった。『全線』の一週間を通じて、舞台と観衆とは完全に一つの闘志の中に融け合った。我々の第十三回公演は、文字通り、労働者諸君の圧倒的賛同を浴びて終わったのである。

「左翼劇場」の「全線」が一九二九年度上半期に於ける我が国新劇界の最大の収獲であった事は、この戯曲の演出を担当した私でさえ、全然『我田引水』的にではなしに躊躇なく云い得るところである。

明らかに『全線』は、内容的にも技術的にも、過去数年間の日本プロレタリア演劇運動が生んだ最高の水準を示すものであった。そしてそれは、「プロレタリア演劇が持つ力強さと無限の発展性を、敵と味方の双方の前に実証した」と云う点に最大の歴史的意義を持っていたのである。

「全線」の演出については既に「左翼劇場パンフレット」に書いた。我々の演出の意図と実際の結果とがどの程度に一致していたかは諸君が見られた通りである。

ただ私一個としては、群衆の動きに力学性が足りなかった点、演技その他に形式上の統一が欠けていた点、等々に若干の不満を持つものである。内容的にはともかく、技術的に見れば、『全線』は、プロレタリア演劇に於ける「プロレタリア・レアリズム」の樹立その他の点で多くの示唆と研究の余地を我々に残してくれた貴い経験であったと云えるであろう。

d 関西への第一歩

勝利を以て上半期を終えた『左翼劇場』は、『全線』を携えて関西への旅を企てた。予期にたがわず、原始的とさえ云えるほどにガムシャラな関西の当局は、予定の『全線』と『足のないマルチン』とを、手を替え品を替えてとうとう闇から闇へ葬ってしまった。我々は、直ちに之に代るものとしてゴリキーの『母』(八住利雄脚色・左翼劇場再編)とザックスの『莫迦の療治』(村山知義翻案)とを提出したが、これも全身キズだらけにされて戻って来た。

十月十六・七(於大阪・朝日会館)十八・九(於京都・華頂会館)の四日間、『左翼劇場』は、それぞれ「大阪・戦旗座」及び「京都・青服劇場」と共同して、関西第一回公演にこのキズだらけの二つを上演した。

大阪京都の四日間に於ける観客は、総数四〇三二、その内、労働者一〇〇二人に達したが、狂暴な当局の箝口令は、我々が関西労働者諸君のこの大きな要望に対して充分に応える事を許さなかった。

我々は、ただ次の諸点に、我々の「関西への第一歩」の最も大きな意ぎを見出すものである——

(1)プロレタリアの芝居を話にしか聞いていなかった関西の労働者に対して、不充分ながら本物のプロレタリアの芝居と云うものを知らせた事。従って、芸術運動全体に対する関西労働者の関心が増大した事。

(2)『プロット』加盟の劇団を始め、関西の急進的劇場人に対してよき刺激を与えた事。
(3)無産者運動の左翼的陣営が表面沈滞しているかの様に見えている現在の関西に於て、この公演が左翼的勢力の一つのデモンストレーションとして役立った事。

e 「新興劇団協議会」設立の提唱

二九年度に於ける『左翼劇場』の功績の一つは、甦生の『築地』、『新築地』及び『心座』に対して『新興劇団協議会』の設立を提唱した事がある。

旧『築地小劇場』の分裂を口火として、東京の新劇団は轡をならべて急進化への道を急いだ。四月末、先ず『心座』は『トラストD・E』によって更生の意気を示した。六月末、金ピカの『帝劇』を揺がした『新築地』の『母』は、新しい観衆の間に大きな衝動を植えつけた。そして秋のシーズンの皮切りであった『築地』の『吼えろ支那』は、『左翼劇場』の『全線』と共に二九年度の最大収獲の一つであった。だがしかし、こうした混線状態は、やがて、それぞれの仕事の効果を相互に減殺するものでしかなかった。各々の劇団が健全に発達するためには、そこに何等かの統一が必要であった。

『左翼劇場』が、これらの劇団の協力と相互扶助を第一モットーとして『新興劇団協議会』の設立を提唱した事は、だから、極めて当を得たものと云わなければならない。

十月十三日、協議会は正式に成立した。同月末、『心座』の「装甲列車」が上演禁止に遭った時、『左翼劇場』が殆んど全員出動で『全線』を上演して『心座』の急を救ったのも、協議会の決定に基く相互扶助の一端であるに過ぎない。そして、こうした「協議会」の仕事が、演劇運動の発展と正比例して重要さを増すだろう事は今更云うまでもあるまい。

ただ、私は之とは別の点に就いて協議会に参している各劇団の注意を喚起したい。云うまでもなく、それは各劇団の職能に関してであり、更に「プロット」加盟の『左翼劇場』と未加盟の他の三劇団との関係に就いてである。既に多くの論者は、この点について簡単な対論によって或る種の結論に近いものにまで到達したかの様に見える。

だが、我々の前に横わるこの議題は、更に厳密な分析と討議を必要としている。私は、之について近く筆を新にして意見を述べて見たいと思う。

『劇場街』
演劇に於けるプロレタリア・レアリズムの問題
——「左翼劇場」の「太陽のない街」を中心として——

佐野　碩

1

「太陽のない街」が舞台にかけられた。「左翼劇場」としては、例の「全線」から八ケ月ぶりでこの大物を手がけたわけである。

徳永直の原作が日本に於けるプロレタリア小説の最高峰と云う折紙つきのものであっただけに、それを「左翼劇場」がどう生かすかと云うことはたしかに新しい観衆全体の大きな期待の的であったに違いない。予期にたがわず、この第十四回公演は、第十二〔ママ〕回公演の「全線」に数倍する賛同を浴びて連日連夜の大入りを続けた。三百人（観客総数の約五分の三）内外の労働者の観客を吸収し、しかも幕開きの半時間前から恨めしそうに「満員御礼」の立札を睨んでいる二百人以上の観客諸君に一々頭を下げて門前払いを食わせなければならないという劇場前の悲喜劇は、初日から千秋楽まで一日も欠かさずに、しかも日を追ってますます深刻に繰りかえされてしまった。この原因は何処にあったか？——発売された原作の単行本が、「戦旗社」の貧乏世帯に時ならぬ春を来させるほどの売れ行きを示したからであろうか？　過去数ケ月間の所謂「新興各劇団」の活躍で、プロレタリア演劇に対する観衆の関心が眼に見えて大きくなったせいであろうか？　それとも又、「左翼劇場」の経営・宣伝部が極めて巧妙に計画的に活動したからであろうか？——原因は、だが、決してこれだけではない。云うまでもなく、最大の原因は、「太陽のない街」と云う芝居そのものの出来がよかったからである。

『新興劇団協議会にあって、左翼劇場はその指導的位置に立つべきものであり、しかも優に立ち得る能力を有つものであることを、今度の「太陽のない街」は示している。』——と云う高田保の批評は、アラ捜しばかりを商売にしている人たちから見れば、恐らく非常な褒め過ぎであるかも知れない。もちろん細かいアラは方々にあった。だが、それにも拘らず、「左翼劇場」の「太陽のない街」が今までのどのプロレタリア演劇よりも優れていることは、「左翼劇場」の一員である私でさえが何の誇張もなしに云えるところだ。

だが私は、ここで、「太陽のない街」について必要以上の讃辞を並べたてるつもりは毛頭ない。断っておくが、私の目的は「太陽のない街」そのものを批評することでも勿論ない。私が、「太陽のない街」について以下に述べることは、すべて「演劇に於けるプロレタリア・レアリズムの問題」を解決するために必要な材料として引き合いに出されるに過ぎない。

一般に、あらゆるプロレタリア芸術の内容を正しく表現するための基準として「プロレタリア・レアリズム」が提唱されたのは、もうかれこれ一年あまり前のことだ。

過去一ケ年間の我々の議事日程の中で重要な位置を占めていたこの問題が現在どの程度に解決されているか？——云いかえれば、日本のプロレタリア演劇は、技術の上から見て、現在どの地点まで来ているか？——我々は、それならば、今後どのような方向に我々の技術を発展させなければならないか？

――それを、私は「太陽のない街」を材料として具体的に述べて見よう。

――この場合、『太陽のない街と云う特定の材料をつかって意見を述べたのでは、この芝居を見なかった一般の読者にとって解りにくくはないか？』と云う疑問を持たれる諸君も或はあるかも知れない。

だが、一応もっともなこの疑問に対しては、次の二つの答で充分であろう。

第一に――どの問題もそうであるが、「プロレタリア・レアリズム」と云うような技術上の問題は、とりわけ――一般的抽象的にではなしに――具体的に取り扱う必要があること。この点から云って、「太陽のない街」は、日本に於けるプロレタリア演劇技術の最近の成果だと云う意味で絶好の参考資料であること。

第二に――この小論で私が述べようとしているのは「演劇に於けるプロレタリア・レアリズムの問題」を解決するための一つの技術上の意見であり、従って、一般の読者よりも、寧ろ、プロレタリア演劇に志す劇場人を直接の対象としていること。

2

さて――

「太陽のない街」はどの程度に出来がよかったか？

「太陽のない街」の演出に直接たずさわらなかった私は、この暇を利用して、今後の演出のために出来るだけ勉強しようと心がけた。

初日以来、私は上演台本と懐中電灯を手にして幾度か観客席へもぐりこんだ。ある時は赤襟の車掌さんの隣で、ある時は油じみた作業服と印袢纏に挟まれて、またある時はソヴェートの同志のそばで、私は、舞台上の動きとそれにつれて刻々に変化するそれらの人々の顔色を一つ一つ見逃がすまいと努力した。芝居の進行につれて、どのような内容のどのような表現がどのような観客層にどの程度に訴えかけ得るか？——その一つ一つの効果について、私は、冷静に、正確なノートをとろうとしたのである。

私としては、前々から演出者の意図を知っていたのだから、いきなりあの芝居に接する人たちよりはずっと冷静な態度でいられた筈である。

ところが、私のノートはときどき途絶えたり曖昧になったりした。一例を挙げて見よう——

第三幕第一場（小石川延命院本堂）に於ける佐々木孝丸の「黒岩」は、彼が今までに示したどの演技よりも優れていた。何よりの強味はその現実的な迫力であった。

そして、舞台の動きがこうした盛り上りに来る度ごとに、それと融け合う観衆全体の昂奮の渦が、冷静である筈の私を手もなく抱き込んでしまった。

これとは異った意味で私を困らせた別の例を挙げて見よう——

山本安英の「お加代」は、いわゆる自然主義的な、或はブルジョア・レアリズムによる演技としてはともかく完全に近いものであったろう。それだけにあの「お加代」は私の判断を鈍らせた。山本安英の「お加代」は、我々の演技として正しいのか正しくないのか？　私はこうした点で迷った。

私のノートはそれでも回を重ねるにつれて完成されて行った。

そして、多くの未解決の問題を含んだこのノートが私にこの小論を書かせる動機となった。

ノートを参照しながら、私は更に問題を進めよう。

3

「太陽のない街」を観た人は、恐らく何よりも先に、色々の点で表現の様式が統一されていないことに気付いたであろう。

舞台装置について見ても、例えば第三幕第一場（延命院本堂の場面）に立っていたあの象徴的な「松の木」と、すぐその次の場面の「長屋」の写実的な書割りとを較べてこの二つが不調和でなかったとは誰も云えないだろう。もちろん「延命院本堂」の場面だけを切り離して考えれば、あの「松の木」も決して不調和ではない。たとえ、ああいう象徴的な手法で表現されていたにしても、あれは充分に「松の木」としての現実性を感じさせるだけの力を持っている。にもかかわらず、これとは全く違う手法によって表現された他の場面と関連させて考える時、この「松の木」の現実性は忽ち失われてしまうしかない。逆にまた、もし他の場面があの「松の木」と同じ手法で表現されていたとすれば、「長屋」の書割りは、たとえそれが如何に写実的な手法で表現されていようとも、全場面の統一ある表現様式から生れた全体の現実性を破壊すると云う点でやはり排斥されなければならない。

今さら繰りかえすまでもないが、我々の云うレアリズムは、写真の乾板のように現実の一切をそっくりそのまま写しとることを意味するのでは勿論ない。我々はただ、現実の中から我々が取りだした必要な部分を必要な程度に強調するために最も適当な表現の手法を用いればいいのである。この場合、写実的手法による表現だけが現実性を持つなどと考えるならば、それは全然誤りである。写実的な手法を用いるか、それともまたそれ以外の様式化された手法――例えば戯画的《カリカチュア》な手法――を用いるかは、表現すべき内容の性質如何によって決定される。表現すべき内容――現実の生活そのもの――に対して、我々が常に階級的な客観的な態度で臨みさえすれば、たとえどのような手法を用いようと、表現された結果は常に現実性を持ってくる。

ただ忘れてならないことは、――一つの芸術作品の中で或る部分の表現手法と他の部分のそれとが異っている場合、この二つの手法は単に作品全体の様式上の不統一を齎すだけではなくて、これらの相異った手法によって表現されたそれぞれの部分が互にその現実性を相殺し合う結果、遂には作品全体の持つ現実性までが薄められる――と云う点である。

「太陽のない街」の舞台装置はこの点に最大の欠陥を持っていたと云えるだろう。

演技についても、同じようなことが考えられる。

さっきも云ったように、佐々木孝丸の「黒岩」は、現在に於けるプロレタリア的演技の最高水準である。「黒岩」を表現するために彼は写実的な手法を使った。だが彼は決して従来の自然主義的写実に陥らなかった。彼は、あくまでプロレタリア的な観点に立って写実的な手法を駆使した。(この点については4の項でくわしく述べる。)

これとちょうど逆な行き方をした例として、永田修二の「区内有志」(第三幕第五場・争議団本部)を考えて見よう。セリフと云いシグサと云い、彼の演技には写実的な手法は影さえ見せなかった。彼の「区内有志」は、同じ場面に出てくる前山清二の「日善」と同様、一個の様式化された戯画《カリカチュア》に過ぎなかった。結果はどうであったか？　先ず第一に彼の「区内有志」は、写実的手法による他の人々の演技様式と全然調和しなかった。第二に、他の演技者の大部分が写実的な演技であったために彼の「区内有志」は極めて非現実的な抽象化された人物となってしまった。観客は、彼の演技を通じて、「闘争の激化とともに仮面を脱ぎすてた憎むべき区内有志」の代りに「一個の嗤うべき老爺」を見たに過ぎなかった。

同じような演技様式の不統一は、藤田満雄の「萩村」と久板栄二郎の「井下」(第二幕第二場)、高橋豊子の「お房」と西條静子の「旗山かほる女史」、などの組みあわせにもはっきりと現れている。

　こうした典型的な例を挙げなくとも、一体に、労働者側の演技が写実的であるに対して反動側を演じた演技者たちは戯画的《カリカチュア》要素を含んだ様式的な表現を用いた。その結果、労働者側の演技は今までよりもずっと現実性を増して来たが、これに較べて反動側の演技は、演技者の努力にもかかわらず、一般に抽象化された概念的な感銘しか与えることが出来なかった。資本家にしても暴力団にしても、ほとんど例外なしに——もちろん程度の差はあるが——個性のない類型的な人物の描写を脱けきっていなかった。

『今度の「太陽のない街」では、鮮かに類型的なものを破って見た。この点が第一だと思う。在来ともすればこびりつきたがっていた一つの「型」だ。抽象的な「型」だ。それから一段飛躍して具体的な「事実」へ！　選ばれた原作の持つ力でもあるが、しかしそれのみではない。舞台上の技術がそれと併行して、この公演は記録されていい成功である』——と云う高田保の批評（東京朝日）には、私は全然不賛成である。

『……労働者も資本家も、類型ではない。……今まで学んだ我々の演劇的技術は、ここでもう一ぺん新しい——そして一番重要な——門をくぐらなければならない。

　この要求は殆んど不可能かと思われるような要求である。

　これが出来れば、我々の演劇的能力は、一ト先ず卒業と云ってもいいのだ。

　しかし、私はもう今日から——公演十日前——今度の公演では、これがまだ多くの不充分さを伴ってでしか出来得ないことを、無念ながら承知している。』（左翼劇場パンフレット第二号）——と書いた演出者・村山知義の心配がそのまま予防線に早変りしてしまったことを、私は何よりも遺憾に思っている。

「太陽のない街」の上演は、もちろん政治的社会的に多くの重要な意義を持っていた。と同時に、日本に於けるプロレタリア演劇運動の発展と云う特殊な立場から見ても、その歴史的意義は極めて大きかった。云うまでもなくそれは、我々が演劇に於けるプロレタリア・レアリズムの確立に向って画然と一歩前進するために、この「太陽のない街」は最初の機会を与えるものであると云う点であった。

ややもすれば類型的に流れ易かった従来のプロレタリア戯曲と違って、「太陽のない街」に出てくる人物は一人残らず生きた――血の通《かよ》った――人間であった。これを現実的に表現する上で我々の技術はまだ微力であった。何よりも先ず、従来の類型的な非現実的な演劇的表現の方法を揚棄すること――「左翼劇場」の全努力がここに集中された。

結果はどうであったか？　我々はもちろん前進した。だが、それはまだ完全な一歩前進ではなかった。我々は、今度の上演を通じて、わずかに、演劇に於けるプロレタリア・レアリズム確立の上に多くの貴重な経験を得たことを唯一の誇りとする他はない。

演劇に於けるプロレタリア・レアリズムの問題は、いま漸く具体的な解決の緒についたと云うに過ぎないのだ。

4

演劇に於けるプロレタリア・レアリズムとは何か？　――この問題に入る前に、我々は先ず、芸術一般に於けるプロレタリア・レアリズムについて知らなければならない。

蔵原惟人は、芸術に於けるレアリズム一般、特に近代的レアリズム――ブルジョア的および小ブルジョア的レアリズム――について述べたあとで次のように云っている――

『プロレタリア作家の現実に対する態度はあくまでも客観的、現実的でなければならない。彼はあらゆる主観的構成から離れて現実を見、それを描き出さなければならない。そしてこの意味に於いて彼はレアリストでなければならないし、また台頭しつつある階級の立場に立つものとして、彼こそは現在に於けるレアリズムの唯一の継承者たり得るのである。………（中略）………プロレタリア作家は何よりも先ず明確なる階級的観点を獲得しなければならない。明確なる階級的観点を獲得するとは畢竟戦闘的プロレタリアートの立場に立つことである。「ワップ」（全連邦プロレタリア作家同盟）の有名な言葉をもって云うならば、彼はプロレタリア前衛の「眼をもって」この世界を見、それを描かなければならない。プロレタリア作家はこの観点を獲得し、それを強調することによってのみ真のレアリストたり得る。何となれば現在に於いて、この世界を真実に、その全体性に於いて、その発展の中に於いて見得るものは、戦闘的プロレタリアート、プロレタリア前衛をおいて他にないのだから。

この戦闘的プロレタリアートの観点はまたプロレタリア作家の作品の主題を決定するであろう。彼はこの現実の中からプロレタリアートの解放にとって、無用なるもの、偶然なるものを取去り、それに必要なるもの、必然なるものを取上げる。………………（中略）

我々に取って、重要なのは、現実を我々の主観によって、歪めたり粉飾することではなくして、我々の主観——プロレタリアートの階級的主観——に相応するものを現実の中に発見することにあるのだ。——かくしてのみ初めて我々は我々の文学をして真実にプロレタリアートの階級闘争に役立たせ得る。

即ち、第一に、プロレタリア前衛の「眼をもって」世界を見ること、第二に、厳正なるレアリストの態度をもってそれを描くこと——これがプロレタリア・レアリズムへの唯一の道である。』（「芸術と無産階級」二二一—二二五頁）

演劇にあっても、プロレタリア・レアリズムへの道は勿論これ以外にあろう筈がない。

最も優れた劇場人の演劇に対する態度は、かかる意味に於けるレアリストの態度でなければならない。

だが我々は、更に具体的に問題を進める前に、次の三つの点に注意しなければならない。即ち、——

先ず第一に――『演劇にあっては、殆んどすべての場合、その内容――現実の生活そのもの――は、二段もしくは三段の芸術的過程を経て表現されること』

云うまでもなく、これは「演劇」の出来上る過程が、他の芸術――例えば「文学」、「造型美術」など――と異っている点に起因している。小説家も詩人も画家も、一本のペンと絵筆がありさえすれば、現実の生活を極めて直接的に芸術に再現することが出来る。だが、劇場人が現実の生活を表現する過程はこれほど簡単ではない。原始時代はしばらく措くとして、少くとも近代の演劇にあっては、殆んどすべての場合その表現すべき内容は「戯曲」と云う文学的形式を通じて間接的に劇場人に与えられる。「戯曲」は、「演劇」にとって第一の素材である。更にまた「小説」が劇化される場合には、「演劇」の内容は「小説家」、「脚色家」及び「劇場人」の三段の過程を経て始めて舞台に再現されるわけである。

『従って、演劇がプロレタリア・レアリズムによって貫かれているためには、この二段もしくは三段の過程そのものがプロレタリア・レアリズムに立脚していなければならないこと』

第二に――『演劇にあっては、その構成要素および表現手段が極めて多種多様であること』

演劇が、いわゆる「綜合的芸術」に属するものであることは説明を要しないだろう。

『従って、プロレタリア・レアリズムの演劇は、これらの構成要素のすべてがプロレタリア・レアリズムによって統一、されない限り望み得ないこと』

更にまた、こうした各劇場人の芸術態度の統一が同時に表現手法の様式上の統一をも意味するものでなければならないことは、すでにこの小論の始めに述べたとおりである。

第三に――『以上の二つの法則を真の意味で生かすために、各劇場人はあらゆる種類の表現技術によって武装していなければならないこと』

「プロレタリア演劇の役者は巧者になってはいけない。」などと云う乱暴な批評家がいる。プロレタリア演劇の正当な発展にとってこれほどの暴言はない。やっと芽をふきかけた日本の若いプロレタリア演劇の技術者が、現在、単に基本的な表現技術のＡＢＣを心得ていないために或はまた表現手法の様式的傾向が一方に偏しているために、どんなに損をしているかを考えて見るがいい。

×　　×　　×

「共同印刷争議」を題材とする『太陽のない街』の内容は、まず第一に「小説化」され、第二に「戯曲化」され、第三に「演劇化」されてはじめて舞台に表現された。

『太陽のない街』がプロレタリア・レアリズムの演劇であるためには、だから、さっきも云ったように、まずこの三段の過程がすべてプロレタリア・レアリズムに立脚しているということが第一の条件である。

そこで、もし「小説化」と「戯曲化」の過程が二ツながらプロレタリア・レアリズムによって貫かれていて、しかも実際に出来あがった芝居がそうでなかった場合、その責任は決して「小説家」や「脚色者」にあるのではなくて、「戯曲」という素材の「演劇化」に直接たずさわった「劇場人」にあること勿論である。だが、いま仮りに「劇場人」がプロレタリア・レアリストとして相当の努力をしたにもかかわらず、「小説家」や「脚色者」が別の行き方をしていたために出来あがった芝居がやはり前の場合と質的に同じであったとしたならば、その責任は誰にあるのだろうか？

『我々はプロレタリア・レアリストとして出来るだけのことはやったつもりだ。我々に罪はない。脚色者がプロレタリア・レアリストでないからこんなことになったのだ』——と一部の「劇場人」は云うかも知れない。脚色者は脚色者で、また同じようにその罪を原作者になすりつけるかも知れない。だが、これは断じて正しくない。

ここに一人の役者がある。彼の演ったある『労働者の役』について「どうも不出来だ」という批評が下される。そこで大抵の役者が答える――「もともとこの人物が労働者として描けていないのだから仕方がない」。………つまり文句があるなら劇作家に云ってくれというのである。

もちろん戯曲の上でその人物が充分現実的に階級的に描かれていなかったとすれば、それは劇作家の責任に違いない。だが充分に描き出されていないことを知っていながら、それをそのまま舞台に表現したとすれば、その役者は、やはり「非階級的だ」という点で劇作家に勝るとも劣らないのである。

与えられた素材――「戯曲」――がプロレタリア・レアリズムに拠っているかどうかを正確に判断するものは、劇場人自身の「プロレタリア・レアリストとしての眼」である。この眼で見て「充分に描けていない戯曲」をそのまま舞台にのせる劇場人があったとすれば、彼は自分で自分の眼を潰してしまったのである。プロレタリア・レアリストとしての自分を、非プロレタリア・レアリストとしての劇作家の地位にまで引き下げてしまったのである。

「プロレタリア・レアリストの眼」は、単に戯曲の性質を見極めるだけでなく、さらに進んでその戯曲がもつ非プロレタリア的要素をプロレタリア的要素に変え、プロレタリア的要素を正確に強調することに役立たなければならない。ここに、本当の意味のプロレタリア的劇場人の権利と義務がある。

われわれの先輩はかってこれに反対した。小山内薫の意見を聞いてみよう――

『一体、演出の際、戯曲にカッチング（削減）を加えるという事は、原則として許さるべき事ではない。………戯曲は、その本質から言って、文学である。或戯曲を扱うのは、或文学を扱うのである。そして、文学の製作には一字一句の苟且もない筈である。それ故、戯曲のテクストに少しでも手をつけるという事実は明に冒瀆である。

そんなら、なぜ多くの演出家が、戯曲のテクストに手をつけるのであろうか。それは舞台効果の為だと答えられる。

戯曲演出の目的は舞台効果にある。「効果」以外に、演出の目的はない。それ故、効果の為に施されるカッチングは避け難い——先ずこう言われるのが普通である。

併し、私は演出者としての自信が、まだそこで行っていないのを悲しむ。私は舞台効果の為に或戯曲にカッチングを加えるという事は、演出の能力の未熟を暴露する事だとさえ考えている。』(「俊寛」演出の覚え書)——と彼は云っている。しかも悪いことに、彼はこの意見を、『現実を見るよりも先ず戯曲を見ろ。そこに作者の類なき詩がある。』(『マクベス』についての覚え書)と教えたゴーヅン・クレイグから受け継いだのである。『演劇は綜合的な芸術である』と云っておきながら、ここにブルジョア的演劇論の破綻がある。

「戯曲」をこんなにまで過重評価し神聖視することは、畢竟、「戯曲は戯曲」「演出は演出」という分散的な物の見方の現れでなくて何であろう。

あえて小山内薫を俟つまでもなく、「戯曲」は明かに「文学」である。だからと云って、「戯曲」は「文学」としての権威を芝居の世界にまで持ち越すことが出来るのであろうか?

そうではない。

「劇場人」の手に移った瞬間から、「文学」としての戯曲の価値は「演劇の素材」としての価値に変っているのである。もはやそれは「文学」という一個の独立した芸術ではなくて、「戯曲」以外のあらゆる「演劇の構成要素」と同等の価値を持った一つの要素に過ぎないのである。

われわれプロレタリア的劇場人の任務は、だから、「戯曲」を神聖視してそこに描かれたままを舞台にのせることでは決してない。

「戯曲」に描かれたものをそのまま舞台にのせていいかどうかは、われわれが「戯曲」を通して「現実」を見、それが果してプロレタリアートの階級的主観に応じて客観的な姿で「戯曲」の中に取り入れられているかどうかを見極めた後はじめて決定される。

もし作者の主観がプロレタリアートの主観と一致していないか、或はまたその主観によって現実が歪められて描かれているかしたならば、われわれはその個所に向って躊躇なく斧を揮わなければならない。ここで斧を揮わないかぎり、プロレタリア・レアリズムの演劇は断じて生れては来ない。斧を揮うための「眼」――それが「プロレタリア・レアリストの眼」である。

ここで斧を揮わないことは、小山内薫のいわゆる「冒瀆」よりも遥かに大きな「冒瀆」である。――云うまでもなく、それはプロレタリアートに対する「冒瀆」である。

『太陽のない街』ではどうであったか？「左翼劇場」は果して「プロレタリア・レアリストの眼」を持っていたかどうか？――私は、次の幾つかの例をひいたあとでそれを総括的に述べよう。

実例は、便宜上、個々の「演技」に限っておいた。「演技」について次に述べることが「演技」以外の部分にも当てはまることは今さら云うまでもないであろう。

× × ×

「太陽のない街」にあらわれた「演技」の様式は、前にも云ったように、決して一定の統一をもってはいなかった。それは、文字どおりまちまちであった。

われわれは、それならば、これらの様式のうちのどれを採り、どれを捨てるべきであろうか？――この解決の鍵を握るために、我々はそれぞれの演技様式を代表する実例について、その一つ々々を吟味して行こう。

a・山本安英の「お加代」

――「高枝の家」(第三幕・第一場)へ宮池が来る。二三日顔をみせないので心配していたところへ思いがけなく訪ねてきた恋人を、お加代はいそいそと迎える。やがて、宮池は、争議団のために自分を犠牲にして自首するという決意を物語る。ところが山本安英の「お加代」は、ここでわけもなく泣き伏してしまう「お加代」であった。恋人との暫くの別れのつらさからただ何ということなしに泣けて泣けて仕様がないとでもいったような極めて感傷的な下町のおぼこと五十歩の「お加代」であった。この「お加代」の涙のなかには争議団も何もなかった。そこには、ただ、自分という一個の人間を離れて行く一人の恋人と、その恋人によって生を享けた腹の子だけがあった。

宮池が土間へおりて靴をはく。お加代は背中をみせながらまだ泣いている。宮池が雨戸をあけて出ようとする。そのうしろ姿に向けて、やっとお加代が云う――『元気で行っていらっしゃい』。このセリフの前に脚色者は(決然と)というト書をつけている。だが、山本安英の「お加代」は、このセリフをおろおろ声に近く表現した。山本安英の「お加代」はここでそれを(決然と)云いきれるほどじゃんとした娘ではなかったのである。

この論文のはじめにも書いたように、私の意見によればこの種の演技は『自然主義的な演技』あるいは『ブルジョア・レアリズムの演技』と名づけられるのである。

もちろん私は、山本安英の「お加代」が全く架空的な存在であったなどと云うのではない。あの「お加代」が、下町のいわゆる「家庭的」なうら淋しい乙女としてどんなに現実的に表現されていたかは諸君が見られたとおりである。

だが、残念なことに、現実の「お加代」――『太陽のない街』のなかで活躍する我々の「お加代」――は、決して単なるおぼこではなかった。現実の「お加代」は、何よりもまず全争議団員と七十余日の辛苦をわかち合う娘であった。高枝という勇敢な団員を姉に持ち、争議団の兄弟たちを売れと勧める父親に対しては真正面から楯つくことのできる健気な娘であった。そして、彼女の恋人である「宮池」は、喜ばしいことに、同志のために自分を捨てるだけの決意をもった闘士の一人であったのだ。

だが、山本安英によって表現された「お加代」は、この宮池の決意を喜ぶより先きに悲しむほど小ブルジョア的な自己中心的な一人の娘であった。それは、文字どおり争議と縁のない――或は、少くとも極めて縁のうすい――娘であった。それは徹頭徹尾「時代」と「社会」とあらゆる「環境」から切離された個別的な抽象な「個人」として表現された。そして、この点にこそ、山本安英のブルジョア・レアリストとしての観点が――従ってまたそれによって表現された「お加代」の致命的な欠陥が――ひそんでいたのである。『芸はうまいが、どうも今度はほかとしっくりしない』という漠然とした言葉で云いあらわされていた山本安英の「お加代」の本質がここにあった。要するに、あの「お加代」は、従来の山本安英の演技様式と一寸も変らない「ブルジョア・レアリズム」であったのだ。

ブルジョア・レアリズムの特徴とは何か?――『芸術と無産階級』のなかで蔵原惟人は次のように云う――『近代的ブルジョアジーの文学である自然主義はレアリズムをもって出発した。彼等は、あらゆる新興階級の文学と同様に、現実として、何等の紛飾なく客観的に描き出そうと努めた。しかもブルジョアジーの歴史的限界性は、客観的たらんとする彼等の努力にもかかわらず、そのレアリズムに一定の限定を与えたのである。……

人類史上に於けるブルジョアジーの使命は「個人の解放」にあった。……実に個人主義こそはブルジョアジーの物質的、精神的生活を通じての決定的原則であったのである。

自然主義文学も亦その出発点をこの個人の中に有している、而も社会から切離された個人の中に有している。………従って彼等にあっては人間の本能に直接の関係を有しない社会生活の如きは、全くこの視野の外にあった。………

そこではあらゆる人間の生活が人間の生物的本性、人間の性格、遺伝等に還元されている。云い換えれば、彼等の生活――現実に対する認識の態度はあくまでも非社会的、個人的である。………そこではすべての力点が個人に置かれている。………――ここに、ブルジョア・レアリズムの超ゆべからざる限界があったのである。』（同書一六―一七）

山本安英の演技様式はまさにこれであった。

だが、断わっておくが、これは決して山本安英だけの罪ではなかった。と云うまでもなく、罪の一半は脚色者の側にあった。戯曲の上に現われた「お加代」は、いわゆる「描けていない」部類に属する人物であった。「団員としてのお加代」を描くという点で、脚色者は甚だ不注意であった。「高枝」が「婦人部会」で「議長」に堂々と喰ってかかり、「お房ちゃん」が「争議団本部」で生臭坊主を頭からドヤしつけている時に、「お加代」はただ赤い前掛けをしてぽつねんと親父の枕元に坐っているのが一ばん似合わしいようにしか描かれていなかったのである。

その「お加代」が争議員のなかに混って「トランク劇場」を見物し、その「お加代」が、配給品を奪い合うお内儀さんたちの列のうしろに立っていた。ただのおぼこ娘として。「お加代」にしてみれば、これはむしろ擽《くすぐ》ったい話ではなかっただろうか？

残念なことに、山本安英は「プロレタリア・レアリストの眼」を持っていなかった。

彼は、ただ戯曲に描かれたとおりの「お加代」をそのまま素直に受け入れてしまった。そこに誤りの第一歩があった。

「プロレタリア・レアリストの眼」の代りに「ブルジョア・レアリストの眼」が働いた。そこで、他と全く切り離された抽象的な「お加代」を写実的に表現しようと云う努力が加えられた。しかも、「写実へ」の努力が加われば加わるほど山本安英の「お加代」は「争議団」から離れて行くしかなかった。それは、小ブル的なおぼこ娘としての具体性を持つと同時に、争議団員として現実性を失ってしまった。

山本安英の涙ッぽい「お加代」は、畢竟、「争議」という大きな総体のうちの一部分として見られていなかった点に出発点の誤りを犯していたのである。山本安英は、何よりもまず、戯曲に描かれた「お加代」を通して「現実の争議全体」を、そしてその中に生きている「現実のお加代」を見ることを忘れていたのである。

もし山本安英が――もっと厳密に云えば、「太陽のない街」の「演出会議」全体が――「プロレタリア・レアリストの眼」を持ってさえいたならば、結果はちょうどこの反対であったに違いない。

「太陽のない街」の初演が終ったとき、この欠陥が明かにされた。

再演のとき、山本安英は「お加代」をどう生き返らせたか？　時間が足りなかったため戯曲に充分手を入れることは出来なかったが、しかも「お加代」の演技様式は明かにブルジョア・レアリズムからプロレタリア・レアリズムへの転化を示していた。

「お加代」はもはや宮池の決意を聞いてわッと泣き伏したりはしなかった。ただ、そこには、個人的な涙を全争議団への「献身」に変えようとする努力があった。『だから、かかあは貰わねえってんだ』、『労働者の妻君に笑われるぞ』などという初演のときの野次はもはやここでは聞かれなかった。

『元気で行っていらっしゃい』というセリフも、初演のときとは較べものにならないほど決然とした調子で宮池を送りだした。『えらいッ』などというフザケ半分の半畳のかわりに、再演のときには労働者の観客がここで猛烈な拍手を浴びせかけた。

こうして山本安英の写実的手法は、「争議」のなかで寝起きする「お加代」を現実的に描くことに役立ちはじめたのである。

ここに、山本安英のプロレタリア・レアリズムへの貴重な第一歩があったのだ。

b・佐々木孝丸の「黒岩」

いま云った「お加代」（殊に初演のときの）とは質的に違ったまるで逆な行き方をした例がこの「黒岩」である。この質的な相異は、いうまでもなく両者の「観点」の相異であった。前者の観点が小ブルジョア的であるに対して、後者はプロレタリアの観点から出発していた。

しかも「黒岩」の場合には、演技者だけでなく脚色者もまたこの正しい観点に立っていた。戯曲に描かれた「黒岩」は、「お加代」などと違って、争議の渦のなかで全争議団員と同じ空気を呼吸する一人の生きた労働者であった。少くとも「黒岩」という人物だけを取りだして考えれば、たとえ二三の難点はあるにせよ、ともかくもこの一人の労働者を争議全体の一部分としてしかもその発展の中に於て見、それを客観的現実的に描いたという点で、たしかに脚色者はプロレタリア・レアリストの態度をとっていたと云えるだろう。残念なことは、脚色者のこの正しい態度が戯曲のあらゆる部分にまで行きわたっていなかった点である。これについてはあとで総括的に述べるが、ともかくも、舞台の上での「黒岩」の成功の原因は、演技者が脚色者と同じ態度をとることによって、戯曲に描かれた「黒岩」を正しい生きた姿で捉えたからである。第一の原因は、明かにこれであった。

だが、これだけでは不充分である。いうまでもなく、この正しい態度に伴って正しい手法が駆使されていなかったならば、恐らく「黒岩」は不成功に終ったであろう。

「黒岩」の演技に、たとえばポンチ絵や未来派や立体派などの手法を使うべきでないことは誰が見ても明かである。あの「黒岩」に最も適した表現様式は写実的手法以外にない。佐々木孝丸は、この手法を選んだ点で正しかった。しかも彼は、この手法を自由に駆使するだけの技術をもっていた。これが、彼の「黒岩」を成功させた第二の原因である。

山本安英の場合と違って、プロレタリアの観点から出発した佐々木孝丸は決して写実的手法に引摺られなかった。前者の写実的手法が徒らに瑣末拘泥主義《トリヴィアリズム》に陥っていたのに反して、後者のそれは、内容のなかの必要な力点を必要な限りで強調することに役立っていた。彼の「黒岩」は、一言でいうならば「写実的手法を用いたプロレタリア・レアリズムの演技」であった。「太陽のない街」は、こうした表現を最も必要としていたのであり、だからこそ、佐々木孝丸の「黒岩」は全演技中の白眉であり得たのである。

以上で明かなように、プロレタリア・レアリズムによる演技の要訣は、（1）『内容の正しい階級的な把握』、（2）『その内容に最も適した表現手法の選択』、（3）『この手法を最大限に生かすための充分な技術の獲得』の三つに尽きている。この三つの条件のうちどれか一つでも欠けていれば、結果は覿面にそれだけ不成功に終るわけである。

すでに述べたように、山本安英の「お加代」には第一の条件が欠けていた。平野郁子の「高枝」は第三の条件に若干の不足があった。

伊達信の「宮池」と「日清堂店主」については、この三つの条件が三つともそれぞれ少しずつ足りなかったと云うべきであろう。もっともこの点、脚色者にも多少の罪はあるが……。

『伊達信は今度は絶対にクサイ。あんなアルキ方や言い方やアワテ方やビクビクし方や（殊にアルキ方のうちの歩き出し方）をする労働者はこの世のものならず。……彼はいい役者なのだから、ああいうクサイ型を脱する実際方法を考えてもっと立派になる義務がある。』――これは、再演のときの「宮池」を評した或るプロレタリア詩人の言葉である。蓋し、適評と云わねばなるまい。

なお、見逃してならないのは、「宮池」にしろ「お加代」にしろ或はまた藤田満雄の「萩村」の場合にしろ、「技《わざ》の未熟」ということの奥に「演技者が労働者の日常生活に精通していない」というもう一つの弱点がひそんでいることである。「労働者」を演る役者は、――今までも何べんか云われたことだが、絶えず労働者と接触して詳しくその日常生活を知り、必要に応じてこの日常生活の生きた断片を演技のなかに摂り入れて「技術」を豊富にすることをつねづね心がけなければならない。

もちろん私は、「太陽のない街」の労働者が今までと同じように非現実的な紋切型であったというのではない。少くとも、今までのように炭屋から養子に来ましたと云わんばかりにただ汚なく塗ったり乞食のようななりをしたりした労働者がほとんど影を見せなくなったことは、たしかに大きな進歩である。にもかかわらず、舞台の上のわれわれの「労働者」は、現実の「労働者」に較べて、まだ何となく「他所《よそ》行き」であったり隔たりがあったりしている。「労働者」を演る役者として、これはほとんど致命的な弱点である。われわれはこの弱点を克服しなければならない。

だが、このことは「労働者」だけでなく「資本家」についてもほとんど同様である。

藤木貞治の「藤沢代議士」を例にとって見よう。もちろん演技者は、この新帰朝の少壮資本家が「太陽のない街」という芝居全体の中で――ひいては当時の階級対立のなかで――いかに憎むべき役割を果す人物であるかをハッキリと知っていたし、また芝居全体から見てこの演技が写実的手法によるべきであることも充分に承知していたに違いない。にも拘らず、「藤沢代議士」の演技は、演技者の意図に反して、写実的手法と様式的手法との混交におわってしまった。しかも彼の「藤沢代議士」は、他の反動的人物のなかではたしかに傑出したものの一つであった。小野宮吉の「橋本社長」(再演のときの)と三島雅夫の演じた二人の資本家と伊藤智子の「北山薫」(再演)とをのぞいて、他の「反動的人物」の演技にあっては「写実」と「様式化」との混交はいずれ劣らず一層はげしかったのである。

従来われわれの演技者が一個の反動的人物を表現する場合には、ほとんど例外なしに多少とも様式化された戯画的な手法を使って来た。われわれの「暴力団」はいつも木綿の紋付きに黒の袴をはき太い握りのステッキをついた赭ら顔の怪人であり、われわれの「資本家」はいつも腐ったカボチャのようにぶくぶくに腫《む》んだ禿頭の醜《ぶ》男と相場がきまっていたのである。

もちろん、一個の「資本家」はその本質において「腐ったカボチャ」以上に役立たずの存在であるに違いない。だから、われわれがこの特徴をとらえて例えばグロッスの絵のように膏薬だらけのブルジョアを描いたとしても、それは決して非現実的なのではない。ただ注意しなければならないのは、「ブルジョア」の現実性——われわれの限りない憎悪の対象である「ブルジョア」の惨虐性そのもの——は、必しもこうした一片の戯画のなかだけに定式化されるものではないということである。「ブルジョア」の表現を「類型的な戯画」に固定してしまったために、却って「ブルジョア」のもつ現実性を薄める場合がしばしばあるということをわれわれは忘れてはならない。

この世界に横行している現実の「ブルジョア」は、必しも太鼓腹の成上り者ときまっているわけではない。出勤定刻五分まえにオーナー・ドライヴのロードスターを商業区のビルディングに乗りつける勤勉な少壮重役、血色のいい、一寸みたところでは虫も殺さないような和やかな顔をしたいわゆる瀟洒たる紳士諸君のなかにさえ、われわれが殺してもなお飽きたりないほどの最も悪辣な近代的ブルジョアがウヨウヨしていることを、われわれは決して見逃してはならないのである。

われわれは、この世界のあらゆる事物に対して間断なく眼をくばりながら、この現実のなかから必要な断片を摂取する用意をしていなければならない。「太陽のない街」に出てくる「反動的人物」がまだほとんど類型の描写にとどまっていた大きな原因の一つは、あきらかにこの用意の不足にあったのだ。

鶴丸睦彦の「吉田」は、また別の意味で注目に値いする一例である。

例の『全線』が上演されたとき、或る歌舞伎の若い名優が鶴丸の「徳宝」を見て云った――

『この人にはかなわない。われわれにはとてもこの真似は出来ない。恐らくこれは、芸や修業だけではどうにも出来ない独特の強味だろうから……』――

たしかに「徳宝」は、彼の強味――彼の特異性――を最大限に生かすことが出来たという点で素晴らしい成功であった。そして今度の「吉田」は、この同じ特異性がそのまま大きな障害となった結果、完全な失敗におわってしまったのである。

鶴丸睦彦の演技は、セリフのめりはりといい区切り方《フレージング》といい手足の使い方といい歩き方といい、すべて他人の真似のできない極めて個性的な特殊の技術を基礎としている。それだけに、この基本的技術は、様式化された演技の場合には非常に有効であるが、写実的な演技にとっては極めて始末が悪い。「太陽のない街」の「吉田」が演技者の正しい意図と苦心を裏切って全く他の演技との調和を欠いてしまったのも恐らくこのためであったろう。

元来「左翼劇場」の名優には、多少の差こそあれ、いずれ劣らずその特自な演技様式を生命としている人がかなり多い。写実的演技を必要とする「太陽のない街」で、これらの名優が云い合わせたようにあまり振わなかったのもやはりこの従来の様式的演技に災いされたからである。

現在なお未熟な写実的演技の手法を確立することは、だが、さきに「プロレタリア・レアリズムによる演技の要訣」の第三にも述べたように、この手法に必要な基本的技術を積極的に学びとることによって比較的容易であろう。

だが、いかに写実的手法が確立されいかに様式的手法が充実されたとしても、それだけでは決してプロレタリア・レアリズムの演劇は生れてこない。最も重要なことは、これらの手法を正しくしかも自由自在に駆使するための基準である。この基準について、私は「要訣」の第一に「内容の正しい階級的な把握」という簡単な説明を加えておいた。「正しい、階級的な」――という説明は、簡単であるだけでなく極めて曖昧である。

「正しい」とは何か？「階級的な」とは何か？――この点に関する具体的な理解のなかにこそ、プロレタリア・レアリズムの核心がある。

『プロレタリア演劇』

プロレタリア演劇運動の害虫について――北村、前田河、青野らを葬る

佐野　碩

1　「害虫」を警戒せよ

「資本の攻勢」が加わると同時に「労働の攻勢」が加わること――労働大衆が、より高い目的のために、「守勢」から「最後の総攻撃」に転じたということ――これが、戦後資本主義の第三期に入った現在の日本の全特徴である。「資本の攻勢」がますます鋭くなってきたというただ一面だけを見て、日本の現在を「反動の時期」といい、一九〇八年当時のロシヤと同一視するような論者は、理論的には、安価な「俗学的類推主義」と「現実の情勢に対するマルクス主義的分析」とを置き換えるものであり、政治的には、右翼的偏向にとらわれた敗北主義者といわなければならない。

これらの敗北主義者のうちの或るものはいうだろう『なるほど客観的情勢は有望だが主観的条件が絶望だ』と。冗談ではない。もし「労働の攻勢」――「労働大衆の××化」――と別個に「左翼の攻勢」というものがあるとしたならば、それこそお天道様が西から出るどころの騒ぎではすまないだろう。

『〇〇×××が潰滅した。主観的条件はいよいよ絶望だ』――というのがあらゆる敗北主義者に共通した論拠である。だが、こうした泣き言は、敗北主義者自身がプロレタリアートの現実の闘争からいかに浮き離れているかを自ら告白する以外の何物でもないのだ。

去年だけをとってみても、「左翼」に対する支配階級の集中的弾圧は四・一六をはじめとして文字どおり釣瓶うちであった。しかも二月の国会総選挙を中心とする〇〇×××の大カムパーニアはどうであったか？　敗北主義者の諸君は、一たん潰滅した筈の×が幽霊のように何処からかあの断乎たる革命的カムパーニアを指導したとでもいうのか？　敗北主義者の諸君は、三たび決起して大衆的闘争の先頭に立って〇〇×××の姿に眼を瞠るまえに、まず、その爪の垢でも煎じて貰った方がましであろう。

ブルジョアジーは、だが、決して敗北主義者のように「×は潰滅した」などと呑気に構えてはいない。日本のブルジョアジーは、もはや数回の苦い経験によって〇〇×××が不死身であることを知りすぎるほど知っているのである。

袋路に追いこめられたブルジョアジーにとっては、血路――これもまた袋路にちがいないが――は二つしかない。即ち――

一、機会ある毎に、ますます×に攻撃を集中して出来るだけ重い傷を負わせること。

二、この傷の癒らぬ隙をねらって、ますます増大する大衆の反抗を改良主義の方向へ連れこむこと。――によっていよいよ大規模に社会民主々義的幻想を大衆の間に植えつけようという絶望的な努力である。

日本のブルジョアジーは、右から左までのあらゆる社会民主々義者を積極的に利用するということについて、今日ほど真剣に考えたことはない。

敗北主義が日本のプロレタリア運動にとって今日ほど有害であった時はない。

闘争の尖鋭化によってハジき出されたあらゆる種類の「敗北主義者」――これこそ我々の最悪の「害虫」である。

プロレタリア演劇運動においても、最近この害虫の卵がヒリつけられかけている。

「四・一六」の一週年を前にして「プロット」の第二回全国大会満場一致で可決した「一九三〇年度の活動方針」の骨子は、「大会議事録」や「プロット常任中央執行委員会のテーゼ」にも明かなように、『××主義的演劇を確立すること』『かくしてプロレタリア演劇運動を真実にボリシェヴィキ化すること』であった。我々がすでにこの方針に基いて決定的な方向に画然と新しい一歩を踏み出そうとしている今、この「プロレタリア演劇運動における社会民主々義の害虫」を闘争の道すがらに捻りつぶすことは、我々××主義劇場人が果さなければならない、また我々のみが果し得る階級的責務でなくて何であろう。

われわれは、これらの「虫ケラ」がまだ卵だからという理由で、それをハサんで火にくべるだけの極く些細な労力を惜んではならないのだ。われわれは、今後とも、陣営の内外にあらわれる或は公然の或は非公然の敗北主義的な社会民主々義的な一切の兆候と執拗に仮借なく闘争し、これをバリケードの向う側へ放逐することなくしては、断じて真にボリシェヴィキ的な演劇運動を展開することは出来ないだろうから。

私が諸君のまえにつまみ出そうとしている「害虫」は、だが、今のところ三いろにすぎない。しかもこの三いろは、どれもこれも相当たちのわかったいわば「害虫」の標準型、乃至は紋切型の部類に入るものである。だが今後いろいろの新型多種多彩な「害虫」が出て来ないと誰が保証できるだろう？

もし第四、第五の「虫ケラ」があらわれてきたらどうするか？

私は、ただそれらの「虫ケラ」どももも時を移さず次の三種の「害虫」諸君と同じ運命になるだろうということ、——まもなく、われわれの具体的な活動そのものの下に押しひしがれて息の根をとめるだろうということ——だけを、もし万々ケ一、次のような「害虫」どもの迷論に共鳴されるかもしれない物好きな善男善女に対する私の老婆心から、とくに附け加えておく次第である。

2 害虫の一——敗北主義者、北村喜八。

「新興演劇当面の問題」という麗々しい一文が『新潮』五月号の巻頭数頁を占領している。筆者は北村喜八。人も知る「劇団築地小劇場」の名演出者（？）である。

附記 原稿はこれで切れている。杉本良吉の論文〔次頁からの「反動化した築地小劇場」〕参照せられたし。（編集部）

『プロレタリア演劇』

反動化した築地小劇場

杉本良吉

去る五月十八日、新興劇団協議会は劇団「築地小劇場」の除名を決議した。

同日、日本プロレタリア劇場同盟（プロット）からは『劇団「築地小劇場」を粉砕せよ！』と云う見出しで檄が飛ばされた。

続いて同劇場内の急進分子、瀧沢修、山川幸世、北川源之助の三人は「唯一途に反動化に向う彼等と路を同じくすることは到底出来ない」として憤然脱退し、連名で脱退声明書を発表した。

以上の三つの声明書はそれぞれ原文の儘、本紙に掲載されることと思うので、今此処に重復することを避け、今や明かに反動的役割を遂行し始めるに至った築地小劇場の真相の暴露とその批判に入ろう。

築地小劇場の右翼的偏向は決して今突如として現れたものではない。新興劇団協議会成立以来現在に至るまでの築地小劇場の指導理論そのものの中に実に多くの日和見主義的態度とその醜い自己合理化とが含まれていた。

私は今その一々を取上げて問題にするほどの暇を持ち合わせては居ない。

ただ、そうした見解の最も代表的なものの一つである最近発表された北村喜八の論文（新潮五月号所載「新興演劇当面の問題」）を駁撃すれば足りる。

面倒だが若干の引用をしよう。彼は次の様な恥しい言葉でその論文を始めている。

「いうところの新興演劇は、一九三〇年度に入って、早くも大きな困難（傍点――杉本）に遭遇している。では、何故にかかる状態が醸し出されたか？

昨年度に於ける新興劇界の唯一の特徴は、左翼演劇、もしくは左翼的演劇の著しい進出であった。（しかし、それを直ちに左翼演劇の決定的勝利と見ることは、一つの幻想でしかない。）このために、用語にさえ変化を生じた。即ち、従来の「新劇運動」なる言葉が「新興演劇」という言葉に置きかえられ、そしてこの言葉はプロレタリア的演劇のシノニムとさえなった程である。

然し、各新興劇団の当事者たちは、華々しい進出に酔う前に、かかる現象がわが左翼運動の政治的不幸（傍点――杉本）な今日に於いて正しい姿であろうか、プロレタリア演劇運動が何らの誤謬を犯すことなく進展しつつあるだろうか、各新興劇団がプロレタリア劇団となるべく質的にどの程度にまで生長しつつあるか――こうしたことを、十分客観的に考えなければならないのである。」

築地小劇場の指導的理論家北村喜八はこう云っているのである。つまり要約すれば、「資本の攻勢」が激しくなって、またその直接の現れである「検閲」は従来よりも一層苛酷になって来た、「大きな困難」が「早くも」やって来たのだ、「華々しい進出に酔っ」ては居られない、今日は「わが左翼運動の政治的不幸」な時なのだ、「今や必要とあれば、一歩退いても、新しい確実なスタートを踏み出すべきである。」と云うのである。

諸君、何と明かな敗北主義者なのだろうか？

諸君、何と憎む可き資本家の走狗なのだろうか？

北村喜八は一九三〇年に「資本の攻勢」の前に臆毛を慄う事のみを知っていて、それと同時に益々増大して行く「労働の攻勢」に関しては一言半句も述べては居ない。それどころか「わが左翼運動の政治的不幸」（左翼運動の政治的幸福とはどんなものか知らないが――杉本）と云う様な訳の判らぬ言葉に抛て暗に吾々の指導部の潰滅を語っているのである。そこから出発して居る北村喜八の論旨が四離滅裂であり、反動的役割さえをも犯して居ると云う事は何の不思議もない。

「華々しい進出」に酔って居たのは御講義をして居る北村君及びその指導下にある築地小劇場自身なのである。新築地劇団は打続く上演禁止と猛烈な削除に合い、可成りな経済的困窮に陥っているにも係らず、更により一層の急進化を決意し左翼劇場との共同闘争に抛てメーデー公演を闘い抜き更に倦むことなくその演劇行動を持続して居る。

大衆座も松竹側の圧迫及びブルジョア新聞、雑誌のデマに対抗して、最近その第二回公演を行う準備をしている。左翼劇場では今迄その内部に抱含され、色々運用上に欠点を持っていた――移動劇場部が新たにプロレタリア演芸団『アジプロ座』として独立し、左翼劇場との間に評議会を持って密接な連関の下にその各々異った形態の活動を工場、農村を中心に活発に開始して居る。

この何処に「華々しい進出」に酔っているところがあるのか？　反対に――

松竹の庇護の下に「吼えろ、支那！」、「西部戦線」等を上演して宇頂天になって居たが一旦松竹に秋風を立てられるや、狼狽なすところを知らず、凡ゆる劇団活動を放棄し、更に反動的演劇の上演（これについては後でのべる）さえも辞せない様になった築地小劇場こそ昔の「華々しい進出」を夢見る以外の何者であると云うのか！

しかも北村は吾々自身の手に抛て批判され、訂正された「プロレタリヤ職業劇団論」を今更らのように持ち出し、次の様な自己合理化に浮身をやつして居るのである。

『協議会』の席上で、新築地、心座から積極的な意見が出なかったために、築地小劇場側としては、この分類を妥当なものとして承認することが出来なかったが、「便宜上認めてもいい」（傍点――杉本）と云う程度で承認せざるを得なかった。」

「併し、今から考えてみるまでもなく、その当時にそれが分っていなかったとしたら、左翼劇場もよっぽど、どうかしていたと思うより他はない。

その結果「築地」は誤れる理論の痛ましい犠牲」となったと云うことに拠て大向うの御同情を請い、更に進んで自己の敗北主義の尻尾を隠そうとしているのである。

俺達は最初から誤りを知っていた、だがあの時は便宜上認めた、その結果、築地は痛ましい犠牲になった――これが淋しき指導論客北村のモノローグである。

私は、北村喜八に「協議会とは何か?」と云う様な学校教師風な事を今此処で述べなければならない破目に陥って仕舞った。

北村君！　協議会と云うのは可否を採決に拠って定める決議機関ではないのです。若し君が仰言る通りあの当時既に所謂「職業劇団論」の誤りを知って居たのなら何も「便宜上認めて」置いて、後になって偉そうな事を云わずに、あの場で認めなければよかったのです！　君は自己合理化の文章の中にもこうした見えすいた尻尾を沢山持って居ますね!!

（識者諸君に詫びる。僕は北村君を捉えて「協議会のお話」をして仕舞った様だ。）

で結極、彼は結論に於いて何を云っているのか。

「演劇運動に限らず、あらゆる芸術運動、文化運動は、それを支持する階級の力の増大なくしては、十分な進展はあり得ない（御説の通りだ。吾々こそその事を充分に知っている、プロレタリア階級の強大な支持なくしては吾々の運動は一歩も前進しないだろうと云うことを——杉本）もしそれを無視して、演劇運動のみが急速に左翼化しようとするなら、それは自ら敗北主義へと導くものである。（これ又、御説の通りだ。併し、何時演劇運動のみが先へ突走ったことがあるか？　それどころか、吾々はわが××的労働者、農民の足取りに漸々もすれば遅れ勝ちでさえあるのだ。演劇運動のボリシェウィキ化、演劇の大衆化等、当然もっと早く取上げらる可き問題が本年度に入って漸く具体的に論ぜられて来たに過ぎないではないか？　プロレタリア階級の力を「無視」し、「資本の攻勢」のみをわめき立てる君達に「敗北主義」のメダルを進呈しよう——杉本）本年度に於ける新興演劇は、情勢の十分なる分析の下に徐々に進展しなければならない。ことに、各劇団は自らの特殊性を無視することなく、その特殊性に適応しながら、一歩一歩新しい演劇の創造へと向わなければならない。（築地の特殊性は同劇団がプチ・ブル性を多分に含んだ急進自由主義劇団であると云う事だ。君の云う新しい演劇の創造は築地がそのプチ・ブル性を出来得る限り急速に揚棄し、質的にプロレタリア的方面に向ってこそ始めて可能なのではないか？——杉本）こうした時、左翼劇場がいかなる指導理論を持ち、いかなるイニシャチヴな態度を持しうるか、その責任こそ大きいと云わなければならない。（諸君これが結論だ。自らの敗北主義的見解を暗示する様な一般的命題を並べた揚句、左翼劇場に転化して終って居るのが実に「新興劇団当面の問題」なのである。——杉本）

吾々は直ちにこの論文に拠て代表されるところの築地小劇場内部の非階級的理論を協議会の席上で攻撃し、築地小劇場を代表して出席した某はこれは明かに誤って居る、単に北村一個の意見であって、決して築地全体の意見ではないこと、更にこの誤った論文を総会の席上で問題にし、築地の新たな正しい活動方針を定めることを約して帰った。

しかる後の彼等はどうであったか。

先ず第一に、内部の反対派の急進分子山川幸世を「劇団の統制を乱す」と云う理由の下に除名されたが、その実は山川君が彼等反対幹部の指導方針にあき足らず、反対派をしてその階級的立場を守ったがためなのである。更に総会で決定された築地の活動方針は如何なるものであったか！　私は次の様な驚く可き決定をその場合の出席者から聞いた。即ち、――

「築地は急進自由主義的劇団だ。築地はプロレタリア劇団となるためには先ず劇団員全部がマルクシストにならなければならない。そのためにはマルクス主義の勉強が必要だ。」

かくして、新しい活動方針はマルクス主義の勉強であった。

「マルクス主義を勉強すればマルクシストになれる、各人がマルクシストになれば築地はプロレタリア劇団になれる。」――実に面白い三段論法ではないか!!　勿論、北村の論文の批判などは毫末もなされなかった。

しかも彼等はマルクス主義の勉強の傍ら、久米正雄の「オリムピック」（劇中、「×××」を吹奏する場面すらある）を放送し、関西松竹チェーンに岸田國士の作品の上演を計画した。

しかも、これらに彼等に云わせれば「一時的現象」（何と都合のよい言葉ではないか！）であり、秋になれば又よい芝居をやろうと云うのだそうである。

（私はその他数多くなされた彼等のプロット及び左翼劇場に対するデマゴギー、専断的組織の運用（反対派の執行委員を呼ばない執行委員会の開催などその一例だ）一々述べ立てている時間を持たない）

新興劇団協議会は即時招集され、築地側には特に口頭を以て出席を請うたが、定刻を過ぐるも一人の出席も見ず、遂に築地抜きの新築地、大衆座、左翼劇場の三劇団に拠て開かれ、かくの如く意識的に反動化した築地小劇場をこれ以上、協議会参加劇団として止めて置くことは吾々の強固な連関と急速な進歩の邪魔になる許りでなく、更に協議会自身の階級的立場をさえも不鮮明にするものである劇団として「築地」を即刻除名し、その積極的ぶっ潰しを満場一致決議した。

以上の例で、協議会の声明書の附記にもある通り、築地側から次の様な脱会届を受け取った。

――「劇団築地小劇場が今後その階級性を守り通す努力に変りはありませんが、新興劇団協議会には目下困難な感情的障壁が生じたと思いますので脱退いたします」

「階級性を守り」乍らも反動的演劇を上演し、協議会の階級的仕事を単に「困難な感情的障壁」の故に脱会した哀れむ可き築地小劇場、――これでは云いわけにもならないではないか!!

今や、新興劇団協議会は、この敵の陣門に下った築地の除名に拠て、一層の強固さを加え、各劇団の真実の同志的友誼関係の中に益々その仕事を進めている。

彼等敗北主義者共は今後も色々な形をとって、資本家の廻し者としての活動をつづけるだろう。彼等に対する吾々のとる可き態度は、何等苛借することなき闘争以外に何ものもない。

演劇に於ける敗北主義者の一群を葬れ!

反動的劇団と化し去った「築地小劇場」をぶっ潰せ。

附記　この問題に関しては同志佐野碩が「演劇運動に於ける害虫について」と云う論文で、青野、前田河、北村などの理論を駁撃する筈だったが、……………、……………………ので、僕が早急の中に執筆した。

『プロレタリア演劇』
座談会

プロレタリア演劇の思い出

出席者　秋田雨雀／久板栄二郎／村山知義／仲島淇三／小川信一／小野宮吉／佐野　碩／佐々木孝丸／佐藤誠也／高田　保／柳瀬正夢（ＡＢＣ順）

村山　では、これから「プロレタリア演劇の思い出」座談会を開きます。最初に日本のプロレタリア演劇運動前史として、まず、トランク劇場までのことを知っている人に願います。小川君どうですか。

小川　柳瀬君どうだ？

柳瀬　僕は駄目だよ。秋田さんに。

秋田　僕は大体、先駆座前身の「土の会」からトランク劇場になる前までの時期を前史として考えたいと思いますが……。

小川　では簡単に僕の知って居ることだけ述べましょう。明治三十七、八年の、『平民新聞』があった頃から、もう社会主義者が芝居をやっていました。忘年会とか革命記念日とかにやったのですね。荒畑寒村氏や山川均氏も役者をやりました。山川氏が女に扮したことがあったと覚えて居ます。それから大分後、大正十年頃でしたか、新橋の平民食堂の三階で社会主義者連の忘年会だか新年会だかがありましたが、この時にも、寒村や岩佐作太郎などが芝居をやりました。堺さんの奥さんや生田長江氏や真柄氏が三味線を弾き清元か何かをやったように覚えています。その時の芝居の出し物は『停電』というもので、その筋は、発電所の労働者がストライキを起す、と丁度その時、そのストライキの指導者の子供が盲腸炎を病んでいて、医者が来てその手術をしようとしている。手術の瞬間、ストライキのため停電になって子供は死んでしまう。ストライキに成功した指導者は喜びに溢れて帰って来て、子供が死んでいるのを見出す。彼は悲壮な声で万歳万歳を叫ぶ、というのです。この時、医者に扮していた岩佐氏が、このセリフは台本にはなかったのだ相ですが、「こんな国には外科的手術を行わねばならない」と言ったのが拍手大喝采で二度も三度もくりかえしたものでした。

その『停電』の筋のことに就てですが、この間、僕がプロレタリア科学の研究会である人からこんなことを聞きました。当時イタリーの映画でそれと同じような筋のものを観たというのです。所が、その結末が異っているのだそうです。その映画では、ストライキをやったから子供が死んでしまったのだ。だからストライキなんか止めよう、というような労資協調のものなんだそうです。

佐野　当時の芝居の見物はどういう人達だったのかね。

小川　みんな社会主義者ばかりだったよ。アナもボルもはっきり区別がなかった頃で。その後、大戦後の資本主義の世界的恐慌の波が日本にも襲って、プロレタリアは到る所でストライキを起していた。これにつれて労働者の中の演劇にも新しい容貌が見られる。震災前、大正十年頃民衆芸術研究会が尻押しで平澤計七氏が亀戸で素人芝居をやった。その一座は大工とか左官とか請負師のやってるもので、それへ割込んだ。その小屋というのは怪しげな寄席だった。

佐藤　大島町の五ノ橋館とかいう寄席で、川上隆太郎一座と合同で演ったもので、其の時の事を大正十年四月号の『大観』に中村吉蔵氏が書いています。又、昭和三年二月号の『演劇研究』にも藤井真澄氏が述べています。

小川　その時の見物の中に、秋田雨雀、中村吉蔵、土方与志や当時未だ労働者だった内藤辰雄や吉田金重などという人がいた。筋は労働争議が突発して、危うくなると資本家の娘が労働者に同情してそれを調和して目出度し目出度しと云うのです。その後大正十二年頃、震災の前に藤井真澄、平澤計七氏等が『新興文学』の伊藤忞と芝居をやろうとしたら、伊藤が亀戸署に引っ張られ、平澤氏があんなことになった。

佐々木　あの時は、土方君は見物として行ったのではないんだ。あとで聞いたことだが、その時分、平澤君はよく小山内氏のとこへ行っていたんだそうだ。当時土方君が小山内氏の弟子で、その関係で、土方君は当日手伝いをするために出掛けていったんだが、行ってみたら、もう芝居をやっていたのだそうだ。この間の「プロレタリア演芸大会」の時、土方君が、平澤君のあれを思い出しますよ、と言っていた。

小野　随分古いことがあるんだなあ、驚いた驚いた。

佐藤　その労働劇団の性質を知るために、当時のチラシの写しを持ってきました。これがチラシの文句の一節です……『日本で最も貧乏な劇団が生れました。初めて旗上する舞台は場末の汚ならしい小屋で、背景も道具も、お粗末至極、俳優は名も無い旅役者に、虐げられている労働者が自分の仕事着のまま飛び出して加勢します。脚本は無名作家の作、して、やるものは労働問題の芸術、ただ此貧乏劇団はなまな人生を舞台に表現する誇りを有しています。先ず此の点では御同情下さる事と思っています……」そして脚本は『女社長』『血の賞与』『失業』『疵痕』など題する平澤氏のものを三晩に分けて上演して、舞台と見物とが互いに熱し合って、とても愉快な空気が渦巻いたそうです。

佐々木　その後、僕等が「表現座」をつくった時、あれは大正十年だったたか、稽古した芝居が禁止になった。すると、それを知った平澤君は残念がって、場末へ持って来い。検閲なんかのとどかないところへ来てやれ、と言った。話が少し前後しそうだから前へ戻そう。

秋田　大正十年、この年は、松井須磨子が死んで二年目、ロシア革命の四年目で、日本に於ける第二期の社会主義運動勃興期です。五月には第二回の大衆的メーデーがありましたが、最初の戦闘的なメーデーでした。芝公園で旗の奪い合いをやったり、上野でも大変騒ぎました。女性が理論時代から実行時代に移った年で「赤瀾会」が奮闘しました。

久板　神戸に労働者劇団ができたのも此の年だ。神戸では川崎造船と三菱造船にストライキが起って、四万人のゼネ・ストになった。それに刺戟されて出来たんだ。みんな素人で、旅役者と一緒になって巡業して歩いた。労働者を煽動すると共に、争議資金を集めるためだったそうだ。その時この芝居と一緒に、ストライキの大デモンストレーションを、帝キネか何かで撮影したフィルムを持って廻った。このフィルムは大都会では上映禁止を喰ったが、小さい町では随分やれた。今は、大原社会問題研究所が保管している――芝居の方は、その時の脚本が佐々木君のところへ行ってるってことだネ？

佐々木　その芝居の筋はこうだ。ストライキを取扱っているんだがね、社長に娘があって、こいつがストライキのリーダーに惚れている。この娘を社長のお気に入りの法学士か何かが恋しているんだな。でどうなるかというと、結局、娘が社長を説きつけてストライキは治る。娘とリーダーとは目出度結婚する、といったようなものなんだ。

佐野　去年、神戸に行った時に聞いた話だが、この劇団はもともと本当の意味で労働者のための劇団ではなくて、いま佐々木が話したような労資協調式な芝居ばかりやっていたので……それだからまあ新派の旅役者などと一緒にやって行けたんだろうが……とにかくその後まもなく団員同志の恋愛関係から自然消滅の形になってしまったそうだ。

久板　だが、その中から残っている人がある、××××君などは大山一派が没落してからも左翼の堅塁を守った人で、また現在の神戸労働者一夜劇団をつくった人なんだ。

佐野　××君に就てだが……二月のカンパニヤに際して行方不明になったが、持って行かれてしまったのだ。だが俺はその前に、この人に逢って、当時の劇団が使った幟を貰ってきた。プロットの事務所にある。

久板　神戸労働者一夜劇団の連中も独創的な事をやったよ。『勧進帳』の時に椅子を逆さに背負って笈の代りにした。

小川　それで思い出したが、明治三十七、八年頃は『勧進帳』のような芝居が多かった。『錦掛松』なども……。

佐々木　そうだ。あの頃は『勧進帳』をよくやったという話だ。僕の『勧進帳』はそれから思い付いたんだが、堺氏が弁慶、荒畑氏が富樫なんかで、メーデー――メーデーと言っても当時のは所謂社会主義者だけが集って、座談会のようなものに過ぎなかったんだが、――その席上でやったんだ相だ。その弁慶の読みあげる巻物がマニフェストでね。

秋田　その後、ロシヤの饑饉救済運動が「種蒔き社」によって盛んに起されるのですが、僕達は『ダントン』の稽古をしています。

佐々木　「種蒔き座」が出来て、ロマン・ローランの『ダントン』の「革命裁判所」の場を準備していたんだが、当日禁止された。場所は青年会館だった。役割はダントンが俺、平林初之輔が検事、その他金子洋文なんかだった。その後ロシヤ饑饉救済金募集の為秋田へ出かけた時「表現座」の名で芝居をやった。出し物は武者小路『ある日の一休』、俺、金子、今野賢三なんかが役者だった。この時、芝居の前に講演会をやって、それは秋田さん、藤森さんなんかが出た。この講演会で芝居の切符を売ったんだが、その方法が面白かった。売り手は「ダリア会」という芸者連中で、切符は二十銭だったが、義捐金だというので、十円札を出しても釣銭を出さなかったんで随分集った。

佐野　その金は何処へ行った。

佐々木　勿論ロシヤへ送ったよ。このすぐ後で、有島武郎も講演に行ったが、マニフェストを最近に読んだもので一番いい本だといって、二時間に亘ってそのことばかり話したもんだ。

村山　ロシヤ革命五周年紀念には何か芝居をやったかね？

佐々木　芝居はやらなかったが講演会を開いて、その時初めてインタナショナルを合唱したよ。代々木の方の藪の中で歌を稽古したんだが、コンダクターが俺とか高津正道とかなんだから、如何に調子っぱずれだったか想像がつくだろう。

（哄笑）

佐々木　だが役者の方じゃ、堺利彦なんかは俺が好きで、絶えず激励してくれて、君は伊庭孝より上手いと言って寄越したりしたよ。

小川　伊庭孝と比較されたんじゃ大したことはないよ。

（笑い）

秋田　佐々木君はこの頃からボルシェビズムの方へ進出しはじめています。

村山　では十二年に這入ろうか。

秋田　今度は十二年ですね。この年には、床次が内務大臣で、小村が国立劇場を設立しようとして、劇作家協会が請願運動を起しましたので、われわれは猛烈な反対運動を起しました。

佐々木　中村吉蔵、金子洋文、それに秋田さんなんかが反対者で、僕はその時『新潮』に「国立劇場反対運動者に与う」という公開状を書いたことを覚えているよ。

佐藤　秋田さんは最も頑張ったものです。

秋田　演劇の「合理化」が行われようとしたんですね。
小川　資本の攻勢ですね。
秋田　その時分、僕達は平河町にあった河瀬子爵の土蔵を相馬愛蔵氏が譲り受けて改築した土蔵劇場に籠って、大いに頑張っていましたよ。
村山　「土蔵劇場」が出たから「先駆座」に入ろう。
佐藤　後年、築地小劇場が出来た時、新劇団体が始めて自分達の「劇場」を持ったというように言われたが、その前、即にプロレタリア傾向の劇団として「先駆座」が此の「土蔵劇場」なる物を持っていたんだ。この「土蔵劇場」という建て物の事に就ては、其の当時に於いても一種のお道楽位にしか世間では思っていなかったようだ。ある人の如きは「土鼠じゃあるまいし、土蔵の中で芝居をやるなんて変な奴等だ」と言った程です。僕達は十二年の四月、この土蔵の中で第一回の試演をやりました。『読売』では三面の上段へ二段抜きで土蔵劇場の記事を出しました。この時の芝居では近藤孝太郎氏に、演技の点で随分世話になったものです。
久板　定期的にそこで演ったんだね。
佐々木　演るつもりでいたところ、一遍やって、二度やろうとした時、震災で土蔵が駄目になったんだ。
佐藤　その土蔵に立籠ろうとした時の「先駆座」の宣言の中に、「民衆劇運動の前衛として、まず小劇場主義を採る」という句がありました。つまり従来の小劇場主義では物足りなくなってきていたので、こんな風に出たわけです。会員組織で、毎月二十銭宛徴りました。会員は、細井和喜蔵、園池公功、有島武郎、友田恭助、遠藤友四郎、金子洋文、村松正俊、島崎藤村など二百名近くありました。初日には森英治郎夫妻、水谷竹紫、青山杉作などいう玄人筋が見に来たのだから妙なものです。
秋田　其の時の出し物は、ストリンドベルヒの『火あそび』と僕の『手投弾』とでした。それから六月には種蒔き社、イプセン会、先駆座其他の発起で、中村吉蔵、小川未明の両君と僕の三人を招待するための「三人の会」というのが神田の仏教会館でありまして、この会で「先駆座」の連中は中村吉蔵氏の『税』、小川未明氏の童話『野薔薇』、僕の『国境の夜』を朗読したのですが、この時、アナとボルと喧嘩をはじめましてね……。

佐々木　あの喧嘩は面白かった。中村吉蔵は、自分を引っ張り出しておいて政治闘争のダシに使った、と言って憤慨して退場するし、小川未明は、正義のために戦うものが何故お互いに喧嘩するんだ。と叫んでいた。この時に、今の救援会の前身とも見るべき防援会というのが出来た。

佐藤　その席上で防援会の基金募集をやったよ。

佐々木　この会には有島武郎も来る筈になっていて、僕達は随分待ってたんだが、その時、既に有島武郎は軽井沢で死んでいたんだ。然かも武郎先生、この会の発起者の一人に加わっているのだから一寸意外さ。

秋田　社会的には、この年は支配階級の攻勢といった傾向が著しかったのですね。例の軍事教育なんか其の一例です。ところが、この反動に対するプロレタリア側からの反抗がわれわれの演劇運動の上にはちっとも反映されてはいなかったのです。

佐々木　僕達は自らプロを以て任じていながら、なんでもないものを演っていたんだ。言うことと、することとがまるっきりちがっていたんだ。

秋田　私は作家としては、かなり進んでいた方ですが、作品と芝居とは異ったものだという考えを抱いていました。

佐野　あの当時、トラーを誰かがやっつけたら、秋田さんは僕はアナーキストの立場から反対すると言われたということですが、本当ですか。

秋田　そんなこともあったでしょうね。僕はその頃アナで、しかし非常に悩んでいましたよ。それがやがて芝居をやめさせることになってくるのですが。

小川　柳瀬君は「先駆座」の貢献者でしたね。

佐々木　「先駆座」は、その翌年、十三年の四月、早稲田のスコット・ホールで第二回目をやった。当時の舞台装置は柳瀬一人でやったんだ。出し物は僕の訳したアナトール・フランスの『運まかせ』、秋田さんの『水車小屋』、ストリンドベルヒの『仲間同志』だったが、その頃丁度村山が意識的構成主義の旗をかかげて、例の舞踊で「先駆座」に提携を申し込んで来たんだが、俺が拒絶した。

佐藤　あの頃、村山君や岡田龍夫君等で演った「チェルテルの会」ってのは何ですか。僕は見に行って非常に感動させられたものですが。

村山　(てれる)

佐藤　チェルテルというのはどんな意味なんですか。

秋田　あ、そうそう。あれは僕が附けたんですが。意味はないのです。「先駆座」がスコット・ホールでやった頃は、震災後の非常な反動期でしたが、二日間に二千人近く見物が来ました。あの時の花柳はるみ君の出来は非常によかったですよ。

佐藤　あの時には色々と面白いことがあるんです。東洋大学の諸君を初め、外部からの熱心な応援者も随分ありましたが、今でも思い出すのは、萩原中君が汗を流して受付と下足番を兼帯でやってくれたんですよ。

佐野　こいつァ傑作だ。

小川　その時「先駆座」はどんな考えを持っていたんだ。

佐々木　あの時の「先駆座」のモットーは All or Nothing というのだ。しかし一座の中に色々の傾向の矛盾が胎まれてきていて、それが秋田さんと僕との間に一寸した感情の衝突になって現れたというのは、僕は招待券なんてものを発行するのに絶対反対で、招待券で俺達の芝居を見ようなんてのは不心得だと主張していたんだが、当日、清見陸郎が招待されたつもりでやってきて、入口でゴタゴタ言っているんだ。俺はそれを楽屋で顔をつくりながら聞いて、何とか呶鳴っちゃんだ。清見の先生ブーブー言って帰ったそうだ。

佐藤　萩原君の拒絶振りは実に頑強だったからなァ。もう一人藤森成吉氏も招待でない事が分ると奮然として帰ろうとしたのを誰かが引戻して入れた筈です。それより珍談は、正体不明の一労働者が「俺は入場料なんて金は一文も無いがその代り之れで見せてくれ！」と言ってうやうやしく紙包みを佐々木君宛に木戸口へ出したものです。楽屋で佐々木君が開けて見たら、出て来たのが「菊池寛」と書いた表札。それ以来、菊池寛先生の門札は釘でなしに門へ固く嵌め込むようにしたそうです。とんだ茶番ものですな。

小川　先駆座のモットーはAll or Nothingの外にまだまだ何とかあったなあ。

佐藤　こうなんだ。――「劇場を救うためには、劇場は破壊されなければならない。男優及び女優は禍によって皆死絶えなければならない。彼等は芸術を不可能ならしむる」というエレオノラ・デューゼの言葉です。

秋田　あれは丁度社会の反動時代でしてね。

佐野　つまり震災でガタガタしていたその時代に例の表現派が入って来たわけですね。

秋田　それは、トルラーなどでした。僕などは、行き所がないので、アナの中へ入り込んだものですよ。

小川　アナではなくて……。

秋田　（忙てて）いや穴ですよ。ホラ穴の穴ですよ。

（哄笑）

仲島　あの芝居の稽古は新宿の中村パン屋の二階でやっていたが、六十銭ばかりパンを註文すると必ず二円ばかりの分量をくれたんで、それを飯代りにしたね。僕なんか芝居には三十秒位しか出なかったんだけど、パンを喰うために毎日稽古に出かけたよ。

秋田　僕の『骸骨の舞踏』は此の頃書いたものです。あれは自警団を諷刺したものです。『幼児の殺戮時代』という作は社会主義の暗黒時代を書いたものです。『棺を囲る人々』これは大杉君のことを書いたのですが、僕は非常にアナーキスティックになって居て、之なんかも大杉君を書いていて平澤君を書いていないのです。そこへ六月十三日に築地小劇場が生れて『海戦』をやったのです。僕は非常な刺激を受けましたよ。この為めに先駆座が分化作用を起して吸収されてしまったのです。

小川　佐々木なんかは、しかし……。

秋田　そうです。「先駆座」には大体三つの要素があったんです。革命的だったのは僕で、あくまで小劇場的だったのは川添利基君、大衆的だったのは佐々木君なんかでした。

久板　その大衆的要素ってのが今日の落合三郎なんだね。

佐野　先駆座が万世アーケードでやったのはその頃ですか？

秋田　然うです。その年の暮に、フェビアン協会が出来て『朝から夜中まで』を総見したりした事があります。

久板　『三科』の芝居ってのは、万世アーケードより後かね。

村山　後だよ。

小川　十四年に入ることにしましょう。

秋田　この年は、二月に過激思想取締法案、小作争議調停法などが議会に出て、悪法反対の大デモンストレーションが行われました。二月十五日に日露国交恢復の会がありました。「先駆座」は五月二十二日から三日間、僕の『アイヌ族の滅亡』、長谷川如是閑の『エチル・ガソリン』、北村喜八訳オニールの『鯨』を万世アーケードでやって居ます。これが「先駆座」の最後ですね。佐々木君はこの頃から非常に進出してボルシェビズムを奉ずるようになって居ました。僕はアナーキズムの殼がどうにも脱げなくって、次第に感情的に離れて行かざるを得なかったのです。だから此の時の――第三回試演の時は、僕は充分働きかける気持を失って居たのです。この時柳瀬君が『エチル・ガソリン』で構成派の舞台を作りました。

佐藤 あの舞台はよかったね。

佐々木 『アイヌ族の滅亡』は秋田さんが演出をやる筈だったんだが来て呉れないんで僕がやった。あの時道具を拵えていて初日の前日に手を怪我して首から釣った儘『エチル・ガソリン』其他に出演した。

佐野 そうそう。そうだったな。

佐々木 川添利基はその前の第二回スコット・ホール以来大阪の映画の方へ行ってたんだが、帰って来て、また一緒に芝居をやるようになって、脚本も川添の選ぶのと、僕が選んだものと意見が違って居た。僕の選んだものは、僕が演出するてなことになって、がーがーやったよ。あん時は俺はことごとに怒ってたよ。柳瀬なんかには、何べん怒ったか知れない。秋田さんとも喧嘩した。

秋田 この頃僕の読んだものは、日記を調べたらクロポトキンの『相互扶助論』や『倫理学』なんです。ところがこの時コップ大使の歓迎会があって、僕は文芸家の代表として、挨拶を述べなければならなかったのですが、アナの立場から述べるか、ボルの立場から述べるのか、非常に迷ったものです。もっとも先方には悪感を与えずにどうにかやりましたよ。その時、陸軍戸山学校軍楽隊が「インターナショナル」を奏楽しました。すると後の方から突然「×旗の歌」が起ったので、僕は非常に衝動を感じました。感激しました。面白かったですよ。後藤新平がビックリしてコップ大使を抱いて逃げだすような珍劇があってね。これ以来、社会的イデオロギーを、把握しないで芝居をやるのはいけない、ロシヤへ行って勉強して来なければならないと思いました。私のロシア行きの決心は、その後二年たって実現されたわけですよ。

佐野　たしか、その時戸山学校が「インタナショナル」をやったが問題になって、いくら締盟国の国歌でも「インタナショナル」だけは御法度ということになったんだよ。
小川　柳瀬君、表現派の装置に関する感想を聞かして呉れないか。
柳瀬　あれを取り入れたのは新しいものにかぶれたんだ。
仲島　柳瀬は俺のセットには色の比重を出してあるんだなんて、むずかしい事を言ってたよ。
（高田保此の時来る）
佐々木　二度目のスコット・ホールの時、今日芝居だという日になって柳瀬がのこのこやって来た。俺は散々悪口を言ったんだが柳瀬は直ぐに見事な装置を拵えちゃった。その速製のセットは劇評で非常に褒められてるんだ。
柳瀬　あの頃の苦心と云えばどの舞台も奥行が二間か一間半位しかなかったので、深さを出すのに苦心したな。
小川　村山君、その頃君は何をしてたんだ？
村山　「朝から夜中まで」の装置をやったんだ。
小川　君のあの装置は独創かね。
村山　僕と土方氏と一緒に考えたんで、別にネタはなかった。これは僕の最初の舞台装置だったんだ。
佐藤　万世アーケードで芝居をやった時、大河内伝次郎がまだ室町次郎時代で、第二新国劇の連中が此の芝居を見に来て巧妙に「エチル・ガソリン」の型を取って行って、浅草で失張り「エチル・ガソリン」をやった。僕等はそれを総見に行ったものです。
小川　村山君、君はあの時から後は何をしたんだ。
村山　柳瀬君と連日議論ばかりしてたんだ。例の意識的構成主義を振廻して仲々負けなかったよ。

佐藤 シアター・ムンズの運動はあの時分じゃあなかったかな。
佐野 ありゃ止そうや。
村山 十四年の万世アーケードの次ぎが「三科」の芝居だったよ。
小川 そうそう。
村山 「三科」の芝居は築地小劇場でやったんだ。出し物を皆んなで一つ宛出した。「子を生む淫売婦」なんてのをやったよ。それからオートバイをガタガタやったりした。
高田 匂いのするものを持って客席を通ったのは、その時だった。
佐々木 あれをやった時の柳瀬の意識はコンムニスチックなんだったが、見物人には判らなかった。
柳瀬 僕は佐藤と一緒に演出をやったんだが、佐藤が上って、ドヂを踏んで、僕もとちってばかり居たよ。
佐野 俺は前まで行ったんだが満員で入れなかったんだ。
小川 僕は見たよ。「消極的効果に依る悲劇人生」と称する様な人を喰ったものを見せられたよ。
佐野 小野はまだその頃は築地の忠良なる俳優だったのかね。
小野 その頃から築地小劇場の内部は動揺していた。小山内と土方とが対立し、青山が、小山内の組だった。僕は始め小山内組だったが千田是也は始めから土方組だった。だが「朝から夜中まで」をやり「ヒンケマン」が中止になった頃から土方の方へ移って行った。で此の小山内土方の対立はいろいろ複雑な原因や要素を含んで居るが要するに保守派と急進派との対立だった。所が土方の急進主義も何等明確なイデオロギー的基礎に立つものでなく単なる新しい演劇形式への憧憬に過ぎなかった事は勿論だった。だが時代は若い血の気の多い人間達に其処に留ることを許さなかった。トラアやカイゼルに振り向いた僕達はそれを通して頭を劇場の外に突き出した。その頃から千田や僕が社会の動きに関心を持ち始めて来たんだ。小山内、土方の対立は小山内が死に、築地が分裂する迄続いた。だがあの分裂は意識の分裂だとは考えられない。千田、僕と相続いて築地を飛出し、その頃の社会文芸研究会に入り、それから「前衛座」となるんだ。

佐野　それまではまだ仲々だよ。千田と俺が知り合いになったのは、谷一が築地ファンだったので、千田と知って居た。それでやったんだ。

小川　いつ頃だい。

久板　十四年だよ。十五年の始めに「マル芸」が出来たんだから。

佐野　小川信一は宣言に、時代精神か、生命かと云うようなのを書いてた。

小川　あれを書いたのは僕だが、時代精神云々を入れろと言ったのは（佐野に）君だ。その当時君と谷はむしろ芸術派だったんだからなあ。

村山　ムンズはどんな仕事をやったね。

小川　何んにもやらないよ。

（笑声）

佐野　ルンツの「真理の町」をやろうとしていろいろ準備した。その手始めにトルラーの「転変」をやろうとして現小川信一夫人を連れて来てやりはじめたんだ。左翼の連中がこの際芝居なんて生ぬるいと云うので新人会の××××（現在三・一五事件で入獄中）を連れて来て、ブハーリンの「唯物史観」をやったんだ。マルキシズムを知らずに芝居をやれるかってんだ。俺は反対したんだが、多勢に無勢で負けてしまった。（一同笑う）其時分谷一が千田を連れて来たんだ。

高田　報知講堂で何かやったね。

佐野　シアター・ムンズの基金募集の為めに映画「覆面の女」と関屋敏子の歌をやった。

高田　俺はあの頃佐野から切符を三枚売りつけられた。

佐野　活動の合間に小川信一が挨拶して小山内を前にして築地なんか糞くらえといっていながら芝居は何もやらなかった。だが雑誌は出したんだ。

高田　それを君が持って歩いて銀座でくばった。これは世間には出さないが非常にいいパンフレットだって……。

佐野　そんな事ないよ。

高田　いいや呉れたよ。

（一同哄笑）

村山　ムンズの話はこれで止めよう。

佐々木　その頃久板は「朱門」の同人で高田は新劇協会内のいわば左翼だったんだよ。

村山　佐々木と新劇協会の関係はどうなっていたんだ。

佐々木　スコットホールの芝居が済んでから新劇協会が秋田さんの芝居をやる事になって俺と関係が出来たんだ。

高田　新劇協会に遠山静雄が入って来た。その時分君（佐野に向って）が居たが、照明をやっている男かと思って居たらドイツ語で議論をふっかけるんだ。一体利口なのかどうなのか解らなかったんだ。それでシアター・ムンズを見せられたんだ。これで日本を赤化して見せると称して居たよ。あの時分は新劇協会動揺時代で秋田さんに社会的意義を持つように来て貰った。秋田さんは読売で「意志」を持つように言われて居た。それで江戸川の畑中の家で、畑中にそれを言い聞かせたら判らんで、彼は「俺は芝居をする意志を持ってるよ」といった。（一同笑う）初日を開けたら雪の日だったが七人入って居た。うち招待券が五枚だった。場所は同志会館で、出し物は僕の「ジャズ」秋田さんの「手投弾」横光利一の「喰わされたもの」だった。

村山　仲島君、君は居たのか。

仲島　居なかった。

高田　三つの中で「手投弾」が一番よいと云ったが、畑中には判らなかった、当時新劇協会は畑中、御橋等が右翼で、隆松、楠田、僕などが左翼で、この対立が分裂の基になった。

小野　その頃の左翼は其処を出て何処へ行ったかと云うと築地へ行った。この連中と、俺達はつまり入れ換り築地を出た訳だ。

久板　小野君が築地を去る当時は芝居をやめるつもりで出たのか。

小野　そうだった。

村山　この辺でトランク劇場の話へ行こう。

佐野　林房雄を通じてトランク劇場の存在を知ったんだが構成メンバーが旧先駆座の連中だと聞いて、大したものでないと軽蔑して居たんだが、林から一喝をくって、ああいうものを見ない奴があるか、とやられた。

小川　あの頃の林は、とても凄かったよ。

久板　僕がトランク劇場を知ったのは、共同印刷の争議へ応援に行って事務をとっていた時だ。仕事の暇々に集合所廻りをやったんだが、柳町クラブか何かでその芝居を見た。素人にしてはバカにうまいと思って感心して、あとで争議団の指導者に「僕は、新人会の学生だが、将来ああいうことをやって行きたいから」と云って、拶りをつけたんだがあれは争議団員で、他班のコレコレだ。なんてとんでもないことを教えられた。トランク劇場だったって事はあとで知った。

仲島　スパイだとでも思われたんだろう。

佐々木　集合所でやるときは、みんな争議団員だと云うフレコミだったから。

佐藤　あれは、先駆座としてではなく、日本プロレタリア文芸連盟演劇部として出たんだ。

仲島　その前に、神楽坂で発会式を挙げた。それで争議団に団体の性質を知らせるために佐々木君が一応の説明をした。

佐藤　それで争議団に団体の性質を知らせるために佐々木君が一応の説明をした。

佐々木　二ヶ所で、三回やった。最初の一日だけ扮装してから幕の前へ出て、内容と一緒に、日本プロレタリア文芸連盟の演劇部から来た、ということを説明してやった。だがふれ込みは、争議団の素人として入って行ったんだ。他から行ったことが分ると、パイ公に止められるおそれがあるんでね。連盟の演劇部が出来た頃、共同印刷の徳永が来て争議が起ったので、手を借してくれというので、それも明日来てくれというので、佐藤と二人で、出し物は「エチルガソリン」と「ある日の一休」を急に選んで出かけることにした。金がないので電車に乗らずに歩いて行ったんだ。初めに護国寺で野外劇をやる筈だったんだが、ここが止められて第一集合所へ行ったんだ。その時、行く途中で「トランク劇場」という名前が出来上ったんだ。この名称は小山内薫からフランスにトランクを持っていつでも簡単に出かける芝居があるという話を聞いていたので、それから思い付いたんだ。

佐野　トランクは本当に持って行ったのか。

佐々木　持って行ったさ。万世アーケードで使った、「ガソリン」の衣装と鏡が入っていた。なにしろ電車にも乗れない様な仕末なんで、ライオン歯磨の五銭の袋を買って、こいつが粉白粉なんだ。「一休」の野武士では、高橋季暉が突嗟の機転で争議団から貰った炭俵を着て、女工のしごきを締めてやったりして、大喝采を受けた。もっと面白いことがあるんだ。坊主のボテカツラは浅草から買って行ったんだが、一休のおれが寝ていて起き上ると、見物がとても笑うんだ。おれはボテカツラがおかしいので笑ってるのかと思ってヒョイと頭へ手をやると、カツラが落ちてやがるんだ。最後の日丁度神楽坂で漫画市場をやっていて、柳瀬や村山達が争議資金を集めていたんだ。そこへおれが口がうまいというんで客引きに来てくれというんで、行くところだったんだが、本郷三丁目まで歩いて来ると、林に逢って新人会の本部へ来ないか御馳走してやるからと云んだ。行ってみると中野重治がいて、彼は芝居を見ていたんだが「どういうつもりであんな芝居をやったのか」と聞くんだ。俺は別に計画的にああいうものを選んだのではない、唯、面白いからいいだろうと思って……と云うと、中野は、争議団とは関係が無いじゃないですか、と云ったことを覚えている。すると林が、中野に、あれでもいいじゃないか、争議団の連中が喜べば……と言っていた。

佐藤 それから徳永君が浜松の争議に行く時に一緒に行こうと企てたが行けなかった。

仲島 警戒がひどくて駅の一つ手前で下りたりしていた。

佐々木 あれは随分苦心して、行かれなかった。柳瀬君は既に、無産社新聞で働いていて忙がしかった。千田は「逃亡者」の一人芝居を計画していて、共同印刷の時、参加する筈だったんだが、手違いで来なかった。

柳瀬 僕は、千田と会って、連絡を取る積りだったんだが、会う筈になっていた漫画市場へ千田が来なかったので駄目になった。その時、佐野が来て小川の家へ一緒に行ったんだが、谷がいて、俺は、初めて会った。

久板 マル芸が出来たのは、その前後だね。

小川 ムンズを止めてマル芸を作ろうといったのは、林だった。

佐野 作らない中に、林は持って行かれちゃったんだ。

久板 準備会を一回やってからだ。

小川 林は、文芸運動でも、ケルンを作る必要がある。丁度「林檎」を文戦へ発表して関係がついたので、佐々木や葉山なんかは意識が低いから、乗り込んで教育してやろうと俺を誘ったんだよ。林は、ボグダーノフ一点張りだったが今でも随分ボグダーノフィズムのために毒されているよ。

佐野 林は、とても凄かったんだよ。その前、テーゼを作ったんだ。それで君（小川に向って）の家でこんなものは、危いから焼けという指令だったんだ。

久板　あれは、丁度学生事件で、ああいう文章のやかましい時分で、会合するのでも、コソコソあたりを見廻して君（小川を指して）の家に集まったりなんかした位だったから。

佐野　プロ連への加入が問題になった。規約を送ってくれって通知を出したが、なんとも返事が来なかった。そのうちに、新聞の消息欄を見て総会があるのを知って、全部押しかけて行った。その時、青野と佐々木が論争していたのは集団芸術が有り得るか無いか、ということだった。俺達の間ではそんな問題は、解決ずみだった。その時から皆プロ連へ入った。

佐々木　この時、夏、山へ行っていたんだが、帰って来てみたら、皆んなすっかり文戦に入っていたよ。青野が一緒や山へ来ていたんだが、そこで無産者新聞の基金募集の芝居をやる計画を樹てていて、千田から一週間と揚げずに芝居のことに関する手紙が来ていた。青野と俺とでも一度先駆座みたいなものを復活させようという話ばかりしていたがその時、こんどそういうものが出来たら名前は「前衛座」というのにしようと話し合っていた。

小川　青野の目的意識は、あの頃出来たんだ。

佐野　その前に無産者新聞に呼びつけられたことがある。

久板　マル芸から十人プロ連から十人集ることになっていたんだが。プロ芸からは水野正次一人しか出て来なかった。

佐々木　山から帰って来て、前衛座を作る事がいよいよ具体的になった。千田と小野とは、また自分たちで準備をしていた。この劇団は、商売劇団として作る事に極まっていた、トランク劇場をやりながら、その準備会をすすめていたんだ。当時前衛組織が問題となっていたので、そう名付けたんだ。

佐野　大森の君（久板を指して）の家へよく集まったなあ。久板の「犠牲者」の出来た時は、感涙にむせんでビールを飲んだっけ。

小野　あの頃、無新とよく連絡していた。「犠牲者」の時はラジオの八木節を関根悦郎君が一生懸命であった。

佐野　無新の井ノ口君〔井之口政雄〕ね。あれが躍気となっていたんだ。

佐々木　あの当時、初めは、芸術運動に対して北浦千太郎が熱心だった。あの「無産者の夕べ」で俺は、又柳瀬と喧嘩しそうになったよ。柳瀬がまた遅れて仲々やって来なかったんでね。この時の事だ。トム（村山）が来ていた。舞台装置の梯子を黙々として塗っていたんだ。それまで俺は、トムがなんとなく虫が好かなかったんだが、このことでトムが好きになった。この野郎、案外ちゃんと仕事をする奴だと思ってね。それまで唯、ダダ的な男のように思っていた村山に対する僕の観念が一掃されて了った。

村山　あれは　千田にチョロマカされたんだ。無新宣伝のヴァラエティを任せられて書けなかったんで、罪滅ぼしに手助けに行ったんだよ。

佐野　久板の「犠牲者」のセットは、人形座の人形のセットを全部使ったんだよ。

柳瀬　そうじゃないよ。

佐々木　いやそうだよ。人形座の小道具を張ったり塗ったりして使ったんだ。村山は地味に黙々として塗った。

久板　人形座のセットだもんだから、出入口なんか低くって役者が額をブッつけたりした。

佐野　そうだ。

久板　「犠牲者」の脚本のことに就いて言えば、あれは無新の記事からヒントを得たんだ「朱門」とは前年の二月に手を切って、それから煩悶懊悩していたんだ。芸術なんか駄目だというので新人会に入って勉強した。それから一年ほどは何も書かなかった。何でも、大森の僕の家で『人形を配した舞台』って云う戯曲を小川に見せたら、林よりうまいとほめられて自信がついた。その後、団結力で賃銀を上げたというような記事にヒントを得てあれを書いたんだ。あれを書くためには組合へ行ったり、労働者の家へ行ったりして、随分勉強した。

――今から見ると幼稚なもんだがあの頃としては……。

佐野　プロレタリアの戯曲なんて無かったからな。「逃亡者」「二階の男」位のものだった。

久板　だが、当時は福本イズムがようやく起りかけた時分で方向転換論で大騒ぎだった。だから、あれ(「犠牲者」)は上演したあとで、酷評を受けた。今は政治闘争の時期だから経済闘争の脚本はいかんと云われたので悲感したよ。これじゃいけないてんで、福本イズムを大いに勉強して翌年の二月に書いたのは「戦闘は継続する」だ。これは政治闘争で(笑声起る)……ところが今度は砂を嚙むような作品だと評された。

佐野　「犠牲者」はおれの最初の演出だ。

小野　「カムチャッカ行」はおれがやった。

久板　「カムチャッカ行」はドウドウ廻りした揚句僕が書くことになったんだが、幕切れに現物の「無新」を観客に売るって趣好は作家の意図しなかったことで、演出者の大手柄だった。

佐々木　初日に、女の客から現場で無新を売ったらどうかと注意されたので、二日目に、出たての無新を赤だすきを掛けた警備隊が舞台から運び出して売った。――あの時の出し物は、セッツルメントの子供の合唱、鑑子さんの独唱、「カムチャッカ行」「犠牲者」「馬鹿殿評定」などだった。

小川　この辺で心座をやろう。

村山　その必要はないだろう。

小川　いや、あるさ。

村山　ううと、十四年の九月に、「ゲオルグ・カイザー」の「ユアナ」をやった。チョンまげと洋式の混淆でやった。内容がなくて形式だけのものだった。

高田 あれはホルムを全部ぶっこわしにかかった。

村山 うん、それからますますアナーキスチックになって、十五年には「孤児の処置」なんてものをやったんだ。

小川 林がね、あの時「孤児の処置」と一緒にやったルノルマンの何とかって芝居を見て面白がっていたよ。とても、綺麗だというんだ。尤も林はあの時初めて芝居を見たんだ。僕はつまらなかった。僕は村山の『孤児の処置』を見て奮慨して「これが村山チギの智慧のありったけか?」と怒鳴ったものだ。村山は舞台から「貴様やって見ろ」と云った。あの時林の云うように『貴様は舞台監督じゃないか』と云えば僕の勝ちだったんだが、ポーッとしてそれきり物が云えなかった。

高田 そうだ。僕も知ってる。あの時誰かどなった奴がいた。そいつを見ると色のいやにのっぺりした男がいたんだ。それが、つまり小川だったわけだね。

小川 うそ言うない。

(笑声)

佐野 このへん、いささか創作の気味があるね。

(笑声)

佐々木 その時だが、林は文芸戦線に、「再び世紀末の道化物村山知義に与う」なんてものを書いたいた。

小川 あとでね、プロ連の美術部へ村山を引っ張ろうとしたんだが、この怒鳴ったことがあるんで困ったよ。

高田 僕はあの時分、自分の中にアナーキスチックなものが多分にあったが、なにもやれなかった。それを村山が勇敢にやっている。おれのやろうと思っていることをみんなやっているので、ひそかに尊敬していたんだ。邦楽座のプリッジで「孤児の処置」を見ていたが、最後の、村山が舞台のハナへ出て見物席に向って「馬鹿野郎！」とどなるところでマスクをかむっていたもんだから軽蔑しちゃった。だからその後、数寄屋橋で彼に合った時に、畏敬していたんだが「君はマスクを取らんと肉とくっついていまにとれなくなってしまうよ」と謎のような言葉を掛けたが、彼は利口だからある時期が来ればパッと眼を覚ましてマヴォを止めると思って言ったんだ。

佐々木　おれは舞台のすぐ前の席にいて、はずかしくなくなったんならマスクを取ってしまえと弥次ったのを覚えてる。

高田　村山は「兄を罰せよ」で随分非難を受けたね。

佐々木　おれはあの戯曲をほめたよ。

村山　あれは転換後に書いたもんだから、騒がれたんだ。

高田　僕は「勇ましき主婦」よりもあれに感心したよ。僕は筑波山のてっぺんで読んだんだ。すぐ端書を書こうと思ったんだが、とうとう出さなかった。あれはやっぱり村山の画期的な作品だと思うね。

村山　転換の悩みなんだ。理論と感情の矛盾を書いたんだ。

高田　血のついた片身だね。

佐々木　おれは村山が小手先きだけの器用さでなくて本道へ入って来たものだと思ってほめたんだ。

村山　それで、新劇協会に「勇ましき主婦」を貸すべきかどうかで悩んだんだ。

佐々木　それがまた前衛座に入れる時問題になった。花柳はるみがとても弁護したよ、その時分。

高田　新劇協会の甦生と前衛座の誕生とが同時だったんだね。

佐々木　そうなんだ。前衛座はトランク劇場の兵站部として利用するという計画だった。時々公演をやって得た資金でトランク劇場が隼のように出没することが出来るようにと。

久板　その時、激論があったよ。マル芸派がその意見に反対なんだ。

佐野　そんなことあったかなぁ。

佐々木　佐野の家で図解なんかして、人形座に喰い込むだの、フラクションを作って、どうするだのって、おれが説明したのを覚えているよ。

高田　「新しい世界観に立脚し」ってのは誰が書いたんだ。

佐野　あの宣言書はおれと君が（小野に）書いたんだったな。

佐々木　創立大会の時、旧先駆座からと、心座から村山とをピックアップし、マル芸の演劇に関係のある奴、プロ芸、文戦から、青野、前田河、山清、葉山なんかを入れることにしたんだ。

村山　僕は千田の家で奨められたよ。

久板　あの村山って男は意姑地で、強硬に言っても駄目だから、そっと付かず離れずいってこっちへ転換させるより外はないと佐野がいってたんだよ。

（笑声）

佐々木　あの総会の前に、つまり大正十五年十月だ、前衛座と名乗って秋田、土崎、能代と三ヶ所へ行ったことがあるんだ。今野賢三の「青山田一家」という迚も鼻持のならない新派以下の芝居と、金子洋文の「牝鶏」それから「エチル・ガソリン」「二階の男」の四つを持って行ったんだ。ずいぶんいんちきなもんだったよ。「牝鶏」をやった時、巴米子という女優、がズーズー弁でまくし立てたもんだから大喝采だった、尤も根がその地方の生れなんだったけどね。流石の花柳はるみが、スッカリ喰はれてとても口惜しがってたよ。

村山　プロレタリア戯曲の原始的形態がこの秋田公演まで続いていて、これで終りを告げたわけになるんだね。丁度区切りがいいからこれで止めようじゃないか。来月は、その後から今日までをやりますから、また出席して下さい。

――じゃ、これで止めよう。(終)

附記　五人で筆記を受持ったので、途中充分に写し切れなかったところが多い。正確な速記ではなくて、要点筆記をこれだけに纏め上げたものだけに生彩を失ってしまった。文責は全部編輯部で負う。

『プロレタリア映画』
「拡大」のための「強化」へ

佐野碩

1　大衆的基礎の上に

『……われわれは、広汎な大衆を、われわれの映画製作のなかへ引き入れようと絶えず努力している。われわれの仕事に対する労働者農民の批判――これこそがわれわれにとって最も貴重なものである。われわれが彼等といっしょに、そしてまた彼等のためにいっしょに仕事をしている以上、重要なものは、彼ら労働者・農民の要求あるいは意見以外にあり得ないのだ。………ソヴェート同盟に於ては、監督やキャメラマンは、云わば第二義的な役割を演ずるに過ぎない。彼ら（監督やキャメラマン）はただ、製作される映画の対象となるべき人々（労働者・農民自身）が、一定の映画的主題のイデオロギー的重要性に対して承認を与えたとき始めて製作に動員されるのである。………』――すでに御承知のように、これは、去年の春エイゼンシュテインがソルボンヌ大学を訪れたときの講演の一節である。

少くとも私一個の意見では、この一節は、およそプロレタリア芸術運動と呼ばれるすべてのものを文字どおり大衆的基礎の上に置くためのイロハであると考える。その意味で私は、敢てこのイロハを「プロキノ」への注文の第一に据えたいのだ。

最近ますます「プロキノ」の拡大強化ということが唱えられる。文学や美術や演劇に較べて時間的に立ちおくれたとは云え遂に一九三〇年に到って実践的活動の第一歩を踏み出した「プロキノ」にとって、この提唱はまことに時機を得たものというべきであろう。私自身も、これに賛成する点で何人にもひけをとらない積りである。ただ私の老婆心は、同時に、この「拡大強化」が表面《うわべ》だけのものでなしに本質的な意味の「拡大強化」であることを切に望んでいる。「プロキノ」に限らず、各種のプロレタリア芸術運動の組織がブルジョア・ジャーナリズムに対してさえまだ多くの牽制力をもっている日本の現在にあっては、これらの組織がただ間口と広さだけの点で大きくなり一般的センセーションを捲き起すことはむしろ容易でさえある。事実、日本のプロレタリア芸術運動は、一九二九年を頂点としてこうした一般的センセーションによる外見上の華々しさを世界に誇って（！）いた。だがソヴェート同盟以外のどの国にも見られないこの珍現象は、一面に於ては、日本のあらゆるプロレタリア芸術運動が作品そのものに於ても、その持ち込みの方法に於てもまだ多分に小市民的・街頭的であって殆んど工場・農村の闘争から浮き離れていたという事実を裏書きする点で、云わばわれわれ自身の恥しい特徴に過ぎなかったのだ。

間口と広さだけの家――それは要するに見掛け倒しの「バラック」である。奥行と土台の深さを持たぬ「カードの家」は、嵐の前に一たまりもなく吹き飛ばされるしかないであろう。

「拡大強化」と一口に言ってしまえば簡単であるが、単なる「拡大」は必しも「強化」を伴うものではない。反対にたとえ小規模の活動であろうともそれを「強化」することによって、始めてそこに有力な「拡大」への根が植えつけられる。こうしてこそ始めて、「強化」と「拡大」が相並んで進行する。

一九三一年、プロキノはいま異常な発展期を前にしている。若々しいプロキノは、恐らく砂を蹴上げるようにしてこの発展期に突入するだろう。繰りかえしていうが、プロキノにとって重要なことは、決してやたらと店をひろげることではないのだ。それよりも寧ろわれわれは、プロキノが従来――ことに一九三〇年度の異常な活動によって――闘いとったものを一つ々々かためることを希望したい。このことは、プロキノが洋々たる未来をすてて今までの小規模な陣地のなかで冬眠しろというのでは断じてない。反対に、今までの陣地を充分にかためることによって、将来の大きな戦列の基礎をつくれというのである。

「拡大」のための「強化」へ。

「スタンダード」を採用するのもいい。漫画その他にジャンルを多様化することももちろん賛成である。

だが、しかし――

それにもまして重要なことは、「プロキノ」が、今日までの全成果を大衆的基礎の上に築きなおすこと、全活動を工場・農村に根をおろしたものに組織しなおすことにあるのではないのか？　これこそが一九三一年度の「プロキノ」の第一歩ではないのか？

そしてこの意味で、さきに引用したエイゼンシュテインの意見が何かのたしになりはしないか？

同じ意味で、「プロキノ」は、前々号の久板栄次郎《〔ママ〕》や前号の杉本良吉の意見から多くのものを汲みとるべきではないのか？

「プロキノ」が、日本の労働者・農民の「映画における真の代弁者」となるためには、「大きく」よりもまず「強く」なることが絶対に必要なのだ。

さてこれを第一の前提条件とした上で二三希望したいことは………

2　労働者農民からの批判

これがいかに重要であるかはもはや繰返さない。「プロキノ」が機関紙の前号から「赤い窓」欄を復活させたことや、「プロキノ友の会」を、今までの「単なる小市民的同情者の集り」から真の「友の会」すなわち「観客のなかの労働者・農民を先頭として結成された、プロキノのための最もよき助言者、その政治的防衛者・経済的支持者の自主的な組織」（工場・農村におけるこの組織の単位――各グループが、その職場のより重要な闘争のために利用され得ることは『プロット』のドラマリーグの場合と同様であろう）に再編成しようという意見などは、この点からいって非常に賛成である。

ただ、ここで私が希望したいのは、「プロキノ」が労働者・農民からの批判を尊重するあまり、それを過重評価してはならぬということである。これは、二つの点から説明される――

まず第一に、労働者・農民から来る注文や批評や助言や感想などはその一人々々の階級的立場や意識水準や教育程度の相違するところから、ほとんど千種万態といいたい位にまちまちなのが普通である。工場・農村からの投書だからというただそれだけの理由で、どれこれの差別なしに大切がることは絶対に正しくない。また自分に都合のいい意見だけに耳を傾けて有頂天になることも勿論よくない。（箸にも棒にもかからない職場の文学青年の感傷的な讃辞などは、この点で最も危険である。）

すべてこうした無批判的態度は、「大衆追随」への危険な第一歩であることを忘れてはならない。

「プロキノ」は、あらゆる労働者・農民の意見のなかから、最も重要なもの――組織された近代的プロレタリアートの批判を――選びとることに努力すべきである。――「プロキノ」にとって苦い良薬は、多くの場合、こうしたもののなかにあるだろうから…………。

第二に、たとえ組織された近代的プロレタリアートの意見であろうとも、それは必ずしもすぐれた映画批判であるとは限らない。正しいプロレタリア的な意見だからといって、それをそのまま完全な映画批評として鵜呑みにすることは可なり危険である。日本の現状から見れば、近代的プロレタリアートのなかから映画運動のすぐれた助言者は出ても専門的な映画批評家が生れ得ないのはむしろ当然というべきであろう。

労働者・農民の批判を過重評価することなく、その中から最も重要なものを正当に汲みとり、これを基礎として完全な専門的な映画批評をつくり上げることこそ「プロキノ」のマルクス主義的映画批評家に課された任務なのだ。

3　合法性ということ

「プロキノ」は三〇年度に於て三回の「公開」を行った。これは「プロキノが当然獲得すべき合法性を自ら狭めていたという敗北主義を清算し得た結果である」と佐々元十は云う（本誌前号）それは正しい。ある意味で、プロキノの合法性はたしかに拡大された。三一年度には、これをもっともっと押し拡げることが必要である。

だが、その前に――

「プロキノ」は、三〇年度に於て得た「公開」の合法性――それが如何にして獲得された合法性であるか？　従ってまた、それは如何なる種類の合法性であるか？――について振りかえってみることが必要なのではないか？

最近ある劇場人の同志が「東京・左翼劇場」についてこんな意見を吐いた――

『……現在の「左翼劇場」が持っている合法性はもしわれわれがこのままの状態で進むならばまだなかなか失

われはしないだろう。なぜなら、残念ながら現在の合法性は、「左翼劇場」がまだ充分に工場農村の大衆に基礎をもっていないために、支配階級から与えられている云わばおこぼれの合法性に過ぎないのだから……』

さらに私の意見を補足すれば、これは次のようになる。——

『現在のわれわれの合法性は、数年前の——旧労農党はなやかなりし頃の——芸術運動がもっていた合法性の残りかすとも云うべきものをまだ多分に含んでいる。われわれはこの残りかすを叩き出さねばならない。この努力は、もちろんおこぼれの合法性をわれわれから奪って行くだろう。だが同時にこれと正比例して、大衆的基礎の上にたつ真の合法性——奪おうとしても奪いきれない合法性——がわれわれ自身の手によって獲得されて行くだろう。」

現在の「プロキノ」についてもこれと同じことが云えはしないか？「左翼劇場」自身にとってのこの苦薬が、そのまま「プロキノ」にとっても苦薬なのではあるまいか？——そう私は考えるのだ。

もう一つ「公開」についての意見。

「公開」の場合にも「プロキノ」の作品は断乎としてその××主義性を歪めるべきでないという原則には、誰しも反対の理由がない。

ただ、作品の××主義性を一〇〇パーセントに発揮させること、しかもこれを現在の日本で合法的に上映すること——この二つの条件が全く矛盾しているということは、少くとも彼らとわれわれとの仲が永久に犬と猿以上であることを知っているものにとっては誰しも否定できない事実である。そこで或る者は、映画運動の××主義性を守るためにその活動形態を非合法的あるいは半非合法的な「移動映写隊」に限定して、「公開」という合法的活動の場面をアッサリと見捨てるかも知れない。現在に於て特に「移動映写隊」の活動に主要な努力を集中するということは映画運動をボリシェヴィキ化すという点から見てももちろん極めて正しい。だからと云って、合法的な活動を全く放棄するならば、それは、――節を曲げてもなお合法性に泣き縋ろうという「公開第一主義者」(こんなものが万一「プロキノ」の中に居たらそれこそ大変である)が大山一派そっくりの敗北主義者であるのとは異った意味で――明かに一つの極左的な敗北主義というべきであろう。

「公開」という活動形態を「映画運動のボルシェヴィキ化」に役立たせるために重要なことは、合法の埒内で作品の××主義性を一〇〇パーセントに生かし得るなどと夢みることではない。また許される範囲内で××主義性を生かすために努力したからといってそれで我が事成れりと安堵することでも勿論ない。最も重要なことは、この努力と並行して、「公開」という一種の「集会」に対する労働者・農民の利用価値あるいは利用率を充分に高めることである。工場・農村の同志が職場の組織活動に充分利用し得るような「集会」として、極めて意識的・計画的に「公開」の動員網を張りめぐらすことである。工場・農村のいろいろなグループ(たとえばそれは「プロキノ友の会」であってもいい)の自主的な活動によって計画される大小の「公開」は、この意味で最も目的に適ったものといえるだろう。

4 国際的なテーマを

「プロキノ」の作品そのものについて第一に気がつくのは、その取材の範囲がまだ極めて島国的であるということだ。時間や場所の点で大きな制約を受けている「演劇」などに較べれば、「映画」の主題や題材の選択は遥かに自由であり、「映画」独自の技術的可能性から見ても、扱い得る問題の大きさや広さも極めて豊かな筈である。「プロキノ」の作品が、重箱の隅をホジくるようなチッポケなものから世界を股にかけるような大きな題材に移って行ったならば、その影響は恐らく現在の数十倍にも達するだろう。

たとえば、ソヴェート同盟の、ドイツの、イギリスの、アメリカの、フランスの……各国のプロレタリア映画団体とニュース・リールを交換するならば、「プロキノ」はこれらの世界各国の闘争ニュースの断片をつなぎ合せることによって、何事かを物語る一本の優れた「プロキノ作品」をつくることが充分可能ではないだろうか？　もちろん私は、これらの断片を無味乾燥な説明タイトルでつないでくれとは頼まない。反対に、たとえばソヴェート同盟の婦人同志エスフィル・シューブがやったような態度で周到なモンタージュが行われたならばどんなにいいだろうと思うのである。

だがしかし、「プロキノ作品」が国際的な内容を持つためには、必しも外国の同志からすぐれたネガを送って貰う必要はないであろう。「プロキノ」が今までに撮ったものの中にさえ素材はある筈だ。「松竹ニュース」の屑フィルムの中にさえたくさん転がっている。重要なことは、恐らく、「プロキノ」がすべての題材を国際的なプロレタリア運動の観点から、そして同時に、すぐれた映画人の眼玉で処理することにかかっているのではあるまいか？

（一九三一・一・五）

『帝国大学新聞』

きたるべき演出形式は……？

佐野　碩

村山知義の『全線』が上演されて、一九二九年のプロレタリア演劇史を飾った。これは恐らく、プロレタリア・レアリズムが演劇の領野で問題にされた最初の機会である。

一九三〇年、徳永直の『太陽のない街』の上演が今さらのようにプロレタリア・レアリズムの論議を再燃させた。そしてこれは、結果として「労働階級の日常生活のコマゴマとした点を具体的に描いてはいるが、その観点はまだプロレタリア・レアリズムから遠い」という風に結論された。

同じ年の暮、三好十郎の『炭塵《ガス》』が異常のセンセイションをまき起した。これは、心理描写に力点をおいた点で、今までのどのプロレタリア戯曲とも異っていた。だがこの長所は同時に短所であった。『炭塵《ガス》』の心理描写はあまりにも個人主義的であった。描かれた個人は、大衆のなかの——集団のなかの——個人ではなかった。個人が集団のなかに没却されていないかわりに、ここでは、個人の詩が集団を全く覆いかくしていた。集団という背景と同時にその上に浮彫りにされた個人の生きた姿を描くことが肝心であった。これに気づかなかった点で、作者の態度も演出者の態度も、ともにプロレタリア・レアリストよりもむしろ個人主義的・小ブルジョア的レアリストに近かったといえる。

＊　＊

一九三一年、依然としてプロレタリア・レアリズムの解決は演劇の領野でももっとも重要な題目の一つとして残されている。プロレタリア・レアリズムは、「プロレタリア前衛の眼」と「厳正なレアリストの観点」を条件とする芸術態度の問題であって、単なる芸術形式上のイズムの問題ではない。

プロレタリア・レアリズムは、芸術形式を決して単一の「イズム」に固定しはしない。プロレタリア・レアリズムの形式を、いわゆる「写実主義《レアリズム》」だけだと考えることは、だから、とんでもない勘違いである。象徴的な手法であろうと戯画的な手法であろうと、プロレタリア前衛の観点から描くべき対象の「現実性」を最大限度に強く表現できる形式ならば、どんなイズムの芸術形式でも決して差支えはないのだ。——といった程度の原理的な解決はもちろんすでに与えられている。

だがここで停滞するとしたら、プロレタリア演劇に発展はない。原理的な解決は、更に新しい演劇形式の具体的探究にまで押し進められなければならない。

プロレタリア演劇は、それはそれなりに一つのマンネリズムに陥ろうとしているのではないか？——そんな疑いがわれわれの間に生れはじめている。それはいいことだ。

＊　＊

内容的にも形式的にもこのマンネリズムを抜けきろうという目的から、最近「左翼劇場」と「新築地」の演出家によって「新しい演出」のための研究会が生れた。土方与志によれば「演出家が、戯曲に食われずに新しい形式を生みだすだけの修業を積むことが目下の急務だ」という。私も、もちろんこれに異議はない。

新しい演出の形式はどこにあるか?

「演劇の映画的演出に」とある人は答えるかもしれない。いよいよ声と音と色とを我物にして演劇の牙城に攻めよせている映画の豊富な表現手段が、今後演出家の触手を誘惑することはむしろ当然であろう。さらにまた、この触手は、トオキーと同じ母胎から生れたテレヴィジョンにまで延びるかもしれない。それもいい。新しい演出家が、こうした社会的技術の発展に無関心であっていいはずはないのだから……。

それはそれとして、忘れてならないことは、現実の「生活」と切り離して「形式」はないということだ。この点で、われわれが大いに学ぶべき一人の演出家が彗星のように現れた。

残念なことは、場所は日本ではない。

＊　＊

彼は名前をアクメッテリという。ソヴェート同盟の一角グルジアの険しゅんな山間から身を起した男である。

昨年夏モスクワの第一回「演劇オリンピアーダ」で競演した諸劇団のうちでも、白眉といわれるものは「グルジア劇団」が上演した「ラマーラ」であった――と例のA・L・ストロング女史が印象記のなかに書いている。「ラマーラ」を演出したアクメッテリの手法がどんなものであったかについては、残念ながら充分に説明するだけの紙数がないが、ともかくも、ここではただ、彼の手法が現実のグルジア民族の生活をもっとも直截に舞台の上に再現しようという意図から出ていたことだけを知ってもらえばいい。グルジアの山間の生活を描くために、彼はまず一つの平面の代りに数多くの高低のある主体的な舞台を要求した。ここから、一つの新しい演出形式が生れた。演技者に与えられた「演技のための空間」はほとんど無尽蔵であった。だが、これだけでは別にこれといって感心するがものはない。少くとも現在の彼が、メイエルホリドやピスカトールと同列にあるいはより高く評価されていい所以は、彼が単なる「形式主義者《フォルマリスト》」ではなくてレアリストの立場から仕事をしているからである。

こうした新しい形式は、現在の日本のプロレタリア演劇にとってもかなりの示唆を与える。

今度の『西部戦線異状なし』の演出でも、私は彼に学ぼうと努めた。私は、「西部戦線」の血なまぐさい荒野を再現することに中心をおいた。塹壕の中に砲弾の破片と肉と血の塊りと砂塵を要求した。この意図は、主として費用の関係からある程度までは成功し、ある程度までは失敗した。

だが、私はこうした方法以外に我々のレアリズムの演劇をつくりだすやり方はないと信じている。プロレタリア演劇のマンネリズムを打ち破る方法はここにしかないと信じている。

5　国外での仕事

ソヴィエット作家大会印象記

佐野　碩

一九三四年八月十七日から九月一日の青年デーへかけて、ソヴィエット作家第一回全連邦大会がモスコーで開かれた。人類歴史が始まって以来、真の民衆のための文学の集りとして最初に記録された、この二週間にわたる大会、世界文学史上の最も若々しい、最も進んだソヴィエット文学の集会について、すべてをこの限られた紙面に書き切ることはまったく不可能といってよい。ここでは、だから、この二週間の大会を通じて最も重要と思われた報告、討論などの要点をかいつまんで記し、それに、日本の革命的芸術家として土方与志と一緒に光栄にもこの大会に招待された一人として、大会の印象記を綴り合わせることにする。

1　大会はなぜ開かれたか？

大会について述べる前に、私は、まずソヴィエット文学が今日までにたどってきた道を簡単に述べる必要があると考える。何故なら、今度の大会は、実にソヴィエット文学の過去の全成果の総決算であったし、また、同時に限りなく豊かな未来にむかって踏みだされた歴史的な第一歩であったのだから……。

ソヴィエット文学がこの十七年間に歩いた道は文字どおり巨大である。十月革命の直後、文学の支配権は、ブルジョア作家と小ブルジョア作家の手に握られていた。そして、ただ少数の、歴史的な真実に最も敏感な芸術家だけが同情をもって『十月』を迎えたにすぎなかった。革命の最初の紀念碑的な詩『十二』の作者ブロークのロマンチックなまた人道主義的な思想のなかにも、革命の生々しい真実にたいする無理解がひそんでいたし、象徴派からウルバニスト、モデルニストを経て、ついに党員として死んだ詩壇および文壇の偉大な天才ブリューソフでさえも、ついに克服されずに終ったブルジョア文化の重荷を引きずっていたのである。

戦時共産主義時代から新経済政策時代の初めへかけてのプロレタリア文学は、そのセクト主義的偏向、極左的小児病の克服に大童であった。戦時共産主義の時代に詩壇の最高峯をなすかに見えた未来派は、すでにその当時にあっても鬼才マヤコーフスキーの姿がその中で際立ってはいたが、その甚しく無政府主義的な個人主義的な左翼的急進主義においてあまりにも小ブルジョア的であったと云わなければならない。また、形成されつつあった党外ソヴィエット作家の中心的団体、例えば、『セラピオン兄弟』などは、示威的に自己の政治排撃主義を宣伝した。一方また、トロツキーは、一国における社会主義建設の不可能に関する例の『名論』を文学に適用して、プロレタリア文学の成立の可能性そのものを否定し去ったのである。

その時から、ソヴィエットの同志たちは芸術の領野でもまったく驚異的な勝利の道を歩みつづけて来た。かつて『セラピオン兄弟』の中堅であり、その後『装甲列車一四六九号』を書いて一躍プロレタリア文壇の賞讃を浴びたフシェヴォロド・イヴァーノフは、今度の大会の討論に参加して次のように述べている――

『私は、十一年ばかり前にモスコーで開かれた作家の会合を思い出した。……ソヴィエット文学の当時の時代は、欠点と誤謬に満ちた党外作家の支配した時代であると特徴づけられるように私は考える。……諸君は、私がかつて属していた『セラピオン兄弟』の宣言――『吾々は、文学における一切の傾向性に反対する』という宣言を思い出してほしい。この宣言は、当時の吾々の心理あるいは経験によっては、事実上、革命的作品を書くことが不可能であったことを意味しているのだ。………しかし、生活は速かに吾々を教えた。党外作家の隊列から共産主義的作家が出てきた。それは、ブルジョア文学の一切の成果を把握しながら、しかもそのすべての欠点を棄て去り、その虚偽と偽善を排撃することの出来た作家である。私は、かつて『セラピオン兄弟』の宣言に署名し、またこれに同情を示したすべての作家が、同志ジダーノフ（全同盟共産党中央委員会書記）がこの大会で正しく指摘したように、この十二三年の間に、一人残らず、ボリシェヴィキ的傾向に賛成するという定式を受けいれるだけの意識の発達の道を歩き終えたことを断言するのである。（拍手）………同志諸君、この十年の間に何がなされたかを見てくれ。この十年間は、どの国のどの十年間よりも多くのものを文学に与えた。その如何なる十年間にも、いま吾々の頭上にまた吾々の文学の上に吹きなびいているような若々しい人類の旗はかつて翻ったことがないのだ………』

吾々はしかも、この旗の旗手が、イヴァーノフ一人だけではないことを眼前の事実として見ている。『十月革命は、すでに開始された経済革命を基礎とし、それとつねに相互作用をつづけながら実現するであろうところの最大の規模における文化革命にたいして広大な発展の道を開いた』と云うレーニンの言葉は、物の見事に事実として吾々の前に展開されているのだ。

一九三二年四月二十三日、全同盟共産党中央委員会は、文学・芸術団体の再組織に関する有名な決議のなかで次のように述べている――

『中央委員会は、最近の数年間に社会主義建設の著しい進展を基礎として文学および芸術が量的にもまた質的にも大きな成長を遂げたことを認める。

数年前、特に新経済政策の初年代に横行した吾々に無縁な諸要素の著しい影響がまだ文学の領野に存在して居り、プロレタリア文学の幹部がまだ微力であった頃、党は、プロレタリア作家ならびに芸術家の地位を強固にするために、あらゆる手段によって文学および芸術の領域における特別なプロレタリア的諸組織の創造に助力した。プロレタリア文学および芸術の幹部がすでに成長を遂げ、重工業工場、軽工業工場、集団農場から新しい作家および芸術家が進出してきた現在にあっては、現存のプロレタリア文学・芸術諸団体（ウォアップ、ラップ、ラプムその他）のわくはすでに狭隘なものとなり、芸術的創作の真剣な発達を阻止するに到っている。この事情は、これらの諸団体を、社会主義建設の課題を中心とするソヴィエット作家および芸術家の最大限度の動員の手段から、少数者グループの鎖国主義的傾向を培養する手段に転化せしめ、現在の政治的課題にたいしまた社会主義建設にたいして同情を示しつつある作家および芸術家の有力なグループを現在の政治的課題から引離す危険性を生むものである。

　このことから、文学・芸術諸団体の妥当な再組織とそれらの活動の基礎の拡大の必要が生じて来る……』

党はこの決議を熟慮のうえ発表した。決議が出たときには、すでにこの決議を実行に移すだけのあらゆる条件がソヴィエットの文学界にそなわっていたのである。すでに一九三二年の秋、ソヴィエット作家同盟組織委員会第一回総会の報告のなかで、ソヴィエット同盟の先駆的批評家キルポーチンは次のように語っている――

『十月の十五週年を迎えるにあたって、吾々は敢てソヴィエット文学の世界的意義について語ることができる。思想的なまた芸術的な深みにおいて、それは世界文学中の第一位に位して居り、西洋のまた東洋のあらゆる国々の文学におけるすべての健康なもの生命あるものがこれに惹きつけられているのだ。プロレタリア文学の成立の可能性に関する論争は、ファジェーエフ、パンフョーロフ、アフィノギエーノフ等々のような芸術家が現に存在する場合、吾がソヴィエット同盟の青年仲間には不思議にさえ思われるだろう。党外作家の間にあっても、その最も才能ある最も有力な絶対的多数が、自己の芸術をプロレタリア独裁の諸課題、階級なき社会の建設のための諸課題に結びつけるようになったのだ。

未曾有の向上を、同胞諸民族の文学、同盟諸共和国の文学は経験しつつある。そこでは、形式においては民族的で、内容においては社会主義的な文学が成長しつつある。

これまで一度も、文学は、最近のソヴィエット同盟におけるほどに、この十月の十五週年の前夜におけるほどに、強く再組織の過程を経験したことはなかった。……』

ソヴィエット文学は、その発展の新しい段階に立った。新しい飛躍のために、ソヴィエット文学の活動の基礎を拡大することが、その隊列を再編成することが必要であったのだ。二年間が流れた。組織委員会は活動した。ソヴィエット同盟全土にわたって、文学運動の再編成という困難な仕事が、この二年間に、地味に執拗に下から築き上げられていった。ゴーリキーが、『仕事にとりかかろう、同志諸君！　一斉に、整然と、炎の如く、仕事にとりかかろう！　言葉による働き手と戦士の、友情的な強固な統一万歳！　全同盟の文学者の赤軍万歳！……』と叫んで大会の幕を閉じるまでには、こうした苦闘の数年があったのだ。

世界の歴史において最初の、一億七千万の人口を擁するソヴィエット社会主義共和国同盟の文学者の大会が、世界プロレタリアートの誇りと喜びのうちに開かれるに到った事情とその歴史的意義とは大たい右の通りである。

大会に集った代議員は、五九一人に達した。この五九一人のうち、四九・一パーセントが共産党員であり、三・七パーセントが共産党員候補者であり、七・六パーセントが共産青年同盟員であった。総計して、党員および青年同盟員の数は六〇・四パーセントに達するわけである。大会の全員を感激の拍手の中に捲きこんだのは、しかし、この数字だけはなかった。大会には、広大なソヴィエット同盟の隅々から、革命前には文字さえ持たなかったような国々から、五十二の民族の代表が集っていたのだ。さらに、代議員を文学者としての性質、種類によって分けると次のようになる。散文作家——三二・九パーセント、詩人——一九・二パーセント、散文作家兼詩人

――一・六・四パーセント、その他の作家が一二・八パーセント、劇作家――四・七パーセント、批評家――一二・七パーセント、児童文学の作家――一・三パーセント、その他の作家が一二・八パーセントと云う割合である。

大会の終る直前に、ソヴィエット作家同盟はその会員数を発表した。それによると約二五〇〇人が同盟員として採用され、そのうち一六〇〇人は会員候補者であった。さらにこれを内訳すると、ウクライナから二〇六人、白ロシアから約一〇〇人、グルジヤから一五八人、アルメニヤから九〇人、アゼルバイジャンから七九人、全連邦中の他の諸共和国から一五三五人が採用されたことになる。ソヴィエット同盟の広大な面積と人口に較べて、この数字は大した数字ではないと云う人があったら、それは大きな間違いである。何故なら、この二五〇〇人の作家同盟員は一人残らず云わば一騎当千の社会主義作家であるからだ。大会の資格審査委員会の報告の一節は、ソヴィエット作家の政治的なまた芸術的な質のよさを雄弁に物語っている――

『作家大会の代議員の五〇パーセントは、プロレタリアの闘争に身をもって活躍した闘士であり、戦線に武器をとって起った勇士であり、内乱および戦時共産主義時代における戦闘的なボリシェヴィキの出版物の有能な働き手である。また、大会に参加した作家の文学的活動の平均年齢をとってみると一三・五年になる』

西と東からのソヴィエット同盟攻撃の主唱者――ナチスのドイツと軍国主義者の日本――を除いて、このソヴィエット作家大会の成り行きとその素晴らしい成功とを多かれ少かれ進歩的な眼で見ない国は世界中になかった。

ただ中世紀的な野蛮人の文化に逆戻りしようとしているドイツと大亜細亜主義の幽霊に取憑かれている日本だけが、頑迷な沈黙を守りつづけることによって、この大会の有史以来の意義を勤労大衆の目から覆いかくそうとあせった。

しかし、一七年間の社会主義建設の成功とそれに伴うソヴィエット文学の巨大な進展とは、これらの黙殺を尻目にかけて、堂々と大会の席上で全世界の勤労大衆に示されたのだ。戦争とファッシズム宣伝に狂奔している瀕死のブルジョア文学に対する世界プロレタリア文学の断乎たる優越性、その限りなき発展性の国際的な一大示威運動が今度の大会であった。

ソヴィエット作家第一回大会が名実ともに世界の最も前進的な文学の大会であったことは、私が前に挙げた数字を見ただけでも明らかであろう。

2　大会は何をやったか？

大会が開催された『労働組合会館』（ドーム・サユーゾフ）と云うのはモスコーの真ん中にある。この会館のなかの、林立したコリント式の白亜の円柱に囲まれた大広間で大会は開かれたのだ。革命前までは帝政ロシアの貴族や坊主どもが毎晩のようにここのシャンデリアの輝く下で、舞踏会をやっていたのだそうだ。プロレタリアートが政権を握って以来、この大広間は大きな政治的な集会や演説会に使われ、また、ときどき音楽会などが開かれると、殺倒するモスコーの労働者が文字通り門前に市をなすのだ。コミンテルンや赤色救援会の歴史的大会が開かれたのも亦この大広間である。

十年前、全世界の勤労大衆の限りない悲しみのうちに、偉大なる指導者レーニンの遺骸がこの大広間の中央に安置された。レーニンに最後の敬意を表するために、モスコー中の、また、各地から集って来た勤労大衆は零下何十度の厳寒を冒して長蛇の列でこの会館を幾重にも取り巻いたのだ。

クララ・ツェートキンもルナチャールスキーもここで勤労大衆の告別を受けた。

スターリン、モロトフ、カガノーウィッチ等が我が同志セン・片山の棺側に立ってこの老革命戦士の輝ける生涯の最後の一頁を飾ったのもまたこの大広間であった。

白い円柱を背景として見上げるばかりの天井にとどくほどの赤旗の飾り物が鮮かに照り映え、それに大きなスターリンとゴーリキーの肖像がかかっている。円柱と円柱の間を飾っているのはロシアを始め世界各国の優れた古典作家ソフォクレス、ダンテ、シェークスピア、バルザック、ハイネ、プーシュキン、ゴーゴリ、トルストイ、チェーホフ等の肖像である。いうまでもなく、これは、過去の文化的遺産の摂取にたいするソヴィエット文学の強い関心をあらわす一端である。赤旗の飾り物の前に、赤布で覆われた大きな長方形のプレシジウムのテーブルがあり、ソヴィエット同盟が世界に誇る作家たちが居並んでいる。曰くグラトコフ、ファジェーエフ、キルショーン、アフィノギエーノフ、パンフョーロフ、曰くオレーシャ、エーレンブルク、ノヴィコフ・プリボイ、イヴァーノフ、アレクセイ・トルストイ、曰くセイフーリナ、インベル、ゲラーシモヴァ、曰くパステルナック、チーハノフ、デミアン・ベードヌイ、ベズイミエンスキー等々。外国の芸術家として招待された吾々の席は、このプレシジウムのすぐ後である。これらのすべてを背景にして、開会の辞を述べるために丈の高い病身のゴーリキーが立ち上ったときの光景を私は一生忘れないであろう。全員は総立ちとなって彼に嵐の如き拍手と歓呼を送り、会場は一つの大きな感激の渦の中に捲きこまれてしまった。この感激こそ、彼ゴーリキーに対する全勤労大衆の熱愛の表現であり、世界プロレタリアートのソヴィエット文学に対する限りない敬愛の現れであったのだ。

『芸術は民衆のものだ』とレーニンは云った。ソヴィエットの文学は、まさにこのレーニンの言葉を実行に移しているのだ。ソヴィエット同盟ほど文学・芸術が民衆によって守られ、民衆によって愛されている国を私はまだ見たことがない。ソヴィエットにおいて文学と民衆とが如何に固く結ばれているかと云う例を、大会の期間中、私はしばしば目のあたりに見た。

ソヴィエット文学の新らしい読者を代表して多くの同志がこの大会の演壇に立った。彼等は文字通りソヴィエット同盟の津々浦々からやって来た。ドニエプルの発電所から、マグニトゴルスクから、ウラルから、シベリヤから………。そして、彼等は演壇から呼びかけた――

『俺たちは、諸君が好きだし、また諸君のものを読んでいる。だが諸君、俺たちは諸君が、新らしい感情、新らしい意志が奔流のように流れ出すような新らしい歌――新らしい作品を、俺たちに与えることを心から待ち望んでいる。俺たちは、俺たちに生活力を与え、俺たちをますます前へ押し進めるような作品、俺たちの多種多彩な英雄的な生活と労働とが隈なく反映された作品を作ることを諸君に要求するのだ……』

彼等は、彼等の心からの希望と要求とをソヴィエット作家の大会――文化戦線の優れた代表者たちの集会につたえるために、この大会にやって来たのだ。

モスコー地方の一婦人コルホーズ員が大会でやった挨拶を、こう云う要求の一例として次に翻訳して見よう

――

『ソヴィエット同盟の小説家同志諸君!

コルホーズの全農民を代表して諸君に挨拶を送ります。(拍手)

あたし達はあんた方のところへお土産を持って来ました、これはあたし達の畑でとれたもので、あんた方に、実は、あたし達の『芸術』を見てもらおうと思って持って来たわけです。あんた方は、あたし達のために自分の経験をつたえてくれるし、また本をどっさり書いてくれます。同志ショロホーフの本、同志パンフョーロフの本、そのほかいろんな本を沢山あたし達は読んでいます。しかし、あんた方の本にはまだどっさりやゝり残しがあります。(拍手)あんた方の本には、まだどこにも、コルホーズの婦人突撃隊員の話は出ていません。(拍手)

小説家の同志諸君! あんた方も御存じのように、コルホーズでの婦人は、社会主義の建設者として大きな役割りを果しているのです。

あたしのところのコルホーズでは後家が十九人いるんですが、あたし達は期限より早く種蒔をすましたと云うので『同志カガノーウィッチ章』を貰いました。ところで、そのうち九つは女の突撃隊員が貰い、残りの一つだけを突撃隊長の男が貰ったというわけです。(拍手) 小説家の同志諸君! これこそ、新らしい婦人のことを書いた小説の第一頁ではありませんか! 『コルホーズの婦人は大きな力だ』と同志スターリンは云いました。しかし、あんた方はこの婦人たちをほったらかしにして来たんです。(拍手)

あたしは、コルホーズの議長をやってもう四年目です。御承知のように、コルホーズの議長と云うのは、いわば、工場長みたいなものです。(拍手) ところで、うちの人はただのコルホーズの百姓です。だから、あたしが、これこれの仕事をやれという風に指図をします。もしも云う通りにやらなければ、コルホーズの指導部で問題にしてやります。(笑声) もし、云ってもきかなければ日給をやりません。どうしてもきかなければコルホーズから追い出してやるばかりです。(拍手) 見せしめのためです。御亭でもあんなにやられるぞ、おら達も今にやられるわいと、他の怠け者の男達が云うでしょう。(笑声)

コルホーズが出来るまでは、あたし達のところでは地面が三つに分れていて、毎日のようにゴタゴタがありました。——ホラ、おめえさまの牛がおら達のところへ舞い入んだ。ホラ! この牛はおらのだ! と云った具合でした。しかし、ボリシェヴィキの党は、この三つの土地を一緒にして一つのコルホーズをつくって、うまい具合に輪作を按梅してくれたのです。で、あたし達も、畑の主人になったし、何もかもの主人になったと云うわけです。

あたし達のところでは子供が三つになると教育を始めます。早い話があたしのうちです。せがれは九年制の学校をすまして、いまでは、軍事技術学校へかよっています。(嵐の如き拍手) で、まだその先を勉強したがっています。娘は、七年制の学校をすましかかっているところで、それからもう二人の男の子も勉強しています。こ

の先、一たい何をあんた方にお話したもんでしょう。とにかく、もうこれ以上いい事はないというわけです。（拍手）

小説家の同志諸君！

あんた方の誰が書いたんだか忘れましたが、『木皮の靴』と云う本があります。もしこの小説家が、あたしのコルホーズの面倒を見てくれると大変いいと思うんですが……

あたしのコルホーズは『三月八日』と云う名が附いています。この同志にあたしのコルホーズに来てコルホーズの成果をみんな書いて貰いたいもんです。それから、コルホーズの婦人達の世話役にもなってもらい度いものです。（笑声）

小説家の同志諸君！

あたし達が今日ここにお土産に亜麻を持って来たように、どうか、あんた方も新しい本を書いて下さい。そうして、第一頁に婦人のことを書いて下さい。

あたし達のコルホーズの成果がどんなものかを話すには、三時間あってもまだ足りません。だが、あんた方もお忙がしいところですから、もうこれ以上お邪魔しないことにします。

ボルシェヴィキの共産党万歳！

あたし達の好きなスターリン万歳！』（嵐の如き拍手）

このスミルノーヴァと云う四人の子持ちのコルホーズ婦人の挨拶は、素朴な言葉を通じてソヴィエット作家に対するコルホーズ婦人の要求をはっきりと述べているし、また、この挨拶の間に送られた拍手や笑声は、大会がこれらの要求にたいして、如何に鋭敏に反応しまたそれらを卒直に受け入れようとしているかをハッキリと裏書きしているのだ。

これらの要求に対するソヴィエット作家の答は、ただ一つしかなかった――

『俺達は新しい芸術をつくろう。自由な民衆の芸術をつくろう。俺達は社会主義の芸術を生み出そう』――

これが、ソヴィエット作家の答であったのだ。ソヴィエット文学が、従来の歴史にあらわれたどの文学よりも、また、世界のどの国の文学よりも優れて居り強力であるのは、それが真に民衆の中から生れ、民衆に熱愛されながら育っているからである。ソヴィエット同盟にあっては、かつて芸術家と民衆とを切り離していた障壁が全くとり除かれてしまっている。

このことは、この大会でますます強く感じられた。ソヴィエットの民衆が、その文学・芸術にたいして如何に大きな愛と、如何に深い注意をむけているかは、前にあげたコルホーズ婦人の例や、労働者農民、赤色陸海軍、青年団体等の団体の代表者の大会での挨拶がはっきりと示している。

ここで注意しなければならないことは、党と民衆と文学とを固く結び合せている円滑な相互関係である。『文学は党のものとならなければならない』とレーニンは云った。一九三二年から三三年にかけて、このレーニンの言葉は、日本の革命的芸術運動の合言葉とさえなった。しかし、残念なことに、このレーニンの言葉は、日本では、誤って適用された。この点については、あとで一寸触れる。

ソヴィエット同盟でも、前に引用した共産党中央委員会の決議でも明らかなように、例のラップ（ロシア・プロレタリア作家同盟）が華かであった頃には、芸術の創作に関して、党が直接に一定の方針、規範を示したことがあった。ラップは、それ自身の『一般方針』を持ち、それ自身の『原則綱領』を持っていた。そしてこの方針や綱領は、およそソヴィエット作家たるものの誰でもが厳守しなければならないものとされていたのである。

しかし、今日ではソヴィエット同盟内の事情は全く変っている。ソヴィエット作家第一回大会では、あらゆる創造上の問題についての討論、自由な評価がなされたに過ぎない。大会では、作家の一人一人が遵守しなければならないと云ったような創造上の問題についての決議は何一つされなかったのである。

このことは、ソヴィエット同盟における社会主義建設の偉大な発展、ソヴィエット文化のそれに伴う飛躍の事実と切り離して考えることは全く不可能である。云い換れば、五ケ年計画の素晴らしい発展と、一般民衆のソヴィエット権力に対するますます深まり行く信頼と、ソヴィエット社会生活全般のゆるぎない安定と、一般ソヴィエット文化・芸術の政治的芸術的向上とが、党の直接的統制あるいは掣肘なしに、しかも党の線にしたがいながら、自由に潑剌と成長し得るだけの能力と余裕とをソヴィエットの芸術家に与えたことを意味している。ロシア共産党中央執行委員会文化およびレーニニズム宣伝部長同志ステツキーが、作家同盟大会でやった演説の次の一節はこの間の消息を伝えてあまりがある。――

『吾がソヴィエット同盟にあっては、最近の数年間において、どんな作品が重要なものであるか、どの作品を褒めてよいか、どの作品を貶してよいか、ということを完全に理解した世論や批評家や読者が生れてきている』

なるほど、この大会の時にも、大会のプログラムや演説の内容などについて、前もって党の了解を得たことはおそらく誰でもが知っていることであろう。だがこのことは、一つ一つの演説が何等かの法則、――しかもその法則の一言一句をも忽せにしたり或は変えたりしてはならぬと云うような法則――によらねばならぬと云うことを決して意味するものではない。もしそうだとしたら、それこそ、創造的な創意性（イニシャチーヴ）の発揮を邪魔するものでしかない。

党にしろ、ソヴィエット政府にしろ、一人一人の作家について、公の特徴づけをやったり、一人々々に良し悪しの判を押そうとするような決議は何一つ持っていないのだ。例えば、マヤコーフスキーを侵すべからざる『鉄則』にしようとするような決議は何一つないのだ。マヤコーフスキーは、なるほど偉大な革命の詩人であった。ブハーリンの言葉をかりれば、『彼こそは、偉大なるプロレタリア革命の勇敢な鼓手であった』のだ。しかし、だからと云って、ソヴィエットの詩を全部マヤコーフスキー流にしなければならぬと云うような決議はどこにもない。

ブハーリンが大会でやったソヴィエットの詩についての数時間にわたる大演説は、大会の白眉中の白眉として満堂の感歎をほしいままにした。

この演説の中で、彼は多くの作家、特に詩人の一人々々について評価を下した。だが、この演説にしても、彼が大会における創造上の問題として評価を下したに過ぎないのであって、決して、党、あるいは政府が詩人の一人々々に何等かの烙印を押したということを意味するのではない。もし、それを意味するのだとしたら、それは典型的な官僚主義の表れであって、それこそボリシェヴィキ党の不倶戴天の敵なのである。

それならば、ソヴィエット同盟の文学には、原則的な『線』が何一つないと云うのだろうか？　否。ソヴィエットの文学界では、自由な潑剌とした創造上の競走が行われ、生き生きとした創造上の諸問題についての検討が行われている。しかし、その底に輝かしい一条の『線』が太く引かれていることを見逃してはならぬ。ゴーリキーもその他の登壇者も、みなこの線について語り合ったのだ。これこそ大会を貫く原則であり、これこそ全ソヴィエット芸術を支配している所謂『社会主義リアリズム』なのである。

カール・ラデックは、大会での彼の演説にたいする討論の後を受けて、結語のなかで次のように述べている。

『吾々は、生活を写真に撮るのではない。吾々は現象全体の中から基本的な現象を捜し出すのだ。何等の撰択なしに何もかも持ってこようと云うのは、リアリズムではなくて、最も陳腐な自然主義でしかない。吾々は現象を撰択しなければならない。リアリズムとは本質的なものの見地から、この撰択をやることを云うのだ。何が本質的なものであるかについては、社会主義リアリズムという名前そのものがすでに雄弁に物語っている…………』

大会はその決議の中で、社会主義の精神が満ち溢れているような作品をつくりたいと述べた。この希望こそ、偉大なるソヴィエット文学の原則でなくて何であろうか？　この原則にもとらない限り、すべては、自由な創造上の競争の形で行われるのだ。

モスコーに住み、ソヴィエットの芸術のさまざまな形をありのままに受け入れている吾々にとっては、この社会主義リアリズムの理論が、単に説明だけではなくてすでに実行に移されて居り、如何にそれ等が党およびソヴィエット政府によって勤労大衆のために注意深く利用されつくしているかを知ることが出来る。

ソヴィエット同盟で現在行われている芸術は、政治的にもまた芸術的にも、けっして一色一様ではない。演劇を例にとって見ても、何十年来の伝統を持った古典劇が演じられているかと思えば、そのそばでは、ソヴィエット同盟に起ったまったく最近の英雄的事件を扱った芝居がやられて居り、革命後のソヴィエットのインテリゲンツィアの消長を扱ったドラマがあるかと思えば、一方では、ミュージック・ホールと曲馬団が大人気を呼び、アメリカの現代劇の一方では『椿姫』が絶讃と悪罵の中で大入りを続けているといったような次第でいる。

ただ重要なことは、これらのすべてが、ソヴィエット民衆の教育、その文化的水準の向上という一つの高い政治的目標のために非常に広汎に利用され、また、奨励され、新しいソヴィエット文化の成長のために、党および政府のあたたかい手の中で休みなく発展しつづけているということである。しかも、この過程を通じて、つねに、ソヴィエット芸術家の多数が、よりよき多数が、ソヴィエット権力の側へ、党の側へ接近しつつあるということ、一方また文学におけるプロレタリアート出身の幹部が不断に生れ成長しているということを吾々は見逃がしてはならぬ。

ソヴィエット芸術の原則としての社会主義リアリズムは、この一見はなはだ大ざっぱなしめくくりの中に発見されなければならない。

芸術は党のもの、民衆のものとならねばならぬというレーニンの言葉の本領もこの辺にあるのではなかろうか？

3　日本は大会から何を学ぶか？

雑誌『種蒔く人』から日本プロレタリア文化連盟の画期的な大衆的文化運動の展開におよぶ約十年間に亘る日本の革命的文化運動の歴史は、それが日本の労働階級の革命的戦線の一翼として、大衆的な足懸りをつくり、全革命戦線の士気を鼓舞するための鼓手の役目を果しつづけたという点で、単に日本のみならず、世界の革命的文化運動に輝かしい足跡をのこした。

しかしこの輝かしい足跡のところどころにいくつかの弱点や誤謬が見うけられる。これらは二つの面をもっている。一つは、文化運動を非大衆的な一つのわくのなかに押し込もうとするセクト主義であり、もう一つは、この傾向に対する機械的反発の形をとり、実は敵の攻撃に屈服してついに文化運動の組織の自己解体を導き出した敗北主義である。今度の大会から何を学ぶべきかを知り、日本の革命的文化運動の将来について一応の見通しを立てるために、これらの誤謬について簡単に述べて見よう。

日本の文化運動の内部では、芸術の党派性についてのレーニンの言葉は、狭い意味に理解されがちであった。『芸術は党のものだ』、『芸術の党派性を強めろ』というスローガンの下に共産党的作品を生むことは、労働階級の芸術運動にとってもちろん第一に重要なことに違いない。しかし、芸術運動における階級闘争の武器は、時と場合によって必ずしもプロレタリア的作品であるとは限らない。敵の武器をフンだくって、それで敵を斃すという術（て）もある。古ぼけた鉄砲でも、叩き直せば役に立つという場合が少くない。大切なことは、階級闘争の武器として利用できるものを、ピンからキリまで利用しつくすということである。だが、日本の同志は、あまりに潔癖であり性急であった。

だから、純粋に共産主義的な作品――日本の同志たちはこう云う表現をつかった――以外のものは、たとえ革命的進歩的であっても、危険物として路傍へ置き去りにされた。また、プロレタリアートの究極の勝利を漠然と信じてはいるが、まだハッキリした共産主義的な物の見方にまで到達してはいないというような芸術家や大衆は、大衆的文化団体の内部で実際の仕事を通じて育て上げられる代りに、『党派性確立のための闘争を弱める虞がある』という理由で文化団体の外部に取残されてしまった。そこで、日本の文化運動は、真の大衆運動に向って大きな転換をやり遂げようと云うよき意志にもかかわらず、たとえば、日本プロレタリア文化連盟の成立に伴って行われた、全文化戦線の大衆化への画期的な方向転換でさえが、ついにその第一歩を踏み出しただけで終ってしまったのである。だが私は、転向芸術家が、日本の革命的文化運動の現在に於ける一時的衰退の責任をすべて過去の所謂『極左的誤謬』になすりつけて、従来の日本の運動の輝かしい伝統を抹殺し、その正しい発展を妨害しようとする陰謀には断乎として反対するものである。

恐らく、この責任転化論者によれば、例えばソヴィエット同盟におけるラップの運動なども誤謬として簡単に片づけられてしまうに違いない。しかし、事実はまったくこれとは反対である。勿論、ラップの運動の中には、幼稚な点や誤謬があった。しかし、だからと云って、ラップの運動全体を誤謬として規定したら、それは大きな間違いである。前にも述べたように、ラップの運動は、ソヴィエット文学の発展にとって必要な一つの重大な歴史的段階であった。今度の大会にしろ、ソヴィエット権力の側への作家のよりよき多数の獲得にしろ、すべてこれらの文学における進歩は、このラップの歴史的段階において行われたプロレタリア文学の思想的な指導的な役割なくしては、起りえなかったのだ。

ここ数年間に、日本の革命的芸術運動が未曾有の弾圧のもとで発揮し続けた英雄主義は、ソヴィエット同盟をはじめ各国の同志が認めているように、全世界の革命運動の歴史の上に鮮かな一つの色を染め出しているとさえ云えるのだ。ただ、非常に残念なことは、『芸術を党のものとするための闘争』の必要が、政治的にも芸術的にも雑多な分子を含むべき超党派的大衆組織たるべき文化団体の全員の肩に義務として押しつけられたために、そのうちの芸術的に有力な分子までがこの重荷に堪えきれずに運動から退くといったような結果が生れたことである。更に悪いことは、この組織の混乱に乗じて、団体内の従来の所謂『不平分子』が公然たる敗北主義者として或はその活動をサボリ、或は中央指導部の攻撃をはじめ、この隙につけこんで意識的なプロヴォカートルが策動するに至り、文化戦線の動揺が激しくなったということである。

敗北主義者が何といって弁解しようと、日本プロレタリア文化連盟およびそれに加盟する十三の合法的芸術・文化団体の解散は、敵の強制的な解散命令すら待たずに行われたという点で、明かに敵前における自発的な武装解除であり、完全な敗北主義の現われであった。必要なことは、断じて解散ではなくて、方向転換であった。芸術・文化団体の合法性をますます拡大強化しながら、日本プロレタリア文化連盟の活動方針・組織方針をなお何倍も広い大きい規模の上に置き換えるための、文化運動を真に大衆化するための方向転換であった。この方向転換のためには、自己解体はいささかも必要ではなかった。必要なのは、文化運動全体の戦略および戦術の革新であり、文化・芸術の正しい政治的運用についての新しい方針を確立することであったのだ。

私は、過去の吾々の誤謬について愚痴をこぼすためにこんなことを云っているのではない。日本の全革命的文化団体の解散という大きな誤謬があったにしろなかったにしろ、この新しい方向転換が当面の課題として今なお吾々に課されているからこそ、それを強調したいのだ。

日本の同志達は、何よりも先ず、存在するあらゆる進歩的な潮流、あらゆる進歩的な型の芸術の政治的利用という点で模範を示しているソヴィエット同盟の党から、その『胸の広さ』を学ばなければならない。

レーニンは、かつてクララ・ツェトキンに次のような意味のことを語った――

『党は、全く計画的に、芸術の発展の過程を指導し、その結果に締めくくりをつけなければならない。共産主義者はこの問題を拱手傍観すべきではない。だが、芸術に対するこの意識的な党の指導は、芸術にたいする圧迫を意味するものでは決してない。むしろ全然逆に、このことは、芸術家の真の解放、芸術創作の真の自由を意味するのだ………』

党の指導の下に、ただ単に共産主義的芸術家のみならず、あらゆる種類の最も広い意味での革命的芸術家を未曾有の「文化反動」に対抗する「統一戦線」のもとに広汎に組織し、彼らをその思想的芸術的水準および能力に応じて自由にしかも最も有能に働かせ、その活動を通じて、あらゆる傾向の勤労大衆を党の影響下に確保することこそ、日本の新しい革命的芸術運動の指導者の任務である。吾々は、この闘争において決して性急であってはならない。執拗な地味な闘争を通じてのみこの任務の遂行が可能であることは、ソヴィエットの同志の実例が何よりもよく示している。ソヴィエット作家第一回全連邦大会は、この闘争において示された勝利の大きな紀念碑である。

大会は、吾々に多くのものを与えた。曰く、社会主義リアリズムの問題、曰く、文学の質の向上のための闘争、曰く、過去の文化的遺産の継承、等々。しかし、吾々にとって何よりも貴い教訓と警戒となったものは、前に述べたように、ソヴィエット同盟における芸術政策の正しさと、この政策の実行に際してのソヴィエット芸術家の全身的な協力の事実である。

ゴーリキーやブハーリンやラデックやその他の有能な同志の演説の内容について、一々ここに述べることはあまり専門的になるので避けるが、もし、日本の革命的な文化運動に興味を持っている人があったら、必ずこの大会の真の意義を表面的にでなく深く研究されることを私は切にすすめたい。

もう一つ、この大会で見逃してならない事は、日本に関するソヴィエット同盟の異常な関心と、日本の革命的芸術運動にたいするソヴィエット芸術家からの強い激励とである。これは、前項に印刷されている同志土方の短い演説が、ただ単に大会のみならずソヴィエット同盟の全民衆から如何にあたたかくまた熱情的に迎えられたかを見ただけでもすでに明らかであろう。

ゴーリキーは、九月一日閉会の辞のなかで次のように述べている。

『大会には、日本から土方、中国から胡蘭畦（フー・リャンシー）とエミ・蕭（エミ・シァオ）とが登壇した。これらの同志諸君は、言葉を通じて互に手と手を握り合った。そしてこの二つの国の革命的プロレタリアートの目標が同じものであることを示したのだ。

この国のブルジョアジーは、ヨーロッパから帝国主義の激しい致命的な気狂い病をうつされた。また丁度一九一八年から二二年にかけてロシアの地主や工場主どもがやったように、ヨーロッパ、アメリカ、日本の商人どもの底意のある助けを得て、自分の国の民衆を、ただ強盗――帝国主義者どもの犠牲として売り渡すばかりでなく、外国の帝国主義者のために、叩き殺そうと云うのが、この国のブルジョアジーであるのだ。

大会は極東のこの二つの国の革命的プロレタリアートの代表の登壇を十分な形で迎えたとは云えない。まったくこれは、極度の注意と緊張の連続に終始した二週間にわたる吾々の仕事の結果、吾々が完全に疲れ切っていたためとしか思われない………』

また、カール・ラデックは、『現代世界文学とプロレタリア芸術の諸任務』と題する素晴らしい演説の中で、日本の革命的芸術にたいして次のような賞讃の言葉を送っている。

『わが日本の同志諸君は、不滅の栄誉を担うものである。帝国主義的検閲の気狂いじみた重圧のなかで、また、日本の牢獄がプロレタリアートの戦士によって満たされている時に、日本の若いプロレタリア文学は満洲の日本軍の間に起った反抗をさえ描き出すことに成功し、この闘争のにじみ出た一連の作品を産んだのである。日本の同志諸君は、すでに開始されている人民大衆の闘争を描くばかりでなく、更に進んでこの闘争を刺激し、この闘争に拍車をかけようと努力しているのだ。……』

更に、同じ演説の別の個所で彼は次のように述べている。

『翻って、地球の他の半球――亜細亜に目を転じて見たまえ、いま日本で何が起っているかを見てみたまえ、……そこでは、ソヴィエット同盟以外のどの国よりも量において豊富なプロレタリア文学の素晴らしい誕生の姿を見るであろう。この文学は、その簡潔さにおいて、また、そのプロレタリアートへの近さにおいて、吾々の胸を打つものがある。小林多喜二、黒島伝治、藤森成吉、林房雄、徳永直等々の作家は、人民大衆の中から出て来たのだ。

日本のプロレタリア文学は、現在存在しているプロレタリア文学の中でも最も伸びの早い文学である。それは完全に人民大衆の生活を呼吸している、それは、日本プロレタリアートの闘争の姿を吾々の眼前に繰りひろげ、この闘争がどの層から起ってどこへ伸びようとしているかを見せてくれる。日本のプロレタリア文学は、その欠点にもかかわらず、プロレタリア文学と云うものが如何に強力な闘争の武器となり得るかを示すものである。日本のプロレタリアートが、しばしばその口に蓋をされ、自分の希望を云い表せないでいるときに、日本のプロレタリア文学はその代りになって物を云っているのだ。日本のプロレタリア文学はただ単に人民大衆の間で広く愛好されているばかりでなくて、知識階級の広汎な層の中にも深い関心を喚び起している。この事は事実が示している。ブルジョア雑誌や出版会社がプロレタリア文学を発行するのは、恐らく、広汎な読者層がプロレタリア文学を求めていると云うことを知っているからであろう。………』

日本の革命的芸術運動が、これほどの高い評価と強い激励を受けたことは、いまだかつてない。恐らくそれは、一九三〇年にハリコフで開かれた国際革命作家同盟の大会や一九三二年の国際革命演劇同盟プレジジウム第二回総会などで、日本の芸術運動が捲き起した反響に数十倍あるいは数百倍する国際的示威であった。そしてこのことは、同時に、日本の革命的芸術・文化運動が国際プロレタリアートの前に現在どんなに重い任務を負わされているかを示しているのだ。

日本帝国主義の大砲が、世界プロレタリアートの祖国に向けて今にも火蓋を切ろうとしている現在、吾々の任務は今までのどの時期よりも重かつ大である。一路、ファッシスト的軍事独裁を目指す日本の支配者の暴虐と、それに真正面から立ち向う日本プロレタリアートの英雄的闘争とは、日本の革命的芸術家の前に限りなく豊富な材料を提供している。

日本の革命的芸術家の前には、ただ、前進があるだけだ。

前進の道——それを、吾々はソヴィエットの同志達から学ぼう。

〈役を生きる演技〉の俳優訓練における三つの主要な環

佐野　碩
（吉川恵美子訳）

訳者解説

メキシコで出版された二冊の演劇論集に佐野碩の文章が収められている。その二冊とは『メキシコの演劇理論と実践（演技スタイルを求めての思索）』[1]および『メキシコにおける演技テクニック』[2]である。いずれもエドガル・セバージョス（演劇研究者）が、メキシコにおける演劇理論構築に貢献のあった演出家の演劇論の抜粋を編んだ論集である。両書に佐野が書いた俳優教育論が掲載されているが、出典を同じくする同一の文書である。前者に佐野碩主催の演劇学校「テアトロ・デ・ラ・レフォルマ」の学校紹介パンフレットが転載されている点だけが違う。佐野論文の出典はマルコ・アントニオ・モンテーロとギジェルモ・アルカンタラが所蔵していた文書とある。モンテーロは佐野碩に学び演出家として活躍した人物であるが、アルカンタラについては情報がない。本書では後者の『メキシコにおける演技テクニック』を底本として訳出した。

ここに訳出した佐野の俳優教育論の総タイトルは「〈役を生きる演技〉[3]の俳優訓練における三つの主要な環」(Los tres eslabones principales en el entrenamiento del actor, según la escuela de vivencia.) とされているが、実際には表題の文書を含む三編の文書で構成されている。底本でのそれぞれの分量は、「〈役を生きる演技〉の俳優訓練における三つの主要な環」がおよそ一八頁、「俳優の創造プロセス」(Proceso creador del actor) が図表を含めておよそ一七頁、「演技クラスのための教育プログラム」(Programa de enseñanza para los cursos de actuación) が一九頁である。この中で、最後の「演技クラスのための教育プログラム」を除く最初と二番目の文書には欠落部分がある。

なぜ欠落部分があるまま出版されたのか。セバージョスが二冊の論文集を編んだ時点では、ほかに検証の手立てがなかったのだと思われる。佐野が死去したのは一九六六年であるが、セバージョスの本が出るまでの二〇年あまり、佐野の演劇論は公開されなかった。佐野が主催した演劇学校の関係者にはなんらかの資料が渡っていたことが資料提供者モンテーロとアルカンタラの例から分かるが、そもそもメキシコにおける演劇理論の展開についてまとまった書を編むことがセバージョスの仕事以前になかったため、佐野の演劇論についての資料収集が遅れたのだろう。この間に、多くの佐野関連資料が散逸した可能性は否めない。

今回この翻訳作業をおこなうにあたり、訳者は佐野碩の遺品に残されていた演劇論の草稿を参照し、欠落部分についての情報を注に記した。ただし、佐野のオリジナル原稿には多くの書き込みや傍線で消された部分があり、これを検証・整理するには時間がかかると判断しこれの訳出は断念した。

佐野の遺品は未だ未公開である。これがメキシコ時代の佐野碩を研究するにあたっての大きな障害になっている。佐野碩が所蔵していた書籍や文書類の行方は長い間分からなかった。訳者が佐野碩を追いはじめた一九八〇年代に遺品の行方を正確に知る人はいなかった。訳者はようやくその行方を探し当てたが、所有者は「私が持っていることは公開しないでほしい」と言った。のちにNHKのBS2の番組「世界わが心の旅　メキシコ　亡命者の栄光を見つめて」で劇作家の斎藤憐がこの人物を訪ね、本人から佐野の話を聞き、佐野の遺品の映像も写しだされていることから、少なくとも遺品の所在は明らかにされたと見做してよいだろう。この人物とはメキシコ在住の古垣エレナ氏である。晩年の佐野に近い位置にいた人物である。だが、依然として遺品は未公開のままである。

訳者は遺品文書の一部のコピーを古垣氏から許可された。今回、本編の翻訳をおこなうにあたって遺品文書から次の二草稿を参照した。

草稿①　LOS TRES ESLABONES PRINCIPALES EN EL ENTRENAMIENTO DEL ACTOR, SEGUN LA "ESCUELA DE VIVENCIA" (Notas y Comentarios para los Ejercicios de Improvisación) por Seki Sano. México D.F., febrero de 1966.（タイトルの邦訳──「〈役を生きる演技〉の俳優訓練における三つの主要な環──インプロビゼーションの練習のための覚書と解説」佐野碩著、メキシコシティー、一九六六年二月）タイプ打ち文書。書き込み、修正箇所はない。

草稿②　APUNTES DE UN DIRECTOR TEATRAL.（タイトルの邦訳──「ある演出家の覚書」タイプ打ち文書。佐野碩自筆書き込み、修正箇所多数。日付はない。

本稿の「I　〈役を生きる演技〉の俳優訓練における三つの主要な環」は草稿①の内容とほぼ一致するが、節番号や小見出しが欠落しているため、草稿①を参照し、これを補った。また、草稿①の最後の三〇行ほどが本稿では欠落している。

本稿の「II　俳優の創造プロセス」は草稿②の第一章「俳優の創造プロセス」に該当すると思われるが、本稿ではかなりの欠落部分がある。草稿は佐野自身による修正箇所が多いためその内容を訳出して本稿に反映させることは断念し、欠落部分の項目タイトルのみ補った。

本稿の「Ⅲ　演技クラスのための教育プログラム」に該当する文書は訳者が得た遺品文書コピーには見当たらない。

（吉川恵美子）

訳注

（1）JIMENEZ, Sergio / CEBALLOS, Edgar (Eds.): *Teoría y praxix del teatro en México* (*especulaciones...en busca de escuela*), Col. Escenología, México, 1988.

（2）CEBALLOS, Edgar (Ed. y Comp.): *Las técnicas de actuación en México*, Col. Escenología, México, 1993.

Ⅰ　〈役を生きる演技〉の俳優訓練における三つの主要な環*

＊インプロビゼーションの練習のための覚書と注釈。

一　集　中〔この節番号と見出しは草稿を元に加筆〕

五感のなかのひとつ以上の感覚を用いて、あるいは記憶を用いて、意識的もしくは無意識的にひとつの対象に集中する。〔この小見出しは草稿を元に加筆〕

集中は頭脳がおこなう作業であると考える人たちがいるがこれは間違いである。頭脳はコーディネーションを行う器官であることを彼らは忘れている。集中はまず、感覚器官で起きる。

そしてまた、感覚器官がとらえるのは明瞭かつ的確なイメージでなくてはならない。視覚、触覚、嗅覚などがとらえるイメージである。

感覚の集中力は、観察の対象に対して具体的な関心を持つときに発揮される。したがって俳優はあらゆる対象に対して、たとえそれが初めは無意味に思えても、関心を持つことを学ばなければならない。関心のないところに集中はあり得ない。

集中はエリアごとにおこなう。ひとつのエリアから次のエリアに移動しながら展開すると言ってもよいかもしれない。どんなに高い集中力であってもひとつのエリアに際限なく留まることはない。俳優のなかには、遮眼帯をつけた荷役馬のようにふるまうことが集中だと考える人がいるが、それは間違いである。

いうなれば、小さなエリアに注がれる集中は大きなエリアに向けられる集中よりも強いのである。このため俳優は、集中のエリアがいつのまにか拡大して自分の集中が拡散し始めたと感じたらすぐに集中のエリアを狭める能力を培う必要がある。

俳優は舞台の上で役に集中するのだとする考えは間違っている。なぜなら、舞台の上にいる俳優はすでに役の人物その人なのだ。俳優はその場で役の人物についてあれこれ考えることはできないし、またそうであってはならない。人物が考えているであろうことを俳優自身が考える。そのとき人物の集中が向っているものに俳優の集中も注がれる。言い換えれば、役の人物が直面している問題の一つひとつ――些細な問題も重大問題も――をいかに解決するかということに集中し続けなければならないのだ。

よくある間違いがもうひとつある。実生活の中で人は多くの時間を何かに集中して過ごすが、実際には何にも集中していないときもあると考えるのは正しくない。

むろん、人は「上の空である」、「何も考えていない」ときがある。しかし「上の空」であっても実際には頭は働き続けている。典型的な例を挙げてみよう。ある人が当面の仕事を全部片づけて、「何も考えず」に草に寝転がっている。しかし、彼は知らぬ間に集中している。何をして暇をつぶすかといういたって深刻な問題をどう解決すべきか考えているのだ。すなわち集中とは、人が生まれた時から死ぬまで、一秒一秒、途切れることなく続ける行為だと言える。舞台上の俳優の場合も、集中が継続的なプロセスとして続くことが望ましい。だが、実際にはこれがなかなか難しい。

舞台の上では無数の要因によって集中が遮られ、俳優の関心が逸れてしまう。これへの唯一の対処方は、訓練を積み、集中が途切れたらすぐに集中を再開する技能――集中のエリアを狭め、当初の関心をもう一度取り戻す技能――を身につけることである。

目的

（1）自然な動き

俳優が正しい集中を達成できれば大小の問題への解決法を、順を追って、真剣に探し求めるはずである。すると、彼の神経系統は正常な状態を取り戻し、その結果、彼の筋肉系統の機能も正しい流れを回復する。かくして、俳優は淀みのない自然な動きを手に入れられるのである。すなわち、手の平に突然汗をかく、神経性の笑いに襲われる、身体のどこかが不必要に硬くなる、のどが渇く、膝が震えるなどの過度の神経の緊張や筋肉の緊張が消える。言うまでもなく、この自然な動きは身体の弛緩を意味するものではない。機能的かつ必要不可欠な筋肉の緊張こそが自然な動きを生み出すのだ。

（2）アクション

効果的《アクティブ》な集中が得られれば、必ずそれは一連のアクションにつながる。まず内面に動きが生まれ、やがてそれが外面に現れる。集中が消極的《パッシブ》なレベルに留まってしまいアクションがまるで出てこないという状況は是非とも避けなければならない。舞台にいる俳優は、集中そのものがもたらす素朴で自発的な行為のひとつひとつを積み重ねていくのだという点に留意すべきである。

覚書

（1）インプロビゼーションの稽古では、本気で演劇的状況に取り組まなければならない。子供が想像上の人物や物や状況と向き合う時のあの天真爛漫な真剣さと同じ姿勢が必要なのだ。

（2）稽古は異なる条件のもとで行う。例えば、

（a）完全な静寂のなかで

（b）故意に中断させながら

（c）騒々しいなかで

二　正当化〔この節番号と見出しは草稿を元に加筆〕

舞台上のフィクションのひとつひとつを全て、〈舞台における真実〉に転換する作業。

舞台上の俳優を取り巻くすべてのもの――小道具、舞台装置、役の人物が抱える問題、劇的な状況、他の人物

など――は、常にフィクションである。

演技の流派のなかには、うまく騙すには物真似だけで事足りる、巧みな外的技術さえ備え持っていれば充分だとする一派もあるが、私たちは反対の立場を取る。すなわち、フィクションに囲まれていても俳優には自分が「現実の中にいる」と感じる義務があるのだ。それでこそ、観客もそれを受け入れ、感じることができるのだ。

演技の芸術は観客を納得させる芸術であると断言できる。観客を納得させるには、まず、俳優は自分自身を納得させなければならない。本人が納得している演技には伝染力がある。どんなに優れていようとも、見せかけやうわべの演技、外的技術、小細工、職人の技と言われるものにはこの力がない。

このために、俳優は舞台上で起きる出来事を信じる力〈舞台における確信〉を持っていなければならない。子供が遊びながら終始持ち続けるあの無垢な確信と同じものである。〈舞台における確信〉がより堅固な〈舞台における信念〉に転じると、これは俳優にとって非常に有用なものになる。このとき初めて、舞台上のあらゆる出来事が現実の生活と同じ説得力を持つようになるのである。

一方、舞台の上で見えるものと語られるもののすべてには、日常生活と同じように具体的かつ明確な裏付けがなければならない。

実際の生活の場にあっては理由も動機もなく起こることは何ひとつない。同じように舞台上でも、理由やバックグラウンドなくして起きることがあってはならない。俳優はバックグラウンドの論理的な結果として今、ごくわずかな時間かもしれないが、そこにいるのだ。この前提に立つなら、俳優の〈舞台における確信〉は、役の具体的なバックグラウンドのひとつひとつについて、またその全てについての確信である。俳優の中には、役の図式的心理なるものに則った全体像を頼りに演技しようとする人がいる。その結果得られるのは、同じく図式的で安っぽい人物素描に過ぎない。実際には、役をうまく描いてみせるかどうかの問題ではないのだ。〈役を生きる演技〉では、俳優と役が一体化することが要求されるのである。

目的

（1）真実性

正当化によって演技は観客にも伝わる真実性、真実味を獲得する。

今日の君にはうまく演じられなくても明日はよくなるかもしれない。肝心なのは、いつも正しく真実をもって演じることなのだ。

ミハイル・セミョーノヴィチ・シェープキン（一七八八―一八六三）

作品の内容を観客に理解させるだけでは充分ではない。役の人物が抱える問題を観客が共有できるように演じなくてはならない。観客の心を揺さぶらなくてはならないのだ。

（2）アクション

正しい正当化とは、俳優が、自分を取り巻くすべてのフィクションのひとつひとつに対してそれがあたかも真実であるかのように振る舞うことを意味する。その振る舞いはばらばらだったり、他から切り離されたものであってはならない。一連の連続的なアクションの中で互いに関連付けられている必要がある。

覚書

（1）「いわゆる才能とは、変則的で特別な状況の中で問題を解決する能力である」とする考えがある。これを当てはめるなら、演技の才能は舞台で起こる変則的で特別な状況を適切に解決する能力であるということになる。ところが、舞台上の俳優はフィクションの中にいるわけで、それはおしなべて変則的で特別な状況なのだ。すでに述べたとおり、舞台上のフィクションを〈舞台における真実〉に変えられるのは〈舞台における確信〉だけである。このことから演技の才能の神髄は〈確信〉にあると言って間違いない。

演技の才能のもうひとつの基本的要素は表現力である。これは俳優が信じていることや感じていることを、節度と統一を保ちながら、それぞれのケースに応じて美しく外面化させる技能である。この技能をメンタル面でも身体面でも獲得するには、俳優は外的テクニック――声と身体――を系統立てて徹底的に訓練しなければならない（外的テクニックについては後に、しかるべき箇所で一章を充てる〔欠落か〕）。

ここまでで理解して欲しいのは、ある人がたとえどんなに深い教養を身につけ、さらには優れた知能や洗練された感性や鋭い直観力を持ち、よく訓練された声と軽業師のように柔軟な身体を持っていようとも――どれをとっても実に羨ましい素質であるが――〈舞台における確信〉がなければ俳優としては無意味であるということである。

（2）確信することと、確信しているのだと信じ込んでいるのとではまるで違う。両者の区別がついていることが肝心なのだ。確信を持って演じている俳優こそが観客をも確信させられる。しかしもう一方の、信じ込んでいるだけの俳優は、自ら進んで愚かさをさらけだすこととなり、安っぽい道化芝居を見せられた観客は興ざめする。

幸いにも両者の違いを見分ける確実な方法がある。それは、俳優が持っている特別な芸術的感性、俳優の内なる声である。その声は「今、お前は、真実の中にいる。今、お前は外へ出てしまった」と静かに囁き続ける。その声を〈真実の感覚〉という。

ステレオタイプの小細工を使い、大袈裟な身振りや言い回し振りかざす「プロの技」というものがあるが、この技で「よく訓練された」とされる「俳優」は職人に過ぎない。見当違いの訓練を長年繰り返すうちに彼の内面の声はほとんどかき消されてしまう。私たちがここで考察している演技に必要なのは芸術であって職人芸ではない。

そしてまた、確信しているのだと信じ込んでしまうと、俳優は神憑りに陥る場合がある。

（3）当然のことだが、観客の関心は、俳優が何をしているのか、どのようにそれを行っているのかに向けられる。しかし、「何を」も「どのように」も実は、「なぜ」と「何のために」の論理的な結果に過ぎない。これは実人生でも舞台の上でも同じことである。形が内容より先にあるのではない。内容が形を決めるのであってその反対はあり得ない。形は内容によって裏付けられなければならない。従って、俳優はまず、「なぜ」と「何のために」——アクションの動機と目的——に切り込むべきなのだ。「何を」と「どのように」——アクションとその形——はそのあとに来る。

（4）しかし俳優の中には、素直すぎるとでも言えばいいのだろうか、自分の確信が固まるのをじっと待つだけで、小指一本動かそうとしない人がいる。例えば偏頭痛持ちの登場人物がいるとしよう。これを演じる俳優は当然、自分の〈舞台における確信〉が高まり、実際に偏頭痛が自分の身に起きるのを待つわけにはいかない。この場合は役の人物が偏頭痛を起こす原因となった直前のバックグラウンドを確信し、片手を頭に添えるだけでよい。メッセージを伝えるには頭痛持ちの人がよく取るこのポーズで充分だ。〈舞台における確信〉を持っている俳優であれば頭の方向へ手を持っていく動作を初めた直後に――何らかのトラウマによる心理的抑制がかからなければ――偏頭痛のようなものを感じるはずである。そうなればしめたものだ。最初の瞬間に得た確信は魔法の力を得たかのように確かさを増して行くはずだからである（この点に関しては、I・P・パブロフの『条件反射』[*]の参照を勧める）。

＊ *Los reflejos condicionados* I.P. Pávlov, "Ediciones Pávlov", México, D. F., 1942.

三　〈舞台における課題〉〔この節番号は草稿を元に加筆〕

役の人物の願望。俳優は舞台の上で、役の願望を自分の願望として受け入れる。

以下の項目についてはすでに述べてきた。

（a）俳優は舞台の上の状況を確信しなければならない。そこにはもちろん、役が抱えている問題も含まれる。確信を得られれば、問題は他人事ではなく俳優自身の問題になっていく。そして、（b）もともとはフィクションであったそれらの問題が「本物の」問題になった瞬間から俳優は問題の解決に集中することになる。俳優のおこなう作業はこうした段階的プロセスを踏むものであると私たちは考える。

さて、正当化が行われることで本物に変容したひとつひとつの問題の解決に向けて俳優が真に集中できれば、少なくとも基本的な作業である内面的なテクニックについて成すべきことはもう何もなさそうだ。ならばもう何も心配はいらないのではないか。〈舞台における課題〉の話などは不必要ではないか。これについての説明を以下に述べる。

役の人生には、作品全体を通して、大小さまざまな問題が山積している。勘の鋭い俳優は適切な解決法を見つけようとまずは立ち向かっていく。確かに、勘は侮れない。予想もしなかった高みにわれわれを導くこともある。しかし残念ながら、役が希求する目標に向かう正しい道に案内してくれるとは限らない。それどころか、時には道を外れ、的外れな結末に連れていかれることもある。俳優の直観的・無意識的な衝動が有効性を保つには、正しい方向づけが必要なのだ。この道案内を司るのが〈舞台における課題〉である。〈集中〉と〈正当化〉は〈舞台における課題〉に向かうステップであると言い換えてもよいだろう。

ある場面を想像してみよう。堅く閉ざされた扉の前に一人の人物がいる。扉の向こう側には彼が心から愛する少女が銃弾を受けて瀕死の状態で横たわっている。俳優は深刻な事態であることを〈確信〉するや直観的に次のようなことをするだろう。扉越しに声をかける。しかし聞こえてくるのは彼女の荒い息遣いだけである。扉をこじ開けるためにドライバーとハンマーを探しに行く。斧で扉をたたき壊そうとする。消防隊や救急車を呼ぶなど。

こうしたことにがむしゃらに取り組むだけが俳優の仕事ではない。この直観的作業の海で方向を見失わないためには、役の願望、すなわち〈舞台における課題〉によって正しく導かれなければならない。もちろん、中心的な願望のほかに補助的な願望もある。補助的な願望は中心的な願望につながっていく。中心的な課題は複数の補助的な課題によって構成されるのである。

例にあげた場面の中心的な課題は、扉を開けることや傷の深さを確認することではなく、何としても命を救うことにある。無論、扉を開けることは重要だし、そのためにドライバーや斧を見つけ出す必要が生じてくる（これらの道具が家の中か近くにあるとの前提で）。しかしこうした願望がたとえ直接的に不可欠なものであろうとも、役の最終目的である主要な願望ではない。もし俳優が主要な願望、中心的な舞台課題を見失えば横道にそれ、ディテールへのこだわりから場面そのものの本質を見失う危険にはまり込む。

この場面で想定される感情とは次のようなものであろう。苦悩、絶望、何もできない憤り、彼女を永遠に失ってしまうかもしれないという恐れ、死を想像しての哀しみ、事態を防げなかったことへの後悔など。未だに多くの俳優が、予想されるこうした感情のすべてをひとつひとつ表現してやろうと無駄な作業を試みる。彼らは、各人の技巧のレベルに見合った出来合いの陳腐な型を駆使し、様々な声のトーン、ニュアンス、濃淡をつけて表現しようとする。あるいは、自分の感情体験を呼び覚まし、意識的に追体験を試みて、その場面に応用しようとする。そのいずれのケースも必ず失敗する。そうした方法で得られるのは、感情の抜け殻や感情もどきでしかないからである。新鮮な感情がもつインパクトこそが観客に伝わるのだ。缶詰の感情は、ラベルがどんなに美しくともそうした力を持たない。

感情は「快感もしくは不快感が際立つ独特の意識状態である」とする説がある。あるいは、「意識的もしくは無意識的に湧き出る本能のダイナミックな表現」だとする人もいる。「感情とは本質的に意識の特別な状態であり、それが現れる状況から、また快感・不快感を伴うことから他の意識事象とは異なる」との説明を付け加える人もいる。感情とは何であるのか、どのように生じるのかについては多くの議論がある（『人間の基本的感情』をはじめとするメラニー・クライン〔Melanie Klein（一八八二―一九六〇）。オーストリア出身の精神分析学者〕の著作の熟読を特に推奨する）。事実、現実の生活の中では感情は順序立てて現れることも、本人の意志で出現することもない。常に無意志的・無意識的に現れる。求めるものを手に入れようと人が大小の障害に立ち向かうとき、その闘いの必然的な結果として例外なく現れるのが感情である。求めるものが手に入れば、そこに生まれる感情は喜び、歓喜、満足、幸福感、愉快などポジティブなものである。手に入れられなければ、寂しさ、怒り、悲しみ、悲嘆、不快、苦しみ、苦悩といったネガティブな感情が生まれる。当然、舞台の上の感情もこれと同じプロセスをたどって生まれなければならないのだ。そうでなければ見せかけだけの感情、乾ききった生気のない感情を観客に押し付けることになる。俳優には、演じている役の感情を意識せずに感じ取れるところまで到達して欲しい。

イェヴゲニー・ヴァフタンゴフの助言を聞いてみることにしよう。ヴァフタンゴフは、現代世界演劇のもっとも強固な支柱の一人である。

（…）俳優が自分の役のこの部分もあの部分も、いつも同じ強さの声で、あるいは押し殺したトーンを保ちながら繰り返し演じるのを私は望まない。今日、俳優の内に湧き上がる感情は、今日の自分が真実だと感じる感情であってほしい。

この部分やあの部分の演技が昨日よりも脆弱になってしまったとしても真実であることに変わりはない。無意識のうちにそうなったのだから、道理にはかなっているわけで作品全体のベリズモには合致することになる。

もっとも忌むべきは、俳優が昨日のウケを繰り返そうと試みたり、見せ場に向けて構えることである。こうしたケースではほとんどの場合、俳優はブレーキの利かない状態に陥り、自分自身をさらけ出してしまう。すなわち、自分の中に存在しない動機に対するリアクションはその俳優本人が型として持っているリアクションでしかない。自分の中にない動機に対する感情的な反応を創るにはそれ以外に拠り所がないのだ。自然発生的なリアクションは構えて創れるものではないし、昨日の演技がうまくいったからと言ってそれを思い出して形を繰り返そうとしてはならないのだ。

できることなら俳優には作品をまるごと即興で演じてもらいたいというのが私の願いだ。というのも俳優は自分が何者で、他の人物たちどういう関係にあるのかを知っているのだし、自分と役の人物の考え方や願望は同じなのだからその人物を「生きる」ことができないはずはない。アクションできないはずはないのだ。紋切型は消え失せろ！

稽古の一回一回が新たな稽古である。

上演の一回一回が新たな上演である。

俳優のなすべきことは以下のとおりである。

（a）その瞬間、自分が舞台の上で何をしているのか、何のためにそれをしているのかを知らなければならない。

（b）役のバックグラウンドを知らなければならない。

（c）稽古を通じて他の登場人物に対する正しい態度を創り上げていく。

（d）作者の指示どおりの願望を持ってアクションに入る（当然、俳優はこれらの願望とアクションがその役にとって唯一の選択肢であり、理にかなったものだと納得しているとの前提に立つ）。

（e）台詞を覚える。

他に必要なことは何もない。私はそう断言するし、必要であれば証明する用意もあるが、モスクワ芸術劇場で訓練を受けたわれわれにとって以上の点は明白であり、証明する必要もないと考える。

すべての稽古は次の目的で行われる。

（a）丁寧かつ綿密で創造的なテキスト分析（主要な概念とサブテキスト）。

（b）課題と区分《セクション》の決定（何を何のためにするのか）。

（c）役の行動様式の蓄積（稽古の一日は役の人生の一日であり、稽古の過程で彼の個性が形成されていく）。

（d）俳優の中に、役が人生に向き合う姿勢やその人生観を創り上げる。

かくして一連の稽古を通して技能を身につけた人々が生まれ、グループで次の作業を開始する。

（a）役同士の関係性に基づく適切な行動様式を創る。

（b）作品の本質とバックグラウンドを知る。

（c）各人の願望の実現を試みる。

（d）作品の内的要素と外的要素を知る。

そしていよいよ、準備を終えた俳優たちは作者が与えたシチュエーションに入り込み、それぞれの願望の実現に取り掛かる。その過程で彼らは障害に出会い、それを克服しようとする。ある者は成し遂げ、ある者は失敗する。成し遂げた者は喜ぶがいい。喜びを演じるべきだから喜ぶのではない。成し遂げたのだから喜ぶのだ。失敗した者は悲しむがいい。悲しみを演じるべきだから悲しむのではない。願いを実現できなかったから悲しむのだ。喜びも悲しみも、今日、自然に湧き出る強さとレベルで感じればいいのだ。

俳優には、役が抱く願望に真摯に向き合ってほしい。願望を装ってはならない。役が必要としていることは、演じる俳優にとっても有機的に必要なことなのだ。

「俳優にとって」「有機的に」「必要である」。これら三つの表現は重要であるとともに同等の価値を持つ。大切な目的を達成するために俳優は静かに、信念をもって闘いに挑む――大切な目的とは俳優本人の人生の目的と言ってもよいかもしれない――。そうすることで俳優は無意識のうちに甦る。そして観客は自力で自分が見ている人物が何者なのかを判断できるだろう。「見てください。これが、私が創造した人物です……」というデモンストレーションを舞台でやって見せる必要はないのだ。

イェヴゲニー・ヴォグラチオーノヴィッチ・ヴァフタンゴフ（一八八三—一九二二）イプセンの『ロスメルスホルム』(1916-18)の稽古ノートから。『ヴァフタンゴフ。ノート・手紙・論文』モスクワ／レニングラード、一九三九。佐野碩がロシア語から訳出。

以上をまとめると、「舞台における感情」が生まれるプロセスは次表のように示されよう。

登場人物の直接的および間接的バックグラウンド
｜
登場人物の主たる願望および二次的願望
｜
大きな障害・小さな障害
｜
結果として生まれる感情

例としてアントン・チェーホフの『熊』の場合を検討してみよう。チェーホフには、あえてファルスとは呼ばず、控えめに「シュッキ」（ロシア語で「冗談」を意味する）と呼んだ魅力的な作品群があるが、『熊』はそのひとつである。「両頬にえくぼのある」若い未亡人エレーナ・イヴァーノヴナ・ポポーヴァはちょうど七カ月前に夫に死なれ悲嘆に暮れている。生前の夫はお世辞にも身持ちが良いとは言えない人物であったが、彼女自身は生涯喪に服し、墓場まで貞節を護り通す覚悟でいる。

　ポポーヴァのバックグラウンドにある亡き夫との生活は、申し分なく幸せだったいくつもの思い出で満たされているため、不快だった時のことはかすんでしまっている。かくして結婚生活のあの幸せに取って代わるものがあろうとは彼女の頭をかすめもしない（この役を演じる女優は「幸せだったいくつもの瞬間」を生き生きとした具体的なイメージや形として感じ取れるくらいに役を練る必要がある）。そのバックグラウンドがあればこそ、若い未亡人は「甘美な過去の思い出とともに生きる」（中心的な〈舞台における課題〉）ことを切望するのである。同時に彼女は、「模範的な未亡人生活の平和と静けさを保つこと」、「いかなる批判や攻撃からも女性の美徳を守りぬくこと」、「生前の夫が分身のように大切にしていた馬のトビーに十分な餌をやること」（補助的な〈舞台における課題〉）も望んでいる。それゆえに、スミルノーフの登場は彼女には耐え難いものになる。退職陸軍砲兵中尉のスミルノーフは地主である。彼は故人が残した借金を急いで取り立てなければならい事情があってやってくるが、未亡人は取り合わない。未亡人にとってスミルノーフは中心的な願望および補助的な願望の実現を阻む障害でしかなく、闖入者、熊、怪物に過ぎないのだ。ポポーヴァは熊が立ち去ること（もうひとつの補助的な〈舞台における課題〉）を望んでいる。家から出て行って欲しいと懇願し、命令し、罵りさえする。一方、元陸軍砲兵中尉にしてみれば返済されるべき金をもらわずに立ち去る理由はない。しかも気難し屋の彼は、たとえ相手が「両頬にえくぼのある」ご婦人であろうと、侮辱を受け流すことができない。願望と障害のせめぎあいは次第にエスカレートし、然るべき感情が生まれる。すなわち、登場人物たちは、苛立ち、神経質になり、やたらと怒り、互いに嫌悪しあい、憎み合う。

ここで見てきたように、〈舞台における課題〉は意志を示す動詞に対応する。すなわち、〈舞台における課題〉のひとつひとつは何かを欲することであり、意識的な行為であり、意志を示す現象である。その一方で、感情として生まれるものは、常に非意志的で無意識的である。

ジークムント・フロイト（一八五六―一九三九）のおかげで、われわれは無意識の存在も、それが意識にもたらす強大でダイナミックな影響のことも知っている。このため、新鮮でインスピレーションに富んだ良い演技とは無意識的な要素がふんだんに循環しているのが見て取れる演技なのだとの確信が増してくる。一方、その対極にあるのが、機械的で、虚飾をまとった不自然な演技である。問題はいかにして無意識的なものを流動させるかなのだ。厄介なのは、無意識的な要素はおしなべて極度に敏感で、例えば爪の先でちょっと触れただけでもすぐに意識的なものに変化してしまう点である。従って、直接的ではなく、斜めから攻めなければならない。すなわち、意識的に作業しながらも無意識の領域を開放していなければならないのだ。

『熊』のケースに戻ろう。二人の主人公は互いが敵同士であることを意識的に把握している。しかし二人とも自分たちが無意識的に探し求めているのは実は脱出扉なのだということを知らない。どんなに狭くてもよい。二人が置かれている無限の孤独から抜け出る扉を探しているのだ。それゆえに、自分の言い分を押し通すという意識的な願望が極限に達した時に、誰が正しくて誰が間違っているかの決着をつけようと決闘に至らんとしたまさにその時に、抑え難い無意識の衝動が突然勝利を収めることになるのだ。かくして、チェーホフの珠玉の小品は、二人のいずれもが想像だにしなかった長いキスで幕を下ろすのである。

役の人生を生きるということは、その人物の願望を追求しつつ人物が抱える問題を生きることに他ならない。俳優がこれをうまく生きると不思議なことに、本人も気が付かないうちに、俳優自身の内面の問題も同時に生きる、追体験するという現象が起きる。俳優自身の無意識の層に蓄積された豊かな情緒的経験がこうして演技に反映されるのだ。これが俳優の「私」と役の同一化のプロセスである。

以上をまとめると、俳優にはいくつかの選択肢があることが分かる。ひとつは、〝俳優の仕事〟と呼ばれる引き出しにこっそりとしまい込んであった伝統的奥義の処方箋やらマニュアルやら紋切型集を活用して、登場人物の感情の状態を観客に分からせようとするやり方である（機械的演技）。次が、稽古で体験した感情を、稽古で組み立てた形に沿って舞台に提示するやり方である（再現の演技）。もうひとつは、演じるたびに登場人物の感情を新たに生きようとするやり方で、演じ方はおそらく毎回異なりながらも、いつも美しいはずである（役を生きる演技）。私たちは三番目のやり方が最も合理的で説得力があると考える。

俳優は稽古のあいだに一回か二回ほど役の感情を感じ取ればいいわけではない。一回目であろうと千回目であろうと、程度の違いはあっても、演じるたびにその感情を感じなくてはいけない。

トマッソ・サルヴィーニ（一八二九—一九一六〔正しくは一九一五年没〕）

目的

（1）〈舞台における感情〉を正しく生み出す

〈舞台における課題〉を遂行することが〈舞台における感情〉を無理なく、豊かに、自発的に、新鮮に、自然の流れに沿って生み出す唯一の道である。

（2）アクション

〈舞台における課題〉を追求するときに俳優は一連のアクションを行う。内面のテクニックは〈集中〉、〈正当化〉、〈舞台における課題〉の三要素で構成されるが、興味深いことにこれらを連結するのがアクションなのだ。

注意

（1）俳優は役のバックグラウンド——直接的および間接的——を分析するだけでなく、自分自身のこととして受け入れた上で中心的な〈舞台における課題〉を定める。さらにその延長上に必然的に現れてくる副次的な〈舞台における課題〉を決めていく。〈舞台における課題〉を定めずに作業に取り掛かる俳優は、海洋地図も羅針盤もなしにやみくもに航海に乗り出す船長のようなものである。

（2）見た目の形がどれほど美しくても感動がなければ芸術は意味を持たないという意見には誰もが賛同するだろう。演技も例外ではありえない。ここに引用をふたつ挙げよう。フローベールと、その親友デュ・カンの言葉である。

私は、形と内容は別々に存在し得ないものだと考える。もしも形のために思想を犠牲にしても構わないと考える人がいたら、芸術家ではなくなる。たとえ過去に芸術家であったとしても。

ギュスターヴ・フローベール（一八二一—一八八〇）がジョルジュ・サンドに宛てた手紙。『往復書簡集四』（一八六九—一八八〇）佐野碩訳。

形は背後に思想があるとき、または思想を内包するときに美しい。美しい額の中に頭脳がなければ何の意味があるだろう。

マクシム・デュ・カン（一八二二—一八九四）、佐野碩訳

（3）俳優の中には、ある人物を演じるにはまず自分自身を非個性化しなければならないとの誤った考えを持っている人たちがいる。非個性化とはすなわち自分自身を否定することであり俳優にとっては自殺行為である。自分自身を無にすれば俳優は創造作業にもっとも重要な武器を自動的に失うことになる。演技は非個性化に立脚するものではない。むしろ、個性化の作業なのだ。すなわち、俳優自身の「私」と役の「私」を同一化する作業である。言い換えるなら、演じるということは、作品が要求する特定のフィクションのなかで俳優が自分自身として行動することなのだ。俳優自身の「私」は、フィクションの環境にあわせて小さくなったり大きくなったりする。だからこそ、俳優の「私」が完全に自由な状態に置かれていることが非常に重要なのだ。もしも「私」がコチコチに凍っていたり、こわばっていたり、融通の利かない状態にあるなら、あるいは「私」が偏見や拒否感でがんじがらめになっているなら、外からくる刺激にも内側からくる刺激にも無感覚になる。こうなると作品が要

求している状況から逃げ出すほかはなく、コミットしていくことができない。俳優は自分自身の「私」を自由に保つことを何よりも優先させなければならない。

スタニスラフスキー・システムは、偏見やステレオタイプの枠にはめ込まれている生徒の創造的個性を解放するための能力や資質を伸ばそうとするものである。解放と個性の発見こそが演劇学校の一番の目標であるのだ。生徒の創造的潜在力を拓くための道を学校は整えるべきであるが、生徒も自ら行動し、自力で道を進んで行かなければならない。これは学校では教えられない。学校がなすべきことは、未だ奥深く眠っている生徒の潜在能力の表出を妨げる因習の残滓を一掃することなのだ。

（前出、ヴァフタンゴフ、一九三九、佐野碩訳）

もしも学校が粘り強く地道な教育作業を続けても生徒の「私」が硬直したままで解凍できない場合は、その生徒はまず精神医学もしくは精神分析の治療を受けるしかないだろう。

（4）深刻な問題がもうひとつある。俳優の「私」が脆弱であったり未熟であるケースについて指摘しておかなければならない。「私」は静的な存在ではない。「私」は人生の問題に向き合うことで成長していく。かくして、しかるべき人生を生きてこなかった俳優には限界がある。未熟な俳優は多様な役を演じ分けられない。安っぽい「私」や無教養な「私」が演じられるのは限られた役だけである。

（5）舞台における感情と現実の感情を取り違える俳優がいる。これは、俳優が自分の感情におぼれた時に起きる。自分の流す涙の池で溺れるのだ。滑稽であると同時に危険でもあるこの忌むべき状態をトランスという。トランス状態に入った俳優は幕をよじ登り、ヒステリーの衝動に駆られて床を転げまわり、相手役のデスデモーナの首を本気で絞めるなどの奇行に走る。

トランスに起因する表現は他にもある。狂ったような叫び声をあげるかと思うと、台詞をぜんぶ囁き声で言う。あるいは本人も気づかずに一幕まるごと観客に背を向けたまま演じたり、無意味な間を長々と空けるなどのケースがある。いずれの場合も、俳優が現実との接点を失った結果としてトランスが生じているのだ。俳優にとっては、常に、舞台が現実でなければならない。トランスはアブノーマルな俳優だけに起きることではないので殊のほか重要な問題なのだ。

どんな俳優でも、無垢で健全な「舞台における確信」を失った瞬間にあぶみを踏み外し、自分は信じているのだと思い込み、自己暗示にかかる。そして最短距離でトランスに陥ることになる。

芸術の美は、〈真実〉と〈フィクション〉のあいだにある。

近松（一六五二―一七二四）

今宵、私は満足していない。感情に押し流され自分自身のコントロールを失った。状況をあまりに深刻にとらえすぎた。私は役になりきってはいたが、もはや俳優ではなかった。

フランソワーズ・ルネ・モレ（一七三四―一八〇二）

本当に感じてしまうと演技はできない。しかし、感じずに演じることもできない。

ジョージ・ヘンリー・ルイス（一八一七―一八七八）

感じるだけでは不十分である。観客に感じさせなければならないが、それは自分自身のコントロールなくしては不可能だ。

不思議なことに、俳優が役の感情を本当に感じているときに観客に与える印象は、自分自身をコントロールして役に完全にのめり込まずにいるときよりも悪い。

トマッソ・サルヴィーニ（一八二九―一九一六）

スタニスラフスキー（一八六三―一九三九）

シェイクスピアがハムレットの口を借りて私たちに与える助言は有名だ（三幕二景）。

今のせりふは教えたとおり、ごく自然の調子で、さりげなく言うこと。お前たちの仲間がよくやるように、大口あけてわめきちらされるくらいなら、むしろ町のひろめ屋に頼むからな。もう一つ、こんなふうに、まるで泳ぐように手で空《くう》をかきまわさぬこと。つねに穏やかにやってもらいたい。感情が激してきて、いわば嵐《あらし》の真只中《まっただなか》に立ったときこそ、かえって抑制を旨《むね》とし、演技に自然なすなおさを与えることが肝要だ。じっさい勘《かん》にさわるからな。あのかつらをかぶった荒事師どもが、いい気になって激情に身をゆだね、見物の耳を突き裂くばかりにがなりたてるのは。せいぜい黙劇か派手な大芝居しかわからぬ大向うに媚《こ》びてみてもはじまるまい。ああいうのを見ると、鞭《むち》でひっぱたいてやりたくなる。あれには、回教徒のあらが荒神様ターマガントも顔まけ、ユダヤの暴君へロデ王も兜《かぶと》を脱ぐだろう。……といって、あまりさらりと喋《しゃべ》られても困る。その辺の呼吸はめいめい分別にしたがうよりほかはない。要するに、せりふにうごきを合わせ、うごきに則してせりふを言う、ただそれだけのことだが、そのさい心すべきは、自然の節度を越えぬということ。何事につけ、誇張は劇の本質に反するからな。もともと、いや、今日でも変わりはないが、劇というものは、いわば、自然に向かって鏡をかかげ、(善は善なるままに、悪は悪なるままに、その真の姿を抉《えぐ》りだし、)時代の様相を浮かびあがらせる……

〔福田恆存訳『ハムレット』新潮文庫、二〇一四年、九七刷、一〇一―一〇二頁〕

愚かな俳優の中にはこの引用を読んで、舞台の上ではそこそこ感じていればいいのだと早合点する人もいるだろう。そんな人にはサルヴィーニがきっぱりと答えてくれる。

私は役の人物になろうとするだけだ。彼の頭で考え、彼の心で感じ、彼とともに泣き、笑う。彼の感情で私の胸を痛め、彼の愛で愛し、彼の憎しみで憎む。作者が提供してくれる材料で私自身の創造物を創り出したのちに彼に役の服を着せ、役の声・身振り・歩き方を与える。言い換えるなら、役の外見と身体的な特徴は彼の内面的・精神的なあり方次第なのだ。この作業が終わり、外面も内面も自分の納得いく男に仕上がったときに、はじめて私は観客の前に出る。そして、観客が彼を磨き上げるのを手伝ってくれるのである。

(6) 演技の極意は、「探し、見出し、創りあげる」に尽きると折に触れヴァフタンゴフは弟子に語っていた。何を探し、見出し、創りあげるのか。それは、内容を表す形を創ることに他ならない。

II　俳優の創造プロセス

（訳注）スペイン語版底本の内容に沿ってこの章を訳出していくが、欠落部分がかなりある。訳者の手元にある佐野の草稿②「ある演出家の覚書」には「第一部」として「俳優の創造プロセス」の全文が記されていると思われる。その目次を以下に転写するが、ゴシック体部分がここに訳出するスペイン語底本に掲載されている部分である。

第一部　俳優の創造プロセス

一　俳優、俳優の「私」、その創造の道具

1g表現力　1h広範な教養　1i思想信条　1j職業倫理、規律　1k意志

二　作品分析1

三　作品分析2

四　魔法の「もしも」

五　想像力

六　「舞台における課題」の定義

七　「舞台における課題」の実現（「シークエンス」と「リズム片」）

7a正しい感情の状態　7b舞台における確信と信頼　7c外的刺激への反応　**7d感情の記憶**　**7e〈真実の感覚〉**

7f交流　**7g内的紋切型の回避**　7h決断力

まずはじめに、ここに示す図表は俳優がおこなう創造のプロセスを段階的に示すに過ぎないことを断っておく。適切な訓練を受けた俳優が役を血肉化し、役の人物そのものになっていくプロセスである。したがって、自覚ある俳優が当然おこなうはずの継続的かつ濃密度の訓練プロセスには触れていない。

また、この図表は極度に図式化されているため、示されている事柄の細部を説明する目的で描かれているのではないことも断っておく。

これは俳優が役を創造するためのガイドであり、単なる足場でしかない。俳優は初めに意識的なプロセスを踏みながら「役を生きる」ことの準備をする。次いで、無意識的なプロセスの中で「役を生きる」ことそのものに身を投じるのである。一方このガイドは、劇作家、演出家など舞台関係者の創造的作業の参考にもなり得よう。

俳優の創造プロセスの概略図表——スタニスラフスキー・システムに基づく

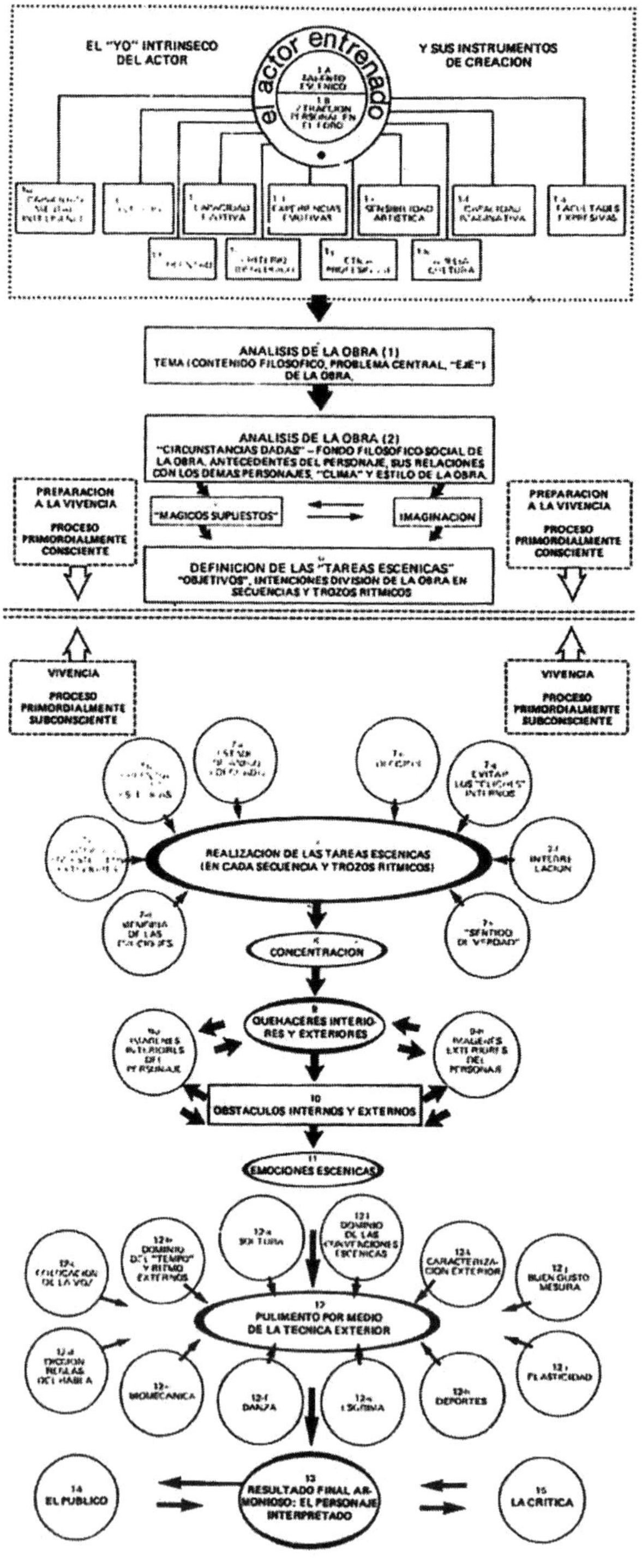

この図表は、「II　俳優の創造プロセス」で述べられている内容を図表化したものである。本文中の項目番号・記号と表のそれは対応している。

劇作家の代弁者である俳優は舞台芸術のかなめである。戯曲はどれほど高い文学的価値を備えていようとも演劇そのものではない。演劇として成立させるには、演じられ、舞台化されなければならない。劇作家が創作した台詞がどんなに美しくても、俳優がそれに命を吹き込まなければ死んだ文字でしかない。舞台装置はどれほど見栄えが良くても、俳優をくすませたり、観客の注意を逸らすようであれば、舞台に置かれる資格はない。どれほど〝傑出した〟演出であろうとも、俳優を際立たせるものでなければ、単にリズムと造形美を持つ構図でしかない。俳優にとってネガティブなものは演劇全体にとってネガティブなのだ。したがって、俳優の創造プロセスについて広く理解することは劇作家、演出家、批評家の仕事にとっても隅石の役割を果たす。

もうひとつ注意してほしいことがある。すなわち、誰かがこの図表に基づいて明日から「演劇学校」を始めてみようと思い立ったとしても、それは無理な話である。演劇芸術の授業を指導するには、俳優の創造プロセスの細部について深い知識が必要である。俳優志願者にとって危険なのは、経験の浅い自称教師に師事し、あとになって欠点を修正しようとすることである。

一　俳優、俳優の内的「私」、創造のための俳優の道具

俳優は、俳優として生まれ……そして俳優になる。

もちろん、生物学的な意味合いで俳優として生まれる人はいない。生まれたばかりの双生児を前にして一人は技師として生まれ、もう一人は俳優として生まれたと判断できるだろうか。

ならば、俳優の資質とは何だろう。

俳優の基本的な資質とは次の通りである。

Ａ　演劇的才能。

Ｂ　舞台に立った時の魅力。

一般的には才能とは、普通とは違う特別の状況を解決する能力であるが、これに準ずるなら、演劇的才能とは舞台上で起きる特別な状況を解決する能力なのだと言える。

演劇には、観客、人工照明、緞帳、衣裳、メーキャップ、かつら、小道具、舞台装置、ホリゾント幕、サイクロラマ、舞台床などさまざまな約束事がある。俳優は演劇的フィクションの中で生きなければならないので、舞台上のすべての状況が彼の日常とはまったく異質なものになる。状況が特別であればあるほど才能が必要とされるのだ。

したがって、演劇的才能の本質とはすべてのフィクションのひとつひとつを〈舞台における真実〉に変える能力にあると言えよう。また、フィクションが事実であると信じる能力でもある。信じればこそ俳優は心の指令に則った精神的・身体的な振る舞い――フィクションが事実であった場合と同じ振る舞い――をすることができる。またその振る舞いのおかげで観客もそこにあるのがフィクションではなく〈舞台における真実〉であると信じられるのだ。

俳優の信じる力は瞬時的で移ろいやすいが、同時に、子供が遊んでいるあいだに見せるあの無邪気な確信と同じくらいリアルで本物の力である。箒に跨る子供はその瞬間だけはエミリアーノ・サパタであり、箒はディエゴ・リベーラが描いた美しい白馬なのだ。路地で遊ぶ子供が腰かけている空のみかん箱は最新モデルの自動車になる。女の子が抱きかかえる枕は赤ん坊である。お母さんは子供をなで、寝かしつけ、愛情をこめて世話をする。

面白いことに、こうした無邪気な確信は、それがどれほどリアルで本物であろうと常に節度を保っている。子供は現実の社会との接点を失わずに想像の世界で遊び、そこで生きているのだ。女の子は家の裏庭で料理を作り

〝親戚の皆さん〟を食事に招く。みんなで料理を食べ、味わい、料理が上手ねと褒めるが、女の子も親戚の誰も泥と草で作った料理を本当に食べはしない。

ところが、似非スタニスラフスキー俳優のなかには役を生きるとは感情的に陶酔することだと信じている人がいる。彼らは「役を生きる」の名目で反芸術的な突飛なことを自由気ままにやってしまって構わないのだと思い込んでいる。演技が佳境に入ったならば、声が枯れるまで叫ぼうが、目をむこうが、涙の海で本当に溺れようが、かきむしった毛髪が手にまとわりつこうが、床を転げまわったついでに敷物の切れ端を食べてしまおうが、適当な柱が傍にないからと幕にぶら下がろうが、そうした無茶苦茶な振る舞いで俳優が悦に入ることは正しいのだ、推奨されてさえいるのだと考えている。こうした俳優たちは、デスデモーナを本当に絞め殺してしまわないまでも、その無実の首に爪を立てなければ満足できないのだ。

この俳優たちは、信じることと自己暗示をはき違えている。自己暗示には必ず強制力が働いている。強制されたものには、自発性がない。一方、信じるという行為は常に自然で自発的である。実際のところ、自己暗示は〈舞台における確信〉のまがい物に過ぎない。素朴に信じる代わりに「信じているのだと信じる」ことから自己暗示が始まる。信じていると信じることで、人は自ら進んで愚者になるのだ。

自己暗示にかかった俳優は簡単に病的なトランス、不健全なエクスタシー、マゾヒスティックな満足、ヒステリー、自己催眠状態に陥り、現実との接点を失う。

なお、〈舞台における確信〉〔creencia escénica〕は宗教信仰〔creencia〕とはまったく無関係である。俳優が無神論者であろうと信仰者であろうと、〈舞台における確信〉は客観的な論理にのみ依拠する。

俳優に〈舞台における確信〉を注入するのは不可能と言わざるを得ない。俳優はそれを持って生まれてくる。この点に関して演劇学校ができることは唯一、舞台上での出来事を信じるのに障害となるありとあらゆる抑制心を取り除いてやることである。もしも数か月のあいだにこれができなければ、生徒は他の仕事に就いたほうがよいだろう。石から血を絞り出すような努力を何年も続けて中途半端な俳優や俳優もどきを製造することに意味はない。その人は偉大な哲学者や傑出した外科医になれるかもしれないではないか。

俳優は、俳優として生まれ……そして俳優になる。

しかしながら、俳優の中には――しかも才能のある俳優の中には――このフレーズの前半部分に固執し、後半部分を忘れる人がいる。彼らの考えでは、俳優は俳優として生まれるのであり、俳優になるのではないと言うわけだ。

〝老兵〟と称される有名な俳優たちがこれに該当する。その大部分が生まれながらの俳優を自認し、さしたる苦労もせずに華々しいキャリアを積みながら頂点に至った人たちである。俳優は成るものではないと彼らは言い放つ。天才である彼らは何も学ばない。何も疑わない。何も研究しない。ひたすら怠け続ける。インスピレーションと直観に頼り切っている人たちである。

たしかにインスピレーションと直観は侮れない。しかし、インスピレーションも直観も無意識的な現象であるがゆえに、捉えどころがなく、意志の力で作りだせないという危険性をはらんでいる。私たちにできるのは、意識の領域でしっかりと作業を行い、インスピレーションと直観が開花できる大地を準備することだけである。俳優は、親切な神様がそれを送ってくれるのを腕組みして待っているわけにはいかないのだ。

また、インスピレーションや直感でつかんだものが正しいとは限らない。インスピレーションや直感は必ずしも俳優を正しい道に導くとは限らず、場合によっては道を誤らせるのだということをここで私は言っておきたい。

なかには、俳優は俳優として生まれ……そして俳優になるのだ、と認識している俳優も確かにいる。しかし、彼らは外的テクニックのブラッシュアップにばかり力を注ぐ。こうした俳優の多くが何をするかといえば、馬に乗る、バーベルを上げる、肌を陽で焼く、ジムで汗を流す、早口言葉を練習する、滑舌訓練をする、ゴシキヒワの鳴き声を真似しながら間《ま》を大きく取ったり微妙に取ったりの練習に明け暮れる。見せ場やクライマックスはどこか、アンチ・クライマックスや誇張の箇所はどこかを探し求める。鏡の前で、前もって検討しつくした身振りや動きを念入りにチェックする。哄笑から仄かな微笑に至るまでさまざまな笑いの種類を練習するといったことに時間を費やすのだ。しかし、演技の内的テクニックはどうするつもりなのか。これこそが、俳優自身も気づかないほど繊細でニュアンスに富んだ外形の数々を必然的に生み出す原動力だというのに。

驚くべきことに、〈舞台における確信〉なしに演技をしている俳優もしくは演技をしようとしている俳優は少なくない。ある俳優たちは、ディドロの信奉者であるという理由だけで〈舞台における確信〉を受けつけない。あるいは、確信が持てないものは持てないのだと白状する。

ディドロ派は、観客を感動させるには俳優自身が感動してはいけないのだと主張する。例えばブノア＝コンスタン・コクラン（一八四一――一九〇九）は、こう断言する。「俳優はコントロールの能力を鍛えなければならない。たとえ役の人物が感情に押し流されようとも、俳優自身は氷のように冷えきっていなければならないのだ。」

生身の俳優にこのような冷酷さを求めることができるだろうか。頭と感情を切り離すことができるのだろうか。実際には、そのディドロ派の俳優も――いい俳優であるならばだが――遅かれ早かれ、〝本人の意に反して〟役の感情を感じ始めることになる。彼の心が凍り付いた血を融かしてしてしまうのだ。

〈舞台における確信〉なしに演じても、完璧なテクニックが放つ煌びやかさがあれば観客席に賞賛の嵐を起こすことはできるだろう。しかし、決して観客を感動させることはないし、〈舞台における確信〉に立脚する演技が放つ伝染性のエネルギーで観客を揺さぶることもないはずだ。観客を信じさせるにはまず自分が信じなければならない。人を納得させるための第一ステップは自分自身を納得させることなのだ。

（訳注）本項目「一　俳優、俳優の内的『私』、創造のための俳優の道具」の記述には、このあとA４判用紙四枚程度の欠落部分があるが、本項目理解のために重要と思われる部分を草稿②をもとに以下に補足する。

「俳優に後天的に植え付けることのできない一番目の資質は「舞台に立ったときの魅力」（一―B）である。これは俳優の美醜の問題ではない。スタニスラフスキーが「こっちにおいでの資質」と呼んだもので、舞台にその俳優がいるだけで観客は惹きつけられてしまう。スペイン語では〝天使がついている〟と表現される魅力である。それは例えるなら、俳優の毛穴から発する魅力で、長年にわたる俳優自身の内的生活・外的生活の結果として現れ出るものである。一晩のうちに人工的に作りだせるものではない。さて、俳優は役創りに取り掛かるわけだが、彼は自分の全存在をかけて、すなわち内在する「私」そのものをかけて作業に打ち込む。この時、創造作業の道具となるのは次の要素である。1a知的能力・知性、1b直観、1c感受性、1d情緒的体験、1e芸術的感性、1f想像力、1g表現力、1h広範な教養、1i進歩的な思想、1j職業倫理、1k意志力。」

このあと、1g～1jの解説が続く。なお1gにはワフタンゴフ、1jにはラインハルトの言葉が引用されている。

二　作品分析１――欠落

三　作品分析２――欠落

四　仮定の魔法――欠落

五　イマジネーション――欠落

六　〈舞台における課題〉の定義

抽象芸術の信奉者たちは芸術の中身を否定し過小評価する。シンプルな形や凝った形が呼び覚ます感覚で満足する。かくして自分が生きている現実から逃げ出し、抽象性に逃げ込むのだ。

演技を芸術ならしめるには豊かな中身があって、人間的な感情で満たされていなければならない。心地よい感覚、不快な感覚、柔らかい感覚、ささくれだった感覚などのシンプルな感覚で満たされているだけでは不十分なのである。実際に演劇の歴史を紐解くなら、俳優はいつの時代も舞台の上で感情を表現しようと努力をしてきたことが分かる。

しかしながら、感情は無意識的な現象であるがゆえに、コルクスクリューで引っ張り出すようなやり方では必ず失敗する。そうした不自然なプロセスを経て得られたものは、感情のかすでしかない。感情の死骸である。ならば、人間の生き生きとした感情が生まれてくる自然なプロセスとは何か。

ひとりの女が亡くなったばかりの夫の墓の前でさめざめと泣いている。彼女は泣きたくて泣いているのだろうか。否、夫に生きていて欲しいから泣くのだ。

借金と心配事を抱えて苦しんでいるひとりの気の毒な男がいる。彼は突然、ひとりきりの部屋の中で踊りだす。歌い、叫び、手に触れるものを片っ端から放り投げる。狂ったかのように見えるが、実は、宝くじの一等が当たったのだ。彼の喜びは留まるところを知らない。彼は喜ぼうと思って喜んでいるのではない。宝くじが当選したので喜んでいるのだ。積年の夢と希望が実現したのだ。もう経済的な問題からは自由になれる。とうとう、願いが叶ったのだ。

誰しもがある感情を感じようと思って感じているのではない。願いが叶ったから、あるいは叶わなかったから湧き出る感情なのだ。願いが成就すれば感情はポジティブである。喜び、歓喜、満足、安堵、幸福などの感情が生まれる。

反対に願いが叶わなければ、ネガティブな感情が生まれる。悲しみ、苦渋、恨み、後悔、憎悪、悔恨などの感情である。

願望	障害	感情
俳優に	有機的に	必要とされる

感情の種類は願望が達成されるか否かで変わってくるが、感情の強さは願望とその前に立ちはだかる障害の大きさに比例する。障害が大きければ大きいほど、葛藤は熾烈を極め、望むものを手に入れるのも難しくなる。先の未亡人の例では亡くなった夫よりもいい男と再婚する予定が控えているなら、この世で唯一人の男である夫を失った未亡人よりも悲しみは少ないはずである。

現実の生活の感情がこのように自然で自発的なものであるなら、舞台の上の感情も同じプロセスを辿るのが正しい道である。〔上図参照〕

役のこうした願望、野心、願い、目的、思惑を〈舞台における課題〉と呼ぶ。

俳優は役の願望を舞台上で実現するという課題に取り組むのである。

〈舞台における課題〉は俳優が手にしているツールである。これを使うことで、感情を無理やり絞り出すことなく、自由に、舞台の上で生み出すことができる。

役には無数の願望があり、これが動機となって作中での行動が決まる。〈舞台における課題〉には小さいもの、大きいもの、そして中心となるものがある。

役の人物が医師を目指す人間だとしよう。この場合の主たる〈舞台における課題〉は彼が人生目標とする人類貢献である。最初の補助的な〈舞台における課題〉は、自分の天職を探し求め、医学にそれを見出すことだろう。これに他の補助的な〈舞台における課題〉が続く。例えば、医学を勉強すること、勉学のための費用を作ることなどである。そしてついに、人類に貢献できる医者になるという目標に到達するのだが、さらに他の一連の〈舞台における課題〉――よりよく人類に貢献するには何を成すべきか――が続く。補助的な〈舞台における課題〉のひとつひとつに直接的な目標が定められてはいるが、最終的にはすべてが主たる〈舞台における課題〉に収斂していく。

ここで非常に重要な二つの点を指摘しておきたい。

最初のポイントは、いかなる役のいかなる〈舞台における課題〉であってもそれは、すでに二の作品分析の項〔本書では欠落〕で検討したとおり、作品のテーマ、哲学的内容、作品の軸に密接に結びついているという点である。もしも作品が医者の堕落を糾弾する物語であるなら、先の例であげた医者の主たる〈舞台における課題〉は、医学をただの生活の手段、趣味、金儲けの手立てと考える他の登場人物の〈舞台における課題〉とぶつかり合うことになる。

俳優は、すべての登場人物たちの〈舞台における課題〉全般をまず把握し、その中で自分の〈舞台における課題〉を考えなければならない。中には課題同士が葛藤するケースが出てくる。この葛藤そのものの展開が作品の骨組みを作り、作者はテーマとなる中心的な考えをそこで提示していくことになるのである。

二番目のポイントは、〈舞台における課題〉は役のバックグラウンドと密接な因果関係にあるという点である。当然のことながら、人はそれまでの生き方の結果としてあれこれの願望を持つのだ。

最初の医者の〈舞台における課題〉は人類のために奉仕することであるが、それは取りも直さず、病で苦しむ人を見てきた、公正さを重んじる家庭で育った、世界の名医の模範的人生に尊敬の念を抱いてきたなどのバックグラウンドに拠るのである。

二番目の医者の行動は、これとはまったく正反対のバックグラウンドに起因していると考えられる。

〈舞台における課題〉は、〈シークエンス〉と〈リズム片〉との関連においても重要な意味を持つ。

スタニスラフスキーは、大きなケーキをどう食べるかという例を用いて〈シークエンス〉と〈リズム片〉を分かりやすく説明している。誕生日のケーキを一口で食べられる人など誰もいない。はじめにそれを二つに切り分ける。次に、四つに、八つに、一六に、三二に切って行く。その三二番目の一切れが一人分として供される。さらに、食べるときにはスプーンかフォークが必要になる。

同じように俳優も作品を丸ごと一口で〝飲み込む〟のは不可能である。一番小さな一切れが〈リズム片〉と呼ばれる。いくつもの〈リズム片〉が集まってより大きな部分である〈シークエンス〉が作られる。さらにいくつもの〈シークエンス〉が集まって〈シーン〉になる。〈シーン〉が〈一幕〉を構成し、〈幕〉の集まりが作品になるのだ。

ひとつの作品は複数の〈舞台における課題〉によって、大から小までのいくつかのユニットに分割される。新しい〈舞台における課題〉すなわち新しい目標が登場すると新しい〈リズム片〉が始まることになる。〈リズム片〉全体をひとつの共通の〈舞台における課題〉が貫いていて、これが〈シークエンス〉となる。同様のことがより大きい単位でも繰り返されていく。

〈リズム片〉と呼ぶのは、作品のリズムの基本がここにあるからである。

ならばリズムとは何か？

一般的に、リズムとは機械的、抽象的なものであり、メトロノームのチクタクがそれだと考えられているが、これは誤りである。この抽象的なリズムは芸術とは無縁である。

リズムとは、生活のあらゆる場面に見られる息づかいの忠実な記録である。リズムを単に外的なものと見做す考えは捨てたほうがよい。言い方を変えるなら、外的リズムは人の内的鼓動の忠実な反映なのである。

ここまでが作業の準備段階で、われわれの意識が支配的に働くプロセスはここまでである。

この段階では人はまだ演技をしていない。正しく演技するために必要な材料を集め終えただけである。ここで初めて、無意識が支配するプロセスである「役を生きる」作業に取り掛かることになる。

（訳注）

七　〈舞台における課題〉の実現——欠落

7a　場にふさわしい精神状態／7b　舞台における確信／7c　外的刺激への反応——欠落

7d　感情の記憶

私たちの中で、ある感情が湧き起ると、往々にして類似した感情体験を思い出す。記憶の中に蓄えられていた過去に経験した感情が顔を出すのだが、なかにはまるで忘れてしまっていたものもある。私たちは望んでそうした感情を思い出すのではなく、無意識がそうさせるのである。

感情とは無意識の現象であり、意識の上部構造に属している。私たちが感情を直接に操作しようとすると、極度に繊細である感情は驚いて意識の世界に移ってきてしまう。だが、感情に触れながらこれを操作する方法がひとつだけある。直接的に操るのではなく、意識を通して、すなわち〈舞台における課題〉を通して斜めから操作する方法である。〈舞台における課題〉は意識的に準備されるが、無意識的に実行されるので、これを用いるのだ。

俳優の中には——これが少数派とは言えないのが残念だが——まるで正反対のやり方で舞台の仕事に取り掛かろうとする人がいる。ある場面でひとつの感情を生みだすために、自分の人生の記憶をたどり、最近もしくは遠い昔に実際に体験した同一か類似の感情を思い出してそれを再び生きようとするのだ。舞台の上で、死んだばかりの母親の遺体を前にした俳優が現実に体験した自分の母親の死に際で味わった感情を意識的に呼び覚ますなら、舞台上の死ではなく現実の死を悼むことになってしまう。もしも自分の母親を亡くすという経験を実際に体験したことがなく、これに代わる似たような体験、例えば、可愛がっていた犬の死に置き換えるなら、動物の死を嘆いて終わることになる。

あるいは、最悪の場合、それさえうまく行かないかもしれない。その結果、彼が得るのは感情ではなく、死んだ感情の抜け殻である。自然に反した機械的な努力は、すでに一で取り上げたトランスを生み出す可能性が高い。感情を繰り返すことはできない。感情は生まれては死んでいく。そして、ひとたび死んでしまった感情を生き返らせる方法はないのだ。感情のひとつひとつは、たとえそれが過去の感情にどれほど似ていようとも新しい感情である。スタニスラフスキーは次のように言う。「感情は花のようなものだ。すでに枯れてしまった花と同じくらい美しい花を得たいなら、すべてのプロセスをもう一度はじめからやりなおさなければならない。土に肥料を与え、種を植え、水と太陽と空気を与え、優しく見守らなければならない」。

舞台の上でどのような感情が必要になるかは前もって分からないので、俳優は多種多様な感情を豊かに蓄えていなければならない。

俳優の豊かさは、蓄え持っている感情の豊かさに由る。何もないところからは何も生み出せない。

7e　真実の感覚

舞台を芸術として成り立たせるためには、どんなにあからさまな嘘であってもそれを真実に変えなければならない。

その実現のために俳優には想像力だけでなく、子供の無邪気さと信じる力を高度に発達させた能力が要求されるが、さらに真実と真実らしさに対する芸術的感性を持たなければならない。

この特性と能力があればこそ、俳優は真っ赤な嘘をこの上なく洗練された真実に変えることができるのだ。これをスタニスラフスキーは〈真実の感覚〉と呼ぶ。

舞台に立っている俳優は、真実らしさの中にいるときに心地よさを感じなければならない。〈真実の感覚〉は瞬間ごとに俳優に語りかける。「今、お前は嘘をついている。今は真実の中にいる」。〈真実の感覚〉と呼ばれる俳優のこの芸術的感性は、船乗りにとっての羅針盤に等しい。

スタニスラフスキーは続ける。「〈真実の感覚〉にこそ想像力と、創造の源となる〈確信〉を生み出す力がある。〈真実の感覚〉にこそ、舞台上の嘘に抗う力があり、さらにはバランス感覚、子供の無邪気さ特有の信頼感、芸術的感動の実直さがある。〈真実の感覚〉をしっかりと身につけ、舞台上ではこのフィルターを通さずに何か言ったりおこなったりしないようにすべきだ。」

> 俳優は平静でいる術を持たなければならないが、それにも程合いがある。俳優が感じるときは、勇み立つ馬を操る騎手のように自分の感情を導き、按配すべきである。自分が感じるだけでは不十分なのだ。観客に感じさせなければならないが、これは自分自身をコントロールせずには成り立たない。
>
> トマッソ・サルヴィーニ

サルヴィーニがここで指摘しているのは、俳優が舞台上で感情を芸術的にコントロールするときは、意識的におこなうのではなく〈真実の感覚〉を通して無意識的に行わなければならないということである。

俳優のなかには稽古中に自分が真実らしさの中にいないことに気付いていても、正すことなくそのまま続ける人がいる。彼は「明日はきっとうまくいく」と考えているのだろうが、これは危険である。明日がやってきても修正されることはなく、嘘の上にさらに新しい嘘が塗り重ねられる。嘘は真実と同じくらいしっかりと入り込んでくる。俳優は自分に対していかなる嘘も許容してはならない。真実を覆ってしまういかなる不純物とも妥協してはならない。

（訳注）

7f　相互関係——欠落

7g　内的紋切型を避ける

俳優の中には、喜びや悲しみなど、役のさまざまな感情を舞台で表現するのに既存のステレオタイプを使うおうとする人がいる。彼らは、作品が設定する特定の環境下に置かれた人物たちがそれぞれに個別的で独自のリアクションをおこなうであろうことには頓着しない。彼らはいわゆる「紋切型」と呼ばれる型に盲目的に従っているのである。例えば、様々なグラデーションの笑い方や、悲しげなすすり泣きから胸を引き裂くような慟哭までの微妙な変化のつけ方などがそれにあたる。彼らは演出家にこう尋ねる。「どのくらい大袈裟に笑いましょうか？　もう少し強く泣きますか？　ハンカチを濡らしますか？　濡れない程度にしておきましょうか？」など。そして、各々の場面に応じて、自分の〝演劇テクニック〟の引き出しに大事にしまってあったスタンダードの心理的リアクションを当てはめようとする。一三番の悲しみが演出家に受け入れてもらえないなら、急いで一一三番を取り出す。それでもだめなら、とっておきの三一三番の悲しみという手があるのだ。

しかし、愛を告白する時は胸に手を当てるのが正しいと誰に断言できるだろう。顎の骨に力を入れて歯ぎしりさえすれば憎しみが表現できるのか。手をゆっくり額に持っていけばそれだけで気がかりを表せるのか。こうした動きをはじめとする演技の秘訣について書かれた本さえあるというから驚くより他はない。

こうした見た目の紋切型は人間のリアクションを忠実かつ正確になぞって作りあげられたもので、次世代に残すべく剝製にされ、演技術の秘訣箱に分類されるときには生気も効果もすでに消え去っている。

幸いなことに今では、こうした見た目の紋切型を不自然だと考え、拒絶する俳優は少なくない。しかし、こうした俳優たちも、もう一つの紋切型の危険性に気づいていない。「内的紋切型」である。

内的紋切型は、多くの場合外的紋切型を生み出す原因となっている。

個別の現象を前に人はそれぞれ個別の反応を見せるが、内的紋切型はそれをあえてスタンダード化したものである。舞台で起きる多様な出来事を前に生じる個別の心理的リアクションを常識で囲い込むという過ちを犯している。

内的紋切型の信奉者は、例えば、母親を失ったばかりの人間は、例外なく悲しむと決めつける。宝くじの一等に当選した人は欣喜雀躍するのが当たり前とする。しかし、これとは反対のリアクションもありうるのだということを人生は教えてくれる。Aは母親の亡骸を前に想定通り嘆き悲しんでいるが、Bの場合はほっとしているかもしれない。彼にとって亡母はあまりにも大きな精神的重荷だったのだ。こうした例はいくつもある。

内的紋切型と外的紋切型を避ける唯一の方法は、自然の法則に則って舞台作業を行うこと、これに尽きる。言い方を変えるなら、役の気質や精神状態を決定する直接的・間接的なバックグラウンドに基づいて作業を行うべきなのだ。役のアクションの線と心理的リアクションの細部を決定づけるのはバックグラウンドをおいて他にないことを認めなければならない。

〔訳注〕

7h　決断力——欠落

八　集中——欠落

九　内的タスクと外的タスク——欠落

一〇　外的障害と内的障害——欠落

一一　舞台における感動——欠落

一二　外的テクニックによるブラッシュアップ——欠落

12a なめらかな演技／12b「テンポ」と外的リズムの統御／12c 発声法／12d ディクション・発話のルール／12e ビオメハニカ／12f ダンス／12g フェンシング／12h スポーツ／12i 造形力——欠落

12j　美的感性と抑制心

他の芸術領域同様、演技芸術にも抑制心が必要である。抑制心が働く枠内に演技が入っていればそれは芸術になる。抑制を必要とするレベルまで到達していない演技も、抑制心を乗り越えてしまった演技も芸術とはみなされない。

抑制心とはさまざまな判断基準の総体であり、芸術作品を調和と均質性のある形に仕上げるものである。良い料理人は料理に適量の塩と胡椒を入れる。良い俳優もまた〝適量〟を知らなければならない。過剰な演技や脆弱な演技は抑制心の働いていない演技と言わざるを得ない。

気取った態度も抑制力の欠如から来る。始末が悪いことに気取った人間は自分ではそれと気づいていない。しかし、ある人にとって気取りに見えたからと言って他の人も同じように感じるわけでもない。

抑制心は美的感性から生まれる。そして、美的感性は教養の豊かさに深く関わっている。

俳優の中には音楽に疎い人がいる。彼らは音楽に対する感性が鈍い。一方、造形美術への感性がない人たちもいる。これは、たいていの場合、音楽や美術についてしかるべき教養を身につけていないことに原因がある。

抑制心も美的感覚も人間生活のあらゆる側面や人それぞれの生活の仕方に関わっている。それゆえに俳優は、よい舞台を創ろうとするなら、抑制心と美的感性を鍛えることを心がけなければならない。

上品な人物を上品に演じるだけが演技ではない。舞台のうえでは不快な役どころの人物であっても的確に、抑制しながら演じなければならない。例えば、悪臭を発している乞食を演じるからといって俳優自身が臭う必要はない。八百屋のおばさんの喧嘩のシーンに暴力や滑稽味はあっても俗悪さはあってはならないのだ。

〔訳注〕

12k 外的な役作り／12l 舞台コンベンションの統御——欠落

一三 調和ある最終成果・演じられた人物——欠落

一四 観客——欠落

一五 批評——欠落

結論〔見出し及び冒頭三行欠落〕

スタニスラフスキー・システムをめぐって提起される疑問のひとつに、いわゆるリアリズムとは異なる演技を必要とする叙事詩や詩劇や象徴主義作品にシステムは有効かというものがある。

確かに、スタニスラフスキー・システムはイプセンやチェーホフの作品には有用で効果が高いが、他の種類の作品にはどうなのかと疑問視する意見が多い。

しかし、叙事詩であっても、詩的な作品や象徴主義の作品であっても、現実から切り離されて存在しているわけではない。スタニスラフスキー・システムが現実のエッセンスを浮かび上がらせる方法である以上、この種の作品に対しても役立つのは無論のこと、この場合は、作品のエッセンスが叙事詩、詩、象徴主義の形を纏って浮き上がるのである。これがよく分かる例がある。ベルギーの作家メーテルリンクが書いた秀作『青い鳥』は詩的な象徴主義作品であるが、どこよりも質の高い舞台をつくりあげたのはモスクワ芸術座だった。この作品の登場人物は人間ばかりではない。火、水、ミルク、砂糖、犬、猫、夜、夢、死などが出てくる。これらの動物、要素、概念、物は、そのものであってそのものではない。それらは擬人化され、それぞれが過去、現在、未来を持つ。さらには悲しみや喜び、苦悩をも感じている。彼らは俳優を通してはじめて生きることができる。一九〇八年、この作品の稽古が始まるときにスタニスラフスキーはモスクワ芸術座のメンバーを前に非公式のスピーチを行った。そのスピーチは次のように締めくくられている。「この偉大な事業の第一歩は、作品の中で君たちが生きることだ。さあ、始めようではないか！」

私の生徒たちによく尋ねられる質問がもうひとつある。スタニスラフスキー派の俳優と、非スタニスラフスキー派の俳優もしくはアンチ・スタニスラフスキー派の俳優は舞台の上でどう係ればよいのかという問いである。

実際に、俳優にはいくつものグループがある。第一のグループは、ディドロ派の俳優で、少なくともスタニスラフスキー・システムの存在を知るに至ってはこれを拒絶し、批判する立場に回った。第二のグループはスタニスラフスキー・システムであれ、他の流派であれ、その内容についてまったく研究しようともしない人々である。彼らはシステマティックな訓練の匂いがするものはすべて拒否する。自分は生まれながらの俳優であると公言してはばからない。第三のグループはさまざまな経緯を経てスタニスラフスキー・システムに到達し、これをドグマと捉える俳優たちであるが、本来のスタニスラフスキー・システムはあらゆるドグマや形式を退ける。最後のグループは、スタニスラフスキー派の俳優たちである。彼らはシステムにしがみつくことなく、偉大な指導者の遺産としてこれを尊重しながらもさらに発展させようとするのである。

似非スタニスラフスキー派の俳優たちのセクト主義は根絶させなければならない。彼らはスタニスラフスキー・システムの周りをうろついただけで自分が世界有数の俳優であると勘違いしている。舞台創造にまつわる問題を舞台ではなく、カフェの雑談で解決する連中だ。

俳優がどの流派に属していても、その人個人の資質は流派とは無関係である。

ディドロ派の俳優は「役を生きている」のだということを拒否する。しかしながら、ディドロ派を自認する俳優の多くが実際には舞台の上で感動し、感じ、生きている。彼らが何をどう説明しようとも、それは疑いの余地なく真実の瞬間であり、真正のインスピレーションである。覆われていた感性が自然の論理に従って表出する瞬間なのだ。ここで、フランソワ＝ジョゼフ・タルマのよく知られた概念——「並外れた感性と非凡な知性」——を思い出しておこう。観客を感動させるには俳優が感動してはいけないとするディドロ派の原理はここに崩れ去る。

どの流派に属していようとも、良い俳優であれば役に入り込み、自分が演じているシーンが本当のことなのだと自ら納得するはずである。この瞬間にスタニスラフスキー派の俳優は相手がどんな流派の俳優であっても生き生きとした関係性を成立させる。私の経験では、うわべが非スタニスラフスキー派の俳優であろうと、優れた俳優がアンチ・スタニスラフスキー的なことをするのを目にしたことは一度もないように思う。

同じことが非スタニスラフスキー派もしくはアンチ・スタニスラフスキー派の演出家についてもいえるだろう。このタイプの演出家は俳優と協力しあって創作を進めるのではなく、自分の創案を一方的に押し付けがちである。彼らは自分が舞台の上で何を実現させたいのかはわかっているかもしれないが、しかし、そこに至るまでに俳優が段階的に通過していくデリケートなプロセスのことはたいてい念頭にない。こうした演出家と一緒に仕事をするスタニスラフスキー派の俳優は、所定の指示を瞬時に把握して実際の演技に反映させながら一回一回の稽古のたびに良い結果を生み出す能力をしっかり身につけておかなくてはならない。

スタニスラフスキー・システムは一九世紀の終わりに誕生した。当時、トマッソ・サルヴィーニをはじめとする著名な俳優がロシアを訪れ始めていた。スタニスラフスキーは彼らを熱心に観察し、他の俳優や自分自身と比較した。彼らの演技に驚き、疑い、検討し、自らの結論を導き出していった。スタニスラフスキー・システムと呼ばれるものは、ひとつの教えに過ぎない。スタニスラフスキーが観察や自分の考えを実践と対照させながら、自分自身の血肉に吸収しながら描いた道筋なのだ。彼は俳優、演出家、指導者として四〇年にわたり絶え間なく活動しながらこの道を辿ったのである。

スタニスラフスキーはシステムが大発見だと言ったこともなければ、完璧に構築し終えたと考えたこともない。したがって、システムが聖書であると考えたり、演技マニュアルであると見做すことは大きな過ちである。

スタニスラフスキー・システムの歴史的価値は、過去の演技術の潮流を余すところなく分析し、芸術における嘘を排除し、本物を浮かび上がらせたことにある。

生まれながらの俳優を自認する人は経験主義の俳優としてキャリアを積んでいく。観客を前にした実践こそが最良の学校と断言し、学ぶことを軽視する。

無論、実践経験は非常に重要である。しかし、手探りで歩いていると主要なルートから逸れてしまう危険がある。

理論に裏打ちされない経験は不確かである。また、理論はどんなに完璧であろうとも実践に支えられなければ発展しないし、やがて枯れてしまう。

スタニスラフスキー・システムは、すでに発見されている事柄を俳優が時間やエネルギーを費やして探し当てる無駄を省いてくれるのだ。

（訳注）これまで参照してきた草稿②はここで終わっている。目次にはこのあと、〈第二部　俳優の訓練〉〈第三部　舞台演出の基礎知識〉〈第四部　『オセロ』の演出ノート〉が記載されているが、文章は残されていない。

III　演技クラスのための教育プログラム

（資料No. 1——演技の内的テクニックおよび外的テクニック訓練のためのエクササイズの要略リスト——に基づく。これらのエクササイズはスタニスラフスキー、メイエルホリド、ヴァフタンゴフのシステムからの抜粋で、一九三二年—三七年にかけて佐野碩によってまとめられた。この間、佐野はメイエルホリドの助手、メイエルホリド国立劇場付属舞台芸術科学研究所指導メンバー、演出家ヴラジーミル・イワーノヴィチ・ネミロヴィチ＝ダンチェンコの芸術補佐を務めた。）

科目

一　筋肉の解放
二　正当化
三　舞台におけるタスク
四　記憶の再現
五　再現された記憶の劇化

六　稽古
七　演技

一　筋肉の解放

観客を前にした俳優に第一番目に求められるのが筋肉の解放である。次のエクササイズによって達成される。

（一）観察、（二）認識、（三）記憶。これらのエクササイズは「器官を使った注意力」すなわち「集中力」を鍛える。

全体の目的

一　神経の不必要な緊張をまったくなくし一般的に〝滑らかである〟とか〝自然体である〟と呼ばれる状態を作る。

二　俳優の自己コントロールを可能にするための基礎力を固め、強化する。

全般的な注意

一　器官に集中することが筋肉解放の基本である点を強調する。

二　現実の生活の一瞬一瞬はシンプルな行為、自発的行為、反射的行為の連続であることを生徒に示す。

三　エクササイズを行うときも、あとからそれについて説明するときも、生徒が器官（知覚と神経組織の動き）に完璧に集中するよう配慮する。

四　エクササイズが本気で行われるように配慮する。子供は現実の生活の中に身を置きながらも遊ぶときには自分が創りだした人や物や想像上のシチュエーションと真剣に、また無邪気に取り組むが、それと同じでなくてはならない。

五　異なる条件のもとでエクササイズがなされるように配慮する。例えば、

(a)完全な静寂の中で

(b)故意に中断させながら

(c)大小の騒音の中で

六　身体器官のどこか一点に集中することで自動的に筋肉の無駄な緊張感から解放されることを説明する。

七　〝滑らかさ〟は身体の弛緩ではなく筋肉の適度の緊張によってもたらされることを説明する。

八　ここに示す一連のエクササイズは、演技の外面に関わるビオメハニカ、柔軟性、コーディネーションの初歩エクササイズと深い関連性を持つことを説明する。

エクササイズ1　物とシチュエーションに対する感覚

(a)視覚を使う

生徒にとってなじみのない物を観察するエクササイズ。生徒は物を見ているふりや調べているふりをするのではなく、本当にその物に関心を持たなければならない。緻密で体系的な注意を注ぎ、微細な部分まで具体的に把握する。そして後で、観察した物のあらゆる特徴のひとつひとつについてクラスメイトに説明できなくてはならない。繰り返すが、生徒は見ているふりをしてはならない。見せかけは演技の最初の敵である。何かをしているふりでは観客を納得させることはできない。本当に何かすることで初めて観客は納得するのだ。

(b)聴覚を使う

周囲の物音全般に集中するエクササイズ。例：街路、トレーニングルーム、隣室などの物音。このエクササイズを真剣に行えば生徒の身体の筋肉は完全に解放され、集中は器官に集まる。

［目的］感覚と神経の集中を高めるためのエクササイズ。集中なくしていかなる演技もあり得ない。無駄な筋肉の緊張はあらゆる舞台作業の敵となる。

エクササイズ2　読書に完全に集中する

生徒は今までに読んだことのない本を持って舞台に上がる。一部分を黙読する。あとで読んだ箇所の詳細をクラス全員の前で説明できるよう読書に集中しなければならない。このエクササイズは初め静かな中で行うが、後に大小の騒音を加えておこなう。

［目的］感覚と神経を集中する能力を伸ばし、筋肉の最大限の解放を図る。

エクササイズ3　一日の行動の詳細を思い出す

生徒は前日の行動についてクラスメイトに話す。その日に自分の人生に起こった出来事を、できれば分単位で、できるだけ詳しく述べる。例―何をしたか。誰と話したか。何について話したか。話相手はどんな服装をしていたか。何を食べたかなど。

エクササイズの途中でクラスメイトは生徒の演技について質問をしてもよい。集中を途切れさせるのが目的だが、生徒は相手のペースに巻き込まれてはいけない。

［目的］集中と注意力を維持しながら記憶力を実行する。

エクササイズ4　鏡

このエクササイズは二人の生徒が向き合って行う。一人がなんらかの動作を行い、もう一人はそれを即座に真似る。周りの生徒は二人の動きに注視し、どんなにつまらない動作も見逃さず、後で、完璧に真似ができていたのか部分的だったのかについて意見を述べる。

［目的］観察力、注意力、洞察力を高める。

エクササイズ5　演出家と俳優

演出家役の生徒が簡単ないくつかの動作を行う。俳優役の生徒はこれを観察したうえで舞台に上がり、演出家が行った一連の動作を繰り返す。演出家はこれを観察し、動作が正しく繰り返されているかを確認する。俳優は動作の細部まで再現しなければならない。

［目的］観察力、注意力、洞察力を高める。

エクササイズ6　言葉の輪

生徒全員が参加するエクササイズである。全員が輪になる。一人が何か言葉を発する。例えば、「机」など。すぐに隣の生徒がこれを繰り返し、さらに前の言葉とまったく関連のない言葉を付け加える。例えば、「自動車」など。次いで三番目の生徒は、前二つの言葉を繰り返し、さらに想像力を働かせてもう一つの言葉を加える。輪を何周かするまでこれを繰り返す。

［目的］記憶力と注意力を高める。

エクササイズ7　エネルギーの消費

(a)エネルギーの完全消費（全身を使う）

重さの軽い物を用いてエクササイズを行うが、演劇的には重い物であると想定する。物が表しているものに見合ったエネルギーを使う。例―生徒は空の袋もしくはそれと同等の重さのものを担いでいるが、砂の大袋を運ぶエネルギーを使う。うまくやり遂げるには大きな集中力が必要である。

(b)エネルギーの部分消費（身体の一部ないしは複数の箇所を使う）

これは前のエクササイズに似ているが、身体の一部分のエネルギーだけを使い、そのほかの箇所のエネルギーは使わない。例―生徒は手に軽いものを持っている。それが水の入った器であると想定したり、机もしくは椅子を引きずっているのだと想定して集中する。それぞれのケースに見合ったエネルギーを消費する。

［目的］現実の生活の一瞬ごとに体験する筋肉の完全な解放を舞台の上で獲得する。筋肉と神経のコントロールのためのエクササイズ。身体の異なる部位のコーディネーション。

エクササイズ8　緊張とリラックス

(a)生徒は椅子に座り、身体のすべての筋肉を完全にリラックスさせる。身体を支えていられるだけの最低限の力を使う。次に身体の一部位だけを緊張させるが（指示は教師が行う）、他の部分は完全にリラックスさせたままでいる。例―片腕、片足など。次に最初に緊張させた部位の緊張感を保ちながら他の部位を緊張させる。この時も該当部位以外は完全にリラックスさせる。これを、身体全体の筋肉が緊張するまで順次続ける。このエクササイズで重要なのは、身体の一部位を緊張させながら他の部分は完全にリラックスさせていることである。

(b)緊張の度合いを変えるエクササイズ、緊張を身体の一部位から他の部位に移動させるエクササイズ。生徒は身体の一部を緊張させ、その度合いを次第に強め最高レベルまで持っていく。もしくは徐々に弱め、最低レベルまで持っていく。緊張の移動のエクササイズでは身体の一部位から他の部位に緊張を移していく。例―右腕を緊張させているが、これを左に移す。このとき、右腕が完全にリラックスするまで緊張を解きながら、同時に左腕の緊張を増して行く。

(c)椅子から立ち上がり、身体の一部位だけを緊張させ、他の部分はリラックスさせた状態で数歩歩く。例―首。

［目的］特定の対象に五感の注意を向けるエクササイズ。これができれば、無駄な筋肉の緊張から解放される。生徒は筋肉そのものの存在を忘れて、無意識的に筋肉を動かすことができるようになる。当然のことながら、筋肉と神経のコントロールおよび適切な呼吸のコントロールにも役立つ。

二　正当化

作品の中では俳優を取り巻くあらゆる物、人、事象、状況がフィクションである。そのひとつひとつについて正しい〈舞台における態度〉を確立する。

（訳注）佐野は「舞台におけるアクション」（acción escénica）と「舞台における態度」（actitud escénica）の二つの用語を使い分けているように思える。acción も actitud もともに「行動」と訳すことはできるが、acción は動きを想定する用語であり、actitud はスタティックな状態での表現をも含む表現であるため、ここでは「舞台における態度」と訳した。なお、「Ⅲ　演技クラスのための教育プログラム」を除いて佐野は actitud escénica は用いていない。佐野の中で表現の揺れがある可能性も否めない。

全体的な目的

一　生徒がフィクションを乗り越えて舞台における真実に到達できるようにする。

二　舞台で行う行為のすべてに、実際の生活と同じような具体的で固有の動機を与える。

三　現実の中にいるのだということを生徒に実感させる。観客が納得し、同じように実感としてとらえられるレベルにまでその感覚を持っていく。

全般的な注意

一　演劇的真実（条件付きかつ主観的な真実）と人生の真実（絶対的かつ客観的な真実）の違いと相互関係について説明する。フィクションもしくは演劇的真実（フィクションもしくは条件付きの真実）が「演劇的なるもの」の構成要素であることも説明する。

二　虚栄心は、説得力ある演技にとって最大の障害になることを強調する。ステレオタイプ化・スタンダード化された〝型〟や形式を助長し、嘘の演技を引き出すからである。観客を納得させるにはまず自分自身が納得しなければならないことを強調する。

三　真実味にあふれる豊かな演技を実現するには微小のディテールまで正当化することの重要性を強調する。

四　与えられた役に内面と外面の両方からアプローチすることの重要性を説明する。これはI・P・パブロフ（一八四九―一九三六）教授の条件反射理論に基づくもので、俳優の訓練にも有効である。

五　現代の演技術は多様なシステムの上に成り立っているが、システム同士の主な違いについて、システムを創り上げた人物本人の言葉と仕事の具体例に基づいて説明する。それぞれのシステムの持つ社会観、芸術観、形式、スタイルの違いによって差異が生まれているのである。

六　まとめとして次のことを説明する。正当化に至る唯一の道は空想的な想像力ではなく創造的な情報である。正当化こそが〈舞台における行動〉を決めるための礎であり、〈舞台における態度〉が演技のすべてである。俳優が、役の求める行為すべてを確立し、それを思い通りに操ることでひとつの統一体を形成できれば、その時こそ役を正しく演じたのだと言える。観客に媚へつらったり、うまく演じてやろうなどと考えるのは俳優がいちばん避けなければならないことである。

今日の君にはうまく演じられなくても明日はよくなるかもしれない。肝心なのは、いつも正しく真実をもって演じることなのだ。

シェープキン（一七八八―一八六三）

＊これらのエクササイズをおこなう際には、二大潮流の演技メソッドとその価値について説明する必要がある。生徒は両方のメソッドを吸収し、自分の演技力開発のために活用すべきである。ひとつはスタニスラフスキーに代表されるメソッドであるが、メソッド全体を包括的に捉える視点を離れてエッセンスをあえてひと言で言うならば「内側から役を攻める」と定義できよう。もう一方はメイエルホリドに代表されるメソッドで、〝演劇的な〟表現方法を重視するメソッドであると言える。すなわち、「外側から役を攻める」方法なのだ。今日これら二つのメソッドは互いに影響を与え合う関係にあり、ともに世界的な認知を得ている。スタニスラフスキーのメソッドはメイエルホリドのいくつかの手順と合致しているし、メイエルホリドのメソッドにもスタニスラフスキーの基本的な手順が含まれている。通る道筋は違えども双方が追求する目的はともにリアリズムである。すなわち、生活のすべてのディテールを安直に、機械的に、自然主義的にコピーしようとするのではなく、作品のエッセンスから最も重要で、貴く、美しいものを抽出して、それに合致するひとつの表現と演劇的

な言葉を与えようとするものなのだ。〔エクササイズ9のページの脚に記載されているが、いわゆる脚注の形式を取っておらず、本文のどの部分に付された注なのかについての指定はないため、ここではコラム形式で記した。〕

エクササイズ9　抽象的な動きの正当化（純然たる形式は演劇では機能しない。形式は現実に則した明確な意味を持っていなければならない）

(a)動作の正当化

教師の合図で生徒は何らかの自由な動作をおこなう。前もって準備したものではない動作。次に生徒はその抽象的な動きに意味づけをする。例―両手もしくは両腕を高く上げる。この動作に意味づけをする。落ちかけているものを止めようとしている、洗濯物を干している、空中ブランコに摑まろうとしている、銃を持った男に脅されているなどが考えられよう。各々のケースで生徒は明確な正当化をしなければならない。言い換えれば、生徒は正当化の内容に見合った動きをしていなければならないということだ。単なる動作、ただの形式は何も意味しないということがこのエクササイズで明らかになる。現実に則した内容を与えたときにはじめて観客にとって意味のある動きになり、観客に対して正当化がなされたのだと言える。

(b)一連の動作の正当化

前と同種のエクササイズであるが、ここでは互いに関連性のない三、四の動作もしくはそれ以上の動作を行う。教師の合図に合わせて順次動作をおこなっていくが、これを記憶しておく。後で元通りの順番で動作をおこない、ひとつのまとまりを与える。すなわち、ばらばらであった動作全体に対して明確な共通の意味を与えて正当化するのである。例―第一の動作で右手を上げる。二番目は右手を額に当てる。三番目は、左手を上着のポケットに入れる。これらの動きは次のように正当化されよう。一人の演説者が観衆に静粛を求める（第一動作）。しかし、どう話し始めていいのか分からず、額に手を当てる（第二動作）。上着のポケットにメモを入れたことを思い出し、それを取り出そうとする（第三動作）。

［目的］舞台で起きることすべては正当化を基本とする。どんな動作であれ、どんな身振りであれ、正当化ができないものや説明できないものがあってはならない。完璧に正当化されていなければならない。詳細なディテールに至るまで正当化されていれば、より説得力のある演技になる。このエクササイズは、続くエクササイズ同様、役を「外側」から、形から攻めるのに有効である。

エクササイズ10　正当化の根幹をなす創造的イマジネーション

(a)このエクササイズでは、生徒に何か物を渡す。生徒はそれが動物か子供であると想定して集中する。そしてそのことをクラスメイトに納得させなければならない。例――ベレー帽を渡し、生徒はそれが猫であるとみなしてそれらしく扱う。後で詳しく説明できるよう充分に集中する。生徒はベレー帽に猫の特徴のすべてを見て取らなくてはならない。

(b)前と同じエクササイズをグループで行う。物を生徒全員に回していく。生徒たちはその物――この場合はベレー帽――の実体が分かっているように振る舞ってはならない。想像している動物を前にしているかのように振る舞う。子供は自分の想像したものを心から信じるが、これと同じ無邪気な真剣さが必要である。クラスメイトが傍にいても自分自身を納得させられればこのエクササイズは容易なものとなり、クラスメイトを納得させることもできる。

［目的］俳優にとって不可欠の創造的イマジネーションの力を伸ばす。創造的イマジネーションを使えば俳優はより豊かで正確な役作りができるし、より説得力のある人物像を創り出せる。

(c)生徒は棒を手に取る。ライフル、蛇、楽器などを想定した動作をおこない、正当化する。それぞれのケースにふさわしいリアクションをする。

エクササイズ11　想像上の物を使って身体的動作を行う

(a)石油ランプに火をともす。(b)針仕事。(c)料理。(d)薪割り。(e)魚釣り。(f)狩りなど。

この身体的動作の再現エクササイズは、それぞれの作業に慣れている生徒だけでなく、未経験の者も参加するのが望ましい。

エクササイズ12　〈舞台における態度〉を決める

(a)舞台に椅子を置き、生徒はそれが蜂の巣であると想定して正しい態度を創りだす。椅子があたかも蜂の巣であるかのようにふるまい自分自身もクラスメイトをも納得させる。

(b)同じ椅子を使って、獰猛な犬が中にいる犬小屋であることをクラスメイトに信じさせる。自分が実際に犬を見ているのだということをクラスメイトに信じさせるレベルにまで集中力を高める。これで初めて正しい態度が創られる。

(c)同じ椅子をフルーツバスケットとみなす。生徒はこれに対する正しい態度を編み出さなければならない。バスケットからひとつフルーツを取り上げるが、それが何であるかをクラスメイトに分からせなければならない。

例―マンゴー、バナナ、桃など。

［目的］舞台上の俳優は常にフィクションに取り囲まれている。舞台装置、衣裳、小道具、他の俳優、自分のメーキャップなどすべてがフィクションである。舞台も作品そのものもフィクションに過ぎない。俳優は

フィクションを超越し、現実の中にいるのだと感じ、それを観客にも感じさせなければならない。俳優はどんな役を演じる時もこのことを基本にしなければならないのだ。俳優が自分は現実の中にいるのだと感じるには、あらゆるフィクションに対して正しい態度を創り出さなければならない。

エクササイズ13　舞台における孤独

(a)自分の部屋で

生徒はあたかも自分の部屋にいるかのようにふるまう。自分の周りにある物ひとつひとつに対して適切な正当化を行う。小道具は自分の部屋にある家具だと考えるのだ。例―縫物をしている、読書をしているなど。観客が、生徒は自分の部屋にいるのだと納得するほどに舞台上の物を正当化しなければならない。クラスメイトの前にいながら、生徒は自分が全く一人でいるのだと感じなければならない。

(b)森の中で

前と同様のエクササイズであるが、ここではあまりなじみのない物を扱う。例―ばらばらに置かれた椅子を樹木とみなし、生徒は森のディテールを正当化しながらそのあいだを歩く。例えば、キノコを探す、小川を飛び越える、木の根に躓く、落ち葉を踏むなど。観客を説得するには、まず生徒自身が先のエクササイズ同様に孤独を感じ、自分は森にいるのだと納得しなければならない（バリエーションとして、倉庫、船の甲板、廃鉱など）。

［目的］〈舞台における態度〉を決めるということは態度を正当化することに他ならない。正当化のための最良のツールは俳優の創造的イマジネーションである。創造的イマジネーションこそが正当化に至る道なのである。舞台での態度の基本は正当化であり、俳優の仕事は正しい〈舞台における態度〉に尽きる。なぜなら役とは正しい〈舞台における態度〉の積み重ねなのだ。ひとつの役が要求するすべてのふる

まいのひとつひとつを正しく創り、それらを自在に操りながら全体に一貫性を与えられたとき、俳優は自分の役を正しく演じられたと言えるだろう。

エクササイズ14　観客を前にしての正しい〈舞台における態度〉を創る

(a)手紙を読む。生徒は自室に入り、手紙を見つけて黙読する。その手紙に対する自分の態度をディテールに至るまで正当化する。すなわち、どこから来た手紙なのか、誰からの手紙か、内容は何か、その内容がどのように記されているのか、それに自分はどうリアクションをするのかをクラスメイトに分からせなければならない。

［目的］俳優が、役が要求するすべての〈舞台における態度〉のひとつひとつを正しく創り上げ、態度を自在に操って全体に一貫性を与えられれば、役を正しく演じたことになるのだ。

エクササイズ15　二人もしくはそれ以上の人間のあいだの〈舞台における態度〉を創る

このエクササイズには二人以上の生徒が参加し、さまざまな感情を正当化する。ここでは物ではなく他の人間やさまざまなシチュエーションに対する正しい態度を創ることを目指す。

(a)互いに恐れている。

(b)互いに好意を持っている。

(c)互いに憎しみを抱いている。

生徒は異なる感情をディテールに至るまで正当化しなければならない。例──なぜ喧嘩したのか。いつから喧嘩しているのか。そこで遭遇する前はどこにいたのかなど。

ここでは互いに同じ感情を抱いていなければならないことが分かるだろう。恐怖、好意などは相互的な感情である。ここにはまだ葛藤の要素は介入していない。〈舞台における態度〉の次に〈舞台における課題〉について検討するが、〈舞台における課題〉は葛藤から生まれる。ここからはその葛藤について見ていく。

三　〈舞台における課題〉

アクション（〜したい）と反アクション（〜できない）のあいだの葛藤。この葛藤が相応に激化することで〈舞台における課題〉が成立し、それぞれのケースに応じた感情や感動が生まれる。この条件のもとで生じる真実性もしくは真正性が〈真実の感覚〉と呼ばれるものである。真実の感覚こそがジャンル、形式、スタイルを問わず、すべての演技の有効性を図る唯一の物差しである。

ここでは演技の基本的要素である次のポイントについてのエクササイズをおこなう。

(a)なぜ？　何のために？
(b)何を？
(c)どのように？

内的葛藤・外的葛藤と舞台上での相互関係、相互影響。

［主な目的］

一　舞台における感情と感動の真実性を高める。真実の感覚のレベルアップ。
二　舞台における相互関係性と相互影響力を確立する。

［主な注意点］

一　舞台における感情や感動を大摑みに、漠然と〝絞り出そうとする〟のは間違いであることを強調する。現実の生活と同じように、感情は具体的に、個別的に生じるのである。

二　演劇における職人芸と名人芸の違いを強調する。職人芸の俳優は身振り、しぐさ、声の抑揚を用いて感情を描こうとする。しかも、こうした技巧そのものを俳優の仕事の目的とする。退廃的な似非技巧で観客の目をくらませれば作品全体の価値が損なわれることになる。一方、芸術家が使う身振りや仕草などは、作品の内容を浮き上がらせて観客を感動させ考えさせるという俳優の仕事の神髄を達成するために必要なツールに過ぎない。

三　原因と目的（「なぜ」と「何のために」）に立脚すれば、俳優（「何が」）とその表現形式（「どのように」）は、現実の生活と同様の自発性をもって自動的に達成できる。自然の法則がここでも俳優に働きかけるのだ。

四　このシステムでは、内容が形式を決定するのであり、決して形式が内容を決めるのではないことを強調する。ただし、内容と形式は常に相互影響関係にあることは確かである。

形は背後に思想があるとき、または思想を内包するときに美しい。美しい額の中に頭脳がなければ何の意味があるだろう。

マクシム・デュ・カン（一八二二―一八九四）

私は、形と内容は別々に存在し得ないものだと考える。もしも形のために思想を犠牲にしても構わないと考える人がいたら、芸術家ではなくなる。たとえ過去に芸術家であったとしても。

ギュスターヴ・フローベール（一八二一―一八八〇）がジョルジュ・サンドに宛てた手紙。『往復書簡集四』（一八六九―一八八〇）

音楽は音の詩である。音楽は宇宙にある音と私たちの心にある音のバイブレーションである。魂のない音楽は音楽ではない。

レオポルド・ストコフスキー（一八八二）

どんな演劇であれその神髄は模倣である。人生の断片、真実の感情、人間の経験から成る宇宙を舞台上に再現するのだ。演劇は先ずもって模倣し、存在するものすべてを表現するのだが、そのときに外観だけでなく内側にあるものが明らかになる。

世阿弥（一三六三―一四四四）

五　写実主義、自然主義、形式主義が何であるかについて説明する。ただし、三つの形式、ジャンル、美的スタイルとして示すのではなく、芸術における三つの基本的な潮流であること、現実に向き合うときに三つの異なる芸術的スタンスであることを伝える。

六　〈舞台における課題〉は、障害が大きければ大きいほど、状況が難しければ難しいほどよりエネルギッシュに達成されることを強調する。また、真実の感覚の度合いはこのエネルギーの強さに因ることもしっかりと伝える。生徒はエクササイズの過程で葛藤の密度を上げる努力を続けることが望ましい。

七　舞台での葛藤には、内的葛藤（心理的葛藤）と外的葛藤（物理的葛藤）が混在することも強調しなければならない。場面が要求するバランスを考慮しながら二つの葛藤の強さを決める必要がある。

八　舞台での俳優同士の関係性は前もって計画すべきではないし、機械的な努力で構築できるものでもない。これを創り上げるのに必要なのは、

(a)舞台に登場する全員がそれぞれに、舞台上にあるすべてのものに対する態度を正しく創り上げる。

(b)舞台に登場する全員がそれぞれに、〈舞台における課題〉を達成する。従って、舞台での関係性が構築さ

れないうちに台詞を言ったり、動いたり、身振りを行うなどの行動は正しくない。行動は与えられたシチュエーションに応じて自発的・論理的な結果として生まれる。身体的欲求、抑え難い内的衝動として行われなければならないのである。

エクササイズ16　〈舞台における課題〉の三つの主要素

一　なぜ、何のために
二　何が
三　どのように

(a)机を叩く

このエクササイズには三つのバリエーションがある。

一　聴衆に静粛を求める
二　机の堅さを確かめる
三　眠っている人を起こす

このエクササイズはこの単元でおこなう他のエクササイズのためのウォーミングアップである。ここでは形を使って内容に到達する方法を学ぶ。例えば、机を叩く（形）という動作を行いながらそれに叩く理由（内容）を付け加えて行くのである。

(b)友人を訪ねる

バリエーション

一　悪いニュースを伝えに行く

二　プレゼントを持っていく
三　相手の間違った行為に文句を言いに行く
このエクササイズでは細かいディテールまで正当化する必要がある。例—悪いニュースを伝えに行く。なぜ？　何のために伝えるのか？　内容は何か？　そして、どんな具合に伝えるのかまで正当化する。

［目的］俳優は舞台にいるあいだは、「なぜ？」と「何のために？」そこにいるのかを、すなわち理由と目的を常に認識していなければならない。舞台にいる理由と目的を理解していればおのずと演技の「何が」（内容）と「どのように」（形）は生まれてくるのだ。

エクササイズ17

(a)友人である二人が同じ部屋にいる。二人は互いに腹を立てていて口を利かないが、再び仲良くなりたいと思っている。どうしても口を利かざるを得ない状況までもっていくための二人の態度を確立する。
(b)勉強したい人がいるが、外的要因が原因で勉強ができない。例—隣人がうるさい、ハエが邪魔をする、ラジオの音量が大きいなど。
(c)部屋に一人でいる。友人を待っているがなかなか来ないので所在なく過ごしているが、ついに一人で出かけることにする。そこへ（たぶん、当の友人から）悪い知らせがもたらされる。その結果、慌てて出かけることになる。
(d)当選した宝くじを自宅に取りに戻るが見つからない。
これらのエクササイズはさまざまなバリエーションでおこなうことができる。
［目的］真実の感覚や真実味をより高いレベルで達成する。

エクササイズ18　アクションと反アクション　二つのファクターのあいだの葛藤

(a)外的（身体的）反アクション。生徒は切迫した状況で街を出なければならなくなった。旅の荷物が用意されている部屋に入ろうとするが鍵が見つからない。列車もしくは飛行機の出発までにあと数分しかない。

このケースのアクションはドアを「開けたい」であり、反アクションは鍵が見つからずドアが「開けられない」である。

(b)内的（心理的）反アクション。生徒は親友が重い病気にかかっていることを知っている。彼に手を差し伸べたいがもうできることは何もない。

生徒がこのエクササイズに心から真摯に取り組めば舞台上で本物の感情が生まれるだろう。このケースでは、悲しみ、やるせなさ、絶望などの感情が湧き出るはずだ。ここでのアクションは「友人の元気を回復させたい」であり、反アクションは「彼のためには何もできない」である。舞台の感情は演技の課題遂行の結果として、アクションと反アクションの葛藤の中で生まれなければならない。

(c)外的な反アクションと内的な反アクションを混ぜる。さまざまなバリエーションが可能である。例えば、エクササイズ(a)では、どうしてもドアを開けなければならない心理的要素を加えて複雑にするなど。

［目的］演劇は闘いである。対立関係にある二つ以上の要素のあいだに展開される闘いである。闘いが熾烈であればあるほど、より大きいな演劇的表現が得られるだろう。

エクササイズ19　舞台における相互関係。舞台における相互影響。

(a)このエクササイズは、母親、父親、娘を演じる三人の生徒で行う。娘が勉強していると恋人が屋外から呼ぶ。

娘は外に出たいが両親がその場にいるため行動に移せない。両親を説得するため外出の口実をいくつか試みるがうまく行かない。このエクササイズは、最初はできるだけ言葉少なに、次に普通の会話を用いて行うことが望ましい。

(b)舞台には女一人、男二人の兄弟姉妹がいる。カーテンの後ろでは重病の父親がベッドに横たわっている。会話をせずに態度でこの場に適切な相互関係を三人のあいだに創り上げ、客席にも示す。

(c)一冊の本を二人の生徒が共有している。現在本を持っている人の家でアクションが展開する。もう一人が本をもらいに来るが、現在の所持者も本を必要としていることが分かる。この動機を使って闘いのシーンを創るが、次第に険悪な雰囲気が高まる。結果は、二人の舞台上の相互影響力に左右される。

(d)このエクササイズは四人の生徒で行われる。時計職人、時計屋の店主、客、客の妻。通りに面した時計店が舞台となる。客が店を訪れ、修理に不備があると訴える。時計職人は、修理は完璧だと答え、不具合は修理後に生じたものだと言う。店の外にいた客の妻が介入してくる。次第に口論が激化し、やがて店主もこれに介入する。このエクササイズと次のエクササイズでは、相互影響が当事者以外の人間になんらかの行動を取らせることになる。知り合い同士があるアクションをきっかけに対立するのとは異なり、アクションの展開の中で見知らぬ同士が深刻な敵意をいだくことになるのである。

＊〈舞台における課題〉をめぐるこれらのエクササイズでは、各ケースで示される障害に対して生徒はエネルギッシュに立ち向かわなくてならない。そうすることで正しく効果的な表現が得られる。俳優が舞台の上で欲していることと面前に立ちはだかる障害や妨害との間に生じる衝突の結果として〈舞台における感情〉が生まれる。感情をいい加減に扱ったり、尾ひれをつけたり、描写しようとしてはいけない。演技はある種の内的感情と密接に結びついている。これをわれわれは〈真実の感覚〉と呼ぶ。演技の実効性はこの〈真実の感覚〉によって

のみ確かめられる。〔注の形で挿入されているが、どの部分の注であるかについては明記されていない。〕

(e)このエクササイズは一人の船頭、船頭の妻、向こう岸に渡りたい客、客の妻の四人のあいだで展開する。船頭が店じまいをしているところへ一人の男とその妻がやって来る。向こう岸に病気の息子がいるという夫婦は不安に打ちひしがれ、どうにか船を出してほしい船頭にと金を差し出す。船頭は金を受け取らない。嵐が近づいているのだと言う。苦しむ両親は向こう岸に渡るためにどんな要求でも呑む覚悟である。病気の息子を救う手は他にないのだ。船頭はこの悪天候では川を渡るのは無理だということを二人に分からせようとする。船頭の妻が話に加わる。そうこうするうちに天候はさらに悪化し、とうとう嵐になる。

これらのエクササイズはさまざまなシチュエーションを想定してバリエーションを持たせることができる。しかし、いずれの場合も真実の感覚で演じ、観客を納得させなければならない。

［目的］まずはじめに生徒が留意すべきは、相互影響はあらかじめ計画できないということである。すなわち、前もって何が起きるのかのアウトラインを作ることはできないのだ。舞台における相互影響は、実際の生活の中に自然に起きていることと同じである。この相互影響から舞台における感情もしくは真実の感覚が生まれる。さらに生徒に気づいてもらいたいのは、二人以上の人物のあいだの相互影響は言葉や視線などを介してなされるだけでなく、誰かがその場にいるということでも変わってくるということだ。いうなれば、同じ場所に複数の人間がいるというだけで相互影響が生じるのである。*

*俳優は舞台の上で話したり、見たり、他の人から何かを得ようとするときに形から入ってはならない。すなわち、機械的に写し取った動きや外形に頼るのではなく、実際の生活で二人以上の人が係るときの真正で生き生きとした有機的な関係性に依らなければならないのである。そうすれば、相互関係はリアルで説得力あるものになる。見ている振りや聴いている振りをせず、言葉や視線の裏にあるものを見るのだ。言葉や視線が何を生

み出しているのかを見極めなければならない。無言でおこなうエクササイズの重要性はここにある。舞台いる生徒の真実の感覚と、観客の真実の感覚とを通して相互関係が有機的に構築されなければならないである。演技に説得力があるか否かは生徒が作りだす真実の感覚にかかっている。

四　記憶の再生

［目的］過去に体験した感動の記憶を、初めてその感動を味わった時と同じ密度と新鮮さで再生し、いかなる時でも、いかなる状況下でも、必要に応じて何度でも、無条件にそれに没入する能力を培う。

俳優の仕事の難しさがはっきりと分かってきた。それは、周囲の騒音に気を取られることなくひとつの役に入り込む能力であり、それを持続させ、演じている人物に倦まない能力である。私にはまだその経験がない。

スタニスラフスキー

一　現実の生活には俳優の仕事に役立つ豊かな経験が満ち溢れていることの重要性を強調する。役の人物に求められる事柄は実に多種多様である。豊かな演技は豊かな生活から生まれる。

二　記憶の再生は、より真実味のある感動を引き出すためにも、連想の力で現実生活の感動と舞台上の感動をつなぐためにも、もっとも有効な方法である。

三　俳優の記憶がもつ特質と他ジャンルの芸術家の記憶の特質の違いを説明する。

四　記憶の再生が極めて正確でなければならないことを説明する。生徒は、嘘をつかないことは無論のこと、粉飾してもならない。

五　エクササイズはいわゆる演技そのものではなく、演技の重要な基礎学習のひとつであることを説明する。

エクササイズ20　自分自身の経験および生活のあらゆるシーンの詳細な観察

一　生徒の個人的な体験の中からある出来事を思い起こす。ドラマチックな体験や滑稽な出来事など何でも良いが、強い関心を持った出来事であることがポイントである。人生の中で突出したエピソードであること。生徒はその出来事を正確に、忠実に再現する。出来事のある部分を自分の判断で歪曲したり、演劇的に加工したりしてはならない。このエクササイズは事実に忠実であることが求められるので、過去の体験の中で泣いたのなら、ここでも泣かなければならない。

二　日々の生活の観察も非常に重要である。生徒の前には間断なくありとあらゆる出来事が繰り広げられ、生徒はこれを一人の観察者として見ているのである。こうした出来事を再現する場合も、前のエクササイズと同様に生徒は歪曲したり演劇的に加工したりしてはならない。これを正確に再現するには、自分自身が観察した出来事のなかの人物であるかのように感じなければならない。

［目的］生徒が体験したり目にした重要な出来事の感動を当時と同じ密度と新鮮さで再現し、自己投入する能力を培う。

＊良い俳優になるには豊かな経験が必要である。多種多様な事象に関わる豊かな経験が求められるのだ。演じる役が、悲しみ、苦悩、喜びを表すための大きな表現力を必要とするなら、俳優がまずすべきことは関連のある記憶を呼び覚ますことだ。すなわち、自分の個人体験の中から役が要求するシチュエーションとできるだけ似た瞬間を思い出す。このとき俳優は、記憶を辿ることで演技に必要な大雑把な感触を思い出すだけでなく、細

部にわたり明瞭にその瞬間の感覚を感じなおさなくてはならない。その役を百回繰り返して演じるなら百回その記憶を活用し、正しく演じなければならない。個人的な経験だけでは十分とは言えない。俳優は観察力をできる限り研ぎ澄ます必要がある。自分が演じる役に適合する個人的な経験を持っていない場合もあり得るが、その時は観察力を使うことでより正確に役を理解することができる。

十九世紀の日本の偉大な俳優藤十郎はこう言った。「俳優はいつも乞食袋を持ち歩き、見るものすべてをその中に仕舞っていかなければならない。そうすればやがて舞台でその袋を開けて必要なときに必要なものを取り出せるのだ」

これら記憶を呼び覚ますためのエクササイズと観察のエクササイズは未だ演劇そのものであるとは言えないが、演技の基礎であり本質を成す。なぜなら詰まるところ演劇とは人生そのものなのだ。従って、これらのエクササイズを行うことでわれわれは演劇の近くに、その戸口に立ったのだと言える。これらのエクササイズのすべてを、特に最後の二つのエクササイズを正しく理解し練習した生徒は人生を「演劇化」するために必要な経験を手にしていると言える。さらに技術的な訓練を積めば、演劇の最も困難な作業である「演劇的なるもの」の検討に進むことができる。

〔〈エクササイズ20〉の下に記載されているが、どの箇所についての注であるかは明示されていない。〕

（未発表の書『ある演出家のノート』の抜粋。マルコ・アントニオ・モンテーロの個人アーカイブからマリア・ロホによって提供された資料と、ギジェルモ・アルカンタラ提供の資料を用いた。）

第Ⅱ部収録文献解説

菅　孝行

巻頭でも触れたように、第Ⅰ部は各自独立の論文を収録したものなので、編者の解説は不要と考える。よって、第Ⅱ部に特定して、読者の便宜のために、初出・掲載したメディアなどについて、簡単なコメントを付すこととした。なお、人名に関しては、一部の例外を除き、一般的な知名度が高くないと筆者が判断した人物に限定した。

『MNZ』

『MNZ』（ムンヅ）は、紀伊輝夫、佐野碩、太田慶太郎、小川信一（大河内信威）ら――メンバーのペンネームの連名は、「R・S・F・S・Rに就いて」の末尾に「MNZIST」として記されているが、記事の署名に違うペンネームが使われていたりする――が結成した劇団の名称であるとともに、一号だけ刊行された機関誌の名称でもある。劇団活動は、リーダーだった紀伊輝夫の急逝によって、第一回公演の前に頓挫し、機関誌『MNZ』だけが刊行された（岡村春彦『自由人佐野碩の生涯』参照）。

佐野の執筆ではない原稿を含めて収録したのは、佐野の演劇的出発の起点がここにあり、それが、この短命な集団によって共有されていたエートスにほかならないと考えたからである。そこには、革命劇と前衛劇を一体のものとして捉えようとする志向と、革命期のメイエルホリドの方法をその手掛りにしようとする貪欲な姿勢が漲っている。なお、メイエルホリドへの関心の抱きかたに関するシアター・ムンヅと築地小劇場の違いについては、武田清『新劇とロシア演劇』に詳しい。

「MNZIST MANIFESTO」

この宣言文は佐野碩の手になるものと考えられる（岡村、前掲）。宣言の主張が、おもにビオメハニカを駆使して大空間の、煽動的な舞台造形に力を注いでいた革命期のメイエルホリドを参照項にしていることが推測できる（武田、前掲）。

「第一回公演に就いて」（谷一）

宣言文の趣旨に即して、いかに第一回公演が準備されつつあるかを述べたものである。谷一は太田慶太郎のペンネームである。太田慶太郎は、佐野碩と浦和高校時代から親交があり、トランク劇場で本格的に演劇活動を開始してからも、佐野の同志であった（岡村、前掲参照）。

『舞台』対『観客席』の問題（伊丹徹）

これは演出ノートである。伊丹徹は紀伊輝夫のペンネーム。上演を予定していたのはレフ・ルンツの『真理の町』である。上演台本の訳者の名は示されていない。因みに、この戯曲は、米川正夫の訳で世界戯曲叢書の2として一九二六年に原始社から刊行されている。

レフ・ルンツはロシア（ソ連）の小説家・劇作家・芸術理論家。因みにルンツに言及した近年の論文（中澤佳陽子「ルンツの理論と実践――プロットをめぐって」をインターネットで読むことができる。

「イェスナーとグラノフスキー」（新井貞三）

「イェスナー」は、ユダヤ人の演出家、レオポルト・イェスナー、ベルリン州立劇場の芸術監督を務めた（『二十世紀西洋人名事典』）。文中にも述べられているように、階段を使った舞台装置を駆使した。階段はメイエルホリドがよく用いた手法であることも知られている。また、佐野もメキシコで、階段を使った演出を何度も試みている（岡村、前掲）。

アレクシス・グラノフスキーはセントラル・ジューイッシュ・シアターの演出家であるとともに、映画監督でもあった。この表記は、ハントリー・カーターの論文「ソヴィエト・ロシアの新しい演劇と映画」（Huntry Carter "The new theatre and cinema of Soviet Russia"）での英語の呼称をそのままカタカナ表記にしたものである。筆者の新井貞三はMNZISTの連名にその名があるが、だれのペンネームか特定できない。

この論文は、パンフレット『築地小劇場』の第二巻第三号、四号、六号に「労農露西亜に於ける新しき演劇と映画」と題して抄訳されている。

ハントリー・カーター「『演劇力学《ビオメカニクス》』」（谷一訳）

谷一が、ハントリー・カーターの先述の論文から、俳優訓練法であるビオメハニカについて述べた箇所を抄訳した。「演劇力学」がビオメハニカの訳である。「ビオメカニクス」という表記になっているのは、前項と同様、ハントリー・カーターの用語をカタカナで表記したためである。

ラインハルト・ゲーリンク「戯曲　スカパ・フロー」（内海謙三訳）

スカパ・フローはスコットランドの入り江の名称。第一次世界大戦の終結時、敗戦国ドイツの艦隊がスカパ・フローに回航させられたが、ドイツ海軍の司令官は、講和条約の内容に抗議するため、艦隊をここで多数自沈させたという。

作者のラインハルト・ゲーリンクは、表現主義の劇作家。築地小劇場の第一回公演で上演された『海戦』が代表作である。訳者として内海謙三（K・U）の名があり、MNZISTの連名にもその名があるが、誰の筆名か、特定できない。

「R・S・F・S・Rに就いて」（伊丹徹）

ハントリー・カーターの所説を引いて、自分たちが依拠する立場を述べた文章である。文中の「人体機械学」もやはりビオメハニカの訳と推測される。R・S・F・S・Rとは、ロシア共和国第一劇場のことで、一九一八年から一九二二年まで、メイエルホリドが活動の拠点にしていた（武田、前掲）。

尚、「演劇力学」と「スカパ・フロー」の間に、「〇〇〇〇〇〇　鈴木清　この一篇都合により撤去」と記されたページがある。

『文芸戦線』

この国で最初のプロレタリア文芸雑誌『種蒔く人』廃刊の後、その志を継いで一九二四年六月に発刊された雑誌である。一九二五年、プロレタリア文芸連盟（プロ連）が結成され、その団体の機関誌的性格を帯びるに至った。しかし、一九二六年十一月、プロ連はアナーキストなど非マルクス主義系の芸術家を排除して、プロレタリア芸術連盟（プロ芸）に改組された。

「芸術連盟」と名乗るだけあって、文学以外の芸術ジャンルに関する記事も掲載した。佐野碩が寄稿したり座談会に出席したりしていたのはこの時期である。『文芸戦線』の刊行から分裂抗争に至る経過は、『文芸戦線』復刻版別冊の「解説」（稲垣達郎）に詳しい。

アプトン・シンクレーア「戯曲　二階の男」（佐野碩訳）『文芸戦線』一九二六年三巻七号

「二階の男」は、九月二十七日から三日間、堤正弘演出により、心座で上演されている。十月には、無産者新聞主催の「無産者の夕べ」でも、村山知義演出で上演された。この催しで、佐野碩は久板栄二郎『犠牲』を演出した（倉林誠一郎『新劇年代記　戦前編』）。当時シンクレアは、『ジャングル』というアメリカ資本主義の悪を暴露した記録文学作家として著名だった。シンクレアの『プリンス・ハーゲン』が前衛座第二回公演で初演されている。

作品合評『探照灯』（山田清三郎）と『地獄の裁判』（佐々木孝丸）『文芸戦線』一九二六年九月号（三巻九号）

評者は久板栄二郎、水野正次、千田是也、佐野碩、山田清三郎の五人である。毎号、合評を担当するメンバーは、部分的に入れ替わっている。水野正次は、この時期、活発に活躍した人物で、発刊時の世話人の一人だった中西伊之助の脱退の機縁となる発言をしたり（李修京「平和主義者　山本宣治と中西伊之助」『立命館産業社会論集』四六巻一号）、カガノヴィッチ『ボルシェビキ党の組織構成』（白揚社）を翻訳したりしている。その後、左翼系メディアには登場しなくなる。『思想決戦記』（秀文閣、一九四四年）や、戦争末期の『満州公論』のエキセントリックな国粋主義的題名の論文に、水野正次の名がみられるが、同一人物かどうかは確定できなかった。

山田清三郎は労働者階級出身のプロレタリア作家。プロ連の委員長。『文芸戦線』の編集に、一九二五年の第二巻第二号から一九二七年十一月号まで関わった。プロ芸の分裂に際しては佐野と対立する『文芸戦線』を支持し、労農芸術家連盟に属した。

佐々木孝丸も、プロ連分裂に際しては、村山知義とともに、当初、労農芸術家連盟に属して佐野と対立したが、やがて、前衛座から分裂して前衛劇場を結成し、東京左翼劇場結成に参加した。

左翼文壇新作家論1「小堀甚二論」『文芸戦線』一九二六年十月号（三巻一〇号）

評者は前記の五人。小堀甚二は一九〇一年生まれのプロレタリア作家。プロ連の書記長。一九二七年に平林たい子と結婚（戦後離婚）。分裂の過程では佐野と対立した立場に立つ労農芸術家連盟に参加。一九三七年、人民戦線事件で逮捕された。

「前号の作品から」（1 ウィットフォーゲル『母』、2 金子洋文『罠』）『文芸戦線』一九二六年十月号（三巻一〇号）

評者は、前記の五人と谷一。プロレタリア劇場は、『母』を一九二七年九月、ル・メルテンの『炭坑夫』などとともに上演する予定でいたが、ともに上演を禁止された（倉林、前掲）。『母』の訳者の「川口」は川口浩。佐野碩と川口浩（山口忠幸）はMNZ時代の仲間である。

「ウィットフォーゲル」は、アジア的生産様式論で有名なカール・アウグスト・ウィットフォーゲルである。ほかに『逃亡者』『魔天閣』『誰が一番馬鹿だ』などの戯曲があり、『逃亡者』『魔天閣』は一九二七年にトランク劇場で上演された（大笹吉雄『日本現代演劇史　昭和戦前編』）。『誰が一番馬鹿か』は一九二六年に人形座で上演され（倉林、前掲）、金星堂の社会文芸叢書として刊行もされている。

評者たちが酷評している金子洋文は『文芸戦線』の創立時からの生え抜きの同人である。

ル・メルテン「戯曲　炭坑夫（一幕五場）」（佐野碩訳）『文芸戦線』一九二六年十月号（三巻一〇号）

ル・メルテンは劇作家であるとともに芸術理論家で、『芸術の唯物史観的解釈』（林房雄・川口浩訳）という著作が世界社会主義文学叢書の一巻として刊行されている。『炭坑夫』は「やま」と改題され、一九二七年、無産者新聞三周年記念公演として、佐野の演出で上演された（大笹、前掲）。一九二九年には築地小劇場で青山杉作の演出で上演されているが、このときは「鮮度」が落ちていたようだ（倉林、前掲書）。尤も、それは、過酷な検閲によって意味不明なほど台本が削除された結果だったかもしれない。『炭坑夫』の台本の台詞削除の実態は『築地小劇場検閲台本集』に残されている（共立大学図書館所蔵）。

左翼文壇新作家論3「葉山嘉樹論」『文芸戦線』一九二六年十二月号（三巻一二号）

評者は林房雄、小堀甚二、前田河広一郎、金子洋文、佐野碩、中野重治、鹿地亘、佐々木孝丸、山田清三郎。佐野碩の名はあるが、発言していない。葉山嘉樹は一八九四年生まれの労働者出身の作家。分裂時は佐野と対立した『文芸戦線』に属した。代表作は『海に生くる人々』。戦時下には満蒙開拓団に参加した。

「前衛座宣言」（無署名）『文芸戦線』一九二六年十二月号（三巻一二号）

佐野碩の書いた文案に署名者が加筆した（岡村、前掲）という。ただし、『プロレタリア演劇』創刊号の座談会「プロレタリア演劇の思い出」（本書所収）では、佐野と小野宮吉が書いた、と佐野が発言している。前衛座結成は、移動演劇プロパーの活動形態から、劇場での上演を目的とする劇団へと転換する重大な画期であった。署名者は、青野季吉、葉山嘉樹、林房雄、久板栄二郎、前田河広一郎、村山知義、仲島淇三、野村明、小川信一（大河内信威）、小野宮吉、佐々木孝丸、佐藤誠也、関鑑子、千田是也、辻恒彦、山田清三郎、柳瀬正夢。

仲島淇三は、トランク劇場、前衛座、前衛劇場、東京左翼劇場でおもに俳優として活動した（大笹、前掲書）。野村は佐野と行動を共にしてプロレタリア劇場設立に参加した。ただ、野村のファーストネームはよくわからない。『文芸戦線』復刻版別冊の記載では野村明、倉林誠一郎の前掲書でも第一回公演の照明として野村明、大笹吉雄の前掲書での記載は野村康、文中の佐々木孝丸の『新劇風雪志』の引用では野村廉となっている。辻恒彦はドイツ留学から帰国してマルクス主義芸術研究会（マル芸）に参加したプロレタリア芸術運動の理論家、翻訳家。前衛座の分裂に際しては佐野たちに反対して一旦残留の後、前衛劇場に参加している。佐藤誠也は照明家で、後の『戦旗』編集長。柳瀬正夢は美術家、マヴォ以来の村山知義の同志である。

『解放されたドン・キホーテ』演出後記『文芸戦線』一九二七年一月号（四巻一号）

作者のアナトリー・ルナチャルスキーは、ロシアの革命家、芸術批評家。ソ連初代の教育人民委員（教育相）。『解放されたドン・キホーテ』は前衛座の第一回公演の演目である。千田是也・辻恒彦訳、佐野碩が演出し、美術は村山知義が担当した。

「文芸戦線（共同コラム）」『文芸戦線』一九二七年二月号（四巻二号）

山田清三郎、前田河広一郎、佐野碩、林房雄の共同執筆。佐野は、自分が演出した『解放されたドン・キホーテ』への批評に応答している。因みに、前衛座による『解放されたドン・キホーテ』の上演を秋田雨雀が『演劇新潮』一九二七年新年号で絶賛した（倉林、前掲）。

「前衛座の稽古部屋から」『文芸戦線』一九二七年五月号（四巻五号）

千田是也、佐野碩、佐々木孝丸の共同執筆。シンクレアの『プリンス・ハーゲン』と前田河広一郎の『手』の上演を予定した第二回公演に向けての稽古場通信であるが、上演が禁止されたため発言の記録だけが残った。

マルセル・マルチネ「お前は戦争に行くのか！」（佐野碩訳）『文芸戦線』一九二七年六月号（四巻六号）

マルセル・マルチネの反戦詩の日本語訳である。佐野碩の『文芸戦線』最後の原稿となった。マルセル・マルチネはフランスの詩人・劇作家。戯曲『夜』は歴史に残る作品である。『夜』を原作として、トレチヤコフが自由に脚色した『大地は逆立つ』は、メイエルホリドの初期の代表作のひとつである（武田、前掲）。

『戦旗』

統一の前の分裂を推奨する福本イズムが最左翼のなかで支配的傾向となると、内部対立が激化した。『文芸戦線』

に批判的な福本主義的グループは、脱退してプロレタリア芸術連盟を作った。『文芸戦線』を支持するグループは、労農芸術家連盟を創立した。

佐野碩はプロレタリア芸術連盟に属した。そのとき、残留したグループが再分裂し、前衛芸術家連盟が結成された。のち、組織分裂による混乱が、コミンテルンの指示で収拾され、プロレタリア芸術連盟と前衛芸術家同盟が統一して、全日本無産者芸術連盟（ナップ）となった。ナップは機関誌『戦旗』を刊行した。この時から佐野はおもな発言の場を『戦旗』に移した。『文芸戦線』は労農芸術家連盟の機関誌となった。

因みに、プロレタリア芸術連盟系の劇団がプロレタリア芸術劇場、前衛芸術家連盟系が前衛劇場、統一されたときの劇団が東京左翼劇場である。労農派系は劇団を持てなかった。

「『巡洋艦ザリャー』に就いて――演出者の覚え書」　『戦旗』一九二八年九月号（一巻五号）

ベ・ラヴレニョフ作『巡洋艦ザリャー』は同年十月に、佐野碩演出で、左翼劇場での上演を予定していて、上演禁止（大笹、前掲）になった作品である。原作『巡洋艦ザリャー』は、杉本良吉訳で一九三〇年にマルクス書房から翻訳が刊行されている。

「プロレタリア演劇運動当面の任務」　『戦旗』一九二九年二月号（二巻二号）

佐野碩、中村栄二連名によるプロット創立大会の基調報告の草案である。読み下しの文章の部分と、箇条書きが混在している。中村栄二は佐野碩の同志で、プロット所属劇団の東京左翼劇場の執行委員。二月四日のプロット創立大会では、執行委員長に佐々木孝丸、書記長に佐野碩が選出された。この日、正式に決定された日本語の名称は、日本プロレタリア劇場同盟（人口に膾炙している演劇同盟ではなく）となっている（倉林、前掲）。

「『ダントンの死』――左翼劇場第四回公演合評会」『戦旗』一九二九年三月号（二巻三号）

出席者は村山知義、佐野碩、佐々木孝丸、小野宮吉、中村栄二、西郷謙二、佐藤武夫。西郷謙二は、左翼劇場の演出部に所属し、佐野、杉本良吉とともに『勝利の記録』（一九三一年五月一日初日、東京左翼劇場第二〇回公演）の共同演出者、同じ戯曲の一九三二年九月二十日初日の、国際労働者演劇オリンピアード派遣送別プロット公演では演出助手として記載されている（倉林、前掲）。佐藤武夫は、トランク劇場、前衛座の照明家、制作、ナップ評議員、プロット中央執行委員、『戦旗』刊行後は編集長。

なお、『ダントンの死』の原作は、ゲオルグ・ビュヒナーの戯曲だが、この舞台はアレクセイ・トルストイが改作した台本によるものである。

「同志佐藤武夫を悼む――同志佐藤が歩いた道」『戦旗』一九二九年五月号（二巻五号）

前記の合評会からほどなく、一九二九年四月三日、肋膜炎と過労が重なり、佐藤は急死した（岡村、前掲）。中野重治と佐野碩が『戦旗』に追悼文を寄せた。

『新興映画』

『新興映画』は一九二九年九月号から発刊された、日本プロレタリア映画同盟（プロキノ）の準機関誌的性格の雑誌である。一九三〇年六月まで刊行された。一九三〇年八月から正規の機関誌『プロレタリア映画』が刊行される。

「演劇・無声映画・発声映画」　『新興映画』一九二九年九月創刊号

『プロレタリア映画の展望』所収の「発声映画とプロレタリアアート」（大鳳閣、一九三〇年七月刊）と内容は同一である。因みに、一九二七年、佐野が主導していたプロレタリア劇場の中に、佐々元十がプロレタリア映画班をつくり、メーデーの記録映像を作った。東京左翼劇場の成立とともに、左翼劇場映画部になり、野田醤油争議の記録を撮影して反響を呼んだ。これが、プロキノ結成の契機となった（「プロキノ研究史がかかえる問題」『立命館言語文化研究』二二巻三号）。佐々元十のプロレタリア映画論は「玩具・武器—撮影機」（『戦旗』一九二八年六月号所収）。

『劇場街』

『劇場街』は、一九二九年六月、当初一一人の同人制で編集・財政に責任を負うという盟約で刊行された「映画演劇雑誌」である。奥付には劇場街社発行、近代社発売とある。最初の同人一一人すべてを特定しきれないが、久保栄が編集責任者、高田保、八住利雄、土井逸雄、青江舜二郎、飯島正、熊沢復六が同人だという記述は発見できた。

一九三〇年一月に体制が変わる。久保栄が退き、二〇人の同人が連名している。高田保、八住利雄、土井逸雄、青江舜二郎、飯島正、熊沢復六のほか、伊藤大輔、伊藤熹朔、橋本敏彦、八田元夫、番匠谷英一、河原崎長十郎、大等五六、武田忠哉、中川龍一、青柳信雄、佐藤雪夫、佐々木能理男、北村小松、北村喜八、北村壽夫、である。この号から松元竹二が「編輯兼発行人」となった。一九三〇年四月号が休刊、五月号は出た。この号に佐野碩が同人になったことが記されるが、十月までまた休刊する。

十二月に『劇場』と改名し、「演劇雑誌」を名乗るようになり、奥付は発行劇場社となる。十二月号に堀正旗、野淵昶が同人になったと記されている。一九三一年四月終刊。

『左翼劇場』現勢図　『劇場街』５・一九二九年十二月号

この文章には、奥歯にものの挟まったような曖昧さがある。一九三〇年に書かれた北村喜八への批判の文章（「プロレタリア演劇運動の害虫について」）の苛烈さとは対照的である。それは、統一戦線的志向と自身の運動の「前衛」性を押し出そうとする志向の相克の結果であろう。その上、強固なヘゲモニーを確立できないことへの焦慮が重なっているかもしれない。

これは単に個人のディレンマではない。背景には次のような状況があった。第一に、一九二九年は、劇団築地小劇場の分裂によって、演劇界の流動・再編が開始された年であり、築地系の演劇人への対応が左翼演劇人の重要課題だった。第二に、国際共産主義運動の中でも、排他的統制の強化（社会ファシズム論、社民主要打撃論）と統一戦線論（人民戦線論）が激しく衝突しはじめた時期であった。第三に、党の極左的指導で弾圧が激化しても、労働運動や文化運動が進展していた時期であるとともに、そろそろ本格的な権力の反撃の予感が迫ってくる時期でもあった。

掲載誌の『劇場街』が「一般誌」であってプロットの機関誌ではない、ということも意識されていたかもしれない。

「演劇におけるプロレタリア・レアリズムの問題」　『劇場街』10・一九三〇年三月号

『太陽のない街』の上演に際して、佐野は現場スタッフから外れ、外部の目で、公演活動を対象化することを試みた。田中道子のいう「演出研究」である（田中道子「抄録　桑野塾②　国際革命運動家としての佐野碩」『The Art Times』No. 8所収）。

前編では、世界観と演劇理念と様式の問題が主要に論じられている。

「演劇におけるプロレタリア・レアリズムの問題　承前」『劇場街』同12・一九三〇年五月号

後編の掲載が一号飛んでいるが、これは『劇場街』の休刊によるものだ。この号では、山本安英、佐々木孝丸、鶴丸睦彦ら、俳優の演技についての具体的な批評に力が注がれている。（本書では前後編を一つの文章として掲載した。）

『プロレタリア演劇』

『プロレタリア演劇』はプロット（日本プロレタリア劇場同盟）の機関誌。日本一九三〇年六月に創刊され、十月までに五号刊行した。ナップ結成のあと、傘下の団体として、演劇・美術・映画・音楽などジャンルごとの団体が結成され、一九三〇年、コミュニスト系演劇人は、日本プロレタリア劇場同盟（通称プロット）を結成し、『戦旗』とは別に独自の機関誌を刊行した。休刊の後、『プロット』という名称の機関誌を一九三二年一月に創刊し、一冊の増刊号を含めて合計九冊刊行している。

「プロレタリア演劇運動の害虫について」『プロレタリア演劇』一九三〇年六月創刊号

コミュニストの劇団だけでなく、国家権力に批判的な急進的インテリの劇団をふくめて新興劇団協議会を組織化する試みがなされ、東京左翼劇場、劇団築地小劇場、新築地劇団、心座が加盟した。この文章は、協議会内部の対立から、築地小劇場を除名したときの、いわば思想闘争上の後始末である。副題には、批判の標的として北村喜八のほか、前田河広一郎、青野季吉の名もある。途中まで書いたところで、佐野碩は逮捕された（五月二十一日、岡村、前掲）。長期勾留だったため、プロット執行部の一員である杉本良吉に後を託したと考えられる。

「反動化した築地小劇場」『プロレタリア演劇』一九三〇年六月創刊号

逮捕で中断した佐野の文章の杉本良吉による補綴である。プロットの態度の公式表明としては、この文章がないと完結しないので、佐野の文章ではないが掲載した。

「座談会　プロレタリア演劇の思い出」『プロレタリア演劇』一九三〇年六月創刊号

出席者は、秋田雨雀、久板栄二郎、村山知義、仲島淇三、小川信一、小野宮吉、佐野碩、佐々木孝丸、佐藤誠也、高田保、柳瀬正夢。著名なプロレタリア演劇運動家で、ここに出ていないのは、千田是也（在独）、中村栄二、杉本良吉くらいのものだろうか。前衛劇場誕生に至るプロレタリア演劇運動の「前史」を総ざらいした座談会である。労働劇団にも、先駆座にも、ムンヅにも、大衆座にも言及されている。先に述べたように、前衛座の宣言文を佐野は小野宮吉と二人で書いたと発言している。

秋田雨雀は最年長の重鎮で、いずれの潮流とも対話可能な、稀有な存在であった。『秋田雨雀日記』四巻は貴重な史料である。

『プロレタリア映画』

『新興映画』の項で書いたように、プロキノ（日本プロレタリア映画同盟）の正規の機関誌として、一九三〇年八月に刊行された。

「『拡大』のための『強化』へ」『プロレタリア映画』一九三一年二月号

佐野が一九三〇年六月末に仮出所した後に書いた数少ない文章の一つである。大衆性の獲得と、芸術性・思想性・政治性の高さを同時に保証することの困難の克服が主題である。「移動映写隊」による上映運動が、合法集会での上映と非公然の上映との境界でどのように展開できるかという課題が、当時のプロレタリア映画運動にとって、極めて切実であったことが推測できる。どのみち公然化してしまう前提での、演劇における劇場公演と移動演劇の二項対立とは違って、非公然上映が可能な映画の機動性に固有の問題が存在したことを感じさせる。

『帝国大学新聞』

一九二〇年発刊、学生の編集で刊行されて来た新聞だが、唯一、法人化されていて、財政基盤を持つメディアである。戦前は、帝国大学新聞社が刊行した。戦時下の再編や、戦後の一時中断があったが、大学が新制に改まった後は、名称を『東京大学新聞』と改め財団法人となり、現在まで刊行されている。二〇一一年からは公営財団法人。大学教授や学外の著名人が多数執筆する慣行は、発行時から続いている。

「きたるべき演出形式は……?」　『帝国大学新聞』一九三一年四月十三日号

佐野碩は、文中、アフメテリという演出家の「リアリズム」を高く評価しているが、彼は、アフメテリが演出した舞台を観ている訳ではない。因みに、アフメテリは一九三五年に粛清されている（田中、前掲）。

佐野碩の在外期間の文献

「ソヴィエット作家大会印象記」　『芸術は民衆のものだ』（モスクワ国際出版所刊）所収

一九三五年、日本向けに刊行されたパンフレットで、ほかに「ソヴィエット作家第一回全連邦大会における同志土方与志の演説」「日本および支那の革命的作家に対するソヴィエット作家全連邦大会の挨拶」、大会参加の外国人作家の宣言などが収録されている。しかし、刊行直後に掲載した写真の中に批判対象者（ブハーリニスト、トロツキスト）がいたという理由で発売禁止になった。回収されずに日本に送られたものを、松本克平（俳優座、故人）が戦後、古本屋で発見したといわれている（岡村、前掲）。論旨は、佐野と勝本清一郎が計画したものの、野坂参三に止められて日の目を見なかった「日本のプロレタリア芸術運動に対するテーゼ」の主張（勝本清一郎・平野謙の対談「ハリコフ会議の頃」『平野謙対談集　政治と文学篇』所収）と響き合っている。一つは分散戦術の徹底、もう一つは、共産主義者でない人々を拒絶するようなスローガンを掲げることへの批判である。

「〈役を生きる演技〉の俳優訓練における三つの主要な環」

エドガル・セバージョス編『メキシコにおける演技テクニック』一九八八年刊所収

これだけが、外国語で発表されたものの邦訳である。この訳文によって、メキシコ時代の佐野碩の俳優訓練の方法論が、はじめて日本語で読めるようになった。予告されている完訳の刊行を期待したい。

おわりに

まだまだ抜けている可能性は残るが、日本語で公表された佐野のおもな文献のほとんどを収録できたと思う。なお、収録していない文献に、*Theatre Arts Monthly* 一九三一年十月に発表された、"The Tokyo Left Theatre of Its Relations to The Japanese Stage"（東京左翼劇場と日本の舞台との関係について）、国際革命演劇同盟（モルト）の機関誌『MOPT』に発表された、「演出家・千田是也」（土方与志との共著）などがある。（後者は『悲劇喜劇』一九八三年二月号に五十嵐敏夫の訳文が掲載されている。）さらに、モスクワに残されている膨大な佐野関係の資料や、メキシコで恐らくスペイン語で書かれた多くの文献の存在が推測される。それらの発掘は、将来の研究にまちたい。

佐野碩関連年譜（1905–66）

年号	齢	佐野碩の歩み	文化・社会・政治状況
一九〇五（明治38）	0	1・14 中国（清国）天津市日本人租界の父彪太が院長を務める日本共立病院で一家の長男として生まれる。	1・1 日本軍、旅順陥落。 1・22 露、ペテルブルグで血の日曜日事件。
一九〇六（明治39）	1	父のドイツ・オーストリア留学に伴い、日本に帰国。幼児期にかかった結核性の急性関節炎のため、生涯右足が曲がらなくなる。母静子が女子を出産するも死亡。	2・7 坪内逍遥、島村抱月により文芸協会発足。 11・26 南満州鉄道株式会社設立。初代総裁に後藤新平。
一九〇七（明治40）	2		8月 二世市川左団次欧米視察より帰国。 10月 小山内薫『新思潮』創刊。
一九〇八（明治41）	3	7・14 祖父後藤新平、桂太郎内閣逓信大臣就任。	
一九〇九（明治42）	4	父彪太が帰国。東京神田小川町に佐野神経科を開業。それまで奇留していた後藤新平宅より移り住む。	10・26 伊藤博文、安重根に暗殺される。 11月 小山内薫、市川左団次自由劇場設立。
一九一〇（明治43）	5	妹の淑子誕生。	4月 武者小路実篤、志賀直哉ら『白樺』創刊。 5・25 大逆事件。 8・29 韓国併合。
一九一一（明治44）	6	暁星小学校入学。小学時代にクラリネットを始める。	3・1 帝国劇場開場、ローシーが歌劇部に招聘される。 9・1 平塚らいてう『青鞜』創刊。

一九一二（明治45／大正1）	7	父彪太医学博士号取得。 弟の二郎誕生。叔父佐野学東京帝国大学法学部入学。	7・30 明治天皇死去。 12・21 第三次桂内閣成立（逓信大臣後藤新平）。
一九一三（大正2）	8		2・11 桂内閣総辞職。 島村抱月、松井須磨子ら芸術座を設立。
一九一四（大正3）	9	二人目の妹達子誕生。	7・28 第一次世界大戦勃発。日本、連合国側で参戦。
一九一七（大正6）	12	暁星中学校入学。同級に今日出海。二人目の弟、新誕生。	ロシア革命。大杉栄、ロマン・ロラン『民衆演劇論』翻訳。
一九一八（大正7）	13		11・5 島村抱月死去。 11・11 第一次世界大戦終結。 土方与志、模型舞台研究所設立。
一九一九（大正8）	14	開成中学校に転校。同級に紀伊輝夫、一級下に太田慶太郎。	三・一独立運動。五・四運動。
一九二〇（大正9）	15		5・2 上野公園で第一回メーデー。 5・16 労働組合同盟会結成。
一九二一（大正10）	16		3・8 ソ連、新経済政策ネップを採用。 11・4 原敬暗殺。
一九二二（大正11）	17	浦和高等学校文科丙類入学。寮では今日出海と同室。音楽に熱中し、今と演奏会やレコードコンサートを開く。	3・3 全国水平社結成。 7・15 日本共産党結成（叔父佐野学は中央委員）。
一九二三（大正12）	18	浦和高校の寮記念祭歌を作曲。寮祭の余興として『戦時の花嫁』（作者不明）を演出、9月には「劇研究会」を結成。 10月 妹淑子急逝。墓石をデザインする。 11月 シュミット・ボン『ディオゲネスの誘惑』を演出。	2・1 後藤新平がヨッフェを日本に招待。 6・1 マキノ映画製作所設立。 7月 村山知義らマヴォを結成。雑誌『マヴォ』創刊。 9・1 関東大震災。 9・16 甘粕事件。 12・27 虎ノ門事件。

一九二四（大正13）	19	浦和高校「劇研究会」で公演演出。シュニッツラー『傀儡師』に役者として出演。 6・13 築地小劇場が開場。毎回のように観劇に通いつめる。 秋、寮祭の演劇が文部大臣通達により中止。	1・19 メイエルホリド劇場、オストロフスキー『森』。 4月『文芸戦線』創刊。 4月末 スタニスラフスキー『芸術におけるわが生涯』アメリカで出版。 6・15 メイエルホリド劇場、エレンブルグ『D・E』。
一九二五（大正14）	20	浦和高校卒業。東京帝国大学法学部法律学科入学。 3月 祖父後藤新平の朝鮮視察旅行に同行。 紀伊輝夫らとシアタア・ムンヅ創立。紀伊の急死により解散。 12月『MNZ』創刊。創刊号で廃刊。	1・20 日ソ基本条約調印、日ソ国交回復。 4・22 治安維持法公布。 5・5 普通選挙法公布。 9月 村山知義、河原崎長十郎ら心座第一回公演。 12・1 農民労働党結成。
一九二六（大正15／昭和1）	21	帝大新人会に加わる。 2月 佐々木孝丸や八田元夫と「トランク劇場」の公演を通じて知り合う。 6月 人形座創立に参加、第一回公演に出演。 9月 アプトン・シンクレア『二階の男』を『文芸戦線』に翻訳。 10月「無産者の夕」で久板栄二郎『犠牲者』を演出。 12月 前衛座旗揚げ公演『解放されたドン・キホーテ』演出。	3・5 労働農民党結成。 4月 佐々木孝丸、中野重治、太田慶太郎、久板栄二郎、千田是也らとマルクス主義芸術研究会創立。 12・9 メイエルホリド劇場、ゴーゴリ『検察官』。 12・25 大正天皇死去。
一九二七（昭和2）	22	前衛座演劇研究所開設、講師就任。「トランク劇場」参加。 4月 千田是也ドイツ遊学。左翼陣営の分裂に関係。 6月 プロ芸の分裂にともない前衛座も分裂、脱退した碩らは劇団プロレタリア劇場に所属。 8月 東北・北海道公演に参加。青森で公演中に拘引される。 12月 プロレタリア劇場、鹿地亘『一九二七年』演出。	5・28 第一次山東出兵。 6月 プロ芸分裂。脱退派は労農芸術家聯盟を結成し『文芸戦線』を機関誌に。プロ芸は『プロレタリア芸術』を創刊。 7月 コミンテルン、27年テーゼ発表し福本イズムを批判。 11月 労芸＝前衛座再度分裂。前衛劇場誕生。 秋田雨雀、小山内薫らがソヴィエト連邦に招待される。

一九二八（昭和3）	23	4月　前衛座・プロレタリア劇場合同の劇団「東京左翼劇場」創立メンバーに。 5月　メーデーの記録映画のために佐野病院の自動車を提供。左翼劇場の移動演劇で『二階の男』『炭鉱夫』を演出。 12月　全日本無産者芸術団体協議会（ナップ）評議委員に。	2・1　『赤旗』創刊。 2・20　第一回普通選挙。 3・15　共産党関係者一斉検挙事件。 3・25　ナップ結成。 6・29　治安維持法改正公布（最高刑が死刑に）。 9月　ナップ、『戦旗』発刊。 12・25　小山内薫死去。
一九二九（昭和4）	24	1・26　『ダントンの死』を村山知義と共同演出。 2・13　女優平野郁子（本名高橋二三子）と結婚。同月プロットの書記長となり、中村栄二と綱領作成。 4・13　祖父後藤新平死去。 6・27　村山知義『全線』演出、劇中歌「インターナショナル」。 10・26　心座で『全線』を演出。	2月　ナップ所属日本プロレタリア演劇同盟が劇場同盟と改称（略称プロット）。 3・5　労農党代議士山本宣治暗殺。 4・5　築地小劇場が分裂。 4・16　日本共産党員一斉検挙事件。 10月　プロレタリア科学研究所創立。 10・24　世界恐慌。
一九三〇（昭和5）	25	1・27　大衆座、シンクレア『スパイ』を演出。 4月　プロット第二回全国大会、杉本良吉への発言中止命令のあとを引き継ぎ活動方針の提起を行う。 5月　プロット幹部治安維持法違反容疑で大量逮捕、碩も拘留。取り調べ中の暴行で左耳鼓膜に後遺症。 6・25　保釈。 7月　ＩＡＴＢでの任務遂行のため明治大学でドイツ語を習う。	3月　ロンドン軍縮会議。 4・14　マヤコフスキー自殺。 5月　田中清玄ら指導の武装メーデー、失敗。『プロレタリア』演劇創刊。 6月　国際労働者演劇同盟（ＩＡＴＢ）設立。 9月　『ナップ』創刊。桜会結成。ナチス第二党に。

一九三一(昭和6)	26	1月 妻と共に佐野家を出て新富町に引っ越す。 1・18 左翼劇場、島公靖『そら豆の煮えるまで』久保栄『青年教育』演出。 3・27 左翼劇場『西部戦線異状なし』演出、好評を得る。 5・1 左翼劇場、村山知義『勝利の記録』を演出。日本で最後の演出作品となる。 5・7 横浜港からアメリカに出航。 6・25 第一回IATB拡大評議員総会に紹介状の紛失によりアメリカを出国できずに欠席。ハリウッドで映画人と親交。 8月 ニューヨークへ。『シアター・アーツ・マンスリー』(十月号)に左翼劇場の紹介記事を投稿。 9月末 ロンドン、パリを経由しベルリン到着。千田是也と合流。 10・9 国際労働者救援会第八回大会参加するためモスクワへ。その後、再びベルリンに戻る。	4月 プロレタリア演劇研究所設立、「革命的演劇人の養成」を掲げる。 5・17 プロレタリア劇場同盟第三回大会。 9・18 満州事変。 11月 ナップ解散。日本プロレタリア文化連盟(コップ)設立。 11・27 中華ソヴィエト共和国臨時政府樹立。 11・30 千田是也ドイツから日本へ帰国。 12月 『プロレタリア文化』創刊。
一九三二(昭和7)	27	国崎定洞を通じドイツ共産党員に。 夏~秋 再びモスクワ入り。 7月 国際革命運動犠牲者救援会の仏支部機関紙『ラ・デファンス』に「日本に於けるテロ」を寄稿。 11月 第二回IATB拡大評議員総会出席、『国際演劇』編集委員に。 IRTB(モルト)専任の書記局員としてソ連滞在を許可される。	1月 『プロット』、『プロレタリア文学』創刊。 3・1 満州国建国。 3・11 血盟団事件。 4・23 共産党中央委員会、決議「文学芸術団体の改組について」によりすべての芸術団体が解散。 5・15 犬養毅首相が統制派将校に殺害される。 11月 全ソ作家同盟組織委員会において社会主義リアリズムが大衆討議される。

一九三三（昭和8）	28	IRTB局員ガリーナ・ボリソワと知り合い、同棲を始める。 2月　妻二三子に離婚を手紙で申し出る。 4～5月　土方一家のソ連入りに尽力。 6月　国際演劇オリンピアードに日本・プロット代表として土方と参加する。 6・9　叔父学や鍋山貞親の転向を知る。 11月　カール・マルクス街にガリーナと入居、娘が生まれる。 11・5　片山潜死去、葬儀に参列。 12月　外国人演劇人にソ連国内での演劇活動が許可され、メイエルホリド劇場研究員となる。	1・30　ヒトラーがドイツ首相に就任、ナチス政権誕生。 2・20　小林多喜二逮捕、拷問により虐殺される。 3・27　日本、国際連盟を脱退。 6月　国際演劇オリンピアード開催。 10・14　ドイツ国際連盟を脱退。 この年　リー・ストラスバーグがソ連滞在。ワフタンゴフ劇場に関心をもつ。
一九三四（昭和9）	29	モルト『国際演劇』に土方と「演出家千田是也」執筆。 3・19　メイエルホリド劇場、『椿姫』初演。 4月　コップ解散、6月　プロット解散、土方とともに所属母体を失い、個人としてソ連に滞在することになる。 8月　第一回全ソ作家同盟大会に土方と出席。土方はこの件により爵位を剝奪される。大会後、芸術界で自然主義・形式主義批判が隆盛となる。	1月　左翼劇場、中央劇場と改称。 3・1　溥儀、満州国皇帝に。 4・22　コップ（日本プロレタリア文化連盟）解散。総合演劇雑誌『テアトロ』創刊。 8・19　ヒトラー国民投票により総統に就任。
一九三五（昭和10）	30	3・15　メイエルホリド劇場、チェーホフ『三三の失神』演出助手。 8月　IRTBが解散し、土方とともに組織的な後ろ盾を失う。 この年　雑誌『太平洋』に「日本におけるプロレタリア芸術発達史」を執筆。土方と共著『芸術は民衆のものだ』をモスクワで出版するがすぐに発禁処分となる。	建設中のメイエルホリド劇場が建設中止に。 7・14　フランス、人民戦線結成。 10・3　イタリア軍、エチオピア侵攻。

一九三六（昭和11）	31	3・14 メイエルホリド、演説「メイエルホリドはメイエルホリド主義に反対する」を行う。土方と傍聴。 6・18 ゴーリキー死去、葬儀に「名誉侍立者」として参加。 11・20 小野宮吉の葬儀に土方と弔電を打つ。	1・28『プラウダ』紙がショスタコーヴィチ批判、翌月ブルガーコフ批判掲載。 2月末 青年労働者劇場トラム閉鎖。 7・17 スペイン内戦開始。 11・25 日独防共協定締結。
一九三七（昭和12）	32	6月 土方が所属していた革命劇場を脱退。 夏 突然の国外退去命令。 8・11 土方一家と共にレニングラードへ、翌日フランスへ。 8・18 パリ到着。ローマホテルに宿泊。 10月 パリの米大使館にビザ申請、拒否。	1・9 トロツキー、メキシコ入国。 7・7 盧溝橋事件、日中戦争開始。 8月 国崎定洞逮捕。 9・6 岸田國士ら文学座結成。 11月 山本懸蔵逮捕（一九三九年3・10銃殺）。 12・10 国崎が銃殺される。
一九三八（昭和13）	33	1・7 メイエルホリド劇場、『椿姫』を最後に閉鎖。 4・9 スペインに渡り、ベルギー、オランダを経由してチェコスロバキアに入国。記録映画の撮影にかかわる。 5・28、6・29 読売新聞紙上に佐野や土方についての記事が掲載。 7月 再びプラハ入り。パリで今日出海と別れる。このころ娘リーシャ死去の知らせを受ける。 8・16 フランスを出国しアメリカへ。 8・23 ニューヨーク到着、エリス島に二カ月留置される。その後ニューヨークで活動。	1・3 杉本良吉、岡田嘉子がソ連に越境、ソ連当局に逮捕。 3・1 スタニスラフスキー、メイエルホリドをオペラ劇場の演出家として迎える。10月には主席演出家に就任。 3・13 ドイツ、オーストリアを併合。 4・1 日本、国家総動員法公布。 8・7 スタニスラフスキー死去。
一九三九（昭和14）	34	4月 ニューヨークからメキシコへ、4・26 メキシコ到着。 メキシコ電気労働組合の文化活動に関与。「テアトロ・デ・ラス・アルテス」（芸術劇場）を設立。舞踏家のウォルディーンと親しくなり同棲を始める。 12月 芸術劇場演劇部の学校を開設、生徒六五名が入学。	1月 スペイン内戦、バルセロナ陥落。 3・28 スペイン共和国崩壊、メキシコに亡命政府を樹立。 5・12 ノモンハン事件。 6・20 メイエルホリド逮捕、7・15 妻ライヒ惨殺される。 9・1 ドイツ、ポーランド侵攻。第二次世界大戦へ。

一九四〇（昭和15）	35	演劇学校開校するも劇場建設が遅れる。教え子にルビンスキス、マリア・ダグラス。メキシコ芸術庁、芸術劇場を支援。バレエ団にウォルディーンら舞踏部を迎え、ウォルディーンは芸術殿堂舞踏部ディレクター就任。トラーベン『吊るされし者の反逆』の稽古。翻訳権の問題により上演が遅れる。 11月 芸術劇場舞踏公演『ラ・コロネラ』上演、大成功。	2・2 メイエルホリド銃殺。 3・30 汪兆銘、南京で親日政府を樹立。 5・22 シケイロスがトロツキー邸を襲撃。 8・15 千田是也、村山知義、滝沢修ら新劇人一斉逮捕。 8・21 トロツキー暗殺。 10月 岸田國士、大政翼賛会文化部長就任。
一九四一（昭和16）	36	5・16 オデッツ『レフティを待ちながら』演出。 5・19 トラーベン『吊るされし者の反逆』演出。 11・23 ラテンアメリカ労働者同盟第一回大会で『吊るされし者の反逆』を改作上演。これを最後に芸術劇場は電労組と芸術局からの支援を打ち切られ私的芸術団体となる。	4・13 日ソ中立条約成立。 7月 土方与志、日本に帰国し逮捕起訴、治安維持法違反で五年の実刑判決。 10・18 東条英機内閣成立。 12・8 日本、ハワイ真珠湾攻撃。太平洋戦争開始。
一九四二（昭和17）	37	パラシオ・デ・ベジャス・アルテス（国立芸術殿堂）内に私設の演劇学校を開設。 5・24 街頭劇『武装せるメキシコ』、カマチョ大統領が出席する一〇万人の集会で上演。 この頃精神的に不安定となり、ウォルディーンと別れる。	2・15 日本軍、シンガポールを占領。 3・17 メキシコ、連合国側で参戦。 5・22 メキシコ、枢軸国に宣戦布告。 6・5 ミッドウェー海戦。 11・22 スターリングラード攻防戦、翌年ドイツ軍敗北。
一九四三（昭和18）	38	ゴーゴリ『検察官』の上演を芸術劇場で準備も頓挫。 四〇年に設立した演劇学校が、ドラマティカ・デ・メヒコに発展する。	4・25 ネミローヴィチ＝ダンチェンコ死去。 5・15 コミンテルン解散。 7・25 ムッソリーニ逮捕。 9・8 イタリア無条件降伏。
一九四四（昭和19）	39	11・7 チェーホフ『結婚申込み』を上演。	2・10 千田是也ら俳優座を結成。 8・25 連合国軍、パリを解放。 11・7 ゾルゲ、尾崎秀実処刑。

一九四五（昭和20）	40	再び『検察官』の上演を目指すも中止。	3・10 東京大空襲。 3・11 築地小劇場が焼失。 5・8 ドイツ、無条件降伏。 8・15 日本、無条件降伏。 12・26 新劇合同公演『桜の園』を有楽座で上演。
一九四六（昭和21）	41	12・13 スタインベック『二十日鼠と人間』を脚色した『荒々しい力』を演出。主に在メキシコ・アメリカ人を対象にした一日のみの招待公演。	1・1 天皇人間宣言。 1月 新協劇団再興。 5・3 極東国際軍事裁判始まる。 11・3 日本国憲法発布。 11・23 自立劇団協議会結成大会。
一九四七（昭和22）	42	6月 サンディエゴ修道院跡に芸術庁の援助を得て芸術劇場の学校を開き、公演に向けた稽古を行う。	5・3 憲法施行。 7・28 第一次民衆劇場結成。 12・3 『欲望という名の電車』初演。演出エリア・カザン。
一九四八（昭和23）	43	12・4 『欲望という名の電車』演出。演劇批評家賞受賞。主演のマリア・ダグラスも主演女優賞を受賞。 映画『トンゴトーレが殺される』に出演。	1月 第二次民衆劇場『破戒』、演出岡倉士朗・村山知義。 8・19 東宝争議。 12・23 東京裁判。
一九四九（昭和24）	44	4・16 『じゃじゃ馬馴らし』演出、六カ月のロングラン。 5・4 『欲望という名の電車』再演、百回以上のロングラン。 6月 日本の弟・新に手紙を出す。俳優とのトラブルで国外追放の危機。 メキシコ創作劇エドモンド・バエズ『目の中の針』を演出。	8・29 ソヴィエト連邦、核実験に成功。 10・1 中華人民共和国樹立。
一九五〇（昭和25）	45	2・5 母静子死去。 クロムランク『ひどい焼きもち』を匿名で演出。 ルイサ・エルナンデス『落果』演出。	6・25 朝鮮戦争開始。

一九五一（昭和26）	46	10月　ロドルフォ・ウシグリ『宿命の王冠』演出。	9・6　サンフランシスコ講和条約調印。
一九五二（昭和27）	47	9月　バエズ『目の中の針』再演。マリア・ダグラスが演劇賞を受賞。 10・20　読売新聞に佐野のインタビューが掲載。	4・28　サンフランシスコ講和条約発効。 5・1　血のメーデー事件。 11・1　アメリカ水爆実験。
一九五三（昭和28）	48	最初の心臓発作。 2・1　朝日新聞に佐野のインタビュー記事が掲載。心臓発作のためベッドに寝た状態での取材だった。 2月　チェーホフ『結婚申込み』『熊』『白鳥の歌』を『三つの宝』と題して演出。 8月　ルイス・エルナンデス『ロス・ソルド・ムードス』演出。	1・5　パリでベケット『ゴドーを待ちながら』初演。 3・5　スターリン死去。 6・19　ローゼンバーグ事件。 7・27　朝鮮戦争休戦協定。 このころからスタニスラフスキー・システムが社会主義リアリズムの方法として一世風靡。
一九五四（昭和29）	49	ある女優を降板させたことで排斥運動が起き、しばらく仕事を失う。 弟・新がメキシコを訪れ二三年ぶりに再会をはたす。	4・20　俳優座劇場開場。 6・27　オブニンスクで初の原子力発電所が発電を開始。 この年　ソ連でスタニスラフスキー全集刊行開始。
一九五五（昭和30）	50	5月　フランス大使館の援助で十六世紀のフランスの喜劇を演出。 9月　コロンビア政府の依頼で俳優養成学校をボゴタで開くが、12月に政治介入を理由に国外退去となる。	5・14　ワルシャワ条約機構、冷戦が激化。 11・29　メイエルホリドの名誉回復。
一九五六（昭和31）	51	3月　モーツァルト『魔笛』、初のオペラ演出。 7月　アーサー・ミラー『るつぼ』演出、演劇批評家賞受賞。 11月　ニッコロ・マキャベリ『ラ・マンドラゴラ』演出。 12月　父彪太死去。	2・25　フルシチョフ「個人崇拝とその否定的結果について」。スターリン批判。 10・23　ハンガリー動乱。 12・18　日本、国際連合加盟。

一九五七（昭和32）	52	4月『落果』再演。 8月 トルストイ『アンナ・カレーニナ』演出、失敗に終わる。 アーサー・ミラー『みんなわが子』演出。 電気労働組合と和解、11月 マリオ・マスカレーナス『ここはそんなに静かではない』演出。	7・8 砂川事件。 10・4 ソ連、人工衛星スプートニク一号打ち上げ成功。 11・3 ライカ犬を乗せた二号を打ち上げ。 12・6 日ソ通商条約成立。
一九五八（昭和33）	53	3月 クリフォード・オデッツ『黒い穴』演出。 6月 林房雄と再会、林の仲介で日本大使と会談。 7月 アーサー・ミラー『橋からの眺め』演出、演劇批評家賞。	3・27 ソ連首相ブルガーニン解任、書記フルシチョフが兼任。 10月 警職法反対闘争。
一九五九（昭和34）	54	ヘンデルのオペラ『ジュリアス・シーザー』、プーランクのオペラ『カルメル会修道女との対話』を演出。	1・1 キューバ革命、カストロ政権樹立。 2・22 岡倉士朗死去。 6・4 土方与志死去。
一九六〇（昭和35）	55	7月 アーノルド・パール『ショーレム・アレイヘムの世界』演出。 『オセロ』を企画するも中止。二度目の心臓発作。 弟・新が民子夫人とともに来訪し、帰国について相談。	1・19 日米新安保条約調印。 4・19 韓国学生反政府デモ、警官隊が発砲。 6・15 安保反対の全学連の学生が国会に突入。
一九六一（昭和36）	56	キューバ政府の要請でウォルディーンらと演技指導に赴くが、すぐに帰国。 6・26、8・3 読売新聞にインタビュー記事が掲載。 9月 村山知義から帰国を勧める手紙を受け取る。 11月 千田是也から帰国を計画する手紙を受け取る。	1・3 アメリカ、キューバと国交断絶。 1・20 ジョン・F・ケネディがアメリカ大統領就任。 2・1 嶋中事件。 8・13 ベルリンの壁建設。 10・31 スターリンの遺体がレーニン廟から撤去。
一九六二（昭和37）	57	再度キューバ政府からテレビ局改革を要請されるが、再び短期間で帰国。 6・4 日本に二カ月ほど招待する電報が日本ペンクラブ、日本演劇協会、読売新聞から送られる。 自らの劇場コヨアカン劇場の設立計画を立てる。	2・3 アメリカ、キューバへの全面禁輸。 9・11 ソ連、キューバ侵略には全面戦争と米に声明。 10・22 アメリカがキューバ海上封鎖、キューバ危機。 11・20 海上封鎖撤回、キューバ危機が終了。

一九六三（昭和38）	58	1月　ロバート・ボルト『時に逆らう男』を演出。 3・7　東京新聞にインタビュー記事が掲載。 10月　コヨアカン劇場、『ラ・マンドラゴラ』の上演で開場。 12月　三度目の心臓発作、俳優協会病院に入院。	6・16　テレシコワ、初の女性宇宙飛行。 7月　笹原茂朱、唐十郎、李礼仙ら状況劇場旗揚げ公演。 8・28　アメリカ、キング牧師らの公民権運動行進。 11・22　ダラスでジョン・F・ケネディ暗殺。
一九六四（昭和39）	59	1月　シェイクスピア生誕四百年記念、『リア王』を演出。 5月　皇太子夫妻がコヨアカン劇場を訪れる。 10月　グアテマラで演技指導の講義を行う。 木下順二『夕鶴』の公演準備。	4・23　リュビーモフ、ブレヒト『セチュアンの善人』でタガンカ劇場を開場。 5・28　パレスチナ解放機構（PLO）設立。 10・10　東京オリンピック開催。
一九六五（昭和40）	60	3月　芸術庁主催の世界演劇史見直しの会議で日本の伝統芸術について講演を行う。 5月　石垣綾子がメキシコを訪れ、二七年ぶりに再会する。 9月　パディ・チャイェフスキー『十番目の男』演出。この作品が最後の演出作品となる。	2・7　アメリカ軍、ベトナムで北爆を開始。 中国で文化大革命開始。
一九六六（昭和41）	61	1月　イスラエル文化センターでのシンポジウム「メキシコ演劇とはなにか」で報告。『夕鶴』の公演に向けた稽古を開始する。俳優教育論をスペイン語でまとめる計画をアリシア・レアルと共同で進める。映画『ママ・リパ』の監督を引き受ける。 8月　心臓発作のために俳優協会病院に入院。 9・28　退院し自宅に戻る。 9・29　朝、亡くなっているのを発見される。享年六十一。	日本でアングラ演劇勃興。 3月　鈴木忠志、別役実、斎藤郁子ら早稲田小劇場結成。 6月　津野海太郎、山元清多、佐伯隆幸、稲葉良子、村松克己、岸田森、悠木千帆ら六月劇場結成。 11月　串田和美、佐藤信、斎藤憐ら自由劇場（アンダーグラウンド）結成。 11・1　国立劇場開場。

（作成＝内田健介）

佐野碩 関連系図

＊佐野家系図は藤田富士男『ビバ！　エル・テアトロ！』（オリジン出版センター刊）掲載の「佐野家略系図」より抜粋し作成した。

佐野家関連系図

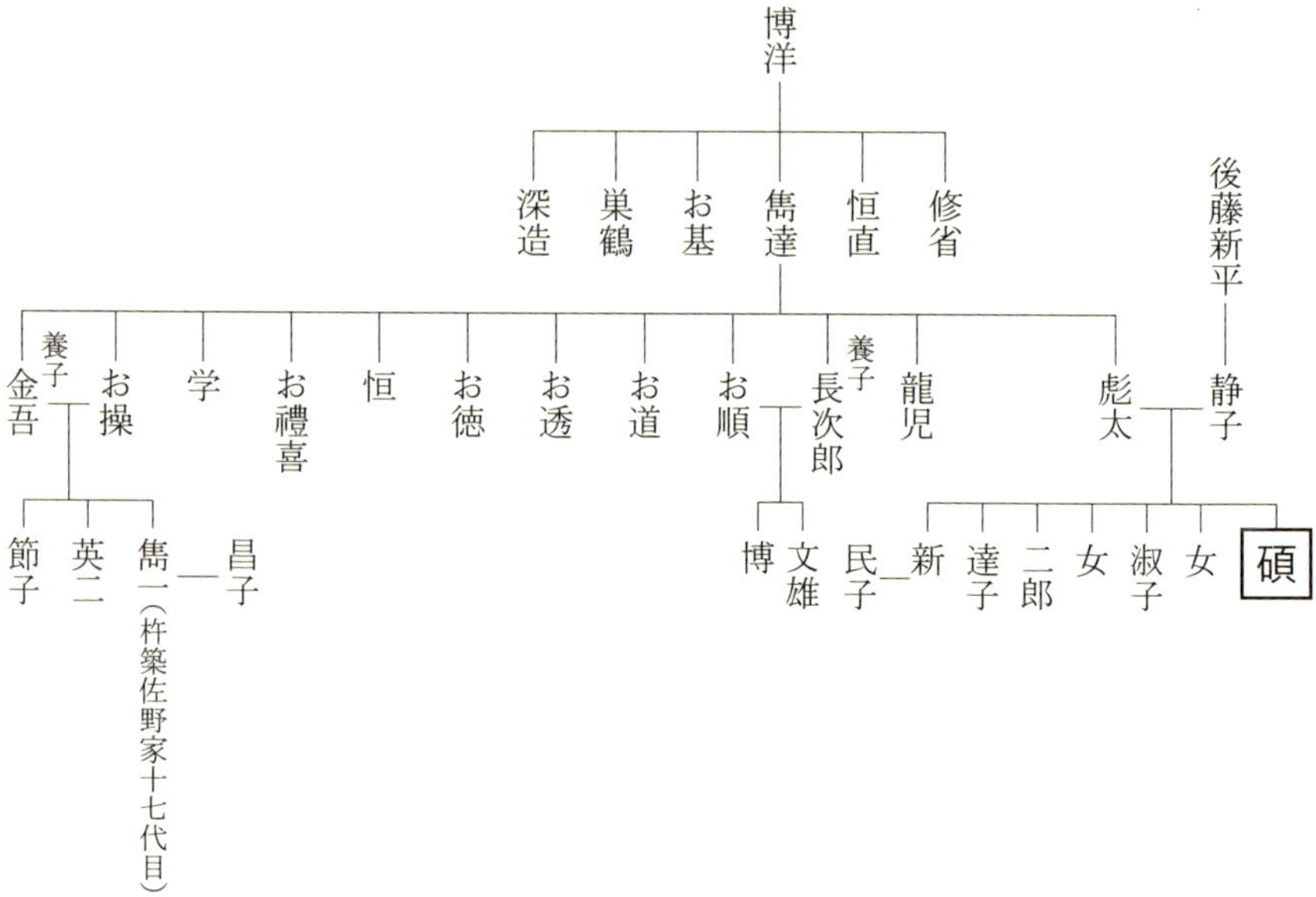

後藤家関連系図

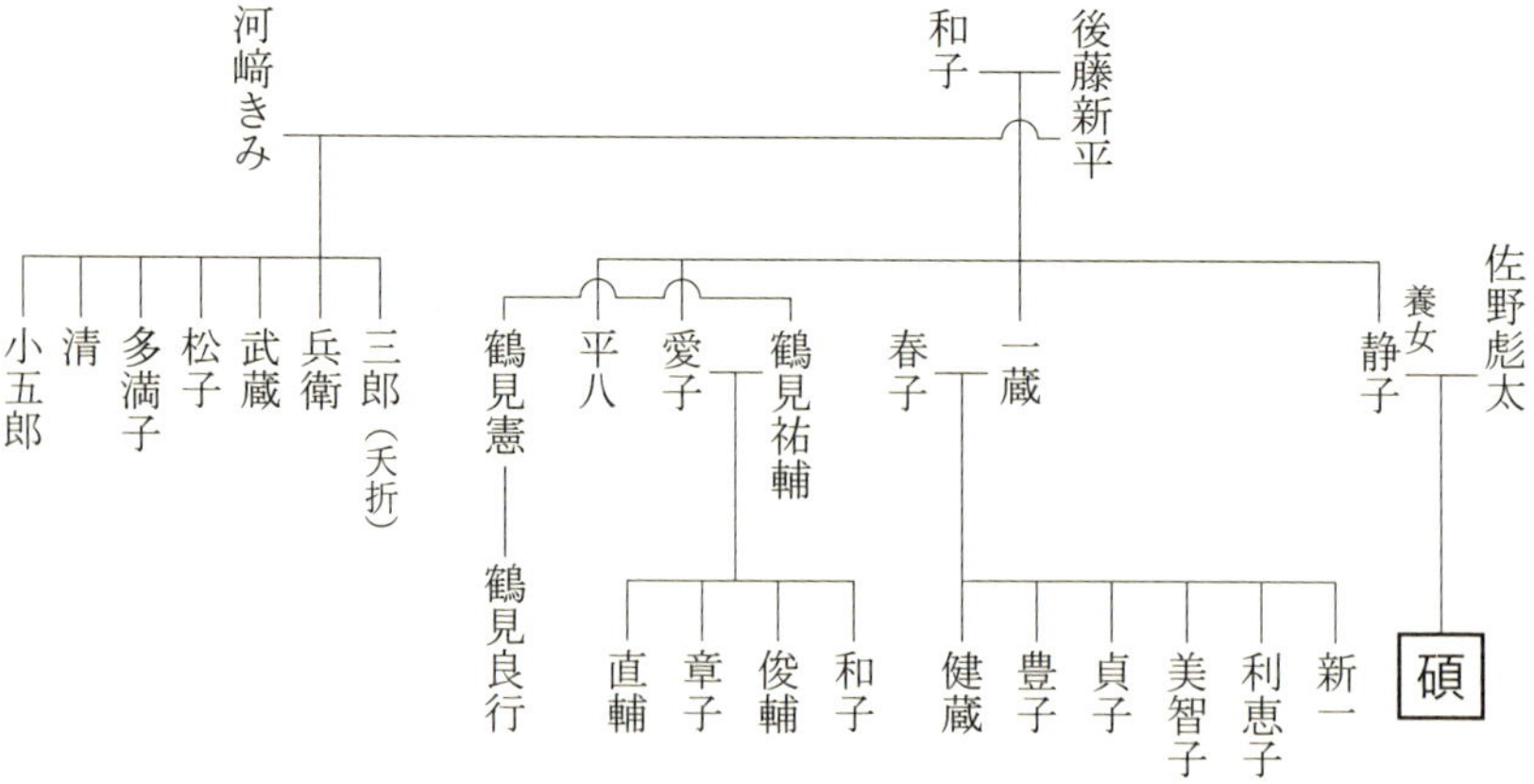

ワ行

ローマ字・キリル文字

ヤ 行

ラ 行

マ行

ハ行

ナ　行

タ 行

サ　行

カ 行

人名索引

本文及び注から人名を採り，姓→名の五十音順で配列した。本文中の人名表記には、時代・論者による異同があるが，厳密に統一はせず，索引においては代表的な表記のみを挙げた。

ア行

スサーナ・ウェイン(Susana Wein)

1941年生。Centro de Diseño, Cine y Televisión 教授（映画・テレビ部門）。作家，演出家。著書に，*El misterio de la libreta* (Ediciones Horson, 2014. Premio Nacional Valladolid a las Letras 賞受賞), *La abuela me encargó a sus muertos* (Editorial Lectorum, 2001. Premio Nacional a Primera Novela Juan Rulfo 賞受賞), 論文に，"Seki Sano, el director teatral: un primer acercamiento" (*Seki Sano 1905-1966*, CNCA / INBA-CITRU, 1996) など。

ギジェルミーナ・フエンテス・イバーラ(Guillermina Fuentes Ibarra)

1953年生。メキシコ国立芸術センター ロドルフォ・ウシグリ演劇研究所（CITRU）研究員。20世紀メキシコ演劇史。著書に，" "El teatro de medianoche", de Rodolfo Usigli : Expuesto en una nota informativa, seis momentos y un epílogo" (Biblioteca Virtual Miguel de Cervantes, 2014), "Teatro estudiantil en la UNAM, últimas tres décadas del siglo XX e inicios del siglo XXI"（*Historia del teatro en la UNAM*, FFyL-UNAM, 2011, pp. 321-338), *Cuatro propuestas escénicas en la ciudad de México, Teatro Panamericano, de las Artes, de Medianoche y La Linterna Mágica (1939-1948)*（México, CITRU-UNAM, 2007）など。
など。

ホビータ・ミジャン・カランサ(Jovita Millán Carranza)

1958年生。メキシコ国立芸術センター ロドルフォ・ウシグリ演劇研究所（CITRU）研究員。著書に，*El Centro de Experimentacion Teatral del INBA y sus propuestas escenicas* (Mexico, INBA/CITRU, junio, 2014), *Ignacio Retes. Ocupacion teatrista* (Mexico, CITRU, 2012. デジタル版), *70 años de teatro en el Palacio de Bellas Artes (1934-2004)* (Mexico, INBA, 2004) など。

菅 孝行 →編者紹介参照

訳者紹介

西村英一郎(にしむら・えいいちろう)

1949年生。翻訳家，元国際武道大学教授。スペイン語文学，ラテンアメリカ史。訳書に，オクタビオ・パス『エロスの彼方の世界　サド侯爵』(土曜美術社出版販売，1997年)，ベルナルド・アチャーガ『オババコアック』(中央公論新社，2004年)，マリオ・バルガス＝リョサ著『密林の語り部』(岩波文庫，2011年）など。

執筆者紹介（登場順）

田中道子（たなか・みちこ）

1943年生。エル・コレヒオ・デ・メヒコ教授・研究員。歴史。論文に「LTCI——佐野碩を継ぐ者たち」（『思想の科学』1992年10月号），“Seki Sano and Popular Political and Social Theatre in Latin America”〔佐野碩とラテンアメリカにおける民衆社会・政治演劇〕(*Latin American Theatre Review*, 1993, pp. 53-70)，“¿Quién fue Seki Sano antes de llegar a México?”〔メキシコ以前の佐野碩〕(*Seki Sano 1905-1966*, CNCA / INBA-CITRU, 1996), “Seki Sano-investigador teatral. Estudios sobre Meyerhold, Stanislavsky y otras escuelas ruso-soviéticas”〔演劇研究者佐野碩。メイエルホリド，スタニスラフスキー，その他ロシア・ソビエト演劇流派の研究〕(*Investigación Teatral*, núm. 3, Jalapa, México, Universidad Veracruzana, 2003) など。

藤田富士男（ふじた・ふじお）

1949年生。早稲田大学坪内博士記念演劇博物館招聘研究員。著書に『ビバ！　エル・テアトロ！——炎の演出家 佐野碩の生涯』（オリジン出版センター，1989年），『伊藤道郎 世界を舞う』（武蔵野書房，1992年），『劇白 千田是也』（オリジン出版センター，1995年）など。

岩本憲児（いわもと・けんじ）

1943年生。日本大学芸術学部講師（非常勤）。映画史・映像論。著書に『ロシア・アヴァンギャルドの映画と演劇』（水声社，1998年），『村山知義　劇的尖端』（編著，森話社，2012年），論文に「プロレタリア芸術運動と日本映画——プロキノにおける佐々元十の言説をめぐって」（『芸術学部紀要』第57号，日本大学芸術学部，2013年）など。

加藤哲郎（かとう・てつろう）

1947年生。早稲田大学大学院政治学研究科客員教授，一橋大学名誉教授。政治学・比較政治・現代史。著書に『ワイマール期ベルリンの日本人——洋行知識人の反帝ネットワーク』（岩波書店，2008年），『日本の社会主義』（岩波現代全書，2013年），『ゾルゲ事件——覆された神話』（平凡社新書）など多数。

萩原 健（はぎわら・けん）

1972年生。明治大学国際日本学部准教授。現代ドイツ演劇および関連する日本の演劇。著書に『村山知義　劇的尖端』（共著，森話社，2012年）『演劇インタラクティヴ　日本×ドイツ』（共著，早稲田大学出版部，2010年），訳書に，エリカ・フィッシャー＝リヒテ『パフォーマンスの美学』（共訳，論創社，2009年）など。

伊藤 愉（いとう・まさる）

1982年生。日本学術振興会特別研究員。ロシア演劇史。論文に「メイエルホリド劇場付属科学的研究工房の活動——スコア作成の試み」（『演劇学論集61』日本演劇学会紀要，2015年），“Мейерхольд и Япония”〔メイエルホリドと日本〕(*Театр*, No. 21. М ., 2015)，訳書に，エドワード・ブローン『メイエルホリド　演劇の革命』（浦雅春と共訳，水声社，2008年）など。

吉川恵美子（よしかわ・えみこ）

1952年生。上智大学外国語学部教授。スペイン語圏現代演劇。論文に，「佐野碩とテアトロ・デ・ラス・アルテス」（『早稲田大学大学院文学研究科紀要 別冊』早稲田大学大学院文学研究科，1983年），“El magisterio latinoamericano de Seki Sano” (*E Escenarios de dos mundos, Inventario Teatral de Iberoamérica*, vol.1, Centro de Documentación Teatral, España, 1987)，「連帯するラテンアメリカの女性演劇人」（『演劇学論集』43号，日本演劇学会，2005年），「コロンビアの佐野碩 1 〜 3」（『学苑』631・642・653号，昭和女子大学近代文化研究所，1992・1993・1994年）など。

編者紹介

菅 孝行（かん・たかゆき）

1939年生。梅光学院大学特任教授。演劇論，思想・思想史。著書に『戦う演劇人――千田是也・浅利慶太・鈴木忠志』（而立書房，2007年），『天皇制論集』第1巻（御茶の水書房，2014年），『叢書 ヒドラ1』（編著，御茶の水書房，2015年），論文に「日本の60年代演劇」（共著 *A History of Japanese Theatre*, Cambridge University Press 所収，予2016年4月刊）など。

佐野碩《さのせき》―人《ひと》と仕事《しごと》 1905–1966

2015年12月30日 初版第1刷発行 ©

編　者　菅　孝　行

発行者　藤　原　良　雄

発行所　株式会社　藤　原　書　店

〒162–0041 東京都新宿区早稲田鶴巻町523

電　話 03（5272）0301

FAX 03（5272）0450

振　替 00160 - 4 - 17013

info@fujiwara-shoten.co.jp

印刷・製本　中央精版印刷

落丁本・乱丁本はお取替えいたします

定価はカバーに表示してあります

Printed in Japan

ISBN978-4-86578-055-0

真の「知識人」、初の本格評伝

沈黙と抵抗

（ある知識人の生涯、評伝・住谷悦治）

田中秀臣

戦前・戦中の言論弾圧下、アカデミズムから追放されながら『現代新聞批判』『夕刊京都』などのジャーナリズムに身を投じ、戦後は同志社大学の総長を三期にわたって務め、学問と社会参加の両立に生きた真の知識人の生涯。

四六上製　二九六頁　二八〇〇円
（二〇〇一年一一月刊）◇978-4-89434-257-6

真の国際人、初の評伝

松本重治伝

（最後のリベラリスト）

開米　潤

「友人関係が私の情報網です」――一九三六年西安事件の世界的スクープ、日中和平運動の推進など、戦前・戦中の激動の時代、国内外にわたる信頼関係に基づいて活躍、戦後は、国際文化会館の創立・運営者として「日本人」の国際的な信頼回復のために身を捧げた真の国際人の初の評伝。

四六上製　四四八頁　三八〇〇円　口絵四頁
（二〇〇九年九月刊）◇978-4-89434-704-5

伝説的快男児の真実に迫る

「バロン・サツマ」と呼ばれた男

（薩摩治郎八とその時代）

村上紀史郎

富豪の御曹司として六百億円を蕩尽し、二十世紀前半の欧州社交界を風靡した快男児、薩摩治郎八。虚実ない交ぜの「自伝」を徹底検証し、ジョイス、ヘミングウェイ、藤田嗣治ら、めくるめく日欧文化人群像のうちに日仏交流のキーパーソン〈バロン・サツマ〉を活き活きと甦らせた画期的労作。

四六上製　四〇八頁　三八〇〇円　口絵四頁
（二〇〇九年二月刊）◇978-4-89434-672-7

真の自由主義者、初の評伝

竹山道雄と昭和の時代

平川祐弘

『ビルマの竪琴』の著者として知られる竹山道雄は、旧制一高、および東大教養学科におけるドイツ語教授として数多くの知識人を世に送り出した、根源からの自由主義者であった。西洋社会の根幹を見通していた竹山が模索し続けた、非西洋の国・日本の近代のとるべき道とは何だったのか。

A5上製　五三六頁　五六〇〇円　口絵一頁
（二〇一三年三月刊）◇978-4-89434-906-3